Landwirtschaft und Kapitalismus

AKADEMIE DER WISSENSCHAFTEN DER DDR
ZENTRALINSTITUT FÜR GESCHICHTE

Veröffentlichungen
zur Volkskunde und Kulturgeschichte
BAND 66/1

Untersuchungen zur Lebensweise und Kultur
der werktätigen Dorfbevölkerung in der Magdeburger Börde
Teil I. 1

Landwirtschaft und Kapitalismus

Zur Entwicklung der ökonomischen und sozialen Verhältnisse
in der Magdeburger Börde
vom Ausgang des 18. Jahrhunderts
bis zum Ende des ersten Weltkrieges

1. Halbband

Herausgegeben von Hans-Jürgen Rach und Bernhard Weissel

Redaktion: Günther Gross und Margit Schulze

Mit 34 Abbildungen, davon 4 Karten als Beilage

AKADEMIE-VERLAG · BERLIN
1978

Erschienen im Akademie-Verlag, 108 Berlin, Leipziger Straße 3–4

Lizenznummer: 202 · 100/299/78
Gesamtherstellung: VEB Druckhaus „Maxim Gorki“, 74 Altenburg
Einband und Schutzumschlag: Annemarie Wagner
Bestellnummer: 753 309 0 (2034/66/1) · LSV 0705 · P 101/78
Printed in GDR
DDR 38,– M

INHALT

ANHANG

Der zweite Halbband enthält folgende Beiträge

Bernhard Weissel / Hans-Jürgen Rach

Einführung

Mit den vorliegenden Untersuchungen legt der Wissenschaftsbereich Kulturgeschichte/Volkskunde im Zentralinstitut für Geschichte bei der Akademie der Wissenschaften der DDR den ersten einer auf mehrere Teile angelegten Reihe von Forschungen zur Geschichte der Lebensweise und Kultur der werktätigen Klassen und Schichten der Magdeburger Börde vor. Die Untersuchungen beziehen sich auf einen weiten historischen Zeitraum. Er reicht vom Ausgang des 18. bis zu den sechziger Jahren unseres Jahrhunderts, erstreckt sich also auf die Gesellschaftsordnungen des Feudalismus, des Kapitalismus und des Sozialismus. Ein so weit gespanntes Unternehmen wirft zahlreiche Fragen auf und impliziert hohe theoretische und methodologische Ansprüche. Darum erschien es uns erforderlich, unsere Vorstellungen vom Inhalt und von der Zielstellung dieser Forschungen soweit zu erläutern, wie sie zum Verständnis der einzelnen Beiträge erforderlich sind. Das macht einen Rückgriff auf die Entstehungsgeschichte notwendig.

Die Idee, über die traditionell bestimmten Gegenstände und Sachbereiche der Volkskunde hinauszugehen und die Lebensweise und Kultur der Arbeiterklasse unter den Bedingungen des Kapitalismus in das Forschungsprogramm der marxistisch-leninistischen Volkskunde der DDR einzubeziehen, wurde vor rund zehn Jahren geboren. Wenig später setzten auch die ersten originären Forschungen ein, die inzwischen in Teilergebnissen vorgelegt werden konnten oder gegenwärtig zum Druck vorbereitet werden.[1] Der Plan einer Komplexuntersuchung zum historischen Wandel der Lebensweise und Kultur der werktätigen Dorfbevölkerung im Kapitalismus erwuchs aus Fragen und Überlegungen, ob die bis dahin vorherrschende Orientierung an Gegenständen und Sachbereichen der Volkskultur aus vorkapitalistischen gesellschaftlichen Verhältnissen noch den Anforderungen der Gegenwart entsprach.[2] Die Anstöße, das Selbstverständnis der marxistisch-leninistischen Volkskunde produktiv-kritisch in Frage zu stellen, kamen von verschiedenen Seiten. Zum ersten hatte Wolfgang Steinitz in seinen bahnbrechenden Arbeiten zur Geschichte des Arbeiterliedes[3] der volkskundlichen Forschung neue Perspektiven eröffnet. Im Institut für sorbische Volksforschung beim Zentralinstitut für Geschichte der AdW der DDR in Bautzen waren Untersuchungen zum Wandel der Lebensweise und Kultur der sorbischen Minderheit in der sozialistischen Gesellschaft eingeleitet worden.[4] Aus

[1] Rach, 1974 und Rach, 1975: 171–192. Wir verweisen ferner auf die Studie Der Groß Ottersleber „Fachverein" unter den Bedingungen des Sozialistengesetzes: Birk, 1976, und die von Plaul 1974 im Manuskript abgeschlossene und zum Druck vorbereitete Untersuchung zum Landarbeiterleben im 19. Jh.

[2] Siehe dazu Weissel, 1973: 9–44, und Strobach/Weinhold/Weissel, 1975: 9–39; dort sind entsprechende Literaturangaben.

[3] Steinitz, 1954 und 1962.

[4] Nowotny, 1969: 125–132.

sozialistischen Ländern wurden Forschungsvorhaben zur Lebensweise und Kultur der Arbeiterklasse im 19. und 20. Jh. bekannt.[5] Das wurde von einer Gruppe von Mitarbeitern im ehemaligen Institut für deutsche Volkskunde als Aufforderung verstanden, auch in der DDR den Gegenstandsbereich der volkskundlichen Forschung um das Proletariat und den chronologischen Rahmen in Richtung auf die Gegenwart zu erweitern. Schließlich forderten auch Arbeiten bürgerlicher Volkskundler kapitalistischer Länder, vor allem der BRD und der benachbarten deutschsprachigen Gebiete, zur Lebensweise und Kultur der Arbeiterklasse und die Diskussionen, die sich an ihnen um ein neues Selbstverständnis der Volkskunde im Gefüge der bürgerlichen Sozialwissenschaften der BRD entzündeten,[6] zur Herausarbeitung der marxistisch-leninistischen Position zu dieser Thematik heraus.

Unter diesen Umständen wurden vor rund zehn Jahren die ersten Vorstellungen über Gegenstand und Ziel der Forschungen zu unserer Thematik fixiert und erste Forschungen in Auftrag gegeben. Daß diese im Laufe der Jahre präzisiert wurden und nicht als ein für allemal Gegebenes angesehen werden konnten, ist aus mehreren Gründen verständlich. Erstens mußten die Forschungsergebnisse und Fragestellungen benachbarter gesellschaftswissenschaftlicher Disziplinen der DDR studiert und ausgewertet werden, die sich auf diese oder jene Weise und unter diesem oder jenem Aspekt mit der Geschichte der Kultur und Lebensweise der Arbeiterklasse beschäftigen. Dazu gehören vor allem die Soziologie und Kultursoziologie, aber es mußten auch die vielfältigen Bemühungen von Kulturtheoretikern und Philosophen beachtet werden, um zu einer für die konkrete kulturhistorische Forschung praktikablen theoretischen Definition der Grundkategorien „Lebensweise" und „Kultur" zu gelangen.[7]

Alle diese wissenschaftlichen Aktivitäten wurden von der auf dem VIII. Parteitag der SED formulierten Hauptaufgabe der Verbesserung der materiellen und kulturellen Lebensbedingungen der Arbeiterklasse und der mit ihr verbündeten werktätigen Klassen und Schichten inspiriert, und sie galten vor allem der sozialistischen Kultur und der sozialistischen Lebensweise der Werktätigen in der entwickelten sozialistischen Gesellschaft. Aber gerade daraus ergaben sich wertvolle Anstöße auch für die Erforschung der Lebensweise und Kultur der Werktätigen in historisch entfernteren Perioden.

Zweitens galt es, mit den Forschungsaufgaben aus der Ethnographie und Folkloristik der sozialistischen Länder zu vergleichbaren Themen Kontakt zu halten und ihre Ergebnisse in der Präzisierung der eigenen Forschungskonzeption umzusetzen.

Drittens mußte auch die Entwicklung der Forschungen der bürgerlichen Volkskunde in der BRD im Hinblick auf ihre theoretisch-methodologischen Ausgangspositionen und auf ihre gesellschaftspolitische Tendenz verfolgt werden.

So weist auch die Forschungskonzeption zu unserem Vorhaben eine Genesis auf, die nicht verborgen bleiben wird, wenn man die ersten beiden in rascher Folge erscheinenden

[5] Forschungsmethodische Anregungen erhielten wir vor allem aus der sowjetischen Arbeit von KRUPJANSKAJA, 1968. Statt einer detaillierten Literaturübersicht sei hier auf die laufenden Annotationen unseres Referateorgans DEMOS, 1960ff., verwiesen.

[6] Näheres dazu z. B. in WEISSEL, 1976; vgl. auch STROBACH, 1973: 45—91.

[7] Hier kann bei der Fülle der Initiativen und unter Berücksichtigung dessen, daß die Diskussion fortschreitet, nur eine begrenzte Auswahl relevanter Arbeiten genannt werden. Man vergleiche z. B. Lebensweise, 1975; GLESERMAN, 1975; STAUFENBIEL, 1974; DÖLLING, 1975, und MÜHLBERG, 1972.

Teile mit den unsere Forschungen abschließenden Teilen vergleichen wird. Zwischen ihnen liegt allerdings eine Zeitspanne von einigen Jahren.[8] Für die ersten beiden Teile soll folgendes festgehalten werden:

Die Abkehr von der traditionellen Forschungsorientierung der Volkskunde ist allein daran abzulesen, daß es bei unseren Forschungsvorhaben nicht um die Lebensweise und Kultur der Bauern im Feudalismus, sondern neben der der Bauern vor allem um die der Landarbeiter als Abteilung des Proletariats im Kapitalismus geht, was gänzlich andere Forschungsansätze und -ziele erfordert. Soweit hier die verschiedenen Schichten der Bauernschaft, von den Repräsentanten des Agrarkapitalismus in reiner Form, den kapitalistisch wirtschaftenden Großbauern, über die Mittelbauern bis zu den Kleinbauern, behandelt werden, gehen wir von der durch den Kapitalismus bewirkten Differenzierung in der Klassenstruktur des Dorfes aus und versuchen, ihren Ausdruck in der Lebensweise und Kultur der einzelnen Klassen und Schichten zu erfassen.

Ein zweiter nach unserer Meinung grundlegender Unterschied besteht darin, daß die Stoff- und Gliederungseinheiten, die für den Themenbereich der volkskundlichen Forschung zur Volkskultur des Feudalismus galten und in „Systematiken" und „Klassifikationsentwürfen" erscheinen, nicht ohne weiteres auf unser Forschungsvorhaben übertragen werden konnten. Bereits zu Beginn der Forschungen wurde der Darstellung der Lebensweise und Kultur der einzelnen Klassen und Schichten im Zusammenhang mit der historischen Gesamtentwicklung der Vorzug gegenüber einer Stoffgliederung nach materieller, geistiger und künstlerischer Kultur mit ihren Konsequenzen für die Aufgliederung nach Sachbereichen und Genres gegeben. Die Leser, die sich ihre Vorstellungen von dem, was Volkskunde sei und sein müsse, an der herkömmlichen volkskundlichen Literatur gebildet haben, mögen bei der ersten Durchsicht der Gliederung enttäuscht sein, wenn sie auf Ungewohntes stoßen, das auf den ersten Blick betrachtet, befremdend wirken mag. Sie sollten verstehen, daß volkskundliche Ganzheit der Forschung, auf das Proletariat bezogen, nicht in einer Additionsformel im Hinblick auf die traditionellen „Sachbereiche" bestehen kann, sondern in einer Bilanz der Errungenschaften der Elemente einer demokratischen und sozialistischen Kultur der Werktätigen als Antagonismus zur herrschenden bürgerlichen Kultur zum Ausdruck kommen muß.

Die Konsequenzen dieser Forschungsorientierung konnten freilich nicht von Anbeginn voll übersehen werden. Dennoch trug sie dazu bei, daß die gesamte volkskundliche Forschung — soweit im Zentralinstitut für Geschichte institutionalisiert — in der konkrethistorischen Orientierung ihrer Forschungen auf der Grundlage des historischen Materialismus unübersehbare Fortschritte erreichte. Ihr jüngster weithin sichtbarer Ausweis liegt im Sammelband „Der arm man 1525" vor.[9]

Charakteristisch für diese beiden Forschungsvorhaben ist die interdisziplinäre Kooperation seit Anbeginn. Beim „Börde-Projekt" stand z. B. die engste Zusammenarbeit mit Vertretern der Agrargeschichte bei der Untersuchung gemeinsam interessierender Probleme schon am Anfang der Forschungen und bezeichnete das A und O des Forschungsvorhabens. Tatsächlich hat sich diese als außerordentlich fruchtbar erwiesen, wovon sich der Leser anhand der Lektüre des vorgelegten Teiles überzeugen kann. Was sich heute in der DDR vielfach noch erst im Stadium des Ansatzes befindet, hat in unserem Forschungsvorhaben seine Fruchtbarkeit faktisch bereits ausgewiesen. Das ist das Ergebnis guter

[8] Der Abschluß der Forschungen ist für das Jahr 1982 vorgesehen.
[9] STROBACH, 1975.

Zusammenarbeit seit vielen Jahren. Davon profitierten die Agrargeschichte und die Volkskunde in gleicher Weise, und die auf den Grenzgebieten beider Disziplinen gewonnenen Erkenntnisse mitsamt der Aufgabenstellung für die weitere Zusammenarbeit beider Disziplinen auf gemeinsamem Forschungsfeld zählen zu den größten Errungenschaften der volkskundlichen Forschungen am „Börde-Unternehmen". In diesem Zusammenhang ist auch auf die Hilfe von wissenschaftlichen Mitarbeitern des staatlichen Archivwesens, von Vertretern der Geographie, des regionalen Museumswesens, der Sprachgeschichte, der Regionalgeschichte und der Geschichte der örtlichen Arbeiterbewegung als eines der auszeichnenden Merkmale dieses Forschungsvorhabens zu erwähnen. Ihnen allen schulden Herausgeber und Autoren sehr viel, was bei dieser Gelegenheit als herzlicher Dank zum Ausdruck gebracht werden soll.

Ein weiteres Kennzeichen dieser Forschung stellt die Mitwirkung örtlicher Gewährsleute dar. Ihre Aussagen, soweit sie auf Erinnerungen an persönlich Erlebtes beruhen, werden sich freilich vor allem in den Beiträgen der späteren Teile unmittelbar niederschlagen. Aber ihr Wissen um die historischen Traditionen kam auch den ersten beiden Teilen zugute. So müssen wir konstatieren, daß wir unsere Forschungsziele ohne die tätige Mitwirkung unserer Gewährsleute nicht hätten erreichen können. Das veranlaßt uns, ihnen allen als den treuen Weggefährten und „Vertrauensleuten" unserer Forschungen an diesem Ort unseren herzlichsten Dank zu sagen.

Die an unserem Forschungsvorhaben inaugurierte interdisziplinäre Kooperation mit Vertretern anderer Wissenschaftsdiziplinen, vor allem der Agrargeschichte, die besonders in der Endphase der Arbeit, d. h. der Niederschrift der einzelnen Beiträge und der damit verbundenen Diskussion um die beiderseits berührenden theoretisch-methodologischen Probleme ihre Effektivität auswies, dort voll zum Tragen kam und im vorliegenden ersten Teil nach unserer Meinung überzeugend dokumentiert wird, darf allerdings nicht darüber hinwegtäuschen, daß damit über die speziellen volkskundlichen Forschungsthemen noch nicht das letzte Wort gesprochen wurde. Anhand des zweiten Teiles, der die spezifischen volkskundlichen Beiträge vom Ausgang des Feudalismus bis zum Übergang des Kapitalismus in sein imperialistisches Stadium dokumentiert, dürfte auch dem Leser deutlich werden, daß unsere breit angelegte Komplexuntersuchung nicht alle Bereiche der Lebensweise und Kultur der werktätigen Klassen und Schichten im Untersuchungsgebiet abzudecken vermag. Die Abgrenzung gegenüber dem Traditionellen, Herkömmlichen in der volkskundlichen Forschung dürfte sowohl in der Themenstellung als auch in der Art und Weise der Behandlung der Themen zum Ausdruck kommen. Sie leiten jedoch zu der allgemein interessierenden Frage über, worin im Hinblick auf die Problematik der Entwicklung der Lebensweise und Kultur des Proletariats das volkskundlich Neue bestehe. Das ist eine legitime, jedoch nicht leicht zu beantwortende Frage.

Die zu Beginn unserer Untersuchungen formulierte allgemeine Zielsetzung, die bisherige Gliederung der volkskundlichen Forschung nach Sachbereichen und Genres durch eine „komplexe" Orientierung auf die „Lebensweise" einzelner Klassen und Schichten überwinden zu wollen, mag vor zehn Jahren noch eine gewisse Antriebskraft in den Diskussionen um ein neues Wissenschaftsverständnis der marxistisch-leninistischen Volkskunde der DDR ausgeübt haben. Mit der Konkretisierung der Forschungen und noch mehr mit der Analyse der ersten Forschungsergebnisse auch auf anderen Gebieten ergab sich die Notwendigkeit, den ursprünglichen Forschungsansatz zu präzisieren.

Auch in der Wahl des historisch-geographischen Untersuchungsraumes sollte die Abkehr vom traditionellen Kanon volkskundlicher Forschungen demonstriert werden. Daß die Magdeburger Börde für diese Forschungen ausersehen wurde, hat gute Gründe, stellt sie sich doch als eine Region dar, in der die Entwicklung des Kapitalismus in der Landwirtschaft vom Beginn bis zum letzten Drittel des 19. Jh. in Ausmaß und Tempo andere Regionen des Deutschen Reiches übertraf und im Hinblick auf die Dialektik der Entwicklung der agrikolen Produktivkräfte und der kapitalistischen Produktionsverhältnisse mit ihren Auswirkungen auf die landwirtschaftliche Besitz- und Sozialstruktur weitgehend eine Sonderstellung einnahm. Es war vor allem der Zuckerrübenanbau, hier weitgehend als Monokultur betrieben, der die Magdeburger Börde und den Zuckerrübenanbau in der agrarwirtschaftlichen Literatur zu Synonymen werden ließ und noch heute im Bewußtsein vieler Menschen dieselbe Assoziation hervorruft.[9a] Seine ökonomischen Konsequenzen, wobei die Zuckerfabriken und andere Zweige der Nahrungsmittelindustrie an erster Stelle zu erwähnen sind, und die sozialen Auswirkungen, die in einer den kapitalistischen Produktionsverhältnissen für deutsche Verhältnisse auf geradezu klassische Weise entsprechenden Klassen- und Besitzstruktur zum Ausdruck gelangten, ließen erwarten, daß hier die aus dem ökonomischen Fortschritt resultierende Umwälzung der Lebensbedingungen und die grundlegenden Veränderungen in der Lebensweise der werktätigen Klassen und Schichten deutlicher als in anderen, von der kapitalistischen Entwicklung nicht in demselben Ausmaß erfaßten Regionen zu konstatieren seien. Zum Vergleich bieten sich hier als geographisch nächstliegende Regionen die ostelbischen, durch die dominierenden Junkerwirtschaften geprägten Provinzen einerseits und andererseits Gebiete an, in denen das klein- und mittelbäuerliche Element trotz des unaufhaltsamen Eindringens des Kapitalismus in die Landwirtschaft noch immer beträchtliche Positionen in der Besitz- und Klassenstruktur des Dorfes zu behaupten wußte. Beim Stand der marxistischen Agrargeschichtsforschung zum 19. Jh. standen freilich exakte Daten für einen solchen Vergleich am Beginn unserer Untersuchungen noch nicht zur Verfügung. Das gilt uneingeschränkt bis auf den heutigen Tag, aber die von Agrarhistorikern und Volkskundlern in diesem Teil vorgelegten Beiträge zur ökonomischen und Klassenstuktur haben nach unserer Meinung auch Grundlagen geschaffen, um solche Vergleiche in Zukunft zu ermöglichen.

Die kapitalistische Warenproduktion bedeutete in unserem Untersuchungsgebiet, soweit sie die Produktion von Rübenzucker betraf, Produktion für den Weltmarkt. Die Schicksale des kapitalistischen Weltmarktes mit seinem Zyklus auf erweiterter historischer Stufenleiter von Überproduktion — Krise — Stagnation und erneutem konjunkturellem Aufschwung durften hier nicht bloß als äußerer Annex, sondern mußten als immanenter Bestandteil der Forschungen verstanden werden. Mit anderen historischen Landschaften des ehemaligen Deutschen Reiches verglichen, zeichnet sich die Magdeburger Börde auch dadurch aus, daß die agrarische Produktion bereits in der Periode des Übergangs vom Feudalismus zum Kapitalismus einen hohen Marktanteil auswies und in Handelsverbindungen einbezogen war, die weit über die näheren lokalen Märkte hinausreichten. Eine Ursache dafür war, das sich die unmittelbaren agrarischen Produzenten, insbesondere die verschie-

[9a] Sowohl die enge ökonomische, politische und kulturelle Verflechtung der Börde mit einigen Nachbargebieten als auch die Besonderheit der Quellensituation veranlaßten uns jedoch, unter bestimmten Umständen auch diese Regionen in unsere Untersuchungen mit einzubeziehen, ohne dies an den entsprechenden Stellen besonders zu kennzeichnen. Aus ähnlichen Gründen wurden bei Untersuchungen über die Zeit nach 1815 die wenigen Ortschaften des Kreises Oschersleben, die geographisch zum Bördegebiet gehören, unberücksichtigt gelassen. Über den Anteil des Kreises Oschersleben an der landwirtschaftlichen Nutzfläche unseres Untersuchungsgebietes gibt die Tabelle 103 Auskunft.

denen Schichten der Bauern, im Untersuchungsgebiet bereits in der Phase — etwa im Vergleich zu den ostelbischen Provinzen mit weitgehend dominierender Gutswirtschaft — in relativ günstigen besitzrechtlichen Verhältnissen befanden, was auch in der höheren Produktivität der Arbeit zum Ausdruck kam. Es muß hervorgehoben werden, daß in den in diesem Teil vorgelegten Untersuchungsergebnissen wesentliche Fortschritte in der Erforschung dieser Thematik ausgewiesen werden können. Sie gestatten uns, die historische Ausgangssituation für die mit den Agrarreformen eingeleiteten agrarkapitalistischen Umwälzungen präziser zu bestimmen, als dies noch vor einigen Jahren möglich gewesen wäre.

Schließlich besteht das Neue im Forschungsansatz zur Untersuchung des gesetzmäßigen Wandels der Lebensweise und Kultur der werktätigen Klassen und Schichten der Magdeburger Börde im Kapitalismus unter diesem Aspekt auch darin, daß sie im Unterschied zur traditionellen volkskundlichen Forschungsorientierung die Stadt-Land-Beziehungen als eine übergreifende kulturhistorische Thematik in das Zentrum der Aufmerksamkeit stellte. Wenn auch nicht immer direkt ausgewiesen und noch keineswegs erschöpfend behandelt, bildete sie doch einen wesentlichen Bezugspunkt von Forschung und Darstellung.

In allen Perioden unseres Untersuchungszeitraumes nahm die Stadt Magdeburg eine überragende Stellung ein. Als Handelszentrum mit weitreichenden Verbindungen des Fernhandels und am Knotenpunkt wichtiger Handels- und Verkehrswege gelegen, wurde sie auch zu einem wichtigen Industriezentrum. Im Kapitalismus rückte sie zu einem der wichtigsten Sitze der deutschen Maschinenbauindustrie auf. Das ihr vorgelagerte agrarische Bördegebiet stellte ihren engsten Einzugsbereich dar, die gesamte Börde bildete ihr weiteres Umland, war in ökonomischer, verkehrsmäßiger und kultureller Hinsicht in einer Weise auf die Stadt Magdeburg bezogen, daß in Abwandlung eines bekannten Wortes mit Fug und Recht gesagt werden darf: Alle Wege führen nach Magdeburg. Das galt bereits weitgehend für die Epoche des Feudalismus, trat aber im Kapitalismus mit der neuen historischen Konstellation der Herrschaft der Stadt über das Land in neuer Qualität in Erscheinung. Daraus ergab sich die Aufgabe, die Ausbreitung städtischer Lebensformen auf das flache Land nicht als „äußeren Störfaktor" für die Entwicklung der als „autonom" aufgefaßten Entwicklung zu verstehen, wie dies für ältere bürgerliche Forschungskonzeptionen charakteristisch war, sondern als gesetzmäßigen, objektiven Prozeß, der insgesamt fortschrittlichen Charakter trägt. Für marxistisch-leninistische Volkskundler ist damit freilich die Frage nach dem Klassenwesen der Erscheinungen und nach ihrem Platz in der Entfaltung des Antagonismus zwischen der zur Herrschaft gelangten bürgerlichen Kultur und den Elementen einer von der Arbeiterklasse und den mit ihr verbündeten, vom Kapitalismus ausgebeuteten und unterdrückten werktätigen Klassen und Schichten getragenen demokratischen, sozialistischen Kultur verbunden.

Dem historisch wachsenden Einfluß der Stadt auf das Land nachzugehen, hieß aber, von der Rolle der im Kapitalismus herrschenden Kultur der Bourgeoisie und den sich im Widerspruch zu ihr entwickelnden Elementen einer demokratischen, sozialistischen Kultur der Werktätigen auszugehen. Dabei gewinnen die von der kämpfenden Arbeiterklasse geschaffenen und weiterentwickelten progressiven, revolutionären Traditionen eine besondere Beachtung, und in dieser Zielsetzung grenzt sich unser Forschungsvorhaben unmißverständlich und unübersehbar gegen die in den letzten Jahren immer stärker hervortretenden Forschungsthemen der bürgerlichen Volkskunde der BRD zur Lebensweise und Kultur des Proletariats im 19. Jh. ab.

Zählt unser Untersuchungsgebiet auch zu den Regionen, in denen sich die fortschrittlichen Auswirkungen des Kapitalismus auf das historische Stadt-Land-Verhältnis mit der Beseitigung der lokalen Abgeschiedenheit und der Nivellierung des Kulturniveaus besonders deutlich nachzeichnen lassen, so heißt das freilich nicht, daß wir bei den positiven Seiten des vom Kapitalismus repräsentierten welthistorischen Kulturfortschritts stehen bleiben durften. Ebensowenig wie in anderen Gebieten vermochte der Kapitalismus in der Magdeburger Börde die Unterschiede im kulturellen Entwicklungsniveau zwischen Stadt und Land auszugleichen und die „Kulturlosigkeit" des Dorfes — diese immer nur im Beziehungskonnex zur Stadt zu verstehen — zu beseitigen. Die allmähliche Angleichung der materiellen und kulturellen Lebensbedingungen der Werktätigen in Stadt und Land erfolgt erst im Ergebnis der sozialistischen Umwälzung und der sozialistischen Kulturrevolution. Alte aus dem Feudalismus stammende Gegensätze zwischen Stadt und Land werden im Kapitalismus durch neue ersetzt, andere bleiben in der Form erhalten, während ihr Inhalt durch die neuen Klassenantagonismen modifiziert wurde. Das Interesse der Bourgeoisie am Kulturfortschritt, an dem auch die Werktätigen des Untersuchungsgebietes partizipierten und den sie auf Grund ihrer Stellung in der materiellen Produktion mitbewirkt hatten, endeten dort, wo die Aufrechterhaltung der kapitalistischen Ausbeuterordnung gefährdet schien. So räumten wir notwendigerweise den Untersuchungen der seit der Reichsgründung im Jahre 1871 und mit dem Übergang zum imperialistischen Entwicklungsstadium gegen Ende des 19. Jh. immer stärker hervortretenden reaktionären Züge in der bürgerlichen Kultur, vor allem in der geistigen, im Plan des Ganzen einen wichtigen Platz ein. Vor diesem Hintergrund und als Ausdruck des welthistorischen Gegensatzes der Arbeiterklasse zur reaktionär gewordenen Bourgeoisie konzentrierten wir unser Interesse auf die Hilfe, die das städtische Industrieproletariat als Kern und fortgeschrittenste Abteilung der revolutionären Arbeiterbewegung unter Führung ihrer Partei den Werktätigen des Dorfes im Kampf um ihre Befreiung von kapitalistischer Ausbeutung und um eine fortschrittliche Entwicklungsperspektive in der Geschichte des deutschen Volkes erwies.

Damit greifen wir aber bereits einer Problematik voraus, die erst in einem der späteren Abschnitte dieser Einleitung aufgegriffen werden sollte. Der folgende ist Fragen des Forschungsstandes und der Forschungsmethodik vorbehalten.

Einer derart früh und intensiv von der kapitalistischen Entwicklung in der Landwirtschaft erfaßten und seit der Mitte des 19. Jh. zunehmend von einer dementsprechenden Wirtschaftsweise geprägten Region, wo bald die Schlote der Zuckerfabriken, Molkereien und Brennereien, die mehrgeschossigen Zichorienfabriken und die vielfach städtisch anmutenden Wohnhäuser in immer größerem Maße das Dorfbild bestimmten, wo Eisenbahnlinien und gepflasterte Straßen das Land durchzogen, wo der Acker immer häufiger mit Hilfe großer Dampflokomobilen und sonstiger Maschinen von Kolonnen von Landarbeitern bestellt wurde, wo die mit Abstand den größten Anteil am Grund und Boden besitzenden Groß- und Mittelbauern ebenso wie die Gutsbesitzer ihre Wirtschaft als Agrarkapitalisten nach den Prinzipien kapitalistischen Unternehmens und mit Kenntnissen in der doppelten Buchführung betrieben, wo das in der Landwirtschaft, in der dörflichen Industrie oder auch in städtischen Betrieben tätige Proletariat den größten Prozentsatz der Dorfbevölkerung darstellte und die Widersprüche des kapitalistischen Systems zunehmend zu Auseinandersetzungen im Klassenkampf führten, einer solchen Region, wie sie eben die Magdeburger Börde darstellte, hatte die bürgerliche Volkskunde, ihrem Wissenschaftsverständnis entsprechend, zunächst kaum Interesse entgegenbringen können. Galt ihre Aufmerksamkeit doch — so unterschiedlich die Zielstellungen der einzelnen Richtungen und Strömungen auch gewesen sein mögen — fast ausschließlich jenen Erscheinungsformen des damals alltäglichen Lebens, die Bestandteil oder Ergebnis einer Jahrhunderte alten Tradition waren oder doch zumindest dafür gehalten wurden.

Da nun diese mit den jeweils herrschenden sozialökonomischen Bedingungen verbunden sind, teils direkt von ihnen abhängen, teils aber auch relativ unabhängig von ihnen weiterleben können bzw. erst langsam versiegen, bot unser Untersuchungsgebiet im letzten Viertel des 19. Jh. nur die Möglichkeit des Erfassens einzelner Teilbereiche. Ganz abgesehen davon, daß entsprechend der allgemeinen Schwerpunktbildung volkskundlicher Forschung dieser Zeit einige uns heute interessierende Komplexe damals ohnehin außerhalb der Betrachtung lagen.[10] So verwundert es nicht, daß bis zur Jahrhundertwende neben einigen Studien zur Volkssprache[11] lediglich mehrere Arbeiten über das volkstümliche Liedgut,[12] über Hochzeits- und andere Festbräuche,[13] über Sagen und Märchen[14] und über das Kindespiel[15] erschienen waren.

Auch in den zumeist von Geschichtsvereinen seit dem letzten Drittel des 19. Jh. herausgegebenen Zeitschriften wurden die mit den sozialökonomischen Veränderungen verbundenen Wandlungen in der Lebensweise und Kultur oder gar die Herausbildung neuer, den kapitalistischen Produktionsverhältnissen adäquaten Lebensformen wenig oder gar nicht reflektiert.[16] Das gilt in ähnlicher Weise selbst für die in dieser Zeit immer zahlreicher erscheinenden heimatkundlichen Übersichten, die entweder die ganze Provinz Sachsen,[17] einige Kreise[18] oder auch nur einige Städte und ihre Umgebung[19] behandelten bzw. als Dorf-Chroniken[20] konzipiert waren. Etwas ergiebiger sind dagegen die seit dem Ende des 19. Jh. mehrfach verfaßten, allerdings meist nur als Privatdruck veröffentlichten und daher oft schwer erreichbaren Familien-Chroniken einzelner Bauern- oder Handwerkergeschlechter[21] bzw. verschiedener Adelsfamilien.[22] Selbst wenn man berücksichtigt, daß diese Arbeiten stets aus der Sicht von Vertretern dieser zur herrschenden Klasse gehörenden Bevölkerungsgruppe geschrieben wurden, erweisen sie sich dennoch für die volkskundliche Forschung als wertvolle Quelle. Ihre vielfach mit dem Stolz des erfolgreich vorangekommenen Ökonomen verfaßten Schriften beziehen immerhin das 19. Jh. und später sogar das 20. Jh. mit ein, wenngleich die uns besonders interessierenden Fragen ihrer Lebensweise und kulturellen Betätigung auch weitgehend ausgespart bleiben.

Die nicht nur für die volkskundlichen Spezialuntersuchungen geltende Orientierung

[10] So z. B. der Bereich „Bäuerliche Arbeit und Wirtschaft"; vgl. dazu Jacobeit, 1965, und Jacobeit, 1966.

[11] Winter, 1874a; Wegener, 1878; Wegener, 1897.

[12] Winter, 1875/1877; Parisius, 1879; Wegener, 1879/1880.

[13] Wegener, 1878/1879/1883; Wegener, 1880a.

[14] Relssieg, 1847; Wegener, 1880b.

[15] Wegener, 1882/1883.

[16] Geschichtsblätter, 1866ff.; Zeitschrift des Harzvereins, 1868ff.; Jahrbuch ... niederdeutsche Sprachforschung, 1875ff.; Mitteilungen ... anhaltinische Geschichte, 1877ff.; Archiv für Landes- und Volkskunde, 1891ff.

[17] So z. B. Beiche, 1869; Schultze, 1869; Dobert, 1872; Provinz Sachsen, Die, 1900/1902.

[18] So z. B. Rungwerth, 1892; Lehrmann/Müller, 1895.

[19] Hoffmann, 1863; Schernikau, 1880; Ebeling, 1903, und andere.

[20] So z. B. Klötzscher, 1887; Peicke, 1902; Loose, 1903.

[21] Vgl. Baldamus, 1894, und Zimmermann, 1912.

[22] Jonas, 1910; Nathusius, 1915.

auf längst vergangene „heile Lebenswelten" bzw. deren Spuren in der damaligen Gegenwart, die Betonung und vielfach auch Idyllisierung älterer oder vermeintlich älterer historischer Erscheinungsformen bei gleichzeitiger indignierter Ignoranz gegenüber den aktuellen Entwicklungszügen und Problemen widerspiegelt sich ganz deutlich auch in den nach 1900 von den großen bürgerlichen Zeitungen herausgegebenen Wochenendbeilagen[23] und den Heimatkalendern,[24] deren Blüte allerdings erst nach dem ersten Weltkrieg einsetzte.[25] Eine genauere Analyse dieses Schrifttums und dessen Bedeutung für die Bewußtseinsbildung muß einer späteren Untersuchung vorbehalten bleiben, doch kann bereits an diesem Ort festgestellt werden, daß — soweit überhaupt die konkreten Lebensbedingungen und zeitgenössischen Formen der Lebensweise insbesondere der unmittelbaren Produzenten, angesprochen werden — entweder ein verschönerndes Bild der Gegenwart oder einer idealisierten Vergangenheit, das vielfach mit einer rückwärtsgewandten Kapitalismuskritik verbunden war, gezeichnet wurde.

In den Jahren der Weimarer Republik erschienen nun die bereits erwähnten Heimatkalender in großer Zahl, doch war ihr wissenschaftlicher Ertrag relativ gering.[26] Beachtung verdient jedoch neben dem populärwissenschaftlichen Heimatbuch von BAENSCH[27] vor allem die von der „Historischen Kommission für die Provinz Sachsen und für Anhalt" herausgegebene Atzendorfer Chronik von CARSTED in der Bearbeitung von EDUARD STEGMANN.[28] Sie stellt — abgesehen von den ausführlichen Schilderungen der Kriegshandlungen des preußischen Heeres — eine der wichtigsten Quellen für die dörflichen Zustände der zweiten Hälfte des 18. Jh. in der Magdeburger Börde dar. Sie bildete seitdem auch immer wieder eine der Grundlagen für die volks- und heimatkundlichen Publikationen der Folgezeit.

Zu den wichtigsten Arbeiten dieser Art in der Zeit des Hitlerfaschismus gehört STEGMANNS Buch über das Volks- und Brauchtum Magdeburgs und der Börde.[29] Leider stellte sich der Autor mit dem Werk, das eine zusammenfassende Überschau der wichtigsten Forschungsergebnisse zu verschiedenen Themenkomplexen (z. B. dem Bauernhaus, den Nahrungsgewohnheiten, der Tracht, dem Volkslied u. a.) darstellt, in den Dienst faschistischer Propaganda, indem er die wertvollen historischen Zeugnisse aus dem Leben der werktätigen Dorfbevölkerung nicht nur unhistorisch interpretierte, sondern vielmehr für die Propagierung „eines starken nationalen Volksbewußtseins", das im „bodenständigen Bauerntum einen Urquell germanischen Wesens und einen der stärksten Pfeiler des neuen Reiches" habe,[30] nutzte. Die mit der Überwindung der feudalen Beschränkungen verbundenen Veränderungen im Wirtschaftsleben, in der Lebensweise und Kultur werden zwar oberflächlich angedeutet, doch immer wieder bedauert. So sei „leider auch das patriarchalische Verhältnis mancher Hofbesitzer zu ihrem Gesinde" aufgelöst;[31] es gäbe häufig

[23] So z. B. Familien-Zeitung, 1901 ff.; Montagsblatt, 1905 ff.

[24] So z. B. der Magdeburger Familien-Kalender, 1908 ff.

[25] Eine möglichst vollständige Zusammenstellung dieser Druckerzeugnisse ist für einen späteren Teil dieser Untersuchung vorgesehen.

[26] Zu den besten Erzeugnissen dieser Art zählten wohl noch die von A. MENNUNG herausgegebenen Heimatglocken des Kreises Calbe, die von 1925 bis 1932 jährlich erschienen.

[27] BAENSCH, 1928.

[28] CARSTED, 1928.

[29] STEGMANN, (1936).

[30] STEGMANN, (1936): 5.

[31] STEGMANN, (1936): 40.

Arbeiterkasernen, die „das Ortsbild entstellen";[32] wo sich die — an sich erforderlichen — „fremdstämmigen Sachsengänger ... seßhaft machten, da drohte dem reinstämmigen Blute der Dorfsassen schwere Gefahr"[33] usw.

Den Kulturfortschritt, der sich in den antagonistischen Klassengesellschaften zwar auf zwiespältige Weise vollzog, konnte und wollte man nicht sehen. Der zunehmende Einfluß der Stadt, die Verbesserung der Verkehrsbedingungen, die Modernisierung der Agrarwirtschaft, die Ausweitung der Kommunikationsbeziehungen, alle Neuerungen des kapitalistischen Systems trügen demnach nicht zur Überwindung dörflicher Rückständigkeit bei, sondern zerstörten eine „heile Welt". Ausgerechnet die äußerst reaktionäre faschistische Agrarpolitik würde sich — nach STEGMANN, der sie entsprechend der Nazi-Propaganda demagogisch als „Neuaufbau der Landwirtschaft" titulierte — um die Wiederherstellung angeblich gesunder dörflicher Zustände erfolgreich bemühen. Damit ordnet sich diese Arbeit — die faschistische Demagogie bedeutete nur den Kulminationspunkt in einer reaktionären ideengeschichtlichen Entwicklungslinie — in die lange Reihe jener bürgerlichen volkskundlichen Arbeiten ein, die stets nur den Verfall der traditionellen, mit den inzwischen sich etablierten kapitalistischen Produktionsverhältnissen jedoch längst im Widerspruch stehenden Formen dörflicher Lebensweise und Kultur sahen und das historisch Neue von reaktionär-romantischen Positionen verurteilten.

Die einzige echte historische Alternative, die es gab, nämlich das Proletariat als der zur Herrschaft berufenen Klasse in seinem Kampf um die Beseitigung des kapitalistischen Herrschaftssystems, wurde nicht gesehen. Mit der völligen Ignorierung der proletarischen Dorfbevölkerung (vom Industrieproletariat ganz zu schweigen) und der von ihr auch hier in den ersten Zügen herausgebildeten demokratischen, sozialistischen Elemente im Rahmen der proletarischen Lebensweise und Kultur bzw. dem Messen der neuen Erscheinungsformen allein an den überholten bäuerlichen Wesensmerkmalen nahmen sich die ansonsten jedes Relikt einer als einstmals homogen verstandenen Volkskultur sorgsam registrierenden bürgerlichen Volkskundler selbst die Möglichkeit, den Stellenwert jener Objektivationen einzuschätzen und als Zeugnis einer auslaufenden Zeit und in Abhängigkeit von den sozialökonomischen Grundlagen historisch richtig einzuordnen.

Gerade darum bemüht sich nun aber das von uns begonnene Vorhaben. Dementsprechend strebte das Kollektiv von vornherein eine möglichst breite interdisziplinäre Zusammenarbeit an. Der marxistisch-leninistischen Geschichtsauffassung gemäß kam dabei der Kooperation mit der Wirtschaftsgeschichte besondere Bedeutung zu; stellt doch die umfassende und detaillierte Kenntnis der sozialökonomischen Prozesse und materiellen Lebensbedingungen eine der Grundvoraussetzungen für das Erkennen von Gesetzmäßigkeiten auch der Geschichte von Lebensweise und Kultur der werktätigen Klassen und Schichten dar. Zwar vollziehen sich die Entwicklungen auf ökonomischem Gebiet und im geistig-kulturellen Bereich weder im Sinne eines formalen Nacheinander noch im Sinne eines einfachen Parallelismus, da die kulturellen Prozesse in einer relativen Eigengesetzlichkeit ablaufen, doch durfte das nicht dazu führen, die Fragen nach der sozialökonomischen Determiniertheit der Erscheinungsformen in der Lebensweise und Kultur in irgendeiner Weise abzuschwächen.

Bereits in die ersten Vorgespräche zum Forschungsvorhaben in den Jahren 1965/66 wurden darum auch Vertreter der Agrargeschichte einbezogen, deren Mitwirkung sich

[32] STEGMANN, (1936): 40; vgl. auch WOLFROM, (1937): 23.
[33] STEGMANN, (1936): 40.

unter anderem darin äußerte, daß ein vom Volkskundlerkollektiv vorbereiteter Fragebogen um zahlreiche Komplexe zu ökonomischen Problemen erweitert wurde. Ebenfalls in den Fragebogen aufgenommen wurde eine Reihe sprachwissenschaftlicher Wünsche. Diese Materialsammlung mit Hilfe eines Fragebogens, die zur Ergänzung der Archivstudien und der Feldforschungen durchgeführt wurde, begann im Jahre 1967. Eine unter dem damaligen Leiter des Forschungsvorhabens, WOLFGANG JACOBEIT, in Ummendorf, Kr. Wanzleben, durchgeführte Beratung mit den zahlreichen ehrenamtlichen Exploratoren diente der Verdeutlichung unseres Anliegens, dem ersten Erfahrungsaustausch und der Gewinnung weiterer ehrenamtlicher Helfer und Mitarbeiter. Die auf diese Weise und durch erste Testerhebungen im Terrain geknüpften Kontakte zwischen dem Wissenschaftlerkollektiv und den Exploratoren wurden durch „Rundschreiben“ und weitere kleinere Zusammenkünfte weiter gefestigt, so daß auf der Ende des Jahres 1967 durchgeführten Arbeitstagung zu „Problemen und Methoden volkskundlicher Gegenwartsforschung“ bereits erste Erfahrungen über diese Form der Zusammenarbeit vorgelegt werden konnten.[34] Die Beantwortung des umfangreichen, aus sechs Teilen bestehenden Fragewerkes (1. Allgemeines; 2. Zuckerrübenanbau und sein Einfluß auf die übrige Land- und Viehwirtschaft; 3. Die Zuckerfabrik; 4. Saisonarbeiter; 5. Gemeinschafts- und kulturelles Leben, Lebensweise; 6. Mundartliches, Sprichwörter, Reime, Ortsnamen usw.) für den Zeitraum von etwa 1900 bis zur Gegenwart erforderte von den ehrenamtlichen Helfern ein außergewöhnlich großes Maß an Einsatzbereitschaft, so daß wir es als angenehme Pflicht empfinden, ihnen allen — auch wenn das Fragewerk manchmal nur unvollständig beantwortet werden konnte — erneut unseren großen Dank und unsere Anerkennung auszusprechen. Besonders hervorgehoben zu werden verdienen: ERICH BERCHNER (Hamersleben), HELMUT BERNER (Altenweddingen), MAX BÖSCHE (Hohenwarsleben) ANNELIESE BORMANN (Ampfurth), FRITZ CUBE (Groß Rodensleben), WALTER FINKE (Großmühlingen), ERNST GAJEWSKY (Kleinalsleben), FRITZ HABERLAND † (Biere). OTTO HÄDICKE (Wedlitz), LEO HOHLFELD (Hadmersleben), ALFRED JAHN (Barby), WILLI KOCH (ehemals Haldensleben), HANS LAMPE (Halberstadt), ALWIN LAUE (Eichenbarleben), WILHELM LAUE (Magdeburg), HANS HERMANN MERBT (Domersleben), PAUL MÜLLER (Bahrendorf), KARL MÜNCHMEIER (Hundisburg), RUDOLF PFEIL † (Bottmersdorf), GERHARD ROEBER (Klein Rodensleben), ERICH ROSENBERG (Großalsleben), OTTO SOMMERMEYER (Eichenbarleben), FRITZ TEMPLIN (Rottmersleben), PAUL TWELKMEYER (Altenweddingen), ERNST WADEWITZ (Nordgermersleben), GÜNTER WAGENER (Eilsleben) und OTTO WOSYLUS (ehemals Osterweddingen).

Nach Abschluß der bis 30. März 1969 verlängerten Fragebogenaktion, die in einer Diplomarbeit ihre erste Auswertung erfuhr[35] und deren Bedeutung für die volkskundliche Regionalforschung und heimatkundliche Arbeit gewürdigt wurde,[36] konzentrierte sich die Arbeit des Forschungskollektivs vorübergehend auf die Mitwirkung an einem anderen Kollektivunternehmen,[37] ehe ab 1972 die Forschungen zur Geschichte von Kultur und Lebensweise der werktätigen Klassen und Schichten in der Magdeburger Börde wieder schwerpunktmäßig fortgesetzt werden konnten. In der Zwischenzeit jedoch konnten

[34] JACOBEIT/PLAUL, 1969: 3.
[35] HEINRICH, 1970.
[36] PLAUL, 1971: 23—28.
[37] WEISSEL/STROBACH/JACOBEIT, 1972.

einige Jahresarbeiten,[38] vier Diplomarbeiten[39] und eine Dissertation[40] abgeschlossen und eine Tagung zu Problemen der Entwicklung von Bauen und Wohnen der Dorfbevölkerung in der Magdeburger Börde unter kapitalistischen Produktionsverhältnissen in Magdeburg und Hohenwarsleben durchgeführt werden.[41]

Aufbauend auf den Erfahrungen, die das Forschungskollektiv durch die Mitwirkung bei der Erarbeitung des „Abriß"[42] gewonnen hatte, wurde nach einer modifizierten Konzeption und Themenverteilung gearbeitet, die nach der darauf aufbauenden Stoffdisposition eine erneute Mitwirkung einiger ehrenamtlicher Helfer erforderlich machte. Im Anschluß an eine unter dem jetzigen Leiter des Forschungsvorhabens, Hans-Jürgen Rach, durchgeführten Beratung wurden insbesondere von Marie Krull (Eichenbarleben) sowie von Max Bösche, Walter Finke, Fritz Haberland †, Alwin Laue, Wilhelm Laue, Hans Hermann Merbt, Paul Müller, Rudolf Pfeil †, Erich Rosenberg, Otto Sommermeyer und Fritz Templin erneut interessante Materialien geliefert, wofür auch an dieser Stelle noch einmal ausdrücklich gedankt werden soll.

Dem Forschungskollektiv war von vornherein klar, daß sich neben der ohnehin notwendigen Archivforschung auch noch eigene Erhebungen im Terrain erforderlich machen würden, die für die geplante Darstellung der Gegenwartsentwicklung sogar noch verstärkt werden sollen, aber auch für die älteren Zeitabschnitte unentbehrlich waren. Das überwiegend vorhandene Verständnis, ja die vielfache Hilfe und Unterstützung bei den Befragungen und Materialsammlungen durch die Gewährsleute in den einzelnen Orten der Magdeburger Börde haben wesentlich zum Zustandekommen vorliegender Arbeit beigetragen. Bei der Vielzahl der helfenden Kräfte ist es unmöglich, alle namentlich zu nennen. Ihnen allen gilt unser herzlicher Dank.

Der vorliegende erste Teil unserer Untersuchungen zur Geschichte der Kultur und Lebensweise der werktätigen Klassen und Schichten in der Magdeburger Börde enthält fast ausschließlich Beiträge zur Entwicklung der sozialökonomischen Verhältnisse vom Ende des 18. Jh. bis 1917/18 und könnte somit den Eindruck erwecken, als habe sich diese Thematik gegenüber dem oben dargestellten Forschungsanliegen verselbständigt. Da sie aber das feste Fundament bilden, auf dem unsere Forschungen aufbauen, haben wir uns entschlossen, diesen Teil dem folgenden mit der Darstellung der volkskundlichen Probleme auch in dieser Ausführlichkeit voranzustellen. Das entsprach nicht nur grundsätzlichen theoretisch-methodologischen Erwägungen. Dazu veranlaßte uns auch die Tatsache, daß die Magdeburger Börde — obwohl sie in ihrer agrargeschichtlichen Entwicklung schon frühzeitig eine besondere Stellung einnahm und bestimmte Entwicklungstendenzen eher als in den Nachbargebieten erkennen ließ — bisher noch ungenügend untersucht worden war. Uns schien die Aufnahme der Analysen in voller Breite, also einschließlich der zahlreichen erstmalig veröffentlichten Quellenmaterialien, dringend erforderlich.

Zwar hatte der Zuckerrübenanbau durchaus das Interesse der Forschung geweckt und zu einer Reihe von Arbeiten geführt, die zumeist als Dissertationen an der Universität Halle angefertigt wurden,[43] doch gibt es z. B. für die Zeit vor 1850 keine zusammenfassen-

[38] Heinrich, 1969; Korn, 1969; Nowak, 1969.
[39] Bandoly, 1970; Heinrich, 1970; Korn, 1970; Nowak, 1970b.
[40] Rach, 1971.
[41] Baumgarten/Rach, 1973.
[42] Weissel/Strobach/Jacobeit, 1972.
[43] Hier ist vor allem zu nennen Humbert, 1877; ferner sei auf Bielefeldt, 1910, verwiesen.

den Arbeiten. Auch das Werk von DANNEIL[44] ist keine Agrargeschichte im eigentlichen Sinne. Die regional übergreifenden Charakter tragende Arbeit von WALTHER,[45] die in erster Linie die Topographie von HEINECCIUS[46] nach dem Begriffssystem der agrarverfassungsgeschichtlichen Schule der bürgerlichen deutschen Agrargeschichtsforschung auswertet, berücksichtigt auch nicht die in unserem Zusammenhang vornehmlich interessierenden Fragestellungen nach den Produktivkräften, der Sozialstruktur, der Feudalrente und der feudalen Ausbeutung sowie den Marktbeziehungen. Selbst die sehr rührige agrargeschichtliche Forschung im Rahmen der jüngeren historischen Schule der deutschen Nationalökonomie, die mit den Namen JOHANNES CONRAD (Halle) und GEORG FRIEDRICH KNAPP (Straßburg/Elsaß) verknüpft ist und für so viele Gebiete Teilaspekte der Agrargeschichte oder einzelne Herrschaftskomplexe zum Gegenstand der Untersuchung genommen hat, ließ die Börde für die Zeit des Spätfeudalismus weitgehend unbeachtet.

Die relativ große Zahl von Ortschroniken und Dorfgeschichten, die fast ausnahmslos von Laienforschern geschrieben wurden und zumeist auch Schilderungen der örtlichen Agrarverhältnisse enthalten, bot teilweise wertvolle Materialaufschlüsse[47] und konnte das aus den archivalischen Quellen gewonnene Bild vertiefen und ergänzen, reichte aber naturgemäß nicht aus, die Gesamtentwicklung zu erkennen.

So beruht z. B. der Beitrag von HARTMUT HARNISCH in der Hauptsache auf Archivstudien, die bei der erfreulich dichten archivalischen Überlieferung jedoch bei weitem nicht alle in Frage kommenden Bestände, geschweige denn Einzelakten einbeziehen konnten. Wir sind der Überzeugung, daß dennoch die typischen Entwicklungslinien erfaßt und verdeutlicht werden konnten.

In diesem Zusammenhang muß noch auf eine Besonderheit in der archivalischen Überlieferung hingewiesen werden, zumal sie sich in der Darstellung bemerkbar machen wird. Die Verwaltungspraxis des späten feudal-absolutistischen Staates hat uns in einer Dichte Quellen hinterlassen, die es gestatten, neben der Bevölkerungsentwicklung und Sozialstruktur auch die Entwicklung der agraren Produktivkräfte, insbesondere Anbau und Ertrag, zu quantifizieren. Aus fiskalischen und militärischen Erwägungen suchte man im altpreußischen Staat, die ökonomische Leistungsfähigkeit des Landes so genau wie möglich zu erfassen. Mit der Einleitung der bürgerlichen Agrarreformen hörten diese statistischen Aufnahmen zunächst weitgehend auf. Mit Ausnahme etlicher Gutswirtschaften, aus deren Wirtschaftsführung uns entsprechendes Schriftgut überliefert ist, wissen wir daher kaum etwas über die Agrarproduktion aus der Zeit nach 1806. Das gilt insbesondere auch für die Bauernwirtschaften. Wir sind daher paradoxerweise in der Lage, über manche wesentlichen Fragen der Agrargeschichte für die Zeit des Spätfeudalismus genauere Aussagen machen zu können als für die ersten Jahrzehnte der kapitalistischen Agrarentwicklung. Erst seit den vierziger Jahren des 19. Jh. gestattet die Quellenüberlieferung auch über die Entwicklung der Bauernwirtschaften wieder eingehendere Untersuchungen.

In die diesen Zeitabschnitt behandelnden Beiträge konnte das relativ zahlreich vorhandene Archivmaterial aus verschiedenen Gründen jedoch nur zum Teil einbezogen werden. So stützt sich der Beitrag von HAINER PLAUL, dessen Anliegen das Aufzeigen lediglich der Grundzüge der sozialökonomischen Entwicklung von 1830 bis 1880 ist, ebenso wie

[44] DANNEIL, 1895, und DANNEIL, 1898.
[45] WALTHER, 1906.
[46] HEINECCIUS, 1785.
[47] Einzelnachweise erfolgen an entsprechender Stelle.

die Studie von SIEGLINDE BANDOLY über die wesentlichen Veränderungen der sozialökonomischen Verhältnisse von etwa 1870/80 bis 1917/18 weitgehend auf gedrucktes Quellenmaterial. Der Umstand, daß gerade diese beiden wirtschaftshistorischen Beiträge von zwei Volkskundlern erarbeitet werden mußten, deutet zugleich die Tatsache an, daß die marxistische Agrargeschichtsforschung in der DDR sich bisher noch nicht in landschaftlich-proportional ausreichendem Maße mit Problemen der Landwirtschaft unter den Bedingungen der sich durchsetzenden bzw. voll entfalteten kapitalistischen Produktionsverhältnisse beschäftigt. Um so erfreulicher ist es, daß wir mit den Studien von HANS-HEINRICH MÜLLER zur Geschichte, Rolle und Bedeutung der Rübenzuckerindustrie, von DETLEF DIESTEL und HANS-HEINRICH MÜLLER zur Geschichte der Zuckerfabrik Klein Wanzleben und von RUDOLF BERTHOLD zur Bevölkerungsentwicklung und zur Sozialstruktur drei speziell für diesen Teil erarbeitete Beiträge aufnehmen konnten, die das Bild der sozialen und ökonomischen Entwicklung der Magdeburger Börde wesentlich ergänzen und vertiefen.

Aus der modifizierten Konzeption, die durch eine stärkere Orientierung auf die Untersuchung von Lebensweise und Kultur des Proletariats im Rahmen der werktätigen Klassen und Schichten gekennzeichnet ist und die Vergabe eines Dissertationsthemas zur Lebensweise des Landproletariats[48] und weiterer Studien über die Saisonarbeiter und über die auf dem Lande ansässigen Industriearbeiter[49] zur Folge hatte, ergab sich ferner, daß wir stärker als anfangs vorgesehen auch die Entwicklung in der Stadt Magdeburg einbeziehen mußten. Der daher zusätzlich aufgenommene Beitrag von HELMUT ASMUS zur Wirtschaftsgeschichte der Stadt Magdeburg vom Ende des 18. Jh. bis 1917/18 dient diesem Anliegen.[50]

Die den Beiträgen vorangestellten Darstellungen der physischen Geographie des Untersuchungsgebietes von LOTHAR GUMPERT und der Geschichte der Verwaltungsstruktur von JOSEF HARTMANN schließlich bilden eine notwendige Voraussetzung für das Verständnis aller — auch in den nächsten Teilen folgenden — Analysen.[51]

Der Charakter der mit diesem ersten Teil begonnenen Darstellung hatte zwangsläufig zur Folge, daß trotz der angestrebten komplexen Betrachtungsweise und Abstimmung der Autoren untereinander nicht nur unterschiedliche Akzentuierungen erhalten blieben, sondern auch mehrfach Überschneidungen auftraten, die jedoch wegen des jeweiligen unterschiedlichen Zusammenhangs belassen wurden. Immerhin konnte doch erreicht werden, daß anstelle völlig unabhängig voneinander stehender Beiträge in der Art eines Sammelbandes eine relativ geschlossene Gesamtschau vorgelegt werden kann. Allerdings mußten einige an sich notwendige Komplexe unberücksichtigt bleiben. So gelang es uns z. B.

[48] Vgl. PLAUL, (1974).

[49] Die Forschungsergebnisse dieser Studien werden in einem Beitrag zum Teil II der Untersuchung und in anderen Publikationen zur Diskussion gestellt.

[50] Aus verlagstechnischen Gründen müssen die Beiträge von MÜLLER, DIESTEL/MÜLLER, BERTHOLD und ASMUS als zweiter Halbband des ersten Teils publiziert werden.

[51] Die Studie über die physisch-geographischen Verhältnisse wurde unterstützt von Dr. HANS KUGLER, Sektion Geographie der Martin-Luther-Universität Halle—Wittenberg, durch die Bereitstellung von bisher unveröffentlichtem Material für die Abb. 14, von Dr. MANFRED ALTERMANN, VEB Geologische Forschungen und Erkundungen Halle, durch die Anfertigung der Abb. 22 und von Dipl.-Geogr. ERNST BENEDICT, Geographisches Institut der AdW der DDR, Leipzig, durch die ermöglichte Einsichtnahme in den in Arbeit befindlichen DDR-Atlas, wofür seitens des Autors und der Herausgeber herzlich gedankt wird.

nicht, in den vorliegenden Teil eine Übersicht über die ökonomisch-geographischen Verhältnisse einzubeziehen. Auch in den folgenden Teilen werden einige Bereiche notgedrungen noch unbearbeitet bleiben müssen oder können nur in einigen Aspekten anvisiert werden. Hier ist vor allem darauf zu verweisen, daß seitens der marxistischen Volkskunde in der DDR erstmals versucht wird, die Entwicklungsprozesse in der Kultur und Lebensweise der werktätigen Klassen und Schichten im Kapitalismus und Sozialismus in umfassender Sicht — wenn auch nur anhand eines relativ kleinen Untersuchungsgebietes — darzustellen und zu analysieren.[52] Dabei gilt es, die bereits gemachten guten Erfahrungen in der interdisziplinären Zusammenarbeit zu nutzen und die Fachkooperationen weiter auszubauen. Neben der bereits in den Untersuchungen des Zeitraumes bis 1917/18 erfolgten Zusammenarbeit mit Vertretern der Wirtschaftsgeschichte, der politischen Geschichte, der Sprachwissenschaft, der Geographie und des Museumswesens werden weitere Disziplinen für die Mitarbeit an der Analyse der anschließenden Perioden bis in die Gegenwart gewonnen werden müssen.

Die bisherige Auswahl der volkskundlichen Forschungsschwerpunkte ergab sich einmal aus dem wissenschaftlichen, auch wissenschaftspolitischen Anliegen des Gesamtvorhabens, war aber auch durch die Spezialisierung der Mitarbeiter bedingt. Einzelne Bereiche wie etwa der der geistig-kulturellen Sphäre im Hinblick auf die Rolle der mündlichen Erzähltradition, der Volkskunst oder des künstlerischen Laienschaffens und andere blieben daher noch ungenügend untersucht, werden aber in den geplanten folgenden Darstellungen eingehender berücksichtigt.

Im Forschungsprogramm des Wissenschaftsbereichs Kulturgeschichte/Volkskunde im Zentralinstitut für Geschichte an der AdW der DDR nimmt unser Vorhaben einen bedeutenden Platz ein. Seit Aufnahme der Forschungsarbeiten und der Fixierung der ersten Vorstellungen über Wege und Ziel als Beitrag zur Erweiterung des Einsatzraums der marxistisch-leninistischen Volkskunde der DDR in Richtung auf die sozialistische Gegenwart verstanden, gingen von diesen Forschungen wichtige Impulse für die weitere theoretische und methodologische Profilierung des Faches aus. Von ihnen empfingen in konzeptioneller Hinsicht auch die kürzlich eingeleiteten Untersuchungen zum historischen Wandel der Lebensweise und Kultur der werktätigen Klassen und Schichten, vor allem der Manufakturarbeiter und Plebejer, in der Epoche des Übergangs vom Feudalismus zum Kapitalismus manch wertvolle Anregungen. Mittelbare Auswirkungen lassen sich auch für die Folkloristik feststellen. Das gilt im Hinblick auf die Untersuchungen der Prozesse der Rezeption des kulturellen Erbes und der kulturellen Selbstbetätigung der Arbeiterklasse und der mit ihr verbündeten werktätigen Klassen und Schichten unter den Bedingungen des Kapitalismus und Sozialismus. Die dabei gewonnenen Erkenntnisse und Einsichten in den historischen Wandel der Lebensweise führten zur Präzisierung der konkret-historischen Ausgangsgrundlagen für die Forschungsthemen zu den einzelnen Gattungen und Sachbereichen. Das wirkt wiederum insofern fördernd auf die Arbeiten am Forschungsvorhaben „Magdeburger Börde" zurück, als sie auf die Notwendigkeit verweisen, die Probleme der Entwicklung der geistigen und künstlerischen Kultur als Fakten und Kriterien der Lebensweise stärker als in der Vergangenheit in die Komplexuntersuchungen einzubeziehen, um Einseitigkeiten im Forschungsansatz und Disproportionen in der Thematik zu überwinden.

[52] Vgl. dazu STROBACH/WEINHOLD/WEISSEL, 1975, und RACH, 1976.

Die Untersuchungen zur Geschichte der Lebensweise und Kultur der werktätigen Klassen und Schichten im Untersuchungsgebiet erwiesen sich somit als eine Art Katalysator im Prozeß der weiteren inneren Integration der marxistisch-leninistischen Volkskunde in der DDR. Unter dieser verstehen wir die notwendige innere Einheit ihrer Forschungsthemen und -gegenstände, gleichgültig, auf welche Perioden und auf welche Klassen und Schichten sich diese im Verlaufe der Geschichte des deutschen Volkes beziehen.

Schließlich sei bemerkt, daß die in der interdisziplinären Arbeit, in der Kooperation mit Vertretern der Agrargeschichte, der Geschichte der Arbeiterbewegung, mit den auf dem Gebiet der Regionalgeschichte tätigen Archivaren und Museologen, gewonnenen Erkenntnisse und Erfahrungen Verallgemeinerungen gestatten, die auch für andere Forschungsvorhaben genutzt werden können.

Die in diesem und im folgenden Teil vorgelegten Forschungsergebnisse dokumentieren das Durchbrechen der Grenzen, die das früher vorherrschende Wissenschaftsverständnis dem historischen Einsatzraum der volkskundlichen Forschung vorgezeichnet hatte. Aber sie bezeichnen nur Schritte auf dem Wege zu einem größeren Ziel. Dieses besteht in der Ausweitung des thematischen und chronologischen Rahmens der Untersuchungen bis zum gesetzmäßigen Wandel der Kultur und Lebensweise der Arbeiterklasse und der mit ihr verbündeten werktätigen Klassen und Schichten in der entwickelten sozialistischen Gesellschaft. Als eine wichtige Zwischenstation sind in den folgenden Jahren für die Perioden des Kapitalismus Untersuchungen zu den Lebensbedingungen und zur Lebensweise der Industriearbeiter als dem Kern und der fortgeschrittensten Abteilung der Arbeiterklasse vorgesehen.

Die bis jetzt abgeschlossenen Forschungen und ihre in den ersten beiden Teilen ausgewiesenen Ergebnisse können und wollen freilich noch keinen vollständigen Überblick über jene Themen und Probleme vermitteln, die in den nachfolgenden bis in die Gegenwart reichenden Teilen dargestellt werden. Themenauswahl und Stoffgliederung der ersten beiden Teile sind nicht einfach auf die folgenden, auf den Zeitraum vom Beginn des 20. Jh. bis zur entwickelten sozialistischen Gesellschaft, zu übertragen. Die entwicklungsbestimmenden Widersprüche und das Kräfteverhältnis der Klassen im Kampf zwischen Fortschritt und Reaktion, die den einzelnen Geschichtsperioden ihr Gepräge verleihen und ihre Stellung im Verlaufe der Geschichte des deutschen Volkes bestimmen, müssen auch in der Auswahl der Themen und Probleme ausgewiesen werden.

Die Rangfolge und das Verhältnis der einzelnen Themen zueinander ergeben sich aus ihrer historischen Wertigkeit, die ihnen im Hinblick auf die Verwirklichung der welthistorischen Mission der Arbeiterklasse und ihre damit verbundene Rolle im Kampf um die Durchsetzung des kulturhistorischen Fortschritts und ihre Bedeutung für die Herausbildung der ihrem Wesen gemäßen Lebensweise zukommt.

Muß die Themenauswahl für die Epoche des Imperialismus in der Geschichte des deutschen Volkes gegenüber den Perioden der freien Konkurrenz des Kapitalismus die Verschärfung aller Widersprüche des Kapitalismus und in dem uns interessierenden Zusammenhang die Verstärkung aller reaktionären Züge des Kapitalismus bis zur unverhüllten modernen Barbarei einerseits und die Vorbereitung des Proletariats auf den Sturz des Kapitalismus und die Errichtung der sozialistischen Gesellschaftsordnung andererseits zum Ausdruck bringen, so bedeutet das Jahr 1945 in der Geschichte des deutschen Volkes eine weit tiefere Zäsur. Die sozialistische Kulturrevolution in der DDR wirft Fragen auf, die die Volkskunde der DDR zum erneuten Durchdenken ihrer wissenschaftlichen Zielstellung und zur Überprüfung ihres methodischen Instrumentariums veranlassen muß. Die Antworten darauf können nicht unter Berufung auf altes Herkommen und auf gesicherte Forschungstraditionen gefunden werden. Andererseits wäre es unergiebig, die Aufgaben und Einsatzbereiche der volkskundlichen Forschung rein deduktiv, abstrakt-theoretisch, ohne Berücksichtigung des Forschungsstandes und ohne qualifizierte Auswertung der Arbeitsergebnisse der gesellschaftswissenschaftlichen Disziplinen bestimmen zu wollen, die sich mit der Erforschung von Problemen der Kultur und Lebensweise der Arbeiterklasse und der mit ihr verbündeten werktätigen Klassen und Schichten beschäftigen. Es liefe letztlich auf einen im Grunde unverbindlichen Themenkatalog, einen „Wunschanbauplan" hinaus, der von den Möglichkeiten der Realisierung in einem abrechenbaren Zeitraum abstrahiert. Das aber widerspricht der an alle Gesellschaftswissenschaften der DDR gerichteten Forderung, die „Planung der Ergebnisformen sowie die Leitung und Organisation des Forschungsprozesses" von vornherein auf eine vielseitige Nutzung der Forschungsergebnisse „zu richten".[53]

In diesem Zusammenhang kommt der Auswertung der Arbeitsergebnisse solcher benachbarter Disziplinen wie der Soziologie, der Kultursoziologie, der Sozialpsychologie besondere Bedeutung zu. Die ganze Bandbreite unserer Interessen kann hier freilich nicht vorgestellt werden. Daß wir der Auswertung der marxistisch-leninistischen Geschichtsschreibung, hier vor allem der Geschichte des deutschen Volkes von 1945 bis zur Gegenwart und der Geschichte der deutschen Arbeiterbewegung, besondere Bedeutung beimessen, bedarf keiner Betonung.

Für unsere Forschung ist die präzise Definition der beiden Grundkategorien „Lebensweise" und „Kultur" und ihres wechselseitigen Zusammenhangs von zentraler Bedeutung; sind doch unsere Untersuchungen in ihrer Gesamtheit auf sie bezogen und wollen als Beiträge zur Erweiterung der Kenntnisse über die Gesetzmäßigkeiten ihrer Entwicklung verstanden werden. Bekanntlich haben sich Gesellschaftswissenschaftler verschiedener Disziplinen besonders in den letzten Jahren um die Konkretisierung dieser Kategorien bemüht, wobei in jüngster Zeit die „Lebensweise" in das Zentrum des Interesses gerückt ist. Auch Volkskundler der DDR haben sich in der Diskussion zu Worte gemeldet und sich an einer Definition dieser Begriffe versucht. Das ist legitim und notwendig, bezeichnen sie doch Eckpfeiler im Selbstverständnis ihrer Wissenschaft als einer kulturhistorischen Spezialdisziplin. Es liegt keine Veranlassung vor, den vorhandenen Definitionen andere und weitere hinzuzufügen. Sie wären nur sinnvoll, wenn sie mit konkreten Bestimmungen der einzelnen aus ihnen abgeleiteten Aufgaben verbunden wären. Diese aber, deren Lösung in Angriff genommen wurde, müssen sich an der Zielsetzung orientieren, die für die Kultur- und Kunstwissenschaften der DDR in ihrer Gesamtheit für die folgenden Jahre gültig ist. In seinem Artikel „Aufgaben der Gesellschaftswissenschaften" bemerkt Kurt Hager: „Auf der Grundlage der Verbesserung der Arbeits- und Lebensbedingungen, der weiteren Überwindung des kulturellen Gefälles von Stadt und Land, der schrittweisen Erhöhung des geistig-kulturellen Niveaus erfaßt der Prozeß der Herausbildung der sozialistischen Lebensweise und der Formung allseitig entwickelter sozialistischer Persönlichkeiten immer breitere Kreise der Arbeiterklasse, der Genossenschaftsbauern und der Intelligenz. Deshalb ergeben sich auch neue Fragen nach der Effektivität der verschiedenen kulturellen Aktivitäten.

Insbesondere erhöht sich die Verantwortung der Kultur- und Kunstwissenschaften für das Wachstum unserer sozialistischen Nationalkultur, für die Herausbildung der soziali-

[53] Gutzmann/Szewczyk, 1975: 149.

stischen Lebensweise, für die sozialistisch-realistische Kultur, für die kulturelle Bildung der Werktätigen und das geistige Klima unseres Kulturlebens."[54]

„Lebensweise" und „Kultur" werden in der volkskundlichen Forschung stets in ihrem wechselseitigen Zusammenhang verstanden. Prozesse und Erscheinungen der Kultur werden insoweit erforscht, als sie die Gestaltung des Alltagslebens der Angehörigen der werktätigen Klassen und Schichten beeinflussen.

Zur Lebensweise hat der bekannte sowjetische Philosoph G. GLESERMAN folgende allgemeine Definition geliefert: „Die Lebensweise ist jedoch nicht lediglich ein publizistischer, sondern ein wissenschaftlicher Begriff, der die allgemeine sozialökonomische Charakteristik dieser oder jener Gesellschaftsordnung wesentlich ergänzt. Indem wir die Merkmale der Lebensweise einer gegebenen Gesellschaftsordnung herauskristallisieren, können wir eine konkrete Vorstellung davon vermitteln, wie sich hier das Alltagsleben der Menschen gestaltet, wie es ihre Denkweise und Handlungen beeinflußt, was diese Gesellschaft den Menschen gibt und überhaupt zu geben vermag. Wir erhalten damit sehr wichtige zusätzliche Parameter, nach denen wir — neben den objektiven für den Entwicklungsstand der Produktion, der Wirtschaft und Kultur — beurteilen können, inwieweit die betreffende Ordnung dem gesellschaftlichen Fortschritt entspricht oder widerspricht.

Jede ökonomische Gesellschaftsformation bringt eine bestimmte Lebensweise und eine dieser entsprechenden Denkweise hervor. In der Lebensweise finden die Produktivkräfte und die Produktionsverhältnisse, die politische Ordnung der Gesellschaft und ihre Kultur Ausdruck. Die Lebensweise bildet sich aus den Bedingungen des Alltagslebens der Menschen, insbesondere ihren Arbeitsbedingungen und ihrer Lebenshaltung sowie aus den Verhaltensformen, die zur Gewohnheit geworden und im gegebenen sozialen Milieu üblich sind. Gemeint sind natürlich nicht die individuellen Gewohnheiten, sondern die Massenformen des Verhaltens, die für die jeweilige Gesellschaft, Klasse oder Menschenschicht typisch sind. Man kann die Lebensweise definieren als die für die jeweilige Gesellschaft typischen Formen der Lebenstätigkeit der Menschen in Einheit mit den Bedingungen dieser Lebenstätigkeit.

Die Spezifik der untersuchten Kategorie besteht darin, daß sie die Gesamtheit der wesentlichen Züge im Charakter der Lebenstägigkeit des Volkes, der Klasse, des Menschen charakterisiert, die in letzter Instanz durch die Produktionsweise materieller Güter bestimmt wird."[55]

An anderer Stelle bemerkt er ergänzend: „Hauptformen der Lebenstätigkeit der Menschen sind in jeder Gesellschaft — so auch im Sozialismus — ihre Arbeitstätigkeit und die Ausnutzung der Arbeitszeit, ihre alltägliche Lebensgestaltung und damit verbunden die Nutzung ihrer Freizeit, ihre gesellschaftliche politische Tätigkeit, ihre Tätigkeit im Bereich der geistigen Kultur und schließlich die für die gegebene Gesellschaft typischen Beziehungen zwischen den Menschen, die in den Alltag eingegangenen Bräuche und Verhaltensregeln."[56]

Wir glauben feststellen zu dürfen, daß die Anlage unserer Untersuchungen und die Wahl der Themen mit der durch diese Definition gewiesenen Forschungsorientierung im allgemeinen übereinstimmen. Das bedeutet allerdings nicht, daß alle Bereiche und Themen der Lebensweise abgedeckt werden konnten und daß das gebotene hohe theoretische Niveau

[54] HAGER, 1975: 140/141.
[55] GLESERMAN, 1975: 574/575.
[56] GLESERMAN, 1975: 575.

in der Verallgemeinerung der Aussagen überall erreicht wurde. Die begrenzte Forschungskapazität zwang von vornherein zur Konzentration auf einige wenige Themen. Diese mußten freilich zugleich die Unterschiede bzw. die neuen Akzente in der volkskundlichen Erforschung des Proletariats ausweisen. Bei den Untersuchungen zur alltäglichen Lebensgestaltung der werktätigen Klassen und Schichten, die das wichtigste Erkenntnisziel unserer Forschungen darstellt, mußte von ihrer Arbeitstätigkeit ausgegangen werden. Das scheint selbstverständlich und keiner näheren Begründung bedürftig. Tatsächlich ist aber die Frage, inwieweit das Arbeitsleben in die Untersuchungen zur Lebensweise einzubeziehen ist, in der volkskundlichen Literatur Gegenstand des wissenschaftlichen Meinungsstreits. Aussagen über das Arbeitsleben setzen aber gesicherte Erkenntnisse über die sozialökonomische Struktur und die materiellen Lebensbedingungen voraus. Diese waren aber bei Aufnahme unserer Arbeiten nicht vorhanden und mußten erst durch originäre Forschungen gewonnen werden. So erklärt sich, daß der Entwicklung der kapitalistischen Produktionsweise und der Klassenstruktur ein ganzer Teil gewidmet ist und die Spannweite des Themas von der ökonomischen Basis bis zu Problemen der künstlerischen Kultur und der verschiedenen Formen des Gemeinschaftslebens reicht. Der erste Teil ist das Gemeinschaftswerk von Agrarhistorikern und Volkskundlern. Daß sich die Volkskundler als echte Forschungspartner erwiesen und wichtige Beiträge zur Erforschung von Problemen lieferten, die nicht auf ihrem eigentlichen Arbeitsfeld liegen, zeugt von der Fruchtbarkeit der interdisziplinären Arbeit. Die Frage nach der Zuständigkeit der Disziplinen für die einzelnen Themenbereiche betrachteten wir in diesem Zusammenhang als zweitrangig.

Mit unserer Option für den weiten Begriff der Lebensweise grenzen wir uns zugleich gegen Auffassungen der bürgerlichen Volkskunde ab. In Anlehnung an gängige Definitionen in der empirischen Sozialforschung sehen bürgerliche Volkskundler in der zeitlich und räumlich getrennten Existenz von Arbeitszeit und Freizeit und in der Verfügung über die letzte das entscheidende Qualitätskriterium der Lebensweise. Die Frage nach der Produktionsweise und nach dem Charakter der gesellschaftlichen Beziehungen der Menschen im Prozeß der Produktion des materiellen Lebens der Gesellschaft wird als unerheblich beiseite gelassen. Diese Theorie ermöglicht es, die Lebensweise der Werktätigen im Kapitalismus und Sozialismus unterschiedslos am Maß des Umfangs der Freizeit zu messen, und steht im Dienste der erstrebten „Annäherung“ der beiden Gesellschaftssysteme.

In unseren Untersuchungen über die Arbeitstätigkeit stehen die gesellschaftlichen Beziehungen der unmittelbaren Produzenten im Produktionsprozeß im Mittelpunkt des Interesses. Das Wissen um die konkreten Formen der Ausbeutung, gesicherte Daten über die Entwicklung des Lebensstandards, konkrete historische Kenntnisse über die Entwicklung des Widerstands der Werktätigen gegen Ausbeutung und Unterdrückung und der Herausbildung von Formen und Traditionen der Klassensolidarität sowie die Kenntnis der gesamten Bedingungen der Reproduktion der Arbeitskraft bilden das tragfähige Fundament für die Erforschung der geistigen und künstlerischen Bedürfnisse, der Verhaltensnormen und Wertorientierungen der Werktätigen. So nehmen die Untersuchungen zu Lebensbedingungen und zur Lage der Werktätigen in unserer Darstellung zu Recht einen verhältnismäßig breiten Raum ein. Nach unserer Meinung wurden hier Ergebnisse präsentiert, die auch für andere gesellschaftswissenschaftliche Disziplinen von Interesse sind und insgesamt einen Beitrag zur weiteren Ausgestaltung des marxistisch-leninistischen Geschichtsbildes leisten. Wir glauben damit insbesondere für die weitere Erforschung der Geschichte der Arbeiterbewegung in dieser Region Material bereitgestellt zu haben.

Mit der durch den vorliegenden ersten Teil eröffneten mehrteiligen Darstellung verfolgt das Autorenkollektiv jedoch nicht nur das Ziel, einen Beitrag zur Forschung und Wissenschaft zu leisten. Wir wenden uns mit dieser Arbeit in gleicher Weise an alle Werktätigen des Untersuchungsgebietes. Unsere Forschungen dienen zwar ganz allgemein dem Ziel, das Geschichtsbild zu erweitern, sollen jedoch speziell auch zur Überprüfung der eigenen Erfahrungen im Lichte des historischen Gesamtzusammenhangs anregen, handeln unsere Beiträge doch von den in ihrer engeren Heimat vollbrachten historischen Leistungen, ihren Mühen, Kämpfen, Opfern und Siegen, kurz von ihrem Anteil am Kulturfortschritt, der letztlich zur Überwindung der kapitalistischen Gesellschaftsformation, zum Aufbau und zur weiteren Gestaltung der entwickelten sozialistischen Gesellschaft in unserem Untersuchungsgebiet als einem Teil der DDR beitrug.

Zur Erleichterung der Lesbarkeit der folgenden Beiträge sei abschließend noch auf einige Besonderheiten der Manuskriptgestaltung hingewiesen:

1. Die in den Fußnoten enthaltenen Zitatnachweise beschränken sich auf eine Kurzform, die in der Regel lediglich den Autor, das Erscheinungsjahr und nach einem Doppelpunkt die zitierte Seite (in arabischer Ziffer) ausweist, mit deren Hilfe man jedoch im Quellen- und Literaturverzeichnis des Anhangs die ausführlichen bibliographischen Angaben ermitteln kann. Beispiel: Bielefeldt, 1910: 28 = Bielefeldt, Karl, Das Eindringen des Kapitalismus in die Landwirtschaft unter besonderer Berücksichtigung der Provinz Sachsen und der angrenzenden Gebiete. Berlin, 1910.
2. Alle in den verwendeten Quellen enthaltenen und in den Text übernommenen historischen Maße, Gewichte und Münzen sind im Anhang (S. 290) zusammengestellt.
3. Einige, vor allem die zeitgenössischen und regional-spezifischen, aber auch verschiedene allgemeine Fachbegriffe werden im Anhang (S. 293) erläutert.
4. Die verwendeten Ortsnamen sind der heutigen Schreibweise angepaßt und im Ortsregister (S. 334) zusammengestellt.
5. Die laut Duden nicht üblichen, aber von uns benutzten Abkürzungen werden im Anhang (S. 333) erklärt.
6. Alle zu unserem Untersuchungsgebiet gehörenden Orte sind in einer dem Band beigelegten Grundkarte eingetragen (Abb. 33).

Lothar Gumpert

Die physisch-geographischen Verhältnisse in der Magdeburger Börde

In diesem geographischen Beitrag werden die Entstehung und die landschaftlichen Merkmale der Magdeburger Börde erläutert. Weiter soll gezeigt werden, wie die Naturgegebenheiten die wirtschaftlichen Verhältnisse beeinflußten und der Mensch das Landschaftsbild seit dem 18. Jh. veränderte.

1. Gebiet und Begriff Magdeburger Börde

Die Magdeburger Börde gehört zu den fruchtbaren mitteleuropäischen Schwarzerdegebieten auf Löß im nördlichen Vorland der Mittelgebirge. Über ihre territoriale Ausdehnung, vor allem in westlicher Richtung, bestehen bis heute unterschiedliche Auffassungen. In der geographischen Literatur wird die Magdeburger Börde gewöhnlich durch folgende Linien umgrenzt: im Norden das Ohre-, im Osten das Elbe-, im Süden das Saale- und Bodetal; im Westen verläuft die Grenze von Bebertal über die Endmoränenhügel bei Druxberge—Seehausen nach Oschersleben[1] bzw. von Bebertal über Emden—Erxleben—Eilsleben—Eggenstedt nach Oschersleben. Dieser Grenzverlauf schließt die Ackerflächen auf Löß westlich des Endmoränenzuges bis zum Hohen Holz und Lappwald und den anderen randlichen Waldungen des ostbraunschweigischen Flachlandes mit ein.[2] Im Gegensatz zu den meisten Autoren rechnet J. H. Schultze[2a] im Süden auch noch das Ackerland jenseits der Bode bis zum Huy und Hakel und bis nach Aschersleben zur Magdeburger Börde. Interessant ist, daß W. Roubitschek[2b] vom agrargeographischen Gesichtspunkt in die Magdeburger Börde im Westen das Gebiet bis zur Staatsgrenze zwischen Sommersdorf und Hessen, im Süden das Gelände etwa bis zur Linie Fallstein—Huy—Kroppenstedt—Eickendorf (bei Calbe) einbezieht.

In der vorliegenden Darstellung werden unter Magdeburger Börde außer dem geographischen Börderaum (931 km²) — im Westen den typischen Bördekreis Wanzleben ganz umfassend — noch die großen Niederungen an Elbe und Saale jeweils bis an die Flüsse verstanden, so daß das Untersuchungsgebiet eine Ausdehnung von 1222 km² besitzt (Abb. 1).

Der Name „Börde“ wird in der Literatur in zweifacher Weise gedeutet. Zunächst kann man darunter einen Gerichtsbezirk bzw. ein zinspflichtiges Landgebiet (mittelnieder-

[1] Z. B. Müller, 1962: Karte.
[2] August, 1959: 768; Blume, 1908: 1—2; siehe Anlage Nr. 4.
[2a] Schultze, 1955: Tafeln 1 und 3.
[2b] Roubitschek, 1963: Karte.

deutsch: bōrde = was einem zukommt oder zufällt; althochdeutsch: beran = tragen, eintragen) verstehen, da die 24 Dörfer, die 1363 in der Landfriedensurkunde des Erzbischofs DIETRICH zur Börde gerechnet werden,[3] ziemlich genau die älteste Ausstattung des Moritzklosters zu Magdeburg verkörpern. Zweitens läßt das plattdeutsche bören = tragen allgemein Rückschlüsse auf ein fruchttragendes Gebiet zu.[4] Im niederdeutschen Sprachraum kommt der Begriff mehrfach vor, z. B. neben der Magdeburger die Braunschweig-Hildesheimer, die Soester und die Jülicher Börde.

Während des Mittelalters gebrauchte man den Namen Börde als Verwaltungsbegriff im Erzbistum Magdeburg. Nach der Bildung des Herzogtums Magdeburg 1680 verlor er diese Bedeutung, blieb aber in der Volkssprache erhalten[5] und bekam später allmählich geographischen Inhalt. S. WALTHER benutzte noch die altüberlieferten Begriffe Hohe Börde (südlich der Linie Magdeburg—Wanzleben, wohl in Anlehnung an G. TORQUATUS), Kleine Börde (auch Holzbörde, nach Norden bis zur Ohre und zum Waldgebiet des Flechtinger Höhenzuges) und Holzland (nördlich der Kleinen Börde) (Abb. 1).[6] HEINECCIUS bezeichnete als Börde das Gebiet des 1. und 2. und einen Teil (bis zur Ohre) des 3. Distriktes des Holzkreises, womit er im Westen und Südosten über die heutige Bördegrenze hinausgriff.[7] C. v. SEYDLITZ beschrieb dann die Börde ungefähr in der heutigen Ausdehnung.[8] In dieser Zeit verwendete man mehrfach den Namen „Magdeburger Börde" und hob als wichtiges Kennzeichen die Fruchtbarkeit des Bodens hervor.[9] Neben den wissenschaftlichen Umgrenzungsversuchen gab es auch Merksprüche zum Bördebegriff, die bei der ländlichen Bevölkerung beliebt waren, so den Elf-Dörfer-Spruch, der seit Mitte des 19. Jh. belegt ist:

Schtemmern, Biere, Barendorp,
Zens, Mülinge, Eikendorp,
Brumby und Glête,
Illnitz un Ferstêde
Atzendorp is ôk dabî;
solln dat nich elf dörper sî?[10]

Mit F. WAHNSCHAFFE setzte die geologisch-geographische Beschreibung der Magdeburger Börde ein. Er ging bei der Umgrenzung des Gebietes im wesentlichen von der Lößverbreitung aus, rechnete also die holozänen Niederungen von Ohre, Elbe, Saale und Bode nicht zur Börde.[11] E. BLUME führte für das höher gelegene Gebiet westlich der markanten Geländestufe zwischen Althaldensleben—Gutenswegen—Hohenwarsleben und Hohen-

[3] Hohendodeleben, Klein Ottersleben, Groß Ottersleben, Benneckenbeck, Lemsdorf, Fermersleben, Westerhüsen, Pöteritz (wüst bei Westerhüsen), Barnsdorf (wüst, Lage unbekannt), Nalpke (wüst bei Borne), Beyendorf, Sülldorf, Osterweddingen, Langenweddingen, Altenweddingen, Bahrendorf, Stemmern, Billingsdorf (wüst bei Dodendorf/Sülldorf), Welsleben, Atzendorf, Borne, Bisdorf, Wolmirsleben, Unseburg (nach WINTER, 1874b: 433).
[4] SCHRÖDER, 1941: 33—34; WASSERZIEHER, 1925: 144.
[5] NOWAK, 1970a: Erläuterungen, 17.
[6] WALTHER, 1735: 4—5; TORQUATUS (1761): 65—68.
[7] HEINECCIUS, 1785: 10—11; siehe Anlage Nr. 1.
[8] SEYDLITZ, 1820: 20; siehe Anlage Nr. 2.
[9] NOWAK, 1970a: 10—11.
[10] Nach WINTER, 1874b: 433.
[11] WAHNSCHAFFE, 1885: 19; siehe Anlage Nr. 3.

dodeleben den Begriff „Hohe Börde“ ein.[12] Diese geographische Bezeichnung steht im Gegensatz zum gleichen historischen Begriff, was bei geschichtlichen Arbeiten in der Magdeburger Börde beachtet werden muß. In der geographischen Literatur wird der Name Hohe Börde allgemein verwendet, so von O. August und L. Gumpert.[12a] O. August und H. Brüning bezeichneten im Gegensatz zur Hohen Börde den tiefer gelegenen Ostteil unseres Gebietes als „Niedere Börde“ (Abb. 2).[13] In dieser geographischen Übersicht werden die beiden Begriffe im so beschriebenen Sinne benutzt (Abb. 1).

2. Geologische Verhältnisse und Bodenschätze

Die geologischen Strukturen unseres Gebietes, von denen die Verbreitung der Bodenschätze und Bausteine abhängt, entstanden während der variskischen Gebirgsbildung vom Karbon bis Perm und der saxonischen Gebirgsbildung vom Jura bis zum Tertiär. Letztere prägte unserem Gebiet herzynische, d. h. von Nordwest nach Südost verlaufende Strukturlinien auf, außerdem eine Reihe quer dazu ziehender Störungen (Abb. 3).

Durch den Nordteil der Magdeburger Börde streicht herzynisch die Flechtinger Scholle, ein paläozoisch gefaltetes Grundgebirge. Während der saxonischen Gebirgsbildung wurde sie asymmetrisch gehoben, so daß die Sprunghöhe gegenüber der Calvörder Scholle jenseits des Abbruchs von Haldensleben 1000 bis 1500 m beträgt und sie nach Süden gewöhnlich sanft unter jüngere Sedimente untertaucht. Der Gesamtaufbau der Flechtinger Scholle ähnelt damit dem des Harzes.

In unserem Zusammenhange interessiert das Gesteinsmaterial der Scholle, sofern es wirtschaftliche Bedeutung erlangte. Die ältesten Gesteine sind spätvariskisch leicht gefaltete Sedimente, unter denen die Grauwacken als Bausteine wichtig waren (Abb. 4). Es handelt sich bei ihnen um sandsteinartige Sedimente, bestehend aus Körnern von Quarz, Feldspat, Chlorit, Glimmer, Pyrit und verschiedenen Gesteinsbruchstücken, teils grob-, teils feinkörnig. In einem nördlichen Streifen zwischen Ebendorf und Hundisburg sind die Grauwacken grau, in einem südlichen zwischen Magdeburg-Altstadt, Irxleben und Groß Rottmersleben durch oxidische Eisenverbindungen rötlich gefärbt. In mehreren Dörfern auf der Flechtinger Scholle bildet die Grauwacke das am häufigsten verwendete Baumaterial im Ortskern (Abb. 5).

Am Ende der variskischen Gebirgsbildung wurde im Unterrotliegenden Lava gefördert, die zu Porphyrit erstarrte, einem graugrünen, feinkörnigen Gestein mit Feldspateinsprenglingen und plattiger Absonderung; verwittert sieht es braunrot aus. Zwischen Mammendorf und Klein Rottmersleben wurde der Porphyrit als Baustein und Schottermaterial gewonnen, bei Schackensleben bis um 1930. Bei Bebertal findet sich ein Porphyrtuff, der als Baustein dem Ort neben roten Sandsteinen mit das Gepräge verleiht.

Das übrige Rotliegende ist durch eine Sedimentserie gekennzeichnet, die sich in einem 2 bis 3 km breiten Streifen am Südwestrande der Flechtinger Scholle hinzieht und flach nach Südwesten einfällt (Abb. 6). Von den Sedimenten galt vor allem der rötliche Bausandstein als guter Werkstein. Bei Nordgermersleben fand in einem 2 bis 4 m mächtigen Schwerspat-

[12] Blume, 1925: 34.
[12a] August, 1959; Gumpert, 1973.
[13] August, 1959: 767; Brüning, 1959: 9.

gang im Rotliegenden vom 18. bis zur Mitte des 19. Jh. ein Abbau dieses Minerals statt, das u. a. für die Porzellanherstellung nach Berlin geliefert wurde.[14]

Den Rand der Flechtinger Scholle säumt das schmale Band des ausstreichenden Zechsteins, in dem neben den Salzen (siehe S. 26f.) der Kupferschiefer vorkommt. Das etwa 20 cm mächtige, im allgemeinen nicht abbauwürdige Kupferschieferflöz streicht auf der Linie Emden—Nordgermersleben aus. Vor allem bei Alvensleben im Gebiet des Sixdorfer Berges betrieb man seinen Abbau im 18. Jh. mit wechselndem Erfolg.[15] Davon zeugen mehrere Halden (Abb. 7).

Der südliche Teil der Börde gehört zum Subherzynen Becken, das von der Flechtinger Scholle und dem Harz begrenzt wird. Die mesozoischen Beckensedimente, in der Börde im wesentlichen aus der Trias, liegen nicht mehr horizontal, sondern erfuhren durch die saxonische Gebirgsbildung Lagerungsveränderungen. Sie sind schwach gefaltet und durch herzynische Verwerfungen gestört. An einigen kräftigen Störungen entstanden durch Salzaufpressung besondere Strukturen (Abb. 3).

Im Buntsandstein, der unteren Abteilung der Trias, gewann man an einigen Stellen Sandsteine als Baumaterial. Salze und Anhydrit des Röts (oberer Buntsandstein) waren infolge von Auslaugungsprozessen wichtig für die Oberflächengestaltung.

Im Muschelkalkgebiet war die Zahl der Steinbrüche besonders groß (Abb. 8). Man baute verschiedene Kalke und Dolomite ab, von harten, kristallinen Kalken bis zu weniger widerstandsfähigen Kalkschiefern. Die Färbung reicht von weiß bis schmutzig gelbgrau. Wie aus Abb. 3 ersichtlich ist, waren die Kalke im Süden der Börde weit verbreitete Bausteine (Abb. 9). An vielen Stellen gab es im 19. Jh. Kalköfen, die vor allem Muschelkalk verarbeiteten. Heute liefern nur noch Steinbrüche im Raum Förderstedt—Glöthe Kalkstein für die Zement- und Sodaproduktion (Abb. 10).

Von den Ablagerungen des Keupers, der jüngsten Abteilung der Trias, waren vor allem die fein- bis mittelkörnigen, hellen oder eisenschüssigen Sandsteine des Räts (obere Stufe des Keupers) als Bausteine beliebt (Abb. 11). Ein wenige Meter mächtiger Mergelhorizont gab im Gebiet Wormsdorf—Eggenstedt vom 16. bis 19. Jh. Anlaß zum Abbau, da sich das Gestein gut zum Mergeln der Äcker eignete.[16] Harte Steinmergel des mittleren Keupers dienten bis in die jüngste Zeit zum Schottern der Landwege.[17] Von gewisser lokaler Berühmtheit sind die Steinkohlen im Rät, die bei Wefensleben zwischen 1740 und 1820 und bei Seehausen bis zum Ende des 18. Jh. abgebaut wurden.[18] Nachhaltige Wirkung ging von diesem Bergbau wegen der geringen Verbreitung und Mächtigkeit (bis 0,5 m) der Kohle nicht aus. Ein 2 m breiter Randsaum an der Kohle mit Schwefelkiesgehalt diente bei Wefensleben als Grundlage für die Produktion von Eisenvitriol.[19] Tonschichten im unteren Keuper liefern bei Wanzleben bis heute den Rohstoff für die Ziegelproduktion.

Im Westen der Börde wurden Sandsteine des unteren Juras (Lias) und Kalke des oberen Juras (Malm) abgebaut. Besonders bekannt waren die weißen Sandsteine des „Königlichen Steinbruchs" bei Wormsdorf, die in Potsdam zum Aufbau von Schloß Sanssouci Verwen-

[14] Klaus, 1967: 74—76.
[15] Klaus, 1967: 66—71; Cramer, 1890: 52—53, 59—61.
[16] Koert, 1927: 15.
[17] Wiegers/Görz, 1925: 13.
[18] Pieper, 1935: 392.
[19] Koert/Dienemann, 1927: 59—60.

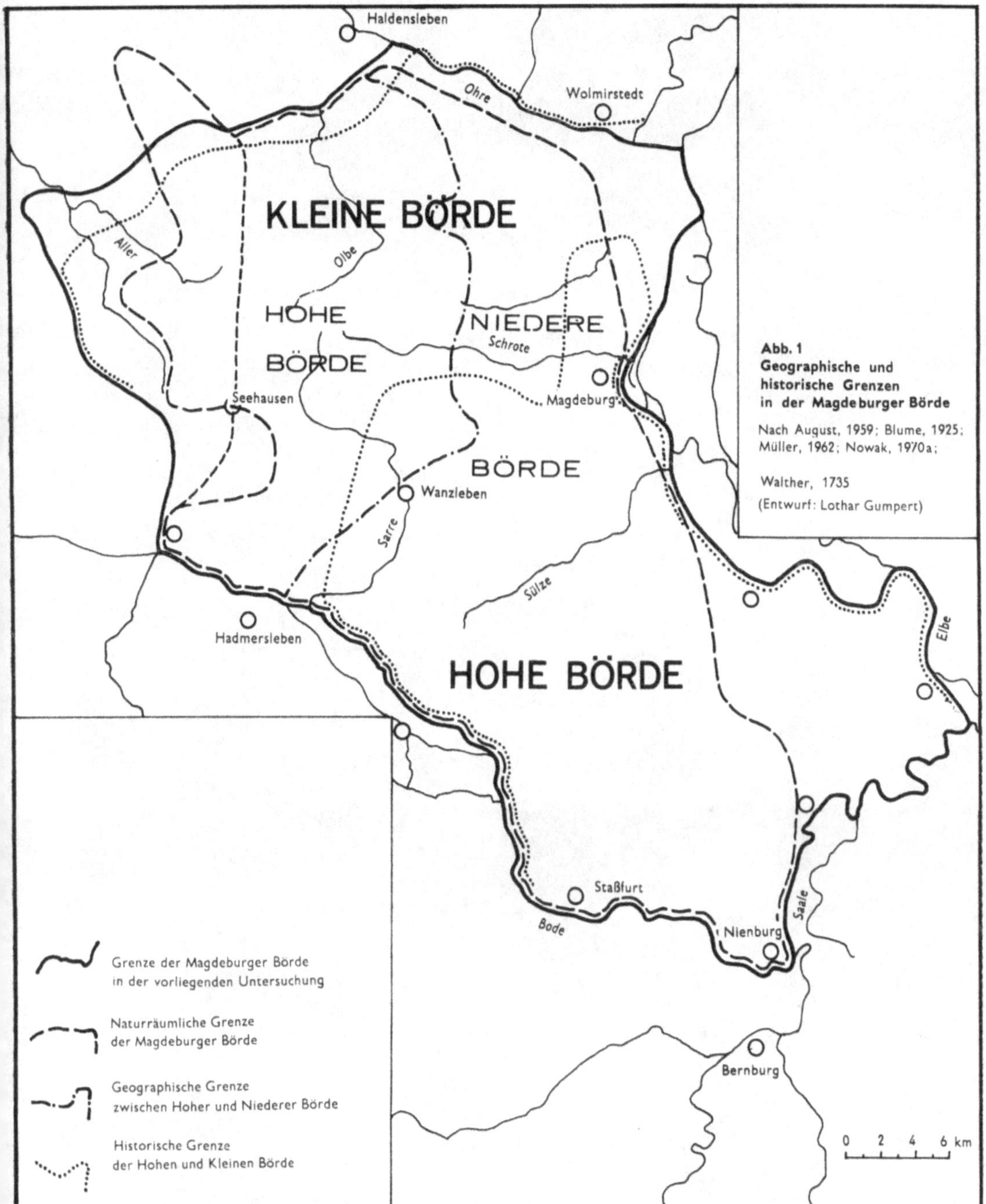

Abb. 1
Geographische und historische Grenzen in der Magdeburger Börde

Nach August, 1959; Blume, 1925; Müller, 1962; Nowak, 1970a;

Walther, 1735

(Entwurf: Lothar Gumpert)

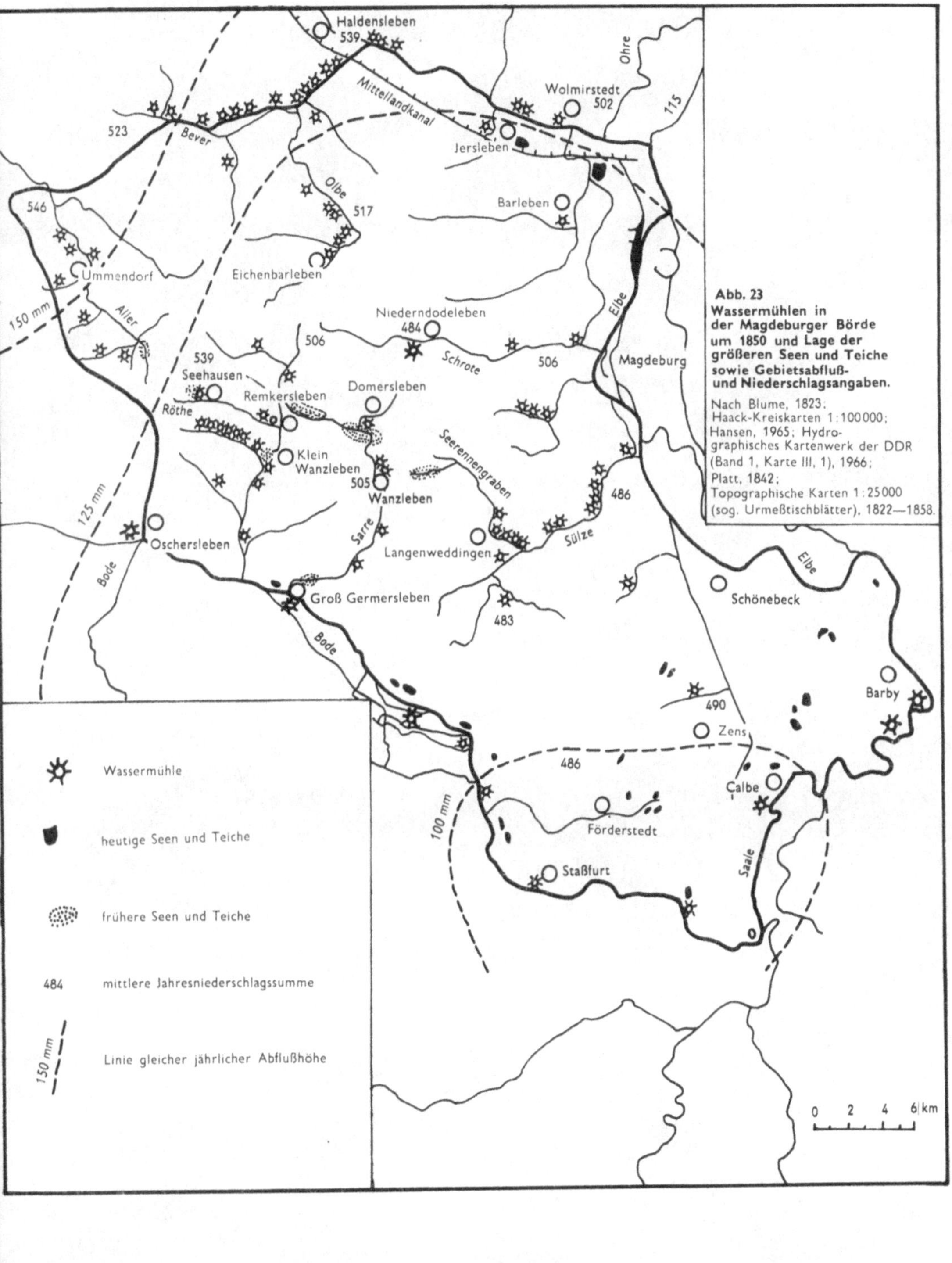

Abb. 23
Wassermühlen in der Magdeburger Börde um 1850 und Lage der größeren Seen und Teiche sowie Gebietsabfluß- und Niederschlagsangaben.
Nach Blume, 1823; Haack-Kreiskarten 1:100000; Hansen, 1965; Hydrographisches Kartenwerk der DDR (Band 1, Karte III, 1), 1966; Platt, 1842; Topographische Karten 1:25000 (sog. Urmeßtischblätter), 1822—1858.

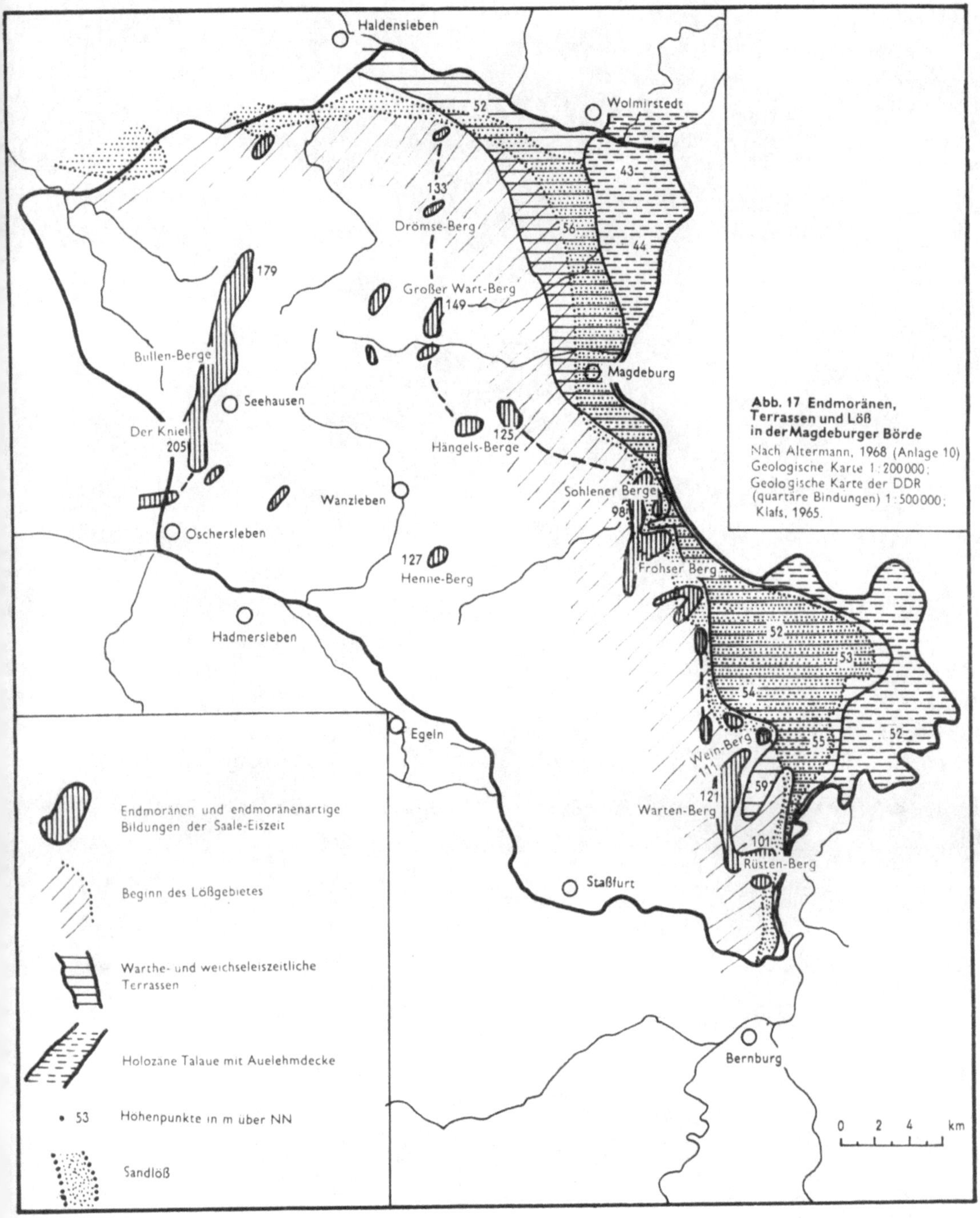

Abb. 17 Endmoränen, Terrassen und Löß in der Magdeburger Börde
Nach Altermann, 1968 (Anlage 10)
Geologische Karte 1:200000;
Geologische Karte der DDR (quartäre Bindungen) 1:500000;
Klafs, 1965.

Abb. 14 Magdeburger Börde — Relief

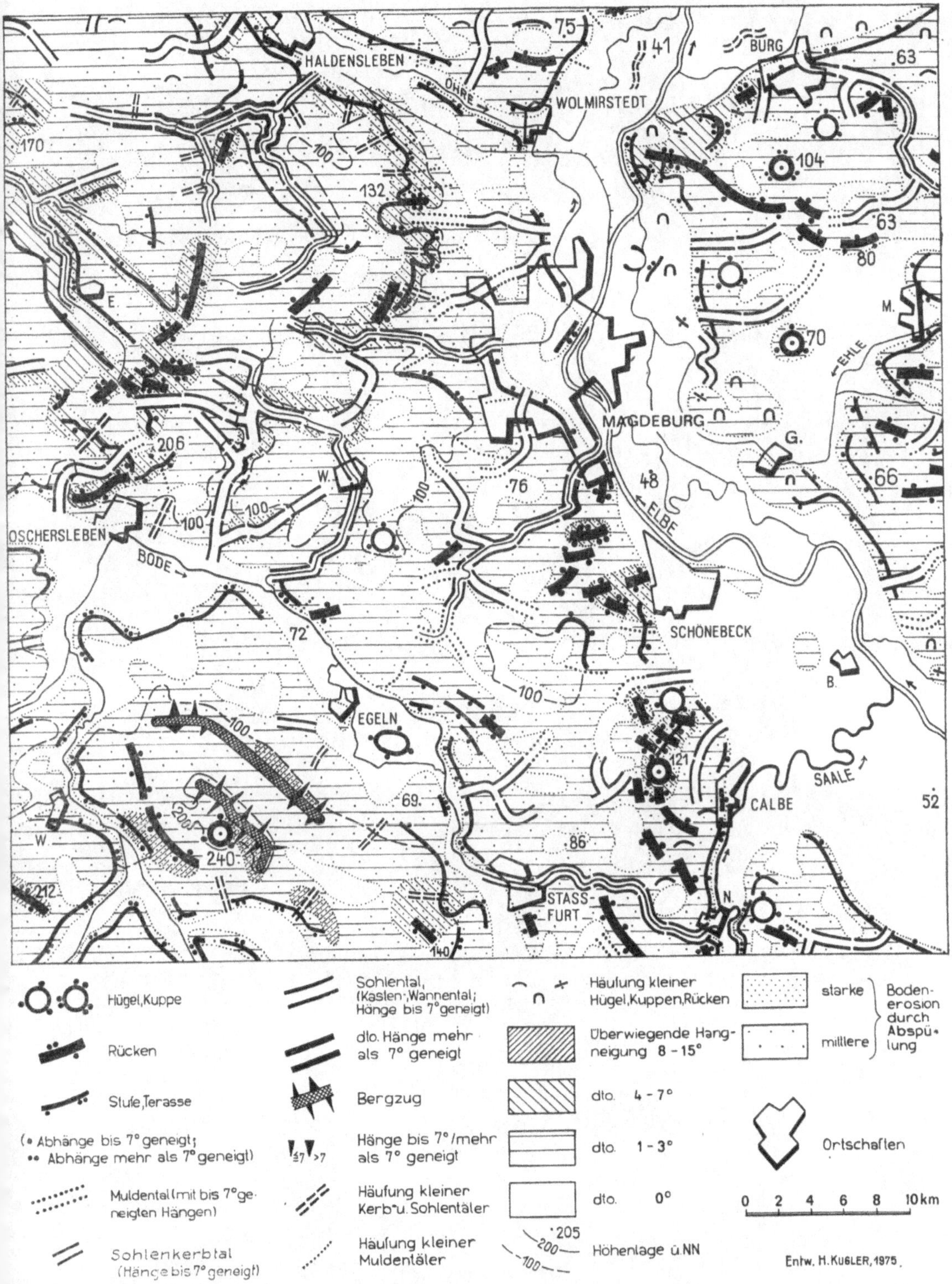

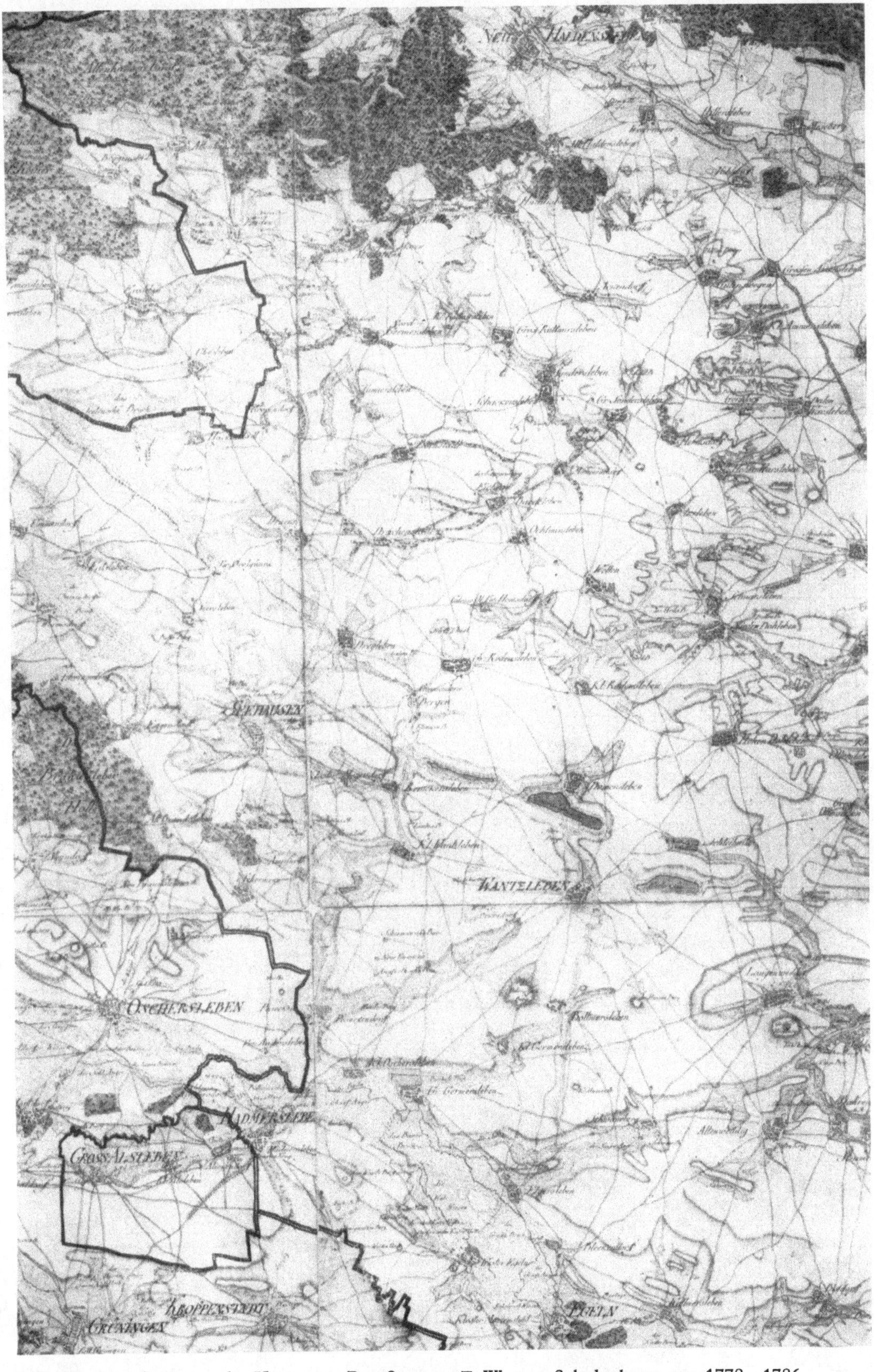

Abb. 26. Ausschnitt aus der Karte von Preußen von F. W. von Schulenburg, um 1778—1786

dung fanden.[20] Weiße, feinkörnige Jurasandsteine, die zu schönem Sand verwittern, aber auch andere Sandsteine, lieferten Stubensand. Der „Seehäuser Sand" war weithin bekannt.[21]

Aus Abb. 3 gewinnt man einen Überblick über die Verwendung der Bausteine in den Dörfern während des 19. und 20. Jh. Sie zeigt den Anteil der verschiedenen Baumaterialien im Dorfkern (Bauern- und Gutshöfe bzw. Domänen, Kirchen). Wegen der Größe der Gutshöfe wurde deren Bausubstanz quantitativ ebenso bewertet wie die Gesamtheit der — oft wenigen — Bauernhöfe. Zur Gesamtbeurteilung der Bausubstanz wurden auch die Gutsarbeiterhäuser mit herangezogen. Die Kirche als gewichtiges Bauwerk im Dorfbild erhielt den Wert zweier Höfe. Fachwerk wurde nicht dargestellt, sondern zu den Backsteinbauten gerechnet, da in der Regel Ziegel als Gefachfüllung dienten.

Zöge man für eine Kartendarstellung das Baumaterial aller Häuser des Dorfes heran, ergäbe sich oft ein anderes Bild als das in Abb. 3 gezeigte. Das soll am Beispiel von Domersleben demonstriert werden, für das Abb. 3 etwa 75 Prozent Kalkstein und 25 Prozent Ziegel angibt. 1974 standen im Ort 274 Wohngebäude in folgender Bauweise:[22]

Ziegelmauerwerk	152
Ziegelfachwerk	11
Bruchsteinmauerwerk	82
Bruchsteinfachwerk	10
Ziegel und Bruchstein	3
Lehmstampfbau	12
Fertigteilebau	1
doppelwandige Asbestplatten	1
Holzbau	2

Vergleicht man die Verbreitung des Baumaterials mit den geologischen Verhältnissen, erkennt man, daß im allgemeinen ortsständiges Gestein Verwendung fand. In den Randbereichen holte man natürlich auch Steine aus nahen Gebieten außerhalb der Börde, z. B. Grauwacken und Sandsteine aus dem Gebiet Alvensleben, Emden und Hundisburg nördlich der Beber oder Kalke aus dem Hakel und seinem nördlichen Vorland (Gröningen, Hecklingen). Allerdings schaffte man für repräsentative Einzelbauten (Kirchen, Portale, Hofeinfahrten) auf besonderen Wunsch auch Steine aus größerer Entfernung heran. Zum Beispiel wird für den Neubau der Kirche in Niederndodeleben in der 2. Hälfte des 17. Jh. bekundet, „daß Bruchsteine von Wanzleben, Kalk und Pflastersteine von Kloster Berga, Werkstücke zu Fensterumrahmungen aus Wurmstorf, Gipskalk aus Wahldorf und ‚Bornsteine' aus Buckau bezogen wurden".[23]

Bruchsteine benutzte man im Kreis Calbe bis um 1860,[24] anderwärts oft bis zum Ende des 19. Jh., zum Teil bis zum ersten Weltkrieg für den Bau von Wirtschaftsgebäuden.[25]

[20] WIEGERS, 1924: 127.

[21] WIEGERS, 1932: 10.

[22] Fragebogenmaterial Domersleben, Zusatzfragebogen, Nr. 2.5., 1973.

[23] BERGNER, 1911: 80.

[24] WICKEL/THINIUS (1937): 290.

[25] Auskünfte von Bauern in Ebendorf, Elbeu, Drackenstedt; Fragebogenmaterial Bahrendorf, Domersleben, Eichenbarleben; Zusatzfragebogen Nr. 2.4. und 2.5., 1973. Z. B. weisen in Groß Rodensleben die Jahresangaben im Giebel (Eisenanker) von Wirtschaftsgebäuden aus, daß um 1900 Bruchsteine verbaut wurden.

Nicht mehr benutzte Steinbrüche verfielen meist ziemlich rasch und wuchsen oft zu; viele wurden auch zugeschüttet. So enthält Abb. 3 nicht alle Brüche, die man irgendwann während der letzten zwei Jahrhunderte ausbeutete. Außerdem war es zum Teil aus Darstellungsgründen nicht möglich, alle Steinbrüche eines Gebietes einzeln einzuzeichnen. Beispielsweise zählte man um 1840 bei Olvenstedt 18 Stück.[26] Ähnlich war es im Raume Borne—Atzendorf—Förderstedt.

Ende des 19. Jh. hielt der Backstein als Baumaterial überall Einzug in die Dörfer der Börde. Neue Wohnhäuser in den Höfen sowie Wirtschaftsgebäude, die aus Erweiterungsgründen und nach Bränden errichtet wurden, entstanden daraus (Abb. 12). Deshalb zeigt Abb. 3 einen mehr oder weniger großen Anteil des Backsteins an der Bausubstanz.

Aufschlußreich sind die volkstümlichen Benennungen für die Gesteine. Oft wird die allgemeine Art der Gewinnung zum Ausdruck gebracht: „Bruchstein" für Grauwacke und Sandstein.[27] Man erkennt bearbeitungstechnische Merkmale: eine dünne Sandsteinbank (0,9 m) im Rät bei Seehausen aus einem außerordentlich mürben, tonigen, oft stark zerklüfteten Material hieß bei den Steinbrucharbeitern „Kümmer".[28] Es wird die Lage im Gesteinsverband bezeichnet: Schaumkalk = „Toppstein" bei Förderstedt.[29] Man geht von der Farbe aus: „blauer Stein" für Porphyrit;[30] „dat is en Blauen, da hört wat drop" für feinen Rogenstein, der am frischen Bruch bläulich schimmert und wegen der Härte vom Maurer scharfen Schlag verlangt.[31] Auch die Herkunft wird genannt: „Kriezbarjer Staine" = auf dem Kreuzberg; „Lusebarjer Staine" = auf dem Lusehoch für bestimmte Steinbrüche bei Altenweddingen.[32]

Besonderes Interesse im Hinblick auf den Bergbau verdienen noch die durch Salzaufpressung geschaffenen Strukturen. Während der saxonischen Gebirgsbildung reagierten die Zechsteinsalze auf die tektonische Beanspruchung plastisch und preßten, oft linienhaft, die überlagernden mesozoischen Sedimente nach oben. In diesen gewöhnlich langgestreckten Salzstöcken kam das Salz vielfach nahe an die Oberfläche. Sickerwässer laugten den obersten Bereich der Salzstöcke ab, und die hangenden Schichten sackten in die Tiefe.

In der Börde haben zwei solche Salzlinien wirtschaftlich und morphologisch eine große Bedeutung. Die eine zieht von Schönebeck über Eilsleben nach Weferlingen. Zwischen Schönebeck und Seehausen erkennt man sie oberflächlich nur an den Salzgewinnungsstellen und Soleaustritten. Sole steigt in Groß Salze (heute Stadtteil von Schönebeck), Sülldorf, Dodendorf und in den Seewiesen bei Remkersleben an Klüften nach oben. Die Saline in Groß Salze (seit 1705) und Solbäder in Sülldorf (seit 1840) waren wirtschaftlich bedeutsam. In Schönebeck setzte 1890 der Salzbergbau im Spritzverfahren in etwa 400 m Tiefe ein.[33] Im Westen der Börde beginnt bei Seehausen die Allertalstörungszone, die sich über Eilsleben und Wefensleben bis Weferlingen fortsetzt. Hier bildete sich an einem Salzstock ein 0,5 bis 2 km breiter Graben, in dem die Salzauslaugung noch heute anhält.[34] Im Bereich der

[26] Hermes/Weigelt, 1842: 91.
[27] Auskünfte von Bauern in Ebendorf, Elbeu, Druxberge.
[28] Jüngst, 1928: 49.
[29] Mertin, 1938: 192.
[30] Auskünfte von Bauern in Schackensleben.
[31] Bock, 1938: 10.
[32] Unterlagen im Agrarmuseum der Magdeburger Börde in Ummendorf.
[33] Seidl, 1914: 4—7.
[34] Löffler, 1962: 205.

Allertalstörungszone fand ebenfalls Salzbergbau statt, bei Wefensleben und Belsdorf nach 1910 in 600 bis 800 m Tiefe.

In der zweiten Salzlinie am Südrande der Börde von Oschersleben über Westeregeln, Unseburg, Staßfurt nach Güsten trieb das aufsteigende Salz die mesozoischen Schichten sattelförmig auf. In diesem Staßfurter Sattel gelangte das Salz in die Nähe der Oberfläche, wo es in mehreren Schächten abgebaut werden konnte. 1857 begann in Staßfurt die Förderung des Steinsalzes, 1861 die der Kalisalze. Im ganzen teufte man auf dem Sattel 31 Schächte ab, davon 15 links der Bode (Abb. 13).[35]

Zu beiden Seiten des Staßfurter Sattels senkten sich infolge der Salztektonik die Egelner Nord- und Südmulde ein. In diesen Mulden und einigen anderen Senkungsgebieten der saxonischen Gebirgsbildung und der nachfolgenden Auslaugungsvorgänge bildeten sich im Tertiär die eozänen Sumpfwälder, aus denen in unterschiedlicher Tiefe und wechselnder Flözmächtigkeit bauwürdige Braunkohlelager hervorgingen. Die tertiären Kohlemulden reichen nach Norden bis zur Linie Schönebeck—Sülldorf—Blumenberg—Peseckendorf. Die Hauptbecken sind das Egeln—Staßfurter und einige Einzelbecken im Raum Schönebeck—Calbe/Saale. Als Beispiel seien die Verhältnisse in der Egelner Nordmulde, die etwas über Wolmirsleben und Etgersleben nach Norden reicht, angeführt. Hier liegen die Kohlen etwa 40 m tief in 2 bis 3 Flözen vor, die bis 20 m, stellenweise bis 45 m mächtig sein können. Der Abbau in der Börde begann 1767 in einem kleinen Becken bei Altenweddingen mit bis zu 7 m mächtigem Flöz zur Versorgung der Saline Schönebeck und endete überall nach dem zweiten Weltkriege um 1960. Die meisten Abbaustellen gab es um 1880 (Abb. 3).[36]

Im mittleren Tertiär entstanden marine Sedimente. Zunächst lagerte sich ein sehr feinsandiger, schwer wasserdurchlässiger, glaukonitischer Grünsand ab, der mehrere Meter (maximal 20 bis 30 m) mächtig ist und vor allem in der Niederen Börde vorkommt. Liegt dieser Sand an der Oberfläche, ist der Boden grün gefärbt, z. B. am Ohretalrand bei Althaltensleben. An mehreren Stellen wurde er als Formsand gegraben.[37] Über dem Grünsand folgt der Rupelton, ein fester, graugrüner, schwach kalkiger Ton, der als Ziegeleiton mancherorts abgebaut wurde. Heute geschieht dies noch bei Vahldorf, Hohenwarsleben und Seehausen. Sein Hauptverbreitungsgebiet befindet sich im östlichen und südlichen Teil der Börde, wo er teilweise bis 35 m mächtig ist. Mehrere Vorkommen, z. B. in dem Höhenzug Druxberge—Seehausen, sind als isolierte Schollen, die das pleistozäne Eis verfrachtete, aufzufassen.

Zum Schluß sei noch verwiesen auf die vielen Abbaue in quartären Sedimenten, so in den pleistozänen Sanden und Kiesen der Endmoränen, in den Schmelzwassersanden der Talungen und großen Flußterrassen, im Löß und Geschiebelehm zur Lehm- und Formsandgewinnung, in den holozänen Sanden und Kiesen und im Auelehm der Flußtalungen. Diese oft kurzfristig wechselnden Abbaustellen wurden in Abb. 3 nicht erfaßt.

[35] Löffler, 1962: 155. Zur Illustration der Salzfolge ist im Anlagenteil ein Zechsteinprofil abgedruckt (Anlage Nr. 5).

[36] Dammer/Barsch/Dienemann/Wiegers, 1924: 29; Pieper, 1935: 390—393, 409. Die Frage des Einflusses des Zuckerrübenanbaues auf die Entwicklung der Braunkohlenindustrie behandelt Müller in seinem Beitrag im zweiten Halbband.

[37] Wiegers, 1919: 15; Wiegers, 1924: 167.

3. Oberflächenformen

Die Landschaft der Magdeburger Börde erweckt den Eindruck der Weite. Die Flächigkeit ist das Ergebnis jungtertiärer Abtragungsvorgänge, die eine flachwellige Rumpffläche schufen. Diese Fläche überspannt die gesamte Börde, in der Hohen Börde mit einer Höhenlage von rund 130 m ü. NN, in der Niederen Börde von rund 80 m ü. NN (Abb. 14).[38] Durch tertiäre und vor allem quartäre Vorgänge wurde der Rumpffläche das heutige Relief aufgeprägt.

Im vorhergehenden Abschnitt war schon auf die Bedeutung der Salzauslaugung (seit dem Tertiär) hingewiesen worden. Eine deutlich ausgeprägte Niederungszone durch Salzauslaugung entstand im Ausstrich des Röts. Sie reicht vom Faulen See bei Wanzleben über den Domersleber See, die See-Wiesen bei Remkersleben bis zum Seelschen Bruch bei Hakenstedt (Abb. 15).[39] Hier halten die Senkungsvorgänge bis in die Gegenwart an.[40] Auch zwei große Flüsse benutzen Täler, die durch Auslaugung vorgezeichnet sind, nämlich die Aller in der Allertalstörungszone und die Bode zwischen Oschersleben und Staßfurt am Staßfurter Sattel.

An mehreren Stellen kam es infolge der Salz- bzw. Gipsauslaugung im Zechstein und Muschelkalk zu Erdfällen. Diese treten vor allem nördlich des Bahnhofs Brumby-Emden auf, wo es fünf Senken gibt, die größte 80 × 55 m (Abb. 16),[41] und im Gebiet nördlich von Seehausen, wo neun gezählt wurden. Ein großer Erdfall ereignete sich 1735 auf Seehäuser Flur, weitere wurden 1865 und 1930 beobachtet.[42] Senkungen gab es auch am Staßfurter Sattel. Der Bergbau verstärkte sie stellenweise beträchtlich. In Staßfurt traten maximale Bodensenkungen von 7 bis 8 m auf. Im Zentrum der Stadt verzeichnete man im einzelnen folgende Senkungsbeträge:[43]

1883—1900	43 cm
1900—1910	240 cm
1910—1920	133 cm
1920—1930	33 cm.

Am wichtigsten für die landwirtschaftliche Nutzung in der Börde waren die Vorgänge im Pleistozän. In der Saale-Eiszeit setzte das Inlandeis im ganzen Gebiet eine meist mehrere Meter mächtige Grundmoränendecke ab. Vielfach erreicht der Geschiebemergel eine Mächtigkeit von 10 bis 20 m. Der ursprüngliche Kalkgehalt von 6 bis 12 Prozent wurde aus den tonig-sandigen Mergeln in einer Oberfächenschicht von 1 bis $1^1/_2$ m ausgewaschen, so daß Geschiebelehm entstand.[44] Dort, wo kräftige Abtragung die Grundmoräne erfaßte, dünnt

[38] August, 1959: 767.

[39] Koert, 1927: 8; Reuter, 1970a: 59.

[40] Hansen, 1965: 34—35, teilt Beobachtungen von Einwohnern aus Uhrsleben über Senkungsprozesse im Gebiet des Seelschen Bruches mit (Anlage 6). Wenn auch diese Wahrnehmungen keine wissenschaftliche Beweiskraft haben, zeigen sie doch, wie aufmerksam solche Naturvorgänge von der ländlichen Bevölkerung verfolgt werden.

[41] Brennenstuhl, 1969: 72 und 75.

[42] Hansen, 1969: 84.

[43] Löffler, 1962: 182.

[44] Wiegers, 1920: 25.

die Geschiebemergeldecke aus. Auf der Niederen Börde bei Magdeburg blieb vielfach nur eine wenige Dezimeter mächtige Steinsohle übrig.

Während der Saale-Eiszeit entstanden zwei Endmoränenzüge, deren Kuppen jeweils die höchsten Erhebungen in ihrer Umgebung darstellen (Abb. 17 und 18). In diesen Eisrandbildungen lagerte sich sehr verschiedenartiges und häufig sehr grobkörniges Material ab. Das Eis stauchte die Sedimente zusammen und nahm dabei auch Material des Untergrundes auf, z. B. Rupelton. Der Bereich solcher Rupeltonschollen eignete sich zum Standort von Ziegeleien, wie es Beispiele in Druxberge und Seehausen zeigen.

Die Schmelzwässer der saalezeitlichen Eisrandlagen benutzten im wesentlichen das Oschersleber Urstromtal (Bodetal — Großes Bruch) als Abflußbahn in Richtung Westen.[45] Während der folgenden Warthevereisung, deren Endmoränen im Südlichen Landrücken zu finden sind, entwickelte sich im Gebiet von Elbe und Ohre ein breites Urstromtal, Teil des Breslau—Magdeburg—Bremer Urstromtales, das auch einen Streifen der Niederen Börde zwischen Magdeburg und Barleben einnimmt (Abb. 17 und 19). Die nach Ausräumung eines Teiles der Urstromtalsedimente gebildete weichseleiszeitliche Niederterrasse ist im Gebiet von Schönebeck—Calbe/Saale—Pömmelte besonders deutlich ausgeprägt, wo 10 bis 20 m mächtige Talsande den Untergrund aufbauen. Ein wenig eingesenkt in die Niederterrasse liegt die holozäne Saale-Elbe-Aue mit ihren Sanden und Kiesen und der 1 bis 2 m mächtigen Auflage aus Auelehm. Diese Hochwasserablagerung besteht aus Feinsand, Schluff und Ton, wobei gewöhnlich die Korngrößen 0,05 bis 0,01 mm überwiegen. Das weist darauf hin, daß die Lößflächen im Einzugsgebiet der Flüsse die Materiallieferanten waren. Im Ohretal gibt es diese Ablagerung kaum, weil das Einzugsgebiet im wesentlichen aus sandigen und kiesigen Sedimenten besteht. Der Auelehm war vielerorts eine Rohstoffquelle für Ziegeleien (Abb. 14 und 17).[46]

Die landwirtschaftlich bedeutsamste Ablagerung in der Magdeburger Börde ist der Löß, ein ungeschichtetes weichseleiszeitliches Windsediment. Viele Wurzelröhrchen verleihen ihm eine große Porosität (Porenvolumen etwa 45 Prozent). Der Löß ist ein gelblicher, staubartiger, zum großen Teil aus Quarz bestehender, kalkhaltiger Mehlsand, der leicht zwischen den Fingern zerrieben werden kann und sich weich anfühlt. Die typische Korngröße beträgt 0,01 bis 0,05 mm; sie macht 50 bis 70 Prozent der Gesamtmasse aus. Dazu kommt noch ein größerer Anteil der Fraktion $< 0{,}01$ mm (15 bis 20 Prozent). Der Kalkgehalt liegt im unverwitterten Löß bei 15 Prozent. Der Löß überzieht als Decke von 1 bis 2 m Mächtigkeit die Grundmoräne und andere Sedimente fast des ganzen Gebietes. Auf den Endmoränen fehlt er infolge der Abtragung. An Unterhängen und in Tälern ist er als Schwemmlöß oft über zwei Meter mächtig.[47]

Auf den Terrassen des Urstromtales und am Nordwestrande der Börde weist der Löß einen größeren Sandanteil auf. Man bezeichnet ihn dann als Sandlöß (Abb. 17).

Eine wesentliche Gliederung erhält die Börde durch das Talnetz. Die Geschichte unserer Täler beginnt bereits im Tertiär, ihre hauptsächliche Ausgestaltung erfuhren sie aber im letzten Teil der Saale- und während der Weichsel-Kaltzeit, als sie unter periglazialen Klimabedingungen breit ausgeräumt wurden. Gute Beispiele dieser Talgestaltung bieten das Olbe- und Schrotetal. Auch die intensive Zerlappung des Steilrandes der Hohen Börde ist das

[45] Auf die Problematik der gegensätzlichen Richtungen von eiszeitlicher Schmelzwasserbahn und heutigem Flußlauf, was auch für das Ohretal gilt, kann hier nicht eingegangen werden.

[46] Gumpert, 1973: 18f.; Klafs, 1965: 151—154.

[47] Dienemann/Assmann/Wiegers, 1923: 17; Reuter, 1970a: 62; Wahnschaffe, 1885: 28—31.

Ergebnis periglazialer Vorgänge. Die schönste dieser Ausräumungsformen greift westlich von Dahlenwarsleben buchtartig 3 km tief in die Hohe Börde hinein (Abb. 20). Einen Überblick über Verteilung und Form der Täler vermittelt Abb. 14.

Reliefunterschiede, Gesteinsart und landwirtschaftliche Nutzung bestimmen die Größenordnung der heutigen Denudationsvorgänge. Wasser und Wind tragen auf den Ackerflächen den Boden, teilweise aber auch die unterlagernden Gesteine ab. Diese Bodenerosion fügt der Landwirtschaft beträchtlichen Schaden zu. Wie Abb. 14 zeigt, sind der Bördesteilrand, die Endmoränenhügel und steile Talhänge stark anfällig gegen flächenhafte Abspülung. Alle hängigen Ackerflächen besitzen eine mäßige Anfälligkeit. An Hängen mit anstehendem Rupelton kommt es des öfteren zu Rutschungen, wie z. B. auf den Endmoränenhügeln nördlich von Seehausen.[48] Auch am Bördesteilrand treten sie häufig auf. 1926 entstanden am Dehmberg bei Hohenwarsleben nach intensiver Durchfeuchtung Spalten in einer Breite bis zu 2 m.[49] Welche Wirkung der Wind entfalten kann, veranschaulicht ein Bericht von 1924 aus dem Süden der Börde (Anlage 7).

Aus einigen Untersuchungen gewinnen wir Vorstellungen über den Umfang der Abtragung. H. Kuron[50] stellte Messungen an einem 350 m langen Hang mit 1 bis 3° Gefälle am Ober- und Unterhang und 4 bis 6° am Mittelhang an. Diese Verhältnisse sind typisch für den Rand der Hohen Börde und einige andere steilhängige Gebiete. Am Mittelhang war die Schwarzerde vollständig abgetragen und am Unterhang aufgehäuft. Auf der ebenen Fläche über dem Hang betrug der Humusgehalt der Schwarzerde bis 25 cm Tiefe 2,3 Prozent, am Mittelhang nur 1,3 Prozent. Die Bodenfarbe ging deshalb von grauschwarz in graubraun über, d. h. statt Schwarzerde lag eine Rendzina vor (siehe Abschnitt 4). Entsprechende Werte für den Kalkgehalt bis 25 cm Tiefe waren: ebene Fläche 0,25 Prozent infolge der Entkalkung der oberen Bodenschicht, Mittelhang 8,5 Prozent, da dort wegen der Denudation der wenig entkalkte Unterboden an die Oberfläche trat.

L. Hempel[51] schließt aus fünfzehnjährigen Messungen an einem Bodetalhang bei Hadmersleben unter Gartenkultur mit Neigungswinkeln von 2 bis 4°, zum Teil auch 5 bis 8°, daß von solchen Hanglagen bei Ackerkultur in 15 Jahren etwa 20 mm Boden abgespült werden; das wären in 100 Jahren rund 14 cm.

B. Grohse[52] gibt an, daß im Kreis Wanzleben 75 Prozent der Ackerfläche erosionsgefährdet sind.

Handelt es sich bei diesen Untersuchungen auch nur um Einzelbeispiele, die man nicht ohne weiteres auf größere Gebiete beziehen kann, zeigen sie doch, welche Massenumlagerungen in diesen Ackergebieten schon in relativ kurzer Zeit geschehen. Daß auch von den Bauern größere Bodenbewegungen vorgenommen wurden, zeigt ein Hinweis A. Lengerkes aus der Mitte des vorigen Jahrhunderts auf die Domäne Eggenstedt. Lengerke schreibt: „Während einer zehnjährigen Pachtzeit sind außerdem schon 12000 bis 13000 vierspännige Fuder bergauf gefahren.“[53] Aus der Mitteilung geht leider nicht hervor, ob abgeschwemmter Boden zurückbefördert wurde oder ob es sich um eine Meliorationsmaßnahme handelte.

[48] Koert, 1927: 23.
[49] Briefliche Mitteilung von Max Bösche (Hohenwarsleben) aus dem Jahre 1973.
[50] Kuron, 1947: 144–151.
[51] Hempel, 1951: 109.
[52] Grohse, 1950: 252.
[53] Lengerke, 1846: 237.

4. Böden

Die sprichwörtliche Fruchtbarkeit der Magdeburger Börde beruht auf dem Vorhandensein der Schwarzerde (Tschernosem), die sich im Altholozän unter einer Waldsteppenvegetation im wesentlichen auf Löß bildete und seit dem Neolithikum unter Ackerkultur steht. Durch die jahrtausendelange Bearbeitung dieses Bodens hellte sich der obere Horizont (Ap-Horizont) infolge der Krumendegradation auf. So ist für die Börde die ausgelaugte (degradierte) Schwarzerde typisch.[54]

Den Profilaufbau der Schwarzerde erläutern Abb. 21 und Anlage 8a. Allgemein bekannt ist der dunkle Humushorizont (Ah-Horizont), dessen Farbe dem Boden den Namen eintrug. Im 19. Jh. bezeichnete man deshalb die Schwarzerde als „tiefe schwarze Dammerde".[55] Der gesamte A-Horizont hat eine Mächtigkeit von 50 bis 70 cm. Der Humusgehalt beträgt zwar nur 2 bis 3 Prozent, aber die Humusstoffe sind intensiv zersetzt, wobei Bodenwürmer wesentlich mitgewirkt haben. Der Humus und der Ton im Löß bilden einen stabilen Ton-Humus-Komplex, worauf das sehr gute Nährstoffhaltevermögen der Schwarzerde zurückzuführen ist. Da der A-Horizont oft bis in eine Tiefe von 30 bis 35 cm verbraunt ist (Ap-Horizont), sieht er dort kaffeebraun aus, erst im unteren Teil schwarzbraun bis grauschwarz. Im unteren A-Horizont beträgt das Porenvolumen etwa 50 Prozent, im Krumenbereich etwas weniger. Das bewirkt die gute Durchlüftung und Wasserbewegung in der Schwarzerde. Im Laufe der Zeit wurde der gesamte A-Horizont entkalkt, so daß sich der Löß in einen Lößlehm verwandelte.[56]

Auf den A-Horizont folgt ein durch Eisenhydroxidausscheidungen gelblich-braun gefärbter, ebenfalls kalkfreier, bis 20 cm mächtiger Verlehmungshorizont (Bv-Horizont). Der aus dem Oberboden herausgelöste Kalk findet sich unter dem Bv-Horizont in einer Kalkanreicherungszone, dem oberen Teil des C-Horizonts (Cc-Horizont).

Der vielfach unter dem Löß lagernde Geschiebemergel bzw. -lehm wirkt zwar wasserstauend, was sich jedoch in der Regel wegen der relativ geringen Niederschläge in diesem Gebiet nicht nachteilig im Boden bemerkbar macht.[57]

Je nach Klima-, Wasser-, Relief- und Gesteinsverhältnissen gibt es viele Veränderungen in der Bodendecke der Börde (Abb. 22).[58] Auf konvexen Hängen erscheint der A-Horizont infolge der Denudation oft auf wenige Dezimeter verkürzt. War die Abtragung erheblich, stellt sich statt der Schwarzerde eine Rendzina ein, in der der Pflug schon in den Untergrund, z. B. unverwitterten, kalkreichen Löß, einschneidet. Der Humus entsteht in diesen Böden aus den Ernterückständen und dem Stallmist. An den Unterhängen wurde der A-Horizont durch Aufschlämmung von Bodenmaterial (Kolluvium) beträchtlich aufgehöht; Stau- und Hangwasser führten zu größerer Bodenfeuchte und dichterem Gefüge. Diese Böden bedürfen der Entwässerung durch Gräben und Dränung. Bei stärkerem Grundwassereinfluß in den Tälern finden wir Gleyböden. In sehr vernäßten Niederungen, z. B.

[54] ALTERMANN, 1968: 47; MARKGRAF, 1964: 22.

[55] HERMES/WEIGELT, 1842: 67.

[56] ALTERMANN, 1968: 47–49; MARKGRAF, 1964: 20–22, 134–136.

[57] ALTERMANN, 1968: 149.

[58] Der von Dr. MANFRED ALTERMANN (Halle) angefertigten Karte konnten die Bodenaufnahmen der Börde 1:10000 aus dem Jahre 1974 zugrunde gelegt werden. Die differenzierte Darstellung der Bodenformen ermöglicht dem Interessierten, über den Rahmen dieses Überblicksbeitrages hinaus tieferen Einblick in die Bodenverhältnisse der Börde zu gewinnen.

Abb. 21 Schwarzerdeprofil aus dem Gebiet von Bottmersdorf (nach REUTER, 1970b, Profil 91)

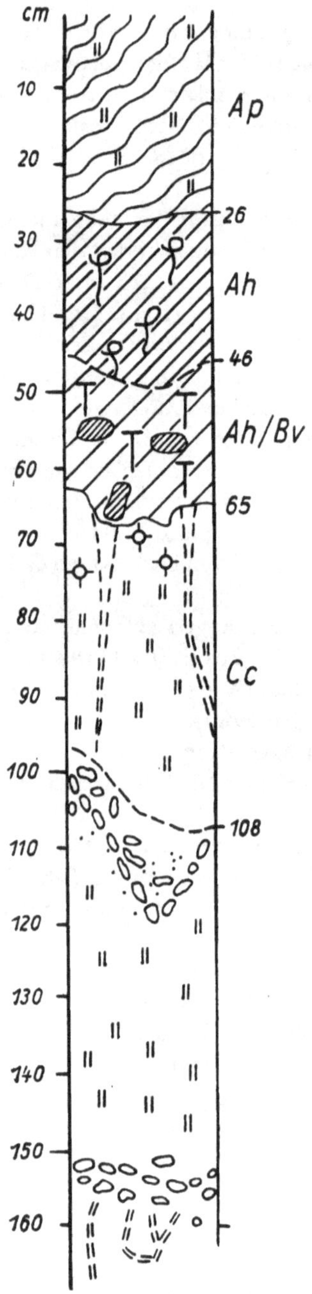

Erläuterung der Zeichen des Profils

Ackerhorizont
schwach humoser Mineralboden mit diffuser Kalkausscheidung

humoser Mineralboden mit Wurmgängen

schwach humoser Mineralboden mit Verbraunung und Gängen von Bodenwühlern

Löß
mit Kalkkonkretionen und mycelartigen Kalküberzügen

Stein- und Kiesband

Löß

Steinanreicherung

Grundmoräne

im Seelschen Bruch oder in der Allerhorst, setzte sogar Niedermoorbildung ein. Bei Soleaustritten, wie im Sülze- oder Allertal, kann der Boden mehr oder weniger versalzen sein. Das hat Bedeutung für die natürliche Vegetation und die Nutzung dieser Böden.

In den Sandlößgebieten des Nordens und Nordwestens kam es im Boden neben der Entkalkung zu stärkerem Humusabbau (nur 0,5 bis 1 Prozent Humusgehalt) und beträchtlicher Tondurchschlämmung. Das führte zur Aufhellung des Oberbodens, saurer Bodenreaktion und geringerem Festhaltevermögen für Nährstoffe. Diese Fahlerden sind landwirtschaftlich nicht so leistungsfähig wie die Schwarzerden. Ähnliches gilt für die Braunerden auf Löß, in denen aber keine nennenswerte Tonverlagerung zu verzeichnen ist.[59]

Die stark unter dem Einfluß des Grundwassers, z. T. auch von Überschwemmungen stehenden Aueböden (Vegas) der Flußtäler von Bode, Saale und Elbe sind natürliche Grünlandstandorte, wurden aber durch umfangreiche Meliorationen seit dem Mittelalter weithin in ackerfähige Böden umgewandelt.

Um die landwirtschaftliche Leistungsfähigkeit der Böden erfassen und vergleichen zu können, betreibt man seit längerem Bodenbonitierungen. Im 19. Jh. gab es mehrere Schätzungsvorschläge, die von natürlichen und ökonomischen Gegebenheiten bei der Bewertung des Bodens ausgingen. So kam man zu verschiedenen Klasseneinteilungen oder drückte den Bodenwert durch die Grundsteuerbeträge aus.[60] Unter einheitlichem Gesichtspunkt wurden die Böden in Deutschland seit 1934 durch die „Reichsbodenschätzung" erfaßt. Der beste Boden, in der Flur der Gemeinde Eickendorf (Kreis Schönebeck) in der Magdeburger Börde gelegen, erhielt die Ackerzahl 100. Alle übrigen Böden wurden in bestimmter Weise davon abgestuft. In großen Teilen der Börde liegen die Ackerzahlen über 90. In stark hängigen Lagen mit Rendzinen, in den Sandlößgebieten mit Fahl- und Braunerden, in feuchten Talungen mit vergleyten Böden und in den Urstromtälern mit ungünstigen Wasserverhältnissen erreichen sie die Wertzahl 90 nicht. Der niedrigste Wert in der Börde beträgt 56; er befindet sich in der Gemeinde Pömmelte auf der Niederterrasse bei Barby. Wegen mancher Unzulänglichkeiten in der Methodik der Bodenschätzung bemühen sich Land- und Forstwirtschaftswissenschaftler in der DDR seit geraumer Zeit um eine exakte Bodenansprache und -bewertung, die den Anforderungen der modernen Bodenkunde und der sozialistischen Landwirtschaft genügen. Die Einführung „Natürlicher Standorteinheiten" und „Bodenformen" in die Literatur sind Ausdruck dieser Entwicklung.

An einem Nordwest-Südost-Profil durch die Börde sollen die erwähnten Bonitierungen in tabellarischer Form deutlich gemacht werden.

Ein Vergleich der Angaben der Tabelle 1 ist nicht ohne weiteres möglich, da die Kriterien der Bodenbeurteilung jeweils verschieden sind. Man erkennt aber im ganzen recht gut die Abnahme der Leistungsfähigkeit der Böden in den Randgebieten.

Überall gab es vielfältige Versuche, den Boden durch Melioration und Düngung zu verbessern. Hier sei nur auf ein Beispiel verwiesen, wie man eine geringe Bodenart aufwertete. Zwischen 1848 und 1867 ließ der Amtmann der Domäne Groß Ammensleben auf einem 228 Morgen großen Sandacker bei Bleiche 3 Zoll Ton auftragen. Dazu benötigte man ungefähr 500000 m³ Ton, den wahrscheinlich die Tongrube am Vorwerk Rothehaus lieferte.[61]

[59] ALTERMANN, 1968: 49, 54–58, 98; MARKGRAF, 1964: 85; Anlage Nr. 8 bringt vier Profilbeschreibungen von Schwarzerde, Fahl- und Braunerde.

[60] Handbuch für ... Landwirthe, 1843: 1–28; HERMES/WEIGELT, 1842; Beiche, 1873.

[61] FACH, 1937.

Tabelle 1

Bewertungsangaben für das Ackerland der Gemeinden eines Nordwest-Südost-Profils durch die Magdeburger Börde [62]*

Gemeinde	Ackerklassen	Grundsteuerbetrag Sgr.	Grundsteuerbetrag Pf.	Ackerzahl	Nutzbarkeitsgruppe	Natürliche Standorteinheit	Bodenformen
Wefensleben	3 u. 4	8	9	66	3	Lö 2	öT→ö/lT (70%) öZ
Ummendorf	2 – 4	9	6	73	3	Lö 2	öT + ö/lT (60%) öZ
Hakenstedt	2 u. 4	12	9	87	2	Lö 1	öT (70%) ö/lT
Druxberge	3 (u. 2)	12	7	84	2	Lö 1	öT (70%) ö/dT
Dreileben	2 (u. 1)	13	4	92	1	Lö 1	öT (> 80%)
Groß Rodensleben	2 (u. 3)	13	2	94	1	Lö 1	öT (> 80%)
Domersleben	2 (u. 3)	14	4	89	1	Lö 1	öT (> 80%)
Wanzleben	3 (u. 4)	14	9	93	1	Lö 1	öT (80%) ö/lT
Langenweddingen	1 (u. 2)	15	5	95	1	Lö 1	öT (> 80%)
Bahrendorf	1 (u. 2)	17	4	88	1	Lö 1	öT (> 80%)
Biere	1 (u. 3)	17	3	98	1	Lö 1	öT (> 80%)
Eickendorf	1 – 3	15	1	98	1	Lö 1	öT (> 80%)
Eggersdorf	3 (u. 2)	13	1	86	2	Lö 2	sö/dW (70%) öT
Pömmelte	2 – 4	10	9	56	2	D 5	sö/dW (80%) olV
Wespen	3 (u. 2)	15	6	68	2	Al 3	sö/dW (50%) olV

* Ackerklassen: Aus dem Text bei Hermes und Weigelt geht nicht hervor, welche Klasseneinteilung benutzt wurde. Es finden sich die Klassen 1 bis 5, wobei 1 die höchste Bodenstufe ist. Die Klassenangaben für die Gemeinden werden nicht einheitlich vermerkt. Bei Flächenangaben für die Klassen in der Quelle wurde in der Tabelle die Klasse der größten Fläche notiert, diejenige der nächstgrößeren Fläche in Klammern gesetzt.

Ackerzahl: Die Angaben sind Durchschnittswerte für die Ackerflur der Gemeinden.

Nutzbarkeitsgruppe: 1 = sehr gut (zum Vergleich: 4 = gering
2 = gut 5 = schlecht)
3 = mittel

Natürliche Standorteinheiten:

Lö Standorte mit Lößboden, Lö 1 bis 6, wobei Lö 1 besten Lößboden bedeutet
D Standorte mit Diluvial-(Pleistozan-)boden, D 1 bis 6, wobei D 1 schlechtesten Sandboden bedeutet
Al Standorte mit Alluvial-(Holozan-)boden, Al 3, lehmige und tonige Böden in der Elbaue und ihren Randgebieten

Bodenformen:

öT Löß-Schwarzerde
ö/dT Decklöß-Schwarzerde
sö/dW Decksandlöß-Braunschwarzerde
öZ Löß-Schwarzgley
ö/lT Lößtieflehm-Schwarzerde
olV Auenlehm-Vega

[62] Ackerklassen nach Hermes/Weigelt, 1842; Grundsteuerbeträge nach Beiche, 1873: 109, 119; Ackerzahlen nach Unterlagen der Sektion Pflanzenproduktion der Martin-Luther-Universität Halle–Wittenberg, Wissenschaftsbereich Agrarökonomie, Lehrstuhl Agrargeographie und landwirtschaftliche Regionalplanung; Nutzbarkeitsgruppen nach Matz, 1956: Karte IV, 5; natürliche Standorteinheiten nach Schilling/Bannorth/Schlicht, 1965; Bodenformen nach brieflicher Mitteilung von Dr. Manfred Altermann.

5. Klima

Aus klimatischen Gliederungen der DDR bzw. Mitteleuropas wird ersichtlich, daß die Magdeburger Börde eine Grenzlage besitzt. In einigen Veröffentlichungen wurde sie als stärker kontinental getönt dargestellt.[63] In diesem Zusammenhang ist auch der Begriff „Mitteldeutsches Trockengebiet" zu sehen, der heute noch oft zur klimatischen Charakterisierung herangezogen wird. Er bezeichnet das Gebiet, das von der 500-mm-Jahresisohyete umgrenzt wird. Die östliche und südliche Börde bilden den Nordteil des mitteldeutschen Trockengebietes, das über Bernburg und Halle/Saale hinaus bis ins Thüringer Becken reicht. In neueren Gliederungen wird die Börde noch in das stärker maritim beeinflußte Binnentiefland einbezogen.[64]

Diese klimatische Grenzlage der Magdeburger Börde gewinnt im Zusammenhang mit den Bodenverhältnissen Bedeutung für den Anbau und den Ertrag der landwirtschaftlichen Kulturen.

Einige landwirtschaftlich wichtige Daten sollen die klimatische Situation im einzelnen verdeutlichen. Die Magdeburger Börde gehört zu den wärmsten Gebieten der DDR. Die Jahresmitteltemperatur beträgt überall 8,5° bis 9,0°. Die Januarwerte liegen in der Niederen Börde und in den Randtalungen über 0° (0° bis 1°), in der Hohen Börde etwas darunter (0° bis —1°); die Julitemperaturen steigen über 18° an, in der Hohen Börde sinken sie etwas ab (18° bis 17°). Der Jahresgang der Temperatur wird an folgenden Stationen gezeigt:

Tabelle 2

Mitteltemperaturen der Monate und des Jahres für Haldensleben, Magdeburg, Klein Wanzleben und Bernburg in °C (Reihe 1901 bis 1950)[65]

	Höhe in m ü. NN	Monate I	II	III	IV	V	VI	VII	VIII
Haldensleben	60	0,3	1,0	4,3	8,5	13,7	16,5	18,2	17,2
Magdeburg	79	—0,3	0,3	3,5	7,4	13,2	16,4	18,1	17,0
Klein Wanzleben	122	—0,6	0,0	3,2	7,3	12,5	15,4	17,2	16,4
Bernburg	84	0,0	0,8	4,3	8,7	14,1	17,0	18,7	17,6

	Monate IX	X	XI	XII	Jahr	Jahresschwankung
Haldensleben	14,1	9,1	4,3	1,3	9,0	17,9
Magdeburg	13,6	8,5	3,6	1,1	8,5	18,4
Klein Wanzleben	13,2	8,2	3,2	0,4	8,0	17,8
Bernburg	14,3	9,2	4,2	1,1	9,2	18,7

[63] Klima-Atlas, 1953: Karten I,5, II,21.

[64] Böer, 1966: 270; Atlas, 1976: Bl. 9.

[65] Unterlagen des Amtes für Meteorologie, Halle (Saale), und der Meteorologischen Station Magdeburg; Mahn/Schubert, 1962: 767; Klimatologische Normalwerte, 1955: 8.

Die Andauerzeiten des Tagesmittels von mindestens 5° bzw. 10° lassen ebenfalls die Wärmebegünstigung der Börde, aber auch Beziehungen zur Entwicklung der Pflanzenwelt und zu verschiedenen Feldarbeiten erkennen. So entspricht die Andauerzeit des Tagesmittels von 5° etwa der Vegetationszeit. Der Beginn dieses Tagesmittels liegt überall vor dem 25. März, das Ende zwischen dem 5. und 10. November, im Elbtal zwischen Barleben und Barby sogar nach dem 10. November. Dementsprechend beträgt die Andauerzeit 220 bis 230 Tage, im Elbtal über 230 Tage.

Tabelle 3

Beginn, Ende und Andauer eines Tagesmittels von mindestens 5° und 10° für Helmstedt, Magdeburg und Bernburg (Reihe 1881 bis 1930)[66]

	Höhe in m ü. NN	Beginn		Ende		Andauer in Tagen	
		5°	10°	10°	5°	5°	10°
Helmstedt	139	26.3.	29.4.	7.10.	8.11.	223	159
Magdeburg	58	21.3.	24.4.	11.10.	11.11.	231	168
Bernburg	80	23.3.	25.4.	8.10.	8.11.	226	164

Entsprechend der Zugehörigkeit des größten Teiles der Börde zum mitteldeutschen Trockengebiet empfängt das Untersuchungsgebiet relativ geringe Niederschlagsmengen, allgemein um 500 mm im Jahr. Die Verteilung der Niederschläge auf die einzelnen Monate wird an folgenden Stationen demonstriert:

Tabelle 4

Mittlere monatliche und jährliche Niederschlagssummen in mm für Haldensleben, Magdeburg, Klein Wanzleben und Bernburg (Reihe 1901 bis 1950)[67]

	Monate												Jahr
	I	II	III	IV	V	VI	VII	VIII	IX	X	XI	XII	
Haldensleben	40	35	32	42	44	50	65	60	42	45	44	40	539
Magdeburg	36	32	30	37	43	49	64	56	40	43	40	36	506
Klein Wanzleben	38	33	31	38	45	48	61	58	41	45	41	37	516
Bernburg	31	27	28	37	46	51	65	56	39	39	35	30	484

Um die regionalen Unterschiede zu verdeutlichen, fügen wir ergänzend Jahressummen einiger Stationen zweier Profile durch die Börde hinzu.

[66] Klimakunde, 1939: 49. Die unterschiedlichen Höhenangaben ü. NN für Magdeburg und Bernburg gegenüber den Tabellen 2 und 5 ergeben sich durch die Verlegung der Beobachtungsstationen.

[67] Klimatologische Normalwerte, 1961: 18–21.

Tabelle 5

Jährliche Niederschlagssummen von Stationen zweier Profile durch die Magdeburger Börde[68]

	Höhe in m ü. NN	Jahresniederschlag in mm
Nord-Süd-Profil		
Wolmirstedt	45	502
Magdeburg	79	506
Schönebeck	52	490
Bernburg	84	484
West-Ost-Profil		
Eilsleben	140	535
Druxberge	170	495
Groß Rodensleben	120	506
Niederndodeleben	85	484
Magdeburg	79	506

Aus den Angaben der Tabellen 4 und 5 ersehen wir, daß Februar oder März die niederschlagsärmsten Monate sind und der Juli der niederschlagsreichste Monat ist. Es zeigt sich eine deutliche Abnahme der Niederschläge von Nord nach Süd, also zum Kern des mitteldeutschen Trockengebietes hin. Im West-Ost-Profil machen sich vor allem die Reliefunterschiede bemerkbar, z. B. die Stauwirkung der Endmoränenhügel östlich von Eilsleben oder die Leewirkung am Rande der Hohen Börde bei Niederndodeleben. Daß die Niederschlagssumme in Magdeburg wieder größer als 500 mm ist, dürfte auf den Großstadteffekt zurückzuführen sein. Stärkere Erwärmung, größere Turbulenz der Luft, viele Kondensationskerne, Stau der herantransportierten Luftmassen und verstärkte Wolkenbildung sind niederschlagsfördernde Faktoren über der Stadt.

Von den mittleren Niederschlagssummen gibt es im einzelnen erhebliche Abweichungen. Die Angaben für Bahrendorf, eine Station im Zentrum der Börde (Höhe 83 m ü. NN, mittlerer Jahresniederschlag 483 mm) mögen das verdeutlichen:

Tabelle 6

Größte und kleinste monatliche und jährliche Niederschlagssummen in mm für Bahrendorf (Reihe 1901 bis 1950)[69]

	Monate												Jahr
	I	II	III	IV	V	VI	VII	VIII	IX	X	XI	XII	
maximal	70	105	68	79	103	154	154	197	98	98	87	97	666
Jahr	1921	1946	1915	1928	1950	1946	1907	1945	1906	1906	1944	1949	1937
minimal	10	4	6	7	4	10	15	5	10	2	7	3	285
Jahr	1940	1932	1931	1926	1919	1901	1904	1911 1947	1928	1908	1920	1908	1911

[68] Klimatologische Normalwerte, 1961: 18—21.

[69] Klimatologische Normalwerte, 1961: 57.

Interessante Angaben machte R. ASSMANN bezüglich der Hagelverhältnisse in der weiteren Umgebung Magdeburgs.[70] Im Zeitraum von 1854 bis 1883 verteilten sich die Hagelschläge im Durchschnitt auf die Monate Juni 44 Prozent, Juli 27, August 19, Mai 10 Prozent. Als Zeitpunkt des Beginns von Hagelfällen wurde der 13. Mai, als letzter Tag der 21. August ermittelt. Eine Häufung der Hagelschläge gab es in folgenden Zeiträumen:

24. bis 27. Mai	16. bis 19. Juni
2. bis 6. Juni	22. bis 24. Juni
10. bis 13. Juni	1. bis 9. Juli.

ASSMANN konnte zwei spezielle Hagelgebiete nachweisen: das erste im Norden der Börde (zwischen der Ohre und Dreileben, die westliche Grenze verläuft etwa durch Schackensleben, die östliche am Hochbörderand) mit 5 bis 8 Hageltagen in den 30 Beobachtungsjahren; ein zweites im Süden der Börde (die nördliche Begrenzung ist die Linie Langenweddingen—Sülldorf—Frohse, die östliche die Linie Felgeleben—Großmühlingen, die südliche die Linie Borne—Wolmirsleben) mit mehr als 5, zum Teil sogar 10 Hageltagen. Im Gebiet von Biere—Altenweddingen wurden 12 Tage mit Hagelschlägen beobachtet. Andererseits blieb das Gebiet um Niederndodeleben hagelfrei. Das dürfte mit der Leewirkung des Hochbörderandes zusammenhängen.

Bedeutenden Einfluß auf die Entwicklung der Kulturpflanzen haben die Frostverhältnisse. So sind beispielsweise die jungen Zuckerrüben frostempfindlich. Spätfröste und Temperaturstürze im Frühjahr können das Schossen der Rüben im ersten Vegetationsjahr auslösen.

Tabelle 7

Mittlere und extreme Daten des letzten und ersten Frostes sowie die mittlere Dauer der frostfreien Zeit für Helmstedt, Magdeburg und Bernburg[71]

	mittleres Datum des letzten Frostes	mittleres Datum des ersten Frostes	mittlere Dauer der frostfreien Zeit in Tagen
Helmstedt	22. 4.	24. 10.	184
Magdeburg	14. 4.	26. 10.	194
Bernburg	15. 4.	22. 10.	189

	letzter Frost frühester Termin	letzter Frost spätester Termin	erster Frost frühester Termin	erster Frost spätester Termin	Zeitraum
Helmstedt	24. 3. 1920	16. 5. 1900	3. 10. 1902	17. 11. 1910	1894—1930
Magdeburg	14. 3. 1920	16. 5. 1900	4. 10. 1912	17. 11. 1910 17. 11. 1914	1881—1930
Bernburg	15. 3. 1896	2. 6. 1928	30. 9. 1919	17. 11. 1914	1897—1930

[70] ASSMANN, 1884: 202—204.
[71] Klimakunde, 1939: 187.

A. W. GRÜTZMACHER teilt mit, daß der erste und letzte Frost am Erdboden gegenüber der Lufttemperatur im Mittel einen Monat früher bzw. später eintreten (Reihe 1881 bis 1893).[72]

Schließlich verweisen wir noch auf die zeitliche Verteilung des Schneefalls in Magdeburg und die mittleren und extremen Daten des Schneefalls von Helmstedt, Magdeburg und Bernburg.

Tabelle 8

Durchschnittliche Zahl der Tage mit Schneefall in Magdeburg (Reihe 1891 bis 1930)[73]

Monate												Jahr
I	II	III	IV	V	VI	VII	VIII	IX	X	XI	XII	
9,0	7,7	6,4	2,6	0,2	–	–	–	–	0,4	3,3	6,9	36,5

Tabelle 9

Mittlere und extreme Daten des letzten und ersten Schneefalls sowie die mittlere Dauer der schneefallfreien Zeit für Helmstedt, Magdeburg und Bernburg[74]

	mittleres Datum des letzten Schneefalls	mittleres Datum des ersten Schneefalls	mittlere Dauer der schneefallfreien Zeit in Tagen
Helmstedt	18. 4.	19. 11.	214
Magdeburg	15. 4.	11. 11.	209
Bernburg	11. 4.	16. 11.	218

	letzter Schneefall frühester Termin	letzter Schneefall spätester Termin	erster Schneefall frühester Termin	erster Schneefall spätester Termin	Zeitraum
Helmstedt	9. 3. 1920	19. 5. 1900	21. 10. 1922	7. 1. 1912	1895–1930
Magdeburg	6. 3. 1894	19. 5. 1900	2. 10. 1902	17. 12. 1929	1881–1930
Bernburg	6. 3. 1894	19. 5. 1900	2. 10. 1902	7. 1. 1912	1887–1930

6. Phänologische Verhältnisse

Phänologische Daten besitzen für die Landwirtschaft einen großen Wert, denn sie spiegeln die Wirkung aller ökologischen Faktoren (Witterungsablauf während des Jahres, Boden- und Reliefverhältnisse) auf die Pflanzenentwicklung wider. Deshalb wird seit einigen Jahrzehnten ein umfangreiches phänologisches Material gesammelt, das in Form von Gebiets-

[72] GRÜTZMACHER, 1894: 59.
[73] Klimakunde, 1939: 465.
[74] Klimakunde, 1939: 471–472.

mittelwerten für die naturbedingten Landschaften der DDR nach J. H. SCHULTZE[74a] aufbereitet vorliegt. Auf Grund der Beobachtungen an Wild- und Kulturpflanzen wurden neun phänologische Jahreszeiten unterschieden. In diese lassen sich die landwirtschaftlichen Termine gut einordnen. Tabelle 10 enthält eine Zusammenstellung der phänologischen Jahreszeiten für die Magdeburger Börde und dazu einige landwirtschaftlich wichtige Daten.

Die Tabelle läßt erkennen, daß die phänologischen Termine breit streuen, oft über zwei Monate. Es ergibt sich eine gute Übereinstimmung zwischen der Dauer des phänologischen Jahres und der Andauerzeit eines Tagesmittels von mindestens 5°. Die Zeit vom Beginn des Vollfrühlings bis zum Ende des Vollherbstes entspricht etwa der Andauerzeit eines Tagesmittels von mindestens 10°. Zu beachten ist hierbei, daß die zugrunde gelegten Jahresreihen der Temperaturen und phänologischen Phasen verschieden sind.

Tabelle 10

Phänologische Daten für die Magdeburger Börde (Reihe 1947 bis 1966)[75]

Phänologische Phasen	Dauer der Phasen	Mittel 1947–1966	Phänologische Termine: frühester Termin	Phänologische Termine: spätester Termin
Vorfrühling: Schneeglöckchen b bis Salweide b				
	4. 3.–31. 3.			
Schneeglöckchen b		4. 3.	31. 1.	9. 4.
Feldarbeiten, Beginn		16. 3.	10. 2.	13. 4.
Hafer Best		30. 3.	28. 2.	21. 4.
Erstfrühling: Salweide b bis Äpfel b				
	31. 3.–3. 5.			
Salweide b		31. 3.	3. 3.	28. 4.
Stachelbeeren BO		9. 4.	8. 3.	5. 5.
Zuckerrüben Best*		21. 4.	26. 3.	19. 5.
Süßkirschen b		24. 4.	4. 4.	17. 5.
Spätkartoffeln Best		27. 4.	10. 4.	24. 5.
Weidegang, Beginn		3. 5.	9. 4.	23. 5.
Vollfrühling: Äpfel b bis Winterroggen ab				
	3. 5.–3. 6.			
Äpfel b		3. 5.	12. 4.	25. 5.
Futterrüben Au		8. 5.	15. 4.	3. 6.
Spätkartoffeln Au		23. 5.	1. 5.	12. 6.
Frühsommer: Winterroggen ab bis Sommerlinde b				
	3. 6. –19.6.			
Winterroggen ab		3. 6.	18. 5.	1. 7.
Rotklee, 1. Schnitt		4. 6.	10. 5.	29. 6.
Wiese, 1. Schnitt		8. 6.	18. 5.	26. 6.

[74a] SCHULTZE, 1955.

[75] SEYFERT, 1972.

Abb. 2. Blick vom Rande der Hohen Börde bei Irxleben auf die Niedere Börde mit Magdeburg im Hintergrund

Abb. 4. Ehemaliger Grauwackebruch bei Ebendorf

Abb. 5. Aus Grauwacke errichtete Bauten (1855) eines Bauernhofes in Barleben

Abb. 6. Sandsteine des Rotliegenden am Südwestrand der Flechtinger Scholle, an der sog. Hühnerküche bei Bebertal

Abb. 7. Halde vom ehemaligen Kupferschieferabbau im Gebiet des Sixdorfer Berges bei Bebertal

Abb. 8. Bis zum Ende des 19. Jahrhunderts genutzter Kalksteinbruch aus dem unteren Muschelkalk zwischen Wanzleben und Domersleben

Abb. 9. Taubenturm und Scheune aus Kalkstein von einem Bauernhof in Förderstedt

Abb. 10. Zementfabrik in Glöthe

Abb. 11. Schafstall aus Sandsteinen des Rät in Altbrandsleben

Abb. 12. Bauernhof mit Wohnhaus aus Backstein (1895) und Stall aus Kalkstein (1864) in Bahrendorf

Abb. 13. Schacht VI des VEB Kali- und Steinsalzbetrieb „Saale“, Werk Staßfurt, abgeteuft 1912/13

Abb. 15. Die See-Wiesen nordöstlich von Remkersleben

Abb. 16. Zwei Erdfälle nördlich vom Bahnhof Brumby-Emden

Abb. 18. Blick über das Sarretal und Blumenberg zur Endmoränenkuppe des Henne-Berges, 127 m über NN

Abb. 19. Blick von Gutenswegen über das Ohre-Urstromtal bei Vahldorf zur Letzlinger Heide

Abb. 20. Rand der Hohen Börde südlich von Gersdorf

Abb. 24. Die ehemalige Pulver-Mühle am Sauerbach bei Ampfurth

Abb. 25. Der etwa 20 Morgen große Papenteich, Stauteich der ehemaligen Papen-Mühle, an der Bever bei Emden

Abb. 27. Ehemaliger Domersleber See mit Schlankseggenried und Pappelreihe am Hauptgraben, im Hintergrund die Häuser von Domersleben

Abb. 28. Bruchfeld im ehemaligen Braunkohlentiefbaugebiet bei Eggersdorf; letzter Abbau im Gebiet 1924

Tabelle 10 (Fortsetzung)

Phänologische Phasen	Dauer der Phasen	Mittel 1947–1966	Phänologische Termine frühester Termin	spätester Termin
Hochsommer: Sommerlinde b bis Winterroggen E				
	19. 6.–27. 7.			
Sommerlinde b		19. 6.	3. 6.	18. 7.
Winterraps E		5. 7.	12. 6.	2. 8.
Wintergerste E		13. 7.	22. 6.	15. 8.
Spätsommer: Winterroggen E bis Pflaumen (frühreife) f				
	27. 7.–11. 8.			
Winterroggen E		27. 7.	30. 6.	28. 8.
Sommergerste E		29. 7.	7. 7.	24. 8.
Hafer E		3. 8.	9. 7.	4. 9.
Winterweizen E		7. 8.	12. 7.	11. 9.
Frühherbst: Pflaumen f bis Roßkastanie f				
	11. 8.–17. 9.			
Pflaumen (frühreife) f		11. 8.	15. 7.	7. 9.
Vollherbst: Roßkastanie f bis Stieleiche LV				
	17. 9.–14. 10.			
Roßkastanie f		17. 9.	28. 8.	9. 10.
Spätkarotffeln E		24. 9.	2. 9.	25. 10.
Winterroggen Best		27. 9.	26. 8.	4. 11.
Zuckerrüben E*		5. 10.	20. 9.	2. 11.
Futterrüben E		8. 10.	16. 9.	4. 11.
Spätherbst: Stieleiche LV bis Winterweizen Au				
	14. 10.–7. 11.			
Stieleiche LV		14. 10.	16. 9.	6. 11.
Winterweizen Best		22. 10.	17. 9.	25. 11.
Winterweizen Au		7. 11.	4. 10.	27. 12.
Beginn des Vorfrühlings bis Ende Spätherbst				
	4. 3.–7. 11. 249 Tage			

* Die Angaben für die Zuckerrüben sind Mittelwerte von wenigen Stationen in Randgebieten der Magdeburger Börde.[76]

Erklärung der Abkürzungen:

b	erste Blüten	LV	Laubverfärbung
ab	Vollblüte	Best	Beginn der Bestellung
BO	erste Blätter	Au	Aufgang
f	erste reife Früchte	E	Beginn der Ernte

[76] Schriftliche Mitteilung der Werte durch Dr. D. Krumbiegel, Meteorologischer Dienst der DDR, Zenrale Wetterdienststelle Potsdam, Agrarmeteorologische Beratung, vom 30. 7. 1974.

Vergleichen wir die phänologischen Werte der Magdeburger Börde mit denen benachbarter Gebiete, etwa dem Elbtal und dem Fläming, erkennen wir auch hierbei die klimatische Begünstigung der Börde. So ist das phänologische Jahr hier etwa zwei Wochen länger als östlich der Elbe. Die Unterschiede zu den benachbarten Bereichen des mitteldeutschen Trockengebietes sind gering.

In die Tabelle 10 wurden wichtige landwirtschaftliche Termine eingeordnet. Für die in diesem Zusammenhange besonders interessierenden Zuckerrüben liegen keine Gebietsmittelwerte vor. Die aufgenommenen Daten können aber für die Groborientierung nützlich sein. Nach W. Feucht, H. E. Fischer u. a. sollte die Aussaat der Zuckerrüben Anfang April (Stachelbeeren BO) bis spätestens Ende April (Süßkirschen b) erfolgen. Die Vegetationszeit der Zuckerrüben endet Mitte Oktober. Dann ist ein Optimum an Masse und Zuckergehalt vorhanden. Wenn später die Temperaturen unter 6° absinken, sterben die Blätter in stärkerem Maße ab, und die Assimilationstätigkeit wird eingeschränkt.[77] Allerdings beginnt die Ernte schon Ende September, weil sonst in der Verarbeitungskampagne größere Lagerungsverluste einträten und im Spätherbst bei zunehmender Bodenfeuchte der Maschineneinsatz problematisch würde. Früher zog sich die Ernte der Zuckerrüben oft in den November/Dezember hinein.

Auch bei anderen Kulturen ergaben sich in den letzten Jahrzehnten infolge der Einführung neuer Arbeitsverfahren Veränderungen der agrotechnischen Termine. Wird z. B. heute der Weizen durch den Mähdrescher in der Voll- oder Totreife geerntet, mußte er früher mit dem Mähbinder oder der Sense in der Gelbreife, d. h. etwa zehn Tage früher, gemäht werden.[78]

7. Hydrographische Verhältnisse

Die Magdeburger Börde gehört zu den wasserarmen Gebieten der Deutschen Demokratischen Republik. Infolge der wenigen Niederschläge ist hier der Gebietsabfluß ziemlich klein (Abb. 23). Im Südteil der Börde sinkt die Abflußhöhe auf Werte unter 100 mm, eine Erscheinung, die sonst nur noch im Raume Eisleben—Halle/Saale vorkommt. Die Flußdichte ist deshalb gering.[79]

Bemerkenswerte Flüsse sind Schrote und Sülze als Nebenflüsse der Elbe, Sarre und Gees-Graben als Nebenflüsse der Bode sowie die Olbe als Nebenfluß der Beber.

Tabelle 11

Höhenlage, Länge und Gefälle wichtiger Flüsse in der Magdeburger Börde

Fluß	Quelle	Mündung	Gefälle		Lauflänge
	Höhe in m ü. NN		m	‰	km
Schrote	120	41	79	2,8	28
Sülze	94	43	51	2,3	22
Sarre	153	73	80	3,5	23
Gees-Graben	170	75	95	5,6	17
Olbe	135	78	57	3,4	17

[77] Feucht/Fischer/Fürste/Kraft/Winter, 1968: 63—65.

[78] Seyfert, 1972: 7—8; schriftliche Mitteilung von Dipl.-Landwirt Arno Schulze, Egeln, aus dem Jahre 1974.

[79] Hydrographisches Kartenwerk, 1966: I, Karte III, 1; Burchard, 1929: 203.

Über die Wasserstände und Abflußverhältnisse in den Flüssen gibt Tabelle 12 Auskunft. Aus ihr ersehen wir, daß die Bördeflüsse im allgemeinen kleine Bäche sind, die aber während der Schneeschmelze oder bei Gewittergüssen zu reißenden Gewässern anschwellen können. Gelegentlich kommt es zu schweren Überflutungen. Zum Beispiel stieg der Wasserspiegel der Beber am 21. Mai 1890 und im Juni 1896 infolge von Wolkenbrüchen über drei Meter an.[80] In Dahlenwarsleben befindet sich in halber Höhe der Friedhofsmauer, etwa 80 cm über dem Straßenniveau, eine Hochwassermarke vom 15. Mai 1889, als ebenfalls ein Wolkenbruch gewaltige Überschwemmungen brachte. An jenem Tage standen auch andere Dörfer unter Wasser, z. B. Eilsleben und Domersleben. Damals seien nach den Berichten — soweit bekannt — die höchsten Wasserstände aufgetreten.[81] Ein großes Unwetter suchte Domersleben am 29. April 1918 heim (siehe Anlage 9). Bedrohlich wirkten sich des öfteren Hochwässer der Schrote für Diesdorf und Magdeburg aus.

Nachdem schon jahrzehntelang mehrere Einlässe ins städtische Kanalnetz die Hochwässer teilweise abfangen, wurde 1971 etwa 1 km oberhalb von Diesdorf ein Schutzbecken mit 0,5 Mill. m^3 Fassungsvermögen erbaut, um die Hochwassergefahr von Magdeburg abzuwenden. Der 271 m lange und 5,65 m hohe Absperrdamm ermöglicht eine maximale Stauhöhe von 4,15 m.[82]

Bevölkerung und Wirtschaft hatten schon im 19. Jh. unter der Verunreinigung der Flüsse durch die Abwässer der Haushalte und Fabriken zu leiden. Vielfach wurde über die Verschmutzung des Wassers und die Geruchsbelästigung Klage geführt. Die Verhältnisse verschlimmerten sich besonders durch den Bau der Zuckerfabriken.[83]

Die großen Flüsse, die die Börde begrenzen, können im Rahmen dieses Überblicks nicht im einzelnen behandelt werden.[84] Nur auf Ohre und Bode wird kurz eingegangen. Die Ohre hat zwischen Haldensleben (49 m ü. NN) und Wolmirstedt (41 m ü. NN) bei einer Lauflänge von 17 km ein Gefälle von 0,44 Promille; von Wolmirstedt bis zur Mündung bei Rogätz, wo sie im Elbtal fließt, beträgt es nur noch 0,15 Promille.[85] Bis Wolmirstedt hinunter brauchte der Fluß nicht eingedeicht zu werden. Von dort ab fassen ihn Rückstaudeiche gegen Elbhochwasser ein. Seit 1963 wird der Abfluß der Ohre durch Wasserentnahme bei Satuelle (6 km oberhalb von Haldensleben) beeinflußt. Von dort pumpt man durchschnittlich 23000 m^3/d in die Letzlinger Heide zur Grundwasseranreicherung bei Colbitz. Es muß jedoch immer ein landeskultureller Mindestabfluß von 0,8 m^3/s bei Satuelle gesichert sein.[86]

Die Bode begleitet die Börde auf 57 km zwischen Oschersleben (77 m ü. NN) und der Mündung in die Saale bei Nienburg (56 m ü. NN) mit einem mittleren Gefälle von 0,37 Promille.[87] Wegen der vielen Überschwemmungen fanden schon frühzeitig (um 1600) Regulierungsarbeiten in der Bodeniederung statt. Die Eindeichung des Flusses begann jedoch erst Mitte des 18. Jh. Der Ausbau der Deiche geschah vor allem in der Mitte des 19. Jh. Zwischen 1870 und 1920 folgte die Boderegulierung, die eine Begradigung des Flusses

[80] Bock, 1921: 27.
[81] Thiele, 1903: 18—19.
[82] Gumpert, 1973: 56.
[83] Rissmann, 1875: 39; STAM, Rep. C 28 I d, Nr. 552 und 563.
[84] Über die Elbe findet sich eine zusammenfassende Darstellung bei Gumpert, 1973: 43—55.
[85] Elbstrom, Der, 1898: III, 322.
[86] Gieck, 1961: 397—398; Hübner, 1954: 411—412.
[87] Elbstrom, Der, 1898: II, 166.

Tabelle 12

*Wasserstände und Abflüsse einiger Flüsse in der Magdeburger Börde (lang- bzw. mehrjährige Reihen)**[88]

Pegel	Schrote Diesdorf	Sülze Dodendorf	Sarre Bottmersdorf	Gees-Graben Peseckendorf	Beber Wedringen	Bode Hadmersleben	Ohre Wolmirstedt
PN Höhe in m ü. NN		55,48	77,04	75,59		72,87	40,17
beobachtet seit	1969	1954	1930–1960	1930	1964	1902	1887
	Wasserstände in cm (Jahresangaben)						
NNW	14	14	–10 19.–25. 2. 1954	1 Aug.–Okt. 1964	13	–6 3. 10. 1949	51 31. 8. 1951
MNW	19	18	–1	14	16	37	82
MW	30	31	17	30	34	84	127
MHW	59	71	102	98	134	207	227
HHW	83	90	164 4. 6. 1951	219 20. 3. 1940	142	325 10. 2. 1946	337 10. 2. 1941
	Abflüsse in m^3/s (Jahresangaben)						
NNQ	0,14	0,08	0,00	0,01 16. 3. 1931	0,11	0,20	0,02
MNQ	0,17	0,10	0,03	0,16	0,18	4,31	0,77
MQ	0,33	0,31	0,13	0,41	0,78	15,7	4,35
MHQ	1,35	1,24	1,15	3,0	11,1	61,8	16,9
HHQ	2,57	1,49	3,06	7,25	14,6	133,0 Dez. 1965	31,4

* Erklärung der Abkürzungen.
PN Pegelnull
NNW bzw. HHW überhaupt bekannter niedrigster bzw. höchster Wasserstand
MNW bzw MHW mittleres Minimum bzw Maximum des Wasserstands im betrachteten Zeitraum
MW Mittelwasserstand
Für den Abfluß Q gelten die entsprechenden Angaben. Wenn nicht besonders vermerkt, stimmen die Termine für NNW und NNQ bzw HHW und HHQ überein.

[88] Nach Unterlagen der Wasserwirtschaftsdirektion Mittlere Elbe-Sude-Elde, Abteilung Gewässerinspektion, Magdeburg.

und die Grabung neuer Laufabschnitte zum Ziele hatte.[89] Die Deiche erhielten eine Höhe von etwa 1 m. Die Hochwasserschutzmaßnahmen erwiesen sich als dringend nötig, gab es doch allein zwischen 1871 und 1881 fünf große Hochwässer.[90] In unserer Zeit wird die Bodeniederung auch durch die Anlagen des Rappbodesystems im Harz gegen Überschwemmungen geschützt.

Im Norden der Börde wurde das Landschaftsbild erheblich durch den Bau des Mittellandkanals (eröffnet 1938) verändert. Der Kanalspiegel liegt 56 m ü. NN, d. h. am Barleber See etwa 13 m, bei Groß Ammensleben etwa 5 m über Gelände. Dementsprechend ist der Kanaldamm am Schiffshebewerk Rothensee 18 m, bei Haldensleben noch 8 m hoch.[91]

Von besonderer Bedeutung für die Hydrographie der Börde waren die Wassermühlen. HEINECCIUS nennt 59, SEYDLITZ 66 Stück, und HERMES und WEIGELT[91a] geben 77 Wassermühlen an. Eine Häufung der Mühlen erkennen wir an Beber und Olbe, am Gees-Graben und an der Sülze (Abb. 23). Es wurden also die Flüsse mit dem größeren Gefälle und der beständigen Wasserführung im bewaldeten westlichen Gebiet bevorzugt. Der nur 5 km lange Sauerbach bei Ampfurth konnte 7 Mühlen antreiben, weil sich sein Lauf von der Quelle (172 m ü. NN) bis zur Mündung in den Gees-Graben (92 m ü. NN) bei Klein Wanzleben um 80 m senkt (Gefälle 16 Promille). Die Mühlen wirkten durch die Stauteiche, Mühlengräben und Flußumleitungen z. T. erheblich auf den Abfluß ein. Da inzwischen die Wassermühlen ihren Betrieb eingestellt haben, verschwanden auch fast alle Stauteiche (Abb. 24 und 25). Um 1965 wurde die letzte Wassermühle in Wefensleben stillgelegt.

Außer den Mühlenteichen gab es eine größere Zahl von Fischteichen, die im wesentlichen von den Gütern und Klöstern unterhalten wurden, so in Gehringsdorf, Eggenstedt, Ampfurth, Schermcke, Meyendorf, Hohenwarsleben und Groß Ammensleben. Einige von ihnen sind noch heute vorhanden.

Am Ende des 18. Jh. gab es in der Magdeburger Börde noch eine Reihe größerer Seen, von denen besonders diejenigen in der Niederungszone im Zuge des oberen Buntsandsteins zwischen Remkersleben und Wanzleben erwähnt seien: der Remkersleber, Domersleber und Faule See (Abb. 26). In den vorangegangenen Jahrhunderten waren bereits mehrere Seen in der Börde trockengelegt und in landwirtschaftliche Nutzung genommen worden, z. B. die Allerhorst bei Eilsleben 1560 bis 1564, der Schüttensee bei Dreileben im 17. Jh., das Seelsche Bruch bei Hakenstedt 1720 bis 1723, der Drackenstedter Teich 1742.[92] 1788 wurde der Faule See abgelassen, dessen Wasserfläche damals noch 151 Morgen maß. Das dadurch gewonnene Wiesenland war 385 Morgen groß. Ende des 18. Jh. legte man den letzten Teich in der Allerniederung, den Sanddorfer Teich mit 750 m Länge, trocken. 1801 folgte die Entwässerung des Domersleber Sees, wo etwa 200 Morgen Wiese entstanden (Abb. 27). Der Remkersleber See, in der 1. Hälfte des 19. Jh. schon weithin verlandet, sonst kaum 2 m tief, wurde von 1832 bis 1834 endgültig entwässert, was 300 Morgen einbrachte, daher der heutige Name See-Wiesen.[93]

Umfangreiche Meliorationen geschahen auch in den großen Randtalungen der Elbe,

[89] HEMPEL, 1952: 75—77.
[90] Elbstrom, Der, 1898: III, 314—317.
[91] GUMPERT, 1973: 54—55.
[91a] HEINECCIUS, 1785; SEYDLIIZ, 1820; HERMES/WEIGELT, 1842.
[92] HANSEN, 1965: 37, 42; HANSEN, 1969: 22, 49.
[93] HANSEN, 1969: 59, 68, 138; BAENSCH, 1928: 287, 345; WIEGERS/GÖRZ, 1925: 18—19; WINTER, 1877: 164. Vgl. auch den Beitrag HARNISCH in diesem Halbband.

Ohre, Saale und Bode. Sie begannen in der Elbniederung schon im 12. Jh. durch Flamen und wurden im wesentlichen im 19. Jh. vollendet. Als Beispiel sei die Melioration der Bodeniederung seit dem 18. Jh. angeführt. Als man in der Mitte des 18. Jh. beim Deichbau auch neue Entwässerungsgräben zog, führte das bald zu starker Austrocknung und Ertragsminderung auf den Wiesen. Mitte des 19. Jh. stellte man durch Ent- und Bewässerungsmaßnahmen einen günstigen Grundwasserstand her, der einen erheblichen Ertragszuwachs auf dem Grünland bewirkte. Die umfassende Melioration der Bodeniederung vom Ende des 19. Jh. bis etwa 1920 ermöglichte zwar eine rasche Abführung des Hochwassers, führte aber infolge weiterer Grundwasserabsenkung wiederum zu Ertragseinbußen.[94]

Infolge der Entwässerung der Niederungen, der Trockenlegung von Mühlen- und Fischteichen, der Regulierung der Flüsse, der Anlage von Entwässerungsgräben und der Schaffung von Dränsystemen nach der Separation verbesserten sich in der Magdeburger Börde während der letzten zwei Jahrhunderte allgemein die Vorflutverhältnisse, floß das Wasser schneller von den Flächen ab und senkte sich weithin der Grundwasserspiegel. Das läßt sich zwar im ganzen nicht zahlenmäßig belegen, aber es finden sich dafür viele einzelne Hinweise in der Literatur. Einige Beispiele mögen das zeigen.

Vergleicht man die Urmeßtischblätter der 1. Hälfte bzw. aus der Mitte des 19. Jh. mit den topographischen Karten des 20. Jh., so erkennt man, daß damals mehrere Talungen unregulierte Gräben und größere Wiesenflächen aufwiesen, z. B. die Täler der Marbe und der Großen Sülze westlich von Olvenstedt, der Randbereich des Seelschen Bruchs bei Hakenstedt und die obere Allerniederung nördlich von Eggenstedt.

Die Flurnamen „Großer“ und „Kleiner Sumpf“ in einem Ackerstück bei Klein Wanzleben weisen auf frühere hydrographische Verhältnisse hin.

In Atzendorf stand in der Mitte des 18. Jh. das Grundwasser sehr hoch. Das wirkte sich auf den Bau der Häuser aus.[95] Ein Quellgebiet westlich von Dreileben (Lage der Wüstung Klein Dreileben) wurde 1827 als trockener Anger bezeichnet und später zu Acker umgebrochen.

In der Talung nördlich von Dreileben dränierte man ab 1886, wodurch die dortigen Wiesen in Acker umgewandelt werden konnten.[96] Die Dränung setzte allgemein nach 1850 ein, vor allem auf den Gutsflächen. Die Magdeburger Börde gehörte zu den bedeutenden Gebieten mit Dränung in der Provinz Sachsen.[97] Schon 1862/63 waren allein auf den Fluren des Kreises Neuhaldensleben, soweit sie zu unserem Untersuchungsgebiet gehören, etwa 9200 Morgen dräniert.[98]

Südlich von Altenweddingen gab es vor der Anlage von Abflußgräben im 19. Jh. sehr nasse Felder.[99] Oft liest man für die Nachfolgezeit vom Verschwinden bzw. Nachlassen von Quellen und Versiegen von Brunnen.

Andererseits entstanden durch den Abbau von Bodenschätzen neue Wasserflächen. In stillgelegten Braunkohletagebauen und über Tiefbauen, wo die Decksedimente absackten, bildeten sich Teiche (Abb. 28). Die größte Wasserfläche dieser Art mit etwa 50 ha

[94] Hempel, 1952: 75–77.
[95] Carsted, 1928: 11; siehe Anlage 10.
[96] Hansen, 1969: 4–5, 122.
[97] ZLCV, 1863: XX, 91.
[98] STAM, Rep. C 30 Neuhaldensleben, Nr. 2400. Allerdings erscheinen die für die Gemeinde Erxleben ausgewiesenen 3000 Morgen als zu hoch. Es könnte sich in der Akte um einen Schreibfehler handeln.
[99] Winter, 1876: 437.

liegt am Seehof nordöstlich von Calbe/Saale.[100] Beim Bau des Mittellandkanals entstanden in zwei großen Kiesgruben der Barleber See (105 ha, durchschnittliche Tiefe 6,5 m) und der Jersleber See (30 ha, durchschnittliche Tiefe 4 m). Beide sind heute beliebte Badeseen in der Umgebung Magdeburgs (Abb. 23).

Besondere Beachtung fanden die Solquellen im Salzgebiet des Zechsteins. Solche Quellen zwischen Schönebeck und Wefensleben, z. B. in Groß Salze (heute Schönebeck-Salzelmen), Sülldorf, Dodendorf, Remkersleben und Ummendorf, hatten zum Teil größere wirtschaftliche Bedeutung, etwa das Solbad Groß Salze seit 1802 mit einem Salzgehalt der Badesole von 8 Prozent.[101]

Über die heutigen Grundwasserverhältnisse liegt ebenfalls keine regionale Übersicht vor. Anhand einiger ausgewählter Brunnen soll eine Vorstellung von der Tiefenlage der Grundwasseroberfläche in verschiedenen Gebieten vermittelt werden.

Tabelle 13

Grundwasserstände ausgewählter Brunnen in der Magdeburger Börde (Mittelwerte 1969)*[102]

Geologische Gebiete	Meßstelle	Winter	Sommer	NW	HW**
		(in cm unter Flur)			
holozäne Talniederung	Hadmersleben	123	121	149	78
	Neugattersleben	251	255	281	205
	Staßfurt	–	–	232	144
Talsandgebiet	Vahldorf	277	256	292	240
	Schönebeck-Salzelmen	188	213	249	139
	Gnadau	207	203	281	93
	Eggersdorf	95	110	137	57
Lößgebiet	Magdeburg-Ottersleben	79	88	182	53
Festgestein	Wolmirsleben	444	416	458	390

* Die Werte von 1969 können etwa als allgemein repräsentativ gelten.
** NW–HW = minimaler-maximaler Grundwasserstand des Jahres 1969.

Das Grundwasser ist in großen Teilen der Börde infolge des Kalkgehaltes des Lößes und der unterlagernden Triassedimente sehr hart (über 50° dH). Im nördlichen und westlichen Randbereich sinkt die Härte bei stärkerer Auslaugung der Sedimente auf 20° dH (hartes Wasser) herab. Die Alluvionen des Saale-, Elbe- und Ohretales liefern weiches Grundwasser (unter 10° dH). Im Bodetal über dem Staßfurter Sattel zwischen Oschersleben und Staßfurt wechseln die Härtegrade außerordentlich stark.[103] Auch kleinräumig sind bemerkens-

[100] Statistisches Jahrbuch ... Magdeburg, 1974: 5.
[101] Löffler, 1962: 300.
[102] Nach Unterlagen der Wasserwirtschaftsdirektion Mittlere Elbe-Sude-Elde, Abteilung Gewässerinspektion, Magdeburg.
[103] Hein, 1954: 325.

werte Differenzen im Härtegrad zu verzeichnen, z. B. im Tal auf der Nordseite von Hohenwarsleben zwischen 15 und 56° dH, je nach Herkunft des Grundwassers.[104]

8. Vegetation

Pflanzengeographisch zählt unser Raum zum Magdeburger Ackerland innerhalb der Bördegebiete des mitteldeutschen Trockengebiets (Magdeburger, Köthener, Leipziger, Querfurter, Zerbster Ackerland). Das Magdeburger Ackerland umfaßt außer der Magdeburger Börde auch einen Teil des nördlichen Harzvorlandes nördlich der Linie Hakel—Aschersleben sowie das untere Fuhnegebiet.[105] Die natürliche Vegetation der Magdeburger Börde wäre ein subkontinentaler Traubeneichen-Winterlinden-Hainbuchen-Wald. Restgehölze des Naturwaldes sind ganz selten. So stockt auf den Wellenbergen bei Bebertal ein geophytenreicher Hainbuchen-Feldulmen-Hangwald mit Feldulme (Ulmus carpinifolia), Hainbuche (Carpinus betulus), Winterlinde (Tilia cordata), Stieleiche (Quercus robur) sowie Traubeneiche (Quercus petraea), Bergahorn (Acer pseudo-platanus) und Spitzahorn (Acer platanoides). Auf trockeneren und nährstoffärmeren Hangschultern entwickelt sich ein ärmerer Traubeneichen-Hainbuchen-Winterlinden-Wald.[106]

Zwar gilt die Magdeburger Börde als ein seit dem Neolithikum im wesentlichen waldfreies Ackerland, doch noch im 18./19. Jh. gab es in den westlichen, mehr ozeanischen Randgebieten mit weniger fruchtbaren Böden einige Waldflächen (Abb. 26). Ein etwa 600 Morgen großer Wald südöstlich von Althaldensleben wurde 1844 abgeholzt.[107] Ein 168 Morgen großes Waldstück bei Nordgermersleben wurde bis 1820 gerodet.[108] Nordwestlich von Brumby (Kreis Haldensleben) erstreckte sich Mitte des 19. Jh. die etwa 400 Morgen große Brumbyer Heide,[109] von der heute nur noch ein Rest nördlich der Bahnlinie besteht. Der Endmoränenzug Druxberge—Seehausen war früher stärker bewaldet. So trugen die Grünen Berge bei Siegersleben über 300 Morgen Wald. Größere Waldbestände westlich von Wefensleben und Ummendorf mußten im 18. und 19. Jh. dem dortigen Bergbau weichen. Um 1850 reichte das Hohe Holz noch bis Gehringsdorf.[110] Der Ackerbau und andere Wirtschaftszweige nahmen dem Walde im Laufe der Entwicklung immer mehr Raum. Lediglich die Endmoränenkuppen tragen mancherorts kleine Gehölze, die zum Teil in jüngster Zeit angepflanzt wurden.

Im Magdeburger Ackerland ist stellenweise ein Hundsrosen-Feldulmen-Gebüsch verbreitet, das als Nachfolger des Eichenmischwaldes angesehen wird. Auf den Äckern finden wir die für das mitteldeutsche Trockengebiet typische Unkrautgemeinschaft der Kleinen Wolfsmilch (Euphorbia exigua) und Echten Nachtnelke (Melandrium noctiflorum) mit Glanz-Ehrenpreis (Veronica polita), Wege-Rauke (Sisymbrium officinale), Ackerröte (Sherardia arvensis) und Flug-Hafer (Avena fatua) in weiter Verbreitung.[111]

In Hanglagen, die nicht landwirtschaftlich genutzt werden, gibt es noch Steppenheidestandorte, wie sie für den Weinberg bei Großmühlingen und die Bebertalhänge näher

[104] Briefliche Mitteilung von MAX BÖSCHE, Hohenwarsleben, aus dem Jahre 1973.
[105] MEUSEL, 1954/55: 640.
[106] Handbuch der Naturschutzgebiete, (1973): 40.
[107] Wanderblätter, (1924): XX, 6; Meßtischblatt, Nr. 2031, Neuhaldensleben, 1823.
[108] BOCK, 1921: 35.
[109] Meßtischblatt Nr. 2030, Erxleben, 1857/58.
[110] HANSEN, 1927: 33, 60; HANSEN, 1965: 19—21.
[111] MAHN/SCHUBERT, 1962: 768, 791.

beschrieben wurden.[112] Auf dem Weinberg im Südosten der Börde breitet sich auf nährstoffreicher Schwarzerde ein Fiederzwenkenrasen mit Stengelloser Kratzdistel (Cirsium acaulon), Sichelluzerne (Medicago falcata), Mittlerem Wegerich (Plantago media) und Bunter Kronenwicke (Coronilla varia) aus. Überzieht nur ein Lößschleier die Hänge, finden wir einen Haarfedergrasrasen mit Grauer Skabiose (Scabiosa canescens), Frühlings-Fingerkraut (Potentilla tabernaemontani), Kleinem Mädesüß (Filipendula vulgaris) und Rispen-Flockenblume (Centaurea stoebe ssp. maculosa). Eine Thymian-Schafschwingel-Gesellschaft mit Sand-Strohblume (Helichrysum arenarium), Gemeiner Grasnelke (Armeria maritima), Hügelmeier (Asperula cynanchica), Sand-Fingerkraut (Potentilla arenaria) und Wiesen-Kuhschelle (Pulsatilla pratensis) siedelte sich auf den trockenen, sandig-kiesigen Standorten der Endmoränenkuppen an. Die Sonnenhänge des Rüsterberges am Bebertal sind auch mit der Haarfedergrassteppe bedeckt, typisch dort Haarfedergras (Stipa capillata), Walliser Schwingel (Festuca vallesiaca), Gelbe Skabiose (Scabiosa ochroleuca), Aufrechter Ziest (Stachys recta), Blaugrünes Labkraut (Galium glaucum) sowie Frühlings-Adonisröschen (Adonis vernalis), Violette Königskerze (Verbascum phoeniceum), Illyrischer Hahnenfuß (Ranunculus illyricus) und Gestreckter Ehrenpreis (Veronica prostrata).

Die natürliche Vegetation der Auen von Elbe, Saale und Bode bilden die Eschen-Ulmen-Wälder mit ihrem Grundbestand aus Esche (Fraxinus excelsior), Feld-Ulme (Ulmus carpinifolia) und Stiel-Eiche (Quercus robur).[113] Auch die Auenwälder wiesen vor zweihundert Jahren noch eine größere Ausdehnung als heute auf. Zum Beispiel stand zwischen Magdeburg und Wolmirstedt der 1 500 Morgen große Rothenseer Busch, der in der 1. Hälfte des 19. Jh. abgeholzt wurde.[114]

In der Niederungszone zwischen Faulem See und Seelschem Bruch finden wir Grünlandgesellschaften, die für das Gebiet des Domersleber Sees dargestellt wurden (Abb. 27).[115] Tiefgelegene Standorte mit häufiger Überschwemmung sind vom Schlankseggenried bedeckt. In nassen Senken breiten sich Kriechrasen und Brackröhricht aus. Wenn die Standorte nur kurzzeitig überstaut sind, sonst aber trocken liegen, finden wir in weiter Verbreitung die Rasenschmielen-Seggen-Wiese. An vielen Stellen sind halophile Arten in die Bestände eingemischt, da hier salzhaltiges Quellwasser aufsteigt. Stellenweise führt das zur Ausbildung der Salzbinsen-Milchkraut-Wiese mit Gänse-Fingerkraut (Potentilla anserina), Fuchs-Segge (Carex vulpina), Strand-Dreizack (Triglochin maritimum) und Wiesen-Gerste (Hordeum nodosum).

Die schönste Ausprägung der Halophytenvegetation besitzt das Sülzetal bei Sülldorf. Hier steigt Sole aus dem Zechstein an Verwerfungen im Muschelkalk nach oben. Der Kochsalzgehalt beträgt etwa 10 Prozent. Als Pioniergesellschaft auf stark versalzten Böden tritt die des Quellers auf. Typische Vertreter sind Gemeiner Queller (Salicornia europaea), Strand-Aster (Aster tripolium), Stielfrüchtige Salzmelde (Obione pedunculata), Flügelsamige Schuppenmiere (Spergularia marginata) und Gemeiner Salzschwaden (Puccinellia distans). Im Sommer leuchten die Quellerflächen im kräftig rötlichen Farbton. Bei zu starkem Salzgehalt des Bodens (über 2 Prozent Kochsalz) wird die Entwicklung des Quellers gehemmt, und es entstehen vegetationsfreie Stellen mit Salzausblühungen. Mit abnehmendem Salzgehalt dominieren andere Gesellschaften: die Salzschwaden-Salzaster-Gesell-

[112] Handbuch der Naturschutzgebiete, (1973): 40–41, 97; Wieprecht, 1961: 70–76.
[113] Karte ... Vegetation 1:500000, 1964.
[114] Tilger, 1928: 25–30.
[115] Mahn/Schubert, 1962: 771–780.

schaft im Salzsumpf, die Salzbinsen-Milchkraut-Gesellschaft in der Salzwiese.[116] Infolge meliorativer Maßnahmen im Sülzetal wird die Halophytenvegetation zunehmend eingeengt.

Auch sonst beobachtet man eine floristische Verarmung der Vegetation im Magdeburger Ackerland. Da die natürliche Vegetation weithin fehlt, zieht man am besten die Ackerunkrautgesellschaften zur Beurteilung heran. Die Häufigkeit einer ganzen Reihe von Arten nahm in den letzten Jahrzehnten ab. Zu nennen sind u. a. Acker-Wachtelweizen (Melampyrum arvense), Skabiosen-Flockenblume (Centaurea scabiosa), Acker-Glockenblume (Campanula rapunculoides), Kratzbeere (Rubus caesius), Feld-Rittersporn (Delphinium consolida), Acker-Senf (Sinapis arvensis), Kornblume (Centaurea cyanus) und Korn-Rade (Agrostemma githago).[117] Ursachen für den Rückgang sind die Intensivierung der Pflanzenproduktion mit leistungsfähigen Sorten, die das Unkraut unterdrücken, gute Saatgutreinigung, Anwendung von Herbiziden, Flurneugestaltung mit Homogenisierung der Flächen. U. Wegener schätzt, daß der Artenbestand in den Ackerunkrautgesellschaften in den letzten Jahrzehnten um etwa 30 Prozent abgenommen hat. E. G. Mahn und R. Schubert weisen darauf hin, daß die Artenverarmung auch durch die Randlage der Börde im mitteldeutschen Trockengebiet mit verursacht wird.[118] Die Magdeburger Börde ist westliches bzw. nördliches Grenzgebiet vieler kontinentaler Florenelemente.

Andererseits konnten sich einige anpassungsfähige Arten, wie Vogelmiere (Stellaria media), Klebkraut (Galium aparine) und Flug-Hafer (Avena fatua) stärker verbreiten. Auch die Neueinbürgerung von Arten läßt sich feststellen. So wurden das Kleinblütige Franzosenkraut (Galinsoga parviflora) im 18. Jh. aus Peru und der Persische Ehrenpreis (Veronica persica) im 19. Jh. aus Vorderasien eingeschleppt. Beide kommen heute in den Äckern häufig vor.

9. Zusammenfassende wirtschaftliche Wertung der physisch-geographischen Grundlagen in der Magdeburger Börde

Auf Grund der natürlichen Gegebenheiten zählt die Magdeburger Börde zu den landwirtschaftlich leistungsfähigsten Gebieten in der DDR. Die pflanzliche Bruttoproduktion erreicht hier Werte um 50 Getreideeinheiten pro Hektar. Daß in der pflanzlichen Produktion von mehr als der Hälfte der Gemeinden die Kombination Zuckerrüben/Getreide überwiegt, ist Ausdruck der natürlichen Gunst von Boden und Klima. Die Hektarerträge von Zuckerrüben (340 dt/ha) und Getreide (45 dt/ha) gehören zu den höchsten in der DDR.

Die fruchtbare Löß-Schwarzerde der Börde mit Ackerzahlen zwischen 90 und 100 dient hauptsächlich der Ackernutzung. Auf der Hälfte des Ackerlandes wächst Getreide, wobei Weizen und Gerste dominieren. Das warme, genügend feuchte Klima bietet im Verein mit der Schwarzerde besonders günstige Voraussetzungen für den Zuckerrübenanbau. Während der letzten Jahrzehnte wurden 10 bis 15 Prozent der Ackerfläche mit Zuckerrüben bestellt.

[116] Faber, 1960: 30; Niemann, 1938: 360—365; Schlag, 1963: 29—37, 65.

[117] Nach Untersuchungen von Hannelore Schmidt (1972) am Westrande der Börde im Gebiet Erxleben—Eimersleben—Ostingersleben und brieflicher Mitteilung von Dr. Uwe Wegener (Halberstadt) vom 13. 2. 1974.

[118] Mahn/Schubert, 1962: 809.

Im 19. Jh. spielte auch der Anbau der Zichorie (Cichorium intybus var. sativus) eine größere Rolle. Die Ansprüche dieser Pflanze an Klima und Boden ähneln denen der Zuckerrübe. Zudem ist sie eine wichtige Feindpflanze des Rübennematoden.

In vielen Orten stellt die Zuckerrübe auch die wichtigste Futterpflanze dar; denn die vorherrschende Form des Futterbaus in der Börde umfaßt die Gewinnung von Zuckerrübenblatt und den Anbau von Luzerne bzw. Futterrüben. Grünland steht manchen Gemeinden, vor allem im Osten der Börde, nicht zur Verfügung. In den feuchteren westlichen Gebieten und in den Flußtalungen kann dessen Anteil an der landwirtschaftlichen Nutzfläche bis auf 15 Prozent steigen.

Die industrielle Entwicklung in der Magdeburger Börde und in Magdeburg war einerseits eng mit der Landwirtschaft verknüpft, andererseits erhielt sie Impulse durch die verschiedenen Bodenschätze des Gebietes. Eine herausragende Bedeutung hatte die Verarbeitung von Zuckerrüben. Zichoriendarren sowie Getreide- und Ölmühlen gehörten noch zu dieser landwirtschaftlich geprägten Produktion. Der Energiebedarf konnte lange durch den Abbau von Braunkohle im Süden der Börde und in bescheidenem Maße durch Gewinnung von Steinkohle im Westen gedeckt werden. Auf der Braunkohle bauten weitere Industrien auf, z. B. Brikettfabriken und Schwelereien. Bedeutende Stein- und Kalisalzlagerstätten ermöglichten an mehreren Orten den Salzbergbau und Salinenbetrieb. Die chemische Industrie verwertete die Salze in mehreren Fabriken, u. a. für die Düngemittelherstellung. Die mesozoischen Kalke fanden Verwendung in Kalkbrennereien und Zementfabriken sowie als Bausteine. Baumaterial lieferten viele Steinbrüche im Grundgebirge und in der mesozoischen Tafel. Ziegeleien fanden den nötigen Ton in Tertiärablagerungen und im Auelehm der großen Flußtäler.

Die Zahl der Bergbau- und Industriestandorte nahm zunächst im Verlaufe des 19. Jh. beträchtlich zu. Verschärfte Konkurrenz und Produktionsumstellungen während der Zeit des Imperialismus zwangen viele Unternehmer zur Aufgabe ihrer Produktionsstätten. Infolge der Konzentration der Produktion in unserer Zeit werden aus Rentabilitätsgründen von den bodenständigen Standorten nur noch wenige genutzt.

Josef Hartmann

Die Verwaltungsstruktur in der Magdeburger Börde vom Ende des 18. Jahrhunderts bis 1917/18

Mit folgender Darstellung wollen wir einen Überblick über die Grundzüge der Entwicklung der Verwaltungsstruktur in der Magdeburger Börde vermitteln und die Klassenfunktion des Staatsapparates auf der regionalen und lokalen Verwaltungsebene in Abhängigkeit von den ökonomischen und politischen Machtverhältnissen verdeutlichen.

Während des Untersuchungszeitraumes bildete die Magdeburger Börde — abgesehen von der anhaltinischen Enklave Großmühlingen und mit Ausnahme der Zeit ihrer Zugehörigkeit zum Königreich Westfalen von 1807 bis 1813 — einen Teil des preußischen Staatsgebietes.

1. Die Magdeburger Börde vom Ausgang des 18. Jahrhunderts bis 1807

Preußen hatte sich im 18. Jh. zu einem feudalabsolutistischen Militärstaat entwickelt, in dem alle Maßnahmen der Innen- und Außenpolitik militärischen Zielen untergeordnet wurden.[1] Zwar waren seit der Mitte des 18. Jh. unter dem Einfluß bürgerlicher Beamter und verbürgerlichter Adeliger einige Fortschritte auf wirtschaftlich-sozialem Gebiet erzielt worden, jedoch blieben für den Klassencharakter des Staates, wie er sich in der Tätigkeit und Organisation seiner Behörden offenbarte, die ökonomischen und politischen Positionen des Feudaladels bestimmend. Im Verwaltungsaufbau des spätfeudalen Staatsapparates lassen sich auf der lokalen Ebene im allgemeinen drei Bereiche unterscheiden: die Landesherrschaft, die adeligen und geistlichen Feudalherrschaften sowie die Städte. Dabei war für den spätfeudalen Absolutismus Preußens charakteristisch, daß die adeligen Patrimonialherrschaften in ihrer Eigenständigkeit zwar machtpolitisch zurückgedrängt wurden, jedoch als bestimmende Führungsschicht in der Staatsverwaltung mit relativ großer Selbständigkeit erhalten blieben. In ähnlicher Weise waren die Städte in ihrer Selbstverwaltung eingeschränkt und in den absolutistischen Staat integriert.

Innerhalb des preußischen Staatsgebietes bildete die Börde bis 1807 einen Teil des Herzogtums Magdeburg, als welches das Erzstift nach der im Westfälischen Frieden zugesicherten Anwartschaft 1680 an Preußen übergegangen war.[2] Ende des 18. Jh. gliederte sich das Herzogtum in verschiedene Kreise. Die Börde gehörte insgesamt zum Holzkreis; er zerfiel auf Grund seiner Größe in drei Distrikte, an deren Spitze jeweils ein Landrat stand.

Die Landräte hatten sich, obwohl institutionell aus ständischen und staatlichen Elementen hervorgegangen, mit der Übernahme von Aufgaben der Steuereinziehung, des Militärwesens, der Polizei und Landeskultur im Prozeß der Herausbildung des Absolutismus mehr und mehr zu landesherrlichen Beamten entwickelt. Auch in der Börde waren die Landräte,

[1] Vogler/Vetter, 1970.

[2] Vgl. dazu Gringmuth, 1934; Heineccius, 1785; Kretzschmar, 1926.

die vom König auf Vorschlag der vom Feudaladel beherrschten Kreisstände ernannt wurden, die entscheidenden Organe der preußischen Kreisverfassung auf dem „platten Lande".

Den Mittelpunkt der landesherrlichen Verwaltung bildeten die Domänenämter. Sie waren im 18. Jh. verpachtet, meistens an bürgerliche Pächter auf jeweils 6 bis 12 Jahre. Die Bezirke der Domänenämter umfaßten Mediatstädte, Dörfer, Dorfanteile, Vorwerke, Einzelhöfe, Gewerbebetriebe (Mühlen), Feldmarken und Forsten in mehr oder weniger großer Geschlossenheit. In ihrer ursprünglich komplexen Aufgabenstellung, welche die gesamte innere Verwaltung mit der Polizei und Justiz einschloß, trat in Auswirkung von Strukturänderungen der oberen und mittleren Staatsbehörden seit der 2. Hälfte des 18. Jh. eine Differenzierung und Verselbständigung einzelner Bereiche (Steuern, Forsten u. a.) ein. Hervorzuheben ist in diesem Zusammenhang die Trennung der Justiz von der Verwaltung, indem für die Ausübung der gesamten Rechtsprechung in erster Instanz eigene Domänenjustizämter eingerichtet wurden, die für ein oder mehrere Domänenämter zuständig waren. Ende des 18. Jh. bestanden in der Börde folgende Domänenämter: Alvensleben, Ampfurth-Schermke, Athensleben, Brumby (Kreis Calbe), Calbe, Dreileben, Egeln, Gottesgnaden, Hadmersleben, Oschersleben, Schönebeck, Sommerschenburg, Staßfurt, Ummendorf, Wanzleben und Wolmirstedt sowie die in Magdeburg gelegene Möllenvogtei.

Die zweite große Gruppe bildeten die patrimonialen Gerichtsherrschaften, die sich in der Hand des weltlichen und geistlichen Feudaladels befanden und als selbständige Gerichts- und Verwaltungseinheiten neben den landesherrlichen Ämtern standen.

Die Ortschaften im Besitz adeliger Familien bildeten meistens zusammenhängende Komplexe,[3] so die Dörfer Groppendorf, Rottmersleben, Klein Santersleben und Schackensleben in der Hand der Familie von VELTHEIM; die Dörfer Eggenstedt, Peseckendorf und Remkersleben im Besitz der Familie von der ASSEBURG; die Dörfer Groß Germersleben, Klein Germersleben und Klein Oschersleben im Besitz der Familie von KOTZE. Die Dörfer Emden und Hohenwarsleben gehörten dem Geschlecht von der SCHULENBURG, die Dörfer Ackendorf und Hundisburg der Familie von ALVENSLEBEN zu Hundisburg. Hinzu kamen das Dorf Hohendorf in der Hand der Familie von ALVENSLEBEN zu Gattersleben sowie die von Alvenslebenschen Rittergüter zu Eichenbarleben und Süplingen. Das Dorf Brumby (südlich Haldensleben) schließlich gehörte der Familie von ARNSTEDT.

Neben den adeligen Dörfern gab es eine Anzahl von Ortschaften, die zum Besitz des Magdeburger Domkapitels oder einzelner Klöster und Stifter gehörten. Die domkapitularischen Dörfer befanden sich vor allem in den nahe bei Magdeburg gelegenen Teilen der Börde; es handelt sich um die Orte Beyendorf, Dahlenwarsleben, Groß Ottersleben, Hermsdorf, Niederndodeleben, Olvenstedt, Salbke, Schermcke, Schnarsleben, Welsleben und Westerhüsen. Dem Magdeburger Sebastiansstift gehörten die Dörfer Bisdorf und Gutenswegen, der Magdeburger Domprobstei die Orte Bornstedt, Förderstedt, Lemsdorf, Löbnitz und Rothensee. Das Stift St. Peter und Paul besaß die Dörfer Felgeleben und Sülldorf, das Stift St. Gangolphi die Gerichtsbarkeit über Bottmersdorf, das Kloster Berge die Dörfer Buckau und Diesdorf. Dem Kloster Althaldensleben gehörten u. a. die Bördeorte Vahldorf und Wedringen; die Dörfer Hakenstedt und Siegersleben unterstanden der Patrimonialherrschaft des braunschweigischen Klosters Marienthal, die Orte Meyendorf und Groß Ammensleben den gleichnamigen Klöstern.

[3] WALTHER, 1906: 61ff.

In den Amtsdörfern wie auch in den adligen, klösterlichen und stiftischen Gerichtsdörfern war der Schulze der Vorsteher der Gemeinde. Er wurde, soweit er sein Amt nicht als Lehn- oder Erbschulze innehatte, von den aus angesessenen Ackerleuten, Kossaten und Halbspännern bestehenden, stimmberechtigten Gemeindemitgliedern gewählt und von der zuständigen Gerichtsherrschaft bestätigt. Häusler hatten nur in Einzelfällen ein Stimmrecht in der Gemeinde. Der Schulze leitete die Gemeindeversammlungen, gab die landesherrlichen Verordnungen bekannt und sicherte ihre Durchführung sowie die Einhaltung der dorfpolizeilichen Bestimmungen. Unter Einbeziehung der Schöffen, die den Schulzen bei Verhinderung vertraten, verwaltete er das Gemeindevermögen. Schulze und Schöffen bildeten schließlich das Dorfgericht, das Strafen bis zu einem Taler festsetzen und im Beisein eines vereidigten Gerichtsschreibers Handlungen der freiwilligen Gerichtsbarkeit beurkunden konnte. Berufungsinstanzen gegen Entscheidungen der Dorfgerichte bildeten in den zu einer Patrimonialherrschaft gehörenden Dörfern die Patrimonialgerichte, in den Amtsdörfern die Domänenämter.

Was schließlich die Städte betrifft, so sicherte der Steuerrat als das staatliche Aufsichtsorgan den Einfluß des Landesherrn auf die Stadtverwaltungen. Ihm oblag die Überwachung der wichtigsten städtischen Angelegenheiten, insbesondere die Tätigkeit des Magistrats und der städtischen Beamten sowie der städtischen Polizei. Die Städte Calbe, Egeln, Groß Salze, Neuhaldensleben, Staßfurt und Wanzleben waren als Immediatstädte im Unterschied zu den Mediatstädten Frohse, Hadmersleben, Schönebeck, Seehausen und Wolmirstedt frei von den landesherrlichen Ämtern und unterstanden direkt der Magdeburger Kriegs- und Domänenkammer.[4]

Diese bildete auch im Herzogtum Magdeburg die wichtigste Behörde für die innere Verwaltung des spätfeudalen preußischen Staates auf der regionalen Ebene: Im Jahre 1723 aus der Vereinigung von Amtskammer und Kommissariat hervorgegangen, umfaßte ihr Aufgabenbereich vor allem die Landeshoheits-, Gewerbe- und Militärsachen, die Polizei, die Kommunalangelegenheiten der Städte und des „platten Landes" sowie die Verwaltung der Domänen und Forsten. Ihr waren daher die Landräte und die Steuerräte direkt unterstellt; auch die Domänenjustizämter und städtischen Gerichte unterstanden der Justizverwaltung der Kammer.

Neben der Kriegs- und Domänenkammer gab es die Brandenburg-Preußische Landesregierung im Herzogtum Magdeburg.[5] Sie war für alle Hoheits-, Justiz- und Lehnssachen zuständig; dabei überwogen eindeutig die jurisdiktionellen Befugnisse. Über die Appellationen der Domänenämter, der Magistrate, der adligen, klösterlichen und stiftischen Patrimonialgerichte urteilte die Landesregierung in zweiter Instanz. (Siehe Abb. 29).

Der skizzierte Verwaltungsaufbau verdeutlicht mit der ineinandergreifenden Dreiteilung des Staatsgebietes in Landesherrschaft, Adel und Städte, mit der Existenz einer landesherrlichen und einer patrimonialen Gerichtsbarkeit sowie einer einfachen Gliederung der Lokalverwaltung typische Züge der Behördenorganisation des Spätfeudalismus. Als spezielle Widerspiegelung der Feudalverfassung des preußischen Staates war sie der Durchsetzung der historisch notwendigen bürgerlichen Ordnung hinderlich. Die vernichtende Niederlage, die das feudalabsolutistische Preußen 1806/07 durch Napoleon erfuhr, bewirkte auch eine entscheidende Zäsur für die Behördenorganisation in der Börde. Als Bestandteil der linkselbischen Gebiete des Herzogtums Magdeburg kam die Börde zum Königreich Westfalen.

[4] Schwineköper, 1954: 141ff.

[5] Schwineköper, 1954: 12(.

Abb. 29: Vereinfachtes Schema der regionalen und lokalen Verwaltungsstruktur des Herzogtums Magdeburg

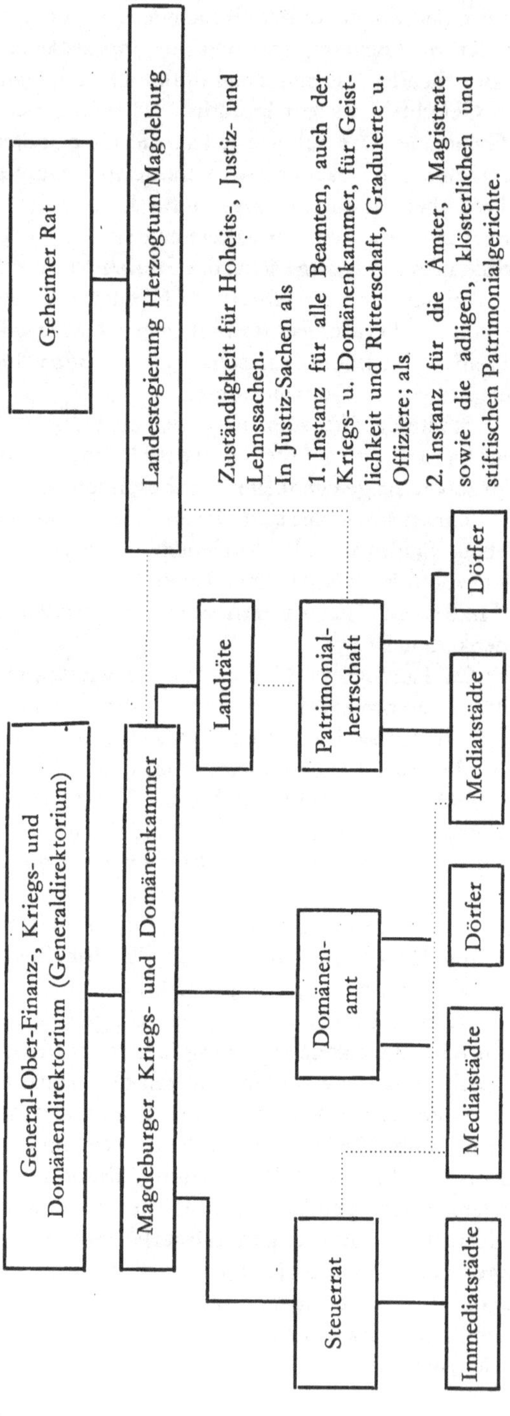

2. Die Magdeburger Börde 1807 bis 1813/14

Das Königreich Westfalen stellte einen Ableger des napoleonischen Kaiserreichs auf deutschem Boden dar und setzte sich zum großen Teil aus ehemals preußischen Territorien und Gebietsteilen zusammen. Seine Politik diente einerseits der räuberischen Ausbeutung der okkupierten Gebiete, trieb aber gleichzeitig die Lösung des Hauptwiderspruchs zwischen Feudalismus und Kapitalismus auf deutschem Boden voran. Mit der Errichtung des Königreichs Westfalen erfolgte die Einführung des im wesentlichen bürgerlichen Charakter tragenden napoleonischen „Code civil" und einer speziellen westfälischen Gesetzgebung. Die Verfassung des Königreichs verkündete die Aufhebung der Leibeigenschaft[6] und ermöglichte die Ablösung der Feudallasten; die Patrimonialgerichtsbarkeit wurde beseitigt und — das war das wesentlich Neue — durch Geschworenengerichte öffentlichen Charakters ersetzt; ebenso entfielen die Privilegien des Adels hinsichtlich der Steuerfreiheit und des eigenen Gerichtsstandes. Die Einschränkungen der antifeudalen Klassen und Schichten in bezug auf die Gewerbefreiheit und das Besitzrecht an Grund und Boden wurden aufgehoben; die Lehen unterlagen der Allodifikation. Im Jahre 1810 wurden schließlich die geistlichen Stifter und Klöster säkularisiert[7] und vornehmlich in Privatbesitz überführt; das betraf in der Börde Althaldensleben mit den Dörfern Vahldorf und Wedringen, die Klöster Meyendorf und Groß Ammensleben sowie in Auswirkung der Säkularisation des Domkapitels in Magdeburg und seiner Nebenstifter die diesen unterstellten Dörfer.

Mit der Bildung des Königreichs Westfalen war eine grundlegende Änderung der bisherigen Verwaltung verbunden. Sie wurde ganz nach französischem Vorbild organisiert und stellte in dieser Form durch ihre klar umrissenen sachlichen und übersichtlicheren Zuständigkeitsbereiche zwar einen Fortschritt auf staatspolitischem Gebiet dar, bereitete jedoch wegen des fremden, aufgezwungenen Charakters vor allem den Bürgern gewisse Schwierigkeiten. Unter Negierung der überlieferten historischen Verwaltungseinheiten und Organisationsformen wurde das Königreich einheitlich in 8 Departements mit jeweils einem für die gesamte Verwaltung verantwortlichen Präfekten an der Spitze aufgeteilt.

Die Börde gehörte während der westfälischen Herrschaft mit Ausnahme des südwestlichen Zipfels um Oschersleben zum Elbdepartement;[8] dieses gliederte sich in die Distrikte Magdeburg, Neuhaldensleben, Salzwedel und Stendal auf, an deren Spitze jeweils ein Unterpräfekt stand. Die Börde gehörte mit ihrem nördlichen Teil zum Distrikt Neuhaldensleben, mit ihrem südlichen — außer der im anhaltischen Staatsverband verbliebenen Enklave Großmühlingen — zum Distrikt Magdeburg. In jedem Distrikt befanden sich außer der staatlichen Verwaltung ein Zivilgericht erster Instanz sowie eine Gendarmeriebrigade. Die Distrikte wiederum zerfielen in Kantone. An der Spitze der Kantone stand ein Kantonmaire, der in einem agrarisch bestimmten Gebiet wie der Börde ein Grundbesitzer war. Sitz des Kantonmaires waren die Orte Alvensleben, Eichenbarleben, Erxleben, Groß Ammensleben und Wolmirstedt im Distrikt Neuhaldensleben sowie Barby, Calbe, Egeln, Groß Salze, Langenweddingen, Neustadt, Olvenstedt, Schönebeck,

[6] Vgl. dazu den Beitrag von PLAUL in diesem Halbband.

[7] PIETSCHMANN, 1969: 123—154.

[8] KOHL, 1937; GRINGMUTH-DALLMER, 1961: 47ff., mit Kartenbeilage über „Die östlichen Departements des Königreichs Westfalen im Jahre 1809" nach SCHLÜTER/AUGUST, 1959—61: Blatt 21/II.

Seehausen, Staßfurt, Sudenburg und Wanzleben im Distrikt Magdeburg. Dabei bildeten die größeren Städte eigene Kantone. In jedem Kanton befand sich ein Friedensgericht, das für die gesamte niedere Gerichtsbarkeit zuständig war. In den Kantonen Calbe, Egeln und Staßfurt waren seit Februar 1809 auch besondere Gendarmeriebrigaden eingesetzt. Die Kantone untergliederten sich in Munizipalitäten. Diese waren in Abweichung von der bisherigen Rechtsstellung der Gemeinden eine Zusammenfassung mehrerer Gemeinden, Domänen und Gutsbezirke, so daß nicht jede der früheren Gemeinden ihre eigene Verwaltung behielt. Die Munizipalitäten wurden von dem Maire unter Mitwirkung eines Adjunkten und eines Munizipalrates autokratisch verwaltet. Dem Adjunkten oblag vor allem die Verwaltung der Polizei in den Gemeinden unter 5000 Einwohnern, in denen keine besonderen Polizeikommissare eingesetzt waren.

Die mit der westfälischen Verwaltungsorganisation eingeführten und objektiv auf die Überwindung des Feudalismus gerichteten Maßnahmen wurden jedoch durch die Ausbeutungs- und Unterdrückungspolitik des napoleonischen Herrschaftssystems auf ökonomischem und politischem Gebiet gehemmt. Innerhalb der Verwaltung erlangte die Polizei eine immer größere Machtbefugnis; nachdem sie den Präfekten entzogen war, weitete sie sich seit 1811 zu einem eigenen Apparat zur verschärften Überwachung und Niederhaltung oppositioneller Bestrebungen aus. In den von der Aktivität der Volksmassen getragenen Befreiungskriegen brach das Königreich Westfalen als staatliche Organisationsform und Instrument der napoleonischen Fremdherrschaft zusammen.

3. Die Magdeburger Börde 1813/14 bis 1918

Bereits während der Befreiungskriege 1813/14 gegen die napoleonische Herrschaft machten sich Veränderungen in der Organisation des Staatsapparates in den von der französischen Herrschaft besetzten und in den von ihr befreiten Gebieten erforderlich. Es wurden Militär- und Zivilgouvernements gebildet, die militärischen, administrativen und organisatorischen Aufgaben während des Krieges als auch in der Zeit bis zur Einführung einer neuen Verwaltungsorganisation dienten. Während dieser Zeit gehörte die Börde zu dem am 9. April 1813 gegründeten preußischen Zivil- und Militärgouvernement für die Gebiete zwischen Elbe und Weser zu Halberstadt. Bis zu dessen am 31. März 1816 erfolgten Auflösung nahmen insbesondere die Aufgaben der inneren Verwaltung zu, da das Gouvernement die Organisation der neuen regionalen Verwaltung vorzubereiten und durchzuführen hatte. Dabei war es für seine Tätigkeit bezeichnend, daß es die westfälische Verwaltungsorganisation einschließlich der Einteilung in Departements, Distrikte und Kantone vorerst noch beibehielt.[9] Die Unterpräfekten als bisherige Vorsteher der Distrikte erhielten lediglich den Titel Landrat, die ihnen untergeordneten Kantone wurden in Kreisämter und die Kantonmaires in Kreisamtsmänner umbenannt. Im Zuge des Aufbaus der neuen preußischen Verwaltung wurde die westfälische schrittweise abgebaut; so erfolgte Ende März 1814 die Aufhebung der Departements als Zwischeninstanzen, so daß die Landräte dem Zivilgouverneur direkt unterstanden; Ende Mai 1814 wurde der Distrikt Magdeburg in die Kreise Calbe und Wanzleben aufgeteilt. Lediglich die Kreisamtsmänner übten ihr Amt bis 1817 aus.

[9] PAPENDIECK, 1960.

Die Verwaltungsorganisation nach den Befreiungskriegen ging weder von den spätfeudalen Verhältnissen Preußens aus, noch wurde die westfälische Organisation übernommen; unter dem Druck der veränderten ökonomischen und politischen Verhältnisse baute sie sich vielmehr in den wiedereroberten und neuerworbenen Landesteilen auf den Stein-Hardenbergschen Reformen aus den Jahren 1807 bis 1814 auf. Diese trugen objektiv der Durchsetzung der kapitalistischen Produktionsverhältnisse und dem durch politische Schwächung der herrschenden Feudalklasse gekennzeichneten Kräfteverhältnis Rechnung und schlossen eine Umgestaltung der staatlichen Verwaltung ein.

Das gesamte preußische Staatsgebiet wurde in Provinzen eingeteilt, darunter die aus sehr verschiedenen historischen Territorien und Gebietsteilen zusammengesetzte Provinz Sachsen.[10] An der Spitze der Provinz stand der Oberpräsident, dem neben seiner Zuständigkeit für einige die gesamte Provinz betreffende Fachbehörden als Kommissar der Ministerien vor allem die „innere und äußere Sicherheit" oblag, vor allem im Hinblick auf die Verschärfung der Klassengegensätze zwischen Bourgeoisie und Proletariat. Die wichtigsten Verwaltungsbehörden auf der mittleren Ebene bildeten die Regierungen, in der Provinz Sachsen zu Magdeburg, Merseburg und Erfurt für ihre jeweiligen Regierungsbezirke. Den Regierungen unterstanden auf der Kreisebene die neugeschaffenen Landratsämter für die allgemeine und innere Verwaltung, insbesondere für die Wahrnehmung der staatlichen Polizeibefugnisse. Daneben gab es auf der Kreis- und lokalen Ebene noch eine Reihe von Fach- und Spezialbehörden.

Im Rahmen dieser Verwaltungsorganisation gehörte die Börde zum Regierungsbezirk Magdeburg, und zwar nach der am 1. Juli 1816 in Kraft getretenen Kreiseinteilung anteilmäßig vor allem zu den vier Kreisen Wanzleben, Calbe, Wolmirstedt und Neuhaldensleben und geringfügig zum Kreis Oschersleben.

Der Kreis Wanzleben umfaßte mit Ausnahme seiner südlich der Bode und westlich der Aller gelegenen Teile etwa ein Drittel der Börde;[11] er setzte sich überwiegend aus Ortschaften des ehemaligen I. Distrikts des Holzkreises des Herzogtums Magdeburg bzw. der Distrikte Magdeburg und Neuhaldensleben des Elbdepartements zusammen. Sitz des Landratsamtes war Wanzleben, zeitweilig auch Benneckenbeck. Der Ort Buckau wurde 1862 vom Kreis Wanzleben an den Stadtkreis Magdeburg abgetreten.

Zur Börde gehörte ferner der größte Teil des Kreises Calbe ausschließlich der anhaltinischen Enklave Großmühlingen und der Ortschaften rechts der Saale und südlich der Bode. Der Kreis rekrutierte sich weitgehend aus dem I. Distrikt des Holzkreises des Herzogtums Magdeburg und aus der ehemaligen Grafschaft Barby. In westfälischer Zeit gehörte das Kreisgebiet zum Distrikt Magdeburg des Elbdepartements. Sitz des Landratsamtes war Calbe.

Auch der Kreis Wolmirstedt setzte sich überwiegend aus Ortschaften der Börde zusammen. Sie gehörten bis 1808 zum II. Distrikt des Holzkreises des Herzogtums Magdeburg, in westfälischer Zeit fast alle zum Distrikt Neuhaldensleben. Im Jahre 1908 schied die Landgemeinde Rothensee aus dem Gebiet des Kreises Wolmirstedt aus und wurde in die Stadt Magdeburg eingemeindet.

[10] Gesamtübersicht über die Bestände ..., 1972: III/2; vgl. darin Karte 1: „Die in der späteren Provinz Sachsen vereinigten Gebiete im Jahre 1800" nach SCHLÜTER/AUGUST, 1959–61: Blatt 21/I; Handbuch der Provinz Sachsen, 1854.

[11] Vgl. dazu den Beitrag von PLAUL in diesem Halbband: Tab. 103.

Der nordwestliche Teil der Börde gehörte zum Kreis Neuhaldensleben, bis 1807 zum größten Teil zum II. Distrikt des Holzkreises und in westfälischer Zeit zum Distrikt Neuhaldensleben.

Schließlich gehören zu unserem Untersuchungsgebiet noch die ehemals zum I. Distrikt des Holzkreises gehörenden und später in die Stadt Oschersleben eingemeindeten Dörfer Andersleben und Emmeringen sowie die Stadt Oschersleben selbst.

Innerhalb der landrätlichen Kreise bestand eine große Zahl von Spezial- und Fachbehörden, vor allem auf ökonomischem und später auch technischem Gebiet. Aus der Börde seien in diesem Zusammenhang die Domänenämter und Domänenrentämter genannt. Ihre Verwaltung umfaßte den Grundbesitz des Staates, der sich insbesondere aus den Gütern und Einkünften der als landesherrliche Verwaltungseinheiten aufgelösten altpreußischen Domänenämter und der Domänen zusammensetzte. Es handelte sich zum größten Teil um gutswirtschaftlich genutzte und vom Staat verpachtete Domänenwirtschaften, wie die zu Altona, Alvensleben, Ampfurth, Athensleben, Barby, Blumenberg, Calbe, Dreileben, Egeln, Etgersleben, Groß Ammensleben, Klein Oschersleben, Klein Rottmersleben, Schermcke, Schlanstedt, Tundersleben, Ummendorf, Wanzleben und Wolmirstedt (Schloß und Stift). Die meisten von ihnen wurden bis zum Ende des 19. Jh. aufgelöst; die Einbeziehung der verbliebenen Abgaben ging schließlich über die Domänenrezepturen an die Staatlichen Forst- und Kreiskassen in Calbe, Neuhaldensleben, Wanzleben und Wolmirstedt über. Diese waren gleichzeitig für die Verwaltung der direkten Steuern und der Kassengeschäfte der übrigen Zweige der allgemeinen sowie der Finanzverwaltung auf Kreisebene zuständig und unterstanden der Regierungshauptkasse zu Magdeburg.

Im Unterschied zu dem an progressiven Reformen ausgerichteten Aufbau der Staatsverwaltung entsprach die Justizverfassung und -verwaltung vordergründig den politischen Klasseninteressen des Adels. Bereits mit dem 1. Januar 1815 wurden in den ehemals westfälischen Gebieten die Privilegien der Eximierten hinsichtlich eines eigenen Gerichtsstandes und der von ihnen ausgeübten Patrimonialgerichtsbarkeit wiederhergestellt. Gleichzeitig erfolgte mit der Bildung der Provinz Sachsen die Einrichtung von Oberlandesgerichten in Halberstadt, Magdeburg und Naumburg, deren Sprengel den Bevölkerungsverhältnissen und den historischen Territorialgrenzen angepaßt wurden.[12] Als oberste Gerichte der Provinz Sachsen bildeten die Oberlandesgerichte zugleich die Aufsichtsbehörden für die Patrimonialgerichte und für die staatlichen Land- und Stadtgerichte, mit denen die alten Justizämter in der 1. Hälfte des 19. Jh. verschmolzen. Die Börde gehörte zum Oberlandesgericht Magdeburg, dessen Jurisdiktionsbezirk neben der Altmark die linkselbischen Teile des ehemaligen Herzogtums Magdeburg (außer Saalkreis) umfaßte. Ihm unterstanden als staatliche Untergerichte in der Börde die Land- und Stadtgerichte zu Barby, Calbe, Egeln, Erxleben, Neuhaldensleben, Seehausen, Staßfurt und Wolmirstedt. Dazu kamen das patrimoniale Kreisgericht in Althaldensleben und eine Vielzahl selbständiger Patrimonialgerichte.

Mit der Durchsetzung der preußischen Verwaltungsorganisation nach 1815 wurden auch die von der westfälischen Verwaltung gebildeten Munizipalitäten als größere Kommunalverbände wieder aufgelöst; das war ein Prozeß, der sich auf Grund des nachhaltigen Einflusses des französisch-westfälischen Gemeinderechts auf die spätere preußische Verwaltung bis in den Anfang der dreißiger Jahre des 19. Jh. hinzog. Die einzelnen Gemeinden bildeten entsprechend den wiedereingeführten Bestimmungen des „Allgemeinen Landrechts“

[12] Klewiz, 1837.

jeweils für sich stehende Einheiten; Vorwerke, Höfe, Mühlen, Kolonistenhäuser usw. sollten zu der Gemeinde gehören, zu der sie eingepfarrt gewesen waren. Die aus der westfälischen Zeit herrührende Vereinigung der Rittergüter mit den Landgemeinden konnte nach der Verordnung vom 31. März 1833 beibehalten werden, wenn beide Seiten es wünschten; andernfalls bildete dann das Rittergut einen eigenen Gutsbezirk.

Der so geschaffene Verwaltungsaufbau war insgesamt Ausdruck der erreichten Stufe in der Entwicklung zum Kapitalismus. Da aber die ökonomische und politische Macht des Adels nicht beseitigt und das Bürgertum erst schwach entwickelt war, setzten nach den Befreiungskriegen Restaurationsbestrebungen ein, mit denen — um die Herrschaft des Adels zu erhalten — die eingeleiteten Reformen in dessen Klasseninteresse mißbraucht wurden und durch die sich der kapitalistische Fortschritt nur auf einem für die Bourgeoisie und für die Volksmassen ungünstigen Wege durchsetzen konnte. Unter den Bedingungen der Restauration der Adelsherrschaft wurde namentlich das Bürgertum nicht in dem notwendigen und von den Steinschen Reformen beabsichtigten Maße an der Verwaltung staatlicher und kommunaler Angelegenheiten beteiligt und damit in seiner politischen Emanzipation gehindert. Ein Beispiel dafür ist die Tatsache, daß die Städteordnung von 1808 in den linkselbischen Kreisen, zu denen auch die Börde gehörte, erst in der Fassung der revidierten Städteordnung von 1831 eingeführt wurde. Mit der Wiederherstellung feudalreaktionärer Machtverhältnisse konnte auch die Bildung einer gesamtpreußischen Volksvertretung verhindert werden; statt dessen gelang lediglich die Einrichtung von Provinzialständen in Gestalt der Provinziallandtage, denen ein Beratungsrecht gegenüber den Ministerien in Fragen der Gesetzgebung, der Steuerbewilligung und der Verwaltung der Kommunalangelegenheiten der Provinzen zustand. Auf den Landtagen in der Provinz Sachsen (seit 1825) stellten die ersten beiden Stände, „die Prälaten, Grafen und Herrn" und die Ritterschaft, gegenüber den Städten und Landgemeinden allein schon die Hälfte der Deputierten.[13] So war es ein Ausdruck der realen Klassenkonstellation, wenn sich die Kritik des liberalen Bürgertums in der Provinz Sachsen während des Vormärz vor allem gegen das den Grundbesitz bevorzugende Repräsentanzverhältnis in den ständischen Vertretungen richtete.

Im Ergebnis der bürgerlich-demokratischen Revolution von 1848/49 kam es zu wesentlichen institutionellen Änderungen in der lokalen Verwaltungsebene auf dem Gebiet der Justiz. Der Adel verlor seinen privilegierten Gerichtsstand und mußte die bürgerliche Forderung nach Gleichheit vor dem Gesetz anerkennen. Gleichzeitig büßte er das Privileg einer besonderen Rechtssprechung ein; seit der Aufhebung der patrimonialen Gerichtsbarkeit gab es nur noch eine staatliche Justiz. Damit traten in der Gerichtsorganisation ab 1849 an die Stelle der Land- und Stadtgerichte und der Patrimonialgerichte einheitlich erstinstanzliche staatliche Kreisgerichte für alle Bürger. Die Festlegung der einzelnen Jurisdiktionsbezirke richtete sich nach bevölkerungsstatistischen Gesichtspunkten; so gehörte die Börde zum Stadt- und Kreisgericht Magdeburg mit der Gerichtsdeputation zu Wolmirstedt, zum Kreisgericht Calbe mit der Gerichtsdeputation zu Groß Salze und der Gerichtskommission zu Staßfurt, zum Kreisgericht Neuhaldensleben, u. a. mit der Gerichtskommission zu Erxleben, und schließlich zum Kreisgericht Wanzleben mit den Gerichtskommissionen zu Egeln und Seehausen. Ein weiteres Ergebnis der Revolution von 1848/49 war nicht zuletzt die Einführung der Geschworenengerichte, des öffentlichen

[13] SEGLER, 1931: 1—61.

Gerichtsverfahrens und der Institution des Staatsanwalts als staatlicher Anklagevertreter bei den Gerichten.

Die in der bürgerlich-demokratischen Revolution von 1848/49 erzielten Änderungen auf dem Gebiet der Justizverfassung und -verwaltung hatten teilweise nur einen zeitweiligen Erfolg; denn in der in den fünfziger Jahren einsetzenden Reaktionsperiode bildete sich auf der Basis des Klassenbündnisses zwischen der sich zu Junkern entwickelnden Adelskaste und der Großbourgeoisie eine neue, äußerst reaktionäre politische Herrschaft heraus. Die gutsherrliche Polizeigewalt wurde 1856 in den preußischen Dörfern wiederhergestellt. Die 1850 erlassene, aber noch nicht eingeführte liberale Gemeinde-, Kreis- und Provinzialordnung wurde 1852 wieder aufgehoben; hierdurch kam die Wirksamkeit des provinzialsächsischen Landtags nicht über die Verwaltung der ständischen Institute, Stiftungen und Fonds der Provinz hinaus. Die Schwurgerichte schließlich verloren ihre politische Bedeutung, nachdem seit 1853 alle politischen Prozesse an das Kammergericht in Berlin übergingen. Damit wurde der Staatsapparat auf der Grundlage des zwischen Bourgeoisie und Junkertum beginnenden Klassenkompromisses eindeutig als Instrument der Sicherung der Machtposition der herrschenden Klassen und zur Unterdrückung der sich formierenden revolutionären Arbeiterklasse ausgebaut.

Wichtige Forderungen der Revolution von 1848/49 konnte die Bourgeoisie erst in den siebziger Jahren durchsetzen, und zwar in Verbindung mit der legislatorischen und verwaltungsmäßigen Aus- und Umgestaltung des durch die „Revolution von oben" 1871 gegründeten Deutschen Reiches. Die Änderungen in der Verwaltungsstruktur betrafen u. a. die lokale Polizeigewalt, die Kommunal-, Kreis- und Provinzialvertretungen sowie den vereinheitlichenden Ausbau der Justiz.

Die mit Beginn des Jahres 1874 in Kraft getretene Kreisordnung für die sechs östlichen Provinzen Preußens vom 13. Dezember 1872 hob die 1856 erneut in die Hände der Gutsbesitzer gelegte gutsherrliche Polizeigewalt auf. An die Stelle der Gutsbesitzer traten von nun an die staatlichen Amtsvorsteher[14], die in den einzelnen Amtsbezirken als Ortspolizeibehörden die Aufgaben der ländlichen Polizeiverwaltung wahrnahmen, zumeist aber weiterhin von Vertretern dieser Klasse gestellt wurden. Ihnen oblag die Verwaltung des gesamten Polizeiwesens, besonders der Sicherheits- und Ordnungspolizei auf dem Lande. Die Amtsvorsteher dienten Landrat und Kreisausschuß zugleich als Hilfsorgane bei der Bearbeitung von Kommunalangelegenheiten und der Ausübung der Kommunalaufsicht über die Landgemeinden und Gutsbezirke. Die Amtsvorsteher wurden von 1874 bis 1918 auf Vorschlag des Kreistages vom Oberpräsidenten jeweils für 6 Jahre ernannt und vom Landrat vereidigt. Die Amtsbezirke setzten sich in der Regel aus mehreren Gemeinden und Gutsbezirken zusammen. Nach ihrer Bildung bestanden im Regierungsbezirk Magdeburg 330 Amtsbezirke, wobei ihre Zahl in den einzelnen Kreisen unterschiedlich hoch war. Der Kreis Calbe umfaßte, soweit sein Gebiet zur Börde gehörte, 14 Amtsbezirke und das Bördegebiet des Kreises Wanzleben 24. Vom Kreis Neuhaldensleben gehörten zur Börde 16 Amtsbezirke und vom Kreis Wolmirstedt 23.

Entsprechend den Forderungen des liberalen Bürgertums nach einer verstärkten Selbstverwaltung kam es mit der Kreisordnung von 1872 gleichzeitig zu einer Reform der Kreisverwaltung.[15] Die Kreise, die als staatliche Verwaltungsbezirke in ihren Grenzen bestehen blieben, wurden als Kommunalverbände zur Selbstverwaltung ihrer Angelegenheiten

[14] SCHRECKENBACH, 1960: 46–49.
[15] Gesamtübersicht über die Bestände ..., 1972: III/2, 258ff.

definiert. In den Kreistagen, die als Vertretungen der Kreise über die Kreisangelegenheiten zu beraten und zu beschließen hatten, entfielen die Virilstimmen der Rittergutsbesitzer. Die Wahl der mindestens 25 Kreistagsabgeordneten erfolgte in den drei Wahlverbänden, und zwar der ländlichen Großgrundbesitzer, der Landgemeinden und der Städte. Die Zahl der städtischen Abgeordneten durfte die Hälfte, in den Kreisen mit nur einer Stadt ein Drittel der Gesamtzahl nicht überschreiten. Damit blieb das Übergewicht der Grundbesitzer erhalten; dem konnten sich nur Städte mit mehr als 25000 Einwohnern durch die Bildung eigener Stadtkreise entziehen, was von 1891 bis 1924 in den Regierungsbezirken Magdeburg und Merseburg auch in 11 Fällen geschah. Vollzugsorgan der Selbstverwaltung der Kreise waren die Kreisausschüsse; sie bildeten gleichzeitig Verwaltungsgerichte erster Instanz. Vorsitzender des Kreisausschusses und des Kreistages und damit der Kreiskommunalverwaltung war der Landrat.

Die Reformgesetzgebung auf der Ebene der Kreise fand ihre Fortführung auf der Provinzialebene.[16] Die Provinzialordnung vom 19. Juni 1875 schuf als Selbstverwaltungsorgan der Provinz den neuen Provinzialverband, der in Überwindung des ständischen Prinzips der alten Provinzialvertretung eine Repräsentation der einzelnen Kreise darstellte. Durch die Eingliederung der Altmark, die bisher in provinzialständischer Hinsicht noch zur Provinz Brandenburg gehört hatte, deckte sich der sächsische Provinzialverband mit dem Gebiet der Provinz Sachsen. Dem Provinzialverband wurden verschiedene, bisher staatliche Aufgabengebiete überwiesen, vornehmlich des Fürsorge- und Sozialwesens, der Kultur, des Verkehrswesens und der Landesmelioration. Als gesetzgebendes Organ des Provinzialverbandes bestimmte die Provinzialordnung den Provinziallandtag, für den nun die Kreistage bzw. bei Stadtkreisen der Magistrat und die Stadtverordnetenversammlung eine entsprechend der Einwohnerzahl unterschiedliche Anzahl von Abgeordneten wählten. Beschlußfassende und vollziehende Organe des Provinzialverbandes waren der Provinzialausschuß und der Landesdirektor (Landeshauptmann). Die Staatsaufsicht über die Verwaltung des Provinzialverbandes oblag dem Oberpräsidenten und dem Innenminister.

Schließlich erfolgte seit der zweiten Hälfte der siebziger Jahre mit der Vereinheitlichung des geltenden Rechts auch eine Umgestaltung der Gerichtsorganisation auf der regionalen und lokalen Verwaltungsebene. Es wurden 1879 einheitlich Amts- und Landgerichte gebildet, die in der Provinz Sachsen dem neugebildeten Oberlandesgericht Naumburg unterstanden, das an die Stelle der drei Oberlandesgerichte (seit 1849: Appellationsgerichte) in Halberstadt, Magdeburg und Naumburg trat.[17] Die Landgerichte bildeten den Schwerpunkt der Rechtsprechung in erster Instanz; sie waren gleichzeitig Berufungs- und Appellationsinstanzen gegenüber den Amtsgerichten. Sie lösten die nach 1848 gebildeten Kreisgerichte mit ihren Gerichtsdeputationen und Gerichtskommissionen ab. Die Börde gehörte überwiegend zum Jurisdiktionsbezirk des Landgerichts Magdeburg;[18] es umfaßte außer der Stadt Magdeburg die Kreise Calbe, Neuhaldensleben und Wanzleben, ausschließlich des südwestlichen an das Landgericht Halberstadt abgetretenen Amtsgerichtsbezirks Egeln, sowie den Kreis Wolmirstedt mit den in der Börde gelegenen Amtsgerichten Barby, Calbe, Erxleben, Groß Salze, Neuhaldensleben, Schönebeck, Seehausen, Staßfurt, Wanzleben und Wolmirstedt. Zum Landgericht Halberstadt gehörten aus der Börde der nordöstliche Teil des Kreises Oschersleben und aus dem Kreise Wanzleben die Städte

[16] Giesau, 1926.
[17] Gesamtübersicht über die Bestände ..., 1972: III/2, 544ff.
[18] Handbuch der Provinz Sachsen, 1889: 622.

Abb. 30: Vereinfachtes Schema der regionalen und lokalen Verwaltungsstruktur der Provinz Sachsen um 1880

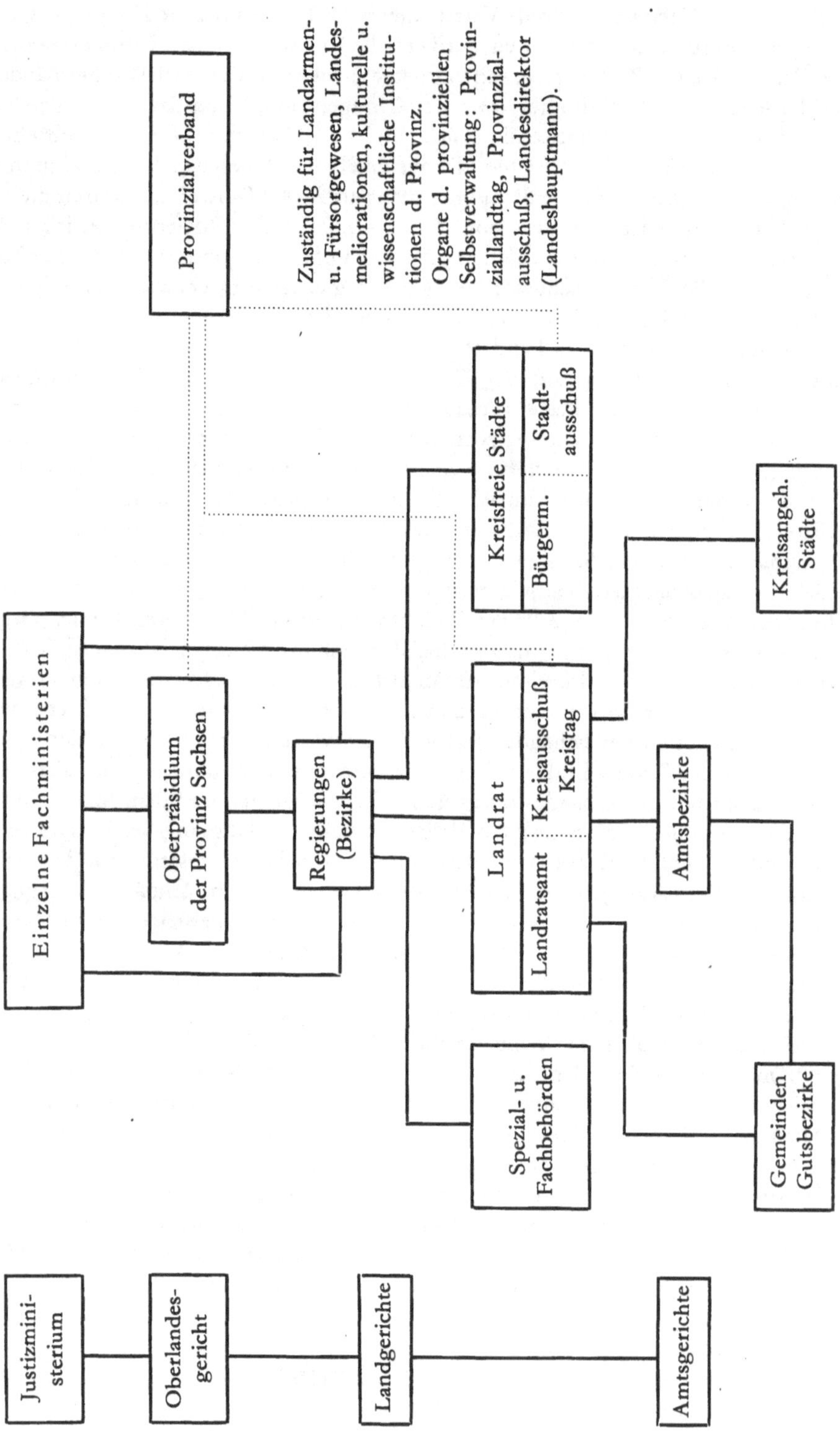

Egeln und Seehausen sowie die Amtsbezirke Bleckendorf, Groß Germersleben, Hadmersleben, Klein Oschersleben, Peseckendorf, Schermcke, Unseburg und Wolmirsleben mit den Amtsgerichten in Egeln und Oschersleben.[19]

Schließlich wurde Ende des 19. Jh. auch die Verfassung der Landgemeinden den geänderten gesellschaftlichen Bedingungen angepaßt. Bereits die Kreisordnung vom 13. Dezember 1872 hatte Auswirkungen auf die Gemeindeverfassung, da sie die Bindung des Schulzenamtes an den Grundbesitz aufhob. Die Landgemeindeordnung vom 3. Juli 1891 schuf die Möglichkeit, zur Sicherung öffentlicher Leistungen kleinere und schwächere Gemeinden aufzulösen und mit anderen Gemeinden oder Gutsbezirken zusammenzulegen. Es wurde weiterhin deutlich zwischen der mit dem Wohnsitz in der Gemeinde zu erwerbenden Gemeindeangehörigkeit und dem an die Entrichtung eines bestimmten Steuersatzes gebundenen Gemeinderecht unterschieden, das zum Stimmrecht und zur Ausübung öffentlicher Ämter in der Gemeinde berechtigte. Organe der Gemeinde waren die Gemeindeversammlung oder bei mehr als 40 Stimmberechtigten die nach dem Dreiklassenwahlrecht gewählte Gemeindevertretung, der Gemeindevorsteher (Schulze) und die Schöffen. Die Staatsaufsicht über die Gemeinden und Gutsbezirke führte der Landrat als Vorsitzender des Kreisausschusses.

Mit dieser im letzten Drittel des 19. Jh. geschaffenen Verwaltungsorganisation hatte der strukturelle Ausbau des preußischen Staatsapparates einen vorläufigen Abschluß erreicht. Wesentliche Änderungen traten erst im Ergebnis der Novemberrevolution von 1918 ein. Es ist jedoch zu betonen, daß sich bis dahin Inhalt und Aufgaben der Behörden in Abhängigkeit von den ökonomischen und politischen Machtverhältnissen weiterhin wandelten, wenn diese auch nicht ohne weiteres eine Änderung der Behördenorganisation zur Folge hatten. Mit der nach 1815 geschaffenen Grundstruktur der Behördenorganisation, die im Gefolge der Revolution von 1848/49 und der Reichsgründung von 1871 — wie der Verwaltungsaufbau in der Börde zeigte — jeweils den ökonomischen und klassenpolitischen Verhältnissen angepaßt wurde, ist es der herrschenden Klasse gelungen, ihre Ziele durchzusetzen und den Staatsapparat zunehmend als Instrument zur Unterdrückung der werktätigen Klassen und Schichten, insbesondere der revolutionären Arbeiterbewegung einzusetzen.

[19] Handbuch der Provinz Sachsen, 1889: 618.

Hartmut Harnisch

Produktivkräfte und Produktionsverhältnisse in der Landwirtschaft der Magdeburger Börde von der Mitte des 18. Jahrhunderts bis zum Beginn des Zuckerrübenanbaus in der Mitte der dreißiger Jahre des 19. Jahrhunderts

Einleitende Bemerkungen

Die Magdeburger Börde begegnet uns in den Quellen schon sehr frühzeitig als Überschußgebiet von Agrarprodukten. Die berühmte Urkunde von 1309,[1] nach der die Altstadt Magdeburg das alleinige Privileg erhielt, alles im Erzstift geerntete Getreide elbabwärts zu verschiffen, beweist, auch wenn die Auslegung anfechtbar ist, das große Interesse der Magdeburger Bürger am Getreidehandel und zeigt zugleich, daß es im Hinterland von Magdeburg schon eine beträchtliche Überschußproduktion gegeben haben muß.

Aus den Rechnungen des Klosters Diesdorf in der nordwestlichen Altmark[2] wird eine Spezialisierung unseres Gebietes auf den Anbau von Braugerste schon am Ende des 14. Jh. deutlich. 1391 werden zwei Wispel Gerste aus Alvensleben gekauft, im Jahre 1392 bezog man in Diesdorf 2 Wispel Gerste aus Uhrsleben und 20$^1/_2$ Wispel aus Oschersleben.[3] Selbstverständlich wurde auch in der Altmark Gerste angebaut, sicher sogar auch in den Eigenwirtschaften des Klosters Diesdorf. Die Braugerste aus der Börde muß aber auch in dieser Zeit schon qualitativ besser gewesen sein.

Im 16. Jh. ist dann aus den Korn- und Geldrechnungen der Ämter, Gutsherrschaften und Klöster die Spezialisierung auf den Braugersteanbau ganz klar zu fassen.[4] Die wenigen Elbzollregister aus Rogätz und Dömitz, die uns aus der Zeit vor dem Dreißigjährigen Krieg überliefert sind, lassen gleichfalls die überragende Bedeutung des Braugersteanbaus in unserem Untersuchungsgebiet erkennen.[5]

Auf den feudalherrlichen Eigenwirtschaften und den großen Bauernhöfen war der normale Zyklus der Dreifelderwirtschaft: Wintergetreide — Sommergetreide — Brache — Wintergetreide ganz zugunsten des Gersteanbaus durchbrochen. Der Anbau von Gerste, der noch ganz als Sommerfrucht erfolgte, dominierte völlig. Am Beispiel der Herrschaft Erxleben kann das gut gezeigt werden. In den beiden Gutswirtschaften, die Gebhard Johann von Alvensleben in Erxleben besaß, der ‚groten halbe' und der ‚lütken halbe' wurden im Durchschnitt der fünf Jahre von 1612 bis 1616 von den insgesamt 470,3 ha Ackerfläche 301,3 ha oder 64,1 Prozent mit Getreide bestellt.[6] Das Anbauverhältnis zeigt die Tabelle 14.

Damit entfielen also 78,9 Prozent des Getreideanbaus auf Sommerfrüchte statt der 50 Prozent, die nach dem normalen Zyklus der Dreifelderwirtschaft zu erwarten wären.

1 Hertel, 1892: 134; vgl. Mänss, 1903: 133ff.
2 STAM, Rep. Da Diesdorf, XXIVa, Nr. 2.
3 STAM, Rep. Da Diesdorf, XXIVa, Nr. 2.
4 Einzelnachweise sind hier nicht möglich. In Frage kommen vor allem die Korn- und Geldrechnungen der Gutsarchive, z. B. STAM, Rep. H Harbke, Falkenstein, Erxleben II und Hundisburg.
5 Für Rogätz: STAM, Rep. H Rogätz, Tit. I, Sect. 3, E 1, Nr. 1, vol. I—II; für Dömitz: STAS, Altes Archiv, acta commercii in alba flumine, Elbzollregister von Dömitz.
6 STAM, Rep. H Erxleben II, 1198.

Tabelle 14

Das Anbauverhältnis der gutsherrlichen Eigenwirtschaften in Erxleben 1612 bis 1616[7]

Anbaufrucht	Fläche in ha	Prozent	Aussaatmengen (Wispel.Himten)
Weizen	9,4	3,1	3.21
Roggen	54,2	18,0	20.25
Gerste	91,8	30,5	38.07
Hafer	145,9	48,4	58.12

Aber nicht nur Braugerste sowie, wenn auch mit erheblichem Abstand, Weizen und Roggen waren die begehrten Exportprodukte der Landwirtschaft der Börde, sondern auch Gemüse wurde schon in solchen Mengen angebaut, daß es weit außerhalb des unmittelbaren Einzugsgebietes bekannt und begehrt war. Die Zollrechnungen von Rogätz aus den Jahren 1576/77 und 1577/78 zeigen eine ganz beachtliche Verschiffung von Weißkohl und Zwiebeln und sogar schon von dem auch später noch berühmten Magdeburger Sülzkohl.[8] Die Reichweite dieses Handels mit Gemüse mag aus der Geldrechnung der Herrschaft Wilsnack-Plattenburg in der Prignitz aus dem Jahre 1623/24 hervorgehen, nach der aus Magdeburg Weißkohl, Zwiebeln und Meerrettich bezogen worden.[9]

Der Dreißigjährige Krieg hat unser Gebiet außerordentlich hart betroffen. Das Schicksal Magdeburgs im Jahre 1631 hat auch das weitere Umland schwer mitgenommen, lag doch während der Belagerung das kaiserlich-ligistische Heer für lange Wochen in den Dörfern um Magdeburg und mußte zusammen mit dem die Zahl der fechtenden Truppe oft noch übersteigenden Troß von Frauen und Kindern verpflegt werden. Die Rechnungen der Herrschaft Erxleben sprechen hier eine deutliche Sprache. Nach der Geldrechnung von 1631/32 und 1632/33 kamen die grundherrschaftlichen Abgaben, also die von den Bauern der Herrschaft zu leistenden Zehnten, Zinsen usw. kaum noch ein.[10] Die ausgeplünderten Bauern, soweit sie überhaupt noch auf ihren Höfen wirtschafteten, waren nicht in der Lage, die Abgaben aufzubringen. Bei allen Dörfern werden in den Rechnungen die Rückstände an Zehnten verzeichnet, die seit 1630 anstanden. Aber nach den Rechnungen von 1633/34 und 1634/35 trat noch einmal eine erstaunliche Erholung ein. Die Gesamteinnahmen der Herrschaft erreichten sogar das Vorkriegsniveau.[11] Zinsen und Zehnten aus den Dörfern kamen wieder ein, und sogar das Dienstgeld für die teilweise in eine Geldrente umgewandelte bäuerliche Arbeitsrente wurde offenbar in voller Höhe eingetrieben. Als Beweis für eine gewisse Erholung unseres Gebietes nach den Schrecken der Katastrophe von Magdeburg im Jahre 1631 wird man es auch ansehen dürfen, daß 1635 bereits wieder 4412 Wispel 12 Scheffel Getreide von Magdeburg aus elbabwärts verschifft wurden.[12] Aber gerade die Zahlenangaben über die 1636 und in den folgenden Jahren verschifften Getreidemengen wie auch die Rechnungen von Erxleben aus diesen Jahren be-

[7] STAM, Rep. H Erxleben II, 1198. Zu dieser Zeit gab es Weizen und Roggen nur als Winterfrucht.

[8] STAM, Rep. H Rogätz, Tit. I, Sect. 3, E 1, Nr. 1, vol. I–II.

[9] STAP, Pr. Br. Rep. 37 Plattenburg-Wilsnack, Wilsnack II, Nr. 857.

[10] STAM, Rep. H Erxleben II, Nr. 1429–1430.

[11] STAM, Rep. H Erxleben II, Nr. 1431a–1432.

[12] Stadtarchiv Magdeburg, Rep. Altstadt II, S 1a, Bd. IV.

weisen gleichermaßen das Ausmaß der Verwüstungen und des Bevölkerungsrückganges, die der 1635 erfolgte Parteiwechsel Kursachsens von der schwedischen auf die kaiserliche Seite für das Magdeburger Land zur Folge hatte. Mehrfach ging der Krieg über die Börde hinweg und in seinem Gefolge wüteten Seuchen.

Es ist daher bemerkenswert, wenn unmittelbar nach Kriegsende die Getreideverschiffung von Magdeburg aus einen Umfang erreichte, der bald über dem der Vorkriegszeit lag. 1648, also im Jahre des Friedensschlusses, wurden schon wieder 14 142 Wispel 7 Scheffel Getreide verschifft, und in den folgenden Jahren stiegen diese Mengen noch erstaunlich an,[13] wie die folgende Zusammenstellung zeigt:

1649	30457 Wispel 2 Scheffel
1650	40174 Wispel
1651	30430 Wispel 9 Scheffel.

In der 2. Hälfte des 17. Jh. zeigte die Getreideverschiffung starke Schwankungen. Nach einem erneuten Höhepunkt am Anfang des 18. Jh. sank sie erheblich ab.[14] Bis zum Ausbruch des Siebenjährigen Krieges (1756 bis 1763) wurden nur selten mehr als 10000 Wispel im Jahr verschifft. Erst in den letzten beiden Jahrzehnten des 18. Jh. war wieder eine Zunahme zu verzeichnen.

Die erstaunlich großen Mengen verschifften Getreides unmittelbar nach dem Ende des Dreißigjährigen Krieges werfen einige interessante Fragen nach dem Zustand der Börde in diesen Jahren auf. Man wird sie kaum als einen Beweis dafür ansehen dürfen, daß dieses Gebiet schließlich doch vergleichsweise glimpflich durch den großen Krieg gekommen ist. Allerdings lassen sich aus den Protokollen der Generalkirchenvisitation des Holzkreises von 1650/51 gewisse Schlüsse über den bereits voll im Gange befindlichen Wiederaufbau durch die schwergeprüfte Bevölkerung ziehen.[15] Die Hauptursachen für den umfangreichen Getreideexport unmittelbar nach dem Kriege dürften wohl darin zu suchen sein, daß im Lande selbst, einschließlich der Städte, infolge der Bevölkerungsverluste weniger Menschen zu versorgen waren, und demgegenüber der Umfang des bebauten Ackerlandes nicht im gleichen Maße geschrumpft war. Der schnelle Wiederaufbau auf dem Lande, gleichbedeutend mit einer Inkulturnahme zeitweise ungenutzten Ackerlandes, muß die Produktion des für den Export zur Verfügung stehenden Getreides noch vergrößert haben. Allein durch den Rückgang der Einwohnerzahl Magdeburgs, die für 1631 auf 30000 bis 35000 geschätzt wird[16] und 1647 erst wieder 2700 und 1680 etwa 8000 betragen haben soll, wurden einige tausend Wispel Getreide, die sonst in der Stadt konsumiert wurden, für den Export frei. Die Städte der Börde hatten durch ihre großen Stadtfluren auch vor dem Kriege einen hohen Selbstversorgungsgrad mit Brotgetreide.[17] Durch den Bevölkerungsrückgang während des Krieges muß dieser noch gestiegen sein und kann bei manchen

[13] Stadtarchiv Magdeburg, Rep. Altstadt II, S 1a, Bd. IV.

[14] Stadtarchiv Magdeburg, Rep. Altstadt II, S 1a, Bd. IV, siehe Anlage 11.

[15] Riemer, 1906: 351–364.

[16] Keyser, 1941.

[17] Das läßt sich aus den Angaben einer statistischen Aufnahme aus dem Jahre 1797 (ZSTA II, Generaldirektorium, Generalfinanzkontrolle, Tit. XLI, K 3) schließen, nach der die Landstädte des Bördegebietes einen Selbstversorgungsgrad an Brotgetreide von 50 bis 80 Prozent hatten. Es kann angenommen werden, daß dieser vor dem Dreißigjährigen Kriege nicht geringer war.

Städten für einige Zeit zur völligen Selbstversorgung geführt haben. Auch dadurch wurden auf längere Zeit die möglichen Exportmengen vergrößert.

Schließlich muß auch damit gerechnet werden, daß aus Kursachsen, das vor dem Dreißigjährigen Kriege unter Umgehung des Magdeburger Stapelrechts sehr zum Ärger der Stadt aus der Börde Getreide bezog,[18] und aus Anhalt in den Jahren nach 1648 Getreide elbabwärts verschifft wurde, zumal Magdeburg sein Stapelrecht infolge seiner Schwäche noch nicht wieder mit der alten Härte wahrnehmen konnte.

Auch nach dem Dreißigjährigen Krieg blieb in der Börde Gerste die am meisten angebaute Getreideart, jedenfalls von denen, die regelmäßig in den Handel kamen. Dieser Vorrang des Gersteanbaus behauptete sich bis über die Mitte des 18. Jh. hinaus. Erst dann begann der Weizenanbau zunehmend an Bedeutung zu gewinnen. Auf den Eigenwirtschaften der Herrschaft Erxleben z. B. veränderte sich während des 18. Jh. das Anbauverhältnis in folgender Weise:

Tabelle 15

Anbauverhältnis der gutsherrlichen Eigenwirtschaft in Erxleben im Durchschnitt der Jahre 1690 bis 1698 und 1804/05 bis 1806/07[19]

Anbaufrucht	Aussaatmenge 1690–1698 (Wispel.Himten)	Aussaatmenge 1804/05–1806/07 (Wispel.Himten)
Weizen	4.17	16.–
Roggen	20.19	10.7
Gerste	32.35	13.27
Hafer	24.30	17.5

Durch die umfangreiche Marktproduktion und die Spezialisierung auf den Braugersteanbau wurde zwar der klassische Zyklus der Dreifelderwirtschaft durchbrochen, doch vollzogen sie sich noch völlig innerhalb der feudalen Produktionsverhältnisse und führten auch nicht über das Niveau der der feudalen Landwirtschaft eigentümlichen Produktivkräfte hinaus. Flurzwang und Aufhütungsberechtigungen seitens der feudalherrlichen Eigenwirtschaften auf den Bauernfeldmarken oder auch der Bauern untereinander bestanden fort. Die Besömmerung der Brache hielt sich in sehr engen Grenzen. Selbstverständlich war auch die feudale Rechts- und Eigentumsordnung völlig unangetastet.

Wohl gab es schon vor dem Dreißigjährigen Krieg in diesem so stark auf die Marktproduktion orientierten Gebiet gewisse Erscheinungen, die ihrem Wesen nach über die feudale Produktionsweise hinausgingen; aber insgesamt waren bis zum Ende der altpreußischen Zeit, das mit der zeitweiligen Eingliederung der Magdeburger Börde in das Königreich Westfalen nach der Niederlage Preußens im Kriege von 1806/07 gegen das napoleonische Frankreich markiert wird, in unserem Gebiet die Produktionsverhältnisse auf dem Lande ihrem Charakter nach vom Feudalismus bestimmt. Erst das Königreich Westfalen erließ Gesetze, durch die das feudale Obereigentum an den Bauernstellen ablösbar und die Umwälzung zu kapitalistischen Produktionsverhältnissen eingeleitet wurde.

[18] MÄNSS, 1903: 151.

[19] STAM, Rep. H Erxleben II, Nr. 1253 (für 1690 bis 1698), Nr. 1946, 1947, 1948 (für 1804/05 bis 1806/07).

Trotz mannigfacher Erscheinungsformen, die nur als kapitalistische Elemente im Rahmen der spätfeudalen Produktionsverhältnisse angesprochen werden können — wir erwähnen hier das komplizierte Problem der betriebswirtschaftlichen Struktur auf den großen feudalherrlichen Eigenwirtschaften, also die Frage, ob das Gutsland vorwiegend mit den Arbeitsrenten der Bauern oder mit gutseigenem Vieh und Inventar in Lohnarbeit bewirtschaftet wurde, und besonders das recht ausgebreitete Pachtwesen landwirtschaftlich genutzten Bodens — waren die feudalen Produktionsverhältnisse im Kern unberührt. Das zeigt sich vor allem in den folgenden entscheidenden Punkten:

a) Der von unmittelbaren bäuerlichen Produzenten genutzte Boden stand, von verschwindend geringen Ausnahmen abgesehen (den wenigen Freihöfen), unter feudalherrlichem Obereigentum. Der Verkauf geschlossener Höfe oder auch nur von Einzelparzellen war möglich, bedurfte aber stets der Genehmigung der lokalen Feudalgewalt (adliger Gutsherr, geistliche Korporation, landesherrliches Amt).

b) Die von den bäuerlichen Wirtschaften an die feudale Obrigkeit geleisteten Abgaben waren der Sache nach Feudalrente und nicht kapitalistische Grundrente.

c) Die lokalen Feudalgewalten hatten in ihren Besitzungen die Polizeigewalt und die Patrimonialjustiz. Die adlige, geistliche oder domänenamtliche Grundherrschaft hatte damit die im täglichen Leben am stärksten und fühlbarsten in Erscheinung tretenden Teile der Staatsgewalt im Besitz. Die Landbevölkerung war nach wie vor nur mittelbarer Staatsuntertan. Mit Ausnahme der Rekrutierung und der Erhebung der Staatssteuern (deren Eintreibung und Weiterleitung aber auch über die lokalen Feudalgewalten vor sich ging) wendete sich der feudalabsolutistische Staat nie an den Untertanen direkt, sondern immer über die Zwischenebene der lokalen Feudalgewalt.

Das änderte sich erst durch die bürgerlichen Reformen unter dem Königreich Westfalen und setzte sich dann, wenn auch mit Rückschlägen, nach 1815 in dem reorganisierten preußischen Staat fort.

Irgendwelche Erscheinungsformen einer persönlichen Unfreiheit der unmittelbaren Produzenten waren in unserem Untersuchungsgebiet im Spätfeudalismus nicht mehr vorhanden. Juristisch waren also die feudal ausgebeuteten Bauern und Landarmen frei. Trotzdem waren sie auch hier der zweiten Leibeigenschaft unterworfen, die man sich, wie HEITZ dargelegt hat,[20] nicht als juristisch institutionalisiert vorstellen darf, sondern sich vielmehr in der Tatsache zeigt, daß es für die unmittelbaren Produzenten praktisch kaum eine Alternative zur feudalen Ausbeutung gab. Die Möglichkeiten zur Abwanderung oder Flucht waren sehr begrenzt und endeten letzlich fast immer damit, daß der Versuch zum Ausbrechen aus den feudalen Produktionsverhältnissen nur zur Unterwerfung unter ein neues feudales Ausbeutungsverhältnis führte, wenngleich an einem anderen Ort und vielleicht zu etwas günstigeren Bedingungen.

Im Rahmen einer Darstellung der Kultur und Lebensweise des werktätigen Volkes in der Börde unter dem Kapitalismus hat der vorliegende Beitrag die Aufgabe, die sozialökonomischen Voraussetzungen für die schnelle Durchsetzung kapitalistischer Produktionsverhältnisse in unserem Untersuchungsgebiet herauszuarbeiten. Daher wird hier allen Erscheinungen und Entwicklungsprozessen eine besondere Aufmerksamkeit geschenkt, in denen sich die Auflösung der alten feudalen Produktionsweise und die Herausbildung der neuen kapitalistischen Gesellschaftsordnung zeigt.

[20] HEITZ, 1972: 24—39.

I. Die Entwicklung der Produktivkräfte in der Landwirtschaft von der Mitte des 18. Jahrhunderts bis zu den bürgerlichen Agrarreformen

1. Gemeinheitsteilungen, Hütungsablösungen und Separationen von 1769 bis 1805

Trotz der engen Marktbeziehungen der feudalherrlichen Eigenwirtschaften wie der großen und mittleren Bauernstellen und der Spezialisierung auf den Anbau von Gerste, der für unser Untersuchungsgebiet so charakteristisch war und zu einer schon im 16. Jh. deutlich erkennbaren Modifikation des klassischen Schemas der Dreifelderwirtschaft geführt hatte, blieben die agraren Produktivkräfte auf einem den feudalen Produktionsverhältnissen entsprechenden Niveau. Das zeigte sich am deutlichsten in den nach wie vor peinlich genau eingehaltenen Brachjahren. Dem altüberkommenen, und wie es den Zeitgenossen vielfach schien, unlösbaren Zusammenhang zwischen der stets zu schmalen Futterbasis, dem von daher begrenzten Viehstapel und einer demzufolge auch zu geringen Düngerproduktion und, daraus resultierend, dem Zwang, die Brache einzuhalten und jede weitergehende Brachbesömmerung als ertragsmindernd für die folgenden Jahre zu vermeiden, waren auch die tüchtigsten Landwirte unterworfen. Zum Nutzungssystem der Dreifelderwirtschaft gehörte untrennbar die Behütung der Brache und die zahlreichen anderen Hut- und Triftrechte, für deren Aufhebung und Ablösung dann mehr als drei Menschenalter gebraucht wurden.

Im Jahre 1744 ließ die Magdeburgische Kriegs- und Domänenkammer ein Reskript an die Domänenpächter ergehen,[21] wonach diese verpflichtet wurden, die Brache auch wirklich einzuhalten. Die Domänenpächter, bestrebt ihren Gewinn zu steigern, hatten offenbar die Neigung, die Brache doch in größerem Umfang zu besömmern. Vor allem kam das vor, wenn die Pachtperiode dem Ende zuging und eine Verlängerung nicht in Aussicht stand. Das wurde nun ausdrücklich verboten, da „dergleichen schädlich und wider alle Wirtschaftsregeln“[22] sei. Der Pächter des Amtes Brumby schrieb bei dieser Gelegenheit an die Kammer, daß er die Brachjahre einhalten würde. Die Teile des Brachackers jedoch, die zu sehr verunkrautet waren, hätte er immer an einige Amtsuntertanen verpachtet, die dort Kohl und Mohrrüben anbauten.[23] Der tüchtige Pächter erreichte damit zweierlei: Kohl und Mohrrüben verlangten eine reichliche Düngung und sorgfältige Bodenbearbeitung. Der Acker wurde also in einen besseren Düngungszustand gebracht und überdies sauber gehackt.

In den sechziger Jahren des 18. Jh. begannen auch in unserem Gebiet, die Auswirkungen jener von der Agrargeschichtsforschung immer wieder mit besonderer Eindringlichkeit geschilderten Bestrebungen zur Überwindung der alten Dreifelderwirtschaft und zur Einführung neuer Anbaufrüchte wirksam zu werden. Langsam setzte auch in der Börde die Weiterentwicklung der agraren Produktivkräfte ein, durch die aus der Dreifelderwirtschaft die verbesserte Dreifelderwirtschaft und schließlich die Fruchtwechselwirtschaft entstand. Das konnte jedoch nur bis zu einem bestimmten Grade unter Aufrechterhaltung der feudalen Rechts- und Eigentumsverhältnisse geschehen. Von einer gewissen Entwicklungsstufe an waren die Aufhütungsberechtigungen nicht mehr mit dem Bodennutzungssystem vereinbar. In dem Maße, wie das Brachfeld besömmert wurde, mußten die Hut- und Triftrechte beseitigt werden.

[21] STAM, Rep. A 8, Nr. 733: 1.
[22] STAM, Rep. A 8, Nr. 733: 1.
[23] STAM, Rep. A 8, Nr. 733: 10.

Hauptnutznießer der Hütungsrechte waren die Gutswirtschaften des Adels und der Ämter, die fast immer mit einer ausgedehnten Schafhaltung verbunden waren. Adlige Gutsherren wie Domänenpächter waren durchaus bestrebt, die vielfach über die ganze Feldmark verstreuten Ackerparzellen des Gutslandes zu größeren Wirtschaftsflächen zusammenzulegen, also eine Separation von Gutsland und Bauernacker vorzunehmen; die Hütungsberechtigungen auf dem Bauernland wollten sie jedoch im Interesse ihrer Schafhaltung keineswegs verlieren.

Die Bauern wiederum waren gegenüber den von Gutsherren oder Domänenpächtern ausgehenden Intentionen zur Separation mit Recht mißtrauisch, fürchteten sie doch, ihren über Generationen gepflegten Acker gegen solchen in einer schlechteren Zustandsstufe eintauschen zu müssen. Wir werden noch anhand eines Beispiels auf diese Problematik zurückkommen. Vor allem scheint bei den Bauern auch die Befürchtung verbreitet gewesen zu sein, daß Hütungs- und Flurseparationen eine Erhöhung der Staatssteuern oder der Feudalrenten nach sich ziehen könnten. Wir werden zu zeigen haben, daß diese Befürchtung durchaus berechtigt war.[24] Sollten Hütungsablösungen und Separationen einen breiteren Umfang erlangen, so mußten Ziele und Verfahrensweise der Maßnahmen in eine rechtsverbindliche Ordnung gebracht werden, die den Bauern als der einen der beiden hauptbeteiligten Klassen an dem ganzen Umwälzungsprozeß eine gewisse Sicherheit gegen feudalherrliche Übervorteilungen gab. Es ist daher nur realistisch, wenn in den verschiedenen landesherrlichen Verlautbarungen zu dieser Frage immer wieder betont wurde, daß mit den Maßnahmen zur Verbesserung der Landwirtschaft keine Steuererhöhung verbunden sein soll, wie beispielsweise schon am 21. Juni 1765 in einem der ersten diesbezüglichen Schreiben des Generaldirektoriums an die Magdeburgische Kriegs- und Domänenkammer.[25] Auch in der dann 1769 publizierten „Verordnung über die Verbesserung des Ackerbaus"[26] wird dieser Punkt ausdrücklich bestätigt.

Nach einigen Ansätzen vor 1756[27] begann man in Preußen nach dem Siebenjährigen Krieg (1756 bis 1763) mit energischen Bemühungen, diese grundlegenden und umwälzenden Maßnahmen zur Hebung der Landwirtschaft einzuführen. Zweifellos standen dahinter vornehmlich staatswirtschaftlich-fiskalische Gesichtspunkte, hatte doch der soeben mühsam überstandene Krieg die Schwäche Preußens deutlich genug gezeigt.

Das große Vorbild einer fortgeschrittenen Landwirtschaft bot damals England. FRIEDRICH II. schickte 1764 vier Söhne von Domänenpächtern für ein Jahr auf Staatskosten nach England.[28] Aus dem Herzogtum Magdeburg wurde AUGUST DALEUS, Sohn des Domänenpächters von Niegripp, ausgewählt. Nach seiner Rückkehr verfaßte DALEUS einen Bericht über seine Erfahrungen[29] und empfahl die Einführung der englischen Wirtschaft. Zweifellos war er dabei hinsichtlich der Übertragbarkeit der englischen Landwirtschaft auf deutsche Verhältnisse ziemlich unkritisch, beispielsweise, wenn er vorschlug, auch hier, wie in England, das Vieh im Winter auf der Weide zu lassen. Nach dem Wunsch FRIEDRICH II. sollte DALEUS nach seiner Rückkehr aus England ein Amt im Herzogtum Magdeburg pachten,

[24] Vgl. S. 78.
[25] STAM, Rep. A 8, Nr. 759, vol. I: 1.
[26] Wir folgen dem gedruckten Exemplar im STAM, Rep. A 3b Domkapitel Magdeburg, Tit. I G, Nr. 14. Vgl. auch: Beyträge zur Aufhebung, 1775.
[27] STADELMANN, 1882: 315.
[28] STAM, Rep. A 8, Nr. 755.
[29] STAM, Rep. A 8, Nr. 755: 34—36.

um die Gelegenheit zur Einführung der englischen Wirtschaft zu bekommen. Daraus wurde jedoch offenbar nichts, da entweder die bisherigen Pächter auch weiterhin auf ihren Ämtern bleiben wollten oder aber DALEUS die frei werdenden Ämter nicht zusagten.

Den ersten Anstoß zu dem tiefgreifenden Umwälzungsprozeß der agraren Produktivkräfte gab ein Schreiben des Generaldirektoriums vom 23. September 1765 an die Magdeburgische Kriegs- und Domänenkammer.[30] Es heißt hierin, daß die Interessenten, also Bauern wie Gutsherren, durch gründliche und gütliche Vorstellungen bewogen werden sollen, die Gemeinheiten aufzuteilen, um „den Acker-Bau zu erweitern und die Viehzucht zu vermehren".[31] Mit Datum vom 12. April 1766 wurde dann ein Publicandum erlassen,[32] in dem der Zweck und die zu ergreifenden Maßnahmen hinsichtlich der Gemeinheitsteilungen, Hütungs- und Ackerseparationen näher umrissen werden. In der Einleitung zum Publicandum wird ausgeführt: „Es hat die Erfahrung erwiesen, wie die zeitherige allgemeine Einrichtung der Land-Wirthschaft, denen Eigenthümern in der guten Cultur und Nutzung ihrer Ländereyen sehr hinderlich falle, weil ihnen nicht die Freyheit verbleibet, jeden Acker, nach dem sie es am nutzbahrsten finden, in der Bestellung und Bearbeitung zu behandeln, sondern sich hierunter binden müssen an die Zeiten und Orten, so in der gantzen Feld-Fluhr von den Feld-Nachbahrn beobachtet werden." Es werden dann die Fälle aufgeführt, bei denen ein Verfahren zur Aufhebung einer bestehenden Nutzungsgemeinschaft eingeleitet werden soll. Für unser Gebiet kommen davon vor allem in Betracht:

1. Ein Grundstück, Acker, Holzung oder Hütungsrevier gehört ungeteilt mehreren Eigentümern und wird gemeinschaftlich von ihnen genutzt.

2. Wenn die Grundstücke mehreren Interessenten gehören, jedoch „... durcheinander dergestalt zerstreut sind, daß sie bisher in der Art und Zeit der Benutzung, Besäung, Einerndtung und Hüthung sich einer nach dem anderen richten müssen". Hier haben wir die klassische Form eines Bodennutzungssystems mit Brachhaltung und Flurzwang vor uns.

3. „Wenn einem das Eigenthum eines Grundstückes und dem anderen eine Dienstbarkeit darauf allein mit Ausschließung des Eigenthums zustehet, z. B. wenn denen Bürgern oder Bauern das Eigenthum der gantzen Feldflur, der Waldung oder eines Teils derselben, dem Magistrat, Herrschaft oder einem anderen aber darauf die Hüthung mit allen oder nur mit einer Art Viehes, ingleichen Mastungs-, Hüthungs- und Zehentgerechtigkeit zustehet." Hier muß ergänzt werden, daß natürlich der gleiche Fall gegeben ist, wenn die Bauern nicht das Eigentum an ihren Äckern haben, sondern nur ein auf Lebenszeit oder sogar nur auf einige Jahre begrenztes Nutzungsrecht.

4. Wenn wechselseitige Behütungen bestehen, also von Bauern untereinander.

Es zeigt sich also aus diesen vier Punkten, daß keineswegs nur eine Aufhebung der verschiedenen Hut- und Triftrechte als Voraussetzung für eine verstärkte Brachbesömmerung das Ziel war, sondern nach dem Publicandum sollte offensichtlich die Überwindung des

[30] STAM, Rep A 8, Nr. 759, vol. I; vgl. auch bei STADELMANN, 1882: 343ff.
[31] STAM, Rep. A 8, Nr. 759, vol. I.
[32] STAM, Rep. A 8, Nr. 759, vol. I.

Bodennutzungssystems der Dreifelderwirtschaft insgesamt mit seinen den agrarischen Fortschritt hemmenden Elementen, dem Flur- und Brachzwang, den Aufhütungsberechtigungen und der Flurzersplitterung in Angriff genommen werden.

Die Magdeburger Kriegs- und Domänenkammer hatte verschiedene Domänenpächter, einige adlige Gutsbesitzer sowie die Landräte zu einer Stellungnahme über das Publicandum aufgefordert, offensichtlich, um für ihren Bericht an das Generaldirektorium eine breitere Basis zu haben. Von den eingegangenen Gutachten seien nur das des Amtmanns REICHE vom Domänenamt Sommerschenburg und des Landrates vom II. Distrikt des Holzkreises, von der SCHULENBURG, angeführt.[33] REICHE war der Meinung, daß in der Börde sich der Futterkräuteranbau gut einführen ließe. Er wandte sich aber gegen die allgemeine Aufhebung der Hütungsberechtigungen, weil die großen Schäfereien auf den Ämtern und Gütern für die aufgegebenen Hutflächen auf den bäuerlichen Feldmarken keinen Ersatz finden könnten. Da der preußischen Regierung im Zuge ihrer Gewerbepolitik die Wollproduktion im eigenen Lande sehr wichtig war, bedeuteten diese Einwände ein ernsthaftes Argument. Darüber hinaus war der Domänenpächter REICHE noch der Meinung, daß man den Bauern keineswegs die freie Bewirtschaftung ihres Ackers gestatten sollte, denn er meinte, von sich aus würden sie auch nicht einen Morgen Acker als reine Brache liegen lassen. Da aber zu einem Bodennutzungssystem ohne regelmäßig eingehaltene Brachjahre nicht der erforderliche Dünger zur Verfügung stehe, müßte der Boden auf die Dauer geschädigt werden.

Das Gutachten des Landrates von der SCHULENBURG vom 23. Mai 1766 verdient besondere Beachtung.[34] Er schrieb, daß im I. und II. Distrikt des Holzkreises nur wenig Land als Gemeindehütungen genutzt würde, und dieses diente überwiegend als Schafweide. Das Rindvieh werde gar nicht ausgetrieben, sondern ständig im Stall gehalten. Aus Futtermangel wären daher im Verhältnis zum Acker die Rindviehbestände auch nur gering. Eine Vergrößerung des Viehstapels durch den vermehrten Anbau guter Futterkräuter wäre wohl möglich, würde aber durch die starke Flurzersplitterung auf den Bauernwirtschaften stark behindert werden. Eine Umlegung der Fluren zu größeren Wirtschaftsflächen wäre daher unbedingt notwendig. Bemerkenswert ist auch der Gesichtspunkt, daß Gemeinheitsteilungen und Brachbesömmerung nur im Zusammenhang mit einer zweckmäßigen Neueinteilung der Fluren, also einer Separation voll wirksam werden können.

Besonders interessant ist ferner die Behauptung des Landrates von der SCHULENBURG, daß das Rindvieh in der Börde ganzjährig im Stall gehalten würde. Für das Jahr 1787 und für den Durchschnitt der Jahre 1795/96 bis 1797/98 stehen uns nun aber Aufstellungen über die ganzjährig im Stall gehaltenen Rinderbestände (detailliert bis zur Gemeindeebene) zur Verfügung, die im Zusammenhang mit dem Futterkräuteranbau gemacht wurden.

Für 1787 steht uns eine Zählung über die Rindviehbestände insgesamt nicht zur Verfügung. Die Entwicklung der Rindviehbestände in allen drei Distrikten des Holzkreises zwischen 1777 und 1797 läßt jedoch erkennen, daß die 1787 ganzjährig im Stall gehaltenen Rinder nur einen Teil des Gesamtbestandes ausgemacht haben können, und es muß daher angenommen werden, daß auch 1766 nur ein Teil des Rindviehs ganzjährig im Stall gehalten wurde. (siehe Tabelle 16 und 17).

Trotzdem hat es unzweifelhaft in unserem Gebiet schon vor dem Einsetzen der Gemeinheitsteilungen und Separationen eine Sommerstallfütterung des Rindviehs gegeben. In

[33] STAM, Rep. A 8, Nr. 759, vol. I.
[34] STAM, Rep. A 8, Nr. 759, vol. I.

Tabelle 16

Rinderbestände und Sommerstallfütterung des Rindviehs in den Distrikten I und II des Holzkreises am Ende des 18. Jahrhunderts[35]

Gebiet	1787	1795/96 bis 1797/98		
	Rinder im Stall	Rinder im Stall	Rinder insgesamt	darunter Kälber und Jungvieh
Holzkreis I. Distrikt	3907	8136	23740	12266
Holzkreis II. Distrikt	1272	6017	18487	9709

Tabelle 17

Die Rindviehbestände in den drei Distrikten des Holzkreises 1777 und 1797[36]

Jahr	Bullen	Ochsen	Kühe	Jungvieh	Kälber
1777	413	2649	17773	7126	3060
1797	738	4625	26755	8969	23030

der „General-Designation der im Herzogthum Magdeburg anstehenden Gemeinheiten"[37] wird 1766 aus dem Amt Athensleben mitgeteilt, daß die Bauern von Borne und Löderburg gegen eine Gemeinheitsteilung wären, da sie sonst nicht wüßten, wie sie ihr Vieh ernähren sollten, zumal sie aus Mangel an Weideland das Hornvieh schon ganzjährig im Stall hielten.

Unter dem 21. Oktober 1769 wurde dann die „Verordnung, wornach zu Beförderung des Ackerbaus, sonderlich auch zu Verbeßerung des Wiesewachs und Verstärkung des Viehstandes derer Bauern Sr. Königlichen Majestät Intention in Aufhebung derer gemeinschaftlichen und vermengten Hüthungen, Vertheilung derer darzuliegen gebliebenen Brücher, überflüßiger Hüthungen, Anger etc. in Dero Königreich Preussen, der Chur- und Neumark, denen Hertzog- und Fürstenthümern Magdeburg, Pommern und Halberstadt von dero Etats-Ministerio denen Landes-Collegiis und von denen, zu Betreibung dieses Wercks, in jedem Creyß zu bestellenden Commissarien verfahren werden, und daß zu keiner Zeit hievon zu Vermehrung derer Landes- und Domänen-Prästandorum einiger Anlaß genommen werden soll"[38] erlassen, mit der der Einführung neuer Produktivkräfte in die Landwirtschaft Bahn gebrochen werden sollte. Zunächst wurden die geforderten Kommissionen gebildet, in die vornehmlich Domänenpächter, Justitiare von Patrimonialgerichten, Bürgermeister der Landstädte und adlige Landräte berufen wurden. Als Grundlage für die zu bewältigenden Aufgaben versuchten die Kommissionen sehr bald, sich Auf-

[35] STAM, Rep. A 8, Nr. 787 (für 1787) und ZSTA II, Generaldirektorium, Generalfinanzkontrolle Tit. XLI, K 3 (für 1795/96 bis 1797/98).

[36] ZSTA II, Generaldirektorium Magdeburg, Tit. CXXXVI, Nr. 7: 267 (für 1777), und ZSTA II, Generaldirektorium, Generalfinanzkontrolle, Tit. XLI, K 6 (für 1797).

[37] ZSTA II, Generaldirektorium Magdeburg, Tit. CLXXVII, Nr. 1, vol. I: 24ff.

[38] STAM, Rep. A 3b Domkapitel Magdeburg, Tit. I G, Nr. 14.

stellungen über die bestehenden Aufhütungsberechtigungen, Hütungsgemeinschaften von Bauerndörfern untereinander und Gemeinheiten zu verschaffen. Ein Mitglied der Kommission für den I. Distrikt des Holzkreises brachte das Zentralproblem der Landwirtschaft seiner Zeit und damit die Hauptaufgabe der Kommissionen auf die ebenso knappe wie eindringliche Formel: „Die Vermehrung des Rind- und Schafviehs ist die Seele der Landwirthschaft.“[39] Ohne eine Vergrößerung des Viehstapels gab es keinen vermehrten Düngeranfall, der wiederum die Voraussetzung für die Ausweitung der Anbauflächen und die Steigerung der Ernteerträge war. Die Viehbestände konnten aber nur dann vergrößert werden, wenn mehr Futter zur Verfügung stand, und das konnte in entsprechenden Mengen nur durch den Anbau von Futterkräutern, also durch die Brachbesömmerung, gewonnen werden. Die Befreiung des Brachlandes von Aufhütungen war daher die wichtigste Voraussetzung für den Futterkräuteranbau und alle weitere Nutzung der Fortschritte der agraren Produktivkräfte.

Die Zusammenhänge waren so einleuchtend, daß unmittelbar nach Erlaß der Verordnung zur Beförderung des Ackerbaus auch zahlreiche Verfahren eingeleitet wurden. Am schnellsten sind davon offenbar diejenigen zum Abschluß gekommen, bei denen eine Bauerngemeinde ihre Angelegenheiten allein, also ohne Beteiligung einer lokalen Feudalherrschaft, regeln konnte. Vor allem die sogenannte Ackervertauschung, die Umlegung stark parzellierter Fluren zu größeren Wirtschaftsflächen, wurde von den Bauern schnell durchgeführt. Man begann damit in dem gerade zur Brache liegenden Feld und folgte mit der Umlegung dann der normalen Rotation der Dreifelderwirtschaft.

Auch das war schon eine sehr beachtliche Leistung und ein bedeutender Fortschritt. Bei der Ackervertauschung des zum Besitz des Domkapitels Magdeburg gehörigen Dorfes Groß Ottersleben, mit der man 1771 begann, wurde darauf hingewiesen, daß die Ackerparzellen in allen drei Feldern teilweise nur $^1/_4$ und $^1/_2$ Morgen groß waren.[40] Aber auch auf den Gütern waren die Flurstücke vielfach sehr klein. Das domkapitularische Gut in Welsleben hatte 1771 sein Brachfeld im Umfang von $179^3/_4$ Morgen in 58 Stücken liegen. Trotz der offenbar sehr weitgehenden Flurzersplitterung konnte schon am 10. Februar 1772 berichtet werden,[41] daß in den domkapitularischen Dörfern Niederndodeleben, Schnarsleben, Hermsdorf, Dahlenwarsleben, Beyendorf und Salbke die Ackervertauschung im Brachfeld abgeschlossen wäre, und in Olvenstedt, Groß Ottersleben, Welsleben und Üllnitz war sie ebenfalls im Brachfeld fertig, aber die Pläne, also wohl die Flurkarten, wären noch nicht berichtigt worden. Ob der Fortgang der Verfahren in den nachfolgenden Brachfeldern gesichert wäre, konnte der Berichterstatter nicht angeben.[42] Tatsächlich gab es in den meisten Dörfern des Domkapitels in den folgenden Jahren erhebliche Schwierigkeiten.[43] Hier spielte offenbar die Tatsache eine Rolle, daß manche Bauern ihre Äcker durch intensivere Düngung in einen besseren Zustand gebracht hatten. So gab es Bauern in stadtnahen Dörfern, die mit erheblichen Unkosten Mist aus der Stadt auf ihre Felder gebracht hatten. Nach landesüblicher Taxe wurde die halbe Düngung je Morgen im Sommerfeld mit einem Reichstaler bewertet. Es versteht sich, daß solche Bauern nicht ohne weiteres in eine Vertauschung ihrer gut gepflegten Ackerstücke einwilligen wollten.[44]

[39] ZSTA II, Generaldirektorium Magdeburg, Tit. CLXXVII, Nr. 1, vol. III: 11.
[40] STAM, Rep. A 3b Domkapitel Magdeburg, Tit. I G, Nr. 14b, vol. II: 2.
[41] STAM, Rep. A 3b Domkapitel Magdeburg, Tit. I G, Nr. 14b, vol. II: 35.
[42] STAM, Rep. A 3b Domkapitel Magdeburg, Tit. I G, Nr. 14b, vol. II: 35.
[43] STAM, Rep. A 3b Domkapitel Magdeburg, Tit. I G, Nr. 14b, vol. II: 98—102.
[44] STAM, Rep. A 3b Domkapitel Magdeburg, Tit. I G, Nr. 14h, vol. I: 2—3.

Trotz aller Schwierigkeiten und Hemmnisse wurden aber einige Gemeinden schnell mit der Ackervertauschung vollständig fertig, wie beispielsweise Fermersleben, das schon Ende Mai 1771 das Verfahren abgeschlossen hatte.[45] Auch die Teilungen der Gemeinheiten gingen dort am zügigsten voran, wo die Gemeinden ihre Verfahren ohne Berücksichtigung der Rechte domanialer oder adliger Gutswirtschaften durchführen konnten.

Die Behinderungen und Verzögerungen, die sich sehr schnell ergaben, wenn die Interessen der Bauern und der feudalherrlichen Gutswirtschaften in Widerstreit gerieten, werden am Beispiel des domkapitularischen Gutes Welsleben deutlich.[46] Das Domkapitel Magdeburg besaß in diesem Dorf eine Gutswirtschaft von 639 Morgen (= 163,2 ha), die ständig verpachtet war. 1771 und 1772 war es in Welsleben zu einer Vertauschung der Ackerparzellen in einigen Breiten gekommen, jedoch nicht zu einer vollständigen Separation von Gutsland und Bauernacker. Schon damals beschwerten sich einige Bauern, dabei schlechtere Ackerparzellen eingetauscht zu haben. Im Jahre 1797 beantragte das Domkapitel auf Betreiben des Gutspächters eine vollständige Separation. Dagegen wehrten sich jedoch die Bauern mit dem Argument, daß ihr Acker in einem wesentlich besseren Zustand wäre als der des Gutes. Sie würden jährlich große Mengen Dünger aus Schönebeck und Groß Salze beziehen, den sie vor allem zur Düngung der im Winterfeld angebauten Gerste verwendeten. Der Gutspächter bestritt natürlich den besseren Zustand des Bauernackers. Er würde ebenfalls viel Dünger zukaufen, betreibe einen umfangreichen Anbau von Futterkräutern und hätte die Sommerstallfütterung des Rindviehs eingeführt. Aus seinen Wirtschaftsregistern könnte er beweisen, daß er gegenwärtig „über die halbscheid" höhere Erträge habe als vor zwanzig Jahren. Besser wäre lediglich, das gab der Pächter zu, der Gersteanbau bei den Bauern; denn sie würden in althergebrachter Weise diesem den Vorzug und damit auch die beste Düngung geben, während er sich auf den Weizenanbau konzentriert habe und dafür nun den besten Acker nutze. Zu einer Einigung kam es nicht, da die Bauern bei ihrem guten Besitzrecht nicht dazu gezwungen werden konnten. Bereits im März 1797, bei Beginn der Auseinandersetzungen, hatte die Gemeinde beim Domkapitel den Wunsch vorgebracht, das Gut in Erbpacht zu übernehmen.[47] Nach dem Scheitern der Bestrebungen, eine Separation von Bauern- und Gutsland zu erreichen, wurde 1801 tatsächlich das domkapitularische Gut in Welsleben an die dortigen Bauern in Erbpacht gegeben.[48]

Im Jahre 1805 war man bei der Magdeburger Kriegs- und Domänenkammer offenbar bestrebt, einen Überblick über die seit 1769 abgeschlossenen Gemeinheitsteilungen, Hütungsablösungen und Separationen zu gewinnen.[49] Das Ergebnis war insgesamt unbefriedigend, und als Begründung dafür wurde in einem Schreiben vom 18. Februar 1805 angeführt: „Ein Hauptgrund, daß bisher zu wenig Gemeinheitsteilungen zustande gekommen, auch so manche bei der Behandlung gescheitert sind, hat in der Weitläufigkeit des Geschäftsganges und in den damit verbundenen vielen Kosten gelegen."[50] Zweifellos ist das ein wesentlicher Grund. Die Aufstellung über die bis 1806 bereits geteilten und die noch vorhandenen Gemeinheiten[51] zeigt aber die tieferen Ursachen des schleppenden Verlaufs.

[45] ZSTA II, Generaldirektorium Magdeburg, Tit. CLXXVII, Nr. 1, vol. II: 25.
[46] STAM, Rep. A 3b Domkapitel Magdeburg, Tit. I G, Nr. 14h 3.
[47] STAM, Rep. A 3b Domkapitel Magdeburg, Tit. I G, Nr. 14h 3: 59.
[48] STAP, Pr. Br. Rep. 78, VI, Nr. 151: 7.
[49] ZSTA II, Generaldirektorium Magdeburg, Tit. CLXXVII, Nr. 1, vol. IV.
[50] ZSTA II, Generaldirektorium Magdeburg, Tit. CLXXVII, Nr. 1, vol. IV: 131.
[51] STAM, Rep. A 8, Nr. 759, vol. VIII.

Wir finden nämlich bei vielen großen Bauerndörfern unter der Rubrik „Bemerkungen" den lakonischen Vermerk „Koppelhütung des Amtes (bzw. Gutes), Verpflichtung zur Brachhaltung", so, um einige Beispiele zu nennen, bei Biere, Eggersdorf, Eickendorf, Gramsdorf. Zu Glöthe wird bemerkt, daß dem Rittergut von Neugattersleben auf der ganzen Feldmark die Koppelhütung zustehe, die Brache aber besömmert werden könnte. In einigen Adelsdörfern war seit 1769 überhaupt noch nichts geschehen, so in Eichenbarleben, Klein Santersleben, Rottmersleben und Schackensleben. Interessant für die hemmende Rolle der gutsherrlichen Aufhütungsberechtigungen auf dem Bauernland ist auch eine Beschwerde, mit der die Ackerbürger von Calbe sich am 17. Juni 1806 unmittelbar an das Generaldirektorium in Berlin wandten und die Aufhebung der Schafhütung des Amtes auf ihrer Feldmark beantragten.[52] Sie verwiesen auf die Hungersnot des Jahres 1805, die in Calbe nur mit Mühe abgewendet werden konnte. Der Mangel an Brotgetreide wäre aber nur dadurch entstanden, weil sie von der großen Stadtfeldmark jährlich 2200 Morgen zur Brache liegen lassen müßten, da der Amtspächter die Aufhütungsberechtigung habe und alle in der Brache angebauten Futterkräuter durch seine Schafe abweiden ließe. Dadurch wären Ackerbürger in Not geraten, was, wie sie meinten, nicht geschehen wäre, „wenn wir unsere Äcker nach unserer Bedürfniß und Gutbefinden, so wie solches in der umliegenden Nachbarschaft, z. B. Egeln, Staßfurth, Saltze, der Fall ist, bestellen und nutzen könnten".[53]

Die Beispiele belegen die zwiespältige Haltung der feudalen Gutsbesitzer, die wohl alle Vorteile, die die neuen agraren Produktivkräfte ihnen brachten, beispielsweise die Separationen, durchaus nutzen, auf die Rechte gegenüber den abhängigen Bauern jedoch nicht verzichten wollten. Ganz eindeutig waren hier die überkommenen feudalen Produktionsverhältnisse zu einem Hemmnis für die weitere Entwicklung der Produktivkräfte geworden.

Gemeinheitsteilungen und Separationen von Gutsland und Bauernland führten auch schon in dieser Zeit vereinzelt zur Gründung neuer Vorwerke, um das durch die Separation in einem zusammenhängenden Plan ausgewiesene, teilweise vom Hauptgut aus etwas peripher gelegene Land besser nutzen zu können. Dieser Vorgang hat sich vor allem nach 1815 im Zuge der bürgerlichen Agrarreformen in den ostelbischen Gebieten sehr häufig zugetragen. Zwischen 1793 und 1795 wurden zum Amt Wanzleben die beiden Vorwerke Buch und Blumenberg erbaut. Der Bau der Wirtschaftsgebäude von Blumenberg auf dem Henneberg bei Wanzleben kostete 19477 Reichstaler 7 Groschen und $3^1/_2$ Pfennige.[54]

Ein Gesamtüberblick über die bis zum Ende des altpreußischen Staates im Jahre 1807 abgeschlossenen Verfahren ist nach dem bisherigen Forschungsstand nicht möglich. Er dürfte bei der teilweise lückenhaften Quellenüberlieferung, der Vielfalt der verschiedenen Objekte und dem schleppenden Verlauf, bei dem nicht selten ein Verfahren begonnen wurde, steckenblieb, wieder aufgegriffen, zum Teil oder ganz abgeschlossen und mitunter auch völlig neu in Gang gesetzt wurde, nur sehr schwer zu gewinnen sein. Am meisten wurde wohl in der Ackervertauschung der Bauern untereinander erreicht. Beträchtliche Erfolge erzielte man auch bei der Separation von Bauern- und Gutsland beim Adel, den geistlichen Institutionen und den Ämtern. An Gemeinheiten blieb bis 1806 ein großer Prozentsatz un-

[52] STAM, Rep. A 9c X, Lit B, Nr. 115.
[53] STAM, Rep. A 9c X, Lit B, Nr. 115.
[54] STAM, Rep. A 9c XXVII, Lit V, Nr. 8.

geteilt, und die Hütungsberechtigungen von feudalen Gutswirtschaften auf Bauernland wurden ebenfalls 1806 noch in bedeutendem Ausmaß geübt.

Karl Cranz, der als geschulter Beobachter vor allem die Fortschritte der Landwirtschaft im Auge hatte,[55] kam 1801 bei seiner agronomischen Sommerreise auch durch die Magdeburger Börde und beobachtete dort in der Gegend von Calbe und Athensleben noch einige große, den Gemeinden gehörende Anger, die gute Acker abgeben könnten, aber noch gar nicht genutzt wurden. Es blieb also für die bürgerlichen Agrarreformen des 19. Jh. auch auf diesem Gebiet noch sehr viel zu tun.

2. Die Auswirkungen der Fortentwicklung der agraren Produktivkräfte auf den Feldfutteranbau und die Viehhaltung in der zweiten Hälfte des 18. Jh.

Einen gewissen Indikator für die Erfolge von Gemeinheitsteilungen, Separationen und Hütungsablösungen können wir in der Steigerung der Viehbestände und der pflanzlichen Produktion sehen. Entsprechend der Gleichung: gesteigerter Futterkräuteranbau = Ausweitung des Viehstapels und Zunahme des Düngeranfalls = Intensivierung des Ackerbaus und Steigerung der Ernteerträge betrachten wir zunächst die Entwicklung des Feldfutteranbaus. Im I. und II. Distrikt des Holzkreises wurden folgende Flächen damit bestellt:

Tabelle 18

Feldfutteranbau in der Magdeburger Börde zwischen 1787 und 1803 (in Morgen)[56]

	Luzerne	Esparsette	Klee	Wicken
1787				
I. Distrikt	93	294	856	5570
II. Distrikt	64	43	$960^1/_2$	$3524^1/_2$
1791				
I. Distrikt	342	564	1272	7458
II. Distrikt	260	98	$1552^3/_4$	$3090^1/_4$
Durchschnitt der Jahre 1795/96 bis 1797/98				
I. Distrikt	?	?	$2897^1/_4$	?
II. Distrikt	?	?	3130	?
1803				
I. Distrikt	?	?	3553	?

Deutlich erkennbar ist nach der Erhebung von 1787, die die Angaben bis zur Gemeindeebene überliefert, der unmittelbare Zusammenhang zwischen dem Umfang des Feldfutteranbaus und dem der Sommerstallfütterung des Rindviehs. Die Nähe einer Stadt und damit die Möglichkeit, von dort Stalldünger zu kaufen und auf die Dorfäcker zu bringen, spiegelt

[55] Cranz, 1805: II, 86.

[56] STAM, Rep. A 8, Nr. 787 (für 1787 und 1791), ZSTA II, Generaldirektorium, Generalfinanzkontrolle, Tit. XLI, K 3 (für 1795/96 bis 1797/98), und Krug, 1804a: 37 (für 1803).

sich ebenfalls im Umfang des Futteranbaus und der Sommerstallfütterung des Rindviehs wider, wie die folgende Tabelle zeigt:

Tabelle 19

Futteranbau und Sommerstallfütterung einiger in der Nähe von Magdeburg und Schönebeck gelegener Dörfer nach dem Stand von 1787[57]

Gemeinde	Feldfutteranbau in Morgen	Rinder im Stall
Groß Ottersleben	395	126
Hohendodeleben	206	211
Westerhüsen	158	106
Diesdorf	154 1/2	140
Olvenstedt	419	262
Biere	455	356
Welsleben	452	254

Natürlich hatten viele Gemeinden diesen Stand noch nicht erreicht. Wir zeigen für beides einige Beispiele:

Tabelle 20

Futteranbau und Sommerstallfütterung in einigen stadtfernen Gemeinden der Magdeburger Börde nach dem Stande von 1787[58]

Gemeinde	Feldfutteranbau in Morgen	Rinder im Stall
Atzendorf	212	198
Langenweddingen	389	258
Osterweddingen	286	158
Hermsdorf	79 1/2	38
Druxberge	66 1/2	40
Ampfurth	28 1/4	3

Auf die Zunahme der Rindviehbestände, die auf Grund der Entwicklung des Feldfutteranbaus möglich wurde, haben wir schon hingewiesen.[59] Leider ist die Quellenüberlieferung zur Entwicklung der Viehbestände im Herzogtum Magdeburg und insbesondere auch für die Teilgebiete für unseren Zeitraum recht dürftig. Die Rindviehbestände wuchsen nach Tabelle 17 im gesamten Holzkreis von 31021 Stück im Jahre 1777 auf 64117 im Jahre 1797 an und wiesen damit eine sehr beachtliche Zunahme auf. Die stärkste Zunahme ist dabei bei Kühen und Kälbern zu beobachten.

[57] STAM, Rep. A 8, Nr. 787.
[58] STAM, Rep. A 8, Nr. 787.
[59] Vgl. S. 76.

Am Beispiel des auf den Gutswirtschaften der Ämter gehaltenen Rindviehs soll die Entwicklung näher untersucht werden.

Tabelle 21
Die Entwicklung der Rindviehbestände auf den Gutswirtschaften der Ämter des Bördegebietes zwischen 1777 und 1797[60]

Amt	Bullen	Ochsen	Kühe	Jungvieh	Kälber	Zusammen
1777						
Ampfurth	6	34	74	32	28	174
Calbe	9	28	113	50	28	228
Egeln	9	169	200	81	45	504
Wanzleben	5	47	102	97	26	277
Athensleben	8	106	180	101	56	451
Dreileben	5	7	50	40	14	116
Ummendorf	4	40	91	94	22	251
Alle Ämter zusammen	46	431	810	495	219	2001
1797						
Ampfurth	3	30	48	12	38	131
Calbe	7	27	78	79	70	261
Egeln	9	80	160	80	139	468
Wanzleben	5	2	127	51	127	312
Athensleben	5	79	146	125	125	480
Dreileben	5	23	87	24	80	219
Ummendorf	4	—	67	20	58	149
Alle Ämter zusammen	38	241	713	391	637	2020

Die Gegenüberstellung zeigt einige Grundtendenzen in der Entwicklung der Viehwirtschaft, die mindestens für den Bereich der Eigenwirtschaften auf den Domänenämtern typisch gewesen sein dürften. Am meisten fällt einerseits die Abnahme der Ochsenhaltung und andererseits die Zunahme der Kälberbestände auf. Sofern die Angaben über den Umfang der Kälberbestände für 1777 real sind, kann daraus nur der Schluß gezogen werden, daß auf den Amtsvorwerken die Ergänzung der Rinderbestände vorzugsweise durch Zukauf von Jungvieh geschah und weniger durch eigene Kälberaufzucht. Zweifellos war bei der notwendigen starken Ochsenhaltung als Gespannvieh die Futterdecke für die Kälberaufzucht zu gering. Die Verwendung von Ochsen bei der Feldarbeit war aber für die Güter profitabler, da große Ackerflächen, die sonst für den Anbau von Pferdefutter (Hafer) benötigt worden wären, so für den Anbau von Brotgetreide und Gerste, die höhere Marktpreise brachten, freigesetzt wurden. Allerdings konnte diese Einteilung nur so lange aufrecht erhalten werden, wie noch bäuerliche Gespanndiensttage für die Marktfuhren zur Verfügung standen.

Der vermehrte Futteranbau machte dann auch die Kälberaufzucht auf den Gütern mög-

[60] ZSTA II, Generaldirektorium Magdeburg, Tit. CXXXVI, Nr. 7 (für 1787) und ZSTA II, Generaldirektorium, Generalfinanzkontrolle, Tit. XLI, K 3 (für 1797). Angaben zum Amt Brumby fehlen.

lich. Vor allem scheint sich hier aber schon die Verbesserung der Rindviehbestände durch von auswärts herangeholte Rinderrassen und deren Weiterzucht bzw. Einkreuzen in die heimischen Rassen bemerkbar zu machen. In den Akten des Gutsarchivs Harbke befindet sich eine sehr aufschlußreiche Schilderung über die Entwicklung der Rinderzucht auf dem dortigen Gut aus dem Jahre 1825.[61] In Harbke kam man in der Mitte der achtziger Jahre des 18. Jh. zu der Erkenntnis, daß der bisher übliche Sommerweidegang des Rindviehs nicht vorteilhaft und mit einer ständigen Unterernährung des Viehs verbunden sei. Man begann mit dem Anbau des Roten Klees und kaufte friesische und andere großwüchsigere Rinderrassen. Den Kuhbestand konnte man schon damals von 120 auf 100 Stück vermindern, denn die verbesserten Bestände brachten mehr Milch und Dünger als vorher die größere Stückzahl. 1794 wurde dann die Sommerstallfütterung des Rindviehs völlig eingeführt und die Zahl der Milchkühe auf 75 Tiere vermindert. Dadurch wurde eine bedeutende Vergrößerung der Schäferei möglich, was bei den guten Wollpreisen zweifellos sehr lohnend war. CRANZ teilt uns von seiner agronomischen Sommerreise im Jahre 1801 aus der Börde auch mehrfach seine Beobachtungen über die Veredelung der Rindviehbestände auf den von ihm besuchten Gütern und Domänen mit.[62] So hatte der Staatsminister von ALVENSLEBEN auf Hundisburg unter seinen Kühen „echte Friesen". Der Pächter des Domänenamtes Wanzleben, der Amtsrat KÜHNE, hielt 220 Kühe meist friesischer Rasse.[63] Man kaufte aber auch Schweizer und Tiroler Kälber an, wobei 1812 der Preis für ein vierzehntägiges Schweizer Kalb mit 18 Reichstaler 12 Groschen angegeben wurde.[64] Die Vermittlung der Zuchttiere besorgten berufsmäßige Viehhändler, die sich auf diesen Zweig spezialisiert hatten. Beispielsweise schrieb am 4. Juli 1812 aus Leipzig J. B. AUCKENTHALLER, „Tiroler und Schweizer Viehhändler aus Gossens in Tirol",[65] und bot seine Dienste an. AUCKENTHALLER hatte bei seinem Besuch bei NATHUSIUS in Althaldensleben erfahren, daß Graf VELTHEIM-HARBKE 20 Stück Schweizer Kälber kommen lassen wollte. Die hohen Investitionen verlangten natürlich eine entsprechende Verzinsung. Es ist nicht verwunderlich, daß man das wertvolle Vieh nicht nur ganzjährig im Stall hielt, sondern auch zusätzliches Kraftfutter gab. So berichtet CRANZ aus Sülldorf, daß auf dem dortigen Gut die Kühe dem sonstigen Futter beigemischte Ölkuchen erhielten.[66] Der Anbau von Winter- und Sommerrübesaat, der sich mit der Zunahme der Brachbesömmerung sehr ausdehnte, erbrachte hierzu mit dem Ölkuchen als Rückstand aus den Ölmühlen ein wertvolles Zusatzfutter. Nach CRANZ[67] berechnete der Amtsrat KÜHNE auf Wanzleben den Jahresertrag von einer Milchkuh auf 28 Reichstaler 18 Groschen. Man erhält einen gewissen Begriff von der Produktivitätssteigerung in der Kuhhaltung, die durch Sommerstallfütterung und Rassenveredelung erzielt wurde, wenn man bei CRANZ liest, daß auf den Vorwerken des Amtes Aken, wo noch der sommerliche Weidegang üblich war und keine leistungsfähigeren Rassen gehalten oder eingekreuzt waren, die Kühe für eine jährliche Pacht von sieben Reichstaler je Tier verpachtet wurden, wozu noch eine geringe Naturallieferung an Butter kam.[68]

[61] STAM, Rep. H Harbke, Nr. 5265: 76ff.
[62] CRANZ, 1805: II, 57.
[63] CRANZ, 1805: II, 57.
[64] STAM, Rep. H Harbke, Nr. 5265: 63.
[65] STAM, Rep. H Harbke, Nr. 5265: 53.
[66] CRANZ, 1805: II, 75.
[67] CRANZ, 1805: II, 80.
[68] CRANZ, 1805: II, 90—91.

Dem Rückgang der Ochsenhaltung auf den Amtsvorwerken zwischen 1777 und 1797 dürfte eine Zunahme der Pferdebestände entsprechen. Leider stehen gerade über die Entwicklung der Pferdehaltung kaum Unterlagen zur Verfügung. CRANZ[69] berichtet vom Amt Wanzleben, daß der Domänenpächter KÜHNE die Ochsen abgeschafft habe und nun mit siebzehn Gepann Pferden wirtschaften ließe. KÜHNE begründete diese Maßnahmen damit, daß er keine guten Ochsenknechte bekommen könnte, was wohl kaum der eigentliche Grund sein kann, und ferner, daß er das Getreide lieber direkt verkaufen wolle und nicht auf dem Umweg über die Mast. Bei den stark steigenden Getreidepreisen wird das genau kalkuliert sein. Möglicherweise war der Bedarf an Gespannarbeit durch die zunehmende Besömmerung der Brache, größere Mistauffuhr, vermehrte Marktfuhren so stark angewachsen, daß sich die Verwendung von Pferden als zweckmäßiger erwies.

Zur Entwicklung der Schafbestände in den drei Distrikten des Holzkreises steht uns das folgende Zahlenmaterial zur Verfügung. Wir haben jedoch nicht nur eine beträchtliche

Tabelle 22

Die Entwicklung der Schafbestände in den drei Distrikten des Holzkreises 1747 bis 1797[70]

	1747	1785	1797
I. Distrikt	83765	85555	104698
II. Distrikt	42435	62700	85000
III. Distrikt	42755	44542	68528
Zusammen	168955	192797	258226
Index	100	114	153

zahlenmäßige Zunahme der Schafbestände zu verzeichnen, sondern am Ende des 18. Jh. begann auch in unserem Gebiet die Veredelung der einheimischen Landschafe durch spanische Merinos. CRANZ berichtet aus Hundisburg, daß dort viele spanische Schafe gehalten würden.[71] Der Stein feine spanische Wolle (ein kleiner Stein = 11 Pfund = 5,14 kg) brachte 10 bis 11 Reichstaler.[72] Nach der Geldrechnung von Erxleben aus dem Jahre 1800/01 brachte der Stein feine Wolle beim Verkauf 9 Reichstaler 12 Groschen, der Stein grobe Wolle, also solche von den Landschafen aber nur 4 Reichstaler.[73] Die Veredelung der Schafbestände war also eine sehr profitable Angelegenheit, und es ist daher kein Wunder, daß auf vielen adligen und zu Domänenämtern gehörenden Gutswirtschaften große Schäfereien unterhalten wurden.

Über die Entwicklung der Viehbestände in den Bauernwirtschaften steht uns ebenfalls kaum Material zur Verfügung. Da die Bauern den weitaus größten Teil des Bodens in ihrer unmittelbaren Nutzung hatten,[74] entfiel von der Zunahme der Viehbestände ganz zweifellos auch der größte Teil auf die Bauernwirtschaften. Als Beispiel mag uns der

[69] CRANZ, 1805: II, 80.

[70] ZSTA II, Generaldirektorium Magdeburg, Tit. CXCIII, Nr. 11 (für 1747), ZSTA II, Generaldirektorium Magdeburg, Tit. CXXXVI, Nr. 7 (für 1785) und ZSTA II, Generaldirektorium, Generalfinanzkontrolle, Tit. XLI, K 3 (für 1797).

[71] CRANZ, 1805: II, 57.

[72] CRANZ, 1805: II, 57.

[73] STAM, Rep. H Erxleben II, Nr. 1629.

[74] Vgl. S. 101.

Halbspännerhof der Familie SCHILD in Klein Ottersleben dienen.[75] Nach dem Tode des Bauern ANDREAS SCHILD verpachteten 1778 dessen Brüder, der Halbspänner SIMON SCHILD zu Olvenstedt und der Verwalter SCHILD zu Stegelitz, den gemeinsam ererbten Hof für 100 Reichstaler Pacht im Jahre an den Richter und Halbspänner HEINRICH MATHIAS WOLTER in Klein Ottersleben. Zu diesem Zweck wurde ein Inventar des Hofes aufgenommen, zu dem 34,3 ha Acker gehörten. An Vieh übernahm der Pächter: 4 Pferde, 3 Kühe, 68 Schafe (darunter 24 Lämmer) und 15 Schweine. 1796 erfolgte eine anderweitige Verpachtung.[76] Das Register dazu stammt von 1799 und verzeichnet folgenden Viehbestand: 5 Pferde, 9 Kühe, 93 Schafe und 12 Schweine. Die Zunahme gegenüber 1778 ist also beträchtlich.

Der Hof des Freisassen GEORG WELLMANN in Domersleben umfaßte 7 Hufen 24 Morgen (= 59,7 ha) Acker. Zu diesem Hof gehörten 1797 5 Pferde, 1 Ochse, 8 Kühe, 3 Stück Jungvieh, 6 Kälber, 129 Schafe (darunter 29 Lämmer) und 7 Schweine.[77]

Die beiden Beispiele bestätigen ganz das Bild, das sich aus den Aufnahmen des Viehbestandes im Herzogtum Magdeburg im Jahre 1797 ergab, bei der die Bauerndörfer und Gutswirtschaften getrennt ausgewiesen wurden.[78] Die Bauern wirtschafteten demnach meistens mit Pferden, während wir auf den Gütern hauptsächlich Ochsen als Spannvieh finden, sofern sie nicht auch hier schon durch Pferde ersetzt worden waren. Wenn die Bauern dennoch vereinzelt Ochsen hielten, dann dienten sie offenbar nicht als Spannvieh, sondern waren als Mastochsen für den Verkauf oder zur eigenen Konsumtion bestimmt. Tatsächlich erscheint 1797 bei dem Freisassen WELLMANN in Domersleben in der Viehzählung unter der Rubrik ‚consumiert wurden 1797' ein Ochse.

Bemerkenswert ist schließlich für unser Untersuchungsgebiet auch die starke Schafhaltung der Bauernwirtschaften, vor allem auch im Vergleich zu den ostelbischen Territorien, wo die Schafhaltung vorwiegend von den feudalherrlichen Eigenwirtschaften betrieben wurde und die Bauern immer nur einige wenige Schafe halten konnten.

3. *Die Entwicklung der Bodennutzungssysteme, der Anbauverhältnisse und der Ernteerträge unter den Auswirkungen der agrarischen Fortschritte in der zweiten Hälfte des 18. Jh.*

Die Gemeinheitsteilungen, Hütungsablösungen und Separationen hatten selbstverständlich auch auf die Entwicklung des Ackerbaus große Auswirkungen. So führte z. B. der Anbau von Futterkräutern und anderen Anbaufrüchten in der Brache zunehmend zur Abwandlung und schließlich zur Überwindung der alten Dreifelderwirtschaft. Bis über das erste Drittel des 19. Jh. hinaus wurde die „verbesserte Dreifelderwirtschaft" das vorherrschende Bodennutzungssystem. Bei diesem wurde nach wie vor dem Getreidebau der größte Teil des bestellten Ackers eingeräumt. Die Brache wurde immer mehr eingeschränkt, ohne jedoch bis zum verstärkten Einsetzen des Zuckerrübenanbaus im vierten und fünften Jahrzehnt des 19. Jh. völlig zu verschwinden. Das Ausmaß der tatsächlichen Besömmerung des Brachlandes richtete sich nach dem Umfang des zur Verfügung stehenden Stalldungs.

[75] STAM, Rep. Dc Klein Ottersleben, VI, Nr. 27.
[76] STAM, Rep. Dc Klein Ottersleben, VI, Nr. 27.
[77] STAM, Rep. Dc Wanzleben, IV, Nr. 117 (Flächengröße): ZSTA II, Generaldirektorium, Generalfinanzkontrolle, Tit. XLI, K 6 (für die Viehbestände).
[78] ZSTA II, Generaldirektorium, Generalfinanzkontrolle, Tit. XLI, K 6.

Bauerndörfer und Gutswirtschaften in Stadtnähe mit der Möglichkeit des Zukaufs von Dünger konnten ihren schon mehrfach erwähnten Standortvorteil weiterhin nutzen.

Einige Beispiele mögen die praktische Verwirklichung der verbesserten Dreifelderwirtschaft verdeutlichen. Die Domäne Calbe umfaßte um 1800 insgesamt 242,24 ha Ackerland.[79] Das Anbauverhältnis gestaltete sich dort wie folgt:

Tabelle 23

Anbauverhältnis auf der Domäne Calbe im Durchschnitt der elf Jahre von 1791/92 bis 1802/03[80]

Anbaufrucht	Fläche in ha	Anbaufrucht	Fläche in ha
Weizen	33,00	Senf	0,02
Roggen	17,70	Hirse	0,06
Reine Gerste	52,10	Mohrrüben	1,80
Wickengerste	9,70	Kohl	4,20
Hafer	29,30	Klee und Luzerne	18,40
Erbsen	6,50	Kümmel	0,20
Wintersaat	21,10	Turnips (erst seit 1798/99)	1,40
Wicken	3,40	Verpachtete Äcker	3,90
Kartoffeln	3,80	Brache	35,60
Mohn	0,06		

Der Anteil der Brache auf dem Amtsvorwerk Calbe lag in dieser Zeit also noch bei 14,7 Prozent der Ackerfläche.

In Erxleben wurden im Wirtschaftsjahr 1800/01 an Getreide 79,3 ha Weizen, 58,1 ha Roggen, 59,2 ha Gerste und 70,7 ha Hafer sowie an Brachfrüchten 12,7 ha Erbsen, 10,2 ha Wicken, 4,6 ha Bohnen, 0,25 ha Linsen, 8,7 ha Winterrübesaat, 2,5 ha Sommerrübesaat, 7,1 ha Leinsamen und 3,3 ha Kohl angebaut. Mit Klee waren im Frühjahr 1799 2,5 ha bestellt worden. Auf die Wintergetreidefrüchte entfielen demnach zusammen 137,4 ha, auf das Sommergetreide 129,9 ha und auf Brachfrüchte 51,85 ha. Die reine Brache machte in Erxleben noch 82 ha oder 20,4 Prozent aus.[81]

Auf dem Gut Harbke jedoch wurden 1781 bei einer Gesamtfläche von 409,2 ha nur noch 15,4 ha oder 3,8 Prozent als reine Brache ausgewiesen.[82] Diesen geringen Brachanteil konnte man jedoch nicht halten, da offenbar der Dünger dazu nicht ausreichte. 1793 gehörten zum Gut Harbke 524,5 ha,[83] von denen jetzt aber 80,4 ha oder 15,3 Prozent als reine Brache liegen blieben. In dieser Größenordnung entsprach das etwa dem Brachanteil auch auf der Domäne Calbe. In Harbke war 1793 der Anteil der Leguminosen unter den Brachfrüchten mit 42,5 ha oder 8,1 Prozent der Anbaufläche schon recht hoch. Der Anbau von Legumi-

[79] STAM, Rep. A 9c X, Lit. P, Nr. 92.

[80] STAM, Rep. A 9c X, Lit. P, Nr. 92.

[81] STAM, Rep. H Erxleben II, Nr. 1333.

[82] STAM, Rep. H Harbke, Nr. 5263.

[83] Die Flächenveränderungen können nicht geklärt werden. Es ist jedoch darauf hinzuweisen, daß die Bauern von Harbke lediglich als Zeitpächter auf ihren Stellen saßen, was in unserem Gebiet eine Seltenheit war. Durch Einziehen von Stellen konnte daher sehr leicht das Gutsareal vergrößert werden.

nosen in der Brache nahm später noch erheblich zu. Aus den Anbauregistern verschiedener Gutswirtschaften aus dem ersten Drittel des 19. Jh. wird deutlich, daß sie in unserem Untersuchungsgebiet den bedeutendsten Platz unter den Brachfrüchten einnahmen.[84] Unter den Leguminosen wiederum nahmen die Erbsen die größten Flächen ein, die damals zumeist als Pferdefutter und später auch als Schaffutter verwendet wurden.

Hackfrüchte hingegen, die schon am Ende des 18. Jh. in der Mark Brandenburg eine größere Bedeutung erlangten und im Rahmen der sogenannten Märkischen Schlagwirtschaft schon einen ganzen Schlag der Rotation einnahmen,[85] spielten bis dahin in der Börde kaum eine Rolle. Auf der Domäne Calbe z. B. entfielen im Durchschnitt der Jahre 1791/92 bis 1802/03 auf Hackfrüchte nur 7,0 ha oder 2,8 Prozent der Anbaufläche.[86] In Erxleben gab es 1800 überhaupt keine Hackfrüchte, wenn man nicht unter den 3,3 ha ‚Kohl- und Grabeland' solche mit vermuten kann. Auch in Harbke wurden 1793 nur insgesamt 6,1 ha oder 1,2 Prozent der Anbaufläche mit Kohl, Kohlrüben, Kartoffeln, Mohrrüben und Mohn bestellt. Diese Feststellungen sind besonders wichtig, da die katastrophale Hungersnot von 1771/72 in der Mark Brandenburg zu einer starken Zunahme des Kartoffelanbaus geführt hatte,[87] wobei dort allerdings hinzukam, daß Berlin mit seiner bis 1805 auf 180000 Menschen anwachsenden Einwohnerzahl, von denen der größte Teil nur über eine geringe Kaufkraft verfügte, einen großen Bedarf billiger Lebensmittel hatte. Die Börde hingegen war und blieb trotz hoher Bevölkerungsdichte wegen ihrer auch damals schon vergleichsweise hohen Hektarerträge ein Überschußgebiet für Getreide und trug ganz wesentlich zur Versorgung Berlins mit bei. Ein direkter Zwang zum verstärkten Anbau von Kartoffeln war daher nicht gegeben.

Trotzdem waren Hackfrüchte auch hier im Vordringen. CRANZ erwähnt sie immer wieder von seinen verschiedenen Besuchen auf Gütern, allerdings ohne Flächenangaben mitzuteilen.[88] Von der Domäne Wanzleben berichtet er, daß der Amtsrat KÜHNE eine Dampfmaschine zum Dämpfen der Futterkartoffeln angeschafft habe.[89] Wenn CRANZ allerdings schreibt, daß in der Gegend von Calbe besonders viele Hackfrüchte in der Brache angebaut würden und er bei seiner Reise vom Amt Brumby bis Calbe etwa eine halbe Stunde lang nichts als Runkelrüben, weißen Kopfkohl, Kartoffeln, Steckrüben, Möhren und Samenmöhren gesehen habe,[90] so scheint das doch etwas übertrieben zu sein. Allerdings wissen wir zu wenig über die Anbauverhältnisse auf den Bauernwirtschaften. KRIEG berichtet aus Dreileben, daß die Bauern dort im 18. Jh. schon sehr viel Kohl angebaut hätten.[91] Dieser wurde aber nur zum kleineren Teil als Kopfkohl verkauft. Zum größten Teil wurde der Kohl bis zum Winter abgeblättert, die Blätter zerstampft, mit Häcksel vermischt und als Viehfutter verwendet. Der Mangel an natürlichen Wiesen und Weiden führte zu diesem Ausweg.

Exakte Angaben über die Anbauverhältnisse von Bauernwirtschaften stehen uns aus dem Untersuchungsgebiet bisher nur für den bereits erwähnten Halbspännerhof der Familie

[84] Vgl. S. 161f.
[85] MÜLLER, 1965: 82ff.
[86] Vgl. S. 86.
[87] MÜLLER, 1967: 71.
[88] CRANZ, 1805: II, 81.
[89] CRANZ, 1805: II, 81.
[90] CRANZ, 1805: II, 86.
[91] KRIEG, 1936: 88.

SCHILD in Klein Ottersleben und zwei weitere Höfe zur Verfügung. Betrachten wir zunächst die Verhältnisse auf dem Halbspännerhof SCHILD.

Tabelle 24

Die Anbauverhältnisse auf dem Halbspännergut Schild in Klein Ottersleben zwischen 1778 und 1799 (in ha)[92]

Anbaufrucht	1778	1790	1799
Weizen	5,90	6,20	6,10
Roggen	5,50	5,30	5,30
Gerste	10,30	10,30	10,00
Hafer	3,40	3,80	3,80
Erbsen und Wicken	3,80	3,80	3,80
Kohl	1,50	1,50	3,40
Wickfutter	2,30	2,30	2,50
Bohnen	0,50	0,50	0,75
Klee	0,25	1,00	—
Lein	0,25	0,25	0,25
Grabeland („so mit Mohn und Mohrrüben bestellt")	0,50	0,50	0,40
Zusammen	34,20	35,45	36,30
Brache	0,10	—	—

Aus Klein Ottersleben steht uns noch das Anbauregister von dem Kossatenhof des JOHANN LINDAU aus dem Jahre 1777 zur Verfügung. Zum Hof gehörten 10,9 ha Acker, darunter waren 0,75 ha von der Kirche gepachtet. 1777 war das Land wie folgt bestellt:

Tabelle 25

Anbauverhältnisse des Kossatengutes von Johann Lindau in Klein Ottersleben von 1777 (in ha)[93]

Weizen	2,00	Wicken und Erbsen	1,00
Roggen	2,30	Esparsette	0,07
Gerste	2,30	Klee	0,18
Hafer	2,30	Zusammen	10,40
Lein	0,25	Brache	0,50

Es ist ganz erstaunlich, in welchem Maße auf den Höfen in Klein Ottersleben, insbesondere auf dem Halbspännerhof, die Brache zurückgedrängt werden konnte. Offenbar war dies nur möglich, weil in dem unmittelbar vor Magdeburg gelegenen Dorf genügend Dung zur Verfügung stand. Schließlich haben wir noch das Feldregister des Halbspännergutes der Familie LÜDDE in Domersleben, das ebenfalls gelegentlich einer Verpachtung im Jahre 1780 aufgestellt wurde. Zu diesem Hof gehörten 22,9 ha Ackerland.

[92] STAM, Rep. Dc Klein Ottersleben, VI, Nr. 27. Die Flächenveränderungen zwischen 1778 und 1799 waren nicht zu klären; von einem Landzukauf ist nichts bekannt.

[93] STAM, Rep. Dc Klein Ottersleben, IV, Nr. 35.

Tabelle 26

Anbauverhältnisse des Halbspännerhofes Lüdde in Domersleben 1780 (in ha)[94]

Weizen	2,40		Erbsen	1,20
Brachroggen	2,50	4,90	Bohnen	0,30
Stoppelroggen	2,40		Wicken	0,50
Winterfeldgerste	1,90	5,00	Kohl	0,20
Sommerfeldgerste	3,10		Zusammen	17,30
Hafer	2,40		Brache	5,60
Lein	0,40			

Der Brachanteil lag also im stadtferneren Domersleben noch bei 24,5 Prozent.

Die wenigen Beispiele von Anbauverhältnissen auf Bauernhöfen gestatten bei aller gebotenen Zurückhaltung gegenüber der sehr schmalen Quellenbasis mindestens zwei Rückschlüsse:

1. Die Bauernwirtschaften haben in großem Umfang an den Fortschritten der agraren Produktivkräfte Anteil. Wie die Gutswirtschaften gehen sie zur Brachbesömmerung und zum Feldfutteranbau über.

2. Sehr deutlich zeigt sich die Bedeutung einer ausreichenden Bereitstellung von Dünger für das Ausmaß der Brachbesömmerung.

Wie sehr der Justitiar FAHRENHOLZ, Mitglied der Gemeinheitsteilungskommission für den I. Distrikt des Holzkreises, mit seiner Feststellung „Die Vermehrung des Rind- und Schafviehs ist die Seele der Landwirtschaft“ den Kern der Sache getroffen hatte, wird hier noch einmal deutlich.

Wir haben uns nun mit der Entwicklung von Umfang und Ertrag des Getreideanbaus zu beschäftigen, der ja unter allen Anbaufrüchten noch immer die größte Bedeutung hatte. Wie haben sich Hütungsablösungen, Gemeinheitsteilungen und Separationen auf den Getreideanbau ausgewirkt? Wir stellen zunächst die Erträge in den drei Distrikten des Holzkreises der Jahre 1769 und 1797/98 gegenüber. Dabei muß man wissen, daß bis weit in das 19. Jh. hinein die Ernteerträge nicht in Mengeneinheit pro Fläche, sondern im Mehrfachen der Aussaat ausgedrückt wurden. Da die Aussaatmengen je Morgen nicht unbeträchtlich schwankten, bei Weizen und Roggen beispielsweise zwischen einem und zwei Scheffel je Morgen, kann man ohne die Kenntnis der bestellten Flächen auch keine Aussagen über Hektarerträge machen. Die Entwicklung der Hektarerträge kann wiederum nur an einigen Beispielen gezeigt werden.

Betrachten wir zunächst die Entwicklung der Aussaatmengen im Untersuchungsgebiet. Die folgende Tabelle zeigt hier eine recht beachtliche Zunahme. Dabei kann nicht mit Sicherheit gesagt werden, ob diese Zunahme vornehmlich auf eine Ausweitung der Anbauflächen oder auf eine Zunahme der Aussaatmengen je Flächeneinheit zurückzuführen ist. Zweifellos spielt die Vergrößerung der Anbauflächen eine nicht zu unterschätzende Rolle. Immer wieder wurden größere oder kleinere Flächen landwirtschaftlicher Nutzung zugeführt, wie z. B. der Schleibnitzer See, der 1788 abgelassen, oder der Domersleber See, der 1801 in Ackerland und Wiesen umgewandelt wurde. Ebenso wurden vielfach kleinere

[94] STAM, Rep. Da Wanzleben, IV, Nr. 109.

Brüche usw. urbar gemacht. Allerdings werden die folgenden Beispiele über die Aussaatmengen und Ernteerträge einzelner Gutswirtschaften zeigen, daß im letzten Drittel des 18. Jh. offenbar auch die Aussaatmengen vergrößert wurden.

Zunächst zeigen wir anhand einer Tabelle die Entwicklung der Aussaatmengen insgesamt.

Tabelle 27

Die Aussaatmengen an Getreide in den drei Distrikten des Holzkreises 1769 und 1797/98 (in Wispel. Scheffel; in Klammern: Anteil an der Getreideaussaat; Index: 1769 = 100)[95]

	Weizen		Roggen	
	1769	1797/98	1769	1797/98
I. Distrikt	759.12 (13,4)	1226.11 (17,1)	1249.19 (22,0)	1496.19 (20,9)
Index		161		120
II. Distrikt	890.15 (21,0)	1271.5 (25,7)	1003.3 (23,7)	1076.8 (21,8)
Index		143		107
III. Distrikt	280.1 (9,2)	449.2 (13,7)	1254.9 (41,2)	1291.4 (39,5)
Index		160		103
Zusammen	1930.4 (14,9)	2946.18 (19,2)	3507.7 (27,1)	3864.7 (25,1)
Index		153		110

	Gerste		Hafer	
	1769	1797/98	1769	1797/98
I. Distrikt	2919.23 (51,5)	3410.5 (47,6)	740.13 (13,1)	1030 (14,4)
Index		117		139
II. Distrikt	1430.22 (33,8)	1551.10 (31,4)	914.11 (21,6)	1046 (21,2)
Index		108		114
III. Distrikt	820.6 (27,0)	842.9 (25,8)	688.21 (22,6)	687.15 (21,0)
Index		103		100
Zusammen	5171.3 (39,9)	5804 (37,7)	2343.21 (18,1)	2763.15 (18,0)
Index		112		118

Alle Getreidearten zusammen:

	1769	1797/98
	12952.11	15378.16
Index	100	119

Neben der absoluten Zunahme der Aussaatmengen zeigt Tabelle 27 auch deutliche Verschiebungen im Anbauverhältnis, insbesondere das Vordringen des Weizenanbaus gegen-

[95] ZSTA II, Generaldirektorium Magdeburg, Tit. CLXXVI, Nr. 5 (für 1769), und ZSTA II, Generaldirektorium, Generalfinanzkontrolle, Tit. XLI, K 1, Bd. I (für 1797/98).

über dem Roggen- und Gersteanbau. Fraglos zeigt sich darin eine Reaktion auf die veränderten Markt- und Absatzbedingungen.

Die Entwicklung der Ernteerträge nach zeitgenössischen Erfahrungswerten zeigen wir zunächst für das Gebiet der drei Distrikte des Holzkreises im Mehrfachen der Aussaat, wobei deren Fixierungen von 1769 und von 1797/98 gegenübergestellt werden.

Tabelle 28

Die Ernteerträge in den drei Distrikten des Holzkreises 1769 und 1797/98[96] *(das Mehrfache der Aussaat)*

A. 1769

1. in Jahren mit guten, 2. mit mittleren, 3. mit schlechten Ertägen

	Weizen			Roggen			Gerste			Hafer		
	1.	2.	3.	1.	2.	3.	1.	2.	3.	1.	2.	3.
I. Distrikt	7,0	6,3	5,0	7,5	6,5	5,5	8,0	7,2	6,0	8,5	7,5	6,5
II. Distrikt	6,8	6,0	5,0	7,5	6,5	5,5	8,1	7,1	6,0	8,4	7,5	6,5
III. Distrikt	6,3	5,0	4,0	6,5	5,5	4,5	7,0	6,0	5,0	7,0	6,5	5,5

B. 1797/98

T = in trockenen, N = in nassen Jahren

	Weizen		Roggen		Gerste		Hafer	
	T	N	T	N	T	N	T	N
I. Distrikt	7,5	8,6	6,2	6,9	7,2	8,1	8,2	9,2
II. Distrikt	7,1	6,4	6,0	5,4	7,5	6,6	7,6	7,3
III. Distrikt	7,2	6,8	5,0	5,6	6,6	6,8	6,4	6,9

Die beiden Aufnahmen sind nicht voll vergleichbar. Trotzdem wird deutlich, daß bei Weizen ein Anstieg der Ernteerträge eingetreten war, Gerste und Hafer zum Teil im Ertrag stagnierten, zum Teil eine leichte Zunahme aufwiesen, bei Roggen ein leichter Rückgang zu verzeichnen war. Dieses Ergebnis entspricht durchaus nicht den Erwartungen, die nach der Zunahme der Viehbestände im letzten Drittel des 18. Jh. und der damit verbundenen Vergrößerung der Düngermengen eigentlich vorauszusetzen wären. Auch wir können diese Entwicklung nicht voll befriedigend erklären. Sie ist jedoch auch im Fürstentum Halberstadt und in der Kurmark Brandenburg in gleicher Weise festzustellen.[97] Eine

[96] ZSTA II, Generaldirektorium Magdeburg, Tit. CLXXVI, Nr. 5 (für 1769) und ZSTA II, Generaldirektorium, Generalfinanzkontrolle, Tit. XLI, K 1, Bd. I (für 1797/98).

[97] ZSTA II, Generaldirektorium Magdeburg, Tit. CLXXVI, Nr. 5, und ZSTA II, Generaldirektorium Halberstadt, Tit. CIV, 3a (für Halberstadt); KLINKMÜLLER, 1880: 44–45 (für die Kurmark).

Erklärung läßt sich möglicherweise aus den Zahlen über die Entwicklung der Aussaatmengen in den drei Distrikten des Holzkreises zusammen ablesen.

Tabelle 29

Die Entwicklung der Aussaatmengen in den drei Distrikten des Holzkreises 1769 und 1797/98 (in Wispel.Scheffel)[98]

	1769 Aussaat	Prozent der Gesamtaussaat	1797/98 Aussaat	Index (1769=100)	Prozent der Gesamtaussaat
Weizen	1930.4	14,9	2946.18	153	19,2
Roggen	3507.7	27,1	3864.7	110	25,1
Gerste	5171.3	39,9	5804	112	37,7
Hafer	2343.21	18,1	2763.15	118	18,0
Zusammen	12952.11		15378.16	119	

Die Auswirkungen der guten Preise und Absatzbedingungen für Weizen spiegeln sich in der absoluten wie relativen Zunahme der Weizenaussaat deutlich wider. Nach den Bestellregistern der Gutswirtschaften wie der wenigen Bauernhöfe ist nun immer das mit Weizen bestellte Land derjenige Teil des Ackers, der neben dem mit Kohl bebauten am reichlichsten gedüngt wird. Es wäre denkbar, daß die Weizenkonjunktur eine Verschlechterung des Roggen- und Gerstelandes in ihrem Düngungszustand zugunsten des Weizenlandes nach sich zog. Die oben angeführten Äußerungen des Gutspächters in Welsleben deuten jedenfalls in diese Richtung.[99]

Betrachten wir nun die Ernteerträge einiger Gutswirtschaften in dieser Zeit.

Tabelle 30

Ernteerträge auf dem Vorwerk des Amtes Wanzleben 1734, 1771 bis 1777, 1791 bis 1795 und 1799[100]
(das Mehrfache der Aussaat)

	1734	Durchschnitt der Jahre 1771–77	Durchschnitt der Jahre 1791–95	1799
Weizen	6,0	7,3	8,0	8,3
Roggen	5,5	4,7	4,1	5,75
Gerste	6,0	5,0	5,5	8,0
Hafer	7,0	5,5	5,4	?

[98] wie Anm. 96.
[99] Vgl. S. 78.
[100] STAM, Rep. A 9c XXVII, Lit P, Nr. 26 (für 1734), Rep. A 9c XXVII, Lit P, Nr. 51 (für 1771/77) und Rep. A 9c XXVII, Lit P, Nr. 65 (für 1791/95 und 1799).

In Doppelzentner pro Hektar ausgedrückt entwickelten sich die Ernteerträge auf dem Amtsvorwerk Wanzleben in der zweiten Hälfte des 18. Jh. wie folgt:

Tabelle 31

Ernteerträge im Durchschnitt der Jahre 1771/72 bis 1776/77 und 1791/92 bis 1794/95 auf dem Amtsvorwerk Wanzleben[101]

	1771/72–1776/77			1791/92–1794/95		
	Fläche in ha	Aussaat in dz je ha	Ernte in dz je ha	Fläche in ha	Aussaat in dz je ha	Ernte in dz je ha
Weizen	49,10	1,99	14,48	64,70	2,11	16,81
Roggen	79,40	1,93	9,15	117,50	2,54	10,31
Gerste	235,70	1,90	9,41	186,50	2,37	12,98
Hafer	76,30	1,22	6,68	144,60	1,78	9,58

Tabelle 32

A. Ernteerträge im Durchschnitt der Jahre 1772/73 bis 1776/77 auf dem Vorwerk Rottmersleben im Amt Alvensleben[102]

	Fläche in ha	Aussaat in dz je ha	Ernte in dz je ha	das Mehrfache der Aussaat
Weizen	41,50	2,15	14,98	7,0
Roggen	69,00	2,91	10,94	3,8
Gerste	106,80	1,90	11,46	6,0
Hafer	39,80	1,69	8,74	5,2

B. Ernteerträge im Durchschnitt der Jahre 1805/06 bis 1807/08 auf dem Rittergut Erxleben II[103]

	Fläche in ha	Aussaat in dz je ha	Ernte in dz je ha	das Mehrfache der Aussaat
Weizen	95,20	2,49	16,65	6,7
Roggen	65,70	2,06	9,35	4,5
Gerste	92,50	1,65	11,19	6,8
Hafer	92,30	1,31	10,34	7,9

Diese Beispiele dürften insgesamt für unser Gebiet das Ertragsniveau im Getreideanbau widerspiegeln. Die Aussage scheint uns berechtigt, zumal von jeder Bauerngemeinde und jeder Gutswirtschaft aus den drei Distrikten des Holzkreises für den Durchschnitt der Jahre

[101] STAM, Rep. A 9c XXVII, Lit P, Nr. 51 (für 1771/72–1776/77), und Rep. A 9c XXVII, Lit P, Nr. 65 (für 1791/92–1794/95). Die Berechnung der Hektarerträge in Tab. 31 wie in den folgenden Beispielen erfolgte unter Verwendung der Hülfstafeln, 1878.

[102] STAM, Rep. A 9c III Alvensleben, Lit P, Nr. 55.

[103] STAM, Rep. H Erxleben II, Nr. 1946–1949.

1795/96 bis 1797/98 die Ernteerträge im Mehrfachen der Aussaat bekannt sind.[104] Allerdings sind Umrechnungen in Hektarerträge damit kaum möglich, weil — das zeigen ja auch die Beispiele von den Gutswirtschaften — die Aussaatmengen zu stark schwanken. Immerhin kann versucht werden, die Größenordnung der Hektarerträge für das Gesamtgebiet ungefähr einzugrenzen.

Die Zahlen zur Höhe der Ernteerträge des Untersuchungsgebietes werden jedoch erst im Vergleich mit anderen Regionen voll aussagefähig. In der Literatur sind allerdings aus dieser Zeit nur wenige entsprechende Angaben zu finden. SAALFELD[105] hat kürzlich aus der weitverstreuten Literatur die Ernteerträge einer Reihe von Betrieben aus verschiedenen deutschen Territorien zusammengestellt. Dabei handelt es sich anerkanntermaßen fast ausschließlich um Spitzenbetriebe dieser Zeit, und es ist fraglich, ob von daher auf die Ertragsergebnisse eines größeren Gebietes geschlossen werden kann.

Tabelle 33

Durchschnittliche Ernteerträge in Deutschland und in ausgewählten Wirtschaften (Spitzenbetriebe) Ende des 18. bis Anfang des 19. Jahrhunderts (in dz je ha)

	Zeitraum	Weizen	Roggen	Gerste	Hafer
Deutschland[107]	um 1800	10,3	9,0	8,1	6,8
Gut Tellow* in Mecklenburg[105]	1810—19	21,1	17,6	14,6	13,5
Bauer MÖLLINGER** in Pfeddersheim bei Worms[106]	1803—12	23,0	22,4	18,0	15,5
Schönburgische Güter Wechselburg in Sachsen[105]	Ende 18. Jh.	18,0	17,5	15,1	12,4
Magdeburger Börde***	um 1800	15	10	11—12	8—10

* Besitzer seit 1810 JOHANN HEINRICH von THÜNEN
** ein berühmter Landwirt seiner Zeit
*** siehe Seiten 92—93

Die beträchtliche Zunahme der Ernteerträge unseres Gebietes, die sich in den Tabellen 28 und 29 widerspiegelt, zeigt sich auch in der Entwicklung der Getreideverschiffung von Magdeburg elbabwärts und besonders durch den Elbe-Havel-Kanal nach Berlin. Dieser Kanal war seit 1743 in Betrieb und war hauptsächlich zur Versorgung Berlins und der übrigen mittelmärkischen Manufakturstädte mit billigem Getreide erbaut worden, für die die Überschußproduktion des unmittelbaren Umlandes in der Kurmark Brandenburg nicht mehr ausreichte. Trotz der beträchtlichen Bevölkerungszunahme im Untersuchungsgebiet selbst stiegen seit 1785 die von Magdeburg aus verschifften Getreidemengen an (vergleiche Anlage 11). Über den Elbe-Havel-Kanal erreichte die Getreideverschiffung den folgenden Umfang, wobei bemerkt werden muß, daß hier nicht nur das von Magdeburg unmittelbar abgehende Getreide erfaßt ist, sondern auch das an anderen Orten des Herzogtums Magdeburg verladene und durch die Schleuse von Parey transportierte Getreide.

[104] ZSTA II, Generaldirektorium, Generalfinanzkontrolle, Tit. XLI, K 3.
[105] SAALFELD, 1967: 159.
[106] MÖLLINGER wird auch erwähnt bei CRANZ, 1805: II, 89ff.
[107] BITTERMANN, 1956: 1—149.

Tabelle 34
Getreideverschiffung aus dem Herzogtum Magdeburg nach Berlin und der Mittelmark (in Wispel. Scheffel)[108]

Zeitraum	Menge
1772/75	8068.2
1801/05	13769.22

4. *Anbauverhältnisse und Viehwirtschaft nach der Aufnahme bis zur Gemeindeebene von 1795/96 bis 1797/98*

Die Aufnahmen der Anbau- und Ertragsverhältnisse sowie der Viehbestände bis zur Gemeindeebene nach dem Durchschnitt der Jahre 1795/96 bis 1797/98 geben einen hervorragenden Überblick über die gesamte pflanzliche und tierische Produktion, die Spezial- und Sonderkulturen und die Marktproduktion. Vor allem gewinnen wir auch genauere Einblicke in das Ausmaß der Brachbesömmerung, und wir können die Frage nach Anbau, Ertrag und Viehbeständen getrennt nach Gutswirtschaften und Bauerngemeinden beantworten.

Die Tabellen zeigen klar, daß von einem Vorsprung der Gutswirtschaften hinsichtlich der Brachbesömmerung, der Sommerstallfütterung des Rindviehs und der Ernteerträge generell nicht gesprochen werden kann. Erträge bei Weizen im Verhältnis von 1:9 bis 1:11 von Aussaat und Ernte erreichen Bauerndörfer wie Gutswirtschaften. Wir zeigen die Spitzenerträge in einer Tabelle zusammengestellt.

Tabelle 35
Spitzenerträge ausgewählter Bauerndörfer und Gutswirtschaften (das Mehrfache der Aussaat; T = trockenes, N = nasses Jahr)[109]

Ort	Weizen		Roggen		Gerste	
	T	N	T	N	T	N
Bisdorf (Bauerngemeinde)	10	8	9	6	8	6
Westeregeln (Klostergut)	10	12	7	8	6	8
Domersleben (Bauerngemeinde u. Güter)	9	11	7	8	9	11
Groß Ottersleben (Bauerngemeinde)	9,5	10,5	8	9	9	10
Diesdorf (Bauerngemeinde)	10	10	9	9	11	11
Klein Ammensleben (Bauerngemeinde)	10	10	8	8	10	10
Olvenstedt (Bauerngemeinde)	10	10	8	8	12	12
Eichenbarleben (Rittergut)	9	7	8	6	8	6
Eichenbarleben (Bauerngemeinde)	9	7	8	6	8	6

Es zeigt sich wiederum, daß die Orte in Stadtnähe Standortvorteile hatten gegenüber den entfernter liegenden Gemeinden. Das zeigt sich aber nicht nur in der Höhe der Ernteerträge, sondern auch darin, daß die Bauern im Umland der Städte in größerem Umfang zum Anbau von Weizen übergehen konnten. Im allgemeinen waren nach dem Durch-

[108] ZSTA II, Generaldirektorium Magdeburg, Tit. CLXXVI, Nr. 5: 18, und Tit. III, Nr. 30: 1ff.
[109] ZSTA II, Generaldirektorium, Generalfinanzkontrolle, Tit. XLI, K 3.

schnitt dieser drei Jahre die Gutswirtschaften verstärkt zum Weizenanbau übergegangen. Das hatten auch schon die oben wiedergegebenen Beispiele gezeigt. In Orten, wo Bauernwirtschaften und feudale Gutswirtschaft nebeneinander bestanden, bauten die Güter fast immer relativ mehr Weizen an als die Bauern. Wir zeigen das an einer Tabelle:

Tabelle 36

Die Differenzierung des Weizenanbaus nach Gutswirtschaften und Bauerngemeinden in Dörfern der Börde am Ende des 18. Jahrhunderts (Aussaat in Wispel.Scheffel; Prozentanteile in Klammern)[110]

	Bauern	Gut
Klein Oschersleben:		
Getreideaussaat insgesamt	83.2	42.19
Weizenaussaat	5.15 (6,8)	15.12 (36,2)
Unseburg:		
Getreideaussaat insgesamt	126.11	49.18
Weizenaussaat	11.16 (9,2)	10.11 (21,0)
Bahrendorf:		
Getreideaussaat insgesamt	94.21	30.13
Weizenaussaat	15.6 (16,1)	6.1 (19,8)

Die Gutswirtschaften hatten stets auch eine größere Marktquote aufzuweisen als die Bauerngemeinden. Wir bringen auch dazu einige Beispiele in einer Tabelle. Hier muß noch vorausgeschickt werden, daß die Aufnahmen von 1795/96 bis 1797/98 in der Rubrik „Aussaat und Konsumtion" Rittergüter und Gemeinden immer gemeinsam aufführen, hier also die wenigen Fälle ausgewählt werden mußten, wo eine reine Gutssiedlung vorhanden war, um diese dann einem typischen Bauerndorf gegenüberzustellen.

Tabelle 37

Die Differenzierung nach Eigenkonsumtion und überörtlicher Marktquote zwischen Rittergütern und Bauerngemeinden an ausgewählten Beispielen (in Wispel.Scheffel; Ernte = Durchschnitt der Ernte in trockenen und nassen Jahren)[111]

	Weizen	Roggen	Gerste
Rittergut Neugattersleben; Einwohner 1795: 319			
Aussaat	24.10	14.20	41.11
Ernte	163.17	104.09	269.09
Aussaat und Konsumtion	45.12	49.10	253.03
Marktquote	118.05	54.23	16.06
Marktquote in Prozent	72,21	52,65	6,03

110 ZSTA II, Generaldirektorium, Generalfinanzkontrolle, Tit. XLI, K 3.
111 ZSTA II, Generaldirektorium, Generalfinanzkontrolle, Tit. XLI, K 3.

Tabelle 37 (Fortsetzung)

	Weizen	Roggen	Gerste
Bauerndorf Biere; Einwohner 1795: 1257			
Aussaat	28.00	40.01	149.05
Ernte	266.00	260.06	1417.15
Aussaat und Konsumtion	121.04	182.01	756.21
Marktquote	144.20	78.05	660.18
Marktquote in Prozent	54,45	30,05	46,61
Rittergut Peseckendorf; Einwohner 1797: 112			
Aussaat	17.08	6.00	19.08
Ernte	99.16	30.00	106.08
Aussaat und Konsumtion	21.18	18.16	114.07
Marktquote	77.22	11.08	−7.23 (Zukauf)
Marktquote in Prozent	78,18	37,77	—
Bauerndorf Remkersleben; Einwohner 1797: 448			
Aussaat	16.01	14.06	19.06
Ernte	88.06	64.10	105.21
Aussaat und Konsumtion	33.07	64.04	197.01
Marktquote	54.23	00.06	−91.04 (Zukauf)
Marktquote in Prozent	62,28		

Weizen hatte also von allen Getreidearten sowohl in den Bauerndörfern als auch auf den Gutswirtschaften immer die höchste Marktquote. In den Bauerndörfern wurde nun ganz offensichtlich von der Roggenernte der größere Teil selbst verzehrt; war hier doch ein großer Teil der landarmen und landlosen Produzenten darauf angewiesen, seinen Nahrungsmittelbedarf ganz oder doch zum großen Teil zu kaufen. Für die Bauern war damit ein sicherer Absatz gegeben, und da sie einen bedeutenden Teil ihrer Brotgetreideernte im Ort direkt absetzen konnten, sparten sie die Marktfuhren. Es gab aber noch einen zweiten, wahrscheinlich sogar wichtigeren Grund, weshalb die Bauern nicht in dem Maße wie die Güter den Weizenanbau ausweiteten. J. G. ELSNER,[112] ein deutscher Landwirtschaftswissenschaftler des 19. Jh., schrieb 1830, daß die Zunahme des Weizenanbaus in verschiedenen deutschen Landschaften am Ende des 18. und zu Beginn des 19. Jh. vor allem auf den steigenden Getreideexport nach England zurückzuführen sei und diese Exportkonjunktur ausgesprochen spekulative Züge getragen habe. Eine volle Ausnutzung der Getreidepreisschwankungen war natürlich nur den Produzenten möglich, die die nötige Speicherkapazität hatten, um das Marktgetreide liegen zu lassen, und die das Geld hatten, das Steigen der Preise abzuwarten. Selbst große Bauern hatten aber nicht die Möglichkeit, Getreide in größerem Umfang zu lagern. Auch brauchten sie nach der Ernte schnell Geld, waren doch zu Martini (11. November) die Löhne fällig.

[112] ELSNER, 1830: 80.

Immerhin vermochten die Bauern im unmittelbaren Umland von Magdeburg, auch hierin ihre Standortvorteile wahrzunehmen, wie die folgende Tabelle zeigen soll:

Tabelle 38

Der Weizenanbau von Bauerndörfen im Umland von Magdeburg im Vergleich zum I. und II. Distrikt des Holzkreises (in Wispel. Scheffel)[113]

Gemeinde	Gesamtaussaat	Weizenaussaat	Weizenaussaat in Prozent
I. Distrikt Holzkreis	7083.14	1226.14	17,3
Hohendodeleben	192.03	51.13	26,8
Groß Ottersleben	186.19	54.03	29,0
Demgegenüber seien hier als entfernter gelegene Gemeinden genannt:			
Atzendorf	' 260.20	30.10	11,7
Biere	247.17	28.00	11,3
II. Distrikt Holzkreis	4945.01	1271.05	25,7
Olvenstedt	149.09	46.18	31,3
Niederndodeleben	143.07	39.17	27,7
Ochtmersleben	123.22	29.11	23,8

Es wäre denkbar, daß die Bauern in den Dörfern um Magdeburg die Möglichkeiten zum Zukauf von Dünger für einen verstärkten Weizenanbau nutzten, zugleich aber in der großen Stadt, wo selbst in großem Umfang Weizen konsumiert wurde, ihr Marktgetreide schnell absetzen konnten.

Interessant ist auch die geringe Marktquote von Gerste, die in Tabelle 37 sowohl bei den Gutswirtschaften als auch in den Bauerndörfern zu beobachten ist (ausgenommen Biere). In einigen Fällen bestand sogar die Notwendigkeit des Zukaufs von Gerste. Vor dem Dreißigjährigen Kriege betrug in der Börde bei Gerste auf Gutswirtschaften die Marktquote etwa zwei Drittel des Gesamtaufkommens.[114] Es war eine weithin geschätzte Braugerste. Jetzt war Gerste neben Hafer das bevorzugte Futtergetreide und wurde vor allem zur Mast, aber auch als Pferdefutter verwendet.

Eine kurze Bemerkung ist noch über den Kartoffelanbau nach dem Stand der Erhebungen von 1795/96 bis 1797/98 notwendig. Wie bereits im Zusammenhang mit den Anbauverhältnissen auf einigen Gutswirtschaften gezeigt wurde, spielte er bis zu dieser Zeit in der Börde noch keine große Rolle. Das wird vor allen Dingen dann deutlich, wenn wir die Aussaat und Ernte des Untersuchungsgebietes denen einiger in der Größe und Einwohnerzahl vergleichbarer Gebiete in der Kurmark Brandenburg gegenüberstellen, wo der Kartoffelanbau schon wesentlich weiter verbreitet war.

113 ZSTA II, Generaldirektorium, Generalfinanzkontrolle, Tit. XLI, K 3.

114 Vgl. dazu auch HARNISCH, 1974: 21.

Tabelle 39

Der Kartoffelanbau in der Börde am Ende des 18. Jahrhunderts im Vergleich mit einigen Gebieten der Kurmark Brandenburg (in Wispel; T = trockene, N = nasse Jahre)[115]

	Aussaat		Ernte T	Ernte N	Einwohnerzahl (Landbevölkerung)	
Holzkreis (1797)						
I. Distrikt	360	619	2811	3790	33879	60820
II. Distrikt	259		1827	1770	26941	
Altmark (1804)	1962		13330		79793	
Uckermark (1804)	4008		21684		67576	

Bestimmte Schwerpunkte im Kartoffelanbau sind nur insofern festzustellen, als in den großen Dörfern, wo also auch die Zahl der Klein-Kossaten, Büdner und Kätner besonders hoch lag, vergleichsweise mehr Kartoffeln angebaut wurden. Auf den Gutswirtschaften wurden selten mehr als einige Scheffel Kartoffeln gelegt, in großen Dörfern, wie beispielsweise Atzendorf, jedoch 15 Wispel 10 Scheffel, Welsleben 23 Wispel 8 Scheffel und Olvenstedt 12 Wispel 1 Scheffel. Verkauft wurden den Aufnahmen zufolge Kartoffeln so gut wie überhaupt nicht, sondern die Ernte wurde in den Dörfern selbst verbraucht.

Wir haben nun die Viehzählung von 1797, die die Zahlen ebenfalls bis zur Gemeindeebene (bzw. bis zu den Gutswirtschaften) bringt, auszuwerten. Die Quelle gestattet in Verbindung mit der Topographie von HEINECCIUS,[116] in der für den II. Distrikt des Holzkreises die Ackerflächen von Bauerngemeinden und Gutswirtschaften getrennt angegeben sind, auch eine getrennte Berechnung der Viehbestandsdichte. Wir zeigen zunächst die Struktur der Viehbestände in den beiden Distrikten des Holzkreises, wobei der I. Distrikt vollständig, also einschließlich der Gebiete, die nicht zum Untersuchungsgebiet gehören, gebracht werden muß, während vom II. Distrikt nur die zum Bördegebiet gerechneten Ortschaften einbezogen sind.[117] (Siehe Tabelle 40.)

Große Unterschiede bestanden naturgemäß nicht. Die Dichte in Großvieheinheiten je 100 Hektar betrug im I. Distrikt des Holzkreises 89,8 und im II. Distrikt 107,6. Bei diesem Unterschied muß aber berücksichtigt werden, daß zum I. Distrikt der östlich der Saale gelegene Teil des Elbe-Saale-Winkels und die Elbaue bei Aken gehörten, die schon etwas andere natürliche Bedingungen hatten. Bemerkenswert ist lediglich die mehr als doppelt

115 ZSTA II, Generaldirektorium, Generalfinanzkontrolle, Tit. XLI, K 3, und Generaldirektorium Magdeburg, Tit. CLXXXVI, Nr. 35 (für den I. und II. Distrikt), Die Kurmark Brandenburg 1848: Tab. II und V (für die Altmark und die Uckermark).

116 HEINECCIUS, 1785: 144—168.

117 Orte der Magdeburger Börde im II. Distrikt des Holzkreises: Altbrandsleben, Althaldensleben, Ampfurth, Belsdorf, Bergen, Brumby, Dahlenwarsleben, Diesdorf, Drackenstedt, Dreileben, Druxberge, Eggenstedt, Eichenbarleben, Eilsleben, Emden, Groppendorf, Groß Ammensleben, Groß Rodensleben, Gutenswegen, Hakenstedt, Hemsdorf, Hermsdorf, Hohenwarsleben, Klein Ammensleben, Klein Rottmersleben Klein Santersleben, Klein Wanzleben, Meyendorf, Niederndodeleben, Ochtmersleben, Olvenstedt, Peseckendorf, Remkersleben, Rothensee, Rottmersleben, Schackensleben, Schermcke, Schnarsleben, Siegersleben, Ummendorf, Vahldorf, Wedringen, Wefensleben, Wellen, Wormsdorf.

Tabelle 40

Viehbestände im I. und II. Distrikt des Holzkreises nach der Aufnahme von 1797[118]

	Stückzahl	Viehbesatz je 100 ha	Umgerechnet in GVE	Prozent der GVE
I. Distrikt — Ackerfläche: 51628 ha				
Pferde	8900	17,2	11867	25,6
Rindvieh	20740	40,2	20740	44,8
Schafe	104698	202,8	10470	22,6
Schweine	12827	24,8	3207	6,9
		insgesamt:	46284	
II. Distrikt — Ackerfläche: 25033 ha				
Pferde	3784	15,1	5045	18,7
Rindvieh	12986	51,9	12986	48,2
Schafe	55779	222,8	5578	20,7
Schweine	13395	53,5	3349	12,4
		insgesamt:	26958	

so große Dichte der Schweinehaltung je 100 Hektar im II. Distrikt des Holzkreises. Die Gründe dafür sind nicht eindeutig erkennbar. Die Gutswirtschaften brachten vergleichsweise größere Stückzahlen an Schweinen auf den Markt, wie die folgende Tabelle zeigt:

Tabelle 41

Schweinehaltung und Schweineverkauf in Bauerndörfern und Gutswirtschaften der Magdeburger Börde 1797[119]

Gemeinde bzw. Gut	Schweinebestände	Verkauf von Schweinen	Prozentsatz der verkauften Schweine
Diesdorf (Bauerngemeinde)	359	28	7,8
Groß Ottersleben (Bauerngemeinde)	357	20	5,6
Biere (Bauerngemeinde)	356	36	10,1
Löderburg (Amtsvorwerk)	127	89	70,1
Amt Wanzleben	236	112	47,5
Klein Oschersleben (Gut)	120	68	56,7
Bauerndörfer mit großer Marktproduktion an Schweinen waren:			
Niederndodeleben	548	188	34,3
Olvenstedt	650	181	27,8
Hohendodeleben	320	137	42,8

[118] ZSTA II, Generaldirektorium, Generalfinanzkontrolle, Tit. XLI, K 6; Flächenangaben nach Krug, 1804a: 28 (für den I. Distrikt), und Heineccius, 1785: 144—168 (für den II. Distrikt). Der Schlüssel für die Umrechnung in Großvieheinheiten (GVE) beträgt: 1 GVE = 1 Stück Rindvieh = 3/4 Pferd = 10 Schafe = 4 Schweine (nach Engel, 1861b: 215). Heute lautet der Umrechnungsschlüssel anders. Da sich die Durchschnittsgewichte der Tiergattungen verändert haben, scheint die Verwendung des älteren Schlüssels angebracht.

[119] ZSTA II, Generaldirektorium, Generalfinanzkontrolle, Tit. XLI, K 6.

In einigen stadtnah gelegenen Dörfern wurde also offenbar schon für den städtischen Markt eine intensive Schweinemast betrieben.

Recht interessant sind die Unterschiede in Struktur und Dichte der Viehbestände, die für die zum Untersuchungsgebiet gehörenden Dörfer und Gutswirtschaften im II. Distrikt des Holzkreises berechnet werden konnten.[120]

Tabelle 42

Viehbestände im II. Distrikt des Holzkreises 1797, getrennt nach Bauerngemeinden und Gutswirtschaften[121]

	Bauerngemeinden				Gutswirtschaften			
	ha	Stück-zahl	in GVE	in % GVE	ha	Stück-zahl	in GVE	in % GVE
Ackerfläche	18801,0				6232,4			
Pferde		3190	4253	20,4		594	792	12,9
Rindvieh		10611	10611	50,9		2375	2375	38,8
Schafe		35026	3503	16,8		20753	2075	33,9
Schweine		9866	2467	11,8		3529	882	14,4
		zusammen:	20834			zusammen:	6124	

Die Dichte an Großvieheinheiten je 100 Hektar Ackerfläche betrug demnach bei den Bauerndörfern 110,8 und bei den Gutswirtschaften 98,3, war also insgesamt nicht grundlegend unterschiedlich.

Eine spezielle Gegenüberstellung des Viehbesatzes je 100 Hektar, die beim Rindvieh die einzelnen Gruppen berücksichtigt, verdeutlicht die Unterschiede in der Viehhaltung zwischen Bauerndörfern und Gutswirtschaften noch mehr, wie die folgende Tabelle zeigt:

Tabelle 43

Viehbesatz je 100 ha im II. Distrikt des Holzkreises 1797, getrennt nach Bauerngemeinden und Gutswirtschaften[122]

Viehgattung	Bauerndörfer	Gutswirtschaften
Pferde	17,0	9,5
Ochsen	0,28	3,8
Bullen	0,38	1,1
Kühe	25,8	14,6
Jungvieh	6,6	5,5
Kälber	23,3	13,2
Schafe	186,3	333,0
Schweine	52,5	56,6

Die Gegenüberstellung von Struktur und Dichte der Viehbestände in den Bauerngemeinden und Gutswirtschaften zeigt einige interessante Unterschiede. Besonders auf-

[120] Vgl. Anm. 117.
[121] ZSTA II, Generaldirektorium, Generalfinanzkontrolle, Tit. XLI, K 6.
[122] ZSTA II, Generaldirektorium, Generalfinanzkontrolle, Tit. XLI, K 6.

fallend sind sie bei Pferden, Ochsen, Kühen, Kälbern und Schafen. So zeigt sich z. B., daß auch in unserem Gebiet die feudalen Gutswirtschaften die großen Schafhalter waren. Das Festhalten der adligen Gutsbesitzer und bürgerlichen Domänenpächter an den Aufhütungsberechtigungen auf den Bauernfeldmarken findet hier seine Begründung. Die beträchtlich höhere Pferdehaltung der Bauernwirtschaften wirft natürlich die Frage auf, ob hier noch bestehende feudale Arbeitsrenten die Ursache waren. Mit ziemlicher Sicherheit kann gesagt werden, daß dem nicht so war; denn zum größten Teil waren zu dieser Zeit die Arbeitsrenten schon in Geldrenten umgewandelt.[123] Andererseits lagen sie auch zuvor mit maximal zwei Gespanndiensttagen in der Woche in einer Größenordnung, die bei Voll- und Halbspännern kaum zusätzliche Gespannhaltung erforderte. Der Vorsprung in der Pferdehaltung bei den Bauern wird teilweise durch eine größere Ochsenhaltung auf einer Anzahl Güter ausgeglichen, obwohl die Mehrzahl der Güter inzwischen auch keine Ochsen mehr hielt, sondern zur Pferdeanspannung übergegangen war.

Interessant ist ferner die beträchtlich höhere Kuh- und Kälberhaltung der Bauern. Das normale Zahlenverhältnis von Kühen zu Kälbern, d. h. bei vollständiger Ergänzung der Kuhbestände durch eigene Kälberaufzucht, betrug in unserem Gebiet:[124]

	Kühe		Kälber		
I. Distrikt	10123	:	9236	=	1:0,9
II. Distrikt	8063	:	7268	=	1:0,9

In den Städten der Börde lag es jedoch wesentlich niedriger, wie die folgende Tabelle zeigt:

Tabelle 44

Verhältnis der Kuh- und Kälberbestände in einigen Städten der Magdeburger Börde im Jahre 1797[125]

Stadt	Anzahl der Kühe	Anzahl der Kälber	Verhältnis
Calbe	348	3	1:0,008
Egeln	176	21	1:0,119
Magdeburg (Altstadt, Neustadt, Sudenburg)	1184	158	1:0,133
Schönebeck	148	39	1:0,264
Wanzleben	239	17	1:0,071

Mit dieser Kälberhaltung konnten natürlich die Kuhbestände der betreffenden Städte nicht ergänzt werden. Die Ackerbürger und sonstigen Kuhhalter der Städte betrieben offenbar eine Form der Abmelkwirtschaft. Man zog die Kälber nicht oder nur zum geringen Teil selbst nach, sondern kaufte auf dem Dorfe offenbar trächtige Färsen oder frischmilchende Kühe, die dann nach dem Abmilchen geschlachtet wurden.

Tatsächlich wurden vom Lande auch in großem Umfang Kälber verkauft, wobei natürlich nicht ersichtlich ist, was davon geschlachtet wurde und was zur Weiterzucht diente. Jungvieh dagegen wurde auf dem Lande fast überhaupt nicht verkauft. Die Gründe für

[123] Vgl. S. 138ff.

[124] ZSTA II, Generaldirektorium, Generalfinanzkontrolle, Tit. XLI, K 6.

[125] ZSTA II, Generaldirektorium, Generalfinanzkontrolle, Tit. XLI, K 6.

diese Spezialisierung der städtischen Kuhhaltung und die Arbeitsteilung mit dem Lande sind nicht ohne weiteres ersichtlich. Sie sind jedoch wahrscheinlich nur aus der Struktur der städtischen Viehbestände insgesamt erklärbar und dürften mit dem guten Absatz von Milch in der Stadt und dem daraus entspringenden Anreiz einer stärkeren Kuhhaltung, der im Vergleich zum Dorfe wohl auch stärkeren Schweinehaltung und der für alle Zweige der Viehwirtschaft insgesamt dann doch wieder zu geringen Futterbasis zusammenhängen.

5. Die Sonderkulturen nach der Aufnahme von 1795/96 bis 1797/98. Der Anbau von Zichorien und Zuckerrüben

Die Aufnahmen von 1795/96 bis 1797/98 geben auch einen guten Überblick über die Verbreitung des Zichorienanbaus, der in der Magdeburger Börde erst im letzten Jahrzehnt des 18. Jh. größere Bedeutung erlangt hatte.[126] Der Zichorienanbau und die Verarbeitung waren aus Braunschweig und dessen Umgebung in das Untersuchungsgebiet gekommen und spielten bald eine große Rolle. Der anonyme Verfasser der „Unterhaltenden topographischen und statistischen Beschreibung einer Sommerreise durch die Provinzen Magdeburg, Braunschweig, Quedlinburg und Barby",[127] der 1789 unser Gebiet bereiste und gerade auch die Fruchtbarkeit und den guten Kulturzustand der Magdeburger Stadtflur rühmte,[128] berichtet noch nichts über den Zichorienanbau. Dieser muß dann sehr schnell an Bedeutung gewonnen haben. KRUG[129] versuchte 1804, überschlägig den Wert der Bodenproduktion im I. Distrikt des Holzkreises zu berechnen, und kam dabei auf Grund der Aussaat- und Erntetabellen zu folgenden Größenordnungen:

	Reichstaler	In Prozent
Wert der Bodenproduktion insgesamt	2087641	100
darunter Weizen	470160	22,5
Roggen	371640	17,8
Gerste	629000	30,1
Hafer	164800	7,9
Zichorie	145647	7,0
Rübesaat	80160	3,8

Die Zichorie, eine ausgesprochene Brachfrucht, war also für die Anbauer offensichtlich schon zu einer sehr einträglichen Sache geworden. Die erstaunliche Ausweitung des Zichorienanbaus wird deutlich, wenn wir hören, daß KRUG[130] (wohl für 1802 oder 1803) die

[126] ZSTA II, Generaldirektorium, Generalfinanzkontrolle, Tit. XLI, K 3. Siehe auch MEYNE, o. J.: 461–587.
[127] Unterhaltende ... Beschreibung, 1791: 2 Teile.
[128] Unterhaltende ... Beschreibung, 1791: I, 70.
[129] KRUG, 1804a: 27.
[130] KRUG, 1804a: 37.

Zichorienernte auf 218471 Zentner berechnet. Wenige Jahre zuvor war die Ernte noch wesentlich geringer, wie die folgende Tabelle zeigt:

Tabelle 45

Der Umfang des Zichorienanbaus in den drei Distrikten des Holzkreises nach den Aufnahmen von 1795/96 bis 1797/98[131]

	Anbaufläche in Morgen. Quadratruten	Ertrag (in Zentner)	
		Trockene Jahre	Nasse Jahre
I. Distrikt	218	12205	16100
II. Distrikt	125	5290	6250
III. Distrikt	254.66	17791	10293

Innerhalb von weniger als zehn Jahren war also der Zichorienertrag im I. Distrikt des Holzkreises auf mehr als das Fünfzehnfache gestiegen.

Die Bedeutung der Zichorienkultur geht jedoch über die einer gewinnbringenden Sonderkultur hinaus, da sie als sogenannte Spatenkultur in den betreffenden Gemarkungen zu einer wesentlichen Verbesserung des Bodenzustandes führte. In einem Bericht über die landwirtschaftlichen Zustände in der Provinz Sachsen aus dem Jahre 1842[132] heißt es über den Zichorienanbau: „Dem Anbau dieses Gewächses verdankt die Umgebung von Magdeburg vorzugsweise den hohen Culturzustand des Ackers, denn seit mehr als vierzig Jahren wird die Cichorie bei Magdeburg in sehr ausgedehnter Weise gebaut und der Acker wird dann stets mit dem Spaten vorbereitet." Für die Bauern brachte der Zichorienanbau neben den guten Einnahmen auch den Vorteil, daß die Blätter der Zichorie als ein gutes Viehfutter genutzt werden konnten.[133]

Der wichtigste Standort des Zichorienanbaus blieb immer die Stadtflur von Magdeburg selbst. Nach Meyne[134] wurden in der Stadtflur Magdeburg angebaut (in Morgen):

	1805	1806
Altstadt	1870	1476
Neustadt	1445,5	1251

In der Stadt Magdeburg wurde auch die erste Zichoriendarre eingerichtet, und hier waren auch die Standorte der Zichorienfabriken. Aber schon nach der Anbaustatistik von 1795/96 bis 1797/98, also zu einem für die Zichorienkultur noch relativ frühen Zeitpunkt, hatte sich der Anbau über zahlreiche Dörfer der Börde ausgebreitet, die hier genannt werden sollen, soweit sie zum Untersuchungsgebiet gehören (siehe Tabelle 46).

[131] ZSTA II, Generaldirektorium, Generalfinanzkontrolle, Tit. XLI, K 3.
[132] ZSTA II, Rep. 87 B, Nr. 12743: 36.
[133] Krieg, 1936: 89.
[134] Meyne, o. J.: 518.

Der Anbau konzentrierte sich also auf die Dörfer in einem Umkreis von 20 bis 25 km von Magdeburg, scheint später jedoch auch in anderen Dörfern üblich gewesen zu sein. KRIEG erwähnt in seiner Chronik von Dreileben, daß die Bauern dieses Dorfes, das 1795/96 bis 1797/98 noch nicht unter den Zichorie anbauenden Dörfern erscheint, ihre Zichorienernte in die Darre nach Magdeburg lieferten. Später entstanden auch in Drackenstedt, Groß Rodensleben und Dreileben Darren, die den sich stark ausweitenden Zichorienanbau belegen.

Tabelle 46

Der Zichorienanbau in den Dörfern der Börde nach den Aufnahmen von 1795/96 bis 1797/98 (durchschnittliche jährliche Anbaufläche in Morgen)[135]

Fermersleben	$2^1/_3$	Schleibnitz (Klosterhof)	3
Förderstedt	$2^1/_2$	Klein Ottersleben	8
Borne	3	Groß Ottersleben	$8^2/_3$
Bisdorf	1	Dodendorf	4
Schleibnitz	2	Osterweddingen	33
Langenweddingen	3	Klein Ammensleben	8
Altenweddingen	4	Olvenstedt	29
Bahrendorf (Rittergut Gansauge)	84	Dahlenwarsleben	70
Biere	3	Meitzendorf	$109^1/_3$
Hohenwarsleben	18	Barleben	89

Mit gewissen Schwankungen blühte der Zichorienanbau etwa bis in die Mitte des 19. Jh. Mit dem immer schneller um sich greifenden Anbau der Zuckerrübe seit der Mitte der dreißiger Jahre begann allmählich ein Rückgang. Für den aufkommenden Zuckerrübenanbau hatte die Zichorienkultur insofern eine wichtige Bedeutung, als durch sie, die als Spatenkultur betrieben wurde, mindestens Teile der Feldmark die für den Rübenanbau notwendige tiefe, aufgelockerte Bodenkrume erhalten hatten.

Einen ersten beachtenswerten Aufschwung nahm die Produktion von Rübenzucker in der Börde bekanntlich in der westfälischen Zeit (1807 bis 1814). Die Überlegungen zum Anbau und die Versuche setzten jedoch auch hier schon früher ein. Am 22. Januar 1799 schrieb das Generaldirektorium an die Magdeburger Kammer[136] und wünschte, Versuche anstellen zu lassen, „... mit welchem Vortheil nach dem Vorschlage des Directors Achard aus den in dortigen Provinzen bereits cultivirten Runkel-Rüben Zucker gemacht werden könne“. Das Generaldirektorium stellte dann einige genaue Fragen nach der Möglichkeit der Aufnahme des Zuckerrübenanbaus in die bestehenden Anbausysteme, den möglichen Erträgen, den Kosten für die Kultur der Rübe pro Morgen usw. Die daraufhin von der Magdeburger Kammer befragten Landwirte, die Amtsräte SCHLUTIUS von Wolmirstedt und ROLOFF von Groß Santersleben, legten sehr bald überschlägige Berechnungen für die Kosten des Anbaus vor. Als wahrhaft prophetisch für die agrarische Entwicklung unseres

[135] ZSTA II, Generaldirektorium, Generalfinanzkontrolle, Tit. XLI, K 3.
[136] STAM, Rep. A 7, Nr. 74.

Gebietes erweist sich die Äußerung von ROLOFF vom 16. Februar 1799. Er schreibt, daß bei entsprechender Düngung der Anbau auf jedem Boden möglich wäre, und fährt dann fort: „Indeß, auch abgesehen von dieser letzten, ohnehin nur hypothetischen Meinung, bleibet doch soviel gewiß, daß die Provinz Magdeburg gar wohl im Stande ist, jenes Gewächs in Zukunft in überflüßiger Menge zu liefern, wofern nur die seiner benöthigten Zuckerfabrik solches dem Landwirt für einen Preis annehmen kann, oder will, der dem Aufwande angemessen ist, welchen der Anbau des Products voraussetzt."[137]

Schließlich müssen im Zusammenhang mit der Darstellung der agraren Produktivkräfte dieser Zeit noch einige Bemerkungen über die ersten Anfänge der Verwendung landwirtschaftlicher Maschinen gemacht werden. Nach einer undatierten „Abhandlung über die Landwirtschaft", die etwa aus der Zeit von 1780 bis 1790 stammen dürfte,[138] erfolgte die Zubereitung des Ackers mit Pflügen, Eggen und Walzen. Landmaschinen kannte der Verfasser noch nicht. Der Acker erhielt je nach der vorgesehenen Einsaat zwei bis vier „Pflugarten", wobei die dritte „Art" hauptsächlich der Unkrautbekämpfung diente. Die vierte Pflugart war nach dieser Darstellung selten und wurde nach den Feldregistern wohl hauptsächlich beim Anbau von Kohl notwendig (beispielsweise nach dem Bestellungsregister des Halbspännerhofes SCHILD in Klein Ottersleben[139]). Die Pflugtiefe betrug zwei, drei oder vier Zoll, also etwa fünf bis zehn Zentimeter (heute: 20 bis 30 cm).

Etwa um 1800 setzten die ersten Versuche mit landwirtschaftlichen Maschinen ein, wobei vor allem das wesentlich fortgeschrittenere England das bewunderte Beispiel war. Hauptsächlich ging es um die Einführung von Drillmaschinen und Dreschmaschinen. CRANZ[140] hat bei seiner agronomischen Sommerreise auch diesem Punkt seine Aufmerksamkeit geschenkt. Aus unserem Gebiet weiß er nur von Versuchen mit Dreschmaschinen zu berichten. So hatte man auf dem der Möllenvogtei gehörenden Vorwerk in Sülldorf seit einigen Jahren eine Dreschmaschine für Gerste und Hafer in Betrieb, die von einem Ochsen angetrieben wurde. Die Ergebnisse waren jedoch unbefriedigend, da das Stroh beim Dreschen verdorben und dabei doch nicht voll ausgedroschen wurde. Offenkundig vermochte man noch nicht, Dreschmaschinen mit einer voll befriedigenden Arbeitsleistung zu konstruieren, und zwar sowohl hinsichtlich der Qualität der Dreschleistung als auch der Produktivitätssteigerung gegenüber dem Handdrusch. Im Gutsarchiv Harbke ist eine Korrespondenz über die Erfindung und den Einsatz einer Dreschmaschine überliefert.[141] Die Konstruktion stammte von dem Pastor PESSLER in Wethenstedt bei Braunschweig und sollte mit einer Dampfmaschine angetrieben werden. Der Herstellungspreis wurde mit 536 Reichstaler angegeben, lag also sehr hoch. Immerhin sollte die Maschine in acht Stunden 256 Garben Getreide ausdreschen können, während zwei starke und fleißige Drescher in der gleichen Zeit bei Sommergetreide nur 160 Garben und bei Wintergetreide 120 bis 130 Garben schaffen konnten. Trotzdem waren auch bei dieser Maschine die Ergebnisse offenbar unbefriedigend. In einem Brief wird berichtet, daß die beiden Pächter WAHNSCHAFFE in Warsleben und Hakenstedt jeder eine solche Maschine angeschafft hätten, diese jedoch unbenutzt in der Scheune stehen ließen.

[137] STAM, Rep. A 7, Nr. 74: 66.
[138] STAM, Rep. H Erxleben II, Nr. 976.
[139] STAM, Rep. Dc Klein Ottersleben, VI, Nr. 27.
[140] CRANZ, 1805: II, 75.
[141] STAM, Rep. H Harbke, Nr. 5208.

Die Gründe für die im Vergleich zu England doch nur sehr geringen Erfolge in der Verwendung landwirtschaftlicher Maschinen dürften einmal darin liegen, daß der Anschaffungspreis doch sehr hoch und zum anderen menschliche Arbeitskraft reichlich und billig zu haben waren. Darüber hinaus waren aber eben auch die Arbeitsergebnisse der Maschinen unbefriedigend. Die Maschinen waren kompliziert in der Konstruktion und sehr störanfällig. Voraussetzung für eine massenhafte Anwendung landwirtschaftlicher Maschinen war neben einer entsprechenden Rentabilität und Produktivitätssteigerung gegenüber der Handarbeit die Entwicklung von Facharbeitern, die die Maschinen bedienen und instand halten konnten. Diesen Typ lohnabhängiger Produzenten in der Landwirtschaft gab es in dieser Zeit jedoch noch nicht. Er bildete sich in der zweiten Hälfte des 19. Jh. heraus, und zwar kamen die meisten von ihnen aus dem Schlosser- und Schmiedehandwerk.

II. Die Produktionsverhältnisse in der Landwirtschaft der Magdeburger Börde in der zweiten Hälfte des 18. Jahrhunderts bis zum Beginn der bürgerlichen Agrarreformen im Königreich Westfalen

1. Die Bevölkerung des Bördegebietes von 1756 bis 1806

JOHANN PETER SÜSSMILCH, der berühmte Bevölkerungstheoretiker des 18. Jh., machte in seinem Werk „Die göttliche Ordnung in den Veränderungen des menschlichen Geschlechts aus der Geburt, dem Tode und der Fortpflanzung desselben erwiesen"[142] bei seinen statistischen Vergleichen zwischen den einzelnen preußischen Territorien die Beobachtung, daß die Eheschließungsziffer am Anfang des 18. Jh. höher lag als in dessen zweiter Hälfte. Im Hinblick auf das Herzogtum Magdeburg meint SÜSSMILCH, die Ursachen für diese Entwicklung auf dem Lande suchen zu müssen, da ja auch der größere Teil der Bevölkerung dort lebte, und er bietet uns die folgende Erklärung: „Ich vermeine nicht zu fehlen, wenn ich das angefüllte Maß der Nahrungen in Dörfern und kleinen Flecken zur Ursache angebe. In der That ist es also kein böses, sondern ein gutes Zeichen. Jedes Dorf hat eine abgemessene Flur und eine gewisse Zahl Ackerhöfe, wozu denn noch eine proportionierliche Zahl Tagelöhner und Handwerker gehören. Hat jedes Dorf so viel Menschen und Familien, als es braucht, so erlangt das Heyrathen einen Stillstand. Die ledigen und erwachsenen Leute können daher nicht heyrathen, wenn sie wollen, sondern wenn der Tod Platz macht. Daher in einer hinlänglich besetzten und bevölkerten Provinz nur jährlich eine gewisse Anzahl neuer Ehen entstehen kann. So lange aber noch unbebaute Ackerhöfe oder nicht genutzte Felder vorhanden sind, so lange folgt der Mensch dem natürlichen Triebe und sucht zu heyrathen."[143]

SÜSSMILCH drückt mit dieser Begründung ein Grundgesetz der Bevölkerungsentwicklung im Feudalismus aus. Unter feudalen Produktionsverhältnissen ist die Höhe der Eheschließungs- und damit weitgehend auch der Geburtenziffer vom Prinzip der Nahrungsstelle beherrscht. Nur diejenigen können heiraten, die eine Bauern-, Kossaten- oder auch

[142] SÜSSMILCH, 1775.
[143] SÜSSMILCH, 1775: I, 141–142.

Büdnerstelle besaßen bzw. ein Handwerk ausübten. Das Gesinde, Knechte und Mägde, die entweder auf einem Gut oder in einer großen Bauernwirtschaft lebten und arbeiteten, konnten dagegen keine Familie gründen. Es sei hier darauf hingewiesen, daß es in diesem Gebiet — wie überhaupt in Preußen — keine behördlichen Ehebeschränkungen gab. Im Einzelfall konnte ein Knecht in eine der etwas besser bezahlten Funktionen der feudalen Gutswirtschaft einrücken und Hofmeister, Ackervogt oder Gespannführer werden, also eine Stelle erlangen, die dann eine Familie tragen konnte. In der Mehrzahl war das Gesinde jedoch von der Eheschließung ausgeschlossen. Der Anteil der Ledigen an der Gesamtbevölkerung war unter diesen Bedingungen hoch. Die Ledigenquote mußte dort besonders hoch liegen, wo die sozialökonomische Struktur von der feudalen Gutsherrschaft bestimmt war, also ein beträchtlicher Teil der landwirtschaftlichen Nutzfläche von feudalherrlichen Eigenwirtschaften unmittelbar bewirtschaftet wurde und der entscheidende Teil der Feldarbeit mit den Arbeitsrenten großer feudalabhängiger Bauernstellen bewältigt wurde. Bei dieser Ausprägung der sozialökonomischen Struktur spätfeudaler Agrarverhältnisse gab es die feudalherrlichen Ausbeuter auf der einen Seite, während auf der anderen Seite die zur Leistung der Arbeitsrenten verpflichteten Bauern und das Gesinde auf den Gütern selbst bzw. in den Bauernwirtschaften standen. Da aber außer den wenigen Handwerkerstellen auf dem Lande nur die Bauernstellen eine Familiengründung gestatteten, waren in solchen Gebieten trotz hoher ehelicher Fruchtbarkeit sowohl die Eheschließungs- als auch die Geburtenziffer vergleichsweise niedrig. Erst im Laufe des 18. Jh. entstand in den gutsherrschaftlich strukturierten Gebieten eine zahlenmäßig bedeutende Schicht von Büdnern, Häuslern und schließlich Einliegern.[144]

In der Magdeburger Börde befand sich zwar der überwiegende Teil der landwirtschaftlichen Nutzfläche ebenfalls in unmittelbarer Nutzung feudalherrlicher Eigenwirtschaften oder gehörte zu großen Bauernwirtschaften, aber die Sozialstruktur war hier schon im 16. Jh. wesentlich differenzierter, und die Differenzierung schritt während des 18. Jh. weiter fort, ja, in der zweiten Hälfte desselben beschleunigte sie sich noch.

Ein wesentlicher Grund für die frühzeitige Entwicklung einer breiten Schicht landarmer und landloser Produzenten in unserem Gebiet muß zweifellos darin gesehen werden, daß die im Zuge der Refeudalisierung seit dem 16. Jh. verstärkt einsetzende feudalherrliche Offensive zur Erhöhung der Rente, speziell der Arbeitsrente, durch den entschlossenen und hartnäckigen Widerstand der Bauerngemeinden in gewissen Grenzen gehalten werden konnte. Die Gespanndiensttage, tragende Säule der gutsherrlichen Teilbetriebswirtschaft unter den Bedingungen der Gutsherrschaft und in manchem der östlichen Territorien bis auf drei, vier, ja sogar sechs Tage pro Woche von der Bauernstelle ausgedehnt, überstiegen nur ausnahmsweise in der Börde zwei Tage pro Woche. Die Gutswirtschaften waren mit diesem Umfang bäuerlicher Arbeitsrente nicht zu bestellen; sie mußten daher ihr Land zu mehr oder weniger großen Teilen mit eigenem Inventar durch lohnabhängige Arbeitskräfte bearbeiten lassen. Aus dem gleichen Grunde reichten auch die mit der Arbeitsrente den Gütern zur Verfügung stehenden Handdiensttage nicht mehr aus. Der Bedarf der Gutswirtschaften an Arbeitskraft, die nicht mehr als Feudalrente zur Verfügung stand, bot großen Teilen der Landarmut Beschäftigung.

Betrachten wir zunächst die Entwicklung der Einwohnerzahlen in den drei Distrikten des Holzkreises, mit denen sich unser Untersuchungsgebiet zum großen Teil deckt. Die Landbevölkerung zeigt die folgende zahlenmäßige Entwicklung:

[144] Zu den bevölkerungsgeschichtlichen Zusammenhängen vgl. auch HARNISCH, 1975.

Tabelle 47

Die Entwicklung der Einwohnerzahlen in den drei Distrikten des Holzkreises zwischen 1756 und 1805[145]

	I. Distrikt	II. Distrikt	III. Distrikt	Zusammen
1756	21767	21926	17284	60977
Index	100	100	100	100
1768	26141	20588	15346	62075
Index	120	94	89	102
1778	28522	22862	18571	69955
Index	131	104	107	115
1790	31884	26560	22250	80694
Index	146	121	129	132
1795	34132	27739	23155	85026
Index	157	127	134	139
1800	34901	27940	24261	87102
Index	160	127	140	143
1805	36557	29366	25329	91252
Index	168	134	147	150

Folgende Bevölkerungsdichte ergibt sich für 1798:[146]

I. Distrikt	82 Einwohner je km²
II. Distrikt	61 Einwohner je km²
III. Distrikt	34 Einwohner je km²

Die geringe Dichte im III. Distrikt des Holzkreises ist zweifellos auf die geringwertigen Böden im Nordteil des Kreises und den hohen Waldanteil zurückzuführen. Dieses Gebiet gehört ja auch nicht mehr zur Börde.

Wir können also eine sehr beachtliche Zunahme der Einwohnerzahlen feststellen. Diese Zunahme beruht sowohl auf dem Geburtenüberschuß als auch auf der Zuwanderung. Eine lange Reihe der Zahlen zur natürlichen Bevölkerungsbewegung steht uns nur für das Gesamtterritorium des Herzogtums Magdeburg zur Verfügung. Die Landbevölkerung der drei Distrikte des Holzkreises machte jeweils etwa ein Drittel der Bewohner des Herzogtums aus. (Siehe Tabelle 48).

Nach Abel[147] wurde im preußischen Staat insgesamt zwischen 1748 und 1793 eine Geburtenziffer von 39,7 pro Tausend Einwohner und eine Sterbeziffer von 31,2 pro Tausend Einwohner verzeichnet. Die Geburtenziffer im Herzogtum Magdeburg lag also meist unter dem Niveau Gesamtpreußens. In diesem Zusammenhang ist es sehr bemerkenswert, daß die Einwohnerzahl des Herzogtums Magdeburg in den vierzig Jahren von 1766 bis 1805

[145] STAM, Rep. A 8, Nr. 1153 (für 1756 und 1805); ZSTA II, Generaldirektorium Magdeburg, Tit. CCXVI, Nr. 1, vol. V und VII (für 1768 und 1778); ZSTA II, Generaldirektorium Magdeburg, Tit. CLXXXVI, Nr. 35 (für 1790, 1795, 1800).

[146] Nach STAM, Rep. A 7, Nr. 61.

[147] Abel, 1971: 511.

Tabelle 48

Die natürliche Bevölkerungsbewegung im Herzogtum Magdeburg nach Fünfjahresdurchschnitten zwischen 1766/70 und 1801/05[148] *1. = Eheschließungen; 2. = Geburten; 3. = Sterbefälle; 4. = Geburtenüberschuß; jeweils je 1000 Lebende.*

	1.	2.	3.	4.
1766/70	9,8	39,5	31,9	7,5
1771/75	8,7	33,1	40,1	−7,0
1776/80	8,6	37,0	28,5	8,5
1781/85	8,8	36,6	30,9	5,7
1786/90	7,7	34,7	28,5	6,2
1791/95	8,0	34,3	26,9	7,4
1796/1800	8,9	35,2	29,3	5,9
1801/05	8,5	37,7	29,0	8,7

von 223381 auf 296568 anstieg.[149] Von dem Bevölkerungszuwachs entfielen jedoch nur 54612 auf den Geburtenüberschuß, während 18575 offenbar einen Zuwanderungsgewinn darstellten. Quellenmäßig ist diese Zuwanderung nur selten zu fassen.[150] Mindestens zum Teil beruhte sie auf der Niederlassung von Saisonarbeitskräften. Beispielsweise erhielt der Präsident der Magdeburger Kriegs- und Domänenkammer 1753 von Friedrich II. die Anweisung, auswärtige Erntearbeiter — es handelte sich in diesem Falle um Saisonarbeiter aus dem Vogtland — nach Möglichkeit im Lande anzusetzen.[151]

In dem letzten Jahrzehnt des 18. Jh. entsprachen die Werte der natürlichen Bevölkerungsbewegung im Holzkreis auf dem Lande etwa dem Niveau des gesamten Herzogtums Magdeburg. Die Sterblichkeit war jedoch auf dem Lande deutlich niedriger.

Tabelle 49

Natürliche Bevölkerungsbewegung der Landbevölkerung in den drei Distrikten des Holzkreises zwischen 1792 und 1798[152] *1. = Eheschließungen; 2. = Geburten; 3. = Sterbefälle; 4. = Geburtenüberschuß; jeweils je 1000 Lebende*

	1.	2.	3.	4.
1792/95	7,8	35,3	23,9	11,4
1796/98	8,5	35,5	25,9	9,6

Offenbar waren aber die verschiedenen sozialen Schichten in unterschiedlichem Maße an der Reproduktion und Vermehrung der Bevölkerung beteiligt. Nach der „Historischen

[148] Behre, 1905: 448 und 459.

[149] Behre, 1905.

[150] Das umfassendste Material bieten hier noch genealogischen Arbeiten.

[151] Stadelmann, 1882: 311f.

[152] Berechnet nach ZSTA II, Generaldirektorium Magdeburg, Tit. CLXXXVI, Nr. 35. Weiteres Zahlenmaterial ließ sich nicht ermitteln.

Tabelle von Hohenwarsleben"[153] ist es möglich, die durchschnittliche Kinderzahl der einzelnen Schichten in diesem Dorf zu berechnen. Dabei ergibt sich das folgende Bild:

Tabelle 50

Schichtenspezifische Fruchtbarkeit der Bevölkerung von Hohenwarsleben im Jahre 1803[154]

Schicht/Gruppe	Anzahl der Stellen	Durchschnittl. Kinderzahl	Anzahl der kinderlosen Ehen
Ackerleute	7	1,1	3
Großkossaten	9	4,1	–
Kleinkossaten	16	2,4	–
Häusler	29	1,9	3
Einlieger	31	1,8	7
Gemeine Häuserbesitzer	5	3,6	–

Man wird die Daten aus diesem einen Dorf in ihrer Aussage nicht überbewerten dürfen. Die großen Bauern betrieben aber doch offenkundig aus Gründen der Besitzsicherung und wegen der den weichenden Erben auszuzahlenden hohen Abfindungssummen eine Geburtenbeschränkung. Auch aus den Hypothekenbüchern von Domersleben[155] ergab sich der Eindruck, daß die großen Bauern nur wenige Kinder haben; denn wie anders, wenn nicht mit bewußter Geburtenbeschränkung, will man den häufigen Übergang von Bauernhöfen an andere Familien auf dem Wege der Einheirat erklären? Kinderreich waren in Hohenwarsleben vor allem die Großkossaten, ihrem Landbesitz nach also kleine Bauern. Tatsächlich waren in früheren Zeiten Kleinbauern fast immer kinderreich, bedeutete bei ihnen doch jedes Kind eine zusätzliche Arbeitskraft. Inwieweit die niedrigeren Kinderzahlen bei Kleinkossaten, Büdnern und Einliegern auf eine höhere Säuglings- und Kindersterblichkeit infolge schlechter Lebensbedingungen zurückzuführen sind, könnte nur durch eine spezielle Untersuchung geklärt werden.

2. Die Entwicklung der Sozialstruktur und der Grundbesitzverteilung in der zweiten Hälfte des 18. Jh.

Während in den Gebieten der reinen Gutsherrschaft bis in das 18. Jh. hinein die Masse der Landbevölkerung aus Hufenbauern und Kossaten bestand und die Landarmut erst im Laufe des 18. Jh. zur stärksten sozialen Schicht wurde, waren in den Dörfern der Börde schon vor dem Dreißigjährigen Kriege die großen Bauern, die Anspänner, in der Minderheit. Die soziale Differenzierung war hier viel weiter fortgeschritten als in den ostelbischen Territorien.

Die starken Bevölkerungsverluste des Dreißigjährigen Krieges hatten zur Folge, daß die feudalherrlichen Obrigkeiten zunächst bestrebt waren, die Bauernstellen wieder zu

[153] STAM, Rep. H Bodendorf, Nr. 353.

[154] STAM, Rep. H Bodendorf, Nr. 353. Zu den „Gemeinen Häuserbesitzern" gehörten der Bäcker, der Krüger und der Hirte.

[155] STAM, Rep. Da Wanzleben, IV, Nr. 4, vol. II und III.

besetzen, da auf ihnen hauptsächlich die Feudalrente lastete.[156] In den ersten Jahren nach dem Dreißigjährigen Kriege muß daher der Anteil der Landarmut relativ kleiner gewesen sein als vorher. Aber schon an der Wende vom 17. zum 18. Jh. waren die Anspänner zahlenmäßig wieder in der Minderheit, was die Tabelle über die Dörfer des Amtes Calbe nach einer Aufstellung aus dem Jahre 1706 deutlich zeigt.

Tabelle 51

Sozialstruktur in drei Dörfern des Amtes Calbe 1706[157]

	Biere	Eggersdorf	Eickendorf
Vollspänner	20	2	8
Dreiviertelspänner	2	—	—
Halbspänner	—	10	5
Eggendiener	20		
Ganze Kossaten	57	15	20
Halbe Kossaten	10	1	8
Erntediener	12	10	6

Es ist möglich, daß die Gruppe der Landarmut noch größer war, da ja zu dieser auch die Landhandwerker gezählt werden müssen, während in dieser Aufstellung wahrscheinlich nur die dem Amt zur Leistung von Arbeitsrenten verpflichteten Stellen aufgeführt sind.

Am Ende des 18. Jh. sah die Sozialstruktur der drei Dörfer wie folgt aus, wobei bemerkt werden muß, daß jetzt alle selbständigen Familiennahrungen gezählt wurden.

Tabelle 52

Sozialstruktur in den Dörfern Biere, Eggersdorf und Eickendorf im Jahre 1795[158]

	Biere	Eggersdorf	Eickendorf
Ganzbauern	7		5
Halbbauern	38 } 45	8	14
Ganzkossaten	24	16	13
Halbkossaten	40	1	6
Kätner/Büdner	44	21	13
Hausleute und Einlieger	78	20	41

Ein Bauernlegen durch die Feudalherren hat es während des 18. Jh. in unserem Gebiet in einem ins Gewicht fallenden Ausmaß nicht gegeben. Wohl aber waren zwischen den einzelnen Kategorien der landbesitzenden bäuerlichen Schichten Verschiebungen möglich, da mit Genehmigung der lokalen Feudalgewalten der Kauf und Verkauf nicht nur geschlossener Bauern- oder Kossatenstellen, sondern auch einzelner Ackerparzellen möglich war. Auch wenn der parzellenweise Verkauf von Land immer nur in bescheidenen Grenzen blieb,

[156] Vgl. S. 69.
[157] STAM, Rep. A 9c X, Lit D, Nr. 11.
[158] ZSTA II, Generaldirektorium, Generalfinanzkontrolle, Tit. XLI, K 7.

so konnte im Laufe einiger Jahrzehnte dennoch aus einem Vollspänner ein Halbspänner werden und aus einem Halbspänner ein Kossat. Natürlich gab es auch die umgekehrte Entwicklung.

Die Gegenüberstellung der Sozialstruktur in den drei Dörfern 1706 und 1795 zeigt deutlich, daß die Gruppe der Halb- bis Vollspänner, also der großen Bauern, im wesentlichen unverändert blieb, die landarmen und landlosen Produzenten aber eine bedeutende Zunahme aufwiesen. Als landlose Produzenten waren 1706 in den drei Dörfern lediglich die 28 Erntediener anzusprechen. 1795 entsprachen diesen die Hausleute und Einlieger, die aber nun 139 Stellen ausmachten.

Der Bevölkerungszuwachs des 18. Jh. führte also zu einem starken Anwachsen der Landarmut. Für die zweite Hälfte des 18. Jh. läßt sich das zahlenmäßig gut zeigen.

Tabelle 53

Die Entwickung der Sozialstruktur in den drei Distrikten des Holzkreises zwischen 1756 und 1805[159]

Gruppe/Schicht	I. Distrikt			II. Distrikt			III. Distrikt		
	1756	1778	1805	1756	1778	1805	1756	1778	1805
Frei- u. Lehnsschulzen	13	5	5	–	7	–	9	2	11
Ganzbauern	293	286	282	227	242	218	213	211	198
Halbbauern	445	379	403	340	336	354	334	323	322
Ganzkossaten	629	327	497	654	434	572	456	488	407
Halbkossaten	703	964	1027	400	613	458	176	277	366
Kätner/Büdner	994	1559	1753	875	1283	1509	356	842	1214
Altsitzer/Hausleute/ Einlieger	1062	2027	3159	1061	1368	2433	892	1234	2453
Knechte	640	1095	1291	728	752	1149	478	635	1040
Encken	618	1716	952	747	573	809	376	361	614
Mägde	1195	855	1979	1348	1323	1843	588	893	1325
Einwohner	21767	28522	36557	21926	22862	29366	17284	18571	25329

Eine Schilderung der Verhältnisse des Holzkreises[160] aus dem Jahre 1806 gibt für eine verfeinerte Auswertung dieser Sozialstatistik wichtige Hinweise. Über die Ackerleute, Halbspänner und Großkossaten wird dort nämlich gesagt: „Sie bedürfen bey guten Erndten ihren Gewinnst an Getreide nicht zur eigenen Consumtion, sondern können einen großen Teil davon verkaufen, und darauf beruht bey den jetzigen hohen Getreidepreisen ihr Wohlstand.“ Die zweite große Gruppe der Landbevölkerung ergibt sich aus der folgenden Zusammenfassung: „Die kleinen Cossaten, Häusler und Miethlinge leben von Handarbeiten, und ihre Existenz beruht auf dem Wohlstand der größeren Grundbesitzer.“ Im gleichen Bericht wird darauf hingewiesen, daß zu den Häuslingen oder Büdnern auch die Handwerker gezählt werden. Die dritte große Gruppe der Sozialstruktur bildete schließlich das Gesinde, also Knechte, Mägde, Encken.

[159] STAM, Rep A 8, Nr. 1153 (für 1756 und 1805); ZSTA II, Generaldirektorium Magdeburg, Tit. CCXVI, Nr. 1, vol. VII (für 1778); vgl. Anlage 12.

[160] STAM, Rep. H Bodendorf, Nr. 536.

Wir können nun die einzelnen Schichten der Landbevölkerung zu größeren Gruppen zusammenfassen, die sich aus ihrer Stellung im Rahmen der Feudalgesellschaft und ihrem faktischen Besitz am Produktionsmittel Boden ergeben.

Tabelle 54

Die Sozialstruktur der Landbevölkerung in den drei Distrikten des Holzkreises nach ihrer Stellung zum Produktionsmittel Boden 1756 und 1805[161] (Anzahl; Index: 1756 = 100)

	I. Distrikt			II. Distrikt			III. Distrikt		
	1756	1805	Index	1756	1805	Index	1756	1805	Index
Selbständige bäuerliche Nahrungen	1380	1187	86	1221	1144	94	1012	948	94
Familientragende Stellen der Landarmut	2759	5939	215	2336	4400	188	1424	4033	283
Gesinde	2453	4222	172	2823	3801	135	1442	2997	208
Index der Bevölkerungszunahme			168			134			147

Den stärksten Anstieg von 1756 bis 1805 wies also in allen drei Distrikten des Holzkreises die Gruppe der Familiennahrungen der Landarmut auf, zu der, wie erwähnt, auch die Handwerkerstellen gehören. Die Sozialstruktur des platten Landes der Börde wurde schon 1756 eindeutig durch den hohen Anteil der Landarmut bestimmt, und deren Anteil nahm bis 1805 noch beträchtlich zu. Wir verdeutlichen das noch einmal anhand einer Tabelle.

Tabelle 55

Die prozentualen Anteile der familientragenden Stellen der Landbevölkerung in der Börde 1756 und 1805[162]

	I. Distrikt		II. Distrikt		III. Distrikt	
	1756	1805	1756	1805	1756	1805
Selbstständige bäuerliche Nahrungen	33,3	16,6	34,3	20,6	41,5	19,0
Familientragende Stellen der Landarmut	66,7	83,4	65,7	79,4	58,5	81,0

Die Verteilung der Produktionsmittel in einer vorzugsweise von der Landwirtschaft lebenden Gesellschaft, also hauptsächlich des Bodens, war der Sozialstruktur geradezu diametral entgegengesetzt. Zunächst soll versucht werden, den Anteil des Bodenbesitzes, den die Klasse der Feudalherren in unmittelbarer Nutzung hatte, näher zu bestimmen.

[161] STAM, Rep. A 8, Nr. 1153 (für 1756 und 1805).
[162] STAM, Rep. A 8, Nr. 1153 (für 1756 und 1805).

LEOPOLD KRUG, der sich im allgemeinen als ein gut unterrichteter und zuverlässiger Berichterstatter erweist, gibt 1804 für den I. Distrikt des Holzkreises folgende Zahlen zur Grundbesitzverteilung an:

Tabelle 56

Grundbesitzverteilung im I. Distrikt des Holzkreises 1804[163]

	Morgen	ha	Prozent
Königliche Äcker (d. h. Amtsvorwerke)	27695	7071,2	13,7
Adlige freie Äcker	17686	4515,6	8,8
Contributionsfreie Äcker	4001	1021,5	2,0
Pfarr- und Kirchenacker	5706	1456,9	2,8
Steuerbarer Stadt- und Bürgeracker	26115	6667,7	12,9
Dorfacker	121007	30895,8	59,8

Auf die feudalherrlichen Eigenwirtschaften, hier „königliche Äcker" und „adlige freie Äcker", entfielen zusammen also 22,5 Prozent. Der contributionsfreie Acker wurde teilweise ebenfalls von den feudalherrlichen Eigenwirtschaften unmittelbar genutzt, teilweise aber gehörte er auch zu den Freihöfen oder Sattelhöfen, großen Bauernwirtschaften, die in einer Reihe von Fällen auf ritterfreiem, also nicht mit der Contribution belasteten Acker saßen. Nach der landwirtschaftlichen Betriebszählung vom Jahre 1895 hatten im Kreis Calbe, der sich zum beträchtlichen Teil mit dem I. Distrikt des Holzkreises deckte, die Betriebe mit über 100 ha landwirtschaftlicher Nutzfläche 49,16 Prozent inne.[164] Die gewaltigen Grundbesitzverschiebungen im Gefolge der kapitalistischen Agrarentwicklung des 19. Jh. in unserem Gebiet werden hier deutlich.[165]

In bäuerlicher Nutzung war natürlich auch der steuerbare Stadt- und Bürgeracker und, in Form von Pachtungen, auch der größte Teil des Pfarr- und Kirchenackers. Aus dem II. und III. Distrikt des Holzkreises stehen uns derartig genaue Angaben nicht zur Verfügung. Wir können jedoch nach den Angaben von HEINECCIUS[166] für 45 Orte im II. Distrikt des Holzkreises die Verteilung des Ackers nach Gemeindeland und in der unmittelbaren Nutzung feudalherrlicher Eigenwirtschaften stehenden Landes aufrechnen.

Tabelle 57

Grundbesitzverteilung im II. Distrikt des Holzkreises nach dem Stand von etwa 1785[167]

	Morgen	ha	Prozent	ha	Prozent
Amtsvorwerke	8301	2119,4	8,7	6240,8 (Amtsvorwerke, Klostergüter, Adelsgüter zusammen)	25,7 (Amtsvorwerke, Klostergüter, Adelsgüter zusammen)
Klostergüter	11524	2942,3	12,1		
Adelsgüter	4618	1179,1	4,8		
Bauerndörfer	74738	18082,3	74,3		

[163] KRUG, 1804b: 40.
[164] Festschrift des ... Bureaus, 1905: 62.
[165] Dazu auch MÜLLER, 1912.
[166] HEINECCIUS, 1785. Orte vgl. Anm. 117.
[167] HEINECCIUS, 1785: 142—168.

Mit 25,7 Prozent lag also in dem zu unserem Untersuchungsgebiet gehörenden Teil des II. Distrikts der Anteil des in unmittelbarer Nutzung feudalherrlicher Eigenwirtschaften stehenden Ackers in der gleichen Größenordnung wie im gesamten I. Distrikt des Holzkreises.

Über den Ursprung dieses feudalherrlichen Großgrundbesitzes im Früh- und Hochfeudalismus und seine weitere Entwicklung im Spätfeudalismus liegen bisher keine tiefergehenden Untersuchungen vor. Ein Bauernlegen, sei es durch gewaltsames Vertreiben oder durch Auskaufen, wie wir es aus den Gebieten der Gutsherrschaft, vor allem aus Mecklenburg, Pommern und auch aus Brandenburg vom 16. bis 18. Jh. als Massenerscheinung kennen, ist hier in dieser Form nicht nachgewiesen worden. Eine statistische Auswertung der historischen Tabellen des I. und II. Distrikts des Holzkreises mag jedoch für weitere Untersuchungen von Nutzen sein. Ausgewertet wurden die Tabellen von 1804 für die Orte der beiden Distrikte, die zum Untersuchungsgebiet gehören. Berechnet man die durchschnittliche Zahl der Bauernstellen je Dorf getrennt nach geistlichen Grundherrschaften (Domkapitel, Klöster), Ämtern und Adelsherrschaften, so zeigen sich interessante Unterschiede.

Tabelle 58

Zahl der Bauernstellen nach Grundherrschaften in der Börde auf Grund der historischen Tabellen des Jahres 1804[168]

	Durchschnittliche Einwohnerzahl je Dorf	Durchschnittliche Zahl je Dorf der Bauern	Großkossaten (Vollerwerbsstellen)	Zusammen
I. Distrikt des Holzkreises				
24 Amtsdörfer	559	9,1	9,8	18,9
17 Prälatendörfer	545	12,7	7,5	20,2
9 Adelsdörfer	321	4,8	3,3	8,1
II. Distrikt des Holzkreises				
16 Amtsdörfer	508	11,1	8,1	19,2
19 Prälatendörfer	533	9,6	9,6	19,2
10 Adelsdörfer	332	6,2	5,9	12,1

Es zeigt sich also, daß die Adelsdörfer nicht nur die durchschnittlich geringste Einwohnerzahl aufzuweisen hatten, sondern sie lagen auch hinsichtlich der Durchschnittszahl der bäuerlichen Vollerwerbsstellen an letzter Stelle. Die Prälatendörfer hingegen hatten die höchsten Durchschnittswerte bäuerlicher Vollerwerbsstellen. Diese Verhältnisse dürften kaum bis in die Zeit der Herausbildung feudaler Produktionsverhältnisse und der Ausstattung zahlreicher Ministerialen mit Feudalgütern in diesem Gebiet zurückgehen. In den Prälaten- und in den Amtsdörfern bestanden ebenfalls vielfach feudalherrliche Eigenwirtschaften und feudalabhängige Bauern nebeneinander, und trotzdem weisen die Dörfer dieser Grundherrschaften höhere Durchschnittswerte an Bauernstellen auf. Die geringen Zahlen an Bauernstellen in den Adelsdörfern sind wahrscheinlich das Ergebnis eines langsam vor sich gehenden Aufsaugungsprozesses von Bauernland durch den Adel, wobei

[168] ZSTA II, Generaldirektorium Magdeburg, Tit. CCXVI, Nr. 1, vol. XIV: 270–274.

Auskaufen von Bauernstellen und Einziehen wüsten Bauernlandes den Hauptanteil einnehmen werden. Beispielsweise kauften die Herren von ALVENSLEBEN 1453 Burg und Haus Hundisburg mit dreißig dazugehörigen Hufen und mehreren Dörfern.[169] Nach einem Anschlag von 1584 gehörten dann aber 54 Hufen zur gutsherrlichen Eigenwirtschaft.[170] Da nach der Urkunde von 1453 eine Wüstung Nohrthausen mit in den Besitz der ALVENSLEBEN überging, besteht die Möglichkeit, daß hier wüstliegendes Bauernland schließlich zur gutsherrlichen Eigenwirtschaft von Hundisburg geschlagen wurde.[171] Die Urbarmachung von Ödland, das ebenfalls mindestens teilweise von wüsten Bauerndörfern herrühren dürfte und nun größtenteils den feudalherrlichen Eigenwirtschaften zufiel, ist z. B. für die Herrschaft Erxleben in der zweiten Hälfte des 16. Jh. belegbar.[172]

Aber auch Bauernlegen durch Auskaufen ganzer Stellen ist nachweisbar. Die Bauern der Herrschaft Neugattersleben brachten in ihrer aus einem langwierigen Prozeß gegen die Herrschaft erwachsenen Klageschrift aus dem Jahre 1610 vor,[173] daß die ALVENSLEBEN, die die Herrschaft erst 1573 von der Altstadt Magdeburg erworben hatten, seitdem „etliche dreißig huefen“ zusammengekauft hätten, die sie teils wieder in Pacht an Bauern ausgaben, teils aber auch zu ihrer Eigenwirtschaft gelegt hatten.

Man wird annehmen können, daß in unserem Untersuchungsgebiet ein schleichendes Bauernlegen vor sich ging, bei dem ein Legen auf „kaltem Wege“, d. h. die Aneignung zeitweise ungenutzten Bauernlandes, eine beachtliche Rolle gespielt haben dürfte. Der Umfang des in unmittelbarer Nutzung feudalherrlicher Eigenwirtschaften befindlichen Landes von etwa 20 Prozent an der Wende vom 18. zum 19. Jh. läßt nun auch die Auswirkungen der kapitalistischen Agrarentwicklung auf die Grundbesitzverteilung unseres Gebietes erkennen. Nach der landwirtschaftlichen Betriebszählung von 1895 nahm in den Bördekreisen der Großgrundbesitz folgende Anteile der landwirtschaftlichen Nutzfläche ein:

Tabelle 59

Der Großgrundbesitz über 100 ha landwirtschaftliche Nutzfläche in den am Bördegebiet beteiligten Kreisen nach der Zählung von 1895 (in Prozent)[174]

Kreis	Anteil der Großbetriebe über 100 ha an der landwirtschaftlichen Nutzfläche	darunter: Anteil der Betriebe mit mehr als 200 ha
Calbe	49,16	44,94
Oschersleben	56,72	51,00
Neuhaldensleben	47,21	39,72
Wanzleben	63,09	58,69
Wolmirstedt	31,51	25,56

169 STAM, Rep. H Kalbe/Milde, Nr. 1725: 28.
170 STAM, Rep. H Hundisburg, Verz. 5, S. 98, Nr. Q f 1: 3ff.
171 HERTEL, 1899: 270.
172 HARNISCH, 1974: 15.
173 HARNISCH, 1972: 179—199.
174 Festschrift des ... Bureaus, 1905: 62.

Der kapitalistische Großgrundbesitz hat damit im Laufe des 19. Jh. seinen Anteil an der landwirtschaftlichen Nutzfläche verdoppelt.

Drei Viertel des Bodens befanden sich am Ende des 18. und zu Beginn des 19. Jh. jedoch noch in der Hand bäuerlicher Produzenten. Aber gerade bei der Bodenverteilung des in bäuerlicher Nutzung stehenden Landes zeigt sich eine vergleichweise weit fortgeschrittene soziale Differenzierung in der Magdeburger Börde. Schon in der nördlich angrenzenden Altmark und in dem ostelbischen Jerichower Land finden wir die in Brandenburg und den ostelbischen Territorien allgemein übliche Grundbesitzverteilung. Es gab in den Dörfern eine Gruppe großer Bauern mit jeweils annähernd gleich großen Stellen sowie die mittelbäuerlichen Kossaten, deren Höfe ebenfalls jeweils in einer Größenordnung lagen. Auch in den Bördedörfern waren die Stellen der verschiedenen Gruppen bäuerlicher Wirtschaften — Vollspänner, Halbspänner, Viertelspänner, Spitzspänner, Ganzkossaten, Halbkossaten, Büdner — immer annähernd gleich in der Landausstattung, aber die soziale Schichtung war eben wesentlich differenzierter und durch die Möglichkeit des parzellenweisen Landverkaufs nicht so starr wie in den ostelbischen Gebieten.

Eine zusammenfassende statistische Übersicht der bäuerlichen Schichten und ihrer Landanteile steht uns für das Untersuchungsgebiet aus dieser Zeit nicht zur Verfügung. Die typischen Züge können jedoch am Beispiel einiger Dörfer verdeutlicht werden, wozu wiederum die drei zum Amt Calbe gehörenden Dörfer Biere, Eggersdorf und Eickendorf dienen mögen.

Tabelle 60

Die Grundbesitzverteilung der bäuerlichen Produzenten in einigen Dörfern des Amtes Calbe im Jahre 1706[175]

	Stellen	Landbesitz in ha	Durchschnitt je Stelle in ha	Landanteil in Prozent
Biere				
Freihöfe	—	—	—	—
Vollspänner	20	771,9	38,6	49,2
Dreiviertelspänner	2	41,6	20,8	2,6
Halbspänner	—	—	—	—
Eggendiener	20	360,2	18,0	23,0
Ganze Kossaten	57	370,1	6,5	23,6
Halbe Kossaten	10	24,6	2,5	1,6
Zusammen	109	1568,4	14,4	100,0
Eggersdorf				
Freihöfe	—	—	—	—
Vollspänner	2	62,8	31,4	16,3
Dreiviertelspänner	—	—	—	—
Halbspänner	10	206,8	20,7	53,6
Eggendiener	—	—	—	—
Ganze Kossaten	15	114,0	7,6	29,5
Halbe Kossaten	1	2,4	2,4	0,6
Zusammen	28	386,0	13,8	100,0

[175] STAM, Rep. A 9c X, Lit D, Nr. 11: 73—98.

Tabelle 60 (Fortsetzung)

	Stellen	Landbesitz in ha	Durchschnitt je Stelle in ha	Landanteil in Prozent
Eickendorf				
Freihöfe	?	?	?	?
Vollspänner	8	331,7	41,5	45,8
Halbspänner	5	167,9	33,6	23,2
Ganze Kossaten	20	194,4	9,7	26,8
Halbe Kossaten	8	30,3	3,8	4,2
Zusammen	41	724,3	17,7	100,0

Im Jahre 1805 finden wir dann in diesen drei Dörfern sowie in Hohendodeleben, von dem für das Jahr 1795 die Grundbesitzverteilung berechnet werden konnte, folgende Struktur:

Tabelle 61

Die Grundbesitzverteilung in den Dörfern Biere, Eggersdorf, Eickendorf im Jahre 1805 sowie in Hohendodeleben im Jahre 1795[176]

	Stellen	Landbesitz in ha	Durchschnitt je Stelle in ha	Landanteil in Prozent
Biere 1805				
Vollspänner	7	494,4	70,6	29,0
Halbspänner	17	435,7	25,6	25,6
Spitzspänner	3	71,2	23,7	4,2
Viertelspänner	—	—	—	—
Achtelspänner	—	—	—	—
Eggendiener	18	209,2	11,6	12,3
Große Kossaten	53	466,0	8,8	27,4
Halbe Kossaten	12	25,0	2,1	1,5
Unmittelbare Produzenten mit Land zusammen	110	1701,5	15,5	100,0
Kätner/Büdner	33			
Einlieger	93			
Stellen zusammen	236 (darunter 63 Handwerker)			

[176] STAM, Rep. A 9c X, Lit P, Nr. 92: 55ff. (für Biere, Eggersdorf, Eickendorf); STAM, Rep. Da Wanzleben, Tit. IV, Nr. 1 (für Hohendodeleben).

Tabelle 61 (Fortsetzung)

	Stellen	Landbesitz in ha	Durchschnitt je Stelle in ha	Landanteil in Prozent
Eggersdorf 1805				
Vollspänner	–	–	–	–
Halbspänner	6	199,2	33,2	56,0
Spitzspänner	–	–	–	–
Viertelspänner	3	56,7	18,9	15,9
Achtelspänner	1	8,9	8,9	2,5
Eggendiener	–	–	–	–
Große Kossaten	16	88,4	5,5	24,9
Halbe Kossaten	1	2,5	2,5	0,7
Unmittelbare Produzenten mit Land zusammen	27	355,7	13,2	100,0
Kätner/Büdner	32			
Einlieger	16			
Stellen zusammen	75 (darunter 9 Handwerker)			
Eickendorf 1805				
Freihöfe	2	111,7	55,8	11,8
Vollspänner	4	228,1	57,0	24,0
Halbspänner	12	368,1	30,7	38,8
Große Kossaten	22	205,8	9,4	21,7
Kleine Kossaten	8	35,6	4,4	3,7
Unmittelbare Produzenten mit Land zusammen	48	949,3	19,8	100,0
Kätner/Büdner	17			
Einlieger	38			
Stellen zusammen	103 (darunter 25 Handwerker)			
Hohendodeleben 1795				
Ackerleute	5	309,4	61,9	26,4
Halbspänner	19	622,4	31,8	53,2
Spitzspänner	3	41,4	13,8	3,5
Kossaten	35	194,4	5,6	16,7
Eigenhäusler	3	2,7	0,9	0,2
Unmittelbare Produzenten mit Land zusammen	65	1170,3	18,0	100,0
Kätner/Büdner	40			
Einlieger	62			
Stellen zusammen	167 (darunter 40 Handwerker)			

Die Daten zur Sozialstruktur und Grundbesitzverteilung in den Dörfern und vor allem auch die Gegenüberstellung der drei zum Amt Calbe gehörenden Dörfer Biere, Eggersdorf und Eickendorf im Abstand von fast 100 Jahren gestatten interessante Rückschlüsse auf die Entwicklung der ländlichen Klassen und Schichten unseres Gebietes in diesem Zeitraum.

Sowohl 1706 als auch um die Wende vom 18. zum 19. Jh. war in allen vier Dörfern eindeutig der Hauptanteil des Bodens in der Hand großer Bauern mit mehr als 20 ha je Stelle. Allerdings wird man hier die Frage stellen müssen, wie unter feudalen Produktionsverhältnissen die Größenklassen der großen, mittleren und kleinen Bauernstellen bestimmt werden können. Unter kapitalistischen Produktionsverhältnissen spricht man in Mittel- und Westeuropa im allgemeinen bei über 20 ha landwirtschaftlicher Nutzfläche von Großbauern, unter 10 ha von Kleinbauern und bei 10 bis 20 ha von Mittelbauern, wobei das Problematische dieser Einteilung durchaus bekannt ist. Man denke nur an Bodenqualität, Marktbedingungen und landwirtschaftliche Nutzungsrichtung.

Unter feudalen Produktionsverhältnissen wird die Flächengröße der Bauernstellen als Kriterium einer Gruppierung immer im engen Zusammenhang mit der feudalen Ausbeutung gesehen werden müssen. Ein Bauer mit 50 ha landwirtschaftlicher Nutzfläche und ständig beschäftigten zwei bis drei familienfremden Arbeitskräften kann einer so hoch gesteigerten feudalen Ausbeutung unterworfen sein, daß ihm und seiner Familie gerade die einfache Reproduktion auf der Stelle blieb. Das mit Hilfe familienfremder Arbeitskräfte erzeugte Mehrprodukt wird durch eine hohe feudale Ausbeutung voll abgeschöpft.[177] Ein solcher Bauer sitzt wohl auf einer großen Stelle, aber er ist ökonomisch schwach und sein Einkommen ist gering. Wir werden noch zu zeigen haben, daß die Bauern unseres Gebietes nicht einer derartig scharfen feudalen Ausbeutung unterworfen waren, sondern daß vielmehr als Folge der steigenden Getreidepreise am Ende des 18. und am Anfang des 19. Jh. die Einnahmen der Bauernwirtschaft schnell stiegen. Da die Gesindelöhne keineswegs mit dem Anstieg der Getreidepreise schritthielten, die Feudallasten aber unverändert blieben, behielten die fremde Arbeitskräfte beschäftigenden Bauern einen zunehmend größeren Teil des von diesen miterzeugten Mehrprodukts, wurden sie also zu Ausbeutern fremder Arbeitskraft. Infolge der vergleichsweise guten Ernteerträge in der Börde und der Erfolge der Bauern in der Abwehr feudalherrlicher Ansprüche zur Erhöhung der Dienste und Abgaben war diese Erscheinung sicher schon im 16. Jh. keimhaft vorhanden, nahm aber zweifellos im Laufe des 18. Jh. erheblich zu. Für die zweite Hälfte des 18. Jh. kann daher in unserem Untersuchungsgebiet die Beschäftigung von Fremdarbeitskräften ein Kriterium für die Gruppierung der Bauernwirtschaften sein. Aus zwei Dörfern des Amtes Alvensleben sowie dem Adelsdorf Hohenwarsleben steht uns Material zur Verfügung, aus dem die Beschäftigung von Fremdarbeitskräften für das Jahr 1790 bzw. 1803 nach den einzelnen Kategorien der Bauernwirtschaften berechnet werden kann. Leider war eine Aufstellung über den Landbesitz der Bauern nicht aufzufinden. (Siehe Tabelle 62).

Aus der historischen Tabelle von Hohenwarsleben für 1803 ist zu ersehen, daß einige der Kleinkossaten, die zugleich ein Handwerk ausübten, Gesinde hielten, so der Schmied, der einen Knecht hatte, und vier Leineweber, die je eine Magd beschäftigten. Von den 25 Kossaten in Nordgermersleben arbeiteten 20 ganz ohne familienfremde Arbeitskräfte. Trotz aller Vorsicht, die bei einer Verallgemeinerung dieser wenigen Beispiele geboten erscheint, ist doch deutlich, daß in unserem Untersuchungsgebiet der größte Teil der Kossaten ohne familienfremde Arbeitskräfte wirtschaftete. Wenn wir in den Quellen immer wieder auf Kossaten stoßen, die Knechte oder Mägde haben, so ist zu prüfen, ob sie auf Grund örtlich begrenzter Umstände überdurchschnittlich viel Land hatten oder, was wahrscheinlicher ist und häufig vorkam, ob sie Land zugepachtet hatten. Wir werden auf das landwirtschaftliche Pachtwesen noch eingehen. Schließlich konnte, wie am Beispiel von

[177] HARNISCH, 1968: 218ff.

Tabelle 62

Die Beschäftigung von Fremdarbeitskräften in Bauernwirtschaften am Beispiel von Groß Santersleben, Nordgermersleben im Jahre 1790 und von Hohenwarsleben im Jahre 1803[178]

	Anzahl der Stellen	Knechte	Jungen	Mägde	Zusammen
		Durchschnitt je Wirtschaft			
Groß Santersleben 1790					
Ackerleute	3	1	1,7	2	4,7
Halbspänner	9	0,2	0,6	1,2	2,0
Kossaten	4	—	0,5	0,7	1,2
Nordgermersleben 1790					
Ackerleute	1	—	2	2	4,0
Halbspänner	21	0,5	0,5	1,3	2,3
Kossaten	25	0,04	0,04	0,2	0,28
Hohenwarsleben 1803					
Ackerleute	7	1,0	1,4	2,0	4,4
Große Kossaten	9	0,6	0,2	0,2	1,0
Kleine Kossaten	16	0,06	—	0,4	0,5

Hohenwarsleben gezeigt wurde, auch die Verbindung von landwirtschaftlichem und handwerklichem Erwerb dazu führen, daß Kossaten Gesinde hielten.

Die deutlichen Unterschiede in der durchschnittlichen Landausstattung, die wir zwischen den verschiedenen Kategorien der Bauern feststellen konnten, geben uns in Anwendung der Beispiele über die Beschäftigung familienfremder Arbeitskräfte in den zwei Dörfern des Amtes Alvensleben und in Hohenwarsleben brauchbare Anhaltspunkte zur Gruppierung der Bauernwirtschaften.

In Biere, Eggersdorf und Eickendorf waren im Jahre 1805 und in Hohendodeleben im Jahre 1795 die Besitzer von Freihöfen, Vollspänner- und Halbspännerhöfen eindeutig große Bauern. Die Landausstattung der Spitzspänner ist örtlich offenbar recht unterschiedlich. Wir würden sie in Biere 1805 ebenfalls zu den großen Bauern rechnen; in Hohendodeleben dagegen zu den Bauern mittlerer Größe. Eggendiener und Viertelspänner waren dagegen wohl die typischen Mittelbauern. Sie werden in der Regel familienfremde Arbeitskräfte beschäftigt haben. Ihre Möglichkeiten, dadurch für sich in nennenswertem Umfang Mehrwert zu realisieren, dürften jedoch gering gewesen sein. Die beiden Gruppen der Kossaten schließlich waren überall die Kleinbauern.

Es sei hier noch darauf hingewiesen, daß die zahlenmäßig stärkste Schicht in allen vier Dörfern an der Wende vom 18. zum 19. Jh. die Kätner und Büdner bzw. die Einlieger waren.

Die Gegenüberstellung der Grundbesitzverteilung in Biere und Eggersdorf in den Jahren 1706 und 1805 führt auf ein weiteres interessantes Problem (Eickendorf kann nicht heran-

[178] STAM, Rep. Da Alvensleben, Nr. 7; STAM, Rep. H Bodendorf, Nr. 353 (für Hohenwarsleben).

gezogen werden, da das Bild durch die 1706 nicht mit aufgeführten Freihöfe stark verschoben würde). Wir stellen den Landbesitz der großen, mittleren und kleinen Bauern gegenüber.

Tabelle 63

Die Grundbesitzverteilung in Biere und Eggersdorf nach den Größenklassen der Bauernstellen 1706 und 1805[179]

	1706		1805	
	Anzahl	Anteil an der Gesamtackerfläche in Prozent	Anzahl	Anteil an der Gesamtackerfläche in Prozent
Biere				
Große Bauern	22	51,8	27	58,8
Mittlere Bauern	20	23,0	18	12,3
Kleinbauern	67	25,2	65	28,9
Zusammen	109		110	
Eggersdorf				
Große Bauern	12	69,9	6	56,0
Mittlere Bauern	—	—	3	15,9
Kleinbauern	16	30,1	18	28,1
Zusammen	28		27	

Während sich die Gesamtzahl der Bauernwirtschaften nicht wesentlich veränderte, traten in der Grundbesitzverteilung beachtliche Verschiebungen ein. In Biere ist vor allem die Erhöhung des Landanteils der großen Bauern auffallend. Beträchtlich geschwächt wurde hingegen die Gruppe der mittleren Bauern. In Eggersdorf nahm zwar nach der hier getroffenen Gruppierung der Landanteil der großen Bauern ab. Rechnet man jedoch die drei Viertelspänner, die durchschnittlich 18,9 ha Land besaßen und damit doch als große Mittelbauern angesprochen werden müssen, zur Gruppe der großen Bauern, dann haben auch in Eggersdorf die großen Bauern zwischen 1706 und 1805 eine Vergrößerung ihres Landanteils aufzuweisen. Man wird aus dem Beispiel dieser beiden Dörfer keine zu weitreichenden Schlüsse ziehen dürfen. Da die Quellenlage eine solche Gegenüberstellung nicht allzu häufig gestattet, muß versucht werden, die sich ergebenden agrargeschichtlichen Fragestellungen wenigstens aufzuwerfen. Neben der feudalherrlichen Genehmigung zum Verkauf von Landparzellen und einer Beschränkung der feudalen Ausbeutung auf ein Niveau, das den Bauern einen nennenswerten Teil ihres Mehrproduktes beließ, war die wesentlichste, unerläßliche Voraussetzung der Grundbesitzverschiebungen innerhalb der Klasse der Bauern eine kontinuierliche Marktproduktion der Bauernwirtschaften als Quelle zur Ansammlung von Geldfonds. Zweifellos war die Marktquote der großen Bauernwirtschaften auch schon um 1700 beträchtlich. Mit dem Eindringen neuer Produktivkräfte in die Landwirtschaft der Börde in der zweiten Hälfte des 18. Jh. und dem damit verbundenen Anstieg der Ernteerträge muß die Marktproduktion noch angewachsen sein. Im Amt

[179] STAM, Rep. A 9c X, Lit D, Nr. 11; STAM, Rep. A 9c X, Lit P, Nr. 92.

Calbe war durch die 1692 nach langen Auseinandersetzungen zwischen Bauern und Amtspächtern erfolgte Umwandlung des größten Teils der Arbeitsrente in Geldrente[180] ein zusätzlicher Anreiz, wenn nicht sogar Zwang entstanden, eine hohe Marktquote zu erzielen. Der Wegfall des größten Teils der Arbeitsrente — die Vollspänner hatten nach der neuen Regelung jährlich nur noch je vier Tage zu leisten, ein Halbspänner zwei Tage und ein Viertelspänner einen Tag — setzte natürlich auch zusätzliche Arbeitskraft für die Bewirtschaftung des Bauernlandes frei. Den größten Nutzen aus der Umwandlung der Arbeits- in Geldrente zogen die großen Bauern, da bei ihnen durch den Wegfall der Dienste auch die Marktquote am stärksten gesteigert werden konnte. Die Zunahme des im Besitz der großen Bauern befindlichen Landes in Biere und Eggersdorf zwischen 1706 und 1805 kann also darauf zurückzuführen sein, daß diese ihre vermehrten Einnahmen zum Kauf von Land nutzten. Allerdings kann diese Vermutung erst durch eine größere Anzahl von Beispielen und eine genaue Analyse von Amtshandels- bzw. Hypothekenbüchern gesichert werden.

3. Das Landhandwerk im Rahmen der spätfeudalen Agrarstruktur

Im Rahmen der spätfeudalen ländlichen Sozialstruktur verdient das Landhandwerk entsprechend seines zahlenmäßigen Anteils an der Gesamtbevölkerung, der räumlichen Verbreitung und seiner vertretenen Handwerkszweige eine besondere Behandlung. Bisher blieb das Landhandwerk von der wirtschaftsgeschichtlichen Forschung jedoch weitgehend unbeachtet.[181] Allein der Anteil der Dorfhandwerker an der Landbevölkerung, der in unserem Gebiet um 1800 mit Familienangehörigen immerhin bei etwa 20 Prozent gelegen haben dürfte (3766 Handwerkerstellen bei einer durchschnittlichen Kopfstärke von fünf Personen je Familie und 91488 Einwohnern in den drei Distrikten des Holzkreises im Jahre 1804) verlangt im Rahmen unseres Vorhabens die Berücksichtigung dieser Schicht. Darüber hinaus ist der zahlenmäßige Anteil des Landhandwerks an der Bevölkerung und die tatsächliche Ausbreitung der verschiedenen Handwerkszweige über das platte Land ein wichtiger Indikator für die gesellschaftliche Arbeitsteilung und die Herausbildung warenwirtschaftlicher Beziehungen unter der Landbevölkerung selbst. Bei der Untersuchung des Landhandwerks im Spätfeudalismus müssen drei wesentliche Fragen im Auge behalten werden:

1. Die Rolle der obrigkeitlichen Gewerbepolitik bei der Steuerung der Verbreitung der verschiedenen Handwerkszweige in Stadt und Land. In Preußen waren im 18. Jh. fünf Handwerke auf dem Lande zugelassen, nämlich Schneider, Schmiede, Rademacher, Zimmerleute und Leineweber.[182] Die Zahl der Handwerkerstellen auf dem Lande war begrenzt.
2. Die Einflüsse der städtischen Zünfte in ihrer Auswirkung auf die Entfaltungsmöglichkeiten des Landhandwerks.
3. Die feudale Ausbeutung und die Marktbeziehungen der Agrarproduzenten sowie deren Bedeutung für die Kaufkraft der bäuerlichen Schichten und weiterhin die Auswirkungen dieser Marktbeziehungen auf die Standortbedingungen des Handwerks.

[180] STAM, Rep. A 9c X, Lit D, Nr. 10.
[181] Siehe Heitz, 1971; Kaufhold, 1970: 51ff.
[182] Rohrscheidt, 1893: 317ff.

Für das Verständnis der Entwicklung des Landhandwerks in unserem Gebiet muß vorausgeschickt werden, daß die feudalherrlichen Gutswirtschaften die für die Wirtschaft notwendigen Schmiede-, Sattler-, Stellmacherarbeiten usw. nicht durch gutszugehörige Handwerker, sondern von selbständigen Handwerkern gegen Bezahlung ausführen ließen.

In den drei Distrikten des Holzkreises zeigt sich beim Landhandwerk während der zweiten Hälfte des 18. Jh. folgende zahlenmäßige Entwicklung:

Tabelle 64

Die Entwicklung des Landhandwerks in den drei Distrikten des Holzkreises zwischen 1768 und 1804 (HWD = Handwerkerdichte = Handwerker je 100 Einwohner)[183]

Jahr	I. Distrikt			II. Distrikt			III. Distrikt		
	Stellen	Index	HWD	Stellen	Index	HWD	Stellen	Index	HWD
1768	979	100	3,7	936	100	4,5	595	100	3,9
1778	905	92	3,2	1028	110	4,5	632	106	3,4
1795	1005	103	2,9	1068	114	3,9	840	141	3,6
1804	1357	139	3,7	1447	155	4,9	962	162	3,8

Unser Untersuchungsgebiet lag hinsichtlich der Handwerkerdichte, also der Zahl der Handwerker je 100 Einwohner, über der vergleichbarer benachbarter Gebiete, wie die folgende Tabelle zeigt:

Tabelle 65

Handwerkerdichte im Holzkreis im Vergleich zu benachbarten Gebieten 1804[184]

Gebiet	Handwerkerdichte je 100 Einwohner
Holzkreis I. bis III. Distrikt	4,1
Jerichow I. und II. Distrikt	2,9
Altmark	2,3
Kurmark Brandenburg	1,7

Die Landhandwerker oder Professionisten, wie sie häufig in den Quellen genannt werden, waren in der sozialen Schichtung der Landbevölkerung ein Teil der Landarmut. Kleine

[183] ZSTA II, Generaldirektorium Magdeburg, Tit. CCXVI, Nr. 1, vol. V (für 1768); ZSTA II, Generaldirektorium Magdeburg, Tit. CCXVI, Nr. 1, vol. VII (für 1778); ZSTA II, Generaldirektorium, Generalfinanzkontrolle, Tit. XLI, K 1, Bd. I (für 1795); ZSTA II, Generaldirektorium Magdeburg, Tit. CCXVI, Nr. 1, vol. XIV (für 1804).

[184] ZSTA II, Generaldirektorium Magdeburg, Tit. CCXVI, Nr. 1, vol. XIV (für Herzogtum Magdeburg: Holzkreis und Jerichow); Die Kurmark Brandenburg 1847: II. Tabelle (für die Altmark und die Kurmark).

Kossaten, Büdner und Kätner sowie Einlieger waren entweder hauptberuflich Handwerker oder betrieben nebenberuflich ein Gewerbe. Eine Verbindung von landwirtschaftlichem Erwerb, teilweise auch auf der Basis von Pachtland, und handwerklicher Tätigkeit war nicht selten. Wir werden darauf noch eingehen. Immerhin konnte nur der kleinere Teil der Landarmut seinen Broterwerb als Handwerker verdienen, wie die folgende Tabelle für das Jahr 1804 zeigt:

Tabelle 66

Der Anteil der Landhandwerker an der Landarmut in den drei Distrikten des Holzkreises nach dem Stand von 1804[185]

	I. Distrikt	II. Distrikt	III. Distrikt
Kleinkossaten	1013	450	366
Kätner/Büdner	1747	1541	1214
Einlieger (ohne Altsitzer)	2621	1992	1924
Zusammen	5381	3983	3504
Handwerker	1357	1432	927
Prozent der Landarmut	25,2	36,0	26,4

Aus der bereits mehrfach herangezogenen historischen Tabelle von Hohenwarsleben aus dem Jahre 1803 läßt sich für ein Dorf die Verteilung der Handwerker auf die Schichten der Dorfbevölkerung näher erkennen. Die Vorlage ist leider stark wassergeschädigt und teilweise unleserlich, so daß eine vollständige Auswertung nicht möglich ist. Handwerker befanden sich unter den Kleinkossaten, den Häuslern und den Einliegern. Insgesamt hatte Hohenwarsleben nach dieser Tabelle 32 Handwerker, davon einen Bäcker, einen Gärtner, einen Böttcher, sechzehn Leineweber, sechs Maurer, zwei Tischler, vier Zimmerleute. Ein Handwerker konnte nicht eingeordnet werden. Damit waren von den 76 Stellen der Landarmut (16 Kleinkossaten, 29 Häusler, 31 Einlieger) 42,1 Prozent Handwerker. Die folgende Tabelle zeigt die Verteilung auf die einzelnen Schichten.

Tabelle 67

Die Verteilung der Handwerker in Hohenwarsleben auf die Schichten der Landarmut im Jahre 1803[186]

	Kleinkossaten	Häusler	Einlieger
Zusammen	16	29	31
Gärtner	1		
Böttcher		1	
Leineweber	7	6	3
Maurer	1	3	2
Tischler		1	1
Zimmerleute	1	2	1

185 ZSTA II, Generaldirektorium Magdeburg, Tit. CCXVI, Nr. 1, vol. XIV.
186 STAM, Rep. H Bodendorf, Nr. 353.

Der Bäcker des Dorfes wurde nach der historischen Tabelle in der Gruppe der „Gemeinen Häuserbesitzer“ geführt, kann also hier nicht eingeordnet werden. Bei den Kleinkossaten war der Anteil der Handwerker am größten. Inwieweit dieses Ergebnis als typisch für das Untersuchungsgebiet angesehen werden kann, muß offen bleiben.

Die auffallenden Unterschiede in der Höhe der Handwerkerdichte zwischen unserem Untersuchungsgebiet und den nördlich bzw. östlich angrenzenden Gebieten führen zu Fragen nach deren Ursachen sowie der Stellung und der Lage der Landhandwerker im Rahmen der gesamten Dorfbevölkerung. Zunächst wollen wir klären, ob eine höhere Handwerkerdichte Ausdruck eines größeren Durchschnittseinkommens der Landbevölkerung ist. In dem bereits herangezogenen Bericht über die Verhältnisse des Holzkreises[187] aus dem Jahre 1806 wird gesagt: „Die kleinen Cossaten, Häusler und Einlieger leben von Handarbeiten und ihre Existenz beruht auf dem Wohlstand der größeren Landbesitzer.“ Zu diesen Gruppen gehörte nun auch das Landhandwerk. Grundsätzlich wird man eine hohe Handwerkerdichte nicht als einen Ausdruck der größeren Kaufkraft der Landbevölkerung ansehen können, da nicht alle Handwerkszweige für den regionalen Markt arbeiteten. In der Börde und in den zum Vergleich herangezogenen Beispielen waren jeweils die Leineweber die zahlenmäßig stärkste Handwerkergruppe.

Tabelle 68

Anteil der Leineweber am Landhandwerk der Börde und in angrenzenden Gebieten im Jahre 1804 (HWD = Handwerkerdichte = Handwerker je 100 Einwohner)[188]

	Handwerkerstellen insgesamt	HWD	Leineweberstellen	HWD ohne Leineweber
Holzkreis I.–III. Distrikt	3766	4,1	1244	2,8
Jerichow I. u. II. Distrikt	1134	2,9	331	2,1
Kurmark Brandenburg	7738	1,7	2299	1,2
davon: Altmark	1808	2,3	673	1,4
Kurmark Brandenburg ohne Altmark	5930	1,6	1626	1,2

Der Anteil der Leineweber lag also zwischen knapp einem Drittel und etwas mehr als zwei Fünfteln. Die Verbreitung des Leinengewerbes auf dem Lande ist zweifellos als Indikator für die Entwicklung warenwirtschaftlicher Beziehungen und der gesellschaftlichen Arbeitsteilung wenig geeignet. Ein hoher Anteil von Leinewebern an der Dorfbevölkerung machte sich zwar für die bäuerlichen Produzenten insgesamt günstig bemerkbar, da sie als Angehörige der landarmen bzw. landlosen Schichten den größten Teil ihres Nahrungsmittelbedarfs kaufen mußten; sie waren jedoch in der Regel zu arm, um durch ihre poten-

[187] STAM, Rep. H Bodendorf, Nr. 536.

[188] ZSTA II, Generaldirektorium Magdeburg, Tit. CCXVI, Nr. 1, vol. XIV (für Herzogtum Magdeburg: Holzkreis und Jerichow); Die Kurmark Brandenburg 1847: II. Tabelle (für die Altmark und die Kurmark).

tielle Kaufkraft andere ländliche Gewerbe zu stimulieren. Eine Gegenüberstellung der für den unmittelbaren Bedarf der Dorfbevölkerung arbeitenden Handwerkszweige zeigt dann aber doch wesentliche Unterschiede zu den Nachbargebieten, die auf eine fortgeschrittenere Arbeitsteilung, höher entwickelte warenwirtschaftliche Beziehungen und letztlich auch auf eine stärkere Kaufkraft mindestens größere Teile der Bewohner unseres Gebietes schließen lassen.

Tabelle 69

Die Handwerkerdichte der für den unmittelbaren Bedarf der Landbevölkerung arbeitenden Handwerkszweige im Untersuchungsgebiet und in den Nachbargebieten im Jahre 1804 (Handwerkerdichte je 100000 Einwohner)[189]

	Holzkreis		Jerichow		Altmark		Kurmark Brandenburg ohne Altmark	
	Stellen	HWD	Stellen	HWD	Stellen	HWD	Stellen	HWD
Bäcker	160	175	6	16	2	2,5	52	11,6
Böttcher	84	92	17	45	4	5	77	17,1
Drechsler	6	7	—	—	4	5	14	3,1
Maurer	392	428	41	108	30	37	223	50
Rademacher	161	176	45	119	155	194	427	95
Sattler	20	22	—	—	2	2,5	14	31
Schlosser	6	8	—	—	3	3,75	16	3,6
Schmiede	185	203	105	277	166	201	1016	227
Schuster	236	259	29	76	26	33	195	43
Schneider	435	477	146	384	284	355	930	212
Tischler	83	91	29	7,6	11	14	136	33
Zimmerleute	292	319	108	311	111	138	599	134

Im überregionalen Vergleich zeigt sich, daß von den klassischen Zweigen des Landhandwerks die Schmiede überall annähernd gleich stark vertreten waren. Auch bei den Rademachern, ebenfalls einem der seit langem auf dem Lande ansässigen Handwerkszweige, war trotz beträchtlicher Unterschiede die Handwerkerdichte etwa auf einem Niveau. Das gleiche kann von den Schneidern gesagt werden. Bei allen anderen Handwerkszweigen wies unser Untersuchungsgebiet deutlich eine teilweise sehr erheblich größere Handwerkerdichte auf. Besonders auffallend ist das bei den Bäckern, Maurern und Schustern. Während jedoch Bauhandwerker und Bekleidungshandwerker durchaus bei gleicher Marktintensität auch in der nächsten Stadt ansässig sein können, beweist die hohe Dichte von Landbäckern — praktisch hatte in unserem Untersuchungsgebiet jedes Dorf seinen eigenen Bäkker — den hohen Grad der Arbeitsteilung und eine entsprechende zahlungsfähige Nachfrage. Die höhere Handwerkerdichte des Untersuchungsgebietes ist daher nicht nur eine Folge der gegenüber den nördlichen und östlichen Gebieten größeren Bevölkerungsdichte, sondern wahrscheinlich auch der Tatsache, daß hier der feudale Ausbeutungsgrad, der Anteil der vom gesellschaftlichen Gesamtprodukt von den Feudalherren abgeschöpften

[189] ZSTA II, Generaldirektorium Magdeburg, Tit. CCXVI, Nr. 1, vol. XIV (für Herzogtum Magdeburg: Holzkreis und Jerichow); Die Kurmark Brandenburg 1847: II. Tabelle (für die Altmark und die Kurmark).

Rente, niedriger lag, also die Kaufkraft der für den Markt produzierenden Bauern größer blieb.

Wir haben nun noch die zahlenmäßige Entwicklung des Landhandwerks im letzten Drittel des 18. Jh. zu behandeln und uns mit der räumlichen Verteilung zu beschäftigen. Insgesamt zeigte das Landhandwerk zwischen 1768 und 1804 eine sehr beträchtliche zahlenmäßige Zunahme (vergleiche Tabelle 64). Im I. und II. Distrikt des Holzkreises, die hauptsächlich zu unserem Untersuchungsgebiet gehören, war die Zunahme zwischen 1795 und 1804 besonders auffällig hoch. Die zahlenmäßige Entwicklung der wesentlichen Zweige des Landhandwerks in allen drei Distrikten zwischen 1768 und 1804 soll die folgende Tabelle veranschaulichen.

Tabelle 70

Die Entwicklung des Landhandwerks in den drei Distrikten des Holzkreises nachHandwerkszweigen 1768 bis 1804 (Index: 1768 = 100)[190]

	1768	1795	Index	1804	Index
Bäcker	136	177	130	160	118
Bottcher	69	80	116	84	122
Leineweber	862	1008	117	1244	144
Maurer	132	234	177	392	297
Müller	222	240	108	261	118
Rademacher	97	133	137	161	166
Sattler	—	20		20	
Schmiede	160	179	112	185	116
Schuster	167	195	117	236	141
Schneider	313	353	113	435	139
Tischler	73	76	104	83	114
Zimmerleute	137	250	182	292	213

Es zeigt sich, daß einzelne Handwerkszweige kaum eine Zunahme aufzuweisen hatten. Bei Bäckern, Müllern, Schmieden, Böttchern und Tischlern blieb die Zunahme gering. So hatte schon 1768 fast jedes Dorf im Untersuchungsgebiet seinen Bäcker, der den Bedarf offenbar decken konnte. Bei den Müllern beruhte die Zunahme wohl weniger auf der Inbetriebnahme neuer Getreidemühlen, sondern vornehmlich auf der Anlage im Zusammenhang mit dem Anbau von Ölfrüchten notwendig werdender Ölmühlen. Einige Handwerkszweige zeigten eine Zunahme, die etwa dem Bevölkerungswachstum entsprach (1768 bis 1805 auf 147 Prozent), so die Leineweber, Rademacher, Schuster und Schneider. Weit über dem Durchschnitt hingegen lag die Zunahme bei den Bauhandwerkern, also den Maurern nd Zimmerleuten.

Betrachten wir nun die räumliche Verteilung der Landhandwerker und deren Veränderungen im letzten Drittel des 18. Jh. näher. Zu diesem Zweck werten wir die historischen Tabellen von 1778 und 1804, die die Daten bis zur Gemeindeebene enthalten, aus und be-

[190] ZSTA II, Generaldirektorium Magdeburg, Tit. CCXVI, Nr. 1, vol. V (für 1768); ZSTA II, Generaldirektorium Magdeburg, Tit. CCXVI, Nr. 1, vol. VII (für 1778); ZSTA II, Generaldirektorium, Generalfinanzkontrolle, Tit. XLI, K 1, Bd. I (für 1795); ZSTA II, Generaldirektorium Magdeburg, Tit. CCXVI, Nr. 1, vol. XIV (für 1804).

ziehen dabei nur die Gemeinden aus dem I. und II. Distrikt des Holzkreises ein, die zum Untersuchungsgebiet gehören.[191]

Wir hatten bereits bei der Analyse der bäuerlichen Schichten feststellen können, daß hier bemerkenswerte Unterschiede in der durchschnittlichen Zahl der Bauernstellen je Dorf bei den Amtsdörfern, den Dörfern unter geistlicher Grundherrschaft (Prälatendörfer) und Adelsdörfern bestehen. Die Unterschiede zeigen sich auch in der Handwerkerdichte, wie die folgenden Tabellen ausweisen.

Tabelle 71

Handwerkerdichte in den zum I. und II. Distrikt des Holzkreises gehörenden Dörfern im Jahre 1778, gegliedert nach der Art der Grundherrschaft[192] (je 100 Einwohner)

Grundherrschaft	Zahl der Dörfer	Durchschnittliche Einwohnerzahl je Dorf	Handwerker je Dorf	HWD je Dorf	Durchschnittliche Zahl der Bauern u. Großkossaten je Dorf
I. Distrikt					
Amtsdörfer	24	434	14,9	3,5	17,2
Prälatendörfer	17	477	19,3	4,1	18,3
Adelsdörfer	9	249	7,2	2,9	7,2
II. Distrikt					
Amtsdörfer	16	388	18,4	4,7	19,0
Prälatendörfer	19	416	19,4	4,7	17,4
Adelsdörfer	10	278	13,3	4,8	11,3

Ganz eindeutig korrespondiert im I. Distrikt die Handwerkerdichte je Dorf mit der Zahl der marktproduzierenden Bauernwirtschaften (Ganzbauern, Halbbauern, Großkossaten). Sie liegt daher in den Prälatendörfern am höchsten und in den Adelsdörfern am niedrigsten. Im zweiten Distrikt des Holzkreises liegen diese Zusammenhänge zunächst nicht so eindeutig auf der Hand. Eine nähere Betrachtung der Adelsdörfer ergab jedoch, daß fünf von ihnen der Sozialstruktur nach den Charakter eines Bauerndorfes wahren konnten, wenngleich in einigen, wie Emden und Eichenbarleben, große Eigenwirtschaften des Adels bestanden. Die fünf anderen Adelsdörfer trugen mehr den Charakter von Gutssiedlungen. Trennt man die beiden Gruppen in dieser Weise, so bestätigt sich die These von der korrespondierenden Höhe der Handwerkerdichte und der Zahl der Bauernstellen je Dorf. Wir bringen dazu die Tabelle 72.

Die Abhängigkeit der hohen Handwerkerdichte von einer starken Schicht marktproduzierender Bauern, bei denen die feudalherrliche Ausbeutung nach Höhe und Form jedoch

[191] Orte der Magdeburger Börde im I. Distrikt des Holzkreises: Alt-Salze, Altenweddingen, Andersleben, Athensleben, Atzendorf, Bahrendorf, Benneckenbeck, Beyendorf, Biere, Bisdorf, Bleckendorf, Borne, Bottmersdorf, Brumby, Buckau, Dodendorf, Domersleben, Eggersdorf, Eickendorf, Emmeringen, Etgersleben, Fermersleben, Förderstedt, Glöthe, Groß Germersleben, Groß Ottersleben, Hohendodeleben, Hohendorf, Klein Germersleben, Klein Oschersleben, Klein Ottersleben, Klein Rodensleben, Langenweddingen, Lemsdorf, Löbnitz, Löderburg, Neugattersleben, Osterweddingen, Salbke, Schleibnitz, Schwaneberg, Sohlen, Stemmern, Sülldorf, Üllnitz, Welsleben, Westerhüsen, Wolmirsleben, Zackmünde, Zens.
II. Distrikt des Holzkreises: Siehe Anmerkung 117.

[192] ZSTA II, Generaldirektorium Magdeburg, Tit. CCXVI, Nr. 1, vol. VII.

Tabelle 72

Handwerkerdichte in den Adelsdörfern des II. Distrikts vom Holzkreis nach dem Stand von 1778[193]

(je 100 Einwohner)

Durchschnittliche Einwohnerzahl je Dorf	HWD	Durchschnittliche Zahl der Bauernstellen je Dorf
a. Dörfer mit vorwiegendem Gutscharakter: Brumby, Eggenstedt, Groppendorf, Klein Santersleben, Peseckendorf		
157	3,2	3,2
b. Überwiegend Bauerndörfer: Eichenbarleben, Emden, Hohenwarsleben, Remkersleben, Schackensleben		
397	5,4	19,4

so begrenzt sein mußte, daß ihnen ein beträchtlicher Teil des Mehrprodukts verblieb, scheint uns damit gesichert. Die Kaufkraft der bäuerlichen Schichten wirkte sich auch auf die Lage der landarmen und landlosen Produzenten aus, beispielsweise auch in der Tatsache, daß hier die Gesindelöhne höher lagen als in den ostelbischen Gebieten. Man wird verallgemeinernd sagen können, daß die Sozialstruktur und der Grad feudaler Ausbeutung für den Anteil der Landhandwerker an der Gesamtbevölkerung, also die Handwerkerdichte, von entscheidender Bedeutung waren.

Die größte Zunahme der Handwerkerdichte finden wir relativ wie absolut zwischen 1778 und 1804 in beiden Distrikten des Holzkreises in den Adelsdörfern, wie die folgende Tabelle zeigt.

Tabelle 73

Die Entwicklung der Handwerkerdichte und der Handwerkerstellen nach Grundherrschaften im I. und II. Distrikt des Holzkreises zwischen 1778 und 1804[194]

Grundherrschaft	Entwicklung der Einwohnerzahl 1778 (=100)—1804	HWD je 100 Einw. 1778	1804	Index der Zunahme der Handwerkerstellen 1778 (=100)—1804
I. Distrikt des Holzkreises				
Amtsdörfer	130	3,5	3,8	143
Prälatendörfer	122	4,1	4,5	127
Adelsdörfer	123	2,9	3,5	148
Zusammen	126	3,6	3,9	137
II. Distrikt des Holzkreises				
Amtsdörfer	131	4,7	4,3	119
Prälatendörfer	128	4,7	5,1	138
Adelsdörfer	127	4,8	6,1	160
Zusammen	129	4,7	4,9	134

193 ZSTA II, Generaldirektorium Magdeburg, Tit. CCXVI, Nr. 1, vol. VII.

194 ZSTA II, Generaldirektorium Magdeburg, Tit. CCXVI, Nr. 1, vol. V (für 1768); ZSTA II, Generaldirektorium Magdeburg, Tit. CCXVI, Nr. 1, vol. VII (für 1778); ZSTA II, Generaldirektorium, Generalfinanzkontrolle, Tit. XLI, K 1, Bd. I (für 1795); ZSTA II, Generaldirektorium Magdeburg, Tit. CCXVI, Nr. 1, vol. XIV (für 1804).

Eine befriedigende Erklärung für die unterschiedliche Zunahme der Handwerkerdichte nach Grundherrschaften kann zur Zeit noch nicht gegeben werden. Es ist jedoch möglich, daß in den Adelsdörfern während dieses Zeitraumes die Umwandlung von Arbeitsrente in Geldrente verstärkt betrieben wurde. Eine derartige Veränderung der Feudalrente führt in der Regel zu einer Verbesserung der Einkommensverhältnisse der Bauernwirtschaften, und damit wäre, der hier vertretenen These folgend, eine Voraussetzung für eine verstärkte Ansetzung von Handwerkerstellen gegeben. In der Herrschaft Neugattersleben beispielsweise stieg im gleichen Zeitraum im Gutsdorf Neugattersleben die Zahl der Handwerker (1778 = 100) auf 143, im Bauerndorf Glöthe jedoch auf 250 und im Bauerndorf Hohendorf auf 300. Mit Sicherheit wirkte das starke Ansteigen der Getreidepreise am Ende des 18. Jh. in die gleiche Richtung. Die feudale Belastung blieb unverändert und die Einkommenslage der Bauern mußte sich auch dadurch verbessern.

Das sich entwickelnde Landhandwerk hat das Handwerk in den Städten der Börde weder zahlenmäßig noch in der Zweigstruktur benachteiligt. Wir haben im I. und II. Distrikt des Holzkreises außer Magdeburg acht weitere Städte, von denen sich aber nur Calbe mit 2296 Einwohnern im Jahre 1799, Schönebeck mit 1538 Einwohnern und Wanzleben mit 1537 Einwohnern in der Größenordnung von den größeren Dörfern des Untersuchungsgebietes deutlich abhoben. Frohse zählte 330, Groß Salze 770, Egeln 810, Seehausen 997 und Staßfurt 1056 Einwohner.[195] Die acht Städte zählten 1799/1800 zusammen 9334 Einwohner. Nach einer Aufstellung aus dem Jahre 1798 waren an Meistern, Gesellen, Lehrjungen und „anderen Gehilfen" 2328 Personen im Handwerk beschäftigt. Als Gewerbezweige von überregionaler Bedeutung waren wohl nur die Tuchmacherei in Calbe, die von 794 Handwerkern dieser Stadt immerhin 331 Personen beschäftigte (darunter 135 Meister), und die Böttcherei in Schönebeck, die 168 Personen (darunter 75 Meister) der 610 überhaupt im Handwerk Tätigen Nahrung gab, anzusehen.[196] Die zahlenmäßige Gegenüberstellung der wichtigsten Zweige des Landhandwerks und der entsprechenden Gewerbe in der Stadt zeigt deutlich, daß die Entwicklung des Landhandwerks nicht zu einer Verarmung des städtischen Handwerks geführt hat.

Tabelle 74

Das zahlenmäßige Verhältnis von Stadthandwerkern und Landhandwerkern im I. und II. Distrikt des Holzkreises nach dem Stand um 1800 (Stadt: 1798, Land: 1804)[197]

	Gesamtbeschäftigte in dem betreffenden Handwerkszweig:				
	Stadt	Land		Stadt	Land
Einwohner	9334	50135	Schlosser	29	1
Bäcker	83	99	Schmiede	39	103
Böttcher	205	52	Schneider	251	225
Leineweber	153	757	Schuster	159	104
Maurer	155	266	Tischler	80	36
Rademacher	29	91	Zimmerleute	89	144
Sattler	59	10			

Insgesamt zeigt die Gegenüberstellung sehr deutlich, daß die tatsächliche Entwicklung die landesherrliche Gewerbepolitik unterlaufen hatte. Die Einbeziehung von Magdeburg

[195] Nachweisung, 1801: 326–346.

[196] STAM, Rep. A 8, Nr. 1155.

[197] STAM, Rep. A 8, Nr. 1155 (für die Städte); ZSTA II, Generaldirektorium Magdeburg, Tit. CCXVI, vol. XIV (für das Land).

würde das Bild zweifellos modifizieren; da jedoch eine Stadt von fast 30000 Einwohnern in ihrer Gewerbestruktur nur noch zum Teil auf die Bedürfnisse ihres agrarischen Hinterlandes orientiert war, wurde darauf verzichtet.

Die Gewerbeverteilung zwischen Stadt und Land wurde offenbar weit mehr von den besten Standortbedingungen, d. h. den Bedürfnissen bzw. der Kaufkraft der Bevölkerung und den Verdienstmöglichkeiten der Handwerker, als von der landesherrlichen Gewerbepolitik bestimmt. Manche Handwerkszweige, wie Schlosser, Sattler, teilweise auch Tischler, konnten sich offenbar nur unter besonders günstigen Bedingungen auf dem Lande halten. Das Bauhandwerk hingegen, Maurer und Zimmerleute, fand auf dem Lande bessere Verdienstmöglichkeiten. Hier war offenbar die Baukonjunktur am Ende des 18. Jh. von großer Bedeutung. Bei Schustern und Schneidern kann angenommen werden, daß die städtischen Handwerker hier noch einen Teil der Landbevölkerung der Umgegend mitversorgten.

Die Dichte des Landhandwerks einerseits und das zahlenmäßig und nach Gewerbezweigen gut entwickelte städtische Handwerk andererseits können als Bestätigung der mehrfach geäußerten These angesehen werden, daß in unserem Gebiet eine gegenüber den ostelbischen Territorien durchschnittlich höhere Massenkaufkraft vorhanden gewesen sein muß. Es stehen uns bisher über das Einkommen der Handwerker auf dem Lande keine Angaben zur Verfügung. Aus einem Bericht aus dem Jahre 1805[198] wissen wir lediglich, daß bei extremen Getreidepreissteigerungen die Verdienste der „Professionisten" schnell unter die Grenze des Existenzminimums absanken. Wenn wir trotzdem eine so breite Schicht von Landhandwerkern und vor allem auch eine so erhebliche Zunahme der Stellen, wie sie zwischen 1768 und 1804 nachweisbar war, feststellen können, dann muß die Existenz als Handwerker auf lange Sicht — entweder von handwerklicher Arbeit allein oder auch in Kombination mit landwirtschaftlichem Erwerb (sei es als Lohnarbeit bei Bauern, auf einem Gut oder in Form eines selbständigen Kleinbetriebes auf der Basis eigenen oder gepachteten Landes) — möglich gewesen sein.

Abschließend müssen wir hinsichtlich der Stellung des Landhandwerks im Rahmen der Sozialstruktur unseres Untersuchungsgebietes noch einige Bemerkungen zur räumlichen Verteilung des Handwerks und deren Veränderungen zwischen 1778 und 1804 machen. Zunächst sei daran erinnert, daß die Gesamtzahl der Handwerkerstellen insgesamt stark durch die Leineweber bestimmt wurde. Bei der räumlichen Verteilung der Leineweber spielte offenbar die Gunst bzw. Ungunst der Bedingungen für den Flachsanbau eine wesentliche Rolle.

Die durchschnittliche Handwerkerdichte lag in den Dörfern des I. und II. Distrikts des Holzkreises, die zum Untersuchungsgebiet gehörten, in folgender Höhe:

Tabelle 75

Handwerkerdichte in den zum Untersuchungsgebiet gehörenden Orten des I. und II. Distrikts vom Holzkreis 1778 und 1804[199] (je 100 Einwohner)

	1778	1804	Index der Zunahme der Handwerkerstellen (1778=100)
I. Distrikt	3,6	3,9	140
II. Distrikt	4,7	4,9	135

198 STAM, Rep. H Harbke, Nr. 5263.
199 ZSTA II, Generaldirektorium Magdeburg, Tit. CCXVI, Nr. 1, vol. VII und XIV.

Erheblich über bzw. unter dem Durchschnitt liegende Werte der Handwerkerdichte sind nicht immer eindeutig zu erklären. 1778 existierten im engeren Einzugsbereich von Magdeburg einige Orte, die erheblich über dem Durchschnitt lagen oder zwischen 1778 und 1804 eine überdurchschnittlich hohe Zunahme aufzuweisen hatten. Wir zeigen das an einer Tabelle.

Tabelle 76

Die Entwicklung der Handwerkerdichte in einigen Dörfern um Magdeburg zwischen 1778 und 1804[200] *(je 100 Einwohner)*

Ort	1778	1804	Index der Zunahme der Handwerkerstellen (1778=100)
Buckau	7,3	9,7	168
Salbke	3,2	4,5	184
Groß Ottersleben	3,9	5,3	189
Dodendorf	1,9	4,1	214
Beyendorf	3,5	5,4	175
Niederndodeleben	4,8	5,8	151
Rothensee	1,3	1,8	180

Daß die schnelle Zunahme der Handwerkerstellen in den Dörfern um Magdeburg im Zusammenhang mit der wirtschaftlichen Entwicklung dieser Stadt stand, kann nur vermutet werden. Umgekehrt läßt sich aber auch beobachten, daß große Dörfer in Stadtnähe eine geringere Handwerkerdichte haben als solche, die weiter entfernt liegen. Wir bringen auch dazu eine Tabelle.

Tabelle 77

Handwerkerdichte in Dörfern nahe der Städte Calbe und Egeln[201] *(je 100 Einwohner)*

Ort	1778	1804	Index der Zunahme der Handwerkerstellen (1778=100)
Umgebung von Calbe			
Brumby	2,3	2,6	145
Glöthe	2,2	4,0	181
Eickendorf	3,1	4,5	145
Üllnitz	2,9	5,8	216
Umgebung von Egeln			
Bleckendorf	2,2	1,8	117
Etgersleben	2,7	3,2	127
Tarthun	3,1	1,7	64
Westeregeln	4,3	4,1	121

[200] ZSTA II, Generaldirektorium Magdeburg, Tit. CCXVI, Nr. 1, vol. VII und XIV.
[201] ZSTA II, Generaldirektorium Magdeburg, Tit. CCXVI, Nr. 1, vol. VII und XIV.

Demgegenüber entwickelten sich in manchen stadtferner gelegenen Dörfern offensichtlich gewisse zentralörtliche Funktionen für ein kleines Umland, indem sich dort das Landhandwerk in besonders vielen Zweigen ansetzte. Beispielsweise hatte Unseburg 1804 bei 789 Einwohnern unter anderem einen Feldscherer, drei Maurer, einen Rademacher, zwei Sattler, zwei Schmiede, zwei Schuster und fünf Schneider.[202] Langenweddingen hatte 1056 Einwohner im Jahre 1804. Darunter waren zwei Bäcker, ein Böttcher, fünf Maurer, zwei Rademacher, zwei Schmiede, vier Schuster, acht Schneider und zwei Zimmerleute. In Eichenbarleben schließlich waren bei 527 Einwohnern im Jahre 1804 ein Gärtner, ein Bäcker, ein Böttcher, ein Feldscherer, ein Maurer, ein Rademacher, ein Sattler, ein Schmied, drei Schuster, vier Schneider und drei Zimmerleute.

Von besonderem Interesse bei der Betrachtung des Landhandwerks ist schließlich noch die fast sprunghafte Zunahme der Bauhandwerker zwischen 1778 und 1804, wobei die stärkste Zunahme offenbar erst nach 1790 eintrat. Hier bildeten sich ausgesprochene Schwerpunkte heraus. In den benachbarten Dörfern Biere und Eggersdorf entwickelte sich das Bauhandwerk in folgender Weise.

Tabelle 78

Bauhandwerker in Biere und Eggersdorf 1778 und 1804[203]

	Maurer		Zimmerleute	
	1778	1804	1778	1804
Biere	2	17	—	10
Eggersdorf	—	2	1	10

Die überdurchschnittliche Konzentration von Maurern und Zimmerleuten gemeinsam ist sehr oft festzustellen. Interessant ist auch die große Zahl von Bauhandwerkern in einigen Dörfern um Magdeburg.

Tabelle 79

Die zahlenmäßige Entwicklung des Bauhandwerks in einigen Dörfern um Magdeburg 1778 und 1804[204]

	1778	1804
Groß Ottersleben	3	16
Olvenstedt	6	9
Salbke	—	9

Die Frage, inwieweit hier schon eine Pendlerwanderung nach Magdeburg stattfand, muß vorläufig noch unbeantwortet bleiben.

Generell kann jedoch festgestellt werden, daß das Landhandwerk in den Jahrzehnten vor Beginn der kapitalistischen Entwicklung bereits ein vergleichsweise hohes Entwick-

[202] ZSTA II, Generaldirektorium Magdeburg, Tit. CCXVI, Nr. 1, vol. XIV.
[203] ZSTA II, Generaldirektorium Magdeburg, Tit. CCXVI, Nr. 1, vol. VII und XIV.
[204] ZSTA II, Generaldirektorium, Magdeburg, Tit. CCXVI, Nr. 1, vol. VII und XIV.

lungsniveau erreicht hatte. Ohne Zweifel stellte das für die schnelle Entwicklung des Kapitalismus in der Landwirtschaft im 19. Jh. einen nicht zu unterschätzenden Aktivposten dar.

Es muß schließlich noch darauf hingewiesen werden, daß es in Keimformen in unserem Gebiet auch schon ein gewerbliches Proletariat gegeben hat, auch wenn wir über den zahlenmäßigen Umfang, die Arbeitsverhältnisse und Lebensbedingungen kaum etwas wissen.

Den höchsten Anteil an der Bevölkerung einer als Frühproletariat zu bezeichnenden Schicht scheint es im Gebiet der Börde außerhalb Magdeburgs in Altenweddingen gegeben zu haben, wo seit 1767 der Kriegsrat GANSAUGE das Privileg zum Betrieb eines Steinkohlenbergwerks hatte.[205] 1798 förderten hier nach KRUG[206] 45 Arbeiter 34440 Scheffel Kohle. Die Kohle wurde hauptsächlich zum Betrieb der Saline in Schönebeck verbraucht.[207] In den historischen Tabellen werden die Bergarbeiter offenbar mit in der Gruppe der Einlieger geführt. Außerdem gab es noch einige Steinbrüche, so in Borne, Brumby (bei Calbe), Langenweddingen und Domersleben. In Domersleben wurde Marmor gebrochen, der auf einer Mühle im Ort geschliffen wurde. Ferner bestanden einige Kalkbrennereien und Ziegeleien. Es mögen also 100 bis 150 Beschäftigte gewesen sein, die wir als gewerblich-industrielles Frühproletariat ansprechen können.

4. *Der Charakter der Produktionsverhältnisse im Spätfeudalismus*

Nach der Darstellung der agraren Produktivkräfte, der demographischen Verhältnisse, der Sozialstruktur und der Grundbesitzverteilung sind nun abschließend die Produktionsverhältnisse in dem letzten Halbjahrhundert vor der Durchsetzung kapitalistischer Produktionsverhältnisse zu behandeln. Die Produktionsverhältnisse einer Gesellschaftsordnung werden bekanntlich von der Stellung der Produzenten zu den Produktionsmitteln und der Art und Weise der Aneignung des Mehrprodukts durch die herrschende Klasse bestimmt. Das Wesen des Feudalismus wird durch das Feudaleigentum am Grund und Boden und die Ausbeutung in Form der Feudalrente charakterisiert. Ein wesentliches Charakteristikum sind schließlich noch die Erscheinungsformen der außerökonomischen Zwangsmittel bei der Realisierung des Mehrprodukts, also der Feudalrente, und im Zusammenhang damit die persönliche Rechtsstellung der unmittelbaren Produzenten.

Wir haben also im folgenden nach der persönlichen Rechtsstellung der Produzenten, der Form, Höhe und dem Charakter der Ausbeutung und den Beziehungen bzw. Kämpfen zwischen Ausbeutern und Ausgebeuteten zu fragen.

Das Problem der persönlichen Rechtsstellung der Produzenten liegt in unserem Gebiet einfach. Irgendwelche juristisch fixierten Formen der Unfreiheit existierten — wie bereits dargelegt — zu dieser Zeit nicht mehr. Die zweite Leibeigenschaft bestand hier nicht als juristische Bindung der unmittelbaren Produzenten an die Scholle, sondern sie manifestierte sich in der Tatsache, daß es für die Gesamtheit der Landbevölkerung nur die Möglichkeit gab, sich der Ausbeutung eines Feudalherrn zu unterwerfen, um überhaupt den Lebensunterhalt zu verdienen. In der zweiten Hälfte des 18. Jh. hat dieser Zwang zweifellos insofern eine Lockerung erfahren, als in einer Reihe von Städten Manufakturen und Verlage verstärkt aufkamen, die einen beträchtlichen Arbeitskräftebedarf hatten und Menschen

[205] STAP, Pr. Br. Rep. 78 VI, Nr. 90.
[206] KRUG, 1805: 170—171.
[207] HEINECCIUS, 1785: 107.

vom Lande anzogen. Hier entstand eine gewisse Alternative für die Landarmut, wenngleich das Leben des Manufakturarbeiters kaum besser war als das eines ländlichen Einliegers oder des Gesindes.[208] Eine gewisse Lockerung des Abhängigkeitsverhältnisses auf dem Lande ergab sich auch aus dem stark anwachsenden Arbeitskräftebedarf in der Landwirtschaft als Folge der Fortentwicklung der agraren Produktivkräfte. Welchen bedeutenden Einfluß ein durch die Herausbildung neuer Produktivkräfte entstehender Arbeitskräftebedarf auf die Lage der landarmen und landlosen Produzenten haben konnte, zeigt der unfreundliche, aber überaus charakteristische Bericht, den BERGHAUER im Jahre 1800 über die Auswirkungen des Zichorienanbaus und der Zichorienverarbeitung gibt. Wir zitieren daraus: „Nur ist es zu bedauern, daß durch den so starken Anbau des Cichoriens theils die Lebensmittel, besonders die Gemüse, sehr vertheuert sind, theils auch ein schlimmer Einfluß auf die Sittlichkeit entstanden ist. Denn der ansehnliche Gewinn bey der Cichorien-Arbeit reizt sehr viele Aeltern, ihre Kinder aus der Schule zurückzubehalten, so daß diese in gänzlicher Unwissenheit aufwachsen. Auch werden durch das Zusammenseyn so vieler Menschen viele Untugenden und Laster verbreitet. Dieser schlimme Einfluß äußert sich besonders auch bey dem Gesinde. Da es durch Cichorien-Arbeit sich reichlich ernäheren kann, so wird es träge, trotzig und lasterhaft. Die Wollarbeiter leiden gleichfalls sehr durch den Cichorienanbau, indem es ihnen an Spinnern fehlt.“[209] Wann hätte die herrschende Klasse nicht die Sorge um die Sittlichkeit der Ausgebeuteten bewegt, wenn diese einmal infolge günstiger Umstände etwas mehr verdienten. Aber die zweite Leibeigenschaft wird durch solche Entwicklungen natürlich ausgehöhlt. Typisch war schließlich auch für die zweite Leibeigenschaft immer wieder die Flucht der ausgepowerten Bauern und Landarmen, wie sie in dieser Zeit noch in Mecklenburg an der Tagesordnung war. Die Börde hingegen hatte einen ständigen Wanderungsgewinn zu verzeichnen.

Betrachten wir nun die feudale Ausbeutung. In der klassischen Ausprägung feudaler Produktionsverhältnisse lastet die Feudalrente in Form der Arbeits-, Produkten- und schließlich — als der letzten und höchstentwickelten Stufe vor dem Übergang zu kapitalistischen Produktionsverhältnissen — der Geldrente auf den Bauernstellen. Selbstverständlich bestand bis zur bürgerlichen Umwälzung auch in unserem Gebiet das feudalherrliche Obereigentum an den Bauernstellen, und es wurde von den Bauern die Feudalrente geleistet. Die primitivste Form der feudalen Ausbeutung, die Arbeitsrente, war jedoch bis auf geringfügige Reste in Geldrente umgewandelt worden. In der Börde und in dem Gebiet am Nordrand des Harzes, dem Hauptanbaugebiet der Braugerste also, war vereinzelt schon im 16. Jh. die Arbeitsrente durch Geldzahlungen abgelöst worden.[210] Die Gründe dafür lagen einmal darin, daß der herrschenden Klasse bzw. deren Beauftragten die qualitativen Unterschiede zwischen Fronarbeit und bezahlter Lohnarbeit durchaus klar waren.[211] Zum anderen war es nicht gelungen, die Arbeitsrente auf einen Umfang zu steigern, der ausgereicht hätte, das Land der feudalherrlichen Eigenwirtschaften vollständig damit bearbeiten zu können.

[208] Vgl. KRÜGER, 1958: 300ff.

[209] BERGHAUER, 1800: I, 183.

[210] Beispielsweise in der Herrschaft Falkenstein (STAM, Rep. Dc Falkenstein, Nr. 56) oder Herrschaft Derenburg (STAM, Rep. H Harbke, Nr. 1587).

[211] Der Vogt der VELTHEIM in Harbke schrieb an den Amtmann der im Pfandbesitz dieser Familie befindlichen Herrschaft Derenburg im Jahre 1606: „denn ein groß unterschiedt ist unter der Arbeit, so von eigenen Pferden geschiecht und der, so von Herrendiensten“, STAM, Rep. H Harbke, Nr. 1175).

Auf den Eigenbetrieben mußten ohnehin Gespanne, Inventar und das dazu notwendige Gesinde gehalten werden. Schon am Ende des 17., vor allem aber im Laufe des 18. Jh. wurde dann die Arbeitsrente immer mehr in eine Geldrente umgewandelt, wobei die Domänenämter vorangingen. Aber auch in den Adelsherrschaften war am Ende des 18. Jh. fast überall die Arbeitsrente abgeschafft. Die Initiative zur Umwandlung der Feudalrente ging in vielen Fällen von den Bauern aus, wie beispielsweise 1795 in der Herrschaft Hundisburg,[212] wo übrigens der herrschaftliche Amtmann der Rentenumwandlung widerriet, da die Bauern dabei mehr gewinnen würden als die Herrschaft. Sehr häufig entschloß sich die lokale Feudalgewalt auch zur Rentenumwandlung, um die vielfach jahre- und jahrzehntelang andauernden, hartnäckigen Auseinandersetzungen um die Arbeitsrente beizulegen, wie beispielsweise am Ende des 17. Jh. im Amt Calbe.[213] 1750 verweigerten die Untertanen des Amtes Ummendorf aus dem gleichnamigen Dorf und aus Eilsleben sowie die zur Arbeitsrente nach dem Amtsvorwerk Ummendorf verpflichteten Bauern von Wefensleben die Leistung der Arbeitsrente,[214] wurden jedoch im gleichen Jahr gerichtlich dazu verurteilt, die Dienste zu leisten. Jedoch schon 1751 kamen die Bauern wieder mit Beschwerden gegen den Amtspächter. Sie bestanden auf der Befreiung von der Arbeitsrente und verlangten, auf Dienstgeld gesetzt zu werden, was dann auch 1752 mit der Hälfte der Arbeitsrente geschah. Der verbliebene Rest wurde erst 1797 umgewandelt. Nicht selten haben die Ämter und die Adelsherrschaften nur einen Teil der Dienste abgelöst. Auch in den Dörfern des Amtes Wanzleben wurden die Dienste von drei Quartalen in Geldrente umgewandelt, in einem Quartal blieb es jedoch bei der Arbeitsrente von einem Tag pro Woche von der Bauernstelle.[215] Für die feudalen Eigenwirtschaften hatte dieser Rest von Arbeitsrente noch immer Bedeutung bei der Bewältigung von Arbeitsspitzen, vor allem aber wohl wegen der Marktfuhren, wo es darum ging, bei günstigen Preisen schnell große Mengen in die Stadt zu bringen.

In einigen Fällen des Untersuchungsgebietes hatte aber die Arbeitsrente offenbar auch noch für die Bestellung der gutsherrlichen Eigenwirtschaft Bedeutung. Heineccius[216] teilt aus einigen Adelsbesitzungen den Umfang der Arbeitsrente mit, die z. B. in den Dörfern der Herren von Kotze, Klein Germersleben und Groß Germersleben, um 1780 immerhin noch zwei Gespanndiensttage wöchentlich von der Ganzspännerstelle, einen Tag von der Halbspännerstelle und 104 Handdiensttage im Jahr von der Kossatenstelle umfaßte. Auch die Herren von Alvensleben verlangten von ihren Bauern in Glöthe und Hohendorf noch Arbeitsrente in etwa der gleichen Größenordnung.[217]

Gerade wegen der Arbeitsrente kam es auch immer wieder zu Klassenauseinandersetzungen zwischen Gutsherren und Bauern. Beispielsweise lief 1781 zwischen den Herren von Alvensleben auf Erxleben und den Dörfern Bregenstedt und Hörsingen vor dem altmärkischen Obergericht in Stendal ein Prozeß wegen verschiedener Streitpunkte im Zusammenhang mit der Arbeitsrente. Unter anderem hatte die Herrschaft die ihr jährlich zustehenden beiden Kornfuhren „... zu den wohlfeilen Zeiten aufsummen" lassen.[218]

212 STAM, Rep. H Hundisburg, Verz. 7, S. 77, Nr. 24b.
213 STAM, Rep. A 9c, Lit D, Nr. 10.
214 STAM, Rep. A 7, Nr. 47.
215 STAM, Rep. Da Wanzleben, IV, Nr. 4, vol. II.
216 Heineccius, 1785: 120 und 123.
217 Heineccius, 1785: 118 und 123.
218 STAM, Rep. H Erxleben II, Nr. 2908.

Interessant ist in diesem Zusammenhang ein anderer Streitpunkt. Die Herrschaft hatte nämlich das den Einliegern gewohnheitsrechtlich zustehende Holzdeputat abgeschafft. Darüber führten nun die Bauern auch Beschwerde, da sie deswegen keine Mietsleute mehr für ihre Altenteilswohnungen bekommen könnten. Offenbar wurde kurz nach diesen Auseinandersetzungen dann auch in Erxleben die Arbeitsrente in Geldrente umgewandelt, denn in den Geldrechnungen der Herrschaft erscheint seit der Zeit um 1800 regelmäßig das Dienstgeld.[219]

Mit Sicherheit läßt sich sagen, daß die Arbeitsrente weder bei Adelsherrschaften noch bei den Ämtern für die Bewirtschaftung der Eigenwirtschaften noch eine größere Bedeutung hatte. Überall basierte die Gutswirtschaft auf Lohnarbeit durch Gesinde mit eigenem Vieh und Inventar. Eine wichtige Voraussetzung der Umwandlung von Arbeitsrente in Geldrente war die Existenz eines Reservoirs landarmer und landloser Produzenten, die es jedoch, wie erwähnt, in unserem Gebiet schon frühzeitig in breitem Umfang gab. Gleichzeitig entstanden aber durch die Rentenumwandlung zahlreiche neue Arbeitsplätze, und der Fortschritt der agraren Produktivkräfte in der zweiten Hälfte des 18. Jh. förderte diesen Vorgang. Karl Marx formulierte diese gesetzmäßige Entwicklung wie folgt: „Die Verwandlung der Naturalrente in Geldrente wird ferner nicht nur notwendig begleitet, sondern selbst antizipiert durch die Bildung einer Klasse besitzloser und für Geld sich verdingender Tagelöhner. Während ihrer Entstehungsperiode, wo diese neue Klasse nur noch sporadisch auftritt, hat sich daher notwendig bei den bessergestellten rentepflichtigen Bauern die Gewohnheit entwickelt, auf eigene Rechnung ländliche Lohnarbeiter zu exploitieren ...“[220] Diese Formulierung trifft genau auf die sozialökonomischen Verhältnisse in der Börde in der zweiten Hälfte des 18. Jh. zu.

In den Einnahme-Etats der Adelsherrschaften, Ämter und geistlichen Korporationen unseres Gebietes stellte also das Dienstgeld im 18. Jh. einen wichtigen Einnahmeposten dar. Krug hat in seinen „Betrachtungen über den National-Reichthum des preußischen Staates“[221] die Einnahme-Etats der Ämter des Herzogtums Magdeburg nach den großen

Tabelle 80

Die Haupteinnahmeposten einiger landesherrlicher Ämter in der Magdeburger Börde nach dem Stand von etwa 1800 (in Reichstaler. Groschen. Pfennige)[222]

Amt	Pacht von Vorwerken und Viehnutzung	Kornpächte Zehnten	Gerichtsgefälle	Dienstgelder	Gefälle, beständige
Herzogtum Magdeburg	158214.11.2	15804.7.8	2358.29.0	50156.12.6	20127.4.8
Alvensleben	7146.10.1	219.3.9	—	1571.2.0	450.13.9
Brumby	1804.9.6	27.0.0	6.18.0	596.9.0	62.21.1
Calbe	6442.16.3	247.17.7	145.0.0	3275.15.0	646.11.0
Dreileben	4899.6.6	192.1.4	47.16.0	3427.20.0	545.4.4
Egeln	10042.7.7	182.11.0	69.4.6	3874.23.0	587.1.8
Ummendorf	6172.4.9	836.14.7	15.0.0	1536.10.0	139.22.5
Wanzleben	8567.9.0	652.8.1	61.5.1	3186.14.11	389.10.3

[219] STAM, Rep. H Erxleben II, Nr. 1629 ff.

[220] Marx, 1964 (1894): XXV, 807.

[221] Krug, 1805: 353.

[222] Krug, 1805: 353.

Einnahmeposten zusammengestellt. Wir können sie in Tabelle 80 nicht alle wiedergeben, sondern müssen uns mit den die Feudalrente am wesentlichsten charakterisierenden Einnahmen, also Kornpächte und Zehnten (beide ausgedrückt in Geldwert), Gerichtsgefälle, Dienstgelder, beständige Gefälle (Erbzins usw., also die älteren Formen der Geldrente), in Gegenüberstellung zu den Einkünften aus der Gutswirtschaft und Viehnutzung begnügen. Die Einnahmen aus den Gutswirtschaften sind hier die Pachtsummen der Vorwerke.

Selbstverständlich muß bei dieser Übersicht beachtet werden, daß die Zahl der Bauern, die zu den einzelnen Ämtern gehörten, sehr verschieden groß war und auch die Dienste nicht überall in gleicher Höhe gelegen hatten, mithin auch die Umwandlung von Arbeitsrente in Geldrente sehr verschieden große Summen ergeben mußte.

Die Dienstgelder wurden nun während des 18. Jh. nicht erhöht, jedenfalls nicht in den Ämtern. Nach dem Pachtanschlag des Amtes Wanzleben für die Pachtperiode von 1736 bis 1743 (angefertigt 1736)[223] machten die Dienstgelder 3198 Reichstaler 4 Groschen $11^1/_2$ Pfennige aus und um etwa 1800 betrugen sie nach Krugs Angaben 3186 Reichstaler 14 Groschen 11 Pfennige, waren also praktisch unverändert. Auch die alten grundherrschaftlichen Abgaben wie Erbzins und viele andere unter den verschiedensten Bezeichnungen laufende Geldrenten blieben in der gleichen Höhe. Dagegen werden die Einnahmen aus den feudalherrlichen Eigenwirtschaften als Folge steigender Getreidepreise und höherer Produktivität beträchtlich angewachsen sein. Bei den Pachtanschlägen der Ämter darf man sich nicht von der relativ geringen Steigerung des Einnahmepostens „Pacht von Vorwerken und Viehnutzung" beirren lassen, da der preußische Staat als Verpächter den Domänenpächtern reichlichen Spielraum für Gewinn ließ.

Mit der Zunahme der Einnahmen aus der Gutswirtschaft sank der Anteil der eindeutig als Feudalrente anzusprechenden Einkünfte an der Gesamtheit der feudalherrlichen Einkünfte. Die Gutswirtschaften, die betriebswirtschaftlich mit eigenem Vieh und Inventar und persönlich freiem Gesinde arbeiteten, waren nicht mehr als eindeutig feudal zu bezeichnen. Zweifellos waren es auch noch keine kapitalistischen Junkerwirtschaften, und es kann nur wiederholt werden, daß die Produktionsverhältnisse unseres Gebietes insgesamt noch feudalen Charakter trugen.

Der langsame Wandel der Produktionsverhältnisse von feudalen zu nicht mehr eindeutig feudalen, wenngleich auch noch nicht kapitalistischen zeigt sich am deutlichsten im Verhältnis der Hauptklassen der ländlichen Gesellschaft. Der reine Feudalismus kennt nur den Gegensatz Feudalherr — feudal ausgebeuteter Bauer. Infolge der Umwandlung der Arbeitsrente in Geldrente und der überall zu beobachtenden Stagnation der Feudalrente begannen die Gegensätze und die Klassenauseinandersetzungen zwischen Bauern und Feudalherren in den Hintergrund zu treten, ohne allerdings ganz zu verschwinden. Die herrschende Feudalklasse ließ auch keine Gelegenheit ungenutzt, aus ihrer Stellung als feudale Obereigentümer allen bäuerlichen Grundbesitzes zusätzliche Einnahmen herauszuholen. Beispielsweise führten die Herren von der Schulenburg auf Emden 1802 mit Erfolg einen Prozeß gegen die Bauern dieses Dorfes, wodurch diese verurteilt wurden, von den angebauten Brachfrüchten den Zehnten zu leisten.[224]

Aber auf den feudalherrlichen Eigenwirtschaften, die den Gutsherren den größeren Teil ihrer Einkünfte brachten, waren eindeutig Gesinde und Tagelöhner, die Vorformen des ländlichen Proletariats im Kapitalismus, das Hauptausbeutungsobjekt. Wir können aller-

[223] STAM, Rep. A 9c XXVII, Lit P, Nr. 26.
[224] Bock, 1938: 288.

dings keine Zunahme der klassenkämpferischen Aktionen der Landarmut in dieser Zeit feststellen. Dazu müßte in breitem Umfang die Überlieferung der Patrimonialgerichte durchgearbeitet werden. Zu herausragenden Klassenkampfaktionen der Landarmut ist es nach der vorhandenen Quellenüberlieferung offenbar jedoch nicht gekommen, und spontaner Widerstand wurde mit Hilfe der feudalherrlichen Polizeigewalt bzw. der Patrimonialgerichtsbarkeit unterdrückt.

Die Klassensituation der Landarmut wird jedoch aus der Gesindeordnung für das Herzogtum Magdeburg von 1789 deutlich.[225] In der Präambel zu dieser wird zunächst ausgeführt, daß es im Herzogtum Magdeburg bis dahin keine spezielle Gesindeordnung gegeben habe, sondern vielmehr die Bestimmungen der Polizeiordnung von 1683 gültig waren. Deren Bestimmungen wären „... denen gegenwärtigen ganz veränderten Landes- und Zeitumständen nicht mehr angemessen, und uns hinterbracht ist, daß daher viel Unordnungen und Klagen, theils wegen Mangels des Gesindes, theils wegen ganz unmäßiger Steigerung des Lohns, trotzigen und üblen Betragens und unersättliche Begehrlichkeit deren Dienstbothen eingerissen, worunter nicht nur die einzelnen Privat-Wirthschaften und Familien, sondern auch das ganze Publicum selbst bishero ungemein gelitten" habe.[226] Bereits diese Ausführungen lassen die tatsächlichen Zusammenhänge erkennen. Erinnern wir uns an den bereits zitierten Bericht BERGHAUERS[227] über die Auswirkungen des Zichorienanbaus, der zeitlich nur wenig später liegt. Die im Zusammenhang mit der Entwicklung des Manufaktur- und Verlagswesens verstärkt einsetzende Abwanderung vom Lande und der damit entstehende Mangel an Arbeitskräften hatten offenbar die Interessenten an billigen Arbeitskräften in der Landwirtschaft alarmiert, also zunächst und vor allem die Gutsbesitzer. Ihrem Einfluß ist der Erlaß der neuen Gesindeordnung zuzuschreiben. Unmißverständlich wird festgelegt, auf wen diese Gesindeordnung anzuwenden ist. Unter Titel 1 „Wer dienen soll" wird in Paragraph 1 ausgeführt: „Alle unverheyratheten Personen männlichen und weiblichen Geschlechts sowohl in den Städten als auf dem platten Lande, welche theils in ihrer Eltern, Vormünder und Pfleger eigenen Wirthschaft und Haushaltung nicht unumgänglich nöthig sind und sich, ohne bey Fremden Arbeit für Lohn zu verrichten, ihren Unterhalt nicht verschaffen können, sind von ihrem 14. Jahr an, und so bald sie confirmiert sind, solange zu dienen verpflichtet, als ihre Kräfte und körperliche Beschaffenheit gestattet. Es dürfen sich dergleichen Personen nicht auf ihre eigene Hand setzen und deren Eltern, Vormünder und Pfleger sind schuldig, dieselben zu dienen anzuhalten."[228] Außer Landes durfte von dem umschriebenen Personenkreis selbstverständlich niemand ohne Erlaubnis gehen, und Handwerker auf dem Lande durften wieder nur die Kinder von Handwerkern, von Schulmeistern sowie schwächliche Personen werden, jedoch niemand von bäuerlicher Herkunft.

Die Gesindeordnung von 1789 scheint nicht den gewünschten Erfolg gehabt zu haben, denn 1799 beschäftigte man sich mit einer Revision. Interessant ist hier die Stellungnahme des Landrates von STEINECKER (wohl Landrat des I. Distrikts vom Holzkreis) vom 28. Oktober 1799, der sich gegen den Gesindezwangsdienst ausspricht. Die dazu verpflichteten jungen Leute würden sich dem vielfach entziehen und heimlich das Land verlassen. Wenn es den Dienstboten frei gestellt wäre, sich ihre Arbeitsstelle nach Wunsch und Mög-

[225] STAM, Rep. A 8, Nr. 708.
[226] STAM, Rep. A 8, Nr. 708.
[227] BERGHAUER, 1800: I.
[228] STAM, Rep. A 8, Nr. 708, vol. VII.

lichkeit zu suchen, wären Gutsbesitzer und Pächter auch gezwungen, das Gesinde ordentlich zu behandeln. STEINECKER fährt dann fort: „Auch ist gewiß, daß manche Dienstboten, die nur bei Zwang dienen, das an Lohn erhalten, was vor vielen Jahren durch das Gesetz bestimmt war, ohne Unterstützung von ihren Eltern und Verwandten nicht auskommen können.“[229] Die Gesindeordnung war also für die herrschende Klasse zugleich ein Instrument zur juristischen Absicherung einer verschärften Ausbeutung der Landarmut.

Trotz aller Versuche einer juristischen Fixierung wurde aber die Gesindeordnung durch die tatsächliche Entwicklung unterlaufen, wie der folgende Fall zeigen mag. Mit Datum vom 8. April 1797 schrieb der ökonomisch so tüchtige und erfolgreiche Amtsrat KÜHNE von der Domäne Wanzleben an die Magdeburger Kriegs- und Domänenkammer[230] und beschwerte sich, daß in den Dörfern seines Amtes zum Dienst verpflichtete junge Leute wären (sie werden namentlich aufgeführt), die sich schlechterdings weigerten, bei anderen Leuten in Dienst zu gehen. Sie wollten sich „auf ihre eigene Hand“ setzen, also als Tagelöhner oder in einem Handwerk arbeiten. KÜHNE weist darauf hin, daß wegen des Krieges viel Pack- und Stückknechte ausgehoben wurden und der Gesindemangel dadurch besonders drückend geworden wäre. Interessant ist nun die Tatsache, daß KÜHNE offenbar gar nicht für seine eigenen Gutswirtschaften Gesinde brauchte, vielmehr zählte er namentlich die Bauern auf, die einen Knecht bzw. eine Magd brauchten. Er erwähnt auch, daß es die Dorfschöppen waren, die unter Berufung auf die Gesindeordnung erfolglos die renitenten jungen Leute zur Annahme einer Gesindestelle aufgefordert hatten. Hier stellt sich natürlich die Frage, ob nicht die Beschwerde KÜHNES überhaupt erst auf Initiative der Bauern erfolgte, womit sich die Rolle der großen Bauern als Ausbeuter fremder Arbeitskraft schon deutlicher abzeichnete.

Wir haben nun die Entwicklung der Schicht der marktproduzierenden Bauern während des 18. Jh. näher zu untersuchen. Selbstverständlich waren hier je nach der Größe der Stellen sehr beträchtliche Unterschiede zwischen Vollspännern und Großkossaten, obwohl die einen wie die anderen regelmäßig für den Markt produzierten. Die Veränderungen in der klassenmäßigen Stellung der Bauern während des 18. Jh. lassen sich sehr gut aus den Hypothekenbüchern der Patrimonialgerichte erkennen. Zu diesem Zweck haben wir die Hypothekenbücher und einige Grundakten des Dorfes Domersleben im Amt Wanzleben herangezogen. Die Bauern aller Besitzgrößen in Domersleben waren mit Ausnahme einiger weniger Stellen, die nur Pachtacker hatten, Eigentümer ihrer Höfe, die sie verkaufen und hypothekarisch belasten konnten. Die Qualität des Besitzes und damit auch die Belastung mit der Feudalrente war recht unterschiedlich. Die größeren Bauern hatten fast alle eigenen Acker und Pachtacker nebeneinander in Besitz, wobei die hier gemeinte und gehandhabte Form der Pacht lediglich ein schlechtes feudales Besitzrecht und nicht ein kapitalistisches Pachtverhältnis, das es übrigens auch gab, beinhaltete. Wir haben auf diese Unterschiede noch einzugehen.

Die beste Besitzqualität hatten die Freisassen, von denen in Domersleben drei saßen. Es muß hier bemerkt werden, daß diese Zahl eine Ausnahme war. In den meisten Dörfern gab es überhaupt keine Freisassen. Sie standen lediglich in einem Lehnsverhältnis zu einem Feudalherrn und hatten außer der Lehnware beim Herrn- oder Mannfall und den Ritterpferdegeldern als Staatssteuer nur geringfügige Kirchen- und Gemeindeabgaben zu leisten. Das verbreitetste bäuerliche Besitzrecht in der Börde war das Erbzinsrecht. Als beispiels-

[229] STAM, Rep. A 8, Nr. 708, vol. VII.
[230] STAM, Rep. A 8, Nr. 708, vol. VII.

weise der kinderlose Freisasse Georg Wellmann aus Domersleben über sein Mannlehngut erbrechtlich disponieren wollte, mußte er bei seinem Lehnsherrn, dem Schenck von Flechtingen, die Umwandlung in ein Erbzinsgut beantragen. Aus dem Mannlehngut wurde durch den Allodifikationsbrief vom 18. August 1782 für 300 Reichstaler ein Erbzinsgut, das nun frei verkauft und vererbt werden konnte.[231]

Den Eigenacker hatten die Bauern regelmäßig in Erbzinsrecht. Die Abgaben waren seit langem fixiert und infolge säkularer Geldentwertung nur noch unbedeutend. Pro Morgen wurden drei bis vier Pfennig Erbenzins im Jahr gezahlt. Erbenzins wurde auch für Haus und Hof gezahlt. Der Empfänger dieser Abgabe war zugleich der Gerichtsherr, in diesem Falle also das Amt Wanzleben. Die Gerichtsherrschaft beinhaltete in unserem Gebiet generell auch die Verfügungsgewalt über die feudale Arbeitsrente.[232] In Domersleben hatten sehr viele Bauern neben den zu Erbzins besessenen Äckern auch sogenannte Pachtäcker. Dabei handelt es sich zum Teil um das Land der Dorfkirche Domersleben, das für einige Jahre in Zeitpacht vergeben wurde, zum größten Teil jedoch um unbefristete Nutzungsrechte, die aber ebenfalls als Pacht bezeichnet wurden. Besitzer dieser Ländereien waren geistliche Korporationen in Magdeburg, wie das Domkapitel, das Stift St. Gangolphi in Magdeburg, das Stift St. Nikolai in Magdeburg und andere. Vielfach besaßen aber auch Magdeburger Stadtbürger einige Hufen oder Morgen Acker in Domersleben. Das Nutzungsrecht wurde schon seit langem in dieser Form gehandhabt. Vielfach gingen die Besitztitel in die Zeit zurück, in der adlige Grundherren und selbst die Erzbischöfe wegen drückender Geldverlegenheiten ganze Herrschaften und Dörfer, aber auch einzelne Hufen und Morgen Land an zahlungskräftige Käufer abstoßen mußten. Bis weit in das 15. Jh. hinein waren das neben geistlichen Institutionen vielfach reiche Stadtbürger. Die unbefristete, aber relativ hoch belastete Vergabe derartigen Besitzes an Bauern begegnet uns schon im 16. Jh., und auch in dieser Zeit standen vielfach bei ein und derselben Bauernwirtschaft Erbzinsrecht und Pachtrecht nebeneinander.[233] Dieses Pachtrecht ist seinem Wesen nach keineswegs mit der kapitalistischen Pacht zu verwechseln. Das Land wird zeitlich unbefristet vergeben, und die darauf lastenden Abgaben werden sogar am Ende des 18. Jh. vielfach noch in Naturalform geleistet.

Darüber hinaus gab es aber auch schon echte Zeitpachtverhältnisse. Vor allem das Land von Kirchen und geistlichen Korporationen, aber auch Acker, der als Fundation einer Stiftung oder eines Legats diente, sowie von Privatpersonen wurde auf Zeit verpachtet. Selbst adlige Gutsherren verpachteten vielfach einige Morgen Land an Kossaten, Büdner und Tagelöhner in Zeitpacht. Im Laufe des 18. Jh. traten dabei beträchtliche Steigerungen der Pachtpreise auf, d. h. die steigenden Getreidepreise spiegelten sich getreulich in der Pacht je Morgen wider. Die Verpächter konnten dabei bequem gute Einnahmen realisieren und vermochten stets ihre Wünsche auf Pachterhöhungen durchzusetzen, wobei vor erpresserischen Methoden nicht zurückgeschreckt wurde. Das Domkapitel Magdeburg bei-

[231] STAM, Rep. Da Wanzleben, IV, Nr. 117.

[232] ZSTA II, Rep. 87B, Nr. 10723: 32. Erster Bericht des Freiherrn von Haxthausen, dem nach einem Beschlusse des hohen Staatsministeriums, von den Ministerien des Innern und der Justiz vom 17. März 1830 das Commissorium ertheilt worden, die Lebens- und Rechtsverhältnisse des Bauernstandes in den Provinzen Altmark, Magdeburg und Halberstadt an Ort und Stelle zu untersuchen und darauf gegründete Vorschläge zu Successions-Ordnungen einzureichen.

[233] Beispielsweise STAM, Rep. H Hundisburg, Verz. 5, S. 98, Nr. Q f 1.

spielsweise pflegte stets den alten Pächtern einen Pachtpreis für die neue Pachtperiode vorzuschlagen und, sofern diese Schwierigkeiten machten, das Land öffentlich (beispielsweise in den Magdeburgischen Intelligenz-Zetteln) den Meistbietenden zu offerieren. Fast immer gingen dann die bisherigen Pächter auf die neuen Pachtbedingungen ein. Die Entwicklung der Pachtpreise soll hier mit einigen Beispielen aus dem Bördegebiet verdeutlicht werden. Das Stift St. Gangolphi in Magdeburg verpachtete seine vier Hufen in Welsleben zu folgenden Pachtpreisen je Hufe (eine Hufe = 7,66 ha).[234]

Tabelle 81

Die Entwicklung der Pachtpreise in Welsleben 1693 bis 1810[235]

Pachtperiode	Pacht je Hufe (Reichstaler)	Pacht je Morgen (Reichstaler	Groschen	Pfennige)
1693–1699	15		12	
1734–1740	40	1	8	
1758–1764	40	1	8	
1783–1789	44	1	11	2
1795–1801	44	1	11	2
1801–1810	60	2		

Das gleiche Stift besaß in der Flur Schafthal bei Groß Wanzleben fünf Hufen Acker, die ebenfalls in Zeitpacht vergeben wurden. Die Entwicklung der Pachtpreise zeigt die folgende Tabelle.

Tabelle 82

Die Entwicklung der Pachtpreise in der Flur Schafthal bei Groß Wanzleben zwischen 1732 und 1804[236]

Pachtperiode	Pacht je Hufe (Reichstaler)	Pacht je Morgen (Reichstaler	Groschen	Pfennige)
1732–1738	1 Wispel Weizen, 3 Scheffel Hafer, 2 Gänse			
1738–1744	unverändert			
1750–1756	unverändert			
1756–1762	40	1	8	
1762–1768	46	1	12	$9^1/_2$
1768–1774	46	1	12	$9^1/_2$
1775–1780	46	1	12	$9^1/_2$
1780–1786	46	1	12	$9^1/_2$
1786–1792	46	1	12	$9^1/_2$
1792–1798	50	1	16	
1798–1804	50	1	16	

[234] STAM, Rep. A 4a Stift St. Gangolphi, Lit W, Nr. 54b.
[235] STAM, Rep. A 4a Stift St. Gangolphi, Lit W, Nr. 54b.
[236] STAM, Rep. A 4a Stift St. Gangolphi, Lit B, Nr. 221a.

Die Pächter des Ackers im Schafthal waren ausschließlich Bauern aus Bottmersdorf.

Nach der Kirchenrechnung von Löderburg[236a] war der dortige Kirchenacker im Jahr 1711/12 für 16 Groschen je Morgen verpachtet. 1713 waren es bereits 1 Reichstaler, 1728/29 1 Reichstaler 3 Groschen, 1778/79 1 Reichstaler 6 Groschen und in der Pachtperiode von 1803/04 bis 1809 dann 3 Reichstaler 6 Groschen 6 Pfennige.

Auch die Äcker, die das Domkapitel Magdeburg bei Wanzleben besaß und immer auf jeweils fünf Jahre verpachtete, erhielten in den meisten Fällen Bauern, in diesem Falle Ackerbürger von Wanzleben. Wirtschaftlich starke Bauern konnten damit ihre ökonomische Position nicht unwesentlich stärken. Wenn wir, wie auf den Äckern des Vorwerks Wanzleben, bei Weizen eine Aussaat von zwei Scheffel je Morgen und einen Ertrag von 12 bis 16 Scheffel annehmen, dann hätte die Ernte nach Abzug der Saat bei einem Marktpreis von 2 Reichstaler 10 Groschen je Scheffel (Durchschnitt 1796—1800) einen Wert von 24 Reichstaler 4 Groschen bis 33 Reichstaler 20 Groschen vom Morgen betragen. Das war natürlich der Bruttoertrag. Auch konnte nicht alles Pachtland mit Weizen bestellt werden. Ein Teil mußte außerdem als Brache liegenbleiben. Von dem Ertrag gingen ferner der Pachtpreis, die Staatssteuern und die Unkosten für die Bearbeitung ab. Trotzdem muß sich auch bei steigenden Pachtpreisen eine Pachtung gelohnt haben, denn der Andrang zu Pachtland war stets groß.

Es sei noch erwähnt, daß die Pachtpreise für Pachtland im Stadtfeld von Magdeburg immer besonders hoch lagen und unter dem Einfluß des Zichorienanbaus noch stark anstiegen. St. Gangolphi besaß im Stadtfeld von Magdeburg 54 Morgen Acker, der ständig verpachtet wurde. Die Pachtpreise entwickelten sich wie folgt:

Tabelle 83

Die Entwicklung der Pachtpreise im Stadtfeld Magdeburg zwischen 1788 und 1807[237]

Pachtperiode	Pachtpreis je Morgen	
	Reichstaler	Groschen
bis 1788	5	
1789—1795	5	19
1795—1801	6	16
1801—1807	8	
1801—1807	17	(geboten vom Kaufmann NATHUSIUS)

Seit 1797 enthalten die Pachtkontrakte über das Land von St. Gangolphi im Stadtfeld Magdeburg den Passus, daß in den drei letzten Jahren der Pachtperiode keine Zichorie angebaut werden darf.

Ganz ohne Frage stellt das Zeitpachtverhältnis landwirtschaftlicher Grundstücke ein typisches Element kapitalistischer Produktionsverhältnisse dar und gehört zu den vielen Zügen in der sozialökonomischen Struktur unseres Gebietes, die über die feudalen Produktionsverhältnisse hinausweisen.

236a STAM, Rep. Da Athensleben, Nr. 171.
237 STAM, Rep. A 4a Stift St. Gangolphi, Lit M, 201 a.

Die Steigerung der Getreidepreise und die Produktivitätssteigerung als Folge der Entwicklung neuer Produktivkräfte in der Landwirtschaft spiegeln sich nun auch besonders eindringlich in der bemerkenswerten Zunahme der Verkaufspreise für landwirtschaftliche Grundstücke wider. Die folgenden Beispiele sind wieder aus dem Hypothekenbuch von Domersleben entnommen. Es muß hier vorausgeschickt werden, daß nach dem bäuerlichen Erbrecht der den Hof übernehmende Erbe diesen von seinen Eltern bzw. Geschwistern de jure kaufen mußte. Den Eltern, sofern sie noch lebten, wurde das Altenteil ausgewiesen, die Geschwister wurden anteilmäßig voll ausgezahlt bzw. das ihnen zustehende Erbe wurde als eine auf dem Hof lastende und zu verzinsende Hypothek eingetragen. Dadurch war bei jeder Hofübergabe, sei es durch Erbfall, Altenteilvertrag oder Verkauf an familienfremde Besitzer, eine Taxation notwendig. Da in den Hypothekenbüchern zugleich die Besitzqualität sowie die Feudalrente nachgewiesen werden und darüber hinaus Gläubiger wie Schuldner eingetragen sind, bieten die Hypothekenbücher ein hervorragendes Material über die Zusammenhänge von Besitzqualität und feudaler Belastung und über die Steigerung der ländlichen Grundstückspreise; ein Material, das wohl nur mit Hilfe der maschinellen Datenverarbeitung voll zum Sprechen gebracht werden könnte. Wir müssen uns hier mit einigen Beispielen begnügen.

Tabelle 84

Die Entwicklung der Preise für landwirtschaftliche Grundstücke in Domersleben im 18. Jh.[238]

verkauft im Jahre	Preis (in Rt)
a. Freigut WELLMANN, später Erbzinsgut, 59,8 ha Eigenacker	
1792	7100
1807	12000
b. Halbspännergut LÜDDE, 3 Hufen 7,5 Morgen (24,9 ha), davon 1 Hufe Eigenacker, 2 Hufen 7,5 Morgen Pachtacker	
1746	500
1768	1000
1802	2300
c. Halbspännergut CUPEY, 3,75 Hufen (28,7 ha), davon 1 Hufe Eigenacker, 2,75 Hufen Pachtacker	
1735	700
1767	1800
1784	2100
1792	2100
1806	3700
d. Spitzspänner JORDAN, 2 Hufen (15,3 ha), 1 Hufe Eigenacker, 1 Hufe Pachtland	
1729	400
1770	1000
1800	2400
1804	3250

[238] STAM, Rep. Da Wanzleben, IV, Nr. 4, vol. II und III.

Tabelle 84 (Fortsetzung)

verkauft im Jahre	Preis (in Rt)
e. Ackergut, 6 Hufen 3 Morgen (46,7 ha), davon 5 Hufen 22,5 Morgen Pachtacker, 10,5 Morgen Eigenacker	
1763	2450
1765	1750
1773	1900
1786	2500
1789	4800
1799	6125
f. Halbspännergut, 3 Hufen 4 Morgen (24,0 ha), alles Pachtacker	
1731	500
1768	1365
1805	3200
g. Kossatengut, 15,5 Morgen (4,0 ha), alles Eigenacker	
1730	200
1761	300
16. 2. 1789	760
21. 10. 1789	785
1794	600
1795	1000
h. Kossatengut, 15 Morgen (3,8 ha), alles Eigenacker	
1741	160
1773	450
1807	1000
i. Kossatengut, 17 Morgen (4,3 ha), alles Pachtacker	
1767	330
1775	580
1781	580

Die Steigerung der Kaufpreise bäuerlicher Grundstücke stand hinter der von Adelsgütern kaum zurück.[239] Wie bei den Rittergütern die „Pertinentien", also die rentetragenden Besitzteile (angefangen von den grundherrschaftlichen Abgaben der Bauern bis zur gutsherrschaftlichen Eigenwirtschaft) nach ihrem Durchschnittsertrag berechnet und dann mit dem zwanzig- bis fünfundzwanzigfachen Betrag kapitalisiert, den Verkaufspreis ergaben, so lassen sich umgekehrt aus den Preisen der Bauernhöfe mit gebotener Vorsicht gewisse Rückschlüsse auf die Einkommensverhältnisse der verschiedenen Kategorien von Bauernwirtschaften ziehen.

[239] Abel, 1967: 330ff.

Wir hatten bei der Darstellung der agraren Produktivkräfte bereits den Halbspännerhof der Familie SCHILD in Klein Ottersleben erwähnt,[240] der mit 34,3 ha Acker von 1778 bis 1784 für jährlich 100 Reichstaler und von 1790 bis 1796 für 140 Reichstaler verpachtet wurde. Selbstverständlich hatte der Pächter die auf dem Hof lastenden Staatssteuern und Feudalabgaben zu bezahlen. Er trug die Lohnkosten für die Bewirtschaftung des Hofes und wollte für sich außerdem aus der Pachtung noch einen Reingewinn ziehen. Tatsächlich muß also der Reinertrag eines Hofes dieser Größe über den Pachtsummen gelegen haben.

Auf den Versuch einer Bilanzierung typischer Bauernhöfe auf Grund der zur Verfügung stehenden Daten muß hier verzichtet werden. Solche Berechnungen sind gemacht worden[241] und waren in agrargeschichtlichen Gesamtdarstellungen auch notwendig. Bei einer kleinräumigen Untersuchung wie der unsrigen würden Angaben über die Einkommen von Ganzspännern oder Kossaten, die ja immer nur an ganz wenigen Beispielen gewonnen werden können, zu sehr bestimmte Eindrücke fixieren, die zweifellos nur angenähert stimmen können. Tatsächlich sind die Unsicherheitsfaktoren für eine genaue Berechnung sehr groß. Wir können wohl die Erträge und Verkaufserlöse aus dem Getreidebau einigermaßen exakt berechnen, die der Viehwirtschaft und aus den Sonderkulturen jedoch kaum. Für Dreileben beispielsweise berichtet KRIEG, daß mancher Bauer dort jährlich für 200 Reichstaler Kohl in Magdeburg verkaufen würde (wohl in der zweiten Hälfte des 18. Jh.).[242] Aus einer anonym erschienenen Reisebeschreibung[243] vom Jahre 1791 können wir entnehmen, daß etliche Bördebauern alle Wochen Getreide, Kohl, Rüben, Kartoffeln und Flachs nach der Stadt fahren würden und ihre Frauen wöchentlich zweimal dort 8 bis 12 Pfund Butter, 1 bis 2 Schock Käse und Eier verkauften. Die sich daraus ergebenden Einnahmen müssen recht beträchtlich gewesen sein, lassen sich aber schwer berechnen und stellen daher für repräsentative Beispiele zu große Fehlerquellen dar.

Dagegen können wir die mögliche Marktquote der Bauernwirtschaften und damit anhand der Preise auch die Verkaufserlöse für Getreide bestimmen. Ein großer Bauer — wie etwa der Freisasse WELLMANN in Domersleben — konnte auf Grund der mehrfach ausgewerteten Aufnahmen von 1795/96 bis 1797/98 jährlich etwa 15 bis 20 Wispel Weizen und 7 bis 9 Wispel Gerste auf den Markt bringen. Bleiben wir bei den Getreidepreisen des Jahres 1800, dann waren das bei einem Weizenpreis von 58 Reichstaler je Wispel immerhin 870 bis 1160 Reichstaler allein für Weizen. Diese wenigen Hinweise mögen genügen. Sie bestätigen durchaus die aus den letzten Jahren des 18. Jh. immer wieder zu hörende Behauptung, die großen Bauern der Börde wären sehr wohlhabend und würden zu Luxus neigen.

Immerhin darf man dabei auch nicht vergessen, daß die Abfindung der weichenden Erben mit einem vollen Anteil am Hofe die Bauern außerordentlich schwer belastet haben muß. Kaum einer der Höfe in Domersleben war daher ohne hypothekarische Belastung, die natürlich verzinst werden mußte. Allein diese Tatsache mußte dazu führen, daß die Bauernfamilien im Interesse der Besitzsicherung die Zahl der Kinder klein zu halten suchten. Sie schränkte zudem normalerweise den Heiratskreis der großen Bauern auf die Familien ein, von denen eine namhafte Mitgift zu erwarten war. Die erbenden Bauernkinder konnten

[240] Vgl. S. 88.
[241] ABEL, 1967: 252 und 254.
[242] KRIEG, 1936: 88.
[243] Unterhaltende ... Beschreibung, 1791: I, 161.

also oft nur heiraten, wenn der zukünftige Ehepartner Geld hatte. Beispielsweise brachte die Frau des Halbspänners Lüdde 400 Reichstaler Mitgift ein, die ihr als Hypothek auf den Hof eingetragen wurden.[244] Die Frau des Halbspänners Georg Andreas Weber erhielt eine Mitgift von 1000 Reichstaler, außerdem zwei Kühe und 12 Schafe. Damit war eine gewisse Sicherstellung der Frauen gewährleistet, vor allem aber auch der Kinder, die so für den Fall, daß die Mutter starb und der Vater eine neue Ehe schloß, ihr mütterliches Erbteil gesichert bekamen.

Insgesamt mußte aber bei den stark steigenden Grundstückspreisen durch diese Erbsitte eine beträchtliche Verschuldung der Landbevölkerung entstehen. Am Beispiel der Dörfer des Amtes Wanzleben stehen uns entsprechende Zahlen zur Verfügung. Das neu errichtete statistische Bureau des preußischen Staates beim Commercien- und Fabriquen-Departement wünschte, — offensichtlich unter dem Einfluß seines leitenden Mitarbeiters Leopold Krug — nähere Kenntnisse über „die ökonomischen Verhältnisse der einzelnen Stände und Einwohner-Classen ...“ zu erhalten. Zu diesem Zweck sollte ein Tableau der hypothekarischen Schulden sämtlicher ländlichen und städtischen Grundstücke angefertigt werden. Das war nur möglich, indem man die Hypothekenbücher auswertete, wobei die Wertangaben der Grundstücke, die ja immer nur bei einer Hofübergabe ermittelt wurden, allerdings aus dem Zeitraum der vorangegangenen 15 bis 20 Jahre stammen können. Zum 28. Februar 1806 wurden für das Amt Wanzleben die folgenden Summen ermittelt:

Tabelle 85

Der Wert der ländlichen Grundstücke und ihre hypothekarische Belastung in den Dörfern des Amtes Wanzleben nach dem Stand vom 28. Februar 1806 (Reichstaler. Groschen. Pfennige)[245]

Gemeinde	Betrag der eingetragenen Schulden	Erwerbspreise der Grundstücke
Domersleben	94143.01.4	187961.10.0
Hohendodeleben	105631.01.2	156326.00.0
Klein Rodensleben	60195.01.9	66571.17.0
Bahrendorf	26659.00.7	55712.18.0
Schleibnitz	39721.02.2	51776.21.0
Stemmern	39300.17.9	59007.07.9
Sülldorf	16191.05.7	29280.10.9
Wanzleben (Amtsfreiheit)	21296.20.6	33385.10.0
Zusammen	403138.02.10	640021.22.6

Das war natürlich eine gewaltige Schuldenlast. Da die Erbsitten der Bauernbevölkerung in den Dörfern der Börde überall gleich waren, wird auch der Grad der Verschuldung überall in ähnlicher Höhe gelegen haben. Bei diesen Summen erhebt sich natürlich die Frage, wer hier die Kreditgeber waren. Seit langem hatten die Dorfkirchen die Funktion von ländlichen Darlehenskassen für die Bauern ausgeübt. So finden wir z. B. auch im Hypo-

244 STAM, Rep. Da Wanzleben, IV, Nr. 109.
245 STAM, Rep. Da Wanzleben, XI, Nr. 8.

thekenbuch von Domersleben immer wieder die Kirche des Ortes als Gläubiger. Aber insgesamt konnten die Dorfkirchen einen Kreditbedarf in dieser Höhe nicht im entferntesten befriedigen. Hier mußten andere Quellen erschlossen werden. Aus dem ländlichen Bereich kamen auch die sogenannten Kindergelder, die Gelder von Waisen, die von den Patrimonialgerichten und Justizämtern verwaltet und gegen Zinsen mündelsicher angelegt wurden. Selbstverständlich finden wir auch immer wieder große Bauern als Geldgeber. Mehrfach erscheint in den Hypothekenbüchern von Domersleben der Ackermann PLÜMECKE aus Wanzleben, der beispielsweise 1803 an dem Kossatengut des JOHANN ANDREAS KUHL in Domersleben eine Hypothek von 900 Reichstaler hatte. Als der Freisasse GEORG WELLMANN 1789 in Domersleben starb, hinterließ er ein Geldvermögen von 3208 Reichstaler und 8 Groschen in Gold und 1163 Reichstaler courant (in Silbermünzen). Davon hatte er an die königliche „Banque“ 1100 Reichstaler in Gold und 1000 Reichstaler courant verliehen. Alles andere hatte er als Hypotheken an Bauern und Handwerker in Domersleben und den umliegenden Dörfern vergeben.[246]

In großem Umfang waren Stadtbürger die Gläubiger, hier in der Hauptsache naturgemäß aus Magdeburg. Die soziale Stellung dieser Bürger war sehr unterschiedlich. Es überwogen jedoch Gelder, die offenbar zur Sicherstellung der Altersversorgung dienen sollten. Beispielsweise lieh die Pastorenwitwe BRAUN 1787 an den Anspänner TÄGER 2000 Reichstaler[247] oder der Ratskämmerer der Neustadt Magdeburg 1774 dem Anspänner LÜDDE 600 Reichstaler zu 5 Prozent Zinsen.[248] Wir finden aber auch städtische Handwerker, Gewerbetreibende und Kaufleute unter den Gläubigern der Bauern, wie den Nadler JODUSCH, der zu 4 Prozent 250 Friedrichsd'or beim Krüger in Domersleben stehen hatte, oder den Branntweinbrenner FRICKE aus Magdeburg, der dem Domersleber Krüger 102 Reichstaler geliehen hatte. 400 Reichstaler gab der Brauer CHRISTIAN 1807 an den Kossaten JACOB KNABE. 1799 brachte der Kaufmann PAUL WACKER alle Hypotheken in Höhe von 3000 Reichstaler an dem bereits genannten Halbspännergut TÄGER in Domersleben, die vorher die Frau des Generalfeldmarschalls KALCKSTEIN und vor dieser die Pastorin BRAUN und der Bauinspektor CUNO in Remplin besaßen, in seinen Besitz.[249] Die Obligationen der Bauern besaßen also offenkundig Handelswert. Wenn für die auf dem bäuerlichen Grundbesitz der sieben Dörfer des Amtes Wanzleben lastenden 403138 Reichstaler 2 Groschen 10 Pfennige ein Zinssatz von 3 bis 4 Prozent angenommen wird, so hatten die Bauern jährlich etwa 12000 bis 16000 Reichstaler Zinsen aufzubringen, also mehr, als die Feudalrente an das Amt insgesamt ausmachte (vgl. Tabelle 80). Das war natürlich eine gewaltige Last. Diese Hypothekenzinsen waren ihrem Wesen nach keine Feudalrente. Offensichtlich gab es am Ende des 18. und zu Beginn des 19. Jh. in erheblichem Umfang Geldfonds, die noch nicht in einem Kapitalverhältnis, also einer Geldverwendung mit kapitalistischer Ausbeutung, angelegt werden konnten. Den Eindruck, daß in dieser Zeit überschüssige Geldfonds nach Anlage suchten, erhält man auch aus den Magdeburgischen Intelligenz-Zetteln, wo erhebliche Summen auf Zins angeboten wurden, wie etwa am 22. April 1797 40000 Reichstaler vom Vormundschaftsamt der Stadt Magdeburg oder 5000 Reichstaler von der deutsch-reformierten Kirche am 19. Mai 1795.[250] In Magdeburg befanden sich in den letzten

[246] STAM, Rep. Da Wanzleben, IV, Nr. 177.
[247] STAM, Rep. Da Wanzleben, IV, Nr. 4, vol. IV.
[248] STAM, Rep. Da Wanzleben, IV, Nr. 109.
[249] STAM, Rep. Da Wanzleben, IV, Nr. 4, vol. IV.
[250] Magdeburgische Intelligenz-Zettel vom 22. April 1797 und 19. Mai 1795: 366.

Jahrzehnten des 18. Jh. Manufaktur- und Verlagswesen in einem beträchtlichen Aufschwung.[251] Viele der von BERGHAUER aufgeführten Unternehmen[252] waren erst in den beiden letzten Jahrzehnten des 18. Jh. gegründet worden. Trotzdem zogen die Privatbesitzer von Geldfonds die Anlage in Form von Hypotheken auf Grundbesitz der der kapitalistischen Verwertung vor.

Wir wenden uns nun wieder dem Charakter der sozialökonomischen Verhältnisse am Ende des 18. Jh. und der Lage der Bauern zu. Ein typisches Zeichen für die in Auflösung befindlichen feudalen Produktionsverhältnisse war auch die Verpachtung des Zehnten, also einer im wesentlichen in natura geleisteten Feudalrente, an die zehntpflichtigen Bauern selbst. Beispielsweise hatten einige Dörfer der Herrschaft Erxleben den Korn-, Flachs- und Brachzehnten gepachtet.[253] 1791 war eine Neuverpachtung fällig, die die Herrschaft nutzte, um eine Pachterhöhung durchzusetzen. Als die Bauern sich dagegen wehrten, drohten die ALVENSLEBEN, den Zehnt „selbst ziehen" zu lassen. Für die Bauern muß aber trotz der Erhöhung die Pachtung des Zehnten lohnend gewesen sein, denn sie willigten schließlich ein. In Hörsingen entwickelte sich der Preis für die Zehntpacht wie folgt:

Tabelle 86

Pachtpreise für die Pacht des Zehnten in Hörsingen[254]

Pachtperiode	Pachtpreis (in Rt)
1781–1791	145
1791–1797	145
1797–1803	150
1803–1805	180
1806–1808	200

Die Bauern von Ostingersleben pachteten den von ihnen zu leistenden Garben-, Flachs- und Brachzehnt im Jahr 1801 für 390 Reichstaler und 1802/03 für 400 Reichstaler.

Die Verpachtung von Zehnten an Stadtbürger, die diesen dann durch einen von ihnen beauftragten „Zehntner" ziehen ließen, hatte es in unserem Gebiet schon lange gegeben, wobei die öffentliche Ausbietung an die Meistbietenden durchaus üblich war. In den Magdeburgischen Intelligenz-Zetteln vom 19. Mai 1795 wurde beispielsweise der Garbenzehnt von Groß Santersleben auf sechs Jahre angeboten.[255]

Die vergleichsweise günstigen Einkommensverhältnisse der großen Bauern unseres Untersuchungsgebietes zeigen sich auch darin, daß sie ganze Rittergüter zu erwerben strebten. Die preußische Staatsregierung suchte das zwar zu erschweren, aber geldbedürftige adlige Verkäufer wie die eine Geldanlage suchenden Bauern fanden mit dem Erwerb in Form der Erbpacht einen gangbaren Weg. 1787 kauften die Bauern des Dorfes Stemmern das Rittergut der Familie von ANGERN mit 24 Hufen im gleichen Dorfe für 1 330 Reichstaler

[251] FISCHER, 1966.
[252] BERGHAUER, 1800: II, 100–109.
[253] STAM, Rep. H Erxleben II, Nr. 3053.
[254] STAM, Rep. H Erxleben II, Nr. 3060.
[255] Magdeburgische Intelligenz-Zettel vom 19. Mai 1795: 365.

jährlicher Pacht und 4800 Reichstaler „Erbstandsgelder" in bar.[256] In der Aufstellung der Grundstückswerte und der Hypothekenschulden in den Dörfern des Amtes Wanzleben aus dem Jahre 1806 wird dieser Erbpachtskauf erwähnt mit dem Zusatz, daß sie „ihren Wohlstand dadurch sehr vermehrt haben",[257] was angesichts der seit den neunziger Jahren rapide ansteigenden Getreidepreise zweifellos zutrifft. Die Bauern — es waren zwei Ackermänner, sechs Halbspänner und acht Kossaten — bewirtschafteten übrigens das Gut nicht gemeinschaftlich, sondern verteilten den Acker unter sich. Der Erbpachtsbrief des domkapitularischen Gutes in Welsleben mit den dortigen Bauern wurde bereits erwähnt.[258] Der Erbpachtsbrief wurde am 5. November 1801 abgeschlossen.[259] Der Erwerb von Adelsgütern durch die Bauerngemeinden (wenn auch in Form der Erbpacht), die Pachtung der eigenen Zehnten und auch die Zeitpacht von Rittergütern, wie beispielsweise des etwas außerhalb des Untersuchungsgebietes gelegenen Ritterguts Gunsleben, das 1782 bis 1788 und wieder 1788 bis 1794 an die Bauern des Dorfes Gunsleben einschließlich aller ihm zustehender Feudalrenten verpachtet war,[260] zeigen, daß die Bauern dazu übergingen, das feudale Produktionsverhältnis, dem sie unterworfen waren, stückweise auszukaufen.

Ungeachtet aller feudalen Lasten und der hohen Zinslasten war also die Lage der großen Bauern am Ende des 18. Jh. zweifellos nicht schlecht. Bereits CARSTEDS Bericht über die Bauern von Atzendorf[261] läßt erkennen, daß die großen Bauern in einem gewissen Wohlstand lebten. Ein jährlicher Getränkekonsum in der Dorfschenke von „an die 40 Taler", den nach CARSTED schon die mäßigen Hauswirte aufzuweisen hatten, kann wohl kaum anders gedeutet werden. Die Berichte vom Ende des 18. Jh. sind noch ausführlicher. In einer Beschreibung von 1789 werden die Bördebauern als stolz bezeichnet, die die Arbeit vom Gesinde machen ließen und mehr im „Kruge" als zu Hause anzutreffen wären.[262] Es ist dies eine Schilderung, die ganz dem entspricht, was auch schon CARSTED (den der Verfasser der „Sommerreise" übrigens nicht kennen konnte) an den Ganz- und Halbspännern kritisierte. Auf den Lebensstandard der großen Bauern wirft es ein bezeichnendes Licht, wenn der Berichterstatter von 1789 schreibt, daß die Bauern viel und starken Kaffee konsumierten und nicht selten 30 Taler im Jahr für Kaffee und Zucker ausgeben würden. Auch der Kleideraufwand weist auf einen beträchtlichen Wohlstand hin. So heißt es darüber, daß zum Überrock Tuch zu 3 Taler die Elle und silberne Knöpfe üblich, auch das Tragen einer Uhr, sogar beim Pflügen, allgemein verbreitet waren. In einer weiteren zeitgenössischen Schilderung aus dem Jahre 1801 heißt es über die magdeburgischen Bauern: „Jedermann weiß, daß im Herzogthum Magdeburg der Wohlstand des Landmannes seit zehn Jahren außerordentlich gestiegen ist. Die alten Schulden der Dörfer sind größtentheils bezahlt, die Wohnhäuser und Wirtschaftsgebäude sind größtentheils neu erbaut und bequemer eingerichtet, alle guten Wirthe haben baares Geld im Kasten und lassen es zum großen Nachtheile der Circulation fast allgemein müßig liegen."[263]

Die Schicht der Landbevölkerung, die sich in der zweiten Hälfte des 18. Jh. eines gewissen Wohlstandes erfreuen konnte, also Ganzspänner, Halbspänner, vielleicht auch noch

[256] STAP, Pr. Br. Rep. 78, VI, Nr. 28.
[257] STAM, Rep. Da Wanzleben, VI, Nr. 8.
[258] Vgl. S. 78.
[259] STAP, Pr. Br. Rep. 78, VI, Nr. 151.
[260] STAM, Rep. H Neindorf, Nr. 2637.
[261] CARSTED, 1928: 63 und 90.
[262] Unterhaltende ... Beschreibung, 1791: I, 203 und 206.
[263] Wann ist der rechte Zeitpunkt, 1801: 210—211.

die Spitzspänner und zum kleinen Teil die Großkossaten, waren aber längst eine schwache Minderheit im Dorf, wie das statistische Material über die Entwicklung der Sozialstruktur bewies.[264]

Die Lebensbedingungen der Kleinkossaten, Häusler, Büdner, Einlieger und des Gesindes waren dagegen überwiegend kümmerlich, vielfach sogar ärmlich, und sie waren sehr oft von Unsicherheit gekennzeichnet. Trotzdem gab es auch zwischen den verschiedenen Schichten der landarmen und landlosen Produzenten beträchtliche Unterschiede in den Lebensbedingungen. Kleinkossaten und Büdner, die zugleich ein Handwerk ausübten und vielleicht noch einige Morgen Land zupachten konnten, mochten ein gewisses Maß an Existenzsicherung erreichen und unter günstigen Umständen sogar die Chance zur Bildung gewisser Ersparnisse und des langsamen sozialen Aufstieges gehabt haben. Das Handwerk allein bot offenbar nicht in allen Zweigen eine ausreichende Existenzsicherung, vor allem dann nicht, wenn die Getreidepreise stark stiegen. Ein Bericht aus Harbke verdeutlicht das. Im Jahre 1805 erreichte kurz vor der Ernte der Brotgetreidepreis eine seit Menschengedenken nicht erreichte Höhe. Der Scheffel Roggen kostete fast 5 Taler, der Scheffel Gerste fast 4 Taler. In Harbke war es im Juni 1805 zu Hungerdemonstrationen der Kinder von Tagelöhnern und „Professionisten" gekommen, die dann auch der Anlaß des vorliegenden Berichts wurden.[265] Darin wurde ausgeführt, daß ein Tagelöhner in der Woche 1 Reichstaler 12 Groschen und ein „Professionist" 2 Reichstaler 12 Groschen verdienen könnte. Da man den wöchentlichen Bedarf einer Familie mit 3/4 Scheffel veranschlagte, war bei diesen Getreidepreisen Hunger die unausweichliche Folge. Die hier gemachten Lohnangaben sind völlig real. Nach den Geldrechnungen der Herrschaft Erxleben von 1800/01 bis 1805/06 wurde an freie, also nicht gutsgebundene Tagelöhner folgender Tagelohn gezahlt:

Tabelle 87

Tagelöhne in Erxleben 1800/01 bis 1805/06[266]

Art der Arbeit	Männer- bzw. Frauenarbeit	1800/01 (in Gr.)	1805/06 (in Gr.)
Wintersaat mähen	Männer	6	
Erbsen mähen	Männer		6
Erbsen harken	Frauen	3	4
Getreide bansen	Frauen und Männer	4	4

Irgendwelche Naturalvergütung in Form von Essen oder Trinken gab es dabei nicht.

Auf dem Rittergut Wanzleben, das dem Domänenpächter Kühne gehörte, wurden nach einem Register von 1797/98 bei der Feldarbeit und für Handwerkerarbeiten folgende Tagelöhne bezahlt (siehe Tabelle 88).

Da diese Lohnsätze kaum erhöht wurden, obwohl die Getreidepreise so stark stiegen, kam es am Ende des 18. und zu Beginn des 19. Jh. zu dem bekannten Massenelend aller von Lohnarbeit lebenden Bevölkerungsschichten.

Der Schicht der Tagelöhner gegenüber war das Gesinde noch in einer vergleichsweise

[264] Vgl. S. 114.
[265] STAM, Rep. H Harbke, Nr. 5263.
[266] STAM, Rep. H Erxleben II, Nr. 1629 und 1632.

Tabelle 88

Tagelöhne auf dem Rittergut Wanzleben 1797/98[267] (in Gr.)

Feldarbeiten:			
Kohl pflanzen	4	Futter mähen	8
Kartoffeln hacken	4	Frauenarbeit Flachs ziehen	3
Futter schneiden	4	Frauenarbeit Getreide bansen	4
Handwerkerarbeiten:			
Malerarbeit (Kammern weißen)	8	Ofen setzen	7
Maurerarbeit	7	Dachdeckerarbeit	8

besseren Lage, da wenigstens Unterkunft und Ernährung gesichert waren. Allerdings war die persönliche Abhängigkeit vom Dienstherrn groß und durch die Gesindeordnung noch einmal ausdrücklich festgelegt worden. Ein Teil des ständig beschäftigten Personals auf den Gütern bekam außerdem ein festes Deputat, Knechte, Mägde und Enken jedoch in der Regel nicht. Die Barlöhne des Hofgesindes erfuhren in dem halben Jahrhundert vor 1806/07 kaum eine Steigerung. CARSTED gibt die Gesindelöhne für Atzendorf etwa 1756 wie folgt an:

Knechte 20 bis 22 Reichstaler, Enken 14 Reichstaler, Mägde 5 Reichstaler und zwei Paar Schuhe, 15 Ellen grobe, 15 Ellen bessere Leinwand im Jahr.[268] In der Aufstellung der Wirtschaftsunkosten des Amtes Wanzleben für die Pachtperiode ab 1796 wurden die Gesindelöhne wie folgt veranschlagt:[269]

Tabelle 89

Gesindejahreslöhne auf der Domäne Wanzleben um 1796[270] (in Rt.)

Knecht im freiwilligen Dienst	21
Knecht im Zwangsdienst	20
Enke im freiwilligen Dienst	16
Enke im Zwangsdienst	14
Magd	10

Nach der Geldrechnung der Herrschaft Erxleben von 1805/06 wurde dort an Gesindelöhnen gezahlt:

Tabelle 90

Gesindelöhne in der Herrschaft Erxleben 1805/06[271] (in Rt.)

Großknecht	28
Knecht	26
Enke	18–20
Viehmagd	12

[267] STAM, Rep. H Wanzleben, 304.
[268] CARSTED, 1928: 91.
[269] STAM, Rep. A 9c XXVII, Lit P, Nr. 63.
[270] STAM, Rep. A 9c XXVII, Lit P, Nr. 63.
[271] STAM, Rep. H Erxleben II, Nr. 1632.

Von 1756 bis 1797 ist überhaupt keine Steigerung festzustellen, und der Anstieg, der sich 1805/06 in Erxleben zeigt, entspricht keineswegs der Zunahme der Getreidepreise, also dem Gewinn der Gutsbesitzer. Eine relative Steigerung der Ausbeutung liegt also auf der Hand. Trotzdem darf die Bemerkung von CARSTED nicht unbeachtet bleiben, nach der das Gesinde in unserem Untersuchungsgebiet offenbar bessere Lebensbedingungen hatte als in den Nachbargebieten. Schon bei CARSTED hören wir von Saisonarbeitern aus Sachsen und aus dem Harz,[272] und nach dem Register von 1794/95 des Gutes Wanzleben werden sechs sächsische Mäher für das Abmähen von 175 Morgen Amtsacker und 2 Morgen Gutsacker mit drei Groschen je Morgen, also im Akkordlohn,[273] entlohnt. Die fruchtbare und hinsichtlich ihrer Landwirtschaft hochentwickelte Börde bot also sogar noch Arbeitskräften von außerhalb Nahrung.

Die kümmerliche Lage vieler Kleinkossaten und „Professionisten" sowie vor allem der Häusler und Tagelöhner veranlaßte diese, sich auf alle nur mögliche Weise zusätzlichen Verdienst zu suchen. Von großer Bedeutung war in diesem Zusammenhang die Pacht von Acker. Hierfür sollen einige Beispiele folgen. Nach dem Pachtanschlag des Amtes Alvensleben von 1798[274] pachteten in Markt Alvensleben 1798 der Oberförster, zehn Kossaten, ein Böttcher, ein Maurer und ein Häusler Acker. Im Dorf Alvensleben werden neben sechs Kossaten und vier Häuslern ein Stellmacher, ein Ziegelstreicher, ein Salpetersieder, ein Einlieger und ein Angestellter des Bergwerks als Pächter erwähnt. In Erxleben schließlich pachteten nach einer Geldrechnung von 1805/06[275] der Justizamtmann, ein Förster, ein Chirurgius, ein Kaufmann, ein Müller, acht Kossaten, sechs Leineweber, ein Sattler, ein Bäcker, ein Krüger und ein Müller Land. Wie in Markt und Dorf Alvensleben handelte es sich um Flächen von unter zehn Morgen je Pächter, meistens sogar nur um ein bis drei Morgen.

In Erxleben nutzte die Herrschaft selbst bei diesen kleinen Flächen jede Möglichkeit, die Pacht zu erhöhen. So wurden nach der Rechnung von 1802/03 64 Morgen noch für 114 Reichstaler 11 Groschen verpachtet, 1805/06 für $63^1/_2$ Morgen aber bereits 164 Reichstaler 11 Groschen eingenommen.

Die wenigen Beispiele über die Pachtung von Acker durch die Landarmut beweisen, daß es immer nur Kossaten, Handwerker und in wenigen Fällen auch Häusler waren, die Acker pachteten. Einlieger hingegen fehlen. Diese Schicht der Landbevölkerung muß demnach die ärmlichsten und unsichersten Lebensbedingungen gehabt haben; denn sie lebte buchstäblich nur vom Verkauf ihrer Arbeitskraft. Dabei kann nicht gesagt werden, ob sie tatsächlich immer in dem gewünschten Umfang Arbeit fanden, wenngleich das Vorkommen auswärtiger Saisonarbeiter dafür spricht, daß wenigstens in Zeiten der Arbeitsspitzen genügend Beschäftigung vorhanden war.

Über die Einkommensverhältnisse der Landhandwerker können wir uns schwer ein eindeutiges Bild machen. Zweifellos gab es sehr große Unterschiede, je nachdem, ob sie einen landwirtschaftlichen Nebenerwerb hatten oder nicht. Bestimmte Handwerker hatten aber wohl recht günstige Bedingungen, vor allem diejenigen, die unmittelbar für den Bedarf der Gutswirtschaften und der Bauern arbeiteten. Nach den Geldrechnungen von Erx-

[272] CARSTED, 1928: 95.
[273] STAM, Rep. H Wanzleben, Nr. 276.
[274] STAM, Rep. A 9c III, Lit P, Nr. 65.
[275] STAM, Rep. H Erxleben II, Nr. 1632.

leben wurden im Durchschnitt der Jahre 1801/02 bis 1805/06 für die einzelnen Handwerkszweige folgende Summen ausgegeben:

Tabelle 91

Ausgaben der Gutswirtschaft in Erxleben für Handwerkerarbeit in den Jahren 1801/02 bis 1805/06[276] *(in Reichtaler. Groschen. Pfennige)*

Schmiede	224.14.2
Rademacher	87.4.7
Sattler	35.3.5

Mindestens von den Ausgaben für Schmiedearbeiten partizipierten aber mehrere Schmiede. Völlig unklar sind die durchschnittlichen Ausgaben einer Bauernwirtschaft für Handwerkerarbeiten in unserem Untersuchungsgebiet. Sicher waren es aber doch nur relativ kleine Beträge. Als 1776 die Schulden des Kossaten LINDAU in Klein Ottersleben zusammengestellt wurden,[277] waren darunter auch 8 Reichstaler 12 Groschen an Schmiede- und 2 Reichstaler 20 Groschen an Stellmacherlohn aus dem Jahre 1775. Da selbst in großen Dörfern meistens nur ein Schmied und ein Stellmacher saßen, kann vermutet werden, daß diese Handwerker, und wahrscheinlich auch die Müller und Bäcker, in relativ guten Verhältnissen lebten.

Die Untersuchung der sozialökonomischen Struktur, speziell der Klassensituation und der Lage der einzelnen Klassen und Schichten der Landbevölkerung, ergab ein Bild zunehmender Differenzierung. So hatte sich aus der Bauernschaft eine Gruppe relativ wohlhabender, teilweise wohl sogar schon reicher Bauern abgesondert, die mehr und mehr den Charakter der ausgebeuteten Hauptklasse unter feudalen Produktionsverhältnissen verloren hatte und selbst zu Ausbeutern fremder Arbeitskraft geworden war. Eine kleine Gruppe der Landhandwerker dürfte ebenfalls eine gewisse Wohlhabenheit erlangt haben. Die überwiegende Masse der Landbevölkerung waren aber landarme und landlose Produzenten sowie arme Dorfhandwerker. Auf der Landarmut lastete jetzt die Ausbeutung durch die Gutswirtschaften, die nicht mehr als eindeutig feudal angesehen werden können. Der feudale Überbau, sichtbar in der Patrimonialjustiz, der guts-(grund-)herrlichen Polizeigewalt und dem feudalabsolutistischen Staat, war jedoch noch nicht angetastet. Die Produktivkräfte allerdings drängten über die feudalen Produktionsverhältnisse hinaus. Diese waren in vielen Punkten nicht mehr feudal. Um 1800 war in der Börde der Auflösungsprozeß der feudalen Produktionsverhältnisse in Gang gekommen.

Im Zusammenhang mit der Tatsache, daß die großen Bauern unzweifelhaft selbst schon zu Ausbeutern fremder Arbeitskraft geworden waren, erhärtet sich die Einschätzung, daß die Keimformen des Kapitalismus im Schoße des Feudalismus hier ein Ausmaß erreicht hatten, die bereits zu Auflösungserscheinungen führten. In einer Rezension[278] schrieb JÜRGEN KUCZYNSKI im Hinblick auf die englische Agrarentwicklung des 16. Jh.: „Niemand kann daran zweifeln, daß wir einen englischen Entwicklungsweg der Landwirtschaft

[276] STAM, Rep. H Erxleben II, Nr. 1629–1632.
[277] STAM, Rep. Dc Klein Ottersleben, IV, Nr. 35.
[278] KUCZYNSKI, 1965: 1011–1013.

haben: einen allmählichen Übergang von der feudalen zur nicht-mehr-feudalen, zur noch-nicht-kapitalistischen und schließlich zur kapitalistischen Landwirtschaft." Wir meinen, daß die Entwicklung in unserem Untersuchungsgebiet auf einem analogen Wege war.

III. Vom Beginn der bürgerlichen Agrarreformen unter dem Königreich Westfalen bis zum Einsetzen des Zuckerrübenanbaus und der Rübenzuckerindustrie (1807 bis etwa 1835)

1. Vorbemerkung

Durch den Frieden von Tilsit im Jahre 1807, der die Niederlage Preußens im Krieg gegen das napoleonische Frankreich besiegelte, kam unser Gebiet für sieben Jahre an das Königreich Westfalen. Dieses kurzlebige politische Gebilde von Napoleons Gnaden ist ohne die Französische Revolution von 1789 ebensowenig möglich gewesen wie dessen Herrschaft überhaupt. Ebenso wie das Regime Napoleons letztlich Exponent der zu Macht und Einfluß gelangten französischen Großbourgeoisie war und ein bürgerlich-kapitalistisches Frankreich repräsentierte, war auch sein Ableger auf deutschem Boden, eben das Königreich Westfalen, seinem Charakter nach kein Feudalstaat mehr, sondern es versuchte, sich das Gesicht eines bürgerlichen Repräsentativstaates unter einer monarchischen Spitze zu geben. Während aber in Frankreich ökonomische Kraft und politische Reife der Bourgeoisie weit genug entwickelt waren, um auch tatsächlich die Funktion der herrschenden Klasse wahrzunehmen, blieben Repräsentationssystem und bürgerlicher Staatsapparat dem politischen Gebilde des Königreichs Westfalen aufgepfropft. In dem aus einer Vielzahl vorher bestehender Kleinstaaten und abgetrennten Teilen größerer Staaten zusammengesetzten Königreich Westfalen gab es eine Bourgeoisie erst in Anfängen, und von einer Einheitlichkeit als Klasse konnte noch keine Rede sein. Der grundbesitzende Adel war — seinen Traditionen gemäß, die in den einzelnen Territorialstaaten wurzelten — nur zum kleinen Teil bereit, mit dem neuen Regime zu kollaborieren, zumal das Königreich Westfalen sofort die bisherige Grundsteuerfreiheit des Adels aufhob und außer der Grundsteuer zeitweise noch eine recht spürbare Kriegssteuer auferlegte.[279]

Es entsprach also vollkommen seiner historischen Stellung, wenn das Königreich Westfalen vor allem solche Gesetze erließ, mit denen der Übergang zum bürgerlichen Staat vollzogen werden sollte. Zu diesen Maßnahmen gehörte auch die Auflösung der alten Feudalverhältnisse auf dem Lande, die nun aber nicht mehr — wie während der Französischen Revolution — entschädigungslos geschah, sondern jetzt auf reformerischem Wege, also durch die Leistung bedeutender Entschädigungen erfolgen sollte. Immerhin waren die durch die westfälischen Gesetze den Bauern auferlegten Entschädigungsleistungen für die Ablösung der feudalen Rechte und Renten geringer als die nach den fast gleichzeitig erlassenen preußischen Agrarreformgesetzen. Aus innenpolitischen Motiven wurde im Königreich Westfalen der Entschädigungssatz sogar mehrfach herabgesetzt.[280] Von der

[279] STAM, Rep. H Erxleben II, Nr. 1600—1603.
[280] Lütge, 1957: 243ff.

Agrarreformgesetzgebung des Königreiches Westfalen blieben nach der Wiederinbesitznahme unseres Gebietes durch Preußen nach 1815 schließlich nur die wenigen Ablösungsverfahren, die bis 1814 bereits nach den westfälischen Gesetzen abgeschlossen waren. Die westfälischen Agrarreformgesetze — wie später auch besonders die preußischen — hatten letztlich die Funktion, die in der Börde bereits in der zweiten Hälfte des 18. Jh. immer stärker in Erscheinung tretende Auflösung der feudalen Produktionsverhältnisse in einer für die herrschende Klasse günstigen Weise gesetzlich zu regeln und die Entschädigungsansprüche abzusichern.

Eine Darstellung der Agrarreformgesetzgebung unter westfälischer und später dann preußischer Herrschaft kann hier unterbleiben, da sie im folgenden Beitrag von H. Plaul in der notwendigen Ausführlichkeit gegeben wird. Es sei bereits lediglich festgehalten, daß die westfälische Regierung in der Überwindung des Feudalstaates und der Errichtung eines bürgerlichen Staates weitergegangen war, als die wieder etablierte preußische Herrschaft es akzeptieren und beibehalten wollte. So wurde das preußische Allgemeine Landrecht von 1794 wieder eingeführt und mit diesem zusammen auch die Patrimonialgerichtsbarkeit auf dem Lande. Nach der Landgemeindeordnung des Königreichs Westfalen waren die Rittergüter den Landgemeinden eingegliedert worden, bildeten also keinen eigenen Verwaltungsbezirk, keinen Gutsbezirk für sich. Auch das schien den Gutsherren der betreffenden Gebiete nicht tragbar zu sein. Nach langen Auseinandersetzungen im Provinziallandtag der Provinz Sachsen wurden schließlich 1833 die Verbindung von Rittergut und Landgemeinde gelöst und die Bestimmungen des Allgemeinen Landrechts über die Dorfgemeinden wieder in Geltung gesetzt.[281] Die gutsherrliche Polizeigewalt wurde damit auch wieder auf die Landgemeinden ausgedehnt. Der Adel hatte also noch so viel Macht, um seine althergebrachte Stellung eines „Staates im Staate“ selbst in diesem ökonomisch weit entwickelten Gebiet und trotz der tiefgreifenden Eingriffe während der Zeit der westfälischen Herrschaft wieder aufrichten zu können. Im staatlichen Überbau wurden also noch weit in das 19. Jh. hinein, teils bis zur Revolution von 1848/49, teils, wie beispielsweise in der Frage einer bürgerlichen Landgemeindeordnung, bis 1890, wichtige Elemente konserviert, die ihrem Charakter nach nicht bürgerlich-kapitalistisch waren, sondern noch von feudaler Herrschaftsausübung herrührten.

2. *Die agraren Produktivkräfte zwischen 1806 und 1835*

Die von der preußischen Regierung erlassenen Agrarreformgesetze, insbesondere die Gemeinheitsteilungsordnung vom 7. Juni 1821, waren ohne Zweifel für die Weiterentwicklung der agraren Produktivkräfte von größter Bedeutung. Die bäuerlichen Entschädigungsleistungen für die Ablösung der Feudalrente in ihren verschiedenen Formen erfolgten in unserem Gebiet, von wenigen Ausnahmen abgesehen, durch einmalige Geldzahlungen oder jährliche Renten. Nur in wenigen Fällen gab es eine Abtretung von Bauernland. Dadurch war hier nicht — wie in den ostelbischen Gebieten, wo die Entschädigung an die Gutsherren vielfach ganz oder teilweise in Land geleistet werden mußte — mit der gutsherrlich-bäuerlichen Auseinandersetzung eine Separation verbunden. In den ostelbischen Regionen

[281] Loening, 1892: 181ff.

hingegen war dies die Regel, da die Herrschaften selbstverständlich das Entschädigungsland nicht in vielen kleinen Einzelparzellen, sondern in einem zusammenhängenden großen Plan zu erhalten wünschten. In der Magdeburger Börde war die Separation von Guts- und Bauernland — wie bereits dargelegt — weitgehend schon vor 1806 abgeschlossen worden. Die Separationen der Bauern untereinander hingegen waren nur von einem Teil der Gemeinden vorgenommen worden. Der Fortgang der Separationen als ein wesentlichster Bestandteil im Gesamtfortschritt der agraren Produktivkräfte wurde einzig und allein von den ökonomischen Zweckmäßigkeitserwägungen der Bauerngemeinden bestimmt. Man wird PLAUL zustimmen müssen, wenn er das Tempo in der Durchführung der Gemeinheitsteilungen und vor allem der Separationen nach Erlaß der Ablösungsordnung von 1821 in engen Bezug zum beginnenden Zuckerrübenanbau setzt und daher erst von der Mitte der dreißiger Jahre des 19. Jh. an eine — dann allerdings rapide — Zunahme im Fortgang der Separationen annimmt.[282] Im Verwaltungsbericht der Regierung Magdeburg[283] von 1826 wird über die Gemeinheitsteilungen gesagt, daß sie seit 1821 in der Altmark und in den beiden Jerichower Kreisen in Gang gekommen wären. Sie zögen in der Regel eine Separation der Feldmark nach sich, „weil durch die letzten die bestandenen Verhältnisse auf mannigfache Weise alteriert werden, dadurch Reibungen entstehen ...". Diese Bemerkung bestätigt die Annahme, daß in der Börde zwischen dem Erlaß der Gemeinheitsteilungsordnung von 1821 und dem Einsetzen des Zuckerrübenanbaus hinsichtlich der Gemeinheitsteilungen, Hütungsablösungen und Separationen nicht allzu viel geschehen war, da eine zeitweise Schwerpunktverlagerung der Landwirtschaft auf die Schafhaltung sich hier hemmend auswirkte, während in der Altmark und in den Jerichower Kreisen der hohe Grünlandanteil ohnehin für die Viehhaltung günstig war und der Rückgang der Getreidepreise nicht diese Auswirkungen hatte wie in dem Getreideanbaugebiet der Börde.

Bis 1830 waren die Getreidepreise zunächst niedrig, und der Getreideverkauf war noch immer die wichtigste Einnahmequelle sowohl der Großgrundbesitzer als auch der großen und mittleren Bauern. Infolge der napoleonischen Kontinentalsperre von 1807 bis 1813 war es in England zu einer bedeutenden Intensivierung der Landwirschaft und einer Vergrößerung der Agrarproduktion gekommen. Als nach 1813 die Importe von billigem Getreide aus Norddeutschland und dem baltischen Raum wieder einsetzten, wurden unter dem Einfluß der Landlords hohe Getreideeinfuhrzölle in England eingeführt. Dadurch kam es in den norddeutschen Exportgebieten zu Absatzstockungen und als Folge davon zu Depressionserscheinungen in der Landwirtschaft, die etwa von 1820 bis 1830 dauerten. Es kam hinzu, daß gerade in den Jahren nach 1815 die Schafhaltung für die Güter eine überragende Bedeutung gewann, also die mehrfach erwähnte Abneigung der Gutsbesitzer gegen die Aufhebung der Hütungsgerechtsame nach wie vor ihre hemmende Wirkung ausgeübt haben dürfte. Eine Reihe von Anzeichen — wir werden darauf noch zurückkommen — spricht dafür, daß auch bei den großen Bauern in den Jahren der Agrarkrise die Schafhaltung eine bedeutende Rolle gespielt haben muß.

Betrachten wir zunächst die Entwicklung des Ackerbaus. Im I. Distrikt des Holzkreises war nach KRUG um 1800 das Kulturartenverhältnis wie folgt ausgebildet:

[282] Vgl. S. 192ff.
[283] STAM, Rep. C 28 I, Präs. Nr. 43.

Tabelle 92

Kulturartenverhältnis im I. Distrikt des Holzkreises um 1800[284]

	ha	Prozent der Gesamtfläche
Fläche insgesamt	93373,8	
Acker	52094,4	55,8
Wiesen	5153,0	5,5
Anger, Hütung, Gemeinplätze	28472,4	30,5
Gärten	401,0	0,4
Holzungen	4428,5	4,7
Flüsse, Seen	1137,7	1,2
Straßen, Wege	555,8	0,6
Wohnplätze	1131,0	1,2

Zum Stichjahr 1840 hat Plaul auf der Grundlage von Hermes/Weigelt folgende Prozentsätze für das Untersuchungsgebiet insgesamt errechnet:

Acker	80,71
Wiesen	4,80
Garten	0,69
Weiden	7,71
Forsten	6,38

Das Bezugsgebiet deckt sich nur zum Teil. Trotzdem läßt die Gegenüberstellung doch etwas von der gewaltigen Zunahme des Ackerlandes, also einer sehr bemerkenswerten Intensivierung, erkennen. Nach dem bisherigen Forschungsstand kann nicht gesagt werden, in welchem Tempo bzw. welchen Etappen die Zunahme des Ackerlandes vor sich ging. Man kann jedoch annehmen, daß bis 1806 und zwischen 1814 (dem Wiederbeginn des Getreideexports nach England) und 1820 (dem Beginn der Absatzstockung für Getreide) die Zunahme des Ackerlandes besonders groß war, während zwischen 1820 und 1830 wohl nur eine langsame Zunahme zu verzeichnen war. Diese Frage könnte nur anhand von Einzeluntersuchungen von Gutswirtschaften und Domänenämtern geklärt werden.

Die Entwicklung der Anbauverhältnisse, die wir nach 1806/07 nur am Beispiel einiger Gutswirtschaften verfolgen können, da bisher über Bauernwirtschaften kein entsprechendes Material aufgefunden werden konnte, zeigt bis zur Mitte der dreißiger Jahre eine Fortführung der gleichen Tendenzen, die schon vor 1806 zu beobachten waren. Der Anteil der reinen Brache wurde immer geringer, und der Anbau von Brachfrüchten, unter denen Erbsen, Wicken, Bohnen und Ölfrüchte die wichtigsten waren, während Hackfrüchte noch wenig in Erscheinung traten, nahm zu. Wir können das am Beispiel der Güter Meyendorf und Erxleben gut zeigen.

[284] Krug, 1804a: 28.

Tabelle 93

Die Anbauverhältnisse auf dem Gut Meyendorf in den Jahren 1819 und 1834[285]

Anbaufrucht	1819		1834	
	ha	in Prozent	ha	in Prozent
Weizen	105,5	15,2	106,7	16,7
Roggen	46,8	6,7	49,8	7,8
Reine Gerste	87,4	12,6	75,3	11,8
Linsen und Gerste	9,2	1,3	—	
Wicken und Gerste	18,8	2,7	10,2	1,6
Reiner Hafer	55,4	8,0	53,6	8,4
Linsen und Hafer	6,1	0,9	—	
Reines Mengkorn	4,9	0,7	42,6	6,7
Linsen und Mengkorn	27,7	4,0	—	
Winterrübesaat	54,3	7,8	20,4	3,2
Sommerrübesaat	—		6,1	1,0
Erbsen	140,8	20,2	62,0	9,7
Bohnen	10,9	1,6	5,1	0,8
Linsen	—		0,25	0,04
Wickfutter	9,5	1,4	5,1	0,8
Ägypt. Korn	0,5	0,1	—	
Mohn	2,1	0,3	4,6	0,7
Kartoffeln	3,8	0,5	27,8	4,4
Turnips	—		5,1	0,8
Kohlrüben	—		5,1	0,8
Lein	—		6,1	1,0
Roter Klee	—		21,4	3,4
Esparsette	—		21,2	3,3
Reine Brache	111,8	16,1	53,6	8,4
Luzerne			2,6	0,4
Weide			52,6	8,3
Wirtschaftsfläche	695,5		637,25	

In Erxleben entwickelten sich die Anbauverhältnisse zwischen 1800 und 1825 wie folgt:

Tabelle 94

Die Entwicklung der Anbauverhältnisse auf dem Gut Erxleben zwischen 1800 und 1825[286]

Anbaufrucht	1800		1825	
	ha	in Prozent	ha	in Prozent
Weizen	79,9	20,2	82,6	20,9
Roggen	57,7	14,6	54,3	13,6
Gerste	58,8	14,9	44,3	11,2
Hafer	71,1	18,0	84,9	21,5

[285] STAM, Rep. H Meyendorf, Nr. 248 (für 1819) und Nr. 273 (für 1834). Die Gründe für die unterschiedlich große Wirtschaftsfläche sind nicht bekannt.

[286] STAM, Rep. H Erxleben II, Nr. 1333 (für 1800) und Nr. 1389 (für 1825).

Tabelle 94 (Fortsetzung)

Anbaufrucht	1800		1825	
	ha	in Prozent	ha	in Prozent
Winterrübesaat	8,9	2,6	6,9	1,7
Sommerrübesaat	2,6	0,6	—	—
Erbsen	12,8	3,2	30,9	7,8
Bohnen	4,6	1,2	—	—
Linsen	0,25	0,06	—	—
Wickfutter	10,2	2,6	8,8	2,2
Lein	7,1	1,8	9,8	2,5
Kohl	3,3	0,8	4,5	1,1
Kohlrüben	—	—	3,8	1,0
Kartoffeln	—	—	13,7	3,6
Klee	2,5	0,6	21,7	7,0
Brache	72,3	18,3	23,1	5,8

Nach wie vor gab man Weizen, Rübesaat, Hülsenfrüchten und Kohl den reichlichsten Dünger, erfuhren diese Früchte die intensivste Bodenbearbeitung. Den relativ geringen Veränderungen der agraren Produktivkräfte hinsichtlich der Anbauverhältnisse, Düngung und Bodenbearbeitung im ersten Drittel des 19. Jh. entsprachen auch die geringen Veränderungen in der Höhe der Hektarerträge, die wir für Getreide am Beispiel einer Gegenüberstellung des Gutes Erxleben zeigen können.

Tabelle 95

Die Ernteerträge auf dem Gut Erxleben im Durchschnitt der Jahre 1805/06 bis 1807/08 und 1828/29 bis 1830/31 (in dz je ha)[287]

	1805/06 bis 1807/08		1828/29 bis 1830/31	
	Aussaat	Ernte	Aussaat	Ernte
Weizen	2,49	16,65	3,33	16,14
Roggen	2,06	9,35	2,06	14,75
Gerste	1,65	11,19	2,12	11,04
Hafer	1,31	10,34	1,44	6,33

Die Erträge in Erxleben lagen somit auf dem Niveau des Bördegebietes. Nach einer sehr eingehenden und materialreichen Darstellung aus dem Jahre 1850 lagen die Ernteerträge je Hektar in der Börde in der folgenden Größenordnung:[288]

Weizen	8—12 Scheffel	= 13,32—19,98 dz
Roggen	8—10 Scheffel	= 12,69—15,86 dz
Gerste	18—24 Scheffel	= 23,97—31,96 dz
Hafer	15—16 Scheffel	= 14,39—15,35 dz

[287] STAM, Rep. Erxleben II, Nr. 1946—1949 (für 1805/06 bis 1807/08) und Nr. 1965—1967 (für 1828/29 bis 1830/31).

[288] Einige Nachrichten, 1850.

Die Entwicklung der Ernteerträge ist nur im Zusammenhang mit den Düngergaben zu verstehen. Nach wie vor reichte der Anfall tierischen Düngers nur zur Düngung der Anbaufrüchte aus, bei denen wegen günstiger Absatzbedingungen höhere Erträge gewünscht oder von denen eine reichliche Futterproduktion erwartet wurden. In Erxleben beispielsweise erhielten 1828/29 bis 1830/31 Winterrübesaat, Weizen, Kohl und Hackfrüchte die volle Düngung, das mit Gerste und Hafer bestellte Land dagegen nur die halbe Düngung, und das auch nur auf einem Teil der Anbauflächen. Die Ernteerträge der weniger gut gedüngten Flächen mußten daher stagnieren oder konnten sogar zeitweise rückläufig sein.

Bis über die Mitte des 19. Jh. hinaus waren alle Produktivitätssteigerungen in der Landwirtschaft eine Folge verbesserter Bodennutzungssysteme, verstärkter tierischer Düngung und verbesserter Bodenbearbeitung. Künstliche Düngung spielte dagegen noch kaum eine Rolle. Waren die in diesen Fortschritten der agraren Produktivkräfte liegenden Möglichkeiten ganz oder doch weitgehend ausgeschöpft, so mußte in der Steigerung der Bodenproduktion und der Hektarerträge zunächst wieder ein gewisser Stillstand eintreten, bis der Einsatz künstlicher (chemischer) Düngemittel und von Maschinen dann wieder zu einem Produktivitätsanstieg führte. In unserem Gebiet war offenbar die Stufe der Intensivierung, die aus der Überwindung der Dreifelderwirtschaft, der Abschaffung der Hut- und Triftrechte und den ersten Separationen (den Ackervertauschungen), dem Feldfutteranbau einschließlich der Vergrößerung der Viehbestände resultierte, um 1820 abgeschlossen.

Die Zunahme der Hektarerträge bei bestimmten Anbaufrüchten bei gleichzeitigem Stagnieren oder sogar Rückgang bei anderen infolge des differenzierten Einsatzes der zur Verfügung stehenden Düngermengen spiegelt die Marktsituation für die verschiedenen Agrarprodukte vorzüglich wider. In dem erwähnten Bericht von 1850[289] wird ausgeführt, daß in der Börde Gerste die höchsten und sichersten Erträge bringe und als Braugerste von den Brauereien sehr geschätzt würde. Auch wenn die Gersteerträge hier doch wohl zu hoch angegeben sein dürften — eine Darstellung des Kreises Wanzleben vom Jahre 1864 spricht von 13 bis 14 Scheffel vom Morgen (18,64 bis 19,97 dz je ha)[290] —, so wird doch deutlich, daß die erneute Konjunktur für Braugerste wieder zu einer starken Bevorzugung dieser Anbaufrucht geführt hatte.

In der westfälischen Zeit blieb Weizen das von den Gutswirtschaften am meisten angebaute und verkaufte Getreide. Aus den Rechnungen von Erxleben ist ersichtlich, daß in diesen Jahren der Absatz von Weizen sogar noch zunahm, wie die folgende Tabelle zeigt:

Tabelle 96

Der Verkauf von Weizen aus der Gutswirtschaft Erxleben im Durchschnitt der Jahre 1800/01 bis 1803/04 und 1807/08 bis 1809/10[291]

1800/01—1803/04	1807/08—1809/10
59 Wispel. 3 Scheffel	126 Wispel. 5 Scheffel

Neben Magdeburg, das vor 1806/07 den größten Teil des aus Erxleben verkauften Weizens aufgenommen hatte, trat in den Jahren der westfälischen Herrschaft in stärkerem Maße

289 Einige Nachrichten, 1850.
290 Statistik ... Wanzleben, 1867: 46ff.
291 STAM, Rep. H Erxleben II, Nr. 1629—1632 (für 1800/1801 bis 1803/1804); 1634—1636 (für 1807/1808 bis 1809/1810).

Helmstedt. Danach war dann wieder Magdeburg der Hauptabsatzmarkt. In der westfälischen Zeit erlangten auch der Anbau von Zuckerrüben und die Zuckerfabrikation eine erste Blüte. Der Umfang des Zuckerrübenanbaus in diesen Jahren ist allerdings in keiner Weise mit dem zu vergleichen, der dann sehr schnell seit den dreißiger Jahren erreicht wurde.

Nach der Darstellung von BOCK[292] war der Graf von der SCHULENBURG (Emden) einer der ersten in der Börde, der schon in der westfälischen Zeit zum Anbau von Zuckerrüben überging und für 3049 Taler 6 Groschen sich sogar eine eigene Zuckerfabrik bauen ließ. Trotz dieser beträchtlichen Investitionen blieb aber der flächenmäßige Umfang des Zuckerrübenanbaus in Emden gering. Bei einer Nutzfläche des Gutes von 2245 Morgen Acker wurden im Durchschnitt der Jahre von 1814 bis 1819 nicht mehr als 26,7 Morgen mit Zukkerrüben bestellt. Nach BOCK scheint die Fabrik in Emden schon 1820 aus Rentabilitätsgründen wieder eingegangen zu sein, übrigens als letzte der in der westfälischen Zeit gegründeten Zuckerfabriken. Im Verwaltungsbericht vom Regierungsbezirk Magdeburg für 1826[293] wurde festgestellt, daß die Zuckerfabrikation aus Rüben bei den niedrigen Zukkerpreisen ihr Ende gefunden habe; die Fabriken würden nur noch Sirup herstellen. So bestand beispielsweise nach dem Verwaltungsbericht von 1827 noch immer die Runkel-Rüben-Syrup-Fabrik des Kaufmanns HANNEWALD in Quedlinburg,[294] die 8000 Zentner Rüben verarbeitet hätte. Der Anbau von Runkelrüben hat also seit der Zeit der ersten Anfänge am Ende des 18. Jh. in diesem Gebiet nicht mehr aufgehört und überstand auch die Krise der Rübenzuckerindustrie nach der westfälischen Zeit. Auch der Zichorienanbau erlebte in den zwanziger Jahren des 19. Jh. Rückschläge,[295] konnte sich aber insgesamt noch halten und sogar wieder erholen.

Der bedeutende Umfang des Anbaus von Ölfrüchten als Brachfrucht hat zur Anlage zahlreicher neuer Ölmühlen geführt. Vor allem um Quedlinburg und in der Umgegend von Halberstadt entwickelte sich ein Schwerpunkt der Ölmühlen. Nach dem Reisebericht des Geheimrats KUNTH[296] über die Provinz Sachsen gab es 1817 im Kreise Quedlinburg 24 Ölmühlen, die in diesem Jahr 4476,5 Zentner Öl bereitet haben. In der an staufähigen Wasserläufen armen Börde konnten Ölmühlen nur in geringer Zahl erbaut werden. Dagegen befanden sich nach einer Angabe aus dem Jahre 1828 allein im Kreis Wolmirstedt 56 Ölmühlen.[297] Die Ölfrüchte aus der Börde wurden also wahrscheinlich in den nördlich und südlich angrenzenden Gebieten verarbeitet, wobei aber die Rückstände des Ölpressens, die Ölkuchen, wieder in der Börde als Zusatzfutter verbraucht wurden.

Wir haben nun die Entwicklung der Viehbestände zu betrachten. Nach HERMES/WEIGELT entwickelten sich die Viehbestände, wie aus Tabelle 97 ersichtlich.

Die Tabelle läßt einige typische Tendenzen in der Entwicklung der Viehhaltung erkennen. Wir sehen, daß sich der Anstieg der Viehbestände fortsetzte, der schon im letzten Drittel des 18. Jh. festzustellen war. Während aber die Pferdebestände beinahe konstant blieben, ist bei Rindern und insbesondere bei Schafen eine beträchtliche Zunahme festzustellen. Vor allem in den typischen Bördekreisen, Calbe und Wanzleben, aber auch noch im Kreise

[292] BOCK, 1938: 133.
[293] STAM, Rep. C 28 I, Präs. Nr. 43: 168.
[294] STAM, Rep. C 28 Ia, Präs. Nr. 45: 14.
[295] STAM, Rep. C 28 Ia, Präs. Nr. 43: 6—8.
[296] ZSTA II, Rep. 120, AV 2, Nr. 2: 72.
[297] ZEDLITZ, 1828: 126.

Tabelle 97

Die Entwicklung der Viehbestände in den Kreisen Calbe, Wanzleben, Neuhaldensleben und Wolmirstedt zwischen 1816 und 1840[298]

Die Viehbestände in Stückzahlen

	Pferde		Rinder		Schweine	
	1816	1840	1816	1840	1816	1840
Calbe	2864	3365	6784	7821	3901	5485
Wanzleben	4115	4005	8638	9135	4434	5150
Wolmirstedt	3442	4140	8751	10110	6117	7105
Neuhaldensleben	4144	4028	8624	9696	5265	6350

	Schafe					
	veredelte Schafe		unveredelte Schafe		Zusammen	
	1817	1840	1817	1840	1817	1840
Calbe	33437	74501	14067	637	47504	75138
Wanzleben	35418	72484	23868	7260	59286	79744
Wolmirstedt	23947	52802	24204	7748	48151	60550
Neuhaldensleben	28154	67706	22402	13854	50556	81560

Die Entwicklung der Viehbestände

	Viehbestände in GVE					
	Insgesamt		Index	ohne Schafe		Index
	1816/17	1840		1816/17	1840	
Calbe	16328	21192	130	11578	13679	118
Wanzleben	21162	23737	112	15234	15763	103
Wolmirstedt	19684	23461	119	14869	17406	117
Neuhaldensleben	20521	24810	121	15465	16654	108

Die Struktur der Viehbestände 1816/17 und 1840 nach Prozenten (auf der Basis von GVE)

	Pferde		Rinder		Schafe		*Schweine*	
	1816/17	1840	1816/17	1840	1816/17	1840	1816/17	1840
Calbe	23,4	21,2	41,5	36,9	29,1	35,5	6,0	6,5
Wanzleben	25,9	22,5	40,8	38,5	28,0	33,6	5,2	5,4
Wolmirstedt	23,3	23,5	44,5	43,1	24,5	25,8	7,8	7,6
Neuhaldensleben	26,9	21,6	42,0	39,1	24,6	32,9	6,4	6,4

[298] HERMES/WEIGELT, 1843: 97.

Neuhaldensleben nahmen die Schafbestände gewaltig zu. Dabei zeigen besonders die veredelten Schafe eine starke Zunahme, während die unveredelten Landschafe stark abnahmen. Um 1840 sind die Bestände an unveredelten Landschafen schon so klein, daß angenommen werden kann, daß auch die Bauern, die ja in unserem Gebiet ebenfalls eine beträchtliche Schafhaltung betrieben, ihre Schafe zum großen Teil veredelt hatten. Der Anstieg der Schafbestände zwischen 1816/17 und 1840 war insgesamt so groß, daß er — auch in Großvieheinheiten prozentual ausgedrückt — deutlich sichtbar wird.

Interessant ist ein Vergleich mit der Struktur der Viehbestände nach der Aufnahme von 1797, auch wenn sich das Gebiet vom I. und II. Distrikt des Holzkreises nicht mit dem der vier Kreise deckt.[299] 1797 lag in den beiden Distrikten des Holzkreises der Anteil der Rinder an den Großvieheinheiten bei etwas unter 50 Prozent (44,8 Prozent im I. und 48,2 Prozent im II. Distrikt) und der der Schafe bei 22,6 Prozent bzw. 20,7 Prozent. Bis 1816 zeigt sich also schon ein leichter Rückgang des Anteils der Rinder und ein teils kräftiges Vordringen der Schafe. Zwischen 1816/17 und 1840 verstärkten sich diese Tendenzen noch. Der Anteil der Schafe an der Viehhaltung insgesamt, ausgedrückt in Großvieheinheiten, stieg von 20 bis 22 Prozent im Jahre 1797 auf 33 bis mehr als 35 Prozent im Jahre 1840.

Die starke Zunahme der Schafbestände und das schnelle Tempo in der Veredelung der Schafe kann wiederum nur im Zusammenhang mit den Markt- und Absatzbedingungen erklärt werden. Zum Teil mindestens müssen die Ursachen für die schnelle Steigerung der Schafhaltung schon vor 1815, sicher auch schon vor 1806/07 wirksam gewesen sein. Von großer Bedeutung war zweifellos, daß in Preußen seit den letzten Jahrzehnten des 18. Jh. die sogenannte Nationalfabrikation eine beträchtliche Steigerung erfuhr.[300] Einer der wesentlichsten Zweige der preußischen Nationalfabrikation war neben der Leineweberei nun aber die Produktion von Wollerzeugnissen. Der Bedarf des preußischen Wollverarbeitungsgewerbes war so stark angewachsen, daß nicht nur die Ausfuhr von Wolle verboten war, sondern Preußen sogar schon Wolle aus den benachbarten deutschen Staaten und aus Polen einführte. Zu einer Steigerung der Wollpreise führte darüber hinaus die Tatsache, daß England, das sich bereits in der industriellen Revolution befand, seit den neunziger Jahren des 18. Jh. aus den deutschen Staaten Wolle zu importieren begann.

Am Beispiel der Herrschaft Erxleben läßt sich aus den Einnahmerechnungen die Bedeutung der Schäfereien gut zeigen. Im Durchschnitt der drei Jahre von 1801 bis 1804 wurden dort für Getreide und für Schäfereiprodukte (letztere im einzelnen nicht weiter getrennt, doch zweifellos ganz überwiegend Wolle) folgende Summen eingenommen:

Tabelle 98
Die Einnahmen aus dem Getreideverkauf und der Schäfereinutzung in der Herrschaft Erxleben 1801/02 bis 1803/04 (in Reichstaler. Groschen. Pfennige)[301]

Weizen	3150.02.8
Roggen	999.03.0
Gerste	633.07.0
Hafer	225.22.8
Getreide insgesamt	5008.11.4
Schäferei	1593.04.8

[299] Vg. S. 100f. Der Kreis Wolmirstedt wird bei dieser Betrachtung nicht berücksichtigt.
[300] Unter der Nationalfabrikation wird man die Produktion der Manufakturen, Verlage und des

Die Schäferei von Erxleben lieferte, das ergibt sich aus den Preisen, überwiegend feine Wolle, also von veredelten Schafen. Der Absatz der Wolle war dabei erstaunlich weit gestreut und ging nicht nur nach Magdeburg, sondern — wie 1800/01 — auch an die Tuchfabrik BUTHENHAUER in Cottbus und im gleichen Jahr an die Tuchfabrikanten ROSENTRETER und WEDEL in Aschersleben[302] oder 1809/10 an die von HAGENsche und ECKARDSTEINsche Tuchfabrik in Dessau. Daneben sind auch große Wollhändler in Magdeburg und Braunschweig die Abnehmer. Handwerkliche Tuchmacher oder Tuchmachergewerke tauchen dagegen nicht auf. Die Einnahmen aus der Schäferei waren also schon vor 1806/07 recht beachtlich, zu einer Zeit also, in der Anbau und Verkauf von Weizen noch den größten Gewinn versprachen.

Nachdem dann aber England, der Hauptimporteur von Getreide und vor allem von Weizen, 1815 Getreidezölle eingeführt hatte, die 1822 noch erhöht wurden, und damit die Getreideeinfuhren stark senkte, wodurch auf dem Kontinent in den Getreideexportländern die Getreidepreise stark fielen und in der Landwirtschaft auf Jahre hinaus schwere Depressionserscheinungen spürbar waren, wurde die Schafhaltung für die Agrarproduzenten noch wichtiger, wie die folgende Tabelle zeigt:

Tabelle 99

Einnahmen aus dem Getreideverkauf und der Schäfereinutzung in der Herrschaft Erxleben im Durchschnitt der Jahre 1820/21 bis 1822/23 und 1827/28 bis 1829/30 (in preuß. Taler. Groschen. Pfennige)[303]

	1820/21 bis 1822/23	1827/28 bis 1829/30
Weizen	4120.18.0	6430.07.8
Roggen	433.01.0	1054.05.0
Gerste	88.23.4	644.29.0
Hafer	10.19.0	50.11.0
Getreide zusammen	4653.01.4	8179.22.8
Schäferei	3802.21.4	2312.09.8

Aber auch noch am Ende der zwanziger Jahre des 19. Jh., als in unserem Gebiet die Auswirkungen der Exportstockung nach England schon nicht mehr so stark in Erscheinung traten, war die Bedeutung der Einnahmen aus der Schafhaltung für die Gutsherrschaft sehr beachtlich.

Der großen Bedeutung der Schafhaltung für die Einnahmen der Gutsherrschaft entsprachen auch die Aufwendungen für die Schäferei. Die genügsamen Schafe mußten sich keineswegs nur mit der Brachhütung und geringen Weideflächen begnügen. Nach den Kornrechnungen erhielten sie in beträchtlichem Umfang Hafer, aber auch Gerste und selbst Roggen. Je nach dem Ausfall der Ernte wurden Getreide und Erbsen als Schaffutter ge-

zunftmäßig organisierten Handwerks verstehen, soweit es nicht unmittelbar für den örtlichen Bedarf arbeitete (wie Nahrungsmittelgewerbe, Schmiede, Stellmacher usw.).

301 STAM, Rep. H Erxleben II, Nr. 1629—1631.

302 STAM, Rep. H Erxleben II, Nr. 1628 und 1601.

303 STAM, Rep. H Erxleben II, Nr. 1647—1649 (für 1820/21—1822/23) und Nr. 1653—1655 (für 1827/28—1829/30).

geben. Es kam sogar vor, daß die Schafe nach den Ackerpferden den größten Haferverbrauch hatten. Im Jahre 1804/05 erhielten im Gut Erxleben z. B. die Ackerpferde 81 Wispel 12 Scheffel und die Schafe 41 Wispel 14 Scheffel Hafer. 1828/29 war Hafer offenbar knapp, und die Schafe erhielten daher nur 13 Wispel 13 Scheffel Hafer, dafür aber 8 Wispel 12 Scheffel Erbsen.

Die Gegenüberstellung der Einnahmen aus dem Getreideverkauf und der Schäfereinutzung in Tabelle 99 kann als Bestätigung einer Feststellung aus dem Verwaltungsbericht der Regierung Magdeburg von 1826 angesehen werden,[304] wonach das Jahr 1826 wohl den Kulminationspunkt der Schafzucht gebracht habe. Die Schafhaltung wäre zum Hauptzweig der Landwirtschaft auf den Domänen geworden. Nun aber würden die Wollpreise sinken. Trotzdem begann ein absoluter Rückgang der Schafhaltung erst später. Als in den dreißiger Jahren eine neue Phase der Intensivierung der Landwirtschaft unseres Gebietes begann, und offenbar auch die Separationen und Hütungsablösungen häufiger wurden, wollten die ebenso vorsichtigen wie erwerbsfreudigen Großgrundbesitzer unseres Gebietes keineswegs auf die Schafhaltung verzichten, zumal ja mit der beginnenden industriellen Revolution der Bedarf an Wolle wieder stieg. Um die Schafbestände nicht reduzieren zu müssen, ging man aus Mangel an Weide dazu über, die Schafe den Sommer über in den Harz zu treiben. 1832 z. B. war aus Wanzleben ein Schafsknecht mit 300 Hammeln in Elbingerode im Harz.[305] Es entstand so in unserem Gebiet eine Form der Wanderschäferei, die es bisher hier nicht gegeben hatte. Auch auf einigen anderen Gütern beschritt man diesen Weg. So finden wir den Vermerk, daß im Jahre 1833 auf der Elbingeroder Weide 313 Hammel des Herren von Kotze aus Hamersleben, 448 Hammel aus Wanzleben und 340 Hammel des Oberamtmannes Ernst waren.[306] Über eine weitere Entwicklung dieser Wanderschäferei steht uns kein Material zur Verfügung.

Auch die Bauern waren übrigens bestrebt, die Vorteile der veredelten Schafzucht zu nutzen. In den Wirtschaftsnotizen des Amtmanns Kühne[307] von Wanzleben findet sich mehrfach der Vermerk, daß einzelne Gemeinden Schafböcke kaufen oder auch nur leihen wollten. Es kam auch vor, daß einzelne Bauern Lämmer von veredelten Schafen kauften. Der Höhepunkt der Schafhaltung lag in Preußen etwa um das Jahr 1860. Im Regierungsbezirk Magdeburg war nach der Viehzählung von 1867 aber noch kein Rückgang der Schafhaltung festzustellen,[308] obwohl in der Börde im Zusammenhang mit dem immer stärker aufkommenden Zuckerrübenanbau zweifellos eine Reduzierung der Schafbestände einsetzte. In der Statistik des Kreises Wanzleben aus dem Jahre 1864[309] wird von der Schafzucht gesagt, daß diese rückläufig wäre.

Ein kurzer Hinweis soll noch dem Einsatz landwirtschaftlicher Maschinen gewidmet werden. Zweifellos hat sich seit der Zeit vor 1806/07 auf diesem Gebiet kein entscheidender Wandel vollzogen. Der Reisebericht des Geheimrates Kunth aus dem Jahre 1817 über die Maschinenfabrik von Johann Gottlob Nathusius in Hundisburg[310] weist jedoch auf die kommende Entwicklung hin. Voller Optimismus berichtet Kunth, daß für über

304 STAM, Rep. C 28 I, Präs. Nr. 43: 118.
305 STAM, Rep. H Wanzleben, Nr. 214.
306 STAM, Rep. H Wanzleben, Nr. 214.
307 STAM, Rep. H Wanzleben, Nr. 214.
308 Nach Meitzen, 1869: 567ff.
309 Statistik ... Wanzleben, 1867: 46ff.
310 ZSTA II, Rep. 120 A V 2, Nr. 2: 97f.

100000 Taler Bestellungen auf Maschinen vorlägen. Die wichtigsten Maschinen, die in Hundisburg hergestellt wurden, waren Dreschmaschinen, Kornreinigungsmaschinen, Heuwenden, Sämaschinen, hydraulische Pressen und andere. Vor allem die Dreschmaschine wird von KUNTH gelobt. Das Stroh bleibe — wie bei den englischen Modellen — zum Schneiden völlig brauchbar. Die Produktivitätssteigerung gegenüber dem Handdrusch war beträchtlich. Die Maschine benötigte zum Betrieb vier Pferde oder einen entsprechenden Wasserantrieb. NATHUSIUS wollte jedoch eine Maschine konstruieren, die auch mit zwei Pferden betriebsfähig war. Die schnelle Entwicklung der Landwirtschaft der Börde seit den dreißiger Jahren war ohne eine entsprechende agrartechnologische Entwicklung nicht denkbar. Aber auch hier waren, wie wir sehen, die Voraussetzungen günstig.

3. Die beschleunigte Durchsetzung kapitalistischer Produktionsverhältnisse auf dem Lande

Ebensowenig, wie man die Produktionsverhältnisse der Magdeburger Börde um 1800 noch eindeutig als feudal bezeichnen kann, nahmen sie sofort mit Erlaß der bürgerlichen Agrarreformgesetze einen kapitalistischen Charakter an.

Solange zwischen den Feudalherren und den zur Leistung von Feudalrenten verpflichteten Bauern nicht ein förmlicher, gerichtlich bestätigter Vertrag, ein Rezeß, über die Ablösung der Feudallasten und die Höhe der dafür festgelegten Entschädigungsleistungen abgeschlossen war, mußten die Bauern in voller Höhe Abgaben und — sofern noch vorhanden — auch Dienste leisten. So kam es noch 1828 zwischen der Herrschaft Erxleben und einigen Bauern aus Uhrsleben vor dem Kreisgericht Neuhaldensleben zu einem Prozeß wegen der Dienste.[311] Die Bauern hatten wöchentlich einen Tag zu dienen, was sie auch vollkommen anerkannten. Sie bestritten lediglich, zu den von der Herrschaft festgelegten Tagen erscheinen zu müssen. Andererseits zeigt sich die Wirksamkeit feudaler Produktionsverhältnisse auch nach Einleitung der bürgerlichen Agrarreformen darin, daß der Geheimrath KUNTH ausgerechnet aus Hundisburg, also dem Besitz eines so ausgeprägten Kapitalisten, wie es JOHANN GOTTLOB NATHUSIUS ohne Frage doch war, berichten muß, daß hier eine Dreschmaschine nicht angeschafft werden könne, da die Kossaten die Pflicht, aber eben auch das Recht hatten, das Getreide um den 17. Scheffel auszudreschen.[312] Für die Landarmut war der Getreidedrusch auf Anteil immer eine willkommene Gelegenheit zum Nahrungserwerb gewesen. Jetzt, angesichts der hohen Getreidepreise, war er zu einem einträglichen Privileg geworden, und die Kossaten dachten selbstverständlich nicht daran, auf den wohl nur zeitlich bedingten günstigen Erlös aus dieser alten Feudallast zu verzichten.

Die Durchsetzung kapitalistischer Produktionsverhältnisse vollzog sich insgesamt doch in einem langsamen Entwicklungstempo. Allerdings hat in unserem Gebiet der Einbruch der Zuckerrübenkultur dann einen tiefen Einschnitt gebracht und den Sieg der kapitalistischen Landwirtschaft sehr beschleunigt.

Das Einsetzen des Zuckerrübenanbaus und der Rübenzuckerindustrie hat auch die demographische Entwicklung unseres Gebietes stark beeinflußt. Die Einwohnerzahl zwischen 1816 und 1840 zeigt folgende Entwicklung:

[311] STAM, Rep. H Erxleben II, Nr. 2908.
[312] ZSTA II, Rep. 120 A V 2, Nr. 2: 97.

Tabelle 100

Die Einwohnerzahlen in vier Bördekreisen zwischen 1816 und 1840[313] *(Index: 1816 = 100)*

Kreis	1816	1821	Index	1831	Index	1840	Index
Calbe	34086	38367	113	43278	127	48251	142
Neuhaldensleben	32293	32484	101	35527	110	39703	123
Wanzleben	31123	33144	106	36752	118	42177	136
Wolmirstedt	27177	29789	110	32471	119	36083	133
Zusammen	124679	133784	107	148028	119	166214	133

Die Bevölkerung des preußischen Staates wuchs zwischen 1816 und 1840 von 10349031 auf 14928501 Einwohner an, also auf 144 Prozent.[314] Die Bevölkerungszunahme in den Bördekreisen lag aber auch unter dem der preußischen Provinz Sachsen, die von 1816 bis 1840 auf 137 Prozent anwuchs, nämlich von 1197053 auf 1637221.[315] Die Ursache dieses vergleichsweise geringeren Wachstums kann nur im Zusammenhang mit der sozialökonomischen Entwicklung insgesamt gesehen werden. Ein schneller Bevölkerungsanstieg in der Periode des Spätfeudalismus und der beginnenden Umwälzung zum Kapitalismus setzte auf dem Lande immer dann ein, wenn die Fortschritte der agraren Produktivkräfte zu einem erhöhten Arbeitskräftebedarf führten, in den gutsherrschaftlichen Gebieten der Übergang von der gutsherrlichen Teilbetriebswirtschaft zur kapitalistischen Junkerwirtschaft begann und durch die beiden Prozesse die Errichtung zahlreicher ländlicher Kleinstellen notwendig wurde. Dadurch entstanden in breitem Umfang familientragende Stellen. Dieser Prozeß hatte sich, wie bereits dargelegt, in unserem Gebiet weitgehend schon vor 1806/07 vollzogen. Von der Entwicklung der agraren Produktivkräfte und der Ablösung der feudalen Arbeitsrente gingen in der Börde nach 1815 keine besonderen Impulse mehr aus. Die Gründung ländlicher Kleinstellen im Zuge der sogenannten Dismembrationen setzte aber nach Erlaß der bürgerlichen Agrarreformgesetze auch hier ein. Mit Dismembration wird die Zerschlagung ganzer Bauernhöfe in Kleinstellen oder der parzellenweise Landverkauf von Bauernhöfen, der ebenfalls teilweise der Errichtung neuer landwirtschaftlicher Kleinbetriebe diente, gemeint. Wir werden darauf noch zurückkommen.

In den 25 Jahren zwischen 1816 und 1840 war das Bevölkerungswachstum kaum wesentlich größer als in den 27 Jahren zwischen 1778 und 1805 in den drei Distrikten des Holzkreises.[316] In diesem Zeitraum war dort ein Anstieg auf 130 Prozent zu verzeichnen und zwischen 1816 und 1840 auf 133 Prozent. Die Bevölkerungszunahme setzte sich — wie im 18. Jh. — aus dem Geburtenüberschuß und der Zuwanderung zusammen. Naturgemäß bestand die Zuwanderung zum größten Teil aus Arbeiterzuwanderung. Die Wirtschaftsnotizen des Amtsrates Kühne, Pächter der Domäne Wanzleben und Rittergutsbesitzer, geben auch hierfür einige Hinweise.[317] Wie schon im 18. Jh. kamen in die Börde jährlich Saisonarbeiter, wie die „Harzer Mädchen".[318] Auffallend ist, daß für die Zeit der etwa 15 Jahre, über die sich diese Notizen erstrecken, die Zuwanderung von Arbeitern, vornehm-

[313] Hermes/Weigelt, 1843: 62.
[314] Engel, 1861a: 339.
[315] Engel, 1861a: 339.
[316] Vgl. S. 109.
[317] STAM, Rep. H Wanzleben, Nr. 214.
[318] STAM, Rep. H Wanzleben, Nr. 214.

lich von Dreschern, aus dem Gebiet von Braunschweig und dem östlichen Hannover erwähnt wird. Nach den üblichen Gepflogenheiten wurden die anreisenden Drescher mit ihrer Familie durch Gespanne der neuen Dienstherrschaft abgeholt, selbstverständlich unter Verrechnung auf den künftigen Lohn. Dabei werden nun neben Orten in der Börde selbst und der nördlich angrenzenden Altmark vor allem die genannten westlich angrenzenden Gebiete erwähnt, so daß für die Börde in dieser Zeit eine Zuwanderung aus dem östlichen Niedersachsen angenommen werden kann.

Die Entwicklung der Einwohnerzahlen läßt in den dreißiger Jahren eine deutliche Beschleunigung der Zunahme erkennen. Ganz zweifellos ist das eine Folge des beginnenden Zuckerrübenanbaus und der Zuckerindustrie. Die stärkere Bevölkerungszunahme seit den dreißiger Jahren ist nun nicht nur auf eine größere Zuwanderung zurückzuführen, sondern mindestens ebensosehr auf eine Zunahme der Eheschließungs- und Geburtenziffer. Bis weit über die Mitte des 19. Jh. hinaus war die Eheschließungsziffer ein sicherer Indikator für die Lebensverhältnisse der breiten Volksmassen. Der bekannte Statistiker Ernst Engel sagte dazu: „Die Zahl der Verehelichungen eines Landes ist ein sehr getreuer Ausdruck der Hoffnungen und Erwartungen, welche die große Masse der Bevölkerung von der Zukunft hegt, und man kann deshalb die Schwankungen, welche sich in der Zahl der jährlichen Trauungen bemerkbar machen, mit um so größerem Rechte für ein sichtbares Barometer des öffentlichen Wohls halten, je selbständiger ein Volk ist, von dem die Beobachtungen gelten. Die Verheirathbarkeit ist demnach ein ebenso sicheres Maß für Furcht und Hoffnung, wie der Börsenstand in Bezug auf den Geldmarkt ist."[319] Tatsächlich bestand bis in die siebziger Jahre des 19. Jh. ein unmittelbarer Zusammenhang zwischen der Höhe der Getreidepreise und der Eheschließungsziffer. Stieg der Getreidepreis, so sank die Eheschließungsziffer. Eine steigende Eheschließungsziffer war also ein sicherer Ausdruck für eine günstige Entwicklung der Arbeits- und Verdienstmöglichkeiten. Im längerfristigen Vergleich bietet die Verehelichtenquote, der Anteil der Verehelichten an der Gesamtbevölkerung, wichtige Aufschlüsse über die Lebensverhältnisse der breiten Volksschichten. Die statistischen Tabellen enthalten die Rubrik „In der Ehe leben", also nur die stehenden Ehen unter Ausschluß der Verwitweten und der Geschiedenen. Im Untersuchungsgebiet zeigte die Verehelichtenquote folgende Entwicklung:

Tabelle 101

Die Entwicklung der Verehelichtenquote im Holzkreis zwischen 1799 und 1805 sowie im Kreis Wanzleben zwischen 1816 und 1849 (in Prozent der Gesamtbevölkerung)[320]

	1799	1805
I. Distrikt	35,8	35,6
II. Distrikt	33,2	35,2
III. Distrikt	36,7	35,8

	1816	1828	1834	1849
Kreis Wanzleben	33,5	35,8	35,4	37,6

[319] Statistische Mitteilungen, 1852: 90.

[320] STAM, Rep. A 8, Nr. 1151 und Nr. 1155 (für 1799 und 1805); Mützel, 1825: VI (für 1816); STAM, Rep. C 20 I a, Nr. 1903, vol. I–III (für 1828, 1834 und 1849).

Der Anteil der Verehelichten an der Gesamtbevölkerung nahm also besonders seit der Mitte der dreißiger Jahre des 19. Jh. zu. Die natürliche Bevölkerungsbewegung im Kreise Wanzleben zeigte das folgende Bild:

Tabelle 102

Natürliche Bevölkerungsbewegung im Kreis Wanzleben zwischen 1836/40 und 1846/50[321]

	Eheschließungen je 1000 Einwohner	Geburten je 1000 Einwohner
1836/40	8,9	39,2
1841/45	10,0	43,7
1846/50	10,2	43,5

Je stärker Zuckerrübenanbau und Zuckerindustrie die Wirtschaft unseres Gebietes beeinflußten, um so mehr wurde durch Zuwanderung von Arbeitern die Bevölkerungsstruktur unseres Gebietes bestimmt. Da überwiegend jüngere Menschen zuwanderten, war die in fortpflanzungsfähigem Alter stehende Bevölkerung schließlich überproportional vertreten, wodurch die Eheschließungs- und Geburtenziffern zusätzlich gesteigert wurden.

Die Entwicklung der Sozialstruktur und der Grundbesitzverteilung werden zusammenfassend in einem anderen Beitrag dieses Werkes dargestellt. Hier muß jedoch darauf hingewiesen werden, daß die sich schon im 18. Jh. abzeichnende Klassenstruktur sich nun voll durchsetzte. Einerseits bildete sich jetzt die zahlenmäßig schwache, aber ökonomisch starke Schicht kapitalistischer Großbauern, die in breitem Umfang fremde Arbeitskraft ausbeutete, voll heraus. Die gesellschaftlich führende Position nahmen die nunmehr zu kapitalistischen Agrarunternehmern (Junkern) gewordenen früheren Feudalherren ein. Daneben gab es die Schicht der Mittelbauern, die eine Zwischenstellung zwischen einfachen Warenproduzenten und kleinen Ausbeutern einnahm. Andererseits gehörte aber auch zur Klasse der Bauern die breite Schicht der Kleinbauern, die von selbständigen aus landwirtschaftlicher Arbeit lebenden Kleinproduzenten bis zu den vielfältigen Formen der ländlichen Kleinstellenbesitzer reichte, bei denen Handwerk und landwirtschaftlicher Nebenerwerb oder landwirtschaftliche Lohnarbeit und Selbstbewirtschaftung kleiner Ackerparzellen kombiniert waren.

Die große Masse der Landbevölkerung aber waren landlose Produzenten, die einzig und allein vom Verkauf ihrer Arbeitskraft lebten.

Für die weitere Differenzierung der ländlichen Sozialstruktur und besonders der bäuerlichen Schichten waren die bereits erwähnten Dismembrationen von großer Bedeutung. Die Ergebnisse sind hier ebenfalls nicht darzustellen, wohl aber müssen einige Bemerkungen über die Ursachen gemacht werden. Zweifellos trat hinsichtlich des Verkaufs landwirtschaftlicher Grundstücke, sei es in geschlossenen Höfen, sei es in einzelnen Parzellen, gegenüber den Jahrzehnten des Spätfeudalismus eine beträchtliche Zunahme ein. Die Gründe sind bisher nicht untersucht worden. Es kann vermutet werden, daß die aus den bäuerlichen Erbsitten herrührende chronische Verschuldung der Bauern und die in Geld zu leistenden Entschädigungen an die Feudalherren viele Bauern zum Verkauf von Land oder sogar des ganzen Hofes zwangen. Über die den Junkern zufließenden Summen können wir uns nur

[321] STAM, Rep. C 20 I a, Nr. 1903, vol. II.

anhand einiger Dorfchroniken ein Bild machen. Beispielsweise wurden 1834 in Emden die Dienste und Abgaben der Bauern für 15520 Reichstaler und 121 Morgen 41 Quadratruten Land abgelöst.[322] Auf die Ackerleute kamen dabei Summen von 800 bis 1000 Reichstaler je Hof sowie 10 bis 12 Morgen Land. Halbspänner und Kossaten hatten entsprechend weniger aufzubringen. In der Herrschaft Harbke waren die Bauern nur Zeitpächter ihrer Stellen gewesen. Entsprechend hoch waren auch die Entschädigungen, die die Bauern leisten mußten. Diese Besitzverhältnisse waren jedoch für die Börde nicht typisch. Aber die Ablösung des Zehnten von Wulfersdorf, also einer hier allgemein üblichen Feudalrente, kostete die Bauern nach dem Rezeß vom 28. Januar 1851 18601 Reichstaler 8 Groschen.[323]

Als Motive für beabsichtigte Dismembrationen wurde von den Bauern häufig der Zwang genannt, drückende Schulden zu bezahlen.[324] Die Käufer des Landes sind nur selten in den Quellen mit ihrer sozialen Stellung genannt. Es waren jedoch bereits ökonomisch starke Bauern, die ihre Höfe vergrößern wollten. Die Entwicklung neuer kapitalistischer Junkerbetriebe aus Großbauernwirtschaften durch Zusammenkauf von Land fällt allerdings in der Hauptsache in die Zeit der Zuckerrübenwirtschaft. In den meisten Fällen waren in den beiden Jahrzehnten nach 1815 die Käufer dismembrierten Bauerlandes landarme und landlose Produzenten. Beispielsweise verkaufte Graf von der ASSEBURG 1817 in den Gemeinden Klein Oschersleben, Ottleben, Beckendorf und Hornhausen[325] einige 100 Morgen Land, das abseits seiner Güter lag. Die Bedingungen waren außerordentlich günstig, da er bar nur eine Anzahlung von 10 Prozent des Kaufpreises verlangte und für den Rest sehr langfristige Zahlungstermine einräumte. Die Käufer waren Hüfner, Kossaten, Dorfhandwerker, aber auch zahlreiche Häusler. Einlieger werden allerdings unter den etwa 170 Käufern nicht genannt. Aber auch in anderen Fällen, wo die Zahlungsbedingungen nicht so günstig waren, befanden sich offenbar Angehörige der Landarmut unter den Käufern. Das ist um so bemerkenswerter, als sich auch in unserem Gebiet der in den zwanziger Jahren des 19. Jh. überall zu beobachtende Rückgang der Tagelöhner- und Gesindelöhne bemerkbar machte und die Möglichkeit für die Landarmut, kleine Ersparnisse anzulegen, verschlechterte. Der Jahreslohn eines Knechts in Erxleben beispielsweise sank von 28 Reichstaler im Jahre 1819/20 auf 25 bis 26 Reichstaler 1828/29.[326] Auch der Tagelohn für die meisten Arbeiten sank um einen Groschen pro Tag, so von 7 Groschen für das Mähen von Erbsen auf 6 Groschen.

Es kann angenommen werden, daß mit dem Beginn des Zuckerrübenanbaus auch hier eine neue Entwicklung einsetzte und mit einer Steigerung der Arbeitseinkommen der Prozeß der Neugründung von Kleinstellen eine Beschleunigung erfuhr.

[322] BOCK, 1938: 398.

[323] AMMAN, 1955.

[324] STAM, Rep. Da Wanzleben, XVII, Nr. 2.

[325] STAM, Rep. H Neindorf, Nr. 649.

[326] STAM, Rep. H Erxleben II, Nr. 1646—1656. Vgl. auch PFAHL, 1973: 79—124, ferner NEUMANN, 1911.

Hainer Plaul

Grundzüge der Entwicklung der sozialökonomischen Verhältnisse in der Magdeburger Börde unter den Bedingungen der Durchsetzung und vollen Entfaltung des Kapitalismus der freien Konkurrenz in der Landwirtschaft (1830 bis 1880)[1]

1. Bäuerliche besitz- und erbrechtliche Verhältnisse

Zu den Vorzügen und Besonderheiten, durch die sich das Untersuchungsgebiet von anderen deutschen Landschaften und Territorien schon im Spätfeudalismus sichtbar unterscheidet,[2] gehören auch die relativ günstigen besitz- und erbrechtlichen Verhältnisse der bäuerlichen Bevölkerung, die hier — etwa im Gegensatz zu den Distrikten nördlich der Ohre und östlich von Elbe und Saale — „von alters her"[3] die größte Gruppe der mit Produktionsmitteln ausgestatteten unmittelbaren Agrarproduzenten repräsentiert. Weder die Institution der Leibeigenschaft im frühfeudalen Sinne noch die der gutsherrlichen Abhängigkeit (Gutsuntertänigkeit, Gutsherrlichkeit) waren hier existent.[4] Zwar hatte jener „bäuerliche Rechtsstatus (bzw. der Rechtsstatus der überwiegenden Mehrzahl der Bewohner des platten Landes)", der gewöhnlich als „zweite Leibeigenschaft" bezeichnet wird und worunter mit Engels nicht „die Rechtsform der Leibeigenschaft im engeren (etwa im frühfeudalen) Sinne des Wortes" zu verstehen ist, sondern jene „neuen, weithin durch das Römische Recht geprägten Bindungen, deren Erscheinungsformen von Leibeigenschaft bis Erbuntertänigkeit variierten und ... eine Vielzahl von Belastungen und Beschränkungen vorsahen, die die 'Freiheit' illusorisch machten",[5] sich auch in unserem Gebiet herausgebildet, aber insgesamt gesehen doch in einer weit aufgelockerten Form. Die Beschränkungen und Belastungen bestanden außer in einer ungenügenden Freizügigkeit in der Mehrzahl nur in der Verpflichtung zu Abgaben und Diensten gegenüber den Grundeigentümern und Gerichtsherren (Landesfürsten, adelige und nichtadelige Rittergutsbesitzer, Städte, Kirchen, Stifte usw.).[6] Auch nichtbäuerliche, ländliche Bevölkerungsteile waren im gewissen Umfang davon betroffen.[7] Ausgenommen blieben in der Regel die Besitzer von Freigütern.

Unter feudalen Produktionsverhältnissen war hier „das Eigentums- bzw. Besitzrecht des Bauern ... das denkbar günstigste. Weitgehend ist er freier Eigentümer, besitzt als solcher

[1] Der Beitrag stellt die überarbeitete Fassung des agrarhistorischen Grundlagenteils der Dissertation des Verfs. dar: Landarbeiterleben im 19. Jahrhundert. Eine volkskundliche Untersuchung über Veränderungen in der Lebensweise der einheimischen Landarbeiterschaft in den Dörfern der Magdeburger Börde unter den Bedingungen der Herausbildung und Konsolidierung des Kapitalismus in der Landwirtschaft. Tendenzen und Triebkräfte. — Außerdem sei in diesem Zusammenhang auf den Beitrag von Berthold im 2. Halbband hingewiesen.

[2] Zu den geographischen Vorzügen des Untersuchungsgebietes vgl. den Beitrag Gumpert in diesem Halbband.

[3] Bielefeldt, 1910: 3—4.

[4] Lütge, 1957: 8—25; außerdem S. 102, 113 und öfter. — Im Unterschied dazu spricht Bielefeldt fast ausschließlich von „gutsherrlich-bäuerlichen" Verhältnissen.

[5] Heitz, 1972: 24 und 25.

[6] Lütge, 1957: 103 und 113.

[7] Lütge, 1957: 127.

sein Haus und Land als schlichtes (schlechtes) Zinsgut. Dieses Besitzrecht, das also freies, ungemindertes Eigentum bedeutet, steht an erster Stelle. Daneben finden wir das Erbzinsgut verbreitet."[8] Dem Inhaber stand es sonach frei, soweit ihm dies der feudale Flurzwang gestattete, „den Hof ganz nach eigenem Wollen zu bewirtschaften".[9] Auch besaß er „das Recht der freien Vererblichkeit und der freien Veräußerlichkeit sowie Verpfändbarkeit";[10] lediglich der Inhaber eines Erbzinsgutes (Erbzinsmann) hatte hierfür noch die Genehmigung des Erbzinsherrn einzuholen.[11]

Das herrschende bäuerliche Erbrecht war auf die ungeschmälerte Erhaltung von Hof und Grundbesitz gerichtet; es galt das Prinzip der „Geschlossenheit".[12] „In der Regel vollzog sich der Besitzwechsel schon zu Lebzeiten des Altbauern; den Hof erhielt ... eines der Kinder, während die anderen Kinder durch sogenannte Erbgelder abgefunden wurden, die oft in Raten über Jahrzehnte hin zu zahlen waren und wofür der Grundbesitz haftete."[13] Einem eventuellen Vordringen des Realteilungsprinzips wirkten neben speziellen rechtlichen Bestimmungen[14] insbesondere spezifische landes- und grundherrliche Maßnahmen entgegen.[15]

Diese besitz- und erbrechtlichen Verhältnisse gewährten im Zuge der Herausbildung und Entwicklung der Warenproduktion in Verbindung mit den ausgezeichneten geographischen Gegebenheiten, insbesondere mit der hohen Bodenfruchtbarkeit, und mit der vorteilhaften Handelslage die Möglichkeit zu anhaltender Geldakkumulation. So vermochten bäuerliche Besitzer hier — wie übrigens auch in anderen westelbischen Territorien[16] — schon relativ früh Dienste in Dienstgeld umzuwandeln. BIELEFELDT vermerkt: „Im Magdeburgischen

[8] LÜTGE, 1935: 284. — Auch BIELEFELDT, 1910: 4, bemerkt: „Im Anfang des 19. Jahrhunderts war daher beim Bauernstand der Provinz Sachsen der rein zensitische Besitz überall die Regel, der als volles Eigentum des Bauern bei persönlicher Freiheit des Inhabers nur mit Leistungen an die Gutsherrschaft (richtiger: Grundherrschaft — H. P.) belastet war." — Von geringerer Bedeutung waren im Untersuchungsgebiet Erbpacht- und Laßgüter bzw. Bauernlehne (siehe dazu LÜTGE, 1957: 94—99, und BIELEFELDT, 1910: 4).

[9] LÜTGE, 1957: 86.

[10] LÜTGE, 1957: 86.

[11] LÜTGE, 1957: 89—94.

[12] LÜTGE, 1957: 56—77; vgl. außerdem BIELEFELDT, 1910: 5. — Schon die Polizeiordnung für das Herzogtum Magdeburg von 1688 bestimmte, „dass, wenn ein Ackergut an mehrere Erben fällt, die Theilung desselben füglich geschehen dürfe, wenn aus einem Gute 2 Halbspänner gemacht werden können, weitere Theilung aber nicht erlaubt sei." Und das Gesetz vom 21. 4. 1825, das in jenen preußischen Landesteilen Gültigkeit hatte, die — wie das Untersuchungsgebiet — vormals zum Königreich Westfalen gehört hatten, besagte: „Fiel bei einer Vererbung das Gut an mehrere Erben, so konnte der Gutsherr verlangen, dass sie einen aus ihrer Mitte bestimmten, welcher das Gut ungetheilt zu übernehmen hatte. Es sollten jedoch diese Beschränkungen der Zerstückelung nur in soweit gelten, als sie schon vor Einführung der fremden Gesetzgebung zulässig waren", was für die Magdeburger Gegend bekanntlich zutraf. Zitiert nach MEITZEN, 1868: 474 und 487. — Vgl. ferner GOLDSCHMIDT, 1899: 19: „In Erbfällen gilt für Rittergüter ausnahmslos, für bäuerliche Wirtschaften in der Regel, Geschlossenheit des Besitzes."

[13] LÜTGE, 1957: 57.

[14] BIELEFELDT, 1910: 5, verweist hierbei auf das Intestaterbrecht des „Sachsenspiegels", das auch für das Untersuchungsgebiet Gültigkeit besaß. — Vgl. ferner LÜTGE, 1957: 26—27.

[15] LÜTGE, 1957: 64—76.

[16] LÜTGE, 1957: 114—115; vgl. außerdem LÜTGE, 1935: 283.

waren die Dienste schon um das Jahr 1785 häufig abgelöst und wurden nicht mehr in natura, sondern in Geld geleistet."[17] Andernorts geschah dies zum Teil noch früher.[18] Im Zusammenhang damit — gleichsam als notwendige Voraussetzung für diese Umwandlung der Arbeits- und Produktenrente in Geldrente — war es auch bereits zu genaueren Fixierungen der Abgaben- und Dienstverpflichtungen gekommen: „Mit Geldrente", schreibt Marx, „verwandelt sich notwendig das traditionelle gewohnheitsrechtliche Verhältnis zwischen den, einen Teil des Bodens besitzenden und bearbeitenden, Untersassen und dem Grundeigentümer in ein kontraktliches, nach festen Regeln des positiven Gesetzes bestimmtes, reines Geldverhältnis."[19] Dies aber setzt wiederum „eine schon bedeutendere Entwicklung des Handels, der städtischen Industrie, der Warenproduktion überhaupt und damit der Geldzirkulation voraus. Sie setzt ferner voraus einen Marktpreis der Produkte, und daß selbe mehr oder minder ihrem Wert annähernd verkauft werden" sowie daß ein Teil der vom unmittelbaren Produzenten gewonnenen Erzeugnisse „in Ware verwandelt, als Ware produziert", also von vornherein seiner Bestimmung nach für den Markt hergestellt wird.[20] Damit war eine Entwicklung eingeleitet, in derem Verlauf „der Charakter der ganzen Produktionsweise"[21] eine Änderung erfuhr, ein Prozeß, an dessem Ende die Beseitigung der bislang herrschenden feudalen Produktionsverhältnisse in der Landwirtschaft überhaupt stand. „Überall", so Engels, „wo ein persönliches Verhältnis durch ein Geldverhältnis, eine Naturalleistung durch eine Geldleistung verdrängt wurde, da trat ein bürgerliches Verhältnis an die Stelle eines feudalen. Zwar blieb die alte brutale Naturalwirtschaft auf dem Lande in bei weitem den meisten Fällen bestehn; aber schon gab es ganze Distrikte, wo ... die Bauern den Herren Geld statt Fronden und Naturalabgaben entrichteten, wo Herren und Untertanen schon den ersten entscheidenden Schritt getan hatten zum Übergang in Grundbesitzer und Pächter, wo also auch auf dem Lande den politischen Einrichtungen des Feudalismus ihre gesellschaftliche Grundlage abhanden kam."[22] Der Übergang von der feudalen zur kapitalistischen Produktionsweise im Agrarbereich vollzog sich also auch im Untersuchungsgebiet nicht erst und schon gar nicht abrupt von dem Zeitpunkt an, wo entsprechende, in diese Richtung wirkende gesetzliche Maßnahmen erlassen worden waren, sondern er war — in Elementen — schon vorbereitet im Schoße der alten Feudalgesellschaft.

2. Verlauf und Inhalt der Agrargesetzgebung

Die westfälische und später die preußische Agrargesetzgebung haben diese Entwicklung beschleunigt, erweitert und konkretisiert. Da das Untersuchungsgebiet seit 1807 zum

[17] Bielefeldt, 1910: 5.

[18] Lütge, 1957: 114, erwähnt, daß „bereits im 16. Jahrhundert — ja zum Teil noch früher —" die Umwandlung „von Diensten in Dienstgeld (Frongeld)" eingesetzt habe: „Es gibt schon im 16. Jahrhundert ganze Ämter und Dörfer, in denen die Umwandlung geschlossen durchgeführt ist und in denen es daher also keine Fronden mehr gibt." Mit Recht weist Lütge, 1935: 283, darauf hin, daß dieser Vorgang nicht mit dem Begriff „Ablösung", sondern besser mit dem Terminus „Umwandlung" bezeichnet werden sollte. Allerdings weicht er später selbst wieder davon ab: Lütge, 1957: 115.

[19] Marx, 1964 (1894): XXV, 806.

[20] Marx, 1964 (1894): XXV, 805.

[21] Marx, 1964 (1894): XXV, 805.

[22] Engels, 1962 (1894): XXI, 394.

neugebildeten Königreich Westfalen gehörte, hatten hier von nun an zunächst die westfälischen Gesetze Gültigkeit. Das traf auch auf alle entsprechenden Maßnahmen im Agrarbereich zu.

Sofern diese Gesetze und Dekrete die unentgeltliche Aufhebung der Leibeigenschaft proklamierten (Artikel 13 der Konstitution vom 15. November 1807 und das Erläuterungsdekret vom 23. Januar 1808), stießen sie hier allerdings praktisch ins leere oder führten zu — teils folgenschweren — Mißverständnissen.[23] Die eigentlichen positiven Leistungen dieser Gesetzgebung lagen auf anderen Gebieten. Und zwar nicht zuletzt in jenen Maßnahmen, die gewisse Erleichterungen speziell für die landarmen und landlosen Schichten der Agrarbevölkerung bedeuteten, wie die entschädigungslose Aufhebung aller persönlichen Dienste und Abhängigkeiten, des Gesindezwangdienstes, der Verbindlichkeit, bei Heirat um die Einwilligung der Gerichtsherrschaft nachsuchen und dafür eine Abgabe entrichten zu müssen, der Verpflichtung, bei Erziehung und beruflicher Bestimmung der eigenen Nachkommen die Genehmigung der Gerichtsherrschaft einzuholen, der Pflicht zum Treue- und Untertänigkeitseid, der Berechtigung der Gerichtsherrschaft, zur Erfüllung noch uneingelöster Pflichten Strafen in Anwendung bringen zu können (Dekret vom 23. Januar 1808), ferner der Zahlung des von den nichteingesessenen Einwohnern für obrigkeitlichen Schutz zu erlegenden Schutzgeldes (Dekret vom 16. Mai 1809) sowie aller Dienste, die aus diesem Schutzuntertanenverhältnis heraus hervorgegangen waren (Dekret vom 27. Juli 1809) usw. (mit Gesetz vom 21. April 1825 durch Preußen sämtlich als zu Recht bestehend anerkannt). Weiterhin gehörten zu diesen Leistungen — um nur die wichtigsten und für das Untersuchungsgebiet zutreffenden zu nennen — die Beseitigung des adligen Steuerprivilegs, die Liquidation der Zünfte, die Aufhebung aller jener Dienste, „die Folge einer Lehnverbindung, der Gerichts- oder Schutzherrschaft waren, ferner Jagddienste" und, soweit solche noch bestanden,[24] aller ungemessenen (unbemessenen) Dienste (Erläuterungsdekret vom 27. Juli 1809), während sämtliche anderen Verpflichtungen (Dienste und Abgaben) „als zu Recht auch weiterhin bestehend anerkannt" wurden.[25] Allerdings wurde gleichzeitig durch Gesetz festgelegt, daß diese noch anerkannten Verpflichtungen sollten abgelöst werden können (Dekret vom 18. August 1809). Durchaus janusköpfig dagegen, aus der Sicht einer Besatzungsmacht allerdings verständlich, waren die Abschaffung der (einheimischen) Patrimonialgerichtsbarkeit und — an deren Statt — die Einsetzung von (westfälischerseits kontrollierten) Tribunalgerichten.[26]

Der Erfolg des Ablösungsgesetzes war allerdings nur gering. Die entscheidende Ursache

[23] Vgl. Heitzer, 1959: 91—94. — Siehe ferner Holzapfel, 1895: 74—75. — Außerdem Lütge, 1935: 290: Zu den erwähnten „Mißverständnissen" gehört die vielfache Annahme der Bauern, daß dazu auch die „gänzliche Aufhebung aller ihrer Pflichten" zähle: „Auflehnungen und offene Unbotmäßigkeiten waren die Folge".

[24] Lütge, 1957: 120—121: „In alledem liegt eine ausgesprochene Tendenz zur Umwandlung der ungemessenen in gemessene Dienste, und in der Tat läßt sich auch feststellen, daß im 18. Jahrhundert nur noch in wenigen Fällen von ungemessenen Diensten die Rede ist, mit Ausnahme von Bau- und Jagddiensten ... Der weit überwiegende Teil der Dienste ist also bemessen, d. h. qualitativ oder quantitativ oder nach beiden Richtungen hin genau bestimmt."

[25] Lütge, 1957: 290—291. — Wenn Bielefeldt, 1910: 6, außerdem darauf hinweist, daß durch die westfälische Gesetzgebung auch alle „Bauernlehne für freies Eigentum erklärt" worden sei, so wird hierbei fast ausnahmslos auf rechtselbische und ehemals kursächsische Verhältnisse Bezug genommen. Vgl. dazu Lütge, 1957: 41—42.

[26] Lütge, 1957: 290—291.

dafür und für den nur äußerst langsam und schleppend sich vollziehenden Prozeß der Umwandlung der agrarfeudalen in agrarkapitalistische Produktionsverhältnisse überhaupt sieht HEITZER mit Recht darin, „weil sich das westfälische Regime auf eine reaktionäre, nur widerwillig die Verbürgerlichung duldende Klasse" — den Adel — „stützte und den raschen, konsequenten Weg der bäuerlich-bürgerlichen Evolution in der Landwirtschaft nicht beschritt."[27] Auch spezielle zusätzliche Maßnahmen, wie beispielsweise — am 1. Juni 1813 — die drastische Senkung des Kapitalisierungsfaktors „für einen Spanndiensttag auf den zehnfachen und für einen Handdiensttag auf den achtfachen" im Gegensatz zum ehedem gesetzlich vorgeschriebenen 25fachen Betrag des Wertes, vermochten daran nichts zu ändern.[28]

Von Bedeutung waren auch die Säkularisation von Klöstern und Stiften und deren teilweise Veräußerung sowie die Einziehung der Güter des Deutschen Ordens, die unter der westfälischen Herrschaft erfolgten. Auf diese Weise kam im Gebiet der Magdeburger Börde z. B. der Grundbesitz des ursprünglich bürgerlichen Fabrikanten GOTTLOB NATHUSIUS (1760 bis 1835) zustande, der 1810 das Kloster Althaldensleben und später noch die Rittergüter Glüsig und Hundisburg käuflich erwarb.[29]

Als nach der Zerschlagung des Königreichs Westfalen im Jahre 1814 Preußen seine vormaligen Landesteile wieder übernahm (Publikationspatent vom 9. September 1814), erkannte es alle verfassungsmäßig zustandegekommenen Rechtsakte der westfälischen Regierung prinzipiell an. Dies bezog sich auch auf die Gesetzgebung und die auf dieser Grundlage entstandenen Realitäten im agrarischen Bereich. Eine wesentliche Ausnahme bildete lediglich die Rekonstitution der Patrimonialgerichtsbarkeit, „soweit sie mit einem Grundstück verbunden" aufgehoben und durch Tribunalgerichte ersetzt gewesen war.[30] Mit dem 1. Januar 1815 wurden hier auch anstelle des seit 1807 gültigen Code civil des Français (Code Napoléon) das „Allgemeine Preußische Landrecht" und die „Allgemeine Preußische Gerichtsordnung" wieder eingeführt.[31]

Speziell auf agrarischem Gebiet, wo Preußen mit seinem Edikt „über den erleichterten Besitz und den freien Gebrauch des Grundeigenthums" vom 9. Oktober 1807 und denen vom 14. September 1811 „zur Beförderung der Landeskultur" und „zur Regulierung der gutsherrlichen und bäuerlichen Verhältnisse" selbst eine Reformgesetzgebung eingeleitet hatte,[32] wurde nun der Versuch unternommen, die durch vormals westfälische Maßnahmen herbeigeführten Verhältnisse den allgemein in Preußen herrschenden anzugleichen und diese einheitlich fortzuentwickeln. Das geschah durch das „Gesetz, die gutsherrlichen und bäuerlichen Verhältnisse in den vormals zum Königreich Westphalen ... gehörenden Landestheilen betreffend, vom 25. Sept. 1820, ferner, unter Aufhebung vorstehenden Gesetzes", durch das „Gesetz über die den Grundbesitz betreffenden Rechtsverhältnisse und über die Realberechtigungen in den Landestheilen, welche vormals eine Zeit lang zum Königreich

[27] HEITZER, 1959: 98; außerdem: 95—96 und 118—121. — Siehe ferner HOLZAPFEL, 1895: 84—101, 175—176, 184—185 und 189—190, der vor allem die einzelnen steuerlichen Belastungen hervorhebt. — Vgl. außerdem LÜTGE, 1935: 291.

[28] LÜTGE, 1935: 291.

[29] Brockhaus, 1898: III, 301 (Stichwort: Börde), sowie: XI, 460 (Stichwort: Magdeburger Börde).

[30] LÜTGE, 1935: 293.

[31] Nach HERMES/WEIGELT, 1843: 83, ist das „Allgemeine Preußische Landrecht" für die Landgemeinden der ehemals unter westfälischer Herrschaft stehenden Gebiete erst durch Verordnung vom 31. 3. 1823 wieder eingeführt worden.

[32] Siehe dazu insbesondere MEITZEN, 1868: 397—400.

Westphalen gehört haben, vom 21. April 1825" sowie durch die Ablösungsordnung vom 13. Juli 1829.[33]

Hiernach blieben auch weiterhin entschädigungslos aufgehoben alle persönlichen Dienste und Abgaben, alle Bann- und Zwangsrechte, jedwede gerichtsherrlichen Dienste sowie die Jagddienste. Bäuerliche Besitzer, die sämtliche auf ihren Grundstücken liegenden Lasten abgelöst oder nur eine Geldrente darauf stehen hatten, galten — ungeachtet des bisherigen Besitzrechtes — als volle Eigentümer; es sei denn, es hafteten noch andere als fixe Geldabgaben darauf. In diesem Falle hatten sie das nutzbare Eigentum daran. Eine Ausnahme bildeten die Inhaber der schlichten Zinsgüter, die ja schon immer volle Eigentümer ihrer Grundstücke und Höfe gewesen waren. Alle anderen, nicht entschädigungslos aufgehobenen Dienste und Abgaben wie Zinsen, Erbzinsen, Zehnten, Laudemialgebühren (Abgaben, die der neue Erwerber eines Hofes dem Grundherrn zur Anerkennung von dessen Grundherrlichkeit zu entrichten hatte), bemessene Dienste (z. B. Spann- und Handdienste) usw. wurden auch weiter als zu Recht bestehend anerkannt. Allerdings waren sie sämtlich ablösbar, und zwar zunächst, bis zum Erlaß der Ablösungsordnung vom 13. Juli 1829, auf der Basis freiwilliger Vereinbarungen zwischen den Betroffenen. Oberste Ablösungsbehörde für die Provinz Sachsen, und damit auch für die Ablösungen im Untersuchungsgebiet zuständig, war eine eigens hierfür eingesetzte Generalkommission mit Sitz in Magdeburg (Gesetz vom 25. September 1820),[34] später in Stendal.

Nach der Ablösungsordnung vom 13. Juli 1829 hatten die Entschädigungen in Kapital, in Land oder in Form einer anderen „fortdauernden Last", Geld- oder Roggenrente, zu erfolgen. Allerdings tendierten die Ausführungsbestimmungen dahin, „daß Landabtretung eigentlich nur eintrat, wenn beide Seiten es wollten; auf Wunsch des Verpflichteten" — und dies dürfte ein sehr bemerkenswerter Gesichtspunkt sein — „hätte der Berechtigte in der Regel die angebotene Kapitalzahlung anzunehmen. Und nach oben hin war die Landabtretung sogar dahin beschränkt, daß dem Verpflichteten mindestens $^2/_3$ seiner Grundstücke verbleiben mußten, und darüber hinaus sogar mindestens so viel Land, wie zu einer bäuerlichen Nahrung landesüblicher Art gehörten. Also nur von dem, was darüber hinaus ging, konnte der Verpflichtete, wenn er wollte, bis zu einem Drittel abtreten (§ 24). Und überdies kam diese Art der Abfindung von vornherein nur bei Zehnten und festen Getreideabgaben und Diensten in Frage."[35] Bei Kapitalsentschädigungen mußte mit dem 25fachen Betrag des festgestellten Jahreswertes der abzulösenden Last abgefunden werden; ebenfalls bei abzulösenden Renten. Die Entschädigungshöhe bei Dienstablösungen war unterschiedlich; hier bildeten Gutachten von Sachverständigen die Grundlage.[36]

Von der Ablösung ausgeschlossen blieben hiernach — wie auch nach dem entsprechenden Gesetz vom 2. März 1850 und vordem schon unter der westfälischen Gesetzgebung (Artikel 8 des Dekrets vom 23. Januar 1808) — alle Lasten und Dienste öffentlichen Charakters.[37]

Im Unterschied zur Ablösungsgesetzgebung vollzog sich die Gemeinheitsteilung im Untersuchungsgebiet bzw. in den ehemals zum Königreich Westfalen gehörenden, später zu Preußen zugeschlagenen Territorien im Gegensatz zu den anderen Gebietsteilen der

[33] Lütge, 1935: 293.

[34] Lütge, 1935: 294–295; Lütge, 1957: 249–252; Meitzen, 1868: 422.

[35] Lütge, 1935: 295.

[36] Lütge, 1935: 296; außerdem Meitzen, 1868: 422.

[37] Lütge, 1957: 251 und 261.

preußischen Monarchie nicht auf der Basis von Sondergesetzen. Auch hier galt – wie überall in Preußen – die Gemeinheitsteilungsordnung vom 7. Juni 1821. Demnach konnte und sollte jede gemeinsame, auf eine bestimmte Art und Weise vorgenommene Nutzung ländlicher Grundstücke von nun an aufgehoben werden. Die Teilnehmer waren dabei in der Regel durch Land abzufinden; sie mußten „innerhalb vorgedachter Bedingung für einen Ausfall in der Güte einen Zusatz in der Fläche annehmen, auch eine Austauschung von Grundstücken der einen gegen Grundstücke der anderen Gattung sich gefallen lassen."[38] Eine Entschädigung in Rente oder Kapital erfolgte in solchen Fällen, „wenn a) einem Dienstbarkeitsberechtigten eine Entschädigung in Land nicht so vergeben werden kann, dass er es zu dem abgeschätzten Werthe zu nutzen vermag, und b) er dadurch in den Stand gesetzt wird, sich die Nutzung, die dadurch abgelöst wird, sich zu verschaffen."[39]

Eng verknüpft mit der Gemeinheitsteilung war eine – meist gleichzeitig erfolgende – Änderung im Flurgefüge, nämlich die Beseitigung der bis dahin üblichen Gemengelage durch Um- und Zusammenlegung der beteiligten Grundstücke und damit die Schaffung zusammenhängender, geschlossener, größerer Flächen (Separation): „Die Provokation auf Ablösung begreift dem Wesen des Gesetzes nach das Einverständnis mit der wirthschaftlichen Um- und Zusammenlegung aller beteiligten Grundstücke in sich und führt auch für die übrigen Betheiligten die Unterwerfung unter dieselbe herbei."[40]

Den Abschluß der agrarreformerischen Maßnahmen bildete das für Preußen insgesamt gültige „Gesetz betreffend die Ablösung der Reallasten und die Regulierung der gutsherrlichen und bäuerlichen Verhältnisse" vom 2. März 1850 und das im engen Zusammenhang damit am selben Tag erlassene „Gesetz über die Errichtung von Rentenbanken". Als Ablösungsmittel galt hinfort ausschließlich die Kapitalzahlung. Bei Barabfindung mußte der 18fache, bei Inanspruchnahme der Rentenbank der 20fache Jahreswert erbracht werden. Außerdem gab es ab jetzt nur noch freies Eigentum.[41]

Im Herzogtum Anhalt-Bernburg, wozu die beiden Ortschaften Großmühlingen und Klein Mühlingen gehörten, traten agrarreformerische Gesetzesmaßnahmen erst ab 1839 in Kraft. Und zwar wurden erlassen: das Hütungs-, Ablösungs- und Separationsgesetz samt „Landesherrlicher Verordnung über das Verfahren in Hütungs-, Separations- und Ablösungssachen" vom 23. Dezember 1839 sowie – vom gleichen Tage – das Gesetz über die Ablösung der Natural-, Frucht- und Fleischzehnten. Es folgten das Gesetz über die Ablösung der Zwangsdienste vom 5. November 1840 und das „Gesetz a) über die Aufhebung der Zwangs- und Bannrechte, b) über die Ablösung der auf Grund und Boden haftenden Abgaben und Leistungen" vom 23. September 1849. Inhaltlich lehnten sich alle diese Maßnahmen mehr oder minder an das preußische Vorbild an. Mit Gesetz vom 6. Oktober 1850 wurden dann sämtliche Separations- und Ablösungsangelegenheiten direkt auf die preußischen Auseinandersetzungsbehörden übertragen (gemäß Preußen-Anhalt-Bernburgischem Staatsvertrag vom 11. September 1850).[42]

[38] Meitzen, 1868: 414.
[39] Meitzen, 1868: 415.
[40] Meitzen, 1868: 412.
[41] Lütge, 1957: 260–261.
[42] Lütge, 1957: 274–276.

3. Landwirtschaftliche Gesamtnutzfläche des Untersuchungsgebietes

Um die Bodenanteile der verschiedenen Grundbesitzer quantitativ erschließen und hierbei mögliche, im Verlauf des Untersuchungszeitraumes auftretende Modifikationen nachweisen zu können, ferner um Veränderungen, die sich im Zuge und als Folge der Agrarreformen vollzogen haben, feststellen, um die Proportionalität der einzelnen landwirtschaftlichen Nutzflächen und etwaige Änderungen darin sichtbar machen zu können usw., ist vor allem eine Voraussetzung zunächst unerläßlich, nämlich die Kenntnis der Größe des landwirtschaftlichen Nutzareals des untersuchten Gebietes insgesamt. Dies stellt sich als ein dringendes Erfordernis auch deshalb dar, weil das entsprechende, in der Literatur meist summarisch aufbereitete Zahlenmaterial in der Regel nur Auskünfte liefert über die Gegebenheiten in einzelnen, geschlossenen Kreisen oder über die Verhältnisse im gesamten Regierungsbezirk, das Untersuchungsgebiet jedoch aus Anteilen von insgesamt fünf landrätlichen Kreisen besteht (Calbe, Neuhaldensleben, Oschersleben, Wanzleben, Wolmirstedt) und vom Regierungsbezirk als Ganzem nur einen relativ kleinen, durch besondere geographische, ökonomische und politische Bedingungen sich auszeichnenden Teil darstellt.

Zur Ermittlung der landwirtschaftlichen Gesamtnutzfläche des Untersuchungsgebietes dienten die Angaben im „Historisch-geographisch-statistisch-topographischen Handbuch vom Regierungsbezirk Magdeburg" von Hermes/Weigelt.[43] Auch für die Feststellung der Grundbesitzverhältnisse und der Verteilung der Einzelnutzflächen (Äcker, Gärten, Wiesen, Weiden) am Beginn des Untersuchungszeitraumes — genauer: für die Zeit um 1840 — bildet dieses Zahlenmaterial die Grundlage. Ausgangswerte sind die lokalen Feldmarkgrößen (die der Städte, Gemeinden, Domänen, Rittergüter, Vorwerke) einschließlich der angegebenen Art und Weise ihrer Nutzung. Ungenauigkeiten, etwa im Vergleich zu späteren Statistiken, sind vor allem durch den damaligen Stand der Landesvermessung bedingt[44] oder dadurch, daß in einigen wenigen Fällen nur recht unpräzise Angaben zur

[43] Hermes/Weigelt, 1842. Die Herausgeber bemerken im Vorwort, S. III, dazu: „Bei der vorliegenden Arbeit, die zunächst auf Veranlassung der K. Regierung unternommen ist, sind die glaubhaftesten Quellen, namentlich die immer genauer und zuverlässiger werdenden Aufnahmen der Kreis- und Orts-Behörden, und die Akten der verschiedenen Landesbehörden, vornämlich der K. Regierung, zum Grunde gelegt. Nur da, wo diese nicht ausreichten, sind ältere und neuere gedruckte Schriften mit Vorsicht benutzt worden."

[44] Als Beispiel sei auf die Größenangaben für den Kreis Wanzleben verwiesen. In der Statistik ... Wanzleben, 1867: 3, wird dazu erklärt: „Die Größe des Kreises beträgt nach den Angaben in den geographischen Handbüchern" — auch bei Hermes/Weigelt, 1842, und Hermes/Weigelt, 1843, — „9,44 Quadratmeilen = 203585,68 Morgen (21566,028 Morgen pro Quadratmeile nach Bessel und Encke)." Es sei nebenher eingefügt, daß auch bereits hier wieder ein Rechen- oder Druckfehler vorliegt: 21566,028 × 9,44 = 203583,30432! „Nach der im Jahre 1858 vorgenommenen statistischen Ermittelung betrug die Gesamtfläche des Kreises 197640 Morgen, also gegen die vorstehende Angabe 5945,68 Morgen weniger (richtig: 5943,30432 Morgen weniger — H. P.). Durch die inzwischen stattgefundene Regulierung der Grundsteuer ist der Flächeninhalt des Kreises genau auf 213013,45 Morgen festgestellt. Die angegebene Größe differirt demnach um 9427,58 Morgen (richtig: um 9430,14568 Morgen — H. P.) mit der wirklichen Größe. Rechnet man nach Bessel und Encke 21566,028 Morgen pro Quadratmeile, so enthält der Kreis Wanzleben bei 213013,45 Morgen Flächeninhalt 9,877 Quadratmeilen, also 0,43 Quadratmeilen mehr als bisher angenommen ist." Genauer: sogar 0,437, also fast 0,44 Quadratmeilen mehr!

Verfügung gestellt werden.[45] Diese letzterwähnten Ausnahmen werden jedoch insofern wieder ausgeglichen, als bei solchen Ortschaften, Domänen, Gütern und Vorwerken, die am Rande des Untersuchungsgebietes angesiedelt sind, die gesamte Feldmark in die Berechnung einbezogen wird, also auch jene Teile, die nach der zugrunde gelegten Eingrenzung genau genommen schon außerhalb desselben liegen. Geringfügige Ungenauigkeiten könnten sich außerdem noch durch einige notwendige Umrechnungen ergeben haben.[46]

So läßt sich dann zwangsläufig auch eine Differenz hinsichtlich der Größe der landwirtschaftlichen Gesamtnutzfläche dieses Kreises feststellen. Während sich nach HERMES/WEIGELT für diesen Kreis ein agrarisches Gesamtnutzareal von 182644,33 Morgen ergibt, so nach der angeführten Statistik ... Wanzleben, 1867: 38, eine landwirtschaftliche Gesamtnutzfläche von 196111,72 Morgen. Das sind 13467,39 Morgen mehr als bei HERMES/WEIGELT. Diese Differenz entspricht ungefähr derjenigen, die sich zwischen den Angaben in der Statistik ... Wanzleben, 1867, und den dort (S. 3) zitierten statistischen Ermittlungen des Jahres 1858 errechnen läßt; denn diese beträgt 15373,45 Morgen.

45 So heißt es beispielsweise in den Feldmark-Angaben (HERMES/WEIGELT, 1842) für Frohse: „... und mehrere Gärten“ (S. 55); für Gnadau: „... und außerdem mehrere Koppelhütungen“ (S. 56); für Borne: „... Aenger sind sehr wenig vorhanden“ (S. 57); für Eggersdorf: „... und mehrere kleine noch in Gemeinschaft befindliche Angerflecke“ (S. 59), fast gleichlautend auch für Felgeleben (S. 59); für Magdeburg: „... die städtische Feldmark hat keine große Ausdehnung“ (S. 25); für Uhrsleben: „... die Aenger sind nicht vermessen“ (S. 125); sinngemäß auch für Wedringen (S. 126); für Benneckenbeck: „... und für 300 Schafe gemeinschaftliche Aenger“ (S. 76) usw. Insgesamt sind siebzehn solcher ungenauen Angaben zu verzeichnen, also nur ein verschwindend geringer Prozentsatz im Verhältnis zur Gesamtzahl der Angaben.

46 So werden die Zehntel und Hundertstel der Flächengrößen meist nicht in Morgen, sondern in Quadratruten angegeben. Bei den Umrechnungen ist hierfür zugrunde gelegt: 1 Morgen = 180 Quadratruten bzw. 1 Quadratrute = 0,0055 Morgen. Vgl. dazu HERMES/WEIGELT, 1842: X; außerdem VOIGT, 1899.
In acht Fällen werden speziell die Ackerflächen nicht in Morgen angegeben, sondern es ist anstelle des Flächenmaßes die für die Bestellung der betreffenden Areale notwendige Saatgutmenge in Scheffel und Metzen genannt. In weiteren acht Fällen findet sich neben der Angabe der Gesamtackerflächengröße in Morgen noch ihre Spezifizierung nach einzelnen Bodenwertklassen, deren Größe dann ebenfalls nach der Aussaat-Menge in Scheffel und Metzen bemessen sind. Beispiel (Wolmirsleben): Die Feldmark der Gemeinde „enthält 3392 Mrg. Aecker (2232 Schff. 11 Mtz. 1ter, 1104 Schff. 4 Mtz. 2ter, 81 Schff. 3 Mtz. 3ter und 25 Schff. 4 Mtz. 4ter Kl.) ...“ Auf der Grundlage dieser acht Fälle erfolgte auch die Umrechnung in Morgen; es ergibt sich daraus ein Durchschnitt von: 0,89 Scheffel = 1 Morgen (wobei 1 Scheffel = 16 Metzen). Nun berichtet allerdings LENGERKE, 1846: 134, für Tundersleben, daß auf den Morgen im Durchschnitt etwa 1,71 Scheffel kämen (Getreide und Hülsenfrüchte), setzt jedoch hinzu: „Man säet also, namentlich das Wintergetreide und die Hülsenfrüchte, recht stark.“ Um diese divergierenden Angaben auszugleichen, die ihre Ursache letztlich vor allem in den unterschiedlichen Bodengüten, in der verschiedenartigen Lage der Ackerstücke, in der jeweiligen Art des Saatgutes und seinen unterschiedlichen Qualitäten hat, auch um die Umrechnungen etwas zu vereinfachen, ist für die Berechnung definitiv zugrunde gelegt worden: 1 Morgen = 1 Scheffel Saatgut. Darüber hinaus ist in 13 Fällen anstelle der Wiesenflächen der Heuertrag in Fuder und Zentnern angegeben. Nur in einem Fall (Wolmirsleben) ist daneben noch die Morgenzahl genannt: „698 Mrg. Wiesen, (98 Fuder 2 Ctr. 1ter und 168 Fuder 19 Ctr. 2ter Kl.)...“ Auf Grund dieser einen Angabe ist berechnet worden: 1 Morgen = 0,4 Fuder bzw.: 1 Fuder Heu ergibt sich aus dem Zweieinhalbfachen an Morgen Wiese, wobei nach mehreren Umrechnungen gilt: 1 Fuder = etwa 15 Zentner. — Über die Schwierigkeiten, hierbei wirklich zuverlässige Feststellungen zu treffen, vgl. LÜTGE, 1957: 50—56.

Unter Einschluß der Fluren der Städte Barby, Calbe, Egeln, Groß Salze, Magdeburg (mit Sudenburg und Neustadt), Oschersleben, Schönebeck, Seehausen, Staßfurt, Wanzleben und Wolmirstedt ist für das Gebiet der Magdeburger Börde eine landwirtschaftliche Nutzfläche (LN), also Äcker, Wiesen, Gärten, Weiden, von 474710,62 Morgen errechnet worden. Daran haben die fünf Kreise folgenden Anteil:

Tabelle 103

Flächenanteile der Kreise an der LN der Magdeburger Börde um 1840

	Morgen	Prozent
Calbe, einschließlich des anhalt-bernburgischen Amtes Mühlingen	115794,22	24,39
Wolmirstedt	87241,97	18,38
Neuhaldensleben	86576,84	18,24
Wanzleben, einschließlich der städtischen Fluren von Magdeburg	169995,49	35,81
Oschersleben	15102,10	3,18

Die landwirtschaftlichen Einzelnutzflächen verteilen sich im Verhältnis zur agrarischen Gesamtnutzfläche um 1840 wie folgt:

Tabelle 104

Anteil der Einzelnutzflächen an der LN des Untersuchungsgebietes um 1840 (in Prozent)

Acker	86,21
Wiesen	5,13
Gärten	0,74
Weiden	7,92

Unter Berücksichtigung der Forsten, die sich vornehmlich am Nordrand des Untersuchungsgebietes — im Kreis Neuhaldensleben — und teilweise im westlichen Teil des Kreises Wanzleben („Hohes Holz" bei Eggenstedt) befinden und durch die sich die Gesamtnutzfläche auf 507077,99 Morgen erhöht, sind zum genannten Zeitpunkt (1840) folgende Proportionalitäten feststellbar:

Tabelle 105

Anteil der Einzelnutzflächen an der land- und forstwirtschaftlichen Nutzfläche des Untersuchungsgebietes um 1840 (in Prozent)

Acker	80,71
Wiesen	4,80
Gärten	0,69
Weiden	7,41
Forsten	6,39

4. Verteilung des Grundbesitzes und Klassenverhältnisse

An der genannten landwirtschaftlichen Gesamtnutzfläche (ohne Forsten) von 474710,62 Morgen partizipieren die verschiedenen Grundbesitzerklassen zu Beginn des Untersuchungszeitraumes (1840) in folgendem Maße:

Tabelle 106

Anzahl der verschiedenen Gruppen des Großgrundbesitzes sowie der bäuerlichen Wirtschaften und deren Anteil an der LN der Magdeburger Börde um 1840

	Morgen	Prozent
19 Domänen, einschl. Vorwerke	53603,02	11,29
38 Rittergüter[47]	39269,65	8,27
2 Klostergüter	2798,00	0,59
6 Güter mit über 400 Morgen	7657,81	1,61
8312 bäuerliche Wirtschaften, einschl. Klein- u. Parzellenbesitzer (meist Häusler)	371382,14	78,24

Die Flächengrößen bezeichnen hierbei nur die juristischen Besitzgrößen, bei den bäuerlichen Wirtschaften einschließlich des Klein- und Parzellenbesitzes freilich mit allen Vorbehalten; hier ist jeweils auf die dörflichen und städtischen Feldmarken als Ganzes zurückgegriffen worden; Pachtungen werden nicht mit ausgewiesen.

Der weitaus größere Teil landwirtschaftlicher Gesamtnutzfläche des Untersuchungsgebietes, über drei Viertel, ja beinahe vier Fünftel, verteilt sich also auf die verschiedenen bäuerlichen Wirtschaften (unter 400 Morgen = unter 100 ha[48]) und auf den Parzellenbesitz (in der Regel Häusler).

Aus der Tatsache, daß zu diesem Zeitpunkt der langwierige und komplizierte Prozeß des Übergangs von der feudalen zur kapitalistischen Produktionsweise faktisch in sein „akutes Stadium" getreten ist, ergibt sich in diesem Zusammenhang allerdings die Schwierigkeit einer genauen terminologischen Bestimmung dieser verschiedenen Schichten. Um für den vorliegenden Zweck ein einigermaßen brauchbares begriffliches Instrumentarium zur Verfügung zu haben, ist auf das zu diesem Zeitpunkt noch immer wichtigste Kriterium zurückgegriffen worden: auf ihr Verhältnis zum Hauptproduktionsmittel, also auf die Größe ihres Besitzes an Grund und Boden.

Unter Zugrundelegung dieses Merkmals sind nach Hermes/Weigelt[49] für das Untersuchungsgebiet zu Beginn des untersuchten Zeitraums folgende Schichten zu unterscheiden:

[47] Es sei hier nochmals darauf verwiesen, daß für das Rittergut Dreileben keine diesbezüglichen Angaben zur Verfügung stehen und daß das Rittergut Hohenwarsleben zu jener Zeit nur in Geld- und Naturalerhebungen ohne Gebäude und eigenen Grundbesitz bestand.

[48] 1 Morgen = 25,53 a = 2553 m² (Magdeburgischer Morgen); 1 ha = 10000 m²; ergo: 2553 : 10000 = 0,2553 ha, d. h.: 1 Morgen = 0,25 = 1/4 ha oder: 4 Morgen = 1 ha. Siehe auch Bielefeldt, 1910: 9, Fußnote.

[49] Hermes/Weigelt, 1843: 82—83, und Hermes/Weigelt, 1842 (die Ortschaften des Untersuchungsgebietes). — Daneben werden noch genannt: Anspänner, Spitzspänner und Hüfner. Nach Lütge, 1957: 45—50, sind Anspänner gleich Vollbauern, oft aber auch Halbbauern; Spitzspänner gleich Viertelspänner und Hüfner ebenfalls gleich Vollbauern.

1) Ackerleute oder Vollspänner (Besitzer von Ackerhöfen) mit 200 bis 300 Morgen (= 50 bis 75 ha); 2) Halbspänner oder Halbackerleute mit 100 bis 150 Morgen (= 25 bis 37,5 ha); 3) Viertelspänner mit 50 bis 75 Morgen (= 12,5 bis 18,75 ha); 4) Groß-Kossaten (Kothsassen) mit 20 bis 30 Morgen (= 5 bis 7,5 ha) und Spannvieh; 5) Klein-Kossaten unter 20 Morgen (= unter 5 ha) — wörtlich: „oft nur wenige Morgen" — und ohne Spannvieh, weshalb sie auch nur zu Handdienstleistungen, soweit sie solche nicht schon abgelöst haben, verpflichtet sind; 6) Häusler oder Grundsitzer oder auch Büdner, die „bei ihren Wohnhäusern in der Regel nur etwas Gartenland" besitzen. Hierzu gehören auch die Anbauer oder Neuhäusler. Außerdem existieren noch die zahlenmäßig sehr geringen Zwischengruppen der Dreispänner und Erbpächter sowie einige wenige Freigüter (insgesamt 5).[50]

In Zahlen und Prozentwerten drückt sich die anteilige Stärke dieser verschiedenen Schichten wie folgt aus (die Städte nicht mit einbezogen):

Tabelle 107

Anzahl der verschiedenen Gruppen der bäuerlichen Grundbesitzer einschließlich der Klein- und Parzellenbesitzer im Untersuchungsgebiet um 1840[51]

	Anzahl	Prozent
Vollspänner	573	6,90
Halbspänner	680	8,18
Viertelspänner	68	0,82
Kossaten	2390	28,75
Häusler	4601	55,35
insgesamt	8312	100,00

Im Verhältnis zur Gesamteinwohnerzahl des Untersuchungsgebietes (1840: 83911 Einwohner) beträgt ihr Anteil danach rund 10 Prozent.

Doch in dieser „reinen" Form existierte zumindest der „bäuerliche Stand" auch um 1840 schon nicht mehr. HERMES und WEIGELT weisen bereits selbst darauf hin, daß „vielfache Veränderungen in den Eigenthumsverhältnissen und in dem Besitzstande der Bauerngüter" eingetreten seien, „so daß von den vorstehend angegebenen allgemeinen Normen jetzt viele Abweichungen stattfinden".[52]

Es sind die Berichte über die Ergebnisse einer regierungsamtlichen Umfrage aus dem Jahre 1845 überliefert, die eigens zu dem Zweck durchgeführt worden war, über jene Veränderungen Kenntnis zu erlangen und überdies mögliche befürchtete Auswirkungen im kommunalen Bereich festzustellen. Berichterstatter ist der zu dieser Zeit auch als erster Direktor des 1842 gegründeten „Landwirtschaftlichen Central-Vereins der Provinz Sachsen"

[50] Freigüter sind im Untersuchungsgebiet zu diesem Zeitpunkt vorhanden in: Brumby (bei Calbe), Neugattersleben, Tornitz, Althaldensleben und Bleckendorf.

[51] In dieser Tabelle sind — gemäß den Ausführungen in Anm. 49 — die Anspänner und Hüfner den Vollbauern und die Spitzspänner den Viertelspännern (Viertelbauern) zugerechnet worden. Ebenfalls den Viertelspännern sind auch die Dreispänner und Erbpächter zugeordnet worden. Dies schien umso unbedenklicher, als dieser Schicht an und für sich schon keine große Bedeutung zukommt; beträgt ihr Anteil doch noch nicht einmal 1 Prozent.

[52] HERMES/WEIGELT, 1843: 83.

und als Vorsitzender des seit 1840 bestehenden „Vereins für Aufstellung landwirthschaftlicher Maschinen in Magdeburg" bekannte Regierungsrat von HOLLEUFFER. Für das Untersuchungsgebiet liegen derartige Berichte aus insgesamt sieben Ortschaften vor, und zwar — auch geographisch und von der Verteilung des Grundbesitzes her günstig ausgewählt — aus den Gemeinden Langenweddingen, Groß Ottersleben, Markt Alvensleben, Dorf Alvensleben, Löderburg, Belsdorf und Erxleben.[53] Aus allen diesen Berichten wird deutlich, daß die alte, unter feudalen Bedingungen zur Ausbildung gekommene und in bezug auf Verwaltungs-, Steuer-, Gerichtssachen usw. funktionstüchtig gewesene Klassifikation der Grundbesitzer jetzt bereits weitgehend durchbrochen ist, daß die Bezeichnungen, die für die verschiedenen bäuerlichen Wirtschaften je nach der Größe ihres Grundbesitzes stehen, zwar noch in Anwendung sind, jedoch nicht mehr in voller Gültigkeit mit den wirklichen Besitzgrößen korrespondieren, damit praktisch also schon mehr oder weniger ins leere stoßen.

So heißt es im Bericht über die Verhältnisse in Erxleben, einem Dorf mit 2 Rittergütern, 11 Großkossaten-, 8 Klein- oder Halbkossatenhöfen, 45 Alt- und 46 Neuhäuslerstellen (Anbauer): „Die Kossathen" — gemeint sind die Großkossaten, womit bisher gewöhnlich bäuerliche Wirtschaften zwischen 20 und 30 Morgen bezeichnet wurden — „haben in der Regel 30 bis 25 Morgen, einige haben 50 Morgen, einer 110 Morgen in zwei Kossathenhöfen, wo jedoch auf dem einen Hofe blos eine Scheune steht. Die Halbkossäthen haben 11, 18, 20 und 24 Morgen, einer hat nur 6 Morgen. Viele Althäusler und viele Anbauer haben Acker, so daß nur wenige da sind, die gar keinen Acker haben. Ihr Besitzthum ist meistens 1 und 2 Morgen; einige haben auch 6 Morgen, einzelne noch mehr bis 13 Morgen."[54]

Über die Verhältnisse in Belsdorf wird berichtet,[55] daß die bestehenden fünf Halbspännerhöfe über einen Grundbesitz „zwischen 2 und 4 Hufen" (das sind etwa 60 bis 120 Morgen),[56] die sechs Viertelspännerhöfe über einen Besitz „zwischen $1^1/_2$ und 3 Hufen" (etwa 45 bis 90 Morgen), die elf Kossatenhöfe über ein Areal „zwischen 3 und 30 Morgen", die zehn alten nachbarberechtigten Häusler über Landstücke in der Größe von „2 bis 6 Morgen" und zehn Neuhäusler, die sich „zwischen 1760 und 1770 auf Gemeindegrund und Boden" angesiedelt hatten, jeder über „20 Quadratruten" (also nur über etwas mehr als ein Zehntel Morgen) verfügen, während neun erst später zugezogene Neuhäusler überhaupt kein Land besitzen. Außerdem befindet sich hier noch ein ehemaliges Klostergut mit „ohngefähr 18 Hufen Land" (also rund 540 Morgen).

Im Bericht über Löderburg, wo sich ein Vorwerk der Domäne Athensleben befindet, die allerdings auf Grund des Gesetzes vom 31. März 1833 von der Gemeinde getrennt worden ist, und wo in der Gemeinde selbst — wie übrigens auch schon bei HERMES/WEIGELT[57] — 6 Vollspänner, 30 Kossaten und 44 Häusler gezählt werden, heißt es: Es haben „2 Vollspänner jeder 2 Kossäthenhöfe und 2 Vollspänner jeder 1 Kossäthenhof an sich gekauft, auch sind zwei Kossäthenhöfe zusammengekauft. — Die Lödderburger besitzen gegen 500 Morgen in Staßfurter Flur. Wenn man diese nicht mit rechnet, so haben in Löderburger

[53] Sämtliche Berichte sind enthalten in: STAM, Rep. C 20 I a, Nr. 2763. — Über die sonstigen Ämter v. HOLLEUFFERS vgl. ZLCV, 1845: I, 1—26, insbes. S. 1, 8, 25.

[54] STAM, Rep. C 20 I a, Nr. 2763: 100—100b.

[55] STAM, Rep. C 20 I a, Nr. 2763: 92—93.

[56] Der hier vorgenommenen Umrechnung wurde zugrunde gelegt: 1 Hufe = 30 Magdeburgische Morgen.

[57] HERMES/WEIGELT, 1842: 61.

Flur eigentlich nur die Vollspänner Acker. Nur 4 Kossathen haben zusammen etwa 16 Morgen Acker. Wiesen hat jeder Kossäth drei Morgen. Die Lödderburger Gemeindeflur hat 1110 Morgen Acker. Die Ackerleute haben zwischen 120 und 190 Morgen Acker."[58]

Über die Verhältnisse in den beiden eng beieinander liegenden Orten Dorf Alvensleben und Markt Alvensleben — zu letzterem gehört eine Domäne — wird berichtet: „Markt Alvensleben hat 617 Einwohner, 75 Feuerstellen, ohngefähr 50 Miether. Vor der Separation waren 52 Nachbarn, darunter zwei Halbspännerhöfe vorhanden; die übrigen Feuerstellen sind Neuanbauer. Schon vor der Separation sind die beiden Halbspännerhöfe dismembrirt; jeder der übrigen Nachbarn besaß früher $^3/_4$ Morgen Land. Die 52 Nachbarn bestehen noch jetzt. Dorf Alvensleben hat 923 Einwohner, 102 Feuerstellen, ohngefähr 119 Miether. Es sind 37 Nachbarn vorhanden, darunter 1 Halbspänner mit (jetzt nach der Separation) etwa 90 Morgen Ackerbesitz, und 7 Kossathen mit etwa 40 Morgen Land ... Vor 27 Jahren kauften die Nachbarberechtigten beider Gemeinden das in Alvensleben belegene Tegelsche Gut. Hierdurch hat sich der sonst in beiden Gemeinden nur geringe Ackerbesitz vergrößert, so daß in Markt Alvensleben jetzt 3 bis 8 Morgen bei jedem nachbarberechtigten Hause sind. Der größte Ackerbesitzer hat etwa 20 Morgen. Durch die Separation haben alle Häuser Acker bekommen, auch die neuen Häuser (Neuhäusler), so daß jetzt bei jedem Hause mindestens $1^1/_2$ Morgen Acker sind."[59]

Die größten Veränderungen in dieser Beziehung hatten bis dahin in den beiden zum Kreis Wanzleben, dem Kernkreis der Magdeburger Börde, gehörenden „reinen" Bauerndörfern Langenweddingen und Groß Ottersleben stattgefunden. So heißt es über die Verhältnisse in Langenweddingen: „Nach der alten Eintheilung hat Langenweddingen 15 Ackerleute, 15 Halbspänner, 42 Kossathen; das übrige sind Häusler.[60] Es sind aber auch von vielen Ackerhöfen, Halbspännerhöfen und Kossathenhöfen Grundstücke verkauft, so daß von einigen der letzteren nur noch die Gebäude vorhanden sind. Die frühere Klasseneintheilung besteht daher in der Wirklichkeit nicht mehr und würde auch wahrscheinlich noch mehr verschwunden sein, wenn die verschiedenen Besitzungen nicht im Hypothekenbuche nach ihren alten Benennungen eingetragen wären. Zwölf der 15 Ackerleute haben einen Besitzstand von 6 Höfen und darüber ... Bei den im Orte Angesessenen treten zwei Klassen ganz entschieden hervor, nehmlich die Besitzer von Ackergrundstücken und die bloßen Hausbesitzer mit Garten oder ohne denselben. Bei den Ackerbesitzern ist aber die Größe des Besitzthums so verschieden (von einem halben Morgen bis zu über zehn Höfen), daß man die Ackerbesitzer unmöglich alle in eine Klasse werfen kann." Hinsichtlich des Mitspracherechts in Gemeindeangelegenheiten vertritt daher der Ortsvorsteher die Ansicht, daß sich für diese „Klasse" ganz gut „ein doppelter Unterschied" denken ließe: „Einmal nach dem Pferdebesitz, so daß die pferdehaltenden Ackerbesitzer eine Klasse, die nicht pferdehaltenden die andere Klasse bildeten, oder nach der Grösse des Grundbesitzes, so daß z. B. alle Ackerbesitzer mit einem Besitzthum von 6 Hufen und darüber die eine Klasse, alle übrigen Ackerbesitzer die andere Klasse bildeten. Ich würde übrigens dem zweiten Klassenunterschied den Vorzug geben", heißt es weiter, „weil der Pferdebesitzstand gar zu wechselnd ist und weil dann doch die großen Grundbesitzer der Gemeinde den nöthigen Halt geben. Auch liegt schwerlich darin eine Unbilligkeit, daß die erste Klasse der Ackerbesitzer von

[58] STAM, Rep. C 20 I a, Nr. 2763: 88—88b.

[59] STAM, Rep. C 20 I a, Nr. 2763: 24b—25.

[60] Bei Hermes/Weigelt, 1842: 81, werden für Langenweddingen um 1840 genannt: 15 Ackerhöfe, 15 Halbspänner, 48 Kossaten, 80 Häusler und 131 Einlieger.

verhältnismäßig Wenigen (in Langenweddingen sind 12 Ackerbesitzer, die 6 Hufen und mehr besitzen) gebildet wird, denn wollte man nach dem Vermögen die Repräsentation herstellen, so würden diese Meistbegüterten am Ende mehr als ein Drittheil des Vermögens in der Gemeinde haben."[61]

Ähnlich lauten auch die schlußfolgernden Empfehlungen des Ortsvorstehers von Groß Ottersleben. Zunächst wird berichtet, daß „jetzt, nachdem 7 Ackerhöfe zerschlagen sind", der Ort aus 17 Ackerhöfen, 3 Halbspännerhöfen und 20 Kossatenhöfen bestehe; „6 Ackerhöfe haben 8 Hufen Land (also etwa 240 Morgen — H. P.) und darüber. 5 Ackerhöfe haben 7 Hufen (etwa 210 Morgen — H. P.), die übrigen haben $6^1/_2$ und 5 Hufen Land (ungefähr 195 und 150 Morgen — H. P.). Die Halbspännerhöfe haben $3^1/_2$ Hufen Land (ergo 105 Morgen — H. P.), die Kossathen $7^1/_2$ bis 5 Morgen Land. Die Kossathen zerfallen in Großkossathen und Kleinkossathen. Die kleinen Kossathen haben niemals Pferde gehalten. Jetzt hält aber auch ein Theil der Großkossathen keine Pferde mehr, sondern bearbeitet seinen Acker mit Kühen."[62] Sodann wird mit Bezug auf das Mitspracherecht in Kommunalangelegenheiten erklärt: „Meines Erachtens müssen die verschiedenen Klassen der Einwohner, mit Ausschluß der Miether, in dem Gemeinderath ihre Vertreter haben. Nur können zwar die alten Besitzerklassen der Ackerleute, Kossathen und Häusler, in Folge der vielen Dismembrationen, welche leider hier statt gefunden haben, wohl nicht mehr streng durchgeführt werden. Auch der Unterschied zwischen Pferdehaltern und Nichtpferdehaltenden, wird keinen wesentlichen Einfluß auf eine Klasseneintheilung haben, da die Kommunaldienste hier nicht mehr in natura geleistet werden und viele Ackerbesitzer jetzt auch ihre Kühe anspannen. Ein Unterschied tritt aber ganz entschieden hervor, nehmlich zwischen solchen, die blos Häuser und vielleicht einen Garten dabei besitzen und solchen, die außerdem auch Ackergrundstücke haben. Unter den Ackerbesitzern ist nun allerdings der Unterschied noch so groß, daß diese füglich nicht wohl in eine Klasse gebracht werden können und es dürften diese wieder in zwei oder drei Klassen zu theilen sein. Vielleicht wäre es thunlich, daß man allen den Ackerleuten, die 8 Hufen und darüber besitzen, eine persönliche Berechtigung zur Mitgliedschaft in dem Gemeinde-Rath gebe. Dies wären dann in Gr. Ottersleben sechs; gäbe man den Häuslern ebenfalls 6 Repräsentanten, welche sie unter sich zu wählen hätten, so könnte man den übrigen Ackerbesitzern auch 6 Repräsentanten geben, von denen vielleicht drei durch diejenigen gewählt würden, welche drei Hufen Acker und mehr besitzen und drei durch diejenigen, welche unter 3 Hufen Acker hätten."[63]

Abgesehen vom Problem der Gemeinderepräsentation selbst, ist aus diesen Schilderungen und Vorschlägen immerhin doch ersichtlich, daß für die Mitte des 19. Jh. auch im Untersuchungsgebiet, zumindest dort, wo die sozialökonomische Entwicklung schon weiter fortgeschritten war, nun faktisch nicht mehr von insgesamt sechs verschiedenen Grundbesitzerschichten gesprochen werden kann — vom Häusler bis zum Vollspänner —, sondern nur noch von drei, höchstens von vier. Und zwar können jetzt unterschieden werden:

1. Parzellen- und Kleinbesitzer (Lohnarbeiter mit Bodenanteilen) bis zu 20 bzw. 25 Morgen; denn auf Grund der herrschenden extensiven Wirtschaftsweise galt hier und jetzt „als selbständige Ackerwirtschaft erst eine solche von mindestens 25 Morgen" an,[64] d. h.

[61] STAM, Rep. C 20 I a, Nr. 2763: 1—1b sowie 5—6.
[62] STAM, Rep. C 20 I a, Nr. 2763: 7.
[63] STAM, Rep. C 20 I a, Nr. 2763: 9b—10.

nach Fortfall des kollektiven Weideganges für das Vieh, also nach erfolgter Gemeinheitsteilung. Hierzu gehören nicht nur die ehemaligen grundbesitzenden Häusler, sondern nun vielfach auch Angehörige der früher als Kossaten, speziell als Kleinkossaten, bezeichneten Grundbesitzer.

2. Kleinbäuerliche Wirtschaften mit einem Areal zwischen 20 bzw. 25 und etwa 30 bis 40 Morgen (Familienbetrieb ohne fremde Lohnarbeiter), die in der Regel durch die ehemaligen Großkossaten repräsentiert werden.
3. Mittel- und großbäuerliche Wirtschaften (mit fremden Arbeitskräften), bestehend aus den vormaligen Viertel-, Halb- und Vollbauern, mit einem Grundbesitz zwischen 30 bzw. 40 und 600 Morgen.[65]

Recht sichtbar ist dabei vor allem die Unterscheidung zwischen den mittel- und großbäuerlichen Grundbesitzern auf der einen und den kleinbäuerlichen und halbproletarischen Wirtschaften auf der anderen Seite. In diesem Zusammenhang ist auch eine Anmerkung interessant, die der Ortsvorsteher von Groß Ottersleben seinen Klassifikationsvorschlägen anfügen ließ: „Ich stelle zwar ganz gehorsamst anheim, inwieweit auf diese meine Bemerkungen Rücksicht zu nehmen sein mag, bemerke aber, daß wenn dieselben angenommen würden, der alte Klassenunterschied zwischen Ackerleuten, zu welchen in weiteren Sinn auch die Halbspänner gerechnet werden, und den übrigen Dorfbewohnern nicht unberücksichtigt bliebe, und dieser Unterschied ist noch heute ganz lebendig in der Gemeinde."[66]

Dieselbe Klassifikation wir dauch in einer Schilderung über die Religions- und Moralitätsverhältnisse im Untersuchungsgebiet zugrunde gelegt, die zu Anfang des Jahres 1844 in der Darmstädter „Allgemeinen Kirchen-Zeitung" erschien: „Zuvörderst müssen wir bemerken, daß die Bevölkerung unserer Börde in drei verschiedene Classen zerfalle. In die erste Classe gehören die größeren Gutsbesitzer, die Amtleute und Fabrikanten; die zweite besteht aus dem Stande der Ackerleute, d. h. der kleineren Grundbesitzer unter dem Namen Vollbauern, Halbspänner u. s. w.; die dritte Classe endlich bilden Alle, die, ohne eigentlichen Grundbesitz, als Handwerker, meist aber als Taglöhner in den Fabriken, auf den Aemtern und Gütern und selbst bei den Ackerleuten leben."[67]

Zu diesem Zeitpunkt hatten sich sichtbare Unterschiede zwischen mittelbäuerlicher und großbäuerlicher Wirtschaft also offenbar noch nicht klar herausgebildet. Wesentlich — und dies auch im Bewußtsein der Zeitgenossen — war neben der noch selbstverständlichen Existenz des feudalen Großgrundbesitzes insbesondere die Unterscheidung zwischen den Lohnarbeiter ausbeutenden großen und reichen Bauern einerseits und den ärmeren, keine

[64] Nach Bielefeldt, 1910: 14. — Vgl. auch den „Bericht des Bauerngutsbesitzers Bähr in Kleingraupe über eine Reise nach der Provinz Sachsen" Ende März 1847: „Zwischen Magdeburg und Oschersleben ... fand er ... in einem Dorfe, wo er mehrere Bauernhöfe sah, keineswegs einen erfreulichen Anblick. Zwei Kühe, zwei Pferde und ein Schwein waren der Viehstand für 25 Morgen ..." In: ZLCV, 1849: VI, 333.

[65] Eine Arealgröße von 600 Morgen (= 150 ha) in dieser Phase der landwirtschaftlichen Entwicklung (Übergang von der feudalen zur kapitalistischen Produktionsweise bei noch Vorherrschen der extensiven Wirtschaftsweise) als Kriterium für die Unterscheidung zwischen großbäuerlichen Wirtschaften und Großgrundbesitz anzunehmen, geht gleichfalls auf Bielefeldt, 1910: 78, zurück. — Vgl. außerdem Meitzen, 1869: 490.

[66] STAM, Rep. C 20 I a, Nr. 2763: 10b.

[67] Schulze, 1844: 197.

fremden Arbeitskräfte beschäftigenden bäuerlichen und halbproletarischen Wirtschaftern sowie den landlosen, proletarischen Schichten andererseits. Auch ENGELS gelangt in seiner 1851 unternommenen Analyse „Revolution und Konterrevolution in Deutschland“ zu dieser Klassifikation. Es sei dabei insbesondere auf seine Spezifizierung der „wohlhabenderen Landwirte“ und auf seine Einschätzung der Lage der Kleinbauern hingewiesen, wobei im letztgenannten Zusammenhang noch besonders wichtig und bedeutungsvoll ist, daß ENGELS dabei ausdrücklich die in den westelbischen Gebieten, wozu das Untersuchungsgebiet ja gehört, vorherrschende Form der Geldablösung hervorhebt. ENGELS schreibt: „Zunächst, welches war der Zustand Deutschlands bei Ausbruch der Revolution? Die Zusammensetzung der verschiedenen Klassen des Volkes, die die Grundlage eines jeden politischen Organismus bilden, war in Deutschland komplizierter als in irgendeinem anderen Lande ... Schließlich gab es noch die große Klasse der kleinen Landwirte, die Bauernschaft, die mit ihrem Anhang von Landarbeitern die große Mehrheit des ganzen Volkes darstellt. Aber diese Klasse zerfiel selbst wieder in verschiedene Schichten. Da waren, erstens, die wohlhabenderen Landwirte, die in Deutschland als Groß- und Mittelbauern (sic!) bezeichnet werden, die Eigentümer mehr oder weniger umfangreicher Wirtschaften sind und von denen jeder über die Dienste mehrerer Landarbeiter verfügt. Für diese Klasse, die zwischen den steuerfreien feudalen Grundherren einerseits, den Kleinbauern und Landarbeitern andererseits (sic!) stand, war aus leicht begreiflichen Gründen ein Bündnis mit der antifeudalen städtischen Bourgeoisie die natürlichste Politik. Dann gab es, zweitens, die freien Kleinbauern, die im Rheinland vorherrschten, wo der Feudalismus den wuchtigen Schlägen der großen französischen Revolution erlegen war. Ähnliche unabhängige Kleinbauern gab es da und dort in anderen Provinzen, wo es ihnen gelungen war, die feudalen Lasten, die ehedem auf ihren Grundstücken ruhten, mit Geld abzulösen. Diese Klasse war jedoch nur dem Namen nach eine Klasse von freien Bauern, da ihre Wirtschaft gewöhnlich in so hohem Grade und unter so drückenden Bedingungen mit Hypotheken belastet war, daß nicht der Bauer, sondern der Wucherer, der das Geld vorstreckt, der wirkliche Eigentümer des Landes war ...“[68]

5. Verlauf und Ergebnis der Agrarreformen

Diese Veränderungen in der Klassenstruktur der ländlichen Bevölkerung sind Ergebnis und Ausdruck des Übergangs von der feudalen zur kapitalistischen Produktionsweise in der Landwirtschaft. Sie sind daher vor allem auch eng und ursächlich mit dem Prozeß der Durchführung der Agrarreformen verknüpft, insbesondere mit der Gemeinheitsteilung, einschließlich der Separation, und mit der Ablösung der Feudallasten.

In bezug auf die Gemeinheitsteilungen gehen in Preußen unter ausdrücklichem Einschluß des damaligen Herzogtums Magdeburg die ersten gesetzlichen Maßnahmen bereits auf das Jahr 1769 zurück, speziell auf die „Verordnung, wornach zur Beförderung des

[68] Als dritte Schicht erwähnt ENGELS – außer den Landarbeitern – dann noch die „feudalen Hintersassen“. Er tut dies offensichtlich nicht, weil jene sich etwa durch eine bestimmte Größe an Grundbesitz von den anderen Schichten unterscheiden würden, sondern wegen ihrer spezifischen rechtlichen Stellung; deshalb nämlich, weil sie „eine ewige Pacht zu entrichten oder auf ewig eine gewisse Menge Arbeit für den Gutsherrn zu leisten hatten.“ Zitiert nach ENGELS, 1960 (1851): 7 und 11.

Ackerbaues, sonderlich auch zu Verbesserung des Wiesenwachses und Verstärkung des Viehstandes der Bauern, in Aufhebung der gemeinschaftlichen und vermengten Hütungen, Vertheilung der dazu liegengebliebenen Brücher, überflüssigen Hütungen, Anger etc. ... verfahren werden ... soll" vom 21. Oktober.[69] Zumindest im Magdeburgischen scheinen diese Maßregeln, zu deren Durchführung auch besondere Kommissarien bestellt waren, durchaus schon einen gewissen Widerhall gefunden zu haben. In einer zwischen 1775 und 1780 in vier Teilen herausgegebenen Schrift: „Beyträge zur Aufhebung der Gemeinheiten und Verbesserung der Landwirthschaft, von einer ökonomischen Gesellschaft im Magdeburgischen", die offenbar zur Popularisierung dieser Maßnahmen beitragen sollte, wurde schon 1775 erklärt, daß „im Magdeburgischen ... dies Geschäffte seit fünf Jahren mit großem Nachdruck von den Theilungscommissarien betrieben worden" sei und einen „schleunigen Fortgang gehabt" habe.[70] Von einem „ungemeinen Fortgange" der Gemeinheitsteilung, die im Untersuchungsgebiet und in seiner weiteren Umgebung zudem vielerorts „aus eigenem Triebe, ohne Commissarien, ohne Feldmesser, ohne Taxatoren" durchgeführt werden würde, berichtet 1786 auch Oesfeld.[71] Zahlen werden leider nicht genannt. Allerdings erfuhren diese Bemühungen schon bald wieder eine Einschränkung, und zwar einmal durch das Zirkular vom 31. März 1781 „wegen Erweiterung der Brachnutzung", worin erklärt wurde, „daß es durchaus berechtigt sei, ein Drittel des vorhandenen Landes der Viehweide einzuräumen, da die Viehzucht den dritten Teil der gesamten Einnahmen der Landwirtschaft ausmache", und zum anderen durch das speziell für die Kurmark und für die magdeburgischen Gebiete gültige Edikt vom 21. Februar 1791 „wegen Begünstigung des Anbaues der Futterkräuter", das „im Enderfolg" geradezu „einen Gegensatz" zu den Gemeinheitsteilungsmaßnahmen darstellte,[72] wie solche drei Jahre später auch ins „Allgemeine Landrecht" übernommen worden sind (Erster Theil, Siebzehnter Titel, Vierter Abschnitt, §§ 311 bis 361).

Mögen im Untersuchungsgebiet beachtliche Ansätze dafür auch schon zu Ausgang des 18. Jh. vorhanden gewesen sein: im großen Maße wurde mit der Teilung der Gemeinheiten doch erst nach Inkrafttreten der Spezialverordnung von 1821 begonnen. Nach Hermes/Weigelt waren um 1840, zwanzig Jahre später, im gesamten Untersuchungsgebiet an Anger, Hütungen und Weiden separiert: 31,66 Prozent, also knapp ein Drittel. Die zu diesem Zeitpunkt separierte Gesamtfläche, einschließlich der Forsten, betrug gleichfalls etwa ein Drittel (genauer: sogar 36,09 Prozent).[73] Das entsprach zwar nicht dem Durchschnitt im Regierungsbezirk, der immerhin bei 40,72 Prozent lag,[74] aber doch dem Landesdurchschnitt, d. h. dem Durchschnitt in jenem Gebiet, in dem die Gemeinheitsteilungsordnung von 1821 gültig war.[75] Zehn Jahre später, Ende 1848, betrug nach Meitzen[76]

[69] Zitiert nach Beyträge, 1775: 1. — Ein Auszug aus der erwähnten Verordnung findet sich ebenda, S. 1—5.

[70] Beyträge, 1775: im „Vorbericht" und in einer Vorbemerkung (beide unpaginiert).

[71] Oesfeld, 1786: 62.

[72] Dagott, 1934: 14.

[73] Diese Zahlen wurden errechnet auf Grund der Angaben, die bei Hermes/Weigelt, 1842, im Zusammenhang mit den einzelnen lokalen Feldmarkgrößen genannt werden, wo es dann heißt: „Die separirte Feldmark enthält ... Morgen Aecker, ... Morgen Gärten, ... Morgen Weide" usw. — Vgl. hierzu außerdem die Anm. 44—46.

[74] Hermes/Weigelt, 1843: 89.

[75] Dagott, 1934: 42.

[76] Meitzen, 1868: 432—433.

die separierte Gesamtfläche des Regierungsbezirks schon etwas mehr als zwei Drittel (67,25 Prozent).

In welch geradezu vehementer Weise Gemeinheitsteilung und Separation im Untersuchungsgebiet vorangetrieben wurden, demonstriert sinnfällig ihr Fortgang im Kreis Wanzleben, dem Repräsentativkreis der Börde, und zwar repräsentativ deshalb, weil er erstens das Untersuchungsgebiet von Ost nach West als ein breites Band vollständig durchzieht, wobei zweitens, was wesentlich ist, die gesamte Kernzone der Börde mit einbegriffen wird, und drittens, weil er — wie oben dargelegt — fast 36 Prozent der Gesamtfläche des Untersuchungsgebietes auf sich allein vereint.

Tabelle 108

Anteil der separierten Fläche an der LN des Kreises Wanzleben 1840 und 1848[77]

Jahr	Landwirtschaftliche Gesamtnutzfläche des Kreises Wanzleben: 201003,23 Morgen	
	davon separierte Fläche	
	Morgen	Prozent
1840	50612,88	25,18
1848	147264,00	73,26

Dieser ungemein rasche Fortschritt in der Durchführung der Gemeinheitsteilung und Separation, wie er sich hier manifestiert — verhalten sich doch, wie die Zahlen belegen, die beiden Größen der separierten Flächen im Vergleich zu den Zeiträumen, in welchen diese Separationen jeweils geschehen sind, zueinander geradezu reziprok proportional![78] —, läßt sich freilich kaum auf die Einsicht der Grundbesitzer in die Nützlichkeit eines solchen Verfahrens allein zurückführen. Dies wird um so verständlicher, wenn man bedenkt, daß die Regulierungskosten in den westlichen Gebieten der Provinz „wegen der dort zu überwindenden Schwierigkeiten", d. h. „wegen der großen Zerstückelung des Bodens, wegen

[77] Der Berechnung lagen folgende Prämissen zugrunde: Die Größe der landwirtschaftlichen Gesamtnutzfläche des Kreises ergab sich aus der Gesamtfläche des Kreises, die nach einer Statistik aus dem Jahre 1864 (Statistik ... Wanzleben, 1867: 3) 9,877 Quadratmeilen, nach MEITZEN, 1869: 294, jedoch 9,90 Quadratmeilen beträgt, abzüglich der ertraglosen Grundstücke, der Wasserstücke, des Öd- und Unlandes. Vgl. hierzu die Angaben in der genannten Statistik ... Wanzleben, 1867: 38. — Die Größe der separierten Fläche im Jahre 1840 wurde auf Grund der Angaben bei HERMES/WEIGELT, 1842, errechnet; die schon außerhalb des Untersuchungsgebietes liegenden Teile des Kreises (dies betrifft lediglich die Flächen folgender Ortschaften: Stadt Hadmersleben, Dorf Hadmersleben, Gehringsdorf, Hackeborn, Westeregeln und Tarthun) wurden selbstverständlich in die Berechnung mit einbezogen. — Die Größe der separierten Fläche für das Jahr 1848 wurde der Statistik von MEITZEN, 1869: 294—295, entnommen. — Vgl. dazu außerdem Anm. 44.

[78] Das heißt: In den rund 20 Jahren von 1821 bis 1840 wurde ein Viertel der LN des Kreises separiert. In den folgenden acht Jahren zwischen 1840 bis 1848, also in weniger als der Hälfte der vorigen Zeit, erhöhte sich der separierte Anteil auf drei Viertel der LN, d. h.: Nach 1840 wurde in weniger als 10 Jahren die doppelte Fläche separiert, als innerhalb von 20 Jahren vor 1840.

des coupirten Terrains und des hohen Werths der Grundstücke", „viel höher als in den östlichen" Teilen liegen und im Durchschnitt immerhin fast „einen Thaler für den Morgen betragen";[79] von Prozessen und Streitigkeiten anderer Art, die nicht selten dabei sind, und die viele Beschwernisse und Kosten verursachen konnten, einmal ganz abgesehen.

Die eigentliche Triebkraft für diese beschleunigte Durchführung der Separation, zumindest hier im Untersuchungsgebiet, liegt vielmehr woanders. Sie ist verbunden mit einer Erscheinung, die für unser Gebiet in einem besonderen Maße charakteristisch ist, nämlich mit der engen Verflechtung von Landwirtschaft und technischem Gewerbe. Und zwar sind damit weniger die Brennereien und Brauereien gemeint; solche gab es in genügender Anzahl z. B. auch in Ostelbien, sondern speziell der Anbau und die Verarbeitung einer Kulturart, nämlich der Zuckerrübe, wovon dann auch in dieser Zeit nirgendwo anders in so bedeutsamem Maße Impulse für Veränderungen im agrarischen Bereich — von der Ökonomie bis hin zur Lebensweise der Produzenten — ausgegangen sind wie gerade hier. Und auch kaum in einem anderen Zweig landwirtschaftlicher bzw. landwirtschaftlich-gewerblicher Produktion vermochte sich das Streben nach Profit, nach Verwertung von Kapital, nach Erzielung hoher und höchster Bodenrenten zu diesem Zeitpunkt rascher und unbeschwerlicher zu realisieren als auf diesem Gebiet.

Die Prämissen dafür waren günstig: eine hohe Bodenfruchtbarkeit und ein damit korrespondierendes Klima, eine vorteilhafte Handelslage einschließlich guter Verkehrsbedingungen, günstige besitz- und erbrechtliche Verhältnisse, ein — jedenfalls zunächst noch — genügend großes einheimisches Arbeitskräftepotential und die Existenz notwendiger Geldvermögen, in erster Linie aus städtischem, besonders magdeburgischem Kaufmannskapital, Teil der jetzt allgemein beim Großhandel anzutreffenden überschüssigen Geldfonds.[80] Eine Voraussetzung war bislang allerdings nur erst teilweise erfüllt, nämlich das Vorhandensein größerer, geschlossener und lastenfreier Bodenareale. Diesem Erfordernis entsprachen zunächst nur die Domänen und Rittergüter, deren Flächen in der Regel schon früher, im Zusammenhang mit den Gemeinheitsteilungen am Ende des 18. Jh., aus den Feldgemeinschaften ausgeschieden worden waren.[81]

Als besonders aussichtsreich erwiesen sich die Verhältnisse auf den Domänen, speziell was die Existenz von Kapital, Boden und Arbeitskräften anbetrifft. Während sich die Rittergüter gewöhnlich noch auf Brennereien und Brauereien beschränkten, gehören hiesige Domänen mit zu den ersten Gründern von Rübenzuckerfabriken, so die Domänen zu Wolmirstedt (Gründung der Fabrik: 1836; auf der zweiten Wolmirstedter Domäne: vor 1841),[82] die Domäne zu Dreileben (Gründung der Fabrik: 1836),[83] die Domäne zu Alt-Staßfurt (Gründung der Fabrik: 1837),[84] die Domäne zu Calbe (Gründung der Fabrik: 1839),[85] die Domäne zu Barby (Gründung der Fabrik: 1840)[86] und die Domäne zu Ummendorf (Gründung der Fabrik: 1840).[87] Dabei ist zu bemerken, daß auch in all den genannten

[79] Einige Nachrichten, 1850: 26—27.
[80] Vgl. dazu Mottek, 1964: 122—124.
[81] Dagott, 1934: 12. Beispiel: Preußisch-Schlesien nach dem Reglement vom 14. 4. 1771.
[82] Gründungsjahr der ersten Zuckerfabrik nach Einige Nachrichten, 1850: 50; Gründungsjahr des zweiten Unternehmens nach Hermes/Weigelt, 1842: 92.
[83] Einige Nachrichten, 1850: 51.
[84] Hermes/Weigelt, 1842: 56.
[85] Hermes/Weigelt, 1842: 49.
[86] Hermes/Weigelt, 1842: 46.
[87] Hermes/Weigelt, 1842: 125.

Gemeinden und Städten sowie in den meisten Ortschaften ihrer Umgebung die Separation zu diesem Zeitpunkt (bis 1840) bereits abgeschlossen war. Eine Ausnahme bildete lediglich die Stadt Calbe, wo jetzt mit der Zusammenlegung der Grundstücke jedoch begonnen wurde.[88]

Auch in den meisten Gemeinden im Einzugsbereich des zweiten großen Standortgebietes, in der Umgebung von Magdeburg, wo mit städtischem Handelskapital zwischen 1836 und 1841 insgesamt 16 solcher Fabriken angelegt worden sind,[89] war zu dieser Zeit die Separation bereits voll zum Abschluß gekommen, so in den Gemeinden Rothensee, Barleben, Meitzendorf, Dahlenwarsleben, Ebendorf, Olvenstedt, Groß Ottersleben, Klein Ottersleben, Lemsdorf, Salbke, Dodendorf, Osterweddingen und Fermersleben.[90]

Ebenfalls war dies weitgehend dort der Fall, wo sich mehrere bäuerliche Grundbesitzer zur Gründung solcher Unternehmungen vereinigt hatten, wie in Etgersleben, Klein Wanzleben, Ochtmersleben und — hier ein Werk bemittelterer Stadtbürger — in Seehausen,[91] wobei die Fluren von Ochtmersleben und Seehausen allerdings bis dahin noch nicht separiert waren. Möglicherweise hat hierfür der Umstand eine nicht ganz unwichtige Rolle gespielt, daß die Fabrik in Seehausen schon um 1840 „bei den eingetretenen ungünstigen Konjunkturen" — gemeint sind die Folgen des deutsch-holländischen Handelsvertrages, „demzufolge ein der Raffinade ähnliches Product, der Lumpszucker fast zu demselben Zoll wie früher Rohzucker importirt werden durfte"[92] — wieder „ihren Betrieb fast ganz hat einstellen müssen".[93]

Eine „außerordentliche Mißerndte" bedrohte die Existenz des eben eingeführten Produktionszweiges bald darauf erneut (1842), da „in Folge deren die meisten Fabriken kaum die Hälfte ihres gewöhnlichen Rübenquantums, viele noch weit weniger verarbeiten konnten".[94] Doch diese Mißernte erwies sich als Ausnahme, und die negativen Wirkungen der neuen handelspolitischen Maßnahmen konnten ebenfalls rasch überwunden werden. Will man der zeitgenössischen Literatur folgen, so war dies letztere hauptsächlich der Entwicklung einer verbesserten Technologie zu danken, die „wie mit einem Zauberschlage" die „bis jetzt nur Verlust gewährenden Unternehmungen ... in ein gewinnbringendes Geschäft umgestaltete".[95] So entstanden in der Folgezeit weitere Etablissements dieser Art.

[88] Hermes/Weigelt, 1842: 49.

[89] Nach Hermes/Weigelt, 1842, wurden während des genannten Zeitraumes Rübenzuckerfabriken gegründet: in Magdeburg-Sudenburg 7; in Magdeburg-Neustadt 5; in Buckau 1; in Groß Ottersleben 2; in Westerhüsen 1.

[90] Hermes/Weigelt, 1842: 101, 94, 99, 85, 100, 82, 81, 79.

[91] Hermes/Weigelt, 1842: 79, 85, 100, 73. — Die Gründung der Rübenzuckerfabriken in Etgersleben erfolgte im Jahre 1839 durch mehrere „Ackerleute"; in Klein Wanzleben wurde das Unternehmen 1838 „von der Gemeinde" angelegt und in Ochtmersleben waren die Gründer (1839) „mehrere Ackerleute und Halbspänner". Die Seehausener Fabrik wurde im Jahre 1838 eingerichtet. Alle vier Unternehmen waren Aktiengesellschaften.

[92] Einige Nachrichten, 1850: 51.

[93] Hermes/Weigelt, 1842: 73.

[94] Einige Nachrichten, 1850: 53.

[95] Einige Nachrichten, 1850: 52: „Dem Techniker Schützenbach aus Freiburg im Breisgau gebührt das Verdienst, durch Erfindung eines rationelleren Verfahrens, die Trennung des Zuckerkristalls von dem Syrup und den Melassen vermittelst siebähnlicher viereckiger Kasten zu bewirken und einer ebenso sinnreichen als zweckmäßigen Gebrauchsanweisung derselben, den sinkenden Muth der Rübenzuckerfabrikanten wieder gehoben zu haben ... Dies hatte ein Wieder-

Tabelle 109

Anzahl der Rübenzucker-Fabriken in der Magdeburger Börde und in der Provinz Sachsen zwischen 1841 und 1857[96]

Jahr	Anzahl der Rübenzucker-Fabriken		
	im Untersuchungsgebiet (außer in Magdeburg-Stadt), einschl. Magdeburg-Neustadt und -Sudenburg	in der gesamten Provinz Sachsen	Anteil der Fabriken im Untersuchungsgebiet im Verhältnis zur Anzahl in der Provinz Sachsen (in Prozent)
1841	27	?	—
1845	?	37	—
1848	?	56	—
1849	?	69	—
1850	40	69	58,0
1853	44	84	52,4
1857	52	121	43,0

Die ermittelten Prozentwerte gewinnen insbesondere dann an Aussagekraft, wenn man weiß, daß das Untersuchungsgebiet nach der Fläche gerade nur etwa 5 Prozent des Gesamtareals der Provinz Sachsen ausmacht.[97] Mit Recht kann man daher in dieser Zeit die Magdeburger Börde als ein Ballungsgebiet für den Rübenbau und die Rübenzuckerindustrie bezeichnen.

Auf die landwirtschaftliche Gesamtnutzfläche des Untersuchungsgebietes bezogen (474710,62 Morgen), drückt sich die Ausweitung des Rübenbaues unter der sehr wahr-

erwachen des allgemeinen Zutrauens zu diesem Industriezweig zur Folge und mit der Ueberzeugung von dessen Ertragsfähigkeit stellte sich auch die Lust zu neuen Fabrikanlagen um so kräftiger ein, je mehr die Speculation durch die überstandenen Drangsale zurückgedrängt worden war." — Über den Techniker SEBASTIAN CARL SCHÜTZENBACH (1793—1869) siehe seinen Nekrolog in: ZVRI, 1869: XIX, 270—272; in diesem Band befindet sich auch ein Proträt des Genannten.

[96] Die Zahlen sind folgenden Quellen entnommen:
Für das Jahr 1841 = HERMES/WEIGELT, 1842; für das Jahr 1845 = LENGERKE, 1848: 389; für das Jahr 1848 = ZVRI, 1851: I, 468; für das Jahr 1849: ZVRI, 1851: I, 469; für das Jahr 1850: ZVRI, 1851: I, 4—6, 469; für das Jahr 1853: ZVRI, 1853: III, 618—622, wobei zu bemerken ist, daß die Anzahl der in der gesamten Provinz Sachsen vorhandenen Fabriken (84) nur die Vereins-Mitglieder ausweist; die tatsächliche Zahl der in der Provinz Sachsen gelegenen Unternehmungen lag also etwas höher. Für das Jahr 1857: ZVRI, 1857: VII, 442—445, 449—450.

[97] Die Berechnung erfolgte auf der Grundlage folgender Werte: Nach Handbuch ... Provinz Sachsen, o. J. (1877): 62,'215 und 372, betrug die Fläche der Provinz Sachsen = 458,733 Quadratmeilen. Da 1 Quadratmeile = 21566,028 Morgen beträgt (vgl. Anm. 44), ergibt sich als Gesamtareal = 9893048,72252 Morgen. Demgegenüber steht das Untersuchungsgebiet mit einer Fläche von 474710,62 Morgen. Da diese Zahl lediglich die Größe der landwirtschaftlichen Nutzfläche bezeichnet, die Flächenzahl der Provinz Sachsen aber die Größe der Gesamtfläche wiedergibt, ist hier auf 500000 Morgen auf- und dort auf 9800000 Morgen abgerundet worden. Als Näherungswert ergibt sich dann 5,1 Prozent.

scheinlichen Voraussetzung, daß die hier verarbeiteten Früchte auch hier angebaut wurden, wie folgt aus: Legt man zugrunde, daß eine Rübenzucker-Fabrik während einer „Campagne" im Durchschnitt 68511,2 Zentner Rüben verarbeitete[98] und daß in dieser Zeit (um 1850) auf den Morgen durchschnittlich 140 Zentner Rüben erbracht wurden,[99] so ergibt sich für das Untersuchungsgebiet:

Tabelle 110

Verarbeitete Rübenmengen und Größe der Rübenanbauflächen im Untersuchungsgebiet zwischen 1841 und 1857

Jahr	Anzahl der Rübenzucker-Fabriken	Im Durchschnitt wurden an Rüben verarbeitet (in Zentner)	Die verarbeitete Rübenmenge entspricht einer Anbaufläche (in Morgen)	Im Verhältnis zur landwirtschaftlichen Gesamtnutzfläche beträgt der Anteil der Rübenanbaufläche (in Prozent)
1841	27	1849802,4	13212,9	2,78
1850	40	2740448,0	19574,6	4,12
1853	44	3014492,8	21532,1	4.54
1857	52	3562582,4	25447,0	5,36

Die Prozentwerte geben, wie gesagt, Auskunft über den Anteil der mit Rüben bebauten Fläche im Verhältnis zum landwirtschaftlichen Gesamtareal des Untersuchungsgebietes überhaupt. Der größere Teil der Rübenfelder liegt in praxi jedoch in der unmittelbaren Nachbarschaft der Fabriken. In diesen Gebieten erhöht sich dann natürlich der prozentuale Anteil der Rübenflächen. Als Beispiel dafür sei unter Beibehaltung der oben dargetanen Prämissen auf den Kreis Wanzleben, den Kernkreis der Börde, verwiesen (landwirtschaftliche Nutzfläche = 201003,23 Morgen). (Siehe Tabelle 111).

Die zunehmende Ausdehnung dieses neuen Produktionszweiges hatte vor allem ein rasches und außerordentliches Ansteigen der Boden- und Pachtpreise zur Folge, woraus sich dann auch der offenkundige Zusammenhang mit der gerade jetzt beschleunigt weitergeführten Gemeinheitsteilung und Separation erklärt. Eine bedeutende Rolle spielt dabei auch der Umstand, daß die in den Vororten Magdeburgs angesiedelten Zuckerfabriken, und

[98] Einige Nachrichten, 1850: 54. Diese Zahl gibt „das Durchschnittsquantum der von einer Fabrik in der Provinz Sachsen verarbeiteten Rüben" während der 9 „Campagnen" von 1840/41 bis 1848/49 an. Die Produktionskapazität dieser einen Durchschnitts-Fabrik ist dort so ermittelt worden, indem die in der gesamten Provinz Sachsen während der jeweiligen „Campagnen" verarbeiteten Rübenmengen in Beziehung gesetzt wurden zur Gesamtzahl der in der Provinz Sachsen in den betreffenden „Campagnen" daran teilhabenden Fabriken.

[99] Einige Nachrichten, 1850: 84. – Die ungefähre Richtigkeit dieser Berechnung wird auch dadurch bestätigt, daß für den gesamten Regierungsbezirk Magdeburg, wobei ausdrücklich auf das Rübenanbau-Zentrum „Börde" hingewiesen wird, um 1840 eine Gesamtrüben-Anbaufläche „nach einer sehr mäßigen Berechnung, wenigstens 20000 Morg. Acker" zugrunde gelegt wird. Bei der vorliegenden Berechnung muß zur Einschätzung der Prozentwerte beachtet werden, daß das mit Rüben bebaute Areal nicht mit der reinen Acker-, sondern mit der landwirtschaftlichen Nutzfläche insgesamt (Acker, Wiese, Garten, Weide) ins Verhältnis gesetzt worden ist. Die obige Angabe für das Jahr 1840 nach HERMES/WEIGELT, 1843: 92.

Tabelle 111

Verarbeitete Rübenmengen und Größe der Rübenanbauflächen im Kreis Wanzleben zwischen 1841 und 1857[100]

Jahr	Anzahl der Rübenzucker-Fabriken	Im Durchschnitt wurden an Rüben verarbeitet (in Zentner)	Die verarbeitete Rübenmenge entspricht einer Anbaufläche (in Morgen)	Im Verhältnis zur landwirtschaftlichen Gesamtnutzfläche beträgt der Anteil der Rübenanbaufläche (in Prozent)
1841	19	1301712,8	9297,9	4,63
1850	23	1575757,6	11255,4	5,60
1853	25	1712780,0	12234,1	6,09
1857	33	2260869,6	16149,1	8,03

das ist zunächst die Mehrzahl, zu diesem Zeitpunkt noch fast ausschließlich nur auf den Ankauf des Rohproduktes (Kaufrüben) bzw. auf Jahresacker-Pachtungen angewiesen waren. Daß gewöhnlich eine gewisse Wertsteigerung der Äcker nach erfolgter Separation ohnehin eintritt, ist angesichts der oft nicht unbeträchtlichen Höhe der Regulierungskosten in diesem Zusammenhang weniger von Belang. Im Gegenteil: die vorausschaubaren Kosten sowie die notwendig werdende Veränderung der bisherigen Betriebsweise, die Ungewißheit, welche Art Böden man wo erhalten wird, überhaupt das nun zwangsläufige Abrückenmüssen von der althergebrachten, überlieferten, vertrauten und unter den voraufgegangenen Verhältnissen auch funktionstüchtig gewesenen Wirtschaftsführung u. ä. haben viele der im Grunde ja ökonomisch denkenden, d. h. nach Erhaltung und Sicherung der eigenen Existenz — und der ihrer Nachkommen — strebenden bäuerlichen Grundbesitzer zunächst an der Ausführung von Gemeinheitsteilung und Separation, wie auch die obigen Zahlen aus dem Kreis Wanzleben bis 1840 zeigen, zögern lassen. Als man den magdeburgischen Bauern die erwähnte Verordnung über die Gemeinheitsteilung vom 21. Oktober 1769 durch ein fingiertes „Schreiben eines Landwirths an die Bauern, wegen Aufhebung der Gemeinheiten", datiert vom 19. November 1769, jedoch ohne Angabe des Absender-Ortes, näher bringen wollte und es ihnen zu diesem Zwecke vorlas, erklärten sie: „Der Mann scheint es mit dem Bauersmann ganz gut zu meinen, und was er sagt, das läßt sich hören. Aber so recht gewiß muß er seiner Sache wohl nicht seyn, sonst hätte er sich und seinen Wohnort nahmenkundig gegeben, und man bey ihm und seinen Bauren erst nähere Nachfrage thun können, ehe man das Ding selbst versuchte." Kommentar der Berichterstatter dazu: „So räsonnirten unsre Bauren. Das ist ihre Weise so. Was sie nicht mit ihren Augen sehen und mit ihren Händen greifen können, das glauben sie nicht."[101] Auch

[100] Quelle der Zahlenangaben wie unter Anm. 96. — Die Berechnung der landwirtschaftlichen Gesamtnutzfläche des Kreises Wanzleben wie unter Anm. 77. Was dort über die Flächen der schon außerhalb des Untersuchungsgebietes liegenden Teile dieses Kreises gesagt wird, gilt nun auch im Hinblick auf die Zahl der Zuckerfabriken. Es kommen deshalb hinzu: für das Jahr 1853 = 1 Fabrik (Hadmersleben); für das Jahr 1857 = 2 Fabriken (Hadmersleben, Hackeborn).

[101] Beyträge, 1780: 3—4, Fußnote a. — Das „Schreiben eines Landwirthes an die Bauern, wegen Aufhebung der Gemeinheiten" war bei Decker in Berlin gedruckt.

aus der ersten Hälfte des 19. Jh. lassen sich noch Zeugnisse für eine solche Verhaltensweise beibringen.[102] Erst die ökonomischen Erfolge bzw. Erfolgsaussichten führten in diesem Zusammenhang beim bäuerlichen Grundbesitzer zu einem Bewußtseins- und Verhaltenswandel, wiewohl andererseits traditionelle, mit den neuen Bewußtseinsinhalten im Widerspruch stehende Auffassungen damit freilich nicht sofort restlos aufgegeben wurden. Mit der Einführung der Rübenzuckerindustrie begannen die Pacht- und Bodenpreise enorm anzusteigen. Um aber hieraus Nutzen ziehen zu können, mußte der Grundbesitzer frei über sein Land verfügen können, was unter den Bedingungen von Flurzwang und Gemengelage im erforderlichen Maße nicht möglich war.

Der entscheidende Faktor für den raschen Fortgang der Separation ist im Untersuchungsgebiet demnach unmittelbar in dem Steigen der Pacht- und Bodenpreise infolge der Einführung der Rübenzuckerindustrie zu sehen.

So stiegen die Jahrespachten für einen Morgen Rübenacker um 1840 bis zu 16 und 20 Taler,[103] später bis zu 24 Taler Pr. Cour.,[104] ja sogar bis zu einer Höhe von 30 Taler in Gold.[105] Ein wesentliches Sinken der Pachtpreise war jetzt nur während der revolutionären Ereignisse im Jahr 1848 zu bemerken: „In der Nähe von Magdeburg wurde im Frühling 1848 für auf 1 Jahr gepachteten Acker nur 25 Thlr.preuß.cour. pro Morgen gezahlt; im Jahr 1849 erreichten die Pachtpreise aber wieder ihre frühere Höhe ...“[106] Zum Vergleich sei der Jahrespachtpreis (1850) in einem mit schlechteren Böden ausgestatteten Nichtrübenanbaugebiet des Regierungsbezirkes Magdeburg danebengestellt (Altmark bei Stendal): 1 Taler pro Morgen vor, 3 Taler pro Morgen nach der Separation.[107] Ein weiterer Vergleich zur Ergänzung aus dem Jahre 1840: „Einen neuen Aufschwung gewinnt ... die Landwirthschaft durch den Anbau der Zuckerrübe, wozu der Bördeboden ganz vorzüglich geeignet ist, welcher durch diese Kulturart noch verbessert wird. In den Gemeinden Gr. und Kl. Ottersleben, Beneckenbeck, Buckau, Fermersleben, Salbke, Lemsdorf, Dodendorf, Beiendorf, Westerhüsen, Schleibnitz, Langenweddingen, Osterweddingen, Kl. Wanzleben, Etgersleben etc. ist ein großer Theil der Aecker zum Rübenbau an die Fabrikanten zu dem Preise von 16–20 Thlr. pro Mrg. verpachtet, ein Ertrag, der auch im allergünstigsten Falle beim Getreidebau nicht erzielt werden kann.“[108]

Schließlich ein letzter Beleg für den sichtbaren Zusammenhang von Rübenzuckerproduktion und Separation, und zwar zum Börde-Ort Barleben nördlich von Magdeburg: „Die ganze Feldmark enthielt außer der Dorflage, den Wegen, Gräben etc. und dem sogenannten Busche 8003 Morgen. Der Acker (5153 M.) gehört 84 Besitzern in 1707 Stücken. Die 594 Morgen betragenden Wiesen wurden fast durchweg in Revieren gemeinschaftlich

[102] Vgl. z. B. Einige Nachrichten, 1850: 26.

[103] Hermes/Weigelt, 1842: 67; eine Pachtpreishöhe von 16 Reichstaler bestätigt im Jahre 1845 auch der „Oekonom“ Meissner aus Biere, Kreis Calbe, vor der 3. General-Versammlung des Landwirtschaftlichen Zentralvereins der Provinz Sachsen. In: ZLCV, 1845: I, 454. – In bezug auf die Höhe der Pachtpreise, die um dieselbe Zeit in unmittelbarer Nähe der Standorte zahlreicher Zuckerfabriken, der Vorstädte Magdeburgs, gezahlt würden, nannte Lengerke, 1846: 188, den Betrag „bis zu einigen zwanzig Thalern pro Morgen“ (Sudenburger Feldmark).

[104] Einige Nachrichten, 1850: 71.

[105] Entnommen dem Bericht „Die Rübenzucker-Industrie im Zollverein in den Campagnen 1848/49 u. 1849/50“. In: ZVRI, 1851: I, 471.

[106] ZVRI, 1851: I, 471.

[107] Einige Nachrichten, 1850: 32.

[108] Hermes/Weigelt, 1842: 67.

besessen. Die raume Weide betrug in dem großen Anger 2288 Morgen. An der Weide hatten übrigens noch ohngefähr 160 Besitzer kleiner Etablissements Antheil. Bei der Theilung des ganzen Terrains, welches manchen Hütungsbelastungen unterlag, haben, da einige Theile von Ueberschwemmungen, andere von Drängwasser leiden, jedem Theilnehmer mehrere Pläne gegeben werden müssen, weshalb mit Einschluß der Abfindungen der kleinen Leute 839 Pläne ausgewiesen worden sind. Der jährliche Ertrag des ganzen größtentheils sehr tragbaren Grundbesitzes an Acker, Wiesen und Hütungen war vor der Separation zu ohngefähr 44000 Thaler veranschlagt. Nach der Separation ist der größte Theil des großen Angers, welcher vorher, besonders bei dürren Sommern, nur einen verhältnismäßig geringen Ertrag lieferte, zu Acker, der Rest zu Wiesen cultivirt. Da nun die bedeutenden Ackerbesitzer ihre Grundstücke größtentheils an die Magdeburg'schen Fabriken verpachten, und die Pacht jährlich

vom besten Boden	15—20 Thaler,
von mittlerem	12—15 Thaler
und von geringerem	8—10 Thaler

betragen soll, so läßt sich ermessen, daß jetzt der Reinertrag der Flur sich auf mehr als 100000 Thaler beläuft",[109] was immerhin eine Steigerung um das Zweieinviertelfache bedeutet.

Von ebenso bedeutsamem Einfluß auf die Klassenverhältnisse im Dorf wie die Beseitigung des kollektiven Weidegangs und die Zusammenlegung der Grundstücke war auch der Prozeß der Ablösung der feudalen Dienste und Abgaben. Im Hinblick auf die Durchführung von Gemeinheitsteilung und Separation und betrachtet im Konnex mit der Rolle, die hierbei die Einführung des neuen Produktionszweiges der Rübenzuckerfabrikation spielte, war der Ablösungsvorgang allerdings schon mehr Ergebnis als Motiv und treibende Kraft. Von besonderer Wichtigkeit war dabei jener Umstand, daß die Ablösungsordnung von 1829 die Entschädigung in Form von Grund und Boden in Grenzen hielt und stattdessen mehr zur Kapitalabfindung bzw. zur Umwandlung der Lasten in Geld- oder Roggenrente tendierte.

Die juristische Möglichkeit, zumindest die Dienste in Natural- oder Geldrente umzuwandeln, war in Preußen schon durch die erwähnte Verordnung vom 21. Oktober 1769 gegeben: „Die allgemeinste Hinderniß eines freyen Ackerbaues wird zwar durch Aufhebung der vermengten Hütungen gehoben werden. Doch sollen vor die Theilungscommissionen auf Anhalten der Partheyen auch die Fälle gezogen werden, wo wirkliche Dienstbarkeitsrechte dem Landbau hinderlich fallen. Hat in solchen Fällen ein gütliches Einverständnis nicht statt, so haben die Commissarien ihr Augenmerk darauf zu richten, wie dafür eine Entschädigung von gleichem Werth nach den Umständen beyder Güter auszumitteln, ob damit zur Verbesserung des Landbaues wirklich etwas zu gewinnen seyn möchte, und ob die Dienstbarkeit dem einen Theil mehr Schaden, als dem andern Nutzen bringt."[110] Für das Untersuchungsgebiet hatte Bielefeldt, wie oben schon dargetan, die „häufige" Umwandlung der Dienste in eine Geldrente bereits für die Zeit um 1785 festgestellt.[111]

109 Einige Nachrichten, 1850: 35—36.

110 Beyträge, 1775: 3. — Aber auch schon vor dieser Zeit war es teilweise zur Umwandlung von Naturaldiensten in Dienstgeld gekommen. So ist belegt, daß z. B. in Welsleben „die Bauern" schon im Jahre 1700 diese Umwandlung durchsetzten. Vgl. hierzu Wunderling, 1935: 13.

111 Bielefeldt, 1910: 5; vgl. außerdem unter Anm. 18.

Das „Allgemeine Landrecht" hat später (1794 und 1803) diese Möglichkeit sanktioniert (Zweiter Theil, Siebenter Titel, Sechster Abschnitt, §§ 421 bis 426). Es waren natürlich — neben den Domänen und Rittergütern — in erster Linie die großen und mittleren Bauern (Voll- und Halbspänner), jene, die unter Exploitation fremder Arbeitskräfte über ihren eigenen Bedarf hinaus für den Markt produzierten, die von dieser Möglichkeit Gebrauch machten und Gebrauch machen konnten. „Die Verwandlung der Naturalrente in Geldrente", schreibt MARX, „wird ferner nicht nur notwendig begleitet, sondern selbst antizipiert durch Bildung einer Klasse besitzloser und für Geld sich verdingender Taglöhner. Während ihrer Entstehungsperiode ... hat sich daher notwendig bei den besser gestellten rentepflichtigen Bauern die Gewohnheit entwickelt, auf eigne Rechnung ländliche Lohnarbeiter zu exploitieren ... So entwickelt sich nach und nach bei ihnen die Möglichkeit, ein gewisses Vermögen anzusammeln und sich selbst in zukünftige Kapitalisten zu verwandeln."[112]

Vor allem der Anbau der Zichorienwurzel, der sich — insbesondere während der Kontinentalsperre, aber auch später noch — als besonders lukrativ erwies, und der hier schon vor 1800 mit Erfolg eingeführt wurde,[113] hat viel zur Entstehung größerer Geldvermögen auch bei den großen Bauern beigetragen. Er half ihnen ohne weitreichende Schäden auch über die Agrarkrise in den zwanziger Jahren des 19. Jh. hinweg. Als die preußischen Ablösungsgesetze in Kraft traten — in den Jahren 1820, 1825 und 1829 —, befanden sich die verschiedenen bäuerlichen Grundbesitzer demnach schon in unterschiedlichen Ausgangspositionen: Die großen und teilweise auch die mittleren Bauern verfügten nicht nur über gewisse frei verwendbare Kapitalmengen, sondern hatten zu diesem Zeitpunkt auch ihre Dienste schon weitgehendst in eine Geldrente umgewandelt, die sie angesichts ihrer Vermögensverhältnisse als eine nicht mehr allzu drückende Last empfanden. Ihnen gegenüber standen die kleinen Bauern (Groß- und teilweise noch Kleinkossaten) und die grundstücks- und in der Regel auch grundbesitzenden Häusler. Sie dürften die Umwandlung der Spann- (Großkossaten) und Handdienste (Kleinkossaten, Häusler) in eine Geldrente, wenn überhaupt, nur in sehr geringerem Maße vollzogen oder, wenn doch, sich dabei nicht selten verschuldet und damit nur in eine weitere, zusätzliche Abhängigkeit gebracht haben. Negativ besonders auf diese Schichten der ländlichen Agrarproduzenten wirkten sich auch die Abgabeverpflichtungen aus. Während beispielsweise die Abgabe des Zehnten — eine scheinbar die Lasten relativ gerecht verteilende, weil Proportionalabgabe — den kleinen Bauern mit den verbleibenden 90 Prozent ihrer Ernteerträgnisse in der Regel gerade noch die einfache Reproduktion ermöglichte, dies oft aber auch nur bei vorhandener Berechtigung auf Weide- und Grasnutzungen, verblieb den großen und Teilen der mittleren Bauern nach Leistung dieser Abgabe immer noch genügend Ertrag über den eigenen Bedarf hinaus, was sich für sie vor allem in den Jahren nach Überwindung der Agrarkrise von 1820 bis 1825, in denen die Preise wieder „rascher stiegen als die Löhne",[114] außerordentlich günstig auswirkte und den Differenzierungsprozeß innerhalb der bäuerlichen Klasse vorantrieb.

Hinzu kommt, daß die Möglichkeit der Ablösung zeitlich parallel lief mit der Möglichkeit der ebenfalls kostenaufwendigen Gemeinheitsteilung und Separation. Besonders für die kleinen Bauern und landarmen Häusler bedeutete dies eine doppelte Belastung. Wie sie auch verfahren mochten, in allen Fällen war eine Verschuldung nahezu unvermeidlich.

[112] MARX, 1964 (1894): XXV, 807.
[113] BIELEFELDT, 1910: 22. — Siehe ferner MEYNE, 1928: 459—588.
[114] BIELEFELDT, 1910: 17; vgl. außerdem MOTTEK, 1964: 122—124.

Mißernten, Dezimierung des Viehbestandes durch Krankheit, Ausbezahlung der scheidenden Geschwister u. ä. erhöhten nicht selten die Schuldenlast oder lösten sie aus bzw. lösten sie gerade dann aus.

Über den Stand der Ablösungen bis 1840 liegen Mitteilungen über die zum Untersuchungsgebiet gehörenden Ortschaften der Kreise Wolmirstedt und Neuhaldensleben vor.[115] Daraus ist ersichtlich, daß im Wolmirstedter Kreis in 7 von allen 26 Gemeinden — das sind 27 Prozent — und im Neuhaldensleber Kreis in 9 von 25 Gemeinden — das sind 36 Prozent — bis zu diesem Zeitpunkt die Dienste und Abgaben zwar — bis auf zwei Ausnahmen — nicht vollständig, aber — im doppelten Sinne — doch in der Mehrzahl „größtentheils" abgelöst waren. Im zweifachen Sinne deshalb, weil erstens in diesem Gebiet „das gutsherrlich-bäuerliche Verhältnis in der Regel nicht mit ganzen Ortschaften oder Feldfluren" abschloß, „sondern die einzelnen bäuerlichen Höfe derselben Gemeinde ... meist je einem anderen Gutsherrn pflichtig" waren,[116] und weil zweitens der einzelne bäuerliche Grundbesitzer oder der mit Bodenanteilen ausgestattete Landarbeiter (Häusler) entweder die Dienste oder die Abgaben oder Teile davon, also schrittweise, abgelöst hatte bzw. noch im Prozeß der Ablösung stand. Aus der Tatsache, daß von den betreffenden 16 Gemeinden 12 bis dahin auch die Separation abgeschlossen hatten — das sind 75 Prozent —, dürfte die Schlußfolgerung zu ziehen sein, daß die bevorzugte Variante bei der Durchführung der Agrarreform im Untersuchungsgebiet die war, daß zunächst die Gemeinheiten geteilt, die Feldmark separiert, hernach größere Teile der Anger, aber auch viele der bislang unentbehrlich gewesenen Grenzraine, Scheidefurchen, Wege, Fußsteige und Übergänge, wie dies auch andernorts der Fall war, zu Ackerflächen umgebrochen, dadurch und durch die nun erhaltene Möglichkeit zu besserer Wirtschaftsführung überhaupt eine Ertragszunahme erreicht und damit ein gewisser, wenn — zumal im Hinblick auf die kleinen Bauern, sofern diese durch die Teilung der Gemeinheiten eine Landentschädigung überhaupt erhielten — auch bescheidener Überschuß erzielt wurde, der dann das Ablösungsgeschäft, zudem es schrittweise vorangebracht wurde, erleichtert hat. Wie bedeutend in der Tat der Zuwachs an Ackerfläche und das Umbrechen von Angerarealen war, zeigen die Verhältnisse im Börde-Kernkreis Wanzleben. (Siehe Tabelle 112).

Dem durch die Gemeinheitsteilung und Separation möglicherweise gewonnenen Ertragszuwachs stand — insbesondere bei den kleinen Grundbesitzern — allerdings entweder eine Verminderung des Großviehbestandes gegenüber, was letztlich aber wiederum eine Ertragsreduzierung bedeutete, oder, im Falle der Beibehaltung des Bestandes, eine Erweiterung des Futteranbaues durch den jetzt zwangsläufig werdenden Übergang zur Stallfütterung, was andererseits jedoch wieder eine Schmälerung des Körner- oder Hackfruchtertrages usw. zur Folge hatte. Mit der Verminderung des Großviehbestandes war außerdem auch ein gewisser Verlust an tierischen Fäkalien verbunden, der nur durch den Ankauf, später vor allem von künstlichem Dünger, also durch eine Erhöhung der Kosten, ausgeglichen werden konnte.

Ohne Zweifel hat der seit etwa 1836 in großem Umfange in das Untersuchungsgebiet Eingang gefundene neue Produktionszweig der Rübenzuckerfabrikation auch auf den Fort-

[115] Hermes/Weigelt, 1842 (die im Untersuchungsgebiet liegenden Ortschaften der Kreise Wolmirstedt und Neuhaldensleben).

[116] Bielefeldt, 1910: 6. — Allerdings wäre es richtiger, hierbei nicht von gutsherrlich-bäuerlichem, sondern von grundherrlich-bäuerlichem Verhältnis zu sprechen (im Unterschied etwa von Ostelbien).

gang des Ablösungsgeschäftes eine beschleunigende Wirkung ausgeübt. Die hierbei durch Ackerverpachtungen und Rübenverkäufe erzielten Extragewinne haben aber nicht nur den zeitlichen Verlauf dieses Prozesses beeinflußt, sondern weitgehendst auch die Art des Äquivalentes bestimmt. Die Entschädigungen erfolgten nämlich in der Regel vorrangig in Kapital und als Geldrente und erst an dritter und vierter Stelle in Form von Roggen-

Tabelle 112

Verhältnis von Acker- und Angerfläche im Kreis Wanzleben 1841 und 1861 zur Gesamtfläche des Kreises[117]

Jahr	Ackerfläche in Morgen	Prozent	Angerfläche in Morgen	Prozent
1841	160417	75,3	11971	5,6
1861	179974	84,5	3030	1,4

rente und – obwohl die Ablösungsordnung von 1829 dem Verpflichteten die Abtretung bis zu einem Drittel seines Grundbesitzes gestattete – in Land. In den vier zum Untersuchungsgebiet gehörenden Hauptkreisen Calbe, Neuhaldensleben, Wanzleben und Wolmirstedt wurden bis Ende 1848 an Diensten und Abgaben abgelöst:

Tabelle 113

Stand der Ablösung der Feudallasten in den Kreisen Calbe, Neuhaldensleben, Wanzleben und Wolmirstedt bis Ende 1848[118]

Kreise	in Kapital (Taler)	in Geldrente (Taler)	in Roggenrente (Scheffel)	in Land (Morgen)
Calbe	65346	1736	96	6
Neuhaldensleben	537263	4333	263	1129
Wanzleben	176839	5347	243	601
Wolmirstedt	215818	2824	1249	112
in summa	995266	14240	1851	1848

Noch überzeugender wirkt die direkte Gegenüberstellung: rund einer Million Taler Kapitalentschädigung stehen lediglich 462 Hektar Landabfindung gegenüber! Die Landentschädigung im Börde-Kernkreis Wanzleben beträgt, bezogen auf seine landwirtschaftliche Gesamtnutzfläche (= 201003,23 Morgen), gerade 0,3 Prozent.[119]

117 Angaben für 1841: HERMES/WEIGELT, 1842 (sämtliche Feldmarken des Kreises Wanzleben; vgl. hierzu auch unter Anm. 77); Angaben für 1861: MEITZEN, 1869: 74–78, sowie nach Statistik ... Wanzleben, 1867: 38. – Als Gesamtfläche des Kreises wurde zugrunde gelegt – auch für 1841 (vgl. dazu jedoch unter Anm. 44) –: 213013,45 Morgen (Statistik ...Wanzleben, 1867: 3).

118 Angaben nach MEITZEN, 1869: 294–295.

119 Zur Berechnung der landwirtschaftlichen Nutzfläche des Gesamtkreises Wanzleben: vgl. unter Anm. 44.

Über den zeitlichen Ablauf des Ablösungsgeschäftes gibt die folgende Gegenüberstellung, die sich allerdings auf den gesamten Regierungsbezirk Magdeburg bezieht, Auskunft:

Tabelle 114

Stand der Ablösung der Feudallasten im Regierungsbezirk Magdeburg bis 1860[120]

Zeitraum	Entschädigungen in Kapital (Mark)	in Geldrente (Mark)	in Roggenrente (Neuscheffel)	in Land (ha)
bis Ende 1848	11740173	223275	14371	1759
1849–1860	7252884	491067	8842	233

Das gleiche Ergebnis spiegelt sich auch im Verhältnis der Anzahl der jeweils in den genannten Zeiträumen abgelösten Spann- und Handdiensttage wider (Regierungsbezirk Magdeburg).

Tabelle 115

Stand der Ablösung der Spann- und Handdiensttage im Regierungsbezirk Magdeburg bis 1860[121]

Zeitraum	abgelöste Spanndiensttage	abgelöste Handdiensttage
bis Ende 1848	48648	108040
1849–1860	5736	22390

Die Mehrzahl der Ablösungen ist demnach im Zeitraum bis Ende 1848 erfolgt. Daß dies im besonderen Maße gerade auch für das Untersuchungsgebiet zutrifft, bestätigt eine Mitteilung LENGERKES von Mitte 1843. Nach seiner Formulierung zu urteilen — und man beachte dabei die sicherlich nicht zufällig gewählte Reihenfolge der Begriffe „Separation" und „Ablösung" —, dürfte das Ablösungsgeschäft hier gegenüber anderen Teilen des Regierungsbezirkes sogar noch wesentlich weiter fortgeschritten gewesen sein: „Es bedarf keiner besonderen Erwähnung, daß der bezeichnete ganze Landstrich" — und er bezieht sich dabei ganz speziell und ausschließlich nur auf die Magdeburger Börde — „... ein sehr fruchtbarer, von den größeren Wirthen fast überall musterhaft, aber auch ein von den, allmählich von den Kosten und Störungen der Separation und Ablösungen sich erholenden (sic!) bäuerlichen Wirthen ganz guter cultivirter District ist ..."[122] Zu dieser „Erholung", womit in erster Linie das Bemühen insbesondere der kleinen Bauern und der mit Bodenanteilen ausgestatteten Landarbeiter (Häusler) gemeint sein dürfte, die durch Gemeinheitsteilung, Separation und Ablösung verursachten Schulden zu tilgen, haben im Untersuchungs-

[120] Angaben für den Zeitraum bis Ende 1848 nach MEITZEN, 1869: 294–295; für den Zeitraum 1849–1860 nach MEITZEN, 1901: (462)–(463). Die Umrechnung von Taler in Mark (für 1848) erfolgte auf der Basis: 1 Taler = 3,00 Mark.

[121] Angaben für den Zeitraum bis Ende 1848 nach MEITZEN, 1869: 294–295; für den Zeitraum 1849–1860 nach MEITZEN, 1901: (462)–(463).

[122] Nach LENGERKE, 1846: 156.

gebiet vor allem die aus der Beteiligung an der Rübenzuckerfabrikation erzielten Ertragsgewinne beigetragen. Wie Kleinbauern ihre wirtschaftliche Lage durch eine solche Teilhabe tatsächlich zu ihren Gunsten zu verändern vermochten, schildert die Autobiographie eines Kossaten aus der Börde-Gemeinde Löderburg vom Jahre 1850. Es sei hinzugefügt, daß die Separation in dieser Gemeinde bereits mindestens zehn Jahre zuvor (1840) zum Abschluß gekommen war:[123] „Mathias Klinke in Löderburg, Besitzer eines sogenannten Kossäthengutes, bewirthschaftet seit einer langen Reihe von Jahren 16 Morgen Gerstenboden von ziemlich gleicher Beschaffenheit und 3 Morgen Wiesenland. Vor Einführung des Rübenbaus wurde das Feld abgetheilt in drei Felder: Roggen, Gerste, Hafer und Kartoffeln — etwas Flachsbau wurde nebenbei betrieben. Die Düngungen fanden jedesmal beim Roggen statt: 2 bis 3 Stück Rindvieh lieferten das Material, das in 5 zweispännigen Fuhren aufgebracht wurde. Geerntet wurde an Roggen 8 Stieg, von Gerste 9 Stieg oder 3 Schock, vom Hafer 7 Stieg. Das Schock Gerste lieferte 5 Scheffel, Roggen 3 Scheffel, Hafer 6 Scheffel vom Schock. Die Wirthschaft erhielt sich dazumal dürftig, denn es ging Ausgabe und Einnahme regelmäßig Null von Null auf. Unglücksfälle am Viehstand und Mißerndten führten ein Deficit herbei, das nur durch Schuldenmachen gedeckt werden konnte. Der Rübenbau hat diese Sachlage zu Gunsten des Besitzers umgestaltet. Es werden nun gebaut:

4 Morgen	Roggen gedüngt,
3 „	Rüben,
1 „	Gerste,
4 „	Gerste mit schwacher Düngung,
2 „	Hafer,
2 „	Kartoffeln
16 Morgen	

Der Viehstand ist derselbe, wie früher. Die Düngkraft der Wirthschaft wird auf Roggen und Gerste verwendet. Die Erndte wirft jetzt durchschnittlich an Roggen 10 Stieg, an Gerste 11 Stieg, vom Hafer 8 Stieg ab. Der Ausdrusch giebt 6 Scheffel pro Schock von der Gerste, 4 Scheffel vom Roggen, hin und wieder auch 5 Scheffel, vom Hafer 7 Scheffel. Es bringt mit einem Worte die Wirthschaft heute bei ganz gleicher Ausdehnung 70 bis 80 Thlr. Ueberschuß und kommt natürlich mehr und mehr vorwärts. Und doch wird der Rübenbau dort erst seit 8 Jahren betrieben; im ersten Jahre seiner Einführung waren allerdings noch keine Ueberschüsse vorhanden; diese stellten sich jedoch schon beim dritten Jahre ein und konnten seit 4 Jahren zur Tilgung der auf dem Gütchen lastenden Schulden verwendet werden, so daß dies heute schuldenfrei ist."

„Die Verschuldung war ein außerordentlich entscheidender Faktor der Differenzierung der Bauernschaft", sagt Šolta zu Recht. „Schulden aus Not und die sogenannten Besitzkredite (Restkauf- und Erbgelder) mußten in der Regel die Bauern noch stärker belasten. Kredite für die ökonomische Entwicklung der Bauernwirtschaft brachten diese weiter voran, förderten die landwirtschaftliche Produktion und steigerten den Gewinn ... War die Schuldenhöhe ganz verschieden, so konnte auch der gleiche Grad der Verschuldung von zwei Wirtschaften in dem einen Fall großes Elend bedeuten und in dem anderen Fall die ökonomische Festigung und Vergrößerung der Bauernwirtschaft ausdrücken. So modifi-

[123] Zitat nach Einige Nachrichten, 1850: 69—70; Angabe über den Abschluß der Separation nach Hermes/Weigelt, 1842: 61.

ziert die Verschuldung beträchtlich die Differenzierung der Bauern nach dem Umfang des Bodenbesitzes."[124] Zwischen 1830 und 1850, also im bisher untersuchten Zeitraum, dürfte die Wirkung, die von daher auf die Struktur der bäuerlichen Klasse des Untersuchungsgebietes ausging, allerdings nur gering zu veranschlagen sein. Subhastationen von Bauerngütern, um die extremste Folge, die aus Verschuldungen erwachsen konnte, zu nennen, kamen in den Jahren 1852 und 1853 weder im Kreis Wanzleben noch im Kreis Calbe oder im Kreis Neuhaldensleben vor. Lediglich im Kreis Wolmirstedt, der allerdings zu knapp zwei Dritteln nicht zum Untersuchungsgebiet gehört, wurden in jenen beiden Jahren insgesamt vier derartige Zwangsversteigerungen registriert.[125] Erst nach 1850, besonders im Zusammenhang mit der Steigerung der Reingewinne und der Bodenpreise infolge der weiteren Ausdehnung der Zuckerfabriken und des vermehrten Rübenbaus, nahmen — wie noch darzutun sein wird — die Verschuldungen allgemein zu.

Die Ablösungen wirkten stattdessen auf die bäuerliche Klasse in der Weise differenzierend, daß die Vermögensunterschiede zunahmen (einfache, bloße Differenzierung), daß die großen und Teile der mittleren Bauern ihre aus dem „Geschäft mit den Rüben" erzielten Extragewinne mit ihren schon vorhandenen überschüssigen Geldfonds verbinden, die Ablösungssummen rascher und schmerzloser entrichten und darüber hinaus teilweise weitere Vermögen ansammeln konnten, während die kleinen Bauern mit ihren vergleichsweise viel geringeren Extragewinnen nach und nach gerade ihre durch Gemeinheitsteilung, Separation und Ablösung verursachte Schuldenlast — ganz oder auch nur zum Teil — abzutragen vermochten. Von sehr erheblicher Bedeutung war dieses Reicherwerden der Reicheren dann, als man zu der mit höheren Produktionskosten verbundenen intensiven Wirtschaftsweise überging.

Eine Differenzierung der bäuerlichen Klasse infolge häufiger und größerer Landabfindungen hat ebenfalls nicht stattgefunden. Die Landentschädigung bildete die Ausnahme und konnte auch von den kleinen Bauern vermieden werden.

Nicht ganz unwesentlich dagegen sind die Veränderungen innerhalb der bäuerlichen Klasse, die durch Dismembrationen eingetreten sind, die zwar nicht übermäßig häufig, aber auch nicht gerade sehr selten vorkamen und meist erbteilungshalber, insbesondere durch die Notwendigkeit, die Geschwister des Hoferben ausbezahlen zu müssen, oder in spekulativer Absicht vorgenommen wurden. Im Kreis Wanzleben z. B. stellen sich die hierdurch verursachten Veränderungen folgendermaßen dar:[126] Zwischen 1816 und 1859 wurden insgesamt 103 spannfähige bäuerliche Wirtschaften mit zusammen 13056 Morgen Land dismembriert. Von diesem Areal erwerben

	Morgen	Prozent
kleine, nicht spannfähige Nahrungen	5496	42,10
spannfähige bäuerliche Nahrungen	5337	40,88
Rittergüter, Klostergüter und klösterliche Stiftungen	2223	17,02
Domänen	—	0
	13056	

[124] Šołta, 1968: 178—179.

[125] Jahrbuch ... Statistik, 1863: 192.

[126] Nach Statistik ... Wanzleben, 1867: 41—42; die Prozentangaben nach Berechnungen des Verfassers.

Im selben Zeitraum entstanden auf diese Weise 78 spannfähige bäuerliche Wirtschaften neu, und zwar 6 durch Abtrennung von spannfähigen Nahrungen, 7 durch Zusammenkauf zum Teil aus dismembrierten Höfen, zum Teil aber auch von nicht spannfähigen Wirtschaften, und 65 durch Vergrößerung bisher nicht spannfähig gewesener Besitzungen. Hinzu kommen 6 spannfähige bäuerliche Wirtschaften, die infolge der Separation durch Zuteilung größerer Flächen aus nicht spannfähigen Besitzungen gebildet wurden. Im Jahre 1816 existierten in diesem Kreis 588 spannfähige Wirtschaften mit einer Gesamtfläche von 88286 Morgen; 43 Jahre später bestanden immerhin 19 weniger, also 569, während sich ihr Gesamtareal allerdings um 487 Morgen, das sind 0,55 Prozent, auf 88773 Morgen erweitert hatte. Bemerkenswert dabei ist der beträchtliche anteilige Zuwachs bei ehedem nicht spannfähig gewesenen Wirtschaften (Kleinkossaten und Häusler) und der relativ geringe Erwerbungsanteil des Großgrundbesitzes (Rittergüter, Klostergüter, Domänen und klösterliche Stiftungen). Rechnet man die nur im Zusammenhang mit der Separation spannfähig gewordenen 6 bäuerlichen Wirtschaften ab, so erhöht sich die Zahl der Verminderung von 19 auf 25, das heißt von 3,23 auf 4,25 Prozent.

Die gleiche Tendenz, allerdings noch verstärkt, zeigt sich auch in den übrigen, am Untersuchungsgebiet maßgeblich teilhabenden Kreisen Calbe, Neuhaldensleben und Wolmirstedt. Insgesamt bietet sich folgendes Bild:

Tabelle 116

Veränderungen in der Zahl der spannfähigen Wirtschaften in den Kreisen Calbe, Neuhaldensleben, Wanzleben und Wolmirstedt zwischen 1816 und 1859[127]

Kreise	Anzahl der spannfähigen bäuerlichen Wirtschaften 1816	1859	Zahlenmäßige Differenz	Differenz in Prozent
Calbe	499	454	45	9,02
Neuhaldensleben	1171	1037	134	11,44
Wanzleben	588	563	25	4,25
Wolmirstedt	1114	1053	61	5,48

Eine nicht unwichtige Ursache für diese tendenzielle Reduktion der selbständigen bäuerlichen Wirtschaften besteht — auch zu diesem Zeitpunkt schon — außerdem darin, daß Besitzer von Zuckerfabriken sich bestrebt zeigen, selbst Grund und Boden zu erwerben, um von Zulieferungen anderer Grundbesitzer möglichst wenig abhängig zu sein. Das rifft vor allem auf solche Unternehmen zu, die sich ausschließlich oder doch zum größten Teil auf Rübenkauf oder Jahrespachtungen gründeten, wie etwa die überwiegende Zahl der mit städtischem Kaufmannskapital in der Nähe Magdeburgs errichteten Fabriken. Schon um 1850 fand man es „natürlich", daß die Inhaber solcher Unternehmen „nahe gelegenes Grundeigenthum zu erwerben trachten, soweit dies erforderlich, um ihre Etablissements mit dem nothwendigen Rohmaterial zu versehen", und daß sich „mit einiger Gewißheit voraus sagen" ließe, „daß, wo dies nicht bereits der Fall ist, der Rübenzuckerfabrik-Besitzer früh oder spät den eigentlichen Bauer aus seiner Nähe zu verdrängen und an dessen Stelle zu treten suchen werde."[128]

[127] Die Angaben für den Kreis Wanzleben nach Statistik ... Wanzleben, 1867: 41–42; für die übrigen Kreise nach MEITZEN, 1869: 318–319.

[128] Einige Nachrichten, 1850: 73–74.

Als entscheidender Faktor der Differenzierung der Bauernschaft erweist sich im Untersuchungsgebiet jedoch die Teilung der Gemeinheiten, wobei die Folgen dieser Maßnahme nach zwei Richtungen wirken: Erstens bedeutet die damit verbundene Beseitigung des kollektiven Weidegangs für jene kleinen Grundbesitzer, die dafür keine oder nur eine sehr geringe Landentschädigung erhielten, in vielen Fällen einen Verzicht auf die bisher mit ausgeübte Großviehhaltung und zweitens für die mit Grund und Boden abgefundenen größeren und großen Bauern einen Zuwachs an frei verfügbaren Grundbesitz, der in der Regel über kurz oder lang zu Acker umgebrochen wird. Der oben für den Kreis Wanzleben belegte Rückgang der Weide bietet ein sinnfälliges Beispiel dafür. So läßt sich überdies auch erklären, daß im Regierungsbezirk Magdeburg zwischen 1837 und 1851 trotz Arealabtretung von rund 34000 Morgen an nicht spannfähige Besitzer und von etwa 18000 Morgen an Rittergüter, sämtlich infolge stattgehabter Dismembrationen, sich nicht nur die Anzahl der spannfähigen bäuerlichen Wirtschaften zunächst erhöht hat (von 19107 im Jahre 1837 auf 19244 im Jahre 1851), sondern daß darüber hinaus im selben Zeitraum auch das durchschnittliche Besitzareal einer solchen Wirtschaft von 11 auf 115 Morgen gestiegen ist.[129]

Diesen offenkundigen Vorzügen, die aus den Teilungen der Gemeinheiten jenen Grundbesitzern erwuchsen, die dafür ausreichend mit Land abgegolten wurden, standen jedoch die ebenso offenkundigen Nachteile derer gegenüber — und darin drückt sich die dialektische Wirkung dieser Maßnahme aus —, die auf Grund ihrer rechtlichen Situation keine oder nur eine ganz unzureichende Arealabfindung erhielten. Deren Viehhaltung „war damit in den bisherigen Umfange sehr in Frage gestellt und hing für die Zukunft davon ab, wieweit ein Recht der Kossaten usw. auf diese Weide- und andere Nutzungen anerkannt und in welcher Weise für den Verlust derselben eine Landentschädigung aus dem Gemeindebesitz gewährt wurde. In den meisten Fällen erhielten nun jedoch bei der Separation die Kleinbesitzer eine Berechtigung auf die bisher ausgeübten Weide-, Holz- und Grasnutzungen nicht zugestanden. Wo aber die Kossaten mit ihren Ansprüchen durchdrangen, fiel die Landentschädigung in der Regel so dürftig aus, daß die wirtschaftliche Selbständigkeit der Kleinwirte vernichtet wurde ... So wurden im früheren Geltungsbereich des französischen Rechtes (der Altmark, Halberstadt, dem Herzogtum Magdeburg westlich der Elbe usw.)“ , — wozu auch das Untersuchungsgebiet zählt — „das den Erwerb eines Nutzungsrechtes durch Gewohnheit nicht kannte, alle Kleinbesitzer mit ihren Ansprüchen abgewiesen, wenn sie ihr Nutzungsrecht nicht als ausdrücklich erworben nachweisen konnten.“[130]

Direkte und vergleichbare Zahlen über das gesamte Ausmaß dieser Benachteiligung liegen nicht vor, wohl aber indirekte Belege. So bestand, wie mehrfach erwähnt, eine wesentliche Folge der Beseitigung des gemeinsamen Weidegangs für die nicht oder nur ungenügend mit Land entschädigten Kleinbesitzer — Klein-Kossaten vor allem — darin, daß sie zur Aufgabe ihrer bisher möglich gewesenen Groß-, speziell Rindviehhaltung gezwungen wurden und daraufhin gewöhnlich zur Haltung von Kleinvieh übergingen, in erster Linie von Ziegen, aber auch von Schweinen.[131] So heißt es um 1840 aus dem Kreis Calbe: „Ziegen

[129] Jahrbuch ... Statistik, 1863: 160.

[130] Bielefeldt, 1910: 13.

[131] Im Jahre 1850 wird z. B. über das Ausmaß der Schweinehaltung im Magdeburgischen gesagt: „Einzelne Wirthschaften haben schon bis über 100 Zuchtsauen gehalten. Dann giebt besonders der Verkauf der Ferkel und Läufer an die kleinen Leute (sic!) sehr hohe Einnahmen.“ Zitiert nach: Einige Nachrichten, 1850: 21—22.

werden seit einigen Jahren in Folge der stattgehabten Separation von der geringeren Einwohnerklasse gehalten",[132] und aus dem Kreis Wanzleben: Die geringe Vermehrung des Rindviehbestandes „ist hauptsächlich in der durch die Separation herbeigeführten Beschränkung der Weide zu suchen; weshalb die kleinere Klasse der Landleute häufig das Rindvieh hat abschaffen müssen, und sich nun mit Ziegen behilft, die leichter im Winter zu erhalten sind."[133]

In den beiden genannten Kreisen, deren Anteile am Untersuchungsgebiet zusammen rund 60 Prozent ausmachen, hat sich die Kleinviehhaltung zwischen 1816 und 1864 wie folgt entwickelt:

Tabelle 117

Entwicklung der Ziegen- und Schweinehaltung in den Kreisen Wanzleben und Calbe zwischen 1816 und 1864[134]

	Kreis Wanzleben				Kreis Calbe			
	1816	1840	1864	Zunahme 1816–1864 um das	1816	1840	1864	Zunahme 1816–1864 um das
Ziegen	319	1248	6346	20fache	292	1193	4366	15fache
Schweine	4410	5150	15065	3,4fache	3901	5484	11406	3fache

Diese Zahlen lassen darauf schließen, daß ein Absinken ehemals spannfähiger bäuerlicher Höfe zu nicht spannfähigen Wirtschaften hier in der Tat keine Ausnahme, keine Seltenheit war. Im gesamten Regierungsbezirk Magdeburg traten in dem Verhältnis der spannfähigen zu den nicht spannfähigen Besitzungen zwischen 1837 und 1859 folgende Verschiebungen ein:

Tabelle 118

Veränderungen im Verhältnis von spannfähigen zu nicht spannfähigen Wirtschaften im Regierungsbezirk Magdeburg zwischen 1837 und 1859[135]

Jahr	Anzahl der spannfähigen Wirtschaften	Anzahl der nicht spannfähigen Wirtschaften	Proportion
1837	19107	20530	1:1,07
1851	19244	25411	1:1,32
1859	14016	31198	1:2,23

132 HERMES/WEIGELT, 1842: 39.

133 HERMES/WEIGELT, 1842: 68.

134 Die Angaben für beide Kreise für das Jahr 1864 nach MEITZEN, 1869: 238—239. — Die Angaben für den Kreis Wanzleben für 1816 und 1840 nach Statistik ... Wanzleben, 1867: 46, sowie nach HERMES/WEIGELT, 1842: 68. — Die Angaben für den Kreis Calbe für 1816 und 1840: HERMES/WEIGELT, 1842: 39. Hierbei ist zu bemerken, daß sich die Ausgangswerte nicht auf das Jahr 1816, sondern auf das Jahr 1817 beziehen. — Für sämtliche Zahlenangaben gilt: Ziegen einschl. Ziegenböcke, Schweine einschl. Ferkel.

135 Die Werte für 1837 und 1851 nach Jahrbuch ... Statistik, 1863: 160—161; die Angaben für 1859 nach MEITZEN, 1869: 318—319.

Natürlich war diese beträchtliche stetige Zunahme des Kleinbesitzes (ehemaliger Klein-Kossaten und Häusler) nicht allein und in diesem Umfang auch nicht in erster Linie nur durch den sozialen Abstieg spannfähiger Höfe begründet, obwohl deren zahlenmäßiger Rückgang, insbesondere nach 1850, ebenfalls ziemlich bedeutend war (1859 gegenüber 1851 um rund 27 Prozent). Der entscheidende Faktor für diese Entwicklung lag vor allem in der nach 1815 einsetzenden starken Bevölkerungszunahme. Zwar gab es auch Perioden, in denen diese Zunahme geringer war, so zwischen 1821 und 1834 (zweimaliges Auftreten der Cholera, Agrarkrise), doch insgesamt und besonders nach 1834 war sie ganz erheblich. So stieg die Bevölkerungszahl zwischen 1816 und 1840 im Regierungsbezirk Magdeburg um 34,62 Prozent, d. h. „fast 3 Mal so stark, als in den unmittelbar vorhergehenden 30 Jahren von 1786—1816",[136] im Kreis Neuhaldensleben im selben Zeitraum um 23 Prozent, im Kreis Wolmirstedt um 33 Prozent, im Kreis Wanzleben um 36 Prozent und im Kreis Calbe sogar um 42 Prozent.[137] Zwischen 1818 und 1840 betrug der Bevölkerungszuwachs nur in den Dörfern, Flecken und Vorwerken des Untersuchungsgebietes 34,28 Prozent.[138] An dieser Steigerung hatten natürlich auch die spannfähigen bäuerlichen Wirtschaften einen gewissen Anteil. Dies aber hatte in der Regel zur Folge, daß neben dem Hoferben jetzt mehr denn je Geschwister vorhanden waren, die entweder am Grundbesitz zu beteiligen waren oder, was bei den herrschenden erbrechtlichen Verhältnissen üblicher war, die es auszuzahlen galt. Dies erklärt dann auch zum großen Teil die insgesamt nicht gerade selten stattgefundenen Dismembrationen. Daß solche im Kernkreis der Börde, im Kreis Wanzleben, von allen am Untersuchungsgebiet teilhabenden Kreisen noch am wenigsten vorkamen (siehe Tabelle 116), dürfte vor allem mit den gerade hier im fruchtbarsten Teil der Börde durch die ständig erzielbaren hohen Erträge im Getreide- und Zichorienanbau und durch die hier besonders ausgedehnte Kultur der Zuckerrübe im besonderen Maße relativ reichlich vorhandenen Geldvermögen zusammenhängen (1857 existierten von den 52 im gesamten Untersuchungsgebiet vorhandenen Zuckerfabriken 31, das sind 60 Prozent, im Kreis Wanzleben, einschließlich der beiden Magdeburger Vorstädte Sudenburg und Neustadt).[139] Im Regierungsbezirk Magdeburg betrug der zwischen 1837 und 1851 durch Abzweigungen und Zerschlagungen von spannfähigen bäuerlichen Wirtschaften verursachte Arealabgang über 52000 Morgen, wovon fast zwei Drittel (34000 Morgen) an nicht spannfähige Besitzungen kamen, während sich umgekehrt der Zuwachs aus nicht spannfähigen Wirtschaften an spannfähige im selben Zeitraum lediglich auf 1131 Morgen belief; das aus Zerschlagungen nicht spannfähiger Besitzungen freigewordene Areal betrug demgegenüber 1717 Morgen.[140]

[136] Hermes/Weigelt, 1843: 60.

[137] Hermes/Weigelt, 1843: 62.

[138] Bevölkerungszahlen für das Jahr 1818 nach Seydlitz, 1820; für das Jahr 1840 nach Hermes/Weigelt, 1842.

[139] Anzahl der Zuckerfabriken im Jahre 1857 nach: Verzeichniß sämmtlicher Zucker-Fabriken, welche dem Vereine für Rübenzucker-Industrie in den Zollvereinslanden angehören, und: Verzeichniß derjenigen Zucker-Fabriken im Zollverein, welche dem Vereine für Rübenzucker-Industrie nicht angehören. In: ZVRI, 1857: VII, 442—445, 449—450.

[140] Jahrbuch ... Statistik, 1863: 160—161.

6. Die Herausbildung agrarkapitalistischer Verhältnisse im Untersuchungsgebiet: eine Variante des „Preußischen Weges“ in der Entwicklung der Landwirtschaft

Im Ergebnis der Agrarreformen hatte sich im Untersuchungsgebiet, d. h. in den vier daran teilhabenden Hauptkreisen, folgende Verteilung des Grundbesitzes herausgebildet:

Tabelle 119

Zahlenmäßige Präsenz der verschiedenen Grundbesitzerklassen in den Kreisen Calbe, Neuhaldensleben, Wanzleben und Wolmirstedt um 1858[141]

Kreise	Anzahl der halbproletarischen Wirtschafter und Kleinbauern: unter 5 Morgen	Anzahl der halbproletarischen Wirtschafter und Kleinbauern: 5 bis 30 Morgen	Anzahl der Mittel- und Großbauern: 30 bis 300 Morgen	Anzahl der Mittel- und Großbauern: 300 bis 600 Morgen	Anzahl der Großgrundbesitzer: über 600 Morgen
Calbe	3016	1442	675	28	26
Neuhaldensleben	1823	1077	969	24	35
Wanzleben	2107	1465	847	61	27
Wolmirstedt	1908	1115	1103	34	22

Bei Zugrundelegung der nach MEITZEN[142] für den Regierungsbezirk Magdeburg im Jahre 1859 festgestellten durchschnittlichen Besitzgrößen von 8 Morgen für die Besitzungen von 0 bis 30 Morgen und von 139 Morgen für die bäuerlichen Wirtschaften zwischen 30 und 600 Morgen sowie bei einer durchschnittlichen Arealgröße des Großgrundbesitzes von 1978 Morgen[143] ergibt sich für die genannten vier Kreise eine prozentuale Grundbesitzverteilung wie folgt, wobei zum Vergleich die Grundbesitzverhältnisse in der gesamten Provinz Sachsen danebengestellt sein sollen:

Tabelle 120

Prozentuale Präsenz der verschiedenen Grundbesitzerklassen und deren Anteil an der LN in den Kreisen Calbe, Neuhaldensleben, Wanzleben und Wolmirstedt sowie in der Provinz Sachsen um 1858[144]

Umfang der Einzelbesitzungen	in den vier Kreisen Calbe, Neuhaldensleben, Wanzleben u. Wolmirstedt: Anteil an der Gesamtzahl der Besitzungen	in den vier Kreisen Calbe, Neuhaldensleben, Wanzleben u. Wolmirstedt: Anteil am Gesamtareal	in der Provinz Sachsen: Anteil an der Gesamtzahl der Besitzungen	in der Provinz Sachsen: Anteil am Gesamtareal
0–30 Morgen	78,37	13,14	79,83	14,32
30–600 Morgen	21,01	61,23	19,60	55,45
über 600 Morgen	0,62	25,63	0,57	30,23

141 Angaben nach MEITZEN, 1869: 490–491.

142 MEITZEN, 1868: 516.

143 Jahrbuch ... Statistik, 1863: 159. Allerdings handelt es sich dabei ausschließlich um das durchschnittliche Besitzareal der zu jenem Zeitpunkt (1858) im Regierungsbezirk Magdeburg vorhandenen Rittergüter.

144 Jahrbuch ... Statistik, 1863: 154–155.

Auch für das Untersuchungsgebiet trifft also zu, was für die Provinz Sachsen kurz nach der Durchführung der Agrarreformen insgesamt gilt: Den weitaus größten Teil der landwirtschaftlichen Nutzfläche hatten die Groß- und Mittelbauern inne, dann folgt der Großgrundbesitz, „und nur ein geringer Teil blieb für den Kleinbesitz übrig",[145] für die Kleinbauern und die Parzellenbesitzer. Durch die Agrarreformen sind hier, im Untersuchungsgebiet, am Verteilungsverhältnis des Grundbesitzes grundsätzliche, wesentliche Veränderungen also nicht eingetreten (siehe zum Vergleich Tabelle 106).

Die Feststellung, daß sich der Übergang vom Feudalismus zum Kapitalismus in der Landwirtschaft in Deutschland „trotz aller in den verschiedenen Teilen ... vorhandenen Unterschiede ... überall, wenn wir vom Rheinland absehen, qualvoll und langsam vollzog", daß überall, mit dieser einen Ausnahme, „die Feudallasten nicht mit einem Schlage beseitigt" wurden, sondern allmählich, und daß überall „die Ablösung auf dem Wege des Loskaufs, also auf Kosten der Bauern" erfolgte, besitzt in dieser verallgemeinerten Form auch für das Untersuchungsgebiet Gültigkeit.[146] Auch hier charakterisiert sich demnach dieser Übergang im Grundsätzlichen als „preußischer Weg" der Entwicklung des Kapitalismus in der Landwirtschaft. Allerdings weisen Verlauf und Ergebnis dieses Prozesses, im Vergleich zu anderen Teilen Deutschlands, etwa den übrigen preußischen Ostprovinzen oder Mecklenburg[147] oder zur sächsischen Lausitz,[148] hier erhebliche Besonderheiten auf.

So kann festgestellt werden, daß die Herausbildung agrarkapitalistischer Verhältnisse im Untersuchungsgebiet im wesentlichen bereits um 1850, also rund zehn Jahre früher als im ostelbischen Deutschland,[149] zum Abschluß gekommen war. Dies kommt sowohl im Stand der Durchführung von Gemeinheitsteilung und Separation zum Ausdruck als auch im Stand der bis dahin erfolgten Ablösungen. Entscheidender noch als diese Kriterien ist jedoch die Existenz bereits zu diesem Zeitpunkt voll ausgebildeter kapitalistischer Marktbeziehungen. Mehr noch: das Vorhandensein einer umfänglichen Produktion, die ausschließlich auf den Markt orientiert ist (Zuckerrüben- und Rübenzuckererzeugung, daneben aber auch Getreide- und Zichoriengewinnung) und die dadurch sogar weitgehendst den Verlauf und auch das Ergebnis der Agrarreform mitbestimmt hat. Es trifft hier demzufolge nicht nur zu, was für das übrige Deutschland mit Ausnahme der linksrheinischen Gebiete sonst auch gilt, nämlich daß die Agrarreformen gleichsam den Regler darstellen, durch den der Prozeß der Herausbildung agrarkapitalistischer Verhältnisse gewissermaßen gesteuert, kanalisiert wird, und zwar im Interesse der alten feudalen Großgrundbesitzer und künftigen Junker, sondern hier tritt der Fall ein, daß die in den Grundlagen bereits ziemlich ausgeprägt vorhandene agrarkapitalistische Produktionsweise ihrerseits ebenfalls „regelnd" auf den Verlauf und das Resultat der Reformen Einfluß nimmt, worauf die weitere Ausbildung der neuen Verhältnisse dann beschleunigt und in potenzierter Form erfolgt. Daraus erklärt sich leztendlich auch die fast ungeschmälert gebliebene Dominanz der Bauernwirtschaften.

[145] Bielefeldt, 1910: 9.
[146] Zitat nach Mottek, 1964: 42.
[147] Vgl. Moll, 1964: 345–359.
[148] Vgl. Šołta, 1968: 178–179.
[149] Šołta, 1968: 16, Fußnote 22: „Der Preußische Weg der bürgerlichen Agrarentwicklung kommt im ostelbischen Deutschland, so auch in den Lausitzen, etwa im Jahrzehnt vor der Reichseinigung von oben zum Abschluß. Damit hat sich der Kapitalismus die Landwirtschaft endgültig untergeordnet, wiewohl noch lange Jahrzehnte zahlreiche feudale Restbestände erhalten bleiben."

Dieses Überwiegen des bäuerlichen Besitzes gegenüber den feudalen Gutswirtschaften ist auch eine wichtige Ursache dafür, daß sich hier schon so relativ früh kapitalistische Agrarverhältnisse herauszubilden begonnen hatten. Bereits LENIN hat in seiner Analyse der Agrarverhältnisse in den russischen Randgebieten, die in der Tat in vielerlei Beziehung den Gegebenheiten in der Magdeburger Börde ähnlich sind, z. B. Vorherrschen der Bauernwirtschaften, Fehlen der Leibeigenschaft, auf diese Zusammenhänge hingewiesen. LENIN schreibt: „Ich glaube umgekehrt: Je mehr Land die Bauern bei der Befreiung erhalten hätten und je billiger sie es erhalten hätten, desto rascher, umfassender und freier würde sich der Kapitalismus in Rußland entwickeln, desto höher wäre der Lebensstandard der Bevölkerung, desto ausgedehnter der innere Markt, desto rascher ginge es mit der Anwendung von Maschinen in der Produktion voran ... gerade in unseren Randgebieten, wo die Leibeigenschaft entweder völlig unbekannt oder aber am schwächsten entwickelt war, wo die Bauern weniger unter dem Landmangel, der Abarbeit und der Abgabenlast leiden, hat sich der Kapitalismus in der Landwirtschaft am stärksten entwickelt ...“[150] Und an anderer Stelle, dort, wo er sich gegen den „Grundfehler der ökonomischen Auffassungen der Volkstümler“ abgrenzt, der darin bestand, „daß ihnen die Gutswirtschaft als alleinige Quelle des Agrarkapitalismus galt“, heißt es: „Und in denjenigen Gebieten Rußlands, wo es keine Leibeigenschaft gab, wo auschließlich oder hauptsächlich der freie Bauer die Landwirtschaft in seine Hände nahm ..., hat die Entwicklung der Produktivkräfte und die Entwicklung des Kapitalismus ein unvergleichlich rascheres Tempo eingeschlagen als in dem von Überresten der Fronherrschaft bedrückten Zentralgebiet.“[151]

Für LENIN, auf den die Erkenntnis von den zwei objektiv möglichen Wegen der Entwicklung des Kapitalismus in der Landwirtschaft, dem reformerischen „preußischen Weg“ und dem revolutionären „amerikanischen Weg“, zurückgeht, existieren diese beiden Evolutionstypen nirgendwo in reiner Form.[152] Er konstatierte immer nur ein Vorherrschen des einen oder des anderen Typs. Daneben räumte er noch eine dritte Möglichkeit ein, die er dort sah, wo Gutswirtschaft und bäuerliche Wirtschaft nebeneinander bestanden: „Zeigen uns aber das landwirtschaftliche Zentralgebiet und die landwirtschaftlichen Randgebiete Rußlands sozusagen die räumliche oder geographische Verteilung der Gegenden, in denen der eine oder der andere Typus der Agrarrevolution vorherrscht, so treten beide Evolutionstypen in ihren Hauptzügen auch in allen Gegenden zutage, wo Gutsherrschaft und bäuerliche Wirtschaft nebeneinander bestehen ...“[153] Diese Feststellung LENINS trifft in hervorragender Weise auch auf die Agrarentwicklung im Untersuchungsgebiet zu. Der Grundtypus dieser Evolution ist freilich auch hier der „preußische Weg“: kein entschädigungsloses Aufheben, sondern Ablösung der feudalen Dienste und Abgaben, qualvoll vor allem für die kleinen Grundbesitzer. Gleichzeitig bestimmen jedoch auch zahlreiche, für diesen Weg untypische Faktoren den Entwicklungsvorgang: es existiert keine Leibeigenschaft,

[150] LENIN, 1956 (1900): 647–648.

[151] LENIN, 1963 (1908): 238.

[152] Darauf hat z. B. auch bereits MOLL, 1964: 345, hingewiesen: „Selbstverständlich, – das hat Lenin selbst im gleichen Zusammenhang, wenn auch an anderer Stelle, eindeutig ausgesprochen – gibt es keinen ‘preußischen’ oder ‘amerikanischen’ Entwicklungstyp an sich, sondern die Ergebnisse des einen oder anderen Weges können im einzelnen sehr stark voneinander abweichen.“ MOLL warnt auch in diesem Zusammenhang davor, „Lenins Gedanken unleninistisch zuinterpretieren, d. h. einen ‘preußischen Weg’ schlechthin zu konstruieren und alle im konkreten historischen Verlauf von diesem abweichenden Varianten unter den Tisch fallenzulassen.“

[153] LENIN, 1963 (1908): 238.

die aufzuheben wäre, die Ablösungen der feudalen Lasten geschehen kaum in Form von Land und erfolgen insgesamt rascher als in anderen Teilen Deutschlands; es tritt kein verheerender Ruin des bäuerlichen Grundbesitzes ein; an der sich ständig ausweitenden Marktproduktion nehmen bei gleichzeitigem Übergang zur intensiven Wirtschaftsweise auch die bäuerlichen Besitzer, vor allem die Groß- und Teile der Mittelbauern, teil.

7. Erweiterung der agrarischen Produktion

Für die Expansion des Agrarmarktes, die sich schon in den dreißiger Jahren des 19. Jh. vorbereitete und nach 1850 allgemein einsetzte und bis zum Beginn der Agrarkrise in den siebziger Jahren im wesentlichen anhielt[154] und in deren Folge sich auch die agrarische Produktion im Untersuchungsgebiet ausweitete, waren — unter spezieller Berücksichtigung der Provinz Sachsen — insbesondere drei Faktoren von Belang. Erstens: „die Entwicklung der örtlichen und benachbarten Märkte in fast harmonischer Einheit",[155] wobei im weiteren Sinne auch der Erschließung außerdeutscher Märkte, vor allem des englischen und später des russischen und amerikanischen Marktes, eine große Bedeutung zukommt.[156] Im Zusammennhang damit spielt besonders der weitere Ausbau der Verkehrsverbindungen, der nun verstärkt einsetzt, eine wichtige Rolle. Außer innerhalb des Untersuchungsgebietes selbst entstehen auch zahlreiche Verkehrswege, die das Gebiet mit den benachbarten Staaten und Provinzen verbinden. So erweiterte sich das Gesamtstreckennetz der Eisenbahnen in Deutschland zwischen 1850 und 1860 um 93 Prozent, also um fast das Doppelte, zwischen 1860 und 1870 um 70 Prozent und zwischen 1870 und 1880 nochmals um 71 Prozent.[157]

Ein zweiter Faktor für die Ausdehnung des Agrarmarktes besteht in der allgemeinen Bevölkerungszunahme; als Beispiel sei auf die Entwicklung in Preußen hingewiesen (in Millionen Einwohner):[158]

1816 = 10,35
1825 = 12,26
1840 = 14,93
1852 = 16,94
1861 = 18,49
1867 = 23,97
1871 = 24,64
1875 = 25,74
1880 = 27,28

Zwischen 1816 und 1880 hatte sich die Bevölkerung in Preußen nicht zuletzt auch infolge territorialer Einverleibungen, vor allem in den Jahren 1865/66, demnach fast verdreifacht.

Der dritte Faktor schließlich steht im engsten Zusammenhang mit den Auswirkungen der industriellen Revolution, speziell mit dem hierfür charakteristischen Prozeß des tendenziell

[154] Vgl. dazu MOTTEK, 1964: 206—207.
[155] ZIEGENHAGEN, 1965: 7.
[156] MOTTEK, 1964: 206—207.
[157] Die Zahl der Streckenkilometer nach Brockhaus, 1898: IV, 996 (Stichwort: Deutsche Eisenbahnen); die Prozentwerte auf dieser Grundlage nach Berechnungen des Verfassers. — Über den Ausbau der einzelnen Streckenabschnitte siehe KÜHN, 1883; 14—20.
[158] Brockhaus', 1898: XIII, 386 (Schlagwort: Preußen).

rascheren Wachstums der im weiteren Sinne in der Industrie Beschäftigten gegenüber der in der Landwirtschaft tätigen Bevölkerung. In ausgeprägter Form herrscht diese Tendenz Anfang der siebziger Jahre auch in der Provinz Sachsen vor, was zu diesem Zeitpunkt z. B. „von den übrigen ostelbischen Provinzen Preußens nicht“ behauptet werden kann.[159] Während „die Gesamtbevölkerung der sächsischen Provinz von 1858 bis 1871 um ca. 10 Prozent“ anstieg und „die Stadtbevölkerung um 32 Prozent“, so daß um 1870 „schon 39,8 Prozent der Einwohnerschaft in den Städten“ wohnte, „hatte sich die Landbevölkerung bis dahin um die absolute Zahl von ca. 9700 vermindert.“[160] Von dieser Entwicklung ist in starkem Maße auch das Untersuchungsgebiet erfaßt. Bedeutende Impulse in diese Richtung gingen insbesondere von Magdeburg und seinen Vororten Neustadt, Sudenburg und Buckau aus, die sich nach 1850 immer mehr zu einem Zentrum des deutschen Maschinen- und Anlagenbaues entwickelten. Die Bevölkerung stieg in diesen Orten außerordentlich stark an. So hatte sich zwischen 1840 und 1880 die Zahl der Einwohner von Magdeburg einschließlich Sudenburg mehr als verdoppelt (1840: 47600; 1880: 97539), von Magdeburg-Neustadt nahezu vervierfacht (1840: 7478; 1880: 27090) und von Buckau sogar mehr als verzehnfacht (1840: 1192; 1880: 12506).[161] Aus diesem Grunde hatte z. B. die Landgemeinde Buckau schon im Jahre 1858 um Verleihung der Städteordnung nachgesucht u. a. mit der Begründung, daß sich hier bereits „städtisches Leben entwickelt“ habe und die Bevölkerung dieser Gemeinde bedeutender sei „als die vieler Städte des Regierungsbezirks Magdeburg“,[162] worauf 1859 diesem Antrag auch stattgegeben wurde.[163] Ein zweites Ballungszentrum bildete sich nach 1861 als Folge des beginnenden Kalisalzbergbaues im Gebiet um Staßfurt heraus (Staßfurt = 1840: 2019 Einwohner; 1858: 3403; 1880: 12194).[164]

Die durch die industrielle Revolution bewirkte tendenziell schnellere Zunahme der nichtagrarischen gegenüber der agrarischen Bevölkerung äußert sich jedoch nicht nur in einem vergleichsweise raschen Bevölkerungswachstum in den entstehenden Industrieorten selbst. Eine derartige Entwicklung, oft noch sinnfälliger, ist in der Regel auch in den ländlichen Nachbarorten solcher Zentren festzustellen. Übrigens ergibt sich in methodologischer Hinsicht daraus die Schlußfolgerung, daß eine bloße Gegenüberstellung des Wachstums der städtischen und der ländlichen Bevölkerung, wie dies nicht selten geschieht, für einen genaueren Nachweis der Zuwachsraten bei den beiden Bevölkerungsteilen — des „industriellen“ und des „landwirtschaftlichen“ — oft allein noch nicht ausreicht.

Im Untersuchungsgebiet tritt diese Erscheinung des raschen und starken „Mitwachsens“ der Einwohnerschaft in jenen ländlichen Gemeinden, die entstehenden Industrieorten vorgelagert sind, wie auch das folgende Diagramm dartut, besonders klar zutage. Zum Vergleich wird der Bevölkerungsentwicklung in industrienahen Dörfern (Fermersleben, Blekkendorf, Groß Ottersleben und Klein Ottersleben) die Populationsbewegung in solchen Landgemeinden gegenübergestellt, die abseits von Industrieortschaften angesiedelt sind

159 Ziegenhagen, 1965: 11.
160 Ziegenhagen, 1965: 11.
161 Angaben für 1840 nach Hermes/Weigelt, 1842; für 1880 nach Todtenhof, 1882.
162 Protocolle (1858): 20 (= Dritte Plenar-Sitzung. Merseburg, den 16. December 1858).
163 Magdeburg, 1972: 112. — Zur Stadt erhoben mit Beginn des Jahres 1860 und Ende 1861 vom Kreis Wanzleben abgetrennt und dem Stadtkreis Magdeburg zugeordnet. Nach Statistik ... Wanzleben, 1867: 86.
164 Einwohnerzahlen für 1840 nach Hermes/Weigelt, 1842: 54; für 1858 nach Jahrbuch ... Statistik, 1863: 63; für 1880 nach Todtenhof, 1882: 122.

(Groß Ammensleben, Vahldorf, Hohenwarsleben, Schleibnitz). Ebenfalls in das Diagramm einbezogen wird der prozentuale Zuwachs der Bevölkerung im Untersuchungsgebiet.[165]

Abb. 34 Bevölkerungszuwachs in Prozent

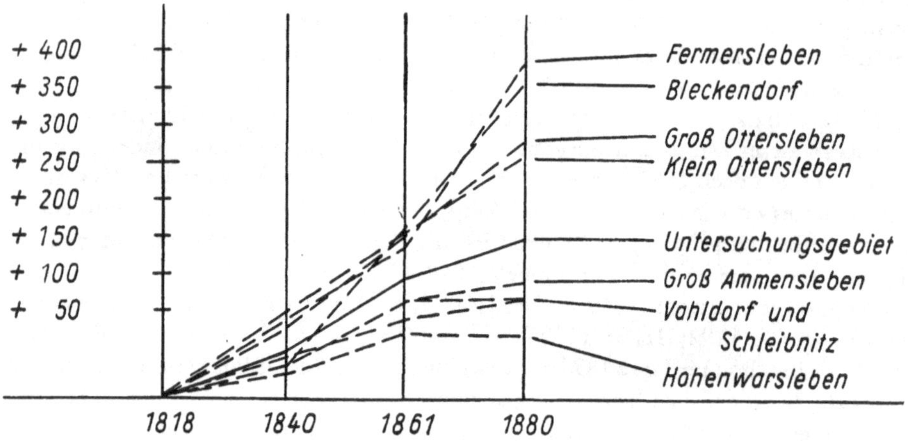

Ein schnelleres Wachstum der nichtagrarischen im Verhältnis zur agrarischen Bevölkerung läßt sich über den gesamten untersuchten Zeitraum hinweg nachweisen. Eine Gegenüberstellung der Bevölkerungszunahme in sämtlichen Landgemeinden der Börde außer den industrienahen Dörfern Bleckendorf, Buckau, Diesdorf, Fermersleben, Groß Ottersleben und Klein Ottersleben sowie Olvenstedt einerseits und den innerhalb oder an der Peripherie der Börde gelegenen Städten Barby, Calbe, Egeln, Groß Salze, Magdeburg mit Sudenburg, Neustadt-Magdeburg, Oschersleben, Schönebeck, Seehausen, Staßfurt, Wanzleben und Wolmirstedt sowie den genannten sieben industrienahen Gemeinden andererseits ergibt folgendes Bild:

Tabelle 121

Bevölkerungsentwicklung im Untersuchungsgebiet zwischen 1818 und 1880 (Zuwachs in Prozent)[166]

	in den Landgemeinden, außer in sieben industrienahen Dörfern	in den Städten, einschl. in sieben industrienahen Dörfern, außer Magdeburg mit Sudenburg	in den Städten, einschl. in sieben industrienahen Dörfern sowie in Magdeburg mit Sudenburg
1818–1840	31	48	47
1840–1861	32	55	50
1861–1880	21	53	55

[165] Sämtliche Angaben für 1818 nach SEYDLITZ, 1820; für 1840 nach HERMES/WEIGELT, 1842; für 1861 nach BÜHLING, 1864; für 1880 nach TODTENHOF, 1882.

[166] Die Prozentwerte sind vom Verfasser auf der Grundlage der bei SEYDLITZ, 1820, HERMES/WEIGELT, 1842, BÜHLING, 1864, und TODTENHOF, 1882, angegebenen absoluten Zahlen errechnet worden.

Bei einer Feinanalyse würden sich diese Werte vermutlich noch etwas zugunsten der agrarischen Bevölkerung verschieben, da hierbei unbeachtet geblieben ist, daß auch die Einwohnerschaft der Städte, zumal es sich dabei vorwiegend um Landstädte handelt, zu einem nicht geringen Teil ebenfalls in der Landwirtschaft beschäftigt ist, was jedenfalls noch bis 1840/50 auch für die Einwohner der genannten sieben industrienahen Landgemeinden gilt.[167] Trotz dieser Ungenauigkeiten ändert sich an der Grundtatsache des rascheren Wachstums der im weitesten Sinne industriellen Bevölkerung gegenüber der in der Landwirtschaft tätigen Einwohnerschaft des Untersuchungsgebietes, zumindest für die Zeit nach 1840/50, jedoch nichts.

8. Verbesserung der Produktionsmethoden

Dem gesteigerten Bedarf nach Agrarprodukten infolge der Expansion des Marktes konnte auf die Dauer nur durch die Einführung verbesserter bzw. neuer Produktionsmethoden entsprochen werden. Zu den Verbesserungen gehört in erster Linie die Abkehr von der alten, später verbesserten Dreifelderwirtschaft und der Übergang zur Fruchtwechselwirtschaft bei gleichzeitigem Rückgang der Brache. Unter den Neuerungen sind hauptsächlich die beginnende Chemisierung und Mechanisierung hervorzuheben.

Im Untersuchungsgebiet erfolgte der Wechsel der Feldersysteme maßgeblich im Zusammenhang mit der Einführung des Zuckerrübenanbaues, also unter dem Einfluß desselben Faktors, der — wie nachgewiesen werden konnte — auch das beschleunigte Voranschreiten der Separation und damit der Aufhebung des Flurzwanges als grundlegende ökonomische und rechtliche Voraussetzung für diesen Wechsel bewirkte. Der Übergang zum Fruchtwechselsystem war hier bereits in den vierziger Jahren des 19. Jh. relativ weit fortgeschritten.[168] Ende der fünfziger und Anfang der sechziger Jahre wurde insbesondere „auf den größeren Gütern" und „namentlich auf solchen, mit denen Fabriken verbunden sind", oftmals sogar „kein Wirthschaftssystem mehr beobachtet", sondern „eine freie Bewirthschaftung ohne bestimmte Fruchtfolge"; vielfach wurde „ein und dieselbe Frucht, z. B. die Zuckerrübe ein Jahr um das andere gebaut ..."[169] Mit der weiteren Ausdehnung des Rübenbaues wurde diese Praxis immer allgemeiner. So heißt es in einer zeitgenössischen Schilderung über die Verhältnisse in den sechziger und siebziger Jahren, daß „wohl kein anderer Landstrich in Deutschland" existiere, „wo der Rübenbau so ausschließlich herrscht, ja wo alle anderen Feldfrüchte eigentlich nicht um ihrer selbst willen gebaut werden, sondern nur als Vorfrucht für die Zuckerrübe, um den Boden für diese in möglichst günstigen Zustand zu versetzen", wie in der Umgegend von Magdeburg: „Eine bestimmte Fruchtfolge

167 So ergibt sich ein prozentualer Bevölkerungszuwachs für den ersten Zeitraum 1818—1840: a) in den Landgemeinden einschließlich der sieben industrienahen Dörfer = 34 Prozent; b) in den Städten ohne Einschluß der sieben industrienahen Dörfer und Magdeburgs mit Sudenburg = 45 Prozent; c) in den Städten ohne Einschluß der sieben industrienahen Dörfer, jedoch einschließlich Magdeburgs mit Sudenburg = 46 Prozent. — Daß Handwerker, Gewerbetreibende und — zumal nach 1850 — Dienstleistungsangestellte auch in den Landgemeinden existieren, bleibt andererseits gleichfalls unberücksichtigt. Dies dürfte allerdings umso eher berechtigt sein, da diese Gruppen in der Regel Landwirtschaft als Nebenerwerb betrieben.

168 Einige Nachrichten, 1850: 8—9; auf S. 8 heißt es: „Sollte indeß eine gewisse Fruchtfolge als vorwiegend bezeichnet werden, so ist es: 1. Klee, Wickfutter, Hülsenfrüchte, Mohn etc.; 2. Winterung; 3. Hackfrucht; 4. Sommerkorn."

169 Nach Statistik ... Wanzleben, 1867: 42; vgl. außerdem Jahrbuch ... Statistik, 1863: 238.

wird nicht inne gehalten, es ist aber üblich, $^1/_3$ der Fläche mit Rüben zu bebauen. So ergiebt sich als gewöhnliche Folge 1) Winterkorn, 2) Rüben, 3) Sommerkorn, doch werden nicht selten auch Rüben ein um das andere Jahr gebaut."[170] Diese Angaben stimmen auch mit dem Bericht eines anderen zeitgenössischen Autors überein, der für jenen Zeitpunkt ebenfalls konstatiert, daß sich hier „die Landwirthschaft unter dem Einflusse des Rübenbau's ... von alten Wirthschaftssystemen" emanzipiert habe und zu anderen, freieren Anbauverhältnissen übergegangen sei.[171] Auf zahlreichen Gütern wurde es üblich, „die Hälfte des Ackerlandes dem Rübenbau zu widmen".[172] Später, mit dem immer allgemeiner werdenden Auftreten der Rübenmüdigkeit des Bodens, verringerte man freilich den mit Rüben bebauten Ackeranteil wieder. Um 1893 betrug er im Kreis Wanzleben durchschnittlich nur noch 22,04 Prozent, im Kreis Oschersleben 21,80 Prozent, im Kreis Calbe 15,32 Prozent, im Kreis Neuhaldensleben 10,29 Prozent und im Kreis Wolmirstedt 9,39 Prozent, wobei die beiden letztgenannten Kreise allerdings bereits zu einem erheblichen Teil in die weniger fruchtbare Altmark hineinreichen.[173] Auch ging man später dazu über, nicht mehr aller zwei Jahre oder gar jedes Jahr auf demselben Ackerstück Rüben zu bauen, sondern einen drei- bis vierjährigen Turnus einzuführen.[174] Untersuchungen ergaben, daß diese zunächst beträchtliche Erweiterung des Rübenanbaues weniger zu Lasten der Getreideproduktion als „vielmehr hauptsächlich auf Kosten der Brache" erfolgt ist.[175] Der Rückgang der Brache ist für das Untersuchungsgebiet somit nicht nur ein „Ausdruck des Voranschreitens fortschrittlicher Produktionsmethoden in der Bodennutzung",[176] sondern zugleich auch ein Ausweis für die Ausdehnung der „Produktion für den Markt."[177] Nach ZIEGENHAGEN war in den drei am Untersuchungsgebiet partizipierenden Kreisen Wanzleben, Neuhaldensleben und Wolmirstedt der Anteil der Brache an der landwirtschaftlichen Nutzfläche bis zum Jahre 1878, also bis zum Ende des untersuchten Zeitraumes, folgendermaßen zurückgegangen, wobei die Brache-Anteile in einigen nichtrübenanbauenden Kreisen der Provinz (Salzwedel, Jerichow I, Stendal, Osterburg, Langensalza, Worbis) sowie im gesamten Preußen zum Vergleich dazugestellt sein sollen:

Tabelle 122

Anteil der Brache an der LN in verschiedenen Kreisen der Provinz Sachsen sowie in Preußen 1878[178]
(in Prozent)

Wanzleben	0,3
Neuhaldensleben	0,6
Wolmirstedt	1,3
Oschersleben	0,5
Aschersleben	0,4
Salzwedel	4,5
Jerichow I	4,5
Stendal	5,2
Osterburg	5,4
Langensalza	10,8
Worbis	14,7
Preußen insgesamt	8,8

[170] NATHUSIUS, 1884: 135 und 137.
[171] HUMBERT, 1877: 7.
[172] Nach GOLDSCHMIDT, 1899: 13.
[173] GOLDSCHMIDT, 1899: 123.
[174] GOLDSCHMIDT, 1899: 13.
[175] GOLDSCHMIDT, 1899: 23.
[176] ZIEGENHAGEN, 1965: 12.
[177] ZIEGENHAGEN, 1965: 13.
[178] ZIEGENHAGEN, 1965: 12—14 sowie 24—30.

Der geringste Anteil an Brachland ist im Kreis Wanzleben, dem Kernkreis der Börde und Hauptdistrikt des Rübenanbaues, zu verzeichnen. Dann folgen die Kreise Aschersleben und Oschersleben, in denen zu dieser Zeit die Zuckerrübenkultur ebenfalls schon eine weite Verbreitung gefunden hatte.[179] Alle Berichte, in denen dieser Zusammenhang angesprochen wird, stimmen übrigens darin überein, daß in den Rübenwirtschaften die Brache keinerlei Bedeutung mehr besitze, ja dort praktisch überhaupt verschwunden sei.[180]

Das Erfordernis nach Steigerung der Produktion, dem durch einen Wechsel zu freieren Anbauverhältnissen allein allerdings noch nicht genügt werden konnte, daneben aber auch die Notwendigkeit, den Nährstoffverlust, dem der Boden infolge des Wegfalls der Brache und des in immer kürzeren Abständen aufeinanderfolgenden Anbaues gleicher Kulturen zunehmend ausgesetzt war, auszugleichen, zwangen die Landwirte dazu, auch zu einer intensiveren und verbesserten Düngung überzugehen. Das galt für den Rübenanbau ebenso, der immer mehr die Züge einer Monokultur annahm, wie auch für die Produktion von Getreide, und zwar ungeachtet der Tatsache, daß durch die im Rübenanbau zwangsläufig in Anwendung kommende Tiefkultur auch tieferliegende, nährstoffreiche Bodenschichten nutzbar gemacht wurden, was ebenfalls schon zu einer nicht unbedeutenden Ertragssteigerung bei Getreide führte.[181] Der anfallende natürliche Dünger erwies sich in Menge und Qualität dafür als zu gering, zumal gerade in den Rübenwirtschaften häufig auch die Viehhaltung merklich zurücktrat, allerdings fast ausschließlich die Nutzviehhaltung, denn die Haltung von Spannvieh wurde dagegen kaum eingeschränkt, sondern, wo erforderlich, oft zu Lasten der Nutzviehhaltung sogar noch erweitert.[182] Spannvieh aber war nötig, „um die sehr sorgfältig auszuführende, gründliche Ackerbestellung, dann aber vor allem um die Fuhren zu bewältigen."[183] Anfangs wurde vornehmlich der teure Peru-Guano verwendet, später — „zu jeder Fruchtart in jedem Jahre" — sehr bedeutende „Mengen künstlichen Düngers ... hauptsächlich Superphosphat und Chilisalpeter",[184] und zwar schon zu Beginn der sechziger Jahre des 19. Jh. auch von den „kleineren Landwirthe(n)".[185]

Ein drittes und außerordentlich wichtiges Mittel zur Steigerung der Produktion bestand schließlich in der Anwendung von Maschinen: „Unter den Bedingungen des von der Landwirtschaft abfließenden Arbeitskräftestroms wurde eine allseitige Steigerung der agrarischen Produktion ohne die zunehmende Anwendung von Maschinerie nicht möglich. Wir beobachten deshalb seit der zunehmenden industriellen Entwicklung Deutschlands im allgemeinen, der Provinz Sachsen im einzelnen, eine allmähliche Mechanisierung der grundlegendsten und wichtigsten Arbeiten in der Landwirtschaft."[186] Außer durch das aus dem Profitstreben der Unternehmer und der Expansion des Marktes sich herleitende Er-

179 Nathusius, 1884: 135.

180 So hat z. B. Humbert, 1877: 23, festgestellt: „Die Ausdehnung der Hackfrüchte geschah vielmehr hauptsächlich auf Kosten der Brache, die hier gänzlich verschwunden ist...", und Nathusius, 1884: 137: „Ueberall müssen die Rübenwirtschaften bestrebt sein, auf der von ihnen bebauten Fläche möglichst viel Rüben alljährlich zu produciren. Brachhaltung und Weide hat in Folge dessen längst aufgehört."

181 So spricht beispielsweise Humbert, 1877: 55, in diesem Zusammenhang von „um ein Drittel" höheren Produktionserträgen.

182 Dazu Humbert, 1877: 61: „Nichtsdestoweniger lässt sich doch nicht leugnen, dass ... die Haltung des eigentlichen Nutzvieh's in den Rübenwirthschaften etwas geringer ist, weil eben mehr Spannvieh erfordert wird und dies so einen grösseren Theil des Futters nöthig hat."

183 Humbert, 1877: 61.

184 Nathusius, 1884: 137.

185 Nach Statistik ... Wanzleben, 1867: 42.

186 Ziegenhagen, 1965: 30–31.

fordernis nach gesteigerter Produktion und außer den Folgen, die sich aus der generellen Verminderung des landwirtschaftlichen Arbeitskräftepotentials im Prozeß der industriellen Revolution ergaben, wirkten im Untersuchungsgebiet insbesondere auch Rübenanbau und Rübenzuckerfabrikation auf diese Entwicklung stimulierend ein. Dies betraf sowohl den eigentlichen industriellen Sektor, die Fabrikation des Zuckers, als auch den agrarischen Bereich. Hier, im letzteren, ist dabei zunächst vor allem auf die Entwicklung verbesserter und zur Tiefkultur geeigneter Pflüge hinzuweisen, die nach 1850 verstärkt einsetzte und die bis dahin übliche sogenannte Spatenkultur ablöste. Es seien hier nur der von Otto, Mertschütz, konstruierte Pflug und der aus diesem hervorgegangene, später sehr verbreitete „Wanzleber Pflug" genannt.[187] Im Jahre 1863 arbeitete bei Wanzleben der erste Dampfpflug.[188] Ferner fanden unter anderem Eingang: Seit den vierziger Jahren des 19. Jh. die Breitsämaschine; seit Mitte der fünfziger Jahre die Drillmaschine, ferner Hand- und Göpeldreschmaschinen, Klee- und Rapssämaschinen sowie Handsämaschinen für die meisten übrigen Feldfrüchte;[189] außerdem Rübenschneider und Rübenkernlegemaschinen für Handbetrieb; ab Ende der fünfziger Jahre breitete sich der Dampfdrusch immer weiter aus; die erste Lokomobile für Dampfdrusch wurde in Magdeburg-Sudenburg schon 1855 erbaut. Seit Beginn der sechziger Jahre fanden Pferdehacke, Rübenheber und Dippelmaschinen Anwendung; seit Ende der sechziger Jahre Mähmaschinen; Drill- und Tiefkulturgeräte waren jetzt bereits generell verbreitet.

An dieser Entwicklung partizipierten die verschiedenen Grundbesitzer freilich in unterschiedlicher Weise.

Nach der landwirtschaftlichen Betriebsstatistik vom Juni 1882 hatten im gesamten Regierungsbezirk Magdeburg im Jahre 1881/82, d. h. am Ende des untersuchten Zeitraumes, an Maschinen benutzt:

Tabelle 123

Umfang und Art der im Jahre 1882 von den verschiedenen Grundbesitzerklassen im Regierungsbezirk Magdeburg benutzten landwirtschaftlichen Maschinen (in Prozent)[190]

	Dampfpflüge	Sämaschinen	Mähmaschinen	Dampfdreschmaschinen	andere Dreschmaschinen
Von den Parzellen- u. Kleinbesitzern 0–2 ha	0,00	3,43	0,00	0,10	0,08
Von den Kleinbauern 2–5 ha	0,00	13,33	0,01	0,76	0,79
Von den Mittelbauern 5–20 ha	0,01	26,51	0,08	3,72	8,89
Von den Großbauern 20–100 ha	0,14	26,01	1,49	7,75	32,35
Von den Großgrundbesitzern über 100 ha	12,10	73,67	34,19	55,82	40,09

[187] Vgl. hierzu Nowak, 1969. [188] ZLCV, 1863: XX, 286. [189] Bielefeldt, 1910: 63–64.
[190] Landwirthschaftliche Betriebsstatistik, 1885: 209. — Die Prozentwerte sind auf der Grundlage der hierin angegebenen absoluten Zahlen vom Verfasser errechnet worden.

Diese Zahlenwerte vermögen über den tatsächlichen Umfang und die tatsächlichen Anteile der verschiedenen Grundbesitzer an der Mechanisierung allerdings nur erst einen groben Überblick zu vermitteln. Abgesehen davon, daß gerade über die für das Untersuchungsgebiet wichtige Frage der Benutzung spezieller Rübenpflege- und -erntemaschinen wie Hackmaschinen oder Rübenheber, aber z. B. auch über den Einsatz von Rübenschneidern zur Futterbereitung nichts ausgesagt wird, fehlen insbesondere jegliche Angaben über den Maschinen-Besitz und damit Zahlen über die bei den verschiedenen Grundbesitzern natürlich sehr unterschiedliche Höhe des konstanten Kapitalanteils. Eines aber spiegeln diese Zahlen dennoch wider, die Tatsache nämlich, daß an der beginnenden Technisierung der Landwirtschaft hier auch die kleinen Grundbesitzer, vor allem die Kleinbauern, teilgenommen haben. Freilich ist ihr Anteil daran — schon aus Gründen der Rentabilität — insgesamt weit geringer als etwa der des Großbauern oder des Großgrundbesitzers. Außerdem beschränkt er sich praktisch fast ausschließlich auf den Einsatz von Sämaschinen, und wenn daneben doch schon auch Dampfdreschmaschinen Verwendung finden, so liegen die Gründe dafür hauptsächlich in der Teilnahme dieser Kleinbesitzer an sogenannten Dampfdreschmaschinengenossenschaften, die sich ab 1861 in diesem Gebiet konstituiert hatten.[191] Daß dieser Anteil aber trotz der genannten Einschränkungen dennoch relativ bedeutend war, zeigt ein Vergleich mit der entsprechenden Lage des Kleinbesitzes in den beiden anderen Regierungsbezirken der Provinz Sachsen bzw. in anderen Gebieten ostelbischer preußischer Provinzen, z. B. in Ostpreußen (Regierungsbezirk Königsberg), Posen (Regierungsbezirk Posen) und Schlesien (Regierungsbezirk Breslau).

Tabelle 124

Umfang der im Jahre 1882 in verschiedenen Regierungsbezirken Preußens von den Parzellen- und Kleinbesitzern sowie den Kleinbauern benutzten landwirtschaftlichen Maschinen (in Prozent)[192]

	An Maschinen haben im Jahre 1882 benutzt in den Regierungsbezirken					
	Magdeburg	Merseburg	Erfurt	Königsberg	Posen	Breslau
Von den Parzellen- u. Kleinbesitzern 0—2 ha	3,46	0,20	0,11	0,00	0,01	0,14
Von den Kleinbauern 2—5 ha	13,67	3,08	1,77	0,02	0,37	4,16

Diese Entwicklung hängt ebenso wie die Tatsache, daß der Kleinbesitz hier auch schon vergleichsweise früh zur Fruchtwechselwirtschaft[193] und zur mineralischen Düngung übergegangen war, ohne Zweifel mit der in den fünfziger Jahren des 19. Jh. weiter zunehmenden Ausdehnung des Rübenanbaues zusammen. Auch der Einfluß des landwirtschaftlichen Vereinswesens, speziell des bereits 1840 gegründeten „Vereins zur Aufstellung landwirthschaftlicher Maschinen und Instrumente zu Magdeburg", der seine Entstehung ebenfalls

[191] Bielefeldt, 1910: 64, sowie nach ZLCV, 1862: XIX, 221.
[192] Landwirthschaftliche Betriebsstatistik, 1885: 204, 207—210.
[193] Vgl. hierzu Bielefeldt, 1910: 74.

unmittelbar aus der Praxis des Rübenanbaues herleitete, war hierbei von Bedeutung. „Es ist verständlich", heißt es in einem Rückblick aus dem Jahre 1910, „daß der erste Verein, der die Verbreitung landwirtschaftlicher Maschinen zu seinem Hauptzwecke machte, im Mittelpunkt eines landwirtschaftlich fortgeschrittenen Kreises entstand. Der Rübenbau um Magdeburg trug den Landwirten reichen Lohn ein, verlangte aber auch viel Arbeit und Sorgfalt. Das waren günstige Vorbedingungen für die Anwendung von Maschinen, aber dem einzelnen war es nicht möglich, alle Fortschritte der landwirtschaftlichen Gerätetechnik zu verfolgen und zu prüfen. Deshalb schlossen sich die Landwirte in dem Magdeburger Verein zusammen und erreichten so gute Erfolge, daß das Unternehmen sich ausdehnte und andern zum Vorbild diente."[194]

Nach 1850 nahm die Zahl der Zuckerfabriken weiter zu. Nur in Krisenzeiten, so in den Kampagnen 1866/67 und 1875/76, waren Stillegungen zu verzeichnen, von denen unter dem Konkurrenzdruck der großen Firmen viele der kleinen Unternehmungen betroffen waren.[195] Die Tendenz zur Zentralisation, die sich seit längerem auch in diesem Produktionszweig langsam durchzusetzen begonnen hatte,[196] erhielt dann einen besonders starken Auftrieb. Im Untersuchungsgebiet veränderte sich die Zahl der Zuckerfabriken zwischen 1850 und 1877 wie folgt:

Tabelle 125

Anzahl der Rübenzucker-Fabriken im Untersuchungsgebiet zwischen 1850 und 1877[197]

Jahr	Anzahl der Rübenzucker-Fabriken
1850	40
1853	44
1857	52
1869	70
1877	48

9. Ausdehnung und Konsolidierung der agrarkapitalistischen Verhältnisse

Diese zunehmende Konzentration von Unternehmungen — denen die durch Profitinteressen bestimmte Tendenz zur Expansion und damit zur Zentralisation immanent war — auf einem relativ kleinen Territorium mußte zwangsläufig zu einer Verschärfung des Konkurrenzkampfes führen. Hinzu traten technische Verbesserungen, die es gestatteten, jetzt viel größere Rübenmengen zu verwerten als je zuvor und damit der Profitsucht der Unter-

[194] Fischer, 1910: 6.

[195] Fischer, 1910: 45.

[196] Fischer, 1910: 41.

[197] Zahlenangaben für die Jahre 1850—1857 wie in Anm. 96 (siehe auch Tabelle 109); für 1869 nach Bielefeldt, 1910: 44, wobei zu beachten ist, daß diese Zahl die Zuckerfabriken im Gesamtgebiet der Kreise Wanzleben, Wolmirstedt, Calbe und Oschersleben zusammenfaßt, also über die Grenzen des eigentlichen Untersuchungsgebietes hinausgeht, andererseits allerdings die im Kreise Neuhaldensleben bestehenden Fabriken unberücksichtigt läßt. Die Zahlenangabe für das Jahr 1877 ist entnommen: Handbuch ... Provinz Sachsen, o. J. (1877): 526—528 sowie 91—95, 144—151, 194—201, 209—213, 155—156.

nehmer außerordentlich entgegenkamen: „Während früher 1000 Morgen Rüben jährlich als genügendes Areal betrachtet wurde, um den Betrieb einer Fabrik zu sichern, werden heute 4–6000 Morgen als Minimum angesehen."[198] Das ohnehin schon ausgeprägte Profitstreben der Unternehmer, dadurch weiter angeheizt, war deshalb immer mehr und immer hartnäckiger darauf gerichtet, den „Betrieb möglichst zu vergrössern (und) möglichst viel Rüben in möglichst kurzer Campagne zu verarbeiten."[199] Zuckerfabrikinhaber, die ehedem lediglich auf Jahresacker-Pachtungen angewiesen waren oder ihr Rohprodukt von den umliegenden Grundbesitzern ankaufen mußten, waren zur Sicherung ihrer Profite inzwischen dazu übergegangen, selbst Grund und Boden zu erwerben, und zwar entweder eigentümlich oder pachtweise, wobei die Pachtzeit bis auf zwölf, ja teilweise sogar bis auf achtzehn und mehr Jahre erweitert wurde.[200] So wird beispielsweise aus dem Kreis Wanzleben für das Jahr 1864 berichtet, daß „der Verkehr mit Grundstücken ... sich hauptsächlich auf den Ankauf ganzer Bauergüter oder einzelner Pläne seitens der Zuckerfabrikbesitzer und auf den Ankauf einzelner Morgen" beschränke.[201] Unternehmungen, wie sie in den vierziger Jahren des 19. Jh. existierten, „die die Zuckerfabrikation lediglich als landwirthschaftliches Nebengewerbe betreiben" oder „denen sie als blosses Fabrikgeschäft gilt", bestanden nach 1870 keine mehr; das Geschäft mit dem Zucker hatte sich jetzt zu einer der ergiebigsten Profitquellen im Agrarbereich entwickelt: „Die Zuckerfabrikation ist heute hier nicht mehr ein landwirthschaftliches Nebengewerbe ..., sondern sie ist der Mittelpunkt der Wirthschaft, um den sich Alles dreht, nach dem sich alles Uebrige richtet."[202]

In welchem Ausmaß der Großgrundbesitz als Eigentum oder erpachtet in die Hände von Zuckerfabrikbesitzern oder von Teilhabern solcher Unternehmungen gelangt war, zeigt ein Überblick über die Verhältnisse im Kreis Wanzleben um 1880. Von den hier bestehenden 7 Domänen, 17 Rittergütern und 3 Klostergütern, also von insgesamt 27 Großgütern mit einem Areal von über 100 Hektar, waren

im Besitz von Zuckerfabrikbesitzern	8
in Pacht von Zuckerfabrikbesitzern	8
im Besitz von Zuckerfabrikteilhabern	4
in Pacht von Zuckerfabrikteilhabern	4
	24

Nur bei drei Rittergütern (Eggenstedt, Meyendorf, Salbke) beschränkte sich die Verbindung zu Zuckerfabriken bestenfalls in Rübenlieferungen.[203]

Von dieser Entwicklung blieben natürlich auch die bäuerlichen Grundbesitzer nicht unberührt. Zunächst geschah dies hauptsächlich dadurch, daß die Fabriken — schon unter dem Gesichtspunkt verminderter Transportkosten — das Pachtland gewöhnlich von den

198 Nathusius, 1884: 136.
199 Nathusius, 1884: 136.
200 Bielefeldt, 1910: 82.
201 Nach Statistik ... Wanzleben, 1867: 42. — Vgl. auch Goldschmidt, 1899: 20: „Ebenso selten wie die Dismembrierung ist der Verkauf ganzer Güter. Im Kreis Wanzleben scheint es früher häufiger vorgekommen zu sein, dass Grundbesitzer ihr Land verkauften, um Rentnerexistenzen zu führen."
202 Nathusius, 1884: 135–136.
203 Handbuch des Grundbesitzes, 1885: 404–411.

Bauern der umliegenden Dörfer erwarben: „Diese bäuerlichen Grundbesitzer hörten aber damit auf, als Landwirte produktiv tätig zu sein. Denn während sie den größten Teil ihres Landes an die Fabrik abgaben, behielten sie meist nur ein Restgut von sehr geringem Umfange. Manche gaben auch die Landwirtschaft ganz auf und lebten von ihren Pachtrenten auf dem Lande oder in der Stadt als Privatier.“[204] Allein im Kreis Wanzleben werden für 1864 insgesamt 194 männliche „Rentiers und andere aus eigenen Mitteln lebende selbständige Personen“ gezählt, wovon 133 auf dem Lande und 61 in den Städten leben (hinzu kommen noch 252 Privatieren, von denen 188 auf dem Lande und 64 in den Städten leben; mithin also 446 Personen).[205] Für den Kreis Neuhaldensleben werden etwa zur selben Zeit (1861) 123 Rentiers genannt, davon 17 in den Börde-Dörfern Althaldensleben, Alvensleben, Eilsleben, Groppendorf, Hakenstedt und Vahldorf.[206] „Bisweilen aber erlitt der bäuerliche Besitzstand selbst eine empfindliche Einbuße, nämlich dort, wo die Fabriken und die Inhaber der Güterkomplexe das Areal für ihre Betriebe käuflich erwerben mußten.“[207] Ein solcher Fall ist z. B. aus Löderburg, Kreis Calbe, bekannt, wo ein Großbauer, der um 1850 „5 Pferde, 18 Kühe, 100 Schafe, 4 Schweine und weit über 100 Hühner, Enten und Gänse“ besaß, im Jahre 1856 seinen Hof für 36000 Taler an die 1837 auf der Erbpachts-Domäne zu Alt-Staßfurt gegründete Zuckerfabrik von Bennecke, Hecker & Co. verkaufte und als Privatier in sein Eigentums-Doppelhaus nach Alt-Salze zog.[208] „Nachdem aber frühere Jahrzehnte gezeigt haben“, heißt es in dem Bericht eines Geistlichen aus dem Kreise Wanzleben im Jahre 1893, „dass Oekonomen, die teuer verkauften und als Rentner leben wollten, bald ins Proletariat herabsanken (d. h. vermutlich, die früher oder später gezwungen waren, ihr Kapital anzugreifen, und dadurch nach und nach verarmten — H. P.), hält der Bauer seinen Grundbesitz fest.“[209]

Viele Pächter, insbesondere solche, die nur kurz- oder mittelfristige Pachtverträge abschlossen, zielten vor allem darauf hin, ein Maximum an Gewinn möglichst ohne größere Kapitalinvestitionen herauszuschlagen. „Das Mittel zur Steigerung der Erträge ... bestand gewöhnlich in der Vertiefung der Ackerkrume und der völligen Ausbeutung des Nährstoffgehaltes der unteren Bodenschichten durch einen forzierten Hackfruchtbau.“[210] So trat infolge dieses Raubbaues beispielsweise schon im Jahre 1868 bei Staßfurt „ein völliges Versagen des Bodens für den Rübenbau“ ein; „auch in anderen Bezirken waren die Erträge bereits um $^1/_3$ bis $^2/_3$ zurückgegangen.“[211] Zwar suchten sich die Verpächter vor solchen existenzbedrohenden Folgen mehr und mehr zu schützen, insbesondere dadurch, daß sie die Bestimmungen in den Pachtverträgen zunehmend verschärften.[212] Doch dürften diese Auswirkungen letztlich ebenso entscheidend mit dazu beigetragen haben, daß bald nach

[204] Bielefeldt, 1910: 43.
[205] Nach Statistik ... Wanzleben, 1867: 14.
[206] Bandoly, 1970: 9.
[207] Bielefeldt, 1910: 44.
[208] Fiedler, 1939: 15.
[209] Nach Goldschmidt, 1899: 20.
[210] Bielefeldt, 1910: 82.
[211] Bielefeldt, 1910: 83.
[212] Bielefeldt, 1910: 80, nennt zum Beispiel: Stellen einer Kaution durch den Pächter, Leistung einer Bürgschaft seitens des Ehegatten oder der Verwandten des Pächters, Verpflichtung des Pächters „zum Ersatz verloren gegangener und beschädigter Teile der Substanz des Gutes, zur Erhaltung des Zustandes der Ländereien, etwaige Kosten und Verluste bei der Übernahme und Rückgabe der Pachtung“ u. a. m.

1870 auch die bäuerlichen Grundbesitzer selbst zur Gründung von Zuckerfabriken übergingen, wie etwa das Bestreben nach Erhaltung ihrer wirtschaftlichen Grundlage schlechthin oder wie die Erkenntnis, daß sich durch eine direkte Teilnahme am Zuckergeschäft noch höhere Gewinne erzielen ließen als durch Verkauf von Rüben oder durch Verpachtung von Land. Allerdings errichteten sie diese nicht als Einzelwirtschafter — hierfür ist in der Literatur lediglich ein Beispiel bekanntgeworden, und zwar die 1848 von dem Bauern WILHELM BISCHOFF in Oberfarnstädt bei Querfurt (200 Morgen) gegründete Zuckerfabrik[213] —, sondern sie schlossen sich zu diesem Zweck zu Aktiengesellschaften zusammen. Träger dieser Unternehmungen war vor allem der bäuerliche Groß- und Mittelbesitz. „Die Bauern legten also ihre Geldvermögen zu größeren Kapitalbeträgen zusammen und gründeten mit diesen Zuckerfabriken, für welche die Teilhaber selbst das Rohmaterial lieferten. Diese bäuerlichen Fabriken, die vereinzelt als Genossenschaften mit solidarischer Haftung auftraten, wurden in der Regel als Aktiengesellschaften errichtet oder später in solche verwandelt. Das konstante Kapital derselben setzte sich aus einer großen Anzahl von Anteilen zusammen. Der Wert der einzelnen Aktie war auf eine möglichst niedrige Summe festgelegt. Es wurden jedoch die Besitzer dieser Anteile verpflichtet, für jede ihrer Aktie eine bestimmte Menge Rüben an die Fabrik zu liefern. Auf solche Weise erreichte man, daß fast nur Landwirte Aktionäre solcher Unternehmungen wurden ...“[214] Die Leitung einer solchen Fabrik lag „in der Hand eines technischen Dirigenten, jeder einzelne Aktionär (baute) seine bestimmte Morgenzahl Rüben, die ihm von der Fabrik zu einem mässigen Preise vergütet“ wurden, und „der Reinertrag der Fabrik (wurde) als Dividende an die Teilhaber gezahlt.“[215] Im Untersuchungsgebiet entstanden zwischen 1870 und 1880 insgesamt vier solcher Fabriken, und zwar in Niederndodeleben (1871), Nordgermersleben (1872 auf Anregung des Oberamtmannes FRIEDRICH SCHROEDER aus Alvensleben), Schackensleben (1879) und Eilsleben (1879). Hinzu kommen die drei Zuckerfabriken in Etgersleben, Klein Wanzleben und Ochtmersleben, die — wie oben bereits dargetan — auf einer solchen Basis schon Ende der vierziger Jahre errichtet worden waren. An dem Unternehmen in Nordgermersleben waren zunächst 12 bäuerliche Grundbesitzer aus 5 Orten und in Eilsleben 56 bäuerliche Grundbesitzer aus 12 Orten beteiligt, während die ersten Teilhaber der Fabrik in Schackensleben aus 7 Gemeinden kamen.[216] Später düfte sich die Zahl der Aktionäre erweitert haben. Denn auch diese Unternehmungen mußten, wenn sie konkurrenzfähig bleiben wollten, ihr Areal und ihren Betrieb möglichst zu vergrößern trachten. Oft geschah diese Vergrößerung aber auch dadurch, daß die größeren Bauern käuflich oder pachtweise Land hinzuerwarben, „um ein größeres Quantum Rüben für die Fabrik produzieren zu können und nach dem Erwerb einer entsprechenden Anzahl von Aktien möglichst viel Einfluß auf das Unternehmen ... zu gewinnen.“[217] Die Tendenz zur Konzentration der Produktionsmittel begann auch in diesem Bereich wirksam zu werden: „Der Güter-Zertrümmerung“, heißt es auch im Ergebnis einer Umfrage vom Jahre 1893, „steht nach den Berichten in viel stärkerem Masse die Tendenz zur Expandierung derselben gegenüber, namentlich seit Einführung des Zuckerrübenbaues, der den mit den Zuckerfabriken in Verbindung stehenden Grossbetrieb ungemein begünstigt.“[218]

[213] HEINE, 1849: 392–395.

[214] BIELEFLDT, 1910: 45; ebenfalls HUMBERT, 1877: 104–105. — Vgl. hierzu insbesondere den Beitrag von MÜLLER im 2. Halbband.

[215] NATHUSIUS, 1884: 136.

[216] BANDOLY, 1970: 24–25.

[217] BIELEFELDT, 1910: 47.

[218] Nach GOLDSCHMIDT, 1899: 20.

Der Rübenanbau, vor allem wenn er, wie im Untersuchungsgebiet nach 1850, intensiv betrieben wird, bedingt einen größeren Aufwand an Kapital und Arbeit, also höhere Produktionskosten, insbesondere durch ein Mehr an Spann- und Handarbeit und durch vermehrten Dünger- und Kraftfutterbedarf, als der Getreidebau. Gewiß stehen diesen höheren Ausgaben auf der anderen Seite gewöhnlich auch vergleichsweise höhere Gewinne gegenüber.[219] Nicht jedoch in Krisenzeiten, wie beispielsweise in den Jahren 1866/67 und 1875/76,[220] und nicht für alle Grundbesitzer in gleichem Maße und in denselben Proportionalitäten. Verlustreich mußten sich auf die Dauer auch die ab Ende der sechziger Jahre immer mehr expandierende Rübenmüdigkeit des Bodens bzw. die Folgen des Nematodenbefalls auswirken,[221] die teilweise zu einer erheblichen Verminderung der Ernteerträge führten. Bei den kleineren Wirtschaften kommt hinzu, daß deren Erntegüter, speziell Rüben, eine vergleichsweise geringere Qualität ausweisen als die entsprechenden Erzeugnisse der großbäuerlichen Betriebe oder des Großgrundbesitzes, was sich besonders in jenen Fällen nachteilig auswirkte, in denen solche Wirtschaften nur auf die Produktion von Kaufrüben angewiesen waren und keine Möglichkeit einer Beteiligung an Zuckerfabriken gefunden hatten.[222]

Dennoch war im Untersuchungsgebiet, etwa im Vergleich zu anderen Distrikten,[223] das Ausmaß der Verschuldung des bäuerlichen Grundbesitzes auch nach 1850 durchaus noch nicht besorgniserregend. Eine höhere Verschuldung wies hier, mit Ausnahme des Kreises Neuhaldensleben, vornehmlich der Großgrundbesitz auf, verursacht insbesondere durch häufigen Besitzwechsel, was bei den bäuerlichen Wirtschaften seltener, gewöhnlich nur in Todesfällen, eintrat, ferner — und das ist allerdings auch bei den bäuerlichen Grundbesitzern eine wesentliche Ursache — durch die infolge des ständigen Steigens der Bodenpreise höher ausfallenden Zahlungsverpflichtungen an die Miterben, wobei es vielfach auch zu Überschätzungen kam, sowie aus spekulativen Gründen.[224]

Auch für das Untersuchungsgebiet darf deshalb angenommen werden, was für die deutsche Landwirtschaft allgemein für die Zeit bis 1914 zugrundegelegt wird, nämlich, „daß der überwiegende Teil der Schulden nicht der Verbesserung der Produktion und des Betriebes zukam, sondern Besitzkredite waren"; freilich kommt darin auch zum Ausdruck, „wer sich Kredite überhaupt leisten konnte ..., ohne sofort über alle Maßen zu verschulden."[225] Welchen Umfang die Verschuldung beim Großgrundbesitz (Rittergüter)

[219] Vgl. hierzu Humbert, 1877: 105 und 112.

[220] Bielefeldt, 1910: 45 und 116.

[221] Nathusius, 1884: 138—139.

[222] Bielefeldt, 1910: 87. — Die Ursachen für die schlechtere Qualität des Erntegutes, speziell der Rüben, dürften darin zu sehen sein, daß die Inhaber dieser Betriebe zur Realisierung ihrer Profitinteressen viel stärker zur Monokultur übergehen mußten und dabei andererseits wegen ihres nur geringen Betriebskapitals vergleichsweise wenig Nährstoffe (Dünger) dem Boden wieder zuzuführen vermochten.

[223] So hat z. B. Šołta, 1968: 177, ermittelt, daß um dieselbe Zeit (1860) in den Dörfern der sächsischen Oberlausitz Radibor, Crostwitz und Höflein die „Hypothekenschuld in Prozent der Erwerbspreise" bei den Grundbesitzern in den Größenklassen 0—5 ha und darüber zwischen 40—54 Prozent betrug. Bis zum Jahre 1895 war sie insgesamt sogar bis auf fast 60 Prozent angestiegen, was Šołta wie folgt kommentiert: „Eine Verschuldung der Bauernwirtschaften bis annähernd 60 Prozent ihres Wertes ... mußte damals als eine schwere Last empfunden werden" (S. 178).

[224] Bielefeldt, 1910: 94—95.

[225] Šołta, 1968: 178 und 180.

und beim bäuerlichen Grundbesitz in den vier am Untersuchungsgebiet teilhabenden Kreisen Wanzleben, Neuhaldensleben, Calbe und Wolmirstedt sowie im Regierungsbezirk Magdeburg insgesamt um 1860 erreicht hatte, vermittelt die folgende Übersicht.

Tabelle 126

Verschuldung der bäuerlichen Wirtschaften und des Großgrundbesitzes in den Kreisen Wanzleben, Neuhaldensleben, Calbe und Wolmirstedt sowie im Regierungsbezirk Magdeburg um 1860 (in Prozent)[226]

	Kreis Wanzleben	Kreis Neuhaldensleben	Kreis Calbe	Kreis Wolmirstedt	Reg.-Bez. Magdeburg
Schuldenbetrag vom Gesamtwert sämtlicher Bauerngüter	16,8	19,1	14,0	14,1	13,0
Schuldenbetrag vom Gesamtwert sämtlicher Rittergüter	26,6	18,5	31,2	33,7	25,1

Eine wesentliche Änderung in dieser Beziehung trat im Untersuchungsgebiet auch in den beiden folgenden Jahrzehnten nicht ein. Im Juni 1882 ließ das preußische Ministerium für Landwirtschaft, Domänen und Forsten durch die landwirtschaftlichen Vereine eine Enquete „über die gegenwärtigen bäuerlichen Besitz- und Wohlstands-Verhältnisse" durchführen, in der unter anderem auch erfragt wurde, ob „eine besondere Höhe oder schnelle Zunahme der Verschuldung des ländlichen Grundbesitzes in den letzten Jahren wahrzunehmen" gewesen sei, und wenn ja, „bis zu welcher Höhe und aus welchen Ursachen (Erbtheilung, schlechte Wirthschaft, zu geringes Betriebskapital, zu theurer Ankauf, schlechte Ernten, Viehsterben u. s. w.)", sowie ob in diesem Zeitraum „häufige Subhastationen ländlicher Grundstücke stattgefunden" hätten. Die beiden für das Untersuchungsgebiet in Frage kommenden landwirtschaftlichen Vereine zu Magdeburg und zu Calbe verneinten diese Fragen.[227]

[226] Jahrbuch ... Statistik, 1863: 186 und 190, wobei die Prozentwerte in der Kolumne „Schuldenbetrag vom Gesamtwert sämtlicher Rittergüter" an Hand der hier angegebenen absoluten Zahlen vom Verfasser errechnet worden sind. Vgl. dazu auch unter Anm. 223.

[227] Landwirthschaftliche Jahrbücher, 1883: 262–265. – Im Bericht des Referenten v. Miaskowski, der am 15. 2. 1883 dem Landes-Ökonomie-Kollegium das Auswertungsergebnis dieser Enquete vorlegte, wurde – gerade speziell für Gegenden wie das Untersuchungsgebiet – ergänzend hierzu erklärt: „Danach scheint trotz der allgemeinen Zunahme der Verschuldung doch nur für einen Theil der Monarchie eine Abnahme des bäuerlichen Wohlstandes angenommen werden zu dürfen. Insbesondere wird eine solche Abnahme bestritten für einen grossen Theil Ostpreussens und Schleswig Holsteins, für Theile der Provinzen Westpreussen, Sachsen und Brandenburg sowie Theile von Nieder- und Mittelschlesien. Hier wie ausnahmsweise auch in einigen Kreisen der anderen Provinzen ... erfreuen sich hauptsächlich diejenigen grösseren Bauern eines blühenden Wohlstandes, die in den Fluss- und Seemarschen oder sonst auf fruchtbarem Boden sitzen und vorzugsweise Viehzucht, Rübenbau und landwirthschaftliche Nebengewerbe treiben" (Landwirthschaftliche Jahrbücher, 1883: 611). – Auch Ziegenhagen, 1965: 167, bestätigt, daß „die relativ günstigen Marktverhältnisse eine massenhafte Verschuldung" vor allem der mittel- und großbäuerlichen Wirtschaften „verhindert" haben.

10. Beginn des kapitalistischen Differenzierungsprozesses der Bauernschaft

Der Prozeß der Konsolidierung des Kapitalismus in der Landwirtschaft, der im Untersuchungsgebiet schon bald nach 1850 einsetzte und in dessen Verlauf die ökonomischen Gesetze der kapitalistischen Produktionsweise voll wirksam wurden, hatte auch Veränderungen in der Klassenstruktur, wie sie sich hier im Zuge der westfälischen und preußischen Agrarreformen, im Prozeß des Eindringens des Kapitalismus in die Landwirtschaft herausgebildet hatten, zur Folge.

Um 1850 standen sich im Untersuchungsgebiet, wie dargelegt, in der Hauptsache drei Gruppen ländlicher Grundbesitzer gegenüber. Erstens: eine zahlenmäßig ziemlich bedeutende Schicht mittlerer und großer Bauern, die sich im Zuge der Durchführung der Agrarreformen immer mehr zu Mittel- und Großbauern „im anderen Sinne" entwickelt und die den größten Teil der landwirtschaftlichen Nutzfläche auf sich vereinigt hatte. Zweitens: ein nach der Zahl verhältnismäßig geringer Großgrundbesitz, der sich im Verlauf dieses Prozesses mehr oder weniger rasch in kapitalistische Junkerwirtschaften verwandelt und den zweitgrößten Anteil am landwirtschaftlichen Nutzareal, der allerdings insgesamt bedeutend geringer war als der des mittel- und großbäuerlichen Grundbesitzes, innehatte. Drittens: ein zahlenmäßig starker Kleinbesitz, bestehend aus ehemals feudal abhängigen Kossaten und Häuslern, die sich im Ergebnis der Agrarreformen, soweit sie als Kossaten, speziell Großkossaten, ihre ökonomische Grundlage zu erhalten vermocht hatten, in einfache, von feudaler Ausbeutung freie agrarische Warenproduzenten kleinbürgerlichen Typus entwickelt (Kleinbauern),[228] und soweit sie Kleinkossaten und grundbesitzendeHäusler gewesen waren, sich in Landarbeiter mit Bodenanteilen verwandelt hatten. Dieser Kleinbesitz verfügte insgesamt über den geringsten Teil der landwirtschaftlichen Nutzfläche (vgl. Tabelle 120).

Im Prozeß der Herausbildung entwickelter agrarkapitalistischer Verhältnisse zwischen 1850 und 1880 hatte diese Struktur nunmehr eine erhebliche Veränderung erfahren, und zwar in folgender Weise:

Tabelle 127

Prozentuale Präsenz der verschiedenen Grundbesitzerklassen und deren Anteil an der LN in den Kreisen Calbe, Neuhaldensleben, Wanzleben und Wolmirstedt 1882 zusammen sowie im Kreis Wanzleben 1882 und *1858*[229]

Umfang der Einzelbesitzungen in Morgen	1882 in den vier Kreisen Calbe, Neuhaldensleben, Wanzleben u. Wolmirstedt		1882 im Kreise Wanzleben		Umfang der Einzelbesitzungen in Morgen	1858 im Kreise Wanzleben	
	Anteil an der Gesamtzahl d. Besitzungen	Anteil am Gesamtareal	Anteil an der Gesamtzahl d. Besitzungen	Anteil am Gesamtareal		Anteil an der Gesamtzahl d. Besitzungen	Anteil am Gesamtareal
0– 20	88,51	14,48	92,06	13,29	0– 30	79,25	13,72
20–400	11,04	39,42	7,45	21,62	30–600	20,14	60,62
über 400	0,45	46,10	0,49	65,09	über 600	0,61	25,66

[228] Vgl. hierzu Mottek, 1964: 41.

[229] Angaben für 1882 nach Meitzen, 1901: (94)–(95); Angaben für den Kreis Wanzleben 1858: Meitzen, 1869: 490–491; Meitzen, 1868: 516; Jahrbuch ... Statistik, 1863: 159.

Leider liegt den beiden Statistiken keine einheitliche Klassifikation der Betriebsgrößen zugrunde, wodurch eine zuverlässige, genaue Interpretation sehr erschwert wird (für die Verhältnisse in den vier Kreisen Calbe, Neuhaldensleben, Wanzleben und Wolmirstedt im Jahre 1858 siehe Tabelle 120). Dennoch dürfte das Zahlenmaterial hinreichen, um zumindest gewisse Tendenzen transparent zu machen.

So kann in bezug auf die Veränderungen, denen der Klein- und Kleinstbesitz in diesem Zeitraum unterworfen ist, zunächst ein erhebliches zahlenmäßiges Anwachsen dieser Schicht festgestellt werden. Während um 1858 in den vier Hauptkreisen, die flächenmäßig über das Untersuchungsgebiet hinausreichen, die Grundbesitzer mit einem Areal von 0 bis 30 Morgen 78,37 Prozent ausmachen, beträgt um 1882 die Zahl der Klein- und Parzellenbesitzer mit einer Fläche von nur 0 bis 20 Morgen, also gegenüber dem Jahr 1858 um zehn Morgen weniger, nunmehr 88,51 Prozent. Noch augenfälliger zeigen sich diese Veränderungen im Hauptdistrikt des Rübenanbaues, im Kreis Wanzleben. Hier steigt der Prozentsatz von 79,25 auf 92,06. Demgegenüber nimmt der Anteil dieser Gruppe an der landwirtschaftlichen Nutzfläche vergleichsweise nur geringfügig zu; denn es ist zu berücksichtigen, daß in den Werten für 1858 noch die Besitzer zwischen 20 und 30 Morgen einbezogen sind. Im Kreis Wanzleben war die Zunahme des Arealanteils offensichtlich noch geringer. Das läßt darauf schließen, daß diese Entwicklung weniger eine Folge der Seßhaftmachung ländlicher Arbeiter war, wie etwa in den übrigen preußischen ostelbischen Provinzen, als vielmehr das Ergebnis des zunehmend härter werdenden Konkurrenzkampfes, vor allem im Gefolge der Agrarkrise der siebziger Jahre des 19. Jh., d. h. das Resultat des Absinkens kleinbäuerlicher Grundbesitzer ins Proletariat. Für die Zeit nach 1880 bestätigen dies MÜLLER[230] und ZIEGENHAGEN[231] für die gesamte Provinz Sachsen: „In der Provinz Sachsen überwiegt die Tendenz des durch den Konkurrenzkampf und die nahe Industrie verwandelten kleinen und kleinsten Bauern in den Landarbeiter. Wir finden die ganz interessante Erscheinung, daß der kleinbäuerliche Betrieb (2 bis 5 ha) zahlenmäßig abnimmt. Dessen Verminderung ist zusammenhängend mit der Erhöhung der Zahl der Parzellenbetriebe. Das Absinken des kleinbäuerlichen Produzenten zum landbesitzenden Proletarier setzt aber einen harten Konkurrenzkampf voraus. Wir wissen, daß ein solcher Konkurrenzkampf auf den Märkten der Provinz Sachsen mit zunehmender Stärke zwischen den bäuerlichen und kapitalistischen Wirtschaften einerseits und den kapitalistischen und vom Außenmarkt abgedrängten großkapitalistischen Betrieben andererseits geführt wurde. — Und diese Zweiseitigkeit des Widerspruchs war die notwendige Voraussetzung für die Proletarisierung.“[232] Im sozialökonomisch fortgeschritteneren Untersuchungsgebiet, wo das Streben nach Maximalprofiten und der Kampf um marktbeherrschende Positionen zur Sicherung dieser Profite besonders hart geführt wurde, wo die Tendenz zur Expansion und damit zur Konzentration und Zentralisation der Produktion viel stärker ausgeprägt war, wozu auch die Zusammendrängung zunächst vieler Konkurrenten (Rübenbauer) auf

[230] „Andrerseits hat in unserer Provinz der Großgrundbesitz auch nicht die Verluste an Fläche aufzuweisen, die er z. B. in den östlichen Provinzen durch die innere Kolonisation erleidet, deren Bestrebungen auf Zerschlagung größerer Besitzungen zwecks Parzellierung und Ansiedlung von Kleinbauern und Arbeitern gerichtet sind und auf diese Weise ein wirksames Gegengewicht gegen eine anormale Vermehrung und Konzentrierung des Grundeigentums abgibt ... Solche Bestrebungen fehlen hier in Sachsen fast gänzlich.“ Zitiert nach MÜLLER, 1912: 74.

[231] ZIEGENHAGEN, 1965: 149—157.

[232] ZIEGENHAGEN, 1965: 151—152.

einem relativ kleinen Territorium wesentlich beitrug, hatte der Proletarisierungsprozeß kleinbäuerlicher Grundbesitzer, verstärkt vor allem auch durch die Agrarkrise der siebziger Jahre des 19. Jh., bereits geraume Zeit vor 1880, früher als in der Provinz Sachsen insgesamt, eingesetzt.

Bedeutend sind auch die Veränderungen, die im Verlauf jenes Zeitraumes beim Großgrundbesitz und bei den mittel- und großbäuerlichen Grundbesitzern vor sich gegangen waren. Obwohl auf Grund der unterschiedlichen Betriebsgrößen-Klassifikation gerade hier eindeutig vergleichbare Zahlen fehlen — die Differenz beträgt immerhin 50 Hektar! —, so lassen sich zwei grundlegende Tendenzen dennoch ablesen. Erstens: eine zunehmende Konzentrierung des landwirtschaftlichen Nutzareals in den Händen des Großgrundbesitzes, der sich obendrein prozentual noch verringert hat (in den vier Kreisen bei einem Plus von 50 Hektar: 1882 [schon ab 400 Morgen] gegenüber 1858 [erst ab 600 Morgen] von 0,62 auf 0,45, im Kreis Wanzleben von 0,61 auf 0,49 Prozent), und zweitens: eine Verminderung des Anteils der mittel- (5 bis 20 Hektar) und großbäuerlichen (20 bis 100 Hektar) Grundbesitzer an der landwirtschaftlichen Gesamtnutzfläche. Diese Entwicklung hat ein solches Ausmaß angenommen, daß sich die vordem bestehenden Areal-Anteil-Verhältnisse fast geradezu in ihr Gegenteil verkehrt haben. Verfügten um 1858 noch die mittel- und großbäuerlichen Wirtschaften über mehr als die Hälfte des landwirtschaftlichen Nutzareals und der Großgrundbesitz erst über etwa ein Drittel (bei Zugrundelegung einer Betriebsgröße von 100 Hektar = 400 Morgen und darüber), so stellt sich dieses Verhältnis um 1880 beinahe umgekehrt dar. Dieses Ergebnis bestätigt auch ZIEGENHAGEN.[233] Die Reduzierung des agrarischen Nutzarealanteils der mittel- und großbäuerlichen Wirtschaften bezieht sich allerdings ausschließlich auf die Eigenfläche, nicht auf die Pachtfläche, die „unter dem allgemeinen Druck des Marktes und der dort herrschenden Konkurrenz“ in allen, außer den großkapitalistischen Betrieben mit 100 Hektar und mehr, zugenommen hat.[234] Auch wurden die mittelbäuerlichen und die großbäuerlichen Grundbesitzer nicht in demselben Maße von dieser Entwicklung erfaßt. Für die mittelbäuerlichen Wirtschaften ist infolge von Pachtungen, teilweise aber auch als Ergebnis von Dismembrationen, sogar ein zahlenmäßiges Anwachsen festzustellen.[235] Dies wird auch durch die Enquete-Antwort des landwirtschaftlichen Vereins zu Magdeburg aus dem Jahre 1882 unterstrichen.[236] Diese Entwicklung war aber nur möglich durch eine Verminderung der ökonomischen Potenz anderer Betriebe; „das heißt, eine Gruppe von Betrieben erhielt den Verbleib in der genannten Betriebsgröße durch Pachtung, andere mußten diese Gruppe verlassen oder Teile des Landes verkaufen.“[237] Vom letzteren waren „infolge des Konkurrenzkampfes und der dadurch erzwungenen Intensivierung der Bodennutzung“[238] vor

[233] ZIEGENHAGEN, 1965: 204: „Der Großgrundbesitz verteilt sich nämlich nicht... gleichmäßig in den einzelnen Gebieten. In solch intensiv genutzten Kreisen wie Oschersleben, Wanzleben u. a. besitzt er mehr als die Hälfte der landwirtschaftlich genutzten Fläche.“

[234] ZIEGENHAGEN, 1965: 165—166.

[235] Vgl. ZIEGENHAGEN, 1965: 164—198.

[236] Landwirthschaftliche Jahrbücher, 1883: 264—265. Es heißt da auf die Fragen „4. Sind grössere und mittlere Güter und Bauerhöfe mehrfach von den bisherigen Besitzern parzellirt oder durch gewerbsmässige Unternehmer ausgeschlachtet worden?“ und „5. Sind die betreffenden Parzellen mehr zur Arrondirung des grösseren und mittleren Besitzes oder zur Etablirung kleinerer Wirthschaften oder Häuslerstellen benutzt worden?“ — „Ja. Wegen Erbtheilung. Arrondirung mittleren Besitzes.“

[237] ZIEGENHAGEN, 1965: 166.

[238] ZIEGENHAGEN, 1965: 183.

allem großbäuerliche Betriebe betroffen, was offensichtlich ebenfalls zur Erhöhung der Zahl der mittelbäuerlichen Wirtschaften beigetragen hat. Andererseits konnten aber auch mittelbäuerliche Betriebe, z. B. solche, die sich an gewinnbringenden Zuckerfabriken beteiligten, zur Gruppe der großbäuerlichen, kapitalistischen Betriebe aufschließen, so daß der „Rückgang der Zahl der Wirtschaften mit 20–100 ha", der in „Auswertung der Statistik des Deutschen Reiches im letzten Vierteljahrhundert" für die Provinz Sachsen allgemein ablesbar ist, sich dadurch insgesamt geringer darstellt als dies innerhalb dieser Schicht selbst in Wirklichkeit der Fall gewesen sein dürfte.[239]

Die größeren, tiefgreifenderen Veränderungen innerhalb der bäuerlichen Klasse haben sich im Untersuchungsgebiet demnach weniger in der Phase der Herausbildung agrarkapitalistischer Verhältnisse vollzogen als vielmehr in der Periode der Konsolidierung dieser Verhältnisse. Eine Ausnahme hiervon bilden lediglich die kleinbäuerlichen Grundbesitzer, speziell die ehemaligen Kleinkossaten, von denen infolge der Teilung der Gemeinheiten auch schon in jenem früheren Stadium der sozialökonomischen Entwicklung, im Prozeß der Durchführung der Agrarreformen, viele ins Proletariat hinabgestoßen wurden. Insofern unterscheidet sich die Entwicklung im Untersuchungsgebiet zunächst in nichts von der allgemeinen Entwicklung. Šołta hat die Periode „bis zum Abschluß des bürgerlichen Umwälzungsprozesses der Agrarverfassung, das heißt bis zum Ende des Preußischen Weges", deshalb als „die Vorgeschichte der Klassendifferenzierung der Bauernschaft im Kapitalismus" bezeichnet.[240] Erst nachdem sich der Kapitalismus in der Landwirtschaft endgültig durchgesetzt hat, beginnt jene „Periode langsamer Veränderungen der Agrarverhältnisse durch die Entwicklung der kapitalistischen Landwirtschaft",[241] an derem Ende – nach einer Formulierung Lenins – die Spaltung, Zersetzung und Polarisierung der bäuerlichen Bevölkerung steht.[242] Im Untersuchungsgebiet setzt der Beginn dieser Periode zeitlich früher ein als in anderen Distrikten. Und darin, im temporalen Vorsprung und nicht im Verlauf an sich, unterscheidet sich die Entwicklung hier von der in anderen Gebieten. Dies war möglich durch eine günstige Marktlage, durch die Einführung eines sich unmittelbar an den Marktverhältnissen orientierenden Produktionszweiges sowie durch die Existenz eines auch aus den Agrarreformen praktisch ungeschmälert hervorgegangenen Mittel-, vor allem Großbauernstandes, der zum Mitträger der kapitalistischen Entwicklung werden konnte und dies auch wurde. Eine enge Marktverflechtung und damit eine außerordentlich starke Marktabhängigkeit und Marktempfindlichkeit der Produzenten, die Zunahme des Konkurrenzdruckes insbesondere von seiten der großen Fabrikwirtschaften und des fast durchweg mit Zuckerfabriken verbundenen Großgrundbesitzes, gesteigert vor allem während der Agrarkrise der siebziger Jahre, und ein im Zusammenhang damit fortlaufender kapitalistischer Konzentrationsprozeß als die eigentliche Grundlage der Differenzierung der Bauernschaft waren die unmittelbaren Ursachen und Triebkräfte dieser Entwicklung.

[239] Ziegenhagen, 1965: 183.
[240] Šołta, 1968: 16 und 25.
[241] Šołta, 1968: 25.
[242] Šołta, 1968: 20.

Sieglinde Bandoly

Veränderungen der sozialökonomischen Struktur in der Magdeburger Börde vor dem ersten Weltkrieg

Nach der relativ schnellen Durchsetzung und Konsolidierung kapitalistischer Produktionsverhältnisse in der Landwirtschaft der Magdeburger Börde konnten bereits seit Beginn des letzten Drittels des 19. Jh. die Wesenszüge der kapitalistischen Produktionsweise auch in diesem Raum voll wirksam werden. Die daraus gesetzmäßig folgende Tendenz zur Intensivierung der Produktion durch die Technisierung der Arbeitsverfahren, die Konzentration der Produktionsmittel, die zunehmende Verflechtung mit der verarbeitenden Industrie und vor allem die sich verschärfende Ausbeutung führte zu erheblichen Veränderungen im ökonomischen, gesellschaftlichen und kulturellen Bereich. So sei nur auf die Herausbildung und Festigung monopolkapitalistischer Elemente in der Wirtschaft, auf die damit verbundene, sich verstärkende Differenzierung der Bauernschaft, auf die Polarisierung auch der Dorfbevölkerung in die beiden Grundklassen des Kapitalismus, Bourgeoisie und Proletariat, auf die zunehmende nationale und internationale Verflechtung einschließlich des politischen Klassenkampfes und anderes verwiesen.

1. Zur Rolle der Stadt Magdeburg

Im folgenden soll versucht werden, anhand einiger wesentlicher Entwicklungstendenzen die Grundzüge in den Veränderungen der sozialökonomischen Struktur von etwa 1880 bis 1917/18 aufzuzeigen. Dabei wenden wir uns zunächst der Stadt Magdeburg zu, die zwar auch in dem vorangegangenen Zeitraum eine bedeutende Rolle für die Entwicklung der Magdeburger Börde gespielt hatte, seit dem letzten Drittel des 19. Jh. jedoch in einem ungleich höheren Maße mit ihr verbunden war.

So war die Stadt Magdeburg nicht nur weiterhin Sitz aller maßgeblichen Provinzialbehörden und damit ein bedeutendes Verwaltungszentrum, sondern konnte unter Ausnutzung der günstigen Verkehrslage — zunächst vor allem der Wasserverbindungen über die Elbe — auch ihre führende Position als Umschlagplatz für das mitteldeutsche Getreide, für Zucker und andere Waren ausbauen. Hinzu kam jedoch, daß die Stadt sich relativ schnell von einem Verwaltungs- und Handelszentrum zu einem Wirtschaftszentrum, d. h. zu einem Industriestandort entwickelte, der — wenigstens anfangs — auf das engste mit der Entwicklung in der Landwirtschaft der sie umgebenden Regionen verknüpft war. Dabei ist weniger an die landwirtschaftliche Produkte verarbeitende Industrie, etwa die Zuckerfabriken, Zichorienfabriken, Molkereien, Konservenfabriken und andere, gedacht — obwohl auch diese sich zunächst vor allem in und um Magdeburg konzentrierte —, sondern vielmehr an die metallverarbeitende Industrie, speziell den Maschinenbau.

Hatte schon die intensive Bodenkultur, insbesondere der Hackfruchtbau, den Bedarf an Kunstdünger wesentlich erhöht und damit sowohl die Einfuhr entsprechender Mineralien gefördert als auch zur Konjunktur des Kalibergbaus und der chemischen Industrie in den südöstlichen Randgebieten der Börde bzw. der Stadt Magdeburg beigetragen, so stimulierten die Landwirtschaft und die jetzt auch innerhalb der Dörfer immer stärker vorhandene und mit ihr verbundene verarbeitende Industrie, vor allem die Zuckerfabriken, in noch viel größerem Maße die Gründung und den Ausbau der Magdeburger Maschinenindustrie, die zunehmend die Versorgung mit landwirtschaftlichen Maschinen und industriellen Ausrüstungen übernahm. Gleichzeitig bewirkte der sprunghaft gestiegene Bedarf der Zuckerfabriken an Brennstoffen eine Ausweitung des ebenfalls am Südostrand der Börde gelegenen Braunkohlebergbaus. Auch die Baustoffindustrie (Ziegeleien, Kalkbrennereien u. a.) erlebte eine bisher nicht dagewesene Blüte.

Gewiß überflügelte die nicht agrarisch gebundene Industrieproduktion bald jene direkt auf die Bedürfnisse der Landwirtschaft bezogenen Zweige, doch blieben einige Betriebe weiterhin auf den ländlichen Abnehmerkreis orientiert und erlangten durch ihre Spezialisierung zum Teil sogar überregionale Bedeutung. Mindestens ebenso wichtig, wenn nicht sogar bedeutender, war jedoch die Tatsache, daß aus den anfangs nur wenige Arbeiter beschäftigenden Unternehmen (Schäffer & Budenberg z. B. hatte bei der Gründung 1850 nur drei, 1881 aber bereits über 800 Arbeiter) bald Großbetriebe mit mehreren Tausend Beschäftigten wurden.

Der gewaltige Aufschwung, den die Magdeburger Industrie im Untersuchungszeitraum nahm, führte nicht nur zu einer qualitativen Veränderung der Stadtstruktur, sondern war auch mit einer quantitativen Ausbreitung ihrer Fläche verbunden. Seit 1867 mehrfach vorgenommene Gebietserweiterungen durch Kauf von Ländereien, Eingemeindungen von Vorstädten und Dörfern, in denen innerhalb weniger Jahrzehnte große Komplexe von Mietskasernen entstanden und sich vor allem die riesigen Arbeitermassen niederließen, begleiteten die Entwicklung Magdeburgs zur Großstadt. Deutlichen Ausdruck findet das in der Entwicklung der Einwohnerzahlen: Den immerhin schon 104865 Personen im Jahre 1871 standen nur zehn Jahre später über 150000, nach der Eingemeindung von Neustadt (1886) und Buckau (1887) über 200000 und nach der Eingemeindung von Rothensee (1908) sowie Cracau, Fermersleben, Lemsdorf, Prester, Salbke und Westerhüsen (1910) schließlich 279629 Einwohner gegenüber.[1]

Der sich daraus ergebende, erheblich gestiegene Bedarf an Nahrungsgütern der Stadtbevölkerung wirkte nun seinerseits zurück auf die Landwirtschaft, beflügelte fraglos die schnelle Ausdehnung des Agrarmarktes und stimulierte gleichzeitig die Intensivierung der landwirtschaftlichen Produktion auch im Untersuchungsgebiet.

Eine notwendige Konsequenz zur Gewährleistung der steigenden Industrie- und Agrarproduktion waren der Ausbau des Verkehrsnetzes und die Schaffung weiterer Transportmittel. Neben der — vor allem für den Fernhandel bedeutenden — weiterhin auszubauenden Elbschiffahrt kam für die Verbindung zum Magdeburger Umland, speziell zur Magdeburger Börde, jetzt der Erweiterung und Verbesserung des Straßennetzes und noch mehr der Eisenbahnlinien besondere Bedeutung zu.

Zu den bereits vorhandenen Strecken Magdeburg—Schönebeck (1839) mit Fortsetzung nach Leipzig (1840), Magdeburg—Halberstadt (1843), Magdeburg—Potsdam (1846), Magdeburg—Wittenberge (1849) mit Anschluß nach Hamburg sowie der Strecke Schönebeck—Staßfurt (1857) kamen nach 1870 noch weitere Eisenbahnverbindungen hinzu: Magdeburg—Eilsleben—Helmstedt (1869/72), Barby—Calbe—Güsten (1870/71) als Teil der

[1] Piltz, 1954: 66.

Verbindung von Berlin nach Westen, Magdeburg—Oebisfelde (1872), Staßfurt—Blumenberg—Eilsleben (1881/83), Neuhaldensleben —Eilsleben (1886) und Schönebeck—Blumenberg (1897). Welche Rolle dabei wirtschaftliche Gesichtspunkte spielten, zeigt ganz deutlich die Linie Neuhaldensleben—Eilsleben, die eine ausgesprochene „Rübenbahn" war; nimmt sie doch nicht den kürzesten Weg, sondern berührt alle jene Orte, in denen damals eine Zuckerfabrik bestand.[2]

Besonders wichtig für den Transport landwirtschaftlicher Produkte waren die Chausseen, deren Ausbau in der Provinz Sachsen, als einem sich immer mehr ausweitenden Rübenbauzentrum, ungleich stärker erfolgte als im Durchschnitt des gesamten preußischen Staates. Die zwar durchaus beeindruckende Gesamtlänge der Chausseen in der Provinz Sachsen von 4767 km (1876), 6368 km (1891), 6673 km (1895) und 8585 km (1900) allein verdeutlicht dies allerdings weniger als die Dichte des Straßennetzes.

Tabelle 128

Dichte des Straßennetzes in Preußen und in der Provinz Sachsen 1876 bis 1900[3]

	1876	1891	1895	1900
	(in km auf 100 km²)			
Preußen	18,1	24,4	26,2	29,5
Provinz Sachsen	21,1	28,2	29,5	38,0

Innerhalb der Provinz Sachsen wiederum bildete die Magdeburger Börde erneut ein Gebiet überdurchschnittlicher Dichte des Straßennetzes. Für das Jahr 1899 ergibt sich folgendes Bild:

Tabelle 129

Absolute Länge der Chauseen der vier an der Börde Anteil habenden Kreise im Jahre 1899 (in km)[4]

Kreis	Gesamt	Provinzial-Chausseen	Kreis-Chausseen	Kommunal-Chausseen
Neuhaldensleben	233,10	30,50	?	202,60
Wanzleben	232,68	61,50	166,38	4,80
Calbe	198,80	26,40	172,40	?
Wolmirstedt	168,00	?	?	?

Auch hierbei soll eine weitere Darstellung der diesen Werten allerdings nicht voll entsprechenden Ermittlung von Gutknecht über die Straßendichte folgen. (Siehe Tabelle 130.)

Divergieren auch die Werte in den Tabellen 128 und 130 zum Teil erheblich, so wird doch deutlich, daß die Magdeburger Börde — und dabei vor allem der fast vollständig zu ihr gehörende Kreis Wanzleben — zu den straßenmäßig besonders gut erschlossenen Gebieten gehörte, gegenüber der Provinz Ostpreußen sogar fast die dreifache Dichte aufwies.

[2] Kretzschmar, 1926: I, 144; vgl. auch Abb. 31.

[3] Müller, 1912.

[4] Handbuch des Grundbesitzes, 1899: 135, 166, 221, 234.

Tabelle 130

Dichte des Straßennetzes in Preußen, den Provinzen Sachsen und Ostpreußen 1895 und 1900 sowie in drei Bördekreisen 1895[5]

	1895	1900
	in km auf 100 km²	
Preußen	24,5	27,0
Provinz Sachsen	26,4	34,0
Provinz Ostpreußen	15,6	17,0
Kreis Wolmirstedt	24,7	
Kreis Neuhaldensleben	34,9	
Kreis Wanzleben	43,0	

Wie schon erwähnt, war für den Magdeburger Fernhandel mit Gütern aller Art, besonders aber mit Getreide, Zucker, Kohle und Kali, die Elbschiffahrt von überragender Bedeutung. Bereits frühzeitig hatten sich hier daher kapitalistische Transportunternehmen gebildet. So entstand im Jahre 1837 die „Hamburg-Magdeburger Dampfschiffahrts-Compagnie", die bereits 1841 etwa 18000 Personen und 6150 t Frachtgut, 1845 sogar 26000 Personen und 15000 t Frachtgut beförderte.[6] Auch der mit der Elbschiffahrt in unmittelbarer Verbindung stehende Gütertransport auf der Saale hatte zu Beginn des letzten Drittels des 19. Jh. bereits einen beachtlichen Umfang erreicht. Nach den Listen des Schleusenamtes Calbe passierten allein im Jahre 1871 genau 2632 Kähne die Saale, davon 1842 beladene und 790 leere.[7]

In den folgenden Jahren der vollen Blüte des Kapitalismus der freien Konkurrenz und des beginnenden Übergangs zum Monopolkapitalismus erweiterte sich der Umfang der Elbschiffahrt um ein Vielfaches, was sich auch in der Gründung weiterer Schiffahrtsgesellschaften ausdrückte. Der durchaus nicht zufällig gerade zwischen Neustadt und Buckau erstmals in Deutschland im Jahre 1866 erprobte Kettenschiffahrtsbetrieb gewann rasch an Bedeutung und trug nicht unwesentlich zur Steigerung des Warenumschlages bei. So beförderte das 1869 gegründete Schönebecker „Speditions- und Elbschiffahrts-Kontor" schon 1872 rund 1,5 Millionen Zentner und steigerte bis 1913 seine Fracht auf 19 Millionen Zentner.[8] Die seit 1874 bestehende „Kettenschleppschiffahrts-Gesellschaft der Oberelbe", die den Strom von Böhmen bis Magdeburg beherrschte, vereinigte sich 1881 mit weiteren Magdeburger Unternehmen zur „Kette Deutsche Elbschiffahrtsgesellschaft". Sie besaß im Jahre 1884 insgesamt 27 Ketten-Dampfschiffe, 12 Raddampfer, 8 Eilgutdampfer, 2 Personendampfer, 103 Frachtschiffe, 39 Leichterschiffe, 6 Materialschiffe und einen schwimmenden Dampfkran. Nach der gleichen zeitgenössischen Quelle[9] habe sie in „mittelguten Jahren" von Magdeburg nach Hamburg und Zwischenstationen etwa 7,5 Millionen und zurück etwa 7 Millionen Zentner Güter befördert. Von Dresden nach Magdeburg seien jährlich etwa 7 Millionen und in entgegengesetzter Richtung etwa 3 Millionen Zentner Güter „vermittelt" worden.

[5] Gutknecht, 1907: 35.
[6] Kretzschmar, 1926: I, 140 und 144.
[7] Blätter für Handel, 1873: 200; vgl. Anlage Nr. 14.
[8] Kretzschmar, 1926: I, 168.
[9] Rosenthal, 1884: 80.

Um in dem auch in dieser Branche erbittert geführten Konkurrenzkampf besser bestehen zu können, schlossen sich die meisten Einzelschiffer 1894 in der „Dampfschiffahrtsgesellschaft Vereinigte Elb- und Saaleschiffer“ und in der „Dampfschiffahrts-Aktiengesellschaft Elbe“ zusammen. Auch hier machte die Monopolisierung rasche Fortschritte. Schon 1903 bildeten „Kette“ und „Vereinigte Elb- und Saaleschiffer“ ein neues Aktienunternehmen, die „Vereinigten Elbschiffahrtsgesellschaften“, die 1907 noch die „Elbe“ aufkauften. Damit war die „Vereinigte“ nach der Hamburg-Amerika-Linie und dem Norddeutschen Lloyd das an Zahl der Schiffe reichste und kapitalkräftigste Unternehmen dieser Art mit einem Gütertransport von 10908041 t im Jahre 1909.[10]

Der gesteigerte Warenverkehr machte auch neue Hafenanlagen erforderlich, und so entstanden von 1888 bis 1893 der Handelshafen und von 1908 bis 1911 der Industriehafen Magdeburgs.[11] Gleichfalls erhielten u. a. Barby und Schönebeck entsprechende Anlagen.[12] Die Eisenbahn legte im Norden und Süden der Stadt Magdeburg große Verschiebebahnhöfe an.[13]

Der nach der ersten Welle in den dreißiger und vierziger Jahren des 19. Jh. geradezu als zweite Welle zu bezeichnende Ausbau des Verkehrsnetzes gegen Ende des Jahrhunderts war Ausdruck und Bestandteil der sich vollziehenden Wandlungen im Wirtschaftsleben dieser Zeit und dieses Raumes. Magdeburg war zu einem industriellen Ballungszentrum geworden. Der Maschinenbau hatte um die Jahrhundertwende die Zuckerindustrie von ihrer bis dahin führenden Position verdrängt.[14] Die Orientierung auf die Bedürfnisse der Stadt Magdeburg und damit des Marktes schlechthin hatte eine neue Stufe erreicht. Das Umland wurde zunehmend in die Entwicklung der Stadt einbezogen. Sei es die Spezialisierung etlicher stadtnaher Gemeinden auf den Anbau von Sonderkulturen, sei es die Herausbildung und Ausweitung von Vorortgemeinden mit überwiegend proletarischer Bevölkerung, sogenannte Pendlergemeinden, oder sei es die Landflucht, d. h. die Abwanderung ursprünglich in der Landwirtschaft tätiger Arbeitskräfte in industrielle oder gewerbliche Berufe, die allerdings durchaus nicht immer mit der Übersiedlung in die Stadt gekoppelt sein muß,[15] stets stellten die städtischen Entwicklungstendenzen eine wesentliche Triebkraft dar. Andererseits führte die immer enger werdende Verflechtung von Stadt und Land, die sich ja nicht nur auf die Lieferung agrarischer Produkte und den Bezug landwirtschaftlicher Maschinen und Ausrüstungen, künstlichen Düngers und ähnlicher Erzeugnisse beschränkte, zu einer Urbanisierung auch der stadtfernen, noch weitgehend von der Landwirtschaft geprägten Gemeinden. Rein äußerlich widerspiegelt sich dieser Prozeß allein schon in der Übernahme städtischer Architekturformen und -elemente in das ländliche Baugeschehen,[16] in der Verwendung entsprechender Möbel, Kleidung usw.; im weiteren Sinne wird er jedoch auch — unterstützt durch die verbesserten Kommunikationsmöglichkeiten — in der Übernahme bzw. Ausbildung neuer Verhaltensformen, eines erweiterten Welt- und Menschenbildes und nicht zuletzt in der Entwicklung eines politischen Bewußtseins deutlich.

[10] Piltz, 1954: 64 und 65.
[11] Blume, 1939: 43.
[12] Kretzschmar, 1926: I, 168.
[13] Blume, 1939: 43.
[14] Zander, 1934: 145.
[15] Vgl. dazu Quante, 1933.
[16] Vgl. dazu Rach, 1974.

2. Die Verflechtung landwirtschaftlicher Betriebe mit der Industrie und mit Banken

Bevor wir uns nun den Veränderungen in der Landwirtschaft der Magdeburger Börde in einigen ihrer wesentlichen Elemente zuwenden, sei zunächst noch einmal daran erinnert, daß sich hier bereits um die Mitte des 19. Jh. die agrarkapitalistischen Produktionsverhältnisse weitgehend herausgebildet hatten, wobei auf Grund verschiedener Ursachen[17] die Groß- und Mittelbauern den weitaus größten Anteil an der landwirtschaftlichen Nutzfläche besaßen. Erst dann folgte der Großgrundbesitz und mit Abstand der Kleinbesitz. In Anbetracht dieses Umstandes und der Tatsache, daß die für den Kapitalismus der freien Konkurrenz typischen Wesensmerkmale zu Beginn der siebziger Jahre bereits rund 20 Jahre wirksam gewesen waren, gilt es, die im Zusammenhang mit dem allgemeinen Aufschwung der deutschen Wirtschaft nach 1870/71 auch in der Börde entstandenen Bedingungen, die zum Übergang in die zweite Etappe der kapitalistischen Intensivierung und den damit verbundenen Veränderungen in der sozialökonomischen Struktur führten, zu untersuchen.

Als erster Komplex sei die zunehmende Verflechtung von Landwirtschaft und Industrie bzw. Banken herausgegriffen, die im Untersuchungsgebiet allerdings bereits in den sechziger Jahren einen erheblichen Umfang angenommen hatte. So sei nur darauf verwiesen, daß das Rittergut in Bahrendorf bereits seit der Mitte des 19. Jh. einem Magdeburger Kaufmann gehörte, der dort 1856 auch eine Zuckerfabrik gegründet hatte, daß die Zuckerfabrik in Welsleben im Jahre 1864 von der Firma Fischer, Plümecke & Co. errichtet wurde,[18] daß die Zuckerfabrik in Irxleben 1865 im Besitz der „Weimarschen Bank" war[19] usw. Zu einem bestimmenden Wesenszug wird diese Verflechtung jedoch erst im letzten Viertel des 19. Jh., wobei den Zuckerfabriken in diesem Prozeß eine besondere Funktion zukommt.

Sie erforderten weit größere Kapitalinvestitionen als die Landwirtschaft, waren jedoch auch meistens profitabler als jene, so daß es nicht verwundert, daß gerade hier neben den dörflichen Kapitalgebern häufig auch städtische Aktionäre in Erscheinung traten. Das in den Zuckerfabriken konzentrierte Kapital drängte unaufhaltsam auf Produktions- und damit Profitsteigerung und stimulierte so auf verschiedenste Weise die u. a. dafür erforderliche Konzentration des Grund und Bodens. Am sinnfälligsten werden diese beiden Entwicklungstrends, die Verflechtung von Industrie und Landwirtschaft und die Konzentration des immer noch wichtigsten landwirtschaftlichen Produktionsmittels, des Ackerlandes, in der Herausbildung und Ausweitung der sogenannten Fabrikwirtschaften sichtbar. Sie stellten, wie selbst bürgerliche Wissenschaftler richtig erkannten, durch die innige Verbindung von agrarischer Produktion und industrieller Verwertung die damals „höchste Intensitätsstufe landwirtschaftlicher Bodenkultur überhaupt"[20] dar.

Obwohl durchaus zu unterscheiden ist, ob die Zuckerfabriken das Land direkt aufkauften und selbst bearbeiten ließen oder ob die Aktionäre das Land „einbrachten" und dementsprechend am Gewinn partizipierten oder ob das Land nur gepachtet war, der Zweck, die Konzentration des Bodens und die Integration in die Fabrikwirtschaft, war in jedem Falle erreicht. Um das Ausmaß zu verdeutlichen, seien bereits hier zwei Beispiele aus der in der Anlage Nr. 15 gebrachten Aufstellung genannt. So bewirtschaftete die Zuckerfabrik

[17] Vgl. dazu den Beitrag Plaul in diesem Halbband.
[18] Baensch, 1928: 43.
[19] Handbuch ... Provinz Sachsen, o. J. (1865): 43.
[20] Müller, 1912.

Jenrich, Druckenbrodt & Co. in Ackendorf im Jahre 1890 lediglich etwa 75 Hektar, im Jahre 1899 aber bereits rund 880 und 1913 sogar etwa 1000 Hektar selbst, davon waren im letztgenannten Jahr etwa 800 Hektar Pachtland. Eine Spitzenposition nahm die Zuckerfabrik Rabbethge & Giesecke in Klein Wanzleben ein, die ihre Eigenwirtschaft von etwa 270 Hektar (1890) auf fast 2900 Hektar im Jahre 1913 (davon über 2000 Hektar Pachtland) ausdehnen konnte.[21]

Neben der zum Teil rapiden Zunahme der von den Fabriken in eigener Regie bewirtschafteten Ackerflächen fällt bei Analyse der erwähnten Aufstellung ferner auf, daß sich im Laufe der Zeit der Anteil der Eigenländereien auf Kosten des Pachtackers ganz wesentlich erhöhte. Zur Sicherung des Bedarfs an Zuckerrüben, der sich durch die Verbesserung, Modernisierung und Erweiterung in den führenden Fabriken ständig erhöht hatte, bemühte man sich aber nicht nur um den Kauf und die Pachtung von Land, sondern schloß auch Verträge über die Lieferung von Kaufrüben mit entsprechenden landwirtschaftlichen Betrieben in den verschiedensten Orten ab. Diese konnten teilweise sogar recht entfernt liegen, wie aus einer Mitteilung des „Amtlichen Wanzleber Kreisblattes"[22] hervorgeht, wonach die Zuckerfabrik in Wolmirstedt solche Verträge mit Landwirten aus der Altmark geschlossen hat.

Als typisches Beispiel für die Konzentration von Boden und Kapital kann die Zuckerfabrik in Klein Wanzleben gelten.[23] 1836 von 19 Landwirten als Aktiengesellschaft gegründet (Inbetriebnahme 1838) und damals mit einem Kapital von rund 15000 Taler ausgestattet, kann man im Jahre 1864 bereits auf etwa 74000 Taler und 1910 gar auf 4600000 Reichsmark Aktienkapital verweisen. Der Bruttogewinn betrug damals etwa 2 Millionen Reichsmark, die Dividende etwa zwölf Prozent.[24] Doch auch in anderen Orten der Börde kam es durch die Bildung von Aktiengesellschaften zu einer charakteristischen Kapitalanhäufung. So waren an der Zuckerfabrik Nordgermersleben 15 Gutsbesitzer und Landwirte aus fünf Orten (Nordgermersleben, Alvensleben, Erxleben, Dönstedt und Groppendorf) und an der Zuckerfabrik Eilsleben 56 Landwirte aus zwölf Orten (Belsdorf, Drackenstedt, Dreileben, Druxberge, Eilsleben, Hakenstedt, Seehausen, Siegersleben, Ummendorf, Völpke, Wefensleben und Wormsdorf) mit einem Grundkapital von 400000 Mark (500 Aktien zu je 800 Mark) beteiligt. Die Gründung der Zuckerfabrik Schackensleben erfolgte durch Landwirte aus sieben Dörfern mit 371 Aktien je 1500 Mark.[25] Auch die finanzielle Verflechtung zwischen Stadt und Land zeigt sich am deutlichsten in der Zuckerindustrie. Als Beispiel sei wiederum die Fabrik Rabbethge & Giesecke in Klein Wanzleben genannt. Dort floß etwa ab 1885 zunehmend Handelskapital in die Firma ein, und das Bankhaus M. Davidson, die spätere Hildesheimer Bank, „gewinnt durch Gewährung hoher Anleihen Einfluß auf die Geschäftsführung".[26] Das „Amtliche Wanzleber Kreisblatt"[27] berichtet in diesem Zusammenhang von einer Anleihe in Höhe von 1 Million Mark.

Trotz des insgesamt gesehen großen wirtschaftlichen Aufschwungs in der Periode nach 1870 verlief die Entwicklung sehr widersprüchlich. Die langfristige Agrarkrise von 1873

[21] Handbuch des Grundbesitzes ..., 1899 und 1913.

[22] Amtliches Wanzleber Kreisblatt, 1880: Nr. 66.

[23] Vgl. den Beitrag Diestel/Müller im 2. Halbband.

[24] Nowak, 1957: 5,

[25] Füllner, 1929. Vgl. auch Anlage Nr. 16.

[26] Nowak, 1957: 5.

[27] Amtliches Wanzleber Kreisblatt, 1885: Nr. 110.

bis 1893, die mehrere Tiefpunkte hatte, wirkte sich auch in der Börde und auf ihre Bewohner aus. Ein erster Tiefpunkt zeigte sich bereits 1873 in Verbindung mit dem sogenannten Gründerkrach, und ein weiterer folgte in den Jahren 1882/83 mit einem Preissturz für Roggen und Weizen.[28] Die größten Auswirkungen allerdings hatte der dritte Tiefpunkt der letzten Krise im vormonopolistischen Deutschland 1891/93, der sich für die Börde bereits 1884/85 mit dem Sturz der Zuckerpreise von 26 auf 19 Mark pro Zentner ankündigte. Durch die Zahlungsunfähigkeit verschiedener Zuckerhandelsfirmen verloren die Zuckerfabriken große Summen, so die Zuckerfabrik Eilsleben 54000 Mark.[29] Je nach Wirtschaftsstärke überstanden die Fabriken den Preisverfall mehr oder weniger gut. Eine ganze Reihe von Fabriken mußte ihren Betrieb einstellen, teils unmittelbar in Zusammenhang mit der Zuckerkrise, teils in den darauffolgenden Krisenjahren. Dazu gehörten 1885 Schermke, 1886 Unseburg, 1894 Sülldorf, Etgersleben und Calbe, 1895 Staßfurt und Langenweddingen, schließlich auch die Fabriken Bleckendorf und Egeln.[30] Einzelne Fabriken wie Marienstuhl (zu Egeln gehörig) und Klein Wanzleben sanierten sich durch ihre Umwandlung in eine Aktiengesellschaft.

Die vielfach plötzlich eintretende Schließung der Fabriken führte nicht nur zu Entlassungen und damit zu Lohnausfall und zur Verschlechterung der Lebensbedingungen bei den Zuckerfabrikarbeitern, auch die Landarbeiter, die Halbproletarier und selbst die Bauern — besonders, wenn sie ihre Zuckerrüben als „Kaufrüben" den Fabriken anbieten wollten — mußten Verluste hinnehmen, die manchmal bis zur Existenzgefährdung führten und den Konzentrationsprozeß auch des Grund und Bodens förderten.

Auch nach der Jahrhundertwende setzte sich der Konzentrationsprozeß — verstärkt natürlich in Folge weiterer Krisen — fort. So wurden im Ergebnis der Krisenjahre 1900/03 und des folgenden harten Konkurrenzkampfes weitere Fabriken, z. B. in Domersleben (1905)[31] und Meitzendorf (zwischen 1905 und 1910), stillgelegt. Ermöglicht wurde der zahlenmäßige Rückgang der Fabriken zudem durch die gestiegene Produktivität der Anlagen,[32] unterstützt durch den anwachsenden Zuckergehalt der Rüben, der allein zwischen 1888 und 1913 von 15 Prozent auf 18 bis 19 Prozent stieg.[33] Zum anderen wurde die „Existenz so vieler Fabriken auf verhältnismäßig engem Raum wegen des erhöhten Rübenbedarfs schwierig",[34] zumal die Überproduktion des Jahres 1905/06 gedrückte Zuckerpreise nach sich zog und sich der Anbau zugunsten des Getreidebaues verschob.[35] Dennoch waren 1907 noch etwa ein Sechstel der gesamten Ackerfläche mit Rüben bebaut.[36] Neben allgemeinen wirtschaftlichen Schwierigkeiten kam es ferner zu Rückschlägen durch Mißernten infolge ungünstiger Witterung sowie durch Zunahme der „Rübenmüdigkeit" des Bodens. Ein krasses Beispiel bot das Jahr 1911, in dem in der Provinz Sachsen durchschnittlich nur 110 dz pro Hektar gegenüber 300 dz Rüben in guten Jahren geerntet werden konnten.[37] Völlig akut wurden alle vorangegangenen Krisenerscheinungen mit dem Ausbruch

[28] Deutsche Geschichte, 1967: 479.
[29] Füllner, 1929.
[30] Jahresbericht der Handelskammer, 1898: 64—65.
[31] Bandoly, 1970: 39.
[32] Vgl. den Beitrag Müller im 2. Halbband.
[33] Steinbrück, 1913: 33.
[34] Blume, 1908: 23—24.
[35] Schotte, 1932.
[36] Blume, 1908: 23—24.
[37] Schotte, 1932.

des ersten Weltkrieges. Besonders der Zuckermarkt im Welt- als auch Binnenhandel geriet aus dem Gleichgewicht. Durch Abschließung Deutschlands nach außen hin entfielen wichtige Zuckerabnehmer wie Großbritannien, das vor 1914 allein etwa vier Fünftel der deutschen Zuckerproduktion abgenommen hatte. Dem anfänglichen Zuckerüberfluß folgte durch verschiedene Maßnahmen und Umstände wie Einschränkung des Zuckerrübenanbaues, Mangel an tierischen und menschlichen Arbeitskräften sowie an Transportmitteln bald eine große Knappheit.[38]

3. Der Einfluß der zunehmenden Monopolisierung auf die Landwirtschaft

Die zunehmende Monopolisierung der Wirtschaft übte auch auf die kapitalistische Landwirtschaft ihren Einfluß aus. Kennzeichnend für diese Phase ist eine weitere Konzentration des Kapitals, ein höherer Grad der Intensivierung der Wirtschaften und des Anteils der Lohnarbeit. Leider geben die landwirtschaftlichen Statistiken der fraglichen Zeit meist nur über Zahl und Größe der landwirtschaftlichen Betriebe Auskunft, nur selten aber über deren Investitionen, die über den sozialen Differenzierungsprozeß innerhalb der Grundeigentümer besonders gute Rückschlüsse ermöglichen würden.[39] Daß die Intensivierung der Landwirtschaft in der Börde einen sehr hohen Grad erreicht hatte, steht außer Frage. SCHOTTE[40] gibt für 1913/14 das auf den Hektar landwirtschaftlicher Nutzfläche entfallende umlaufende Betriebskapital mit durchschnittlich 1014 Mark an. Die Intensität der Wirtschaften widerspiegelt sich auch in der Höhe der Grundsteuerreinerträge, die z. B. 1910 in den Landgemeinden der Bördekreise durchschnittlich zwischen 33,97 Mark und 60,11 Mark pro Hektar lagen gegenüber einem durchschnittlichen Ertrag in der Provinz Sachsen von 24,11 Mark pro Hektar, der wiederum gegenüber allen anderen Provinzen des Deutschen Reiches an erster Stelle stand.

Tabelle 131

Durchschnittliche Grundsteuerreinerträge in den Kreisen des Bördegebietes im Jahre 1910[41]
(in Mark pro Hektar)

	Städte	Landgemeinden	Gutsbezirke
Stadtkreis Magdeburg	61,86	—	—
Kreis Calbe	50,34	51,69	41,00
Kreis Neuhaldensleben	8,23	37,27	23,19
Kreis Oschersleben	49,88	47,27	39,39
Kreis Wanzleben	50,01	60,11	45,77
Kreis Wolmirstedt	36,59	33,97	15,32

[38] SCHOTTE, 1932.

[39] Dennoch bieten die Agrarstatistiken wichtige Hinweise für den Konzentrations- und Differenzierungsprozeß, wie die Arbeiten von BERTHOLD beweisen. Vgl. BERTHOLD, 1974a und 1974b, und seinen Beitrag im 2. Halbband.

[40] SCHOTTE, 1932.

[41] Handbuch des Grundbesitzes, 1913.

ZIEGENHAGEN konnte nachweisen, daß die Provinz Sachsen durch den zunehmenden Einsatz von Maschinen, den vermehrten Gebrauch von Kunstdünger, die Anwendung neuer Anbau- und sonstiger Produktionsmethoden usw. bei der im letzten Viertel des 19. Jh. sprunghaft ansteigenden Intensivierung und Mechanisierung der Landwirtschaft eine Spitzenposition innehatte[42] und daran der Regierungsbezirk Magdeburg am stärksten beteiligt war. Von diesem nun wiederum wissen wir, daß dort die zur Magdeburger Börde gehörenden Kreise mit Abstand in Front lagen. Der steigende Anteil konstanten Kapitals, der sich ganz augenscheinlich im Besitz von Maschinen, z. B. Dampfpflügen, Sä-, Mäh- und Dreschmaschinen, ausdrückt, ist eindeutig neben den Gutswirtschaften auch in jenen bäuerlichen Wirtschaften mit 5 bis 100 Hektar nachweisbar, was als sicheres Indiz dafür gelten kann, daß sie sich in kapitalistische Wirtschaften verwandelt hatten.[43]

Dem kapitalistischen Differenzierungsprozeß vollkommen gesetzmäßig folgend, finden wir in dieser Zeit auch eine Zunahme bei den Zwerg- und bei den Großwirtschaften. Nachfolgende Tabelle zeigt, daß in allen Kreisen der Börde der großbäuerliche Besitz sowohl an Zahl als auch an Umfang zunimmt, während bei den von Halbproletariern betriebenen Zwergwirtschaften (bis 2 Hektar) trotz z. T. erheblicher Zunahme der Zahl eine Verringerung der Gesamtfläche festzustellen ist. Interessant ist ferner, daß auch bei den Gütern trotz zahlenmäßiger Zunahme sich die von ihnen bewirtschaftete Fläche verringerte. Ebenfalls charakteristisch für den Differenzierungsprozeß ist die Abnahme der Zahl der kleinbäuerlichen Betriebe, während die mittelbäuerlichen in den einzelnen Kreisen unterschiedliche Entwicklungen aufwiesen. Generell gilt jedoch, daß sich für die Börde bestätigt, was ZIEGENHAGEN für die gesamte Provinz Sachsen feststellen konnte: Zunahme der Parzellierung auf Kosten der kleinbäuerlichen Betriebe einerseits und Vergrößerung der rein kapitalistischen Unternehmen andererseits,[44] obwohl seit der Jahrhundertwende gerade die Großbetriebe vielfach als Landverpächter auftraten, z. T. um der Abwanderung der Arbeitskräfte entgegenzuwirken.

Tabelle 132

Entwicklung der landwirtschaftlichen Betriebsgrößen in den vier Bördekreisen 1882 bis 1907[45]

A. Zahl der landwirtschaftlichen Betriebe und prozentuale Zu- oder Abnahme

Kreis	bis 2 ha			2–5 ha		
	1882	1895	1907	1882	1895	1907
Calbe	8045	8789	8579 +6,6	793	724	523 −34,0
Wanzleben	9427	10361	11450 +21,5	808	705	564 −30,2
Wolmirstedt	6980	7109	7321 +4,9	879	777	717 −18,4
Neuhaldensleben	7077	7736	8719 +23,2	709	675	585 −17,5

[42] ZIEGENHAGEN, 1965: 30ff.
[43] ZIEGENHAGEN, 1965: 42.
[44] ZIEGENHAGEN, 1965: 151–152.
[45] Nach MENDELSON, 1913.

Tabelle 132 A. (Fortsetzung)

Kreis	5–20 ha			20–100 ha		
	1882	1895	1907	1882	1895	1907
Calbe	784	847	879 +12,1	239	260	239 0,0
Wanzleben	687	677	675 −1,7	141	185	184 +30,5
Wolmirstedt	866	899	906 +4,6	345	379	370 +7,2
Neuhaldensleben	823	725	672 −18,4	354	364	365 +3,1

Kreis	über 100 ha		
	1882	1895	1907
Calbe	32	28	36 +12,5
Wanzleben	55	55	58 +5,5
Wolmirstedt	38	40	45 +18,4
Neuhaldensleben	52	58	71 +36,5

B. Fläche der landwirtschaftlichen Betriebe und prozentuale Zu- oder Abnahme

Kreis	bis 2 ha			2–5 ha		
	1882	1895	1907	1882	1895	1907
Calbe	3807	3990	3668 −3,7	2487	2274	1676 −32,6
Wanzleben	4539	4596	4274 −5,8	2612	2250	1800 −31,1
Wolmirstedt	4055	4017	3928 −3,1	3797	2444	2337 −38,5
Neuhaldensleben	3341	3368	3376 −1,0	2298	2212	1967 −14,4

Tabelle 132 B. (Fortsetzung)

Kreis	5–20 ha			20–100 ha		
	1882	1895	1907	1882	1895	1907
Calbe	7957	7962	8762 +10,1	8567	9897	9405 +9,8
Wanzleben	6529	6600	7784 +19,2	5105	7556	8645 +69,3
Wolmirstedt	11421	9323	9327 −18,3	11138	13603	13625 +22,3
Neuhaldensleben	8647	7727	7060 −18,4	13024	14368	18944 +45,5

Kreis	über 100 ha		
	1882	1895	1907
Calbe	19739	18226	18037 −8,6
Wanzleben	35025	29410	28044 −19,9
Wolmirstedt	14221	13649	13049 −8,2
Neuhaldensleben	19075	19859	19577 +2,6

Der seit dem letzten Viertel des 19. Jh. zunehmende Umfang des Pachtwesens hat jedoch mehrere Ursachen. Eine ist das Bestreben, durch Vergrößerung der bebauten Nutzfläche ihre Betriebe rentabler zu machen, die Profite zu steigern. Eine andere ergab sich aus der Not der Proletarier. Diese sahen sich gezwungen, durch Pacht von etwas Land billigere Nahrungsmittel zu gewinnen, ihre Existenz sichern zu helfen. Ein dritter Anstoß mag das Bemühen der agrarischen Großbetriebe gewesen sein, die aus der Landwirtschaft fliehenden Arbeitskräfte doch noch auf diese Weise an das Dorf zu binden. Tatsächlich ist das Pachtland wie folgt verteilt gewesen:

Tabelle 133
Pachtflächen in der Provinz Sachsen 1882 und 1895[46]

Größenklassen ha	1882		1895	
	ha	Prozent	ha	Prozent
0–2	47923	11,19	49376	11,35
2–5	29696	6,93	33301	7,66
5–20	58486	13,66	71432	16,42
20–100	46795	10,93	53215	12,24
über 100	245383	57,29	227585	52,33
Zusammen:	428283	100,00	434909	100,00

[46] Ziegenhagen, 1965: 165.

Auffallend ist der große Anteil der Güter und der Parzellenbesitzer, der sich im Regierungsbezirk Magdeburg von 1895 bis 1907 noch vergrößerte. E. MÜLLER gab dafür folgende Werte:

Tabelle 134

Anteil der Pachtfläche an der Gesamtwirtschaftsfläche bei den einzelnen Betriebsgruppen des Regierungsbezirkes Magdeburg im Jahre 1907[46a]

ha	Prozent
0–2	44,48
2–5	26,71
5–20	19,69
20–100	6,29
über 100	36,85

In absoluten Werten ergeben sich als in Parzellen verpachtete Flächen:

Tabelle 135

Umfang der Parzellen-Pachtflächen im Jahre 1906[47]

Kreis	Fläche (in ha)
Calbe	1572
Wanzleben	592
Wolmirstedt	153
Zusammen:	2317

Der bedeutende Umfang im Kreis Calbe ist fraglos ein Merkmal für die starke Industrialisierung dieses Raumes, in dem die kapitalistischen Wirtschaften eben gezwungen waren, durch „Seßhaftmachung" ihre Arbeitskräfte zu sichern. Auch dann, wenn der Mann dieser Proletarierfamilien als „Pendler" in die Stadt fuhr, war es von Nutzen, da zumeist die Frau im Ort und dort vor allem in der Landwirtschaft tätig blieb.

Das gegen Ende des 19. Jh. immer häufiger auftretende Verpachten ganzer Bauernwirtschaften (zumeist an Zuckerfabriken) führte zur Herausbildung einer zwar nicht sehr

Tabelle 136

Anzahl und Größe der verpachteten Wirtschaften 1899 bis 1913[48]

Kreis	1899		1906		1913	
	Anzahl	ha	Anzahl	ha	Anzahl	ha
Calbe	4	473,89	28	2006	14	624,4
Neuhaldensleben	5	436,86	1	50	12	736,5
Wanzleben	2	195,10	2	677	3	?
Wolmirstedt	23	1335,72	31	1198	20	1297,6

[46a] MÜLLER, 1912: 31.

[47] NIEKAMMER, 1906.

[48] Handbuch des Grundbesitzes, 1899, 1913.

großen, aber doch typischen Schicht, der Rentiers, die z. T. weiterhin im Dorf, z. T. auch in der Stadt vom Pachtgeld lebten. Immerhin betrug um 1900 der Pachtpreis bereits 60 Mark und mehr pro Morgen. Übrigens war auch der Kaufpreis von etwa 600 Mark im Jahre 1860 auf 1500 bis 1800 Mark je Morgen im Jahre 1900 gestiegen.[49]

4. Die Arbeitskräftesituation

Seit dem letzten Viertel des 19. Jh. ergaben sich einschneidende Veränderungen auch hinsichtlich der Arbeitskräftesituation in der Landwirtschaft. So fällt zunächst auf, daß die Zahl der in den agrarischen Betrieben Beschäftigten relativ und absolut abnahm. Waren z. B. im Jahre 1882 noch 367,88 von 1000 Personen des Regierungsbezirkes Magdeburg in der Landwirtschaft tätig, so sind es im Jahre 1907 nur noch 266,13, beim Gesinde sank der Anteil sogar von 11,58 auf 3,55. Allerdings gilt es zu bedenken, daß der Anteil der „Kleinstbetriebe", in der die Landwirtschaft gewöhnlich aber nur als Nebengewerbe betrieben wird, im gleichen Zeitraum von 87,08 auf 118,70 je 1000 Personen stieg.[50]

Auch absolut sollen seit den achtziger Jahren des 19. Jh. immer weniger einheimische Landarbeiter je 100 Hektar landwirtschaftlicher Nutzfläche tätig gewesen sein. Von 1895 bis 1907 werden folgende Werte genannt:

Tabelle 137

Anzahl einheimischer Landarbeiter 1895 und 1907 (Deputatarbeiter, Knechte, Mägde usw.) je 100 Hektar LN[51]

	1895	1907	Rückgang (in Prozent)
Preußen	10,6	9,7	8,5
Provinz Sachsen	13,1	10,8	17,6
Regierungsbezirk Magdeburg	14,5	11,6	20,0

Daraus kann jedoch nicht abgeleitet werden, daß der Arbeitskräftebedarf gesunken sei. Schließlich war mit dem Übergang von der Dreifelderwirtschaft zur Fruchtwechselwirtschaft z. B. bei einer 60-Hektar-Wirtschaft der Arbeitsaufwand von 712 auf 3159 Arbeitstage (davon allein 2608 gegenüber 262 im Sommer) gestiegen. Ein Teil der Stunden konnte durch die Mechanisierung und die gestiegene Arbeitsintensität aufgefangen werden, die Mehrzahl wurde jedoch durch die jetzt immer zahlreicher beschäftigten, zumeist aus den preußischen Ostprovinzen, zum Teil sogar aus dem Ausland kommenden Saisonarbeiter übernommen. Auffallend ist ferner, daß die mithelfenden Familienangehörigen einen bedeutenden Anteil der in der Landwirtschaft Tätigen, in der Provinz Sachsen waren es 1907 immerhin etwa 32 Prozent,[52] bildeten.

So interessant diese Werte sind, sie befriedigen nicht. Wichtiger wären differenzierte Angaben zu den einzelnen Betriebsgrößen. Dann würde sich nämlich zeigen, daß in den agrarkapitalistischen Großbetrieben zwar eine Konzentration der Arbeitskräfte stattfand,

[49] Diese Werte gibt Klötzscher, 1900, an.
[50] Müller, 1912.
[51] Müller, 1912.
[52] Schotte, 1932.

daß der Arbeitskräftebesatz aber in bezug auf 100 Hektar weit niedriger als etwa in mittel- und kleinbäuerlichen Betrieben gewesen ist. Die rationellere Ausnutzung der Arbeitskräfte im Großbetrieb führte dementsprechend zu höheren Profiten. Ohne Frage ist auch der Anteil der mitarbeitenden Frauen und Kinder bei den einzelnen Betriebsgrößen unterschiedlich. Immerhin leisteten sie im Jahre 1901 in der Provinz Sachsen im Durchschnitt 53,4 Prozent der anfallenden Arbeiten.[53]

Speziell für die Börde-Kreise kann ein ähnlicher Rückgang der in der Landwirtschaft tätigen einheimischen Bevölkerung nachgewiesen werden wie für die gesamte Provinz, in der sich die Zahl von 878488 (1882) auf 819034 (1907) verringerte.[54] Im gleichen Zeitraum sank der Anteil in den Kreisen

Calbe	von 28 auf 20,
Wolmirstedt	von 53 auf 43,
Neuhaldensleben	von 47 auf 36,
Wanzleben	von 46 auf 33 Prozent[55]

Dementsprechend stieg die Zahl der Saisonarbeiter. Bis 1870/71 kamen sie fast ausschließlich noch aus der eigenen Provinz, zumeist aus dem Eichsfeld und der Altmark;[56] in den folgenden Jahren kamen sie dann immer mehr aus den östlichen Provinzen des Deutschen Reiches und bald auch aus dem Ausland (Polen, Rußland, Österreich).[57] Zunächst waren es vor allem die Großbetriebe,[58] die die damals zumeist als „Sachsengänger“ benannten Arbeitskräfte beschäftigten und ausbeuteten. Bald erkannten jedoch auch die kleineren Wirtschaften die Vorteile, so daß es durchaus vorkam, daß die ehemals „mithelfenden Familienmitglieder“ nun in die städtischen Industriebetriebe „auf Arbeit“ fuhren, während auf dem Hof zur gleichen Zeit Saisonarbeiter beschäftigt waren.

Nach der Volkszählung vom 1. Dezember 1900 ergab sich für die Börde-Kreise folgendes Bild:

Tabelle 138

Anzahl der polnischen Saisonarbeiter in den vier Börde-Kreisen im Jahre 1900[59]

	Anzahl	davon in der Landwirtschaft
Calbe	142	141
Neuhaldensleben	224	154
Wanzleben	452	444
Wolmirstedt	195	195

[53] Blätter für Handel, 1901.
[54] Mendelson, 1913: 7.
[55] Mendelson, 1913: 7.
[56] Vgl. Anlage Nr. 17.
[57] Vgl. dazu Nichtweiss, 1959; siehe auch Anlage Nr. 18–20.
[58] So beschäftigte das Domänenamt Dreileben bereits 1872 etwa 120, 1880 fast 130 und das Gut Wolmirsleben um 1890 über 200 ausländische Saisonarbeiter. Krieg, 1936: 109, und Kaufhold, 1931: 32.
[59] ZSTA II. Rep. 77, Tit. 94, Nr. 160: 63.

In der Tat werden die Zahlen jedoch höher gelegen haben, denn am 1. Dezember hatte der größte Teil der ausländischen Arbeiter Deutschland ja schon wieder verlassen. Bereits 1897 waren für den Kreis Wanzleben 4284, für den Kreis Neuhaldensleben 2357 und für den Kreis Wolmirstedt 1040 Ausländer registriert worden.[60] Egeln soll im Jahre 1902 allein etwa 200 und Westeregeln etwa 160 Saisonarbeiter gehabt haben.[61]

Ohne der speziellen Studie über die Saisonarbeiter vorgreifen zu wollen, soll hier kurz darauf hingewiesen werden, daß diese Arbeitskräfte — sie stellten 1911/12 etwa ein Viertel aller Landarbeiter in Deutschland[62] — von nicht zu unterschätzender Bedeutung für die führende Stellung der deutschen Landwirtschaft vor dem ersten Weltkrieg gewesen sind.

Deutlich wird dies schon, wenn man allein den zahlenmäßigen Aufschwung beachtet. Im Kreis Wolmirstedt verlief er offenbar so:

Tabelle 139

Zahl der Saisonarbeiter im Kreis Wolmirstedt von 1905 bis 1910[63]

Jahr	Arbeiter	Arbeiterinnen	Insgesamt
1905	348	618	966
1906	511	679	1190
1907	629	721	1350
1908	756	968	1724
1909	679	916	1595
1910	665	1076	1741

Noch deutlicher wird die Bedeutung der Saisonarbeiter in folgender Darstellung, die den Anteil der Börde-Kreise an den insgesamt 30212 Wanderarbeitern des Regierungsbezirkes Magdeburg im Jahre 1908 ausweist, von denen 29264 Personen, d. h. 4,6 Personen je 100 Hektar Ackerfläche, in der Landwirtschaft tätig waren.

Tabelle 140

Anzahl der ausländischen Arbeiter je 100 Hektar Rübenfläche in den Börde-Kreisen im Jahre 1908[64]

Kreis	Rübenfläche in ha	ausländische Arbeiter Anzahl	ausländische Arbeiter je 100 ha Rübenfläche
Calbe	5669,0	2869	50,6
Neuhaldensleben	10396,6	2979	28,6
Oschersleben	11917,0	3165	26,5
Wanzleben	8749,3	5128	58,6
Wolmirstedt	5640,2	1805	32,0

[60] Nach Rach, 1975: 174.

[61] Ebeling, 1903: 247.

[62] Nichtweiss, 1959: 196.

[63] Nach STAM, Rep. C 20 I b, Nr. 4014. Erst 1908 wurde der Legitimationszwang eingeführt. Vgl. auch die Angaben für die Orte des Kreises Neuhaldensleben in Anlage Nr. 21.

[64] Müller, 1912.

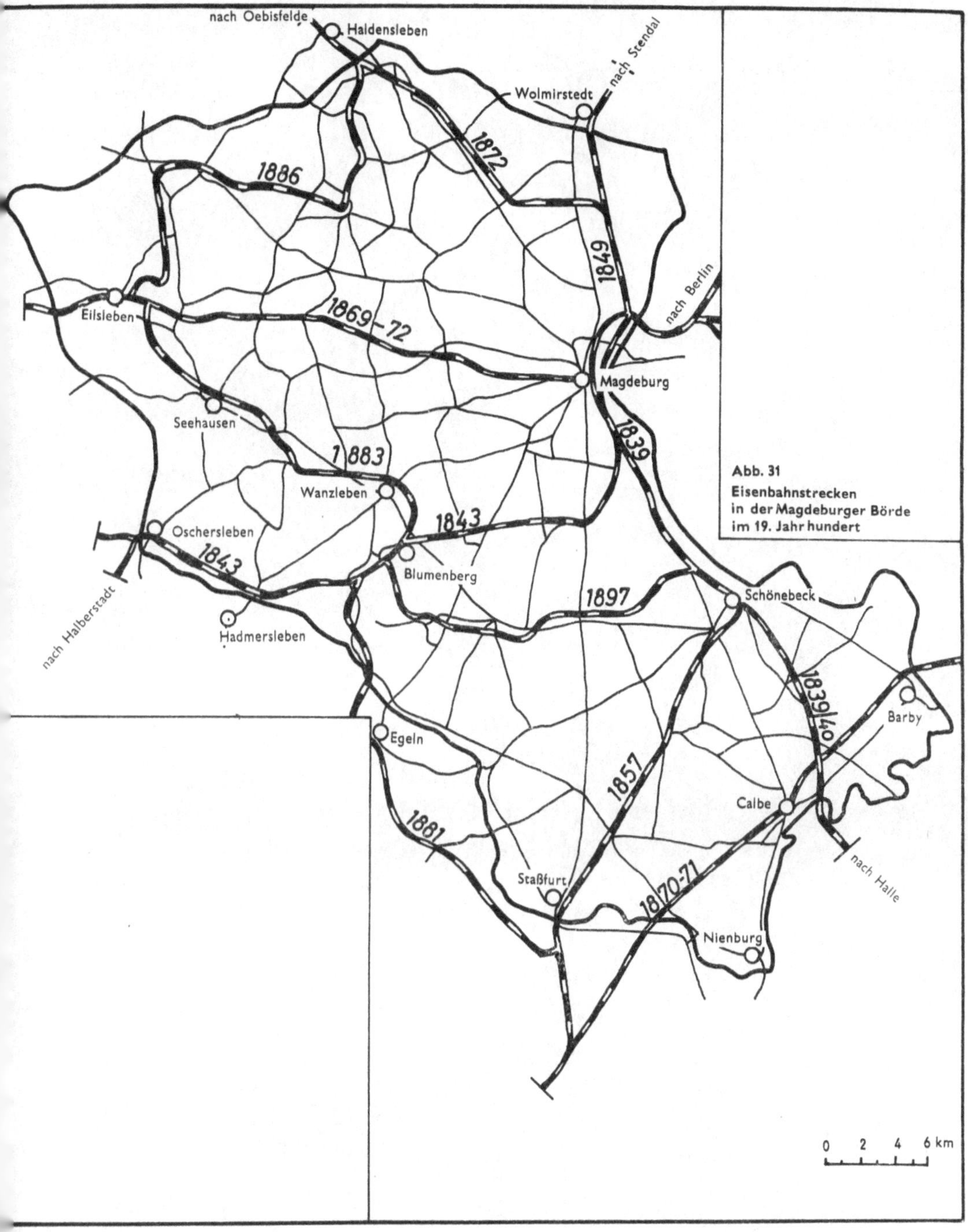

Abb. 31
Eisenbahnstrecken in der Magdeburger Börde im 19. Jahrhundert

Beachtenswert ist nicht nur der hohe Gesamtanteil, sondern auch die führende Position des „Kernkreises" der Börde; ein Kennzeichen für den hohen Entwicklungsgrad der kapitalistischen Produktionsverhältnisse.

In der bürgerlichen Literatur wird fast immer die Abwanderung der einheimischen Landarbeiter in die Stadt oder zumindest in andere Wirtschaftsbereiche als Ursache für die „Not", den „Zwang", sich nach neuen Arbeitskräften umzusehen, angegeben. Tatsächlich waren die Löhne so gering (in der Provinz Sachsen aber noch mit am höchsten in Preußen), die ökonomische und außerökonomische Abhängigkeit oft derart groß und das Arbeitsrecht derart schlecht (Gesindeordnung), daß viele Arbeiter gezwungen waren, sich neue Arbeitsplätze zu suchen. Es kam jedoch hinzu, daß die agrarkapitalistischen Großbetriebe bald von vornherein die billigeren, folgsameren und nach den Arbeitsspitzen wieder „abschiebbaren" Saisonarbeiter den einheimischen vorzogen und diese so gezwungen wurden, sich um neue Arbeitsplätze zu bemühen. Einen „Stamm" einheimischer Landarbeiter benötigte man jedoch, und diesem mußte man seit den siebziger Jahren etliche Zugeständnisse machen. Ursache dafür, daß z. B. die Arbeitszeit vielfach verkürzt, teilweise sogar von 16 auf 11 Stunden herabgesetzt, auch die Löhne z. T. erhöht wurden, war jedoch nicht nur die benachbarte Industrie, d. h. die Abwanderungsmöglichkeit, sondern in gleichem Maße der Kampf der gewerkschaftlichen bzw. sozialdemokratischen Organisationen in und um Magdeburg. Bekannt ist z. B. die Aktivität der „Fachvereine" in den Kreisen Wanzleben, Wolmirstedt und Calbe während der Zeit des Sozialistengesetzes, von denen der unter Leitung des aus Berlin ausgewiesenen MAX SENDIG stehende Fachverein für Groß Ottersleben und Umgebung herausragte. Unter den 198 Mitgliedern des Jahres 1885 waren auch etliche Landarbeiter, und WOESNER kann sogar resümieren, daß sich der Vorsitzende SENDIG „besonders für die Rechte der Landarbeiter und deren Frauen einsetzte. Er führte ihren Lohnkampf besonders zur Erntezeit an, wobei er von der Erwägung ausging, daß die Aussichten für einen erfolgreichen Kampf zu dieser Zeit am größten seien, weil die Arbeiter in der Ernte am dringendsten gebraucht würden".[65]

Als Beispiele für die geringe Entlohnung seien mitgeteilt: der Wochenlohn eines Pferdeknechtes um 1870 „2 Taler 15 sgr.; während 6 Wochen Saatzeit ab 1. 4. bis Mitte Mai p. Woche Zulage 7½ sgr., in der Ernte 6 Wochen ab 1. 8. pro Woche Zulage 7½ sgr., am Jahresschluß zu Martini Nachschuß 20 Taler, 2 Fuhren Kohlen von Völpke frei, gegen 1 Taler 15 sgr. Fuhrlohn." Und im Jahre 1914 „Barlohn einschließlich aller Nachschüsse pro Tag 2,50 Mk. An freiem Deputat: Wohnung, 2 Kohlenfuhren, ¾ Morgen Acker, 1 Ar Garten."[66] Im allgemeinen erhielten in der Provinz Sachsen 1873:[67]

Knechte	30 bis 45 Reichstaler jährlich
Jungen	18 bis 30 Reichstaler jährlich
Mägde	18 bis 30 Reichstaler jährlich.

Nach HUSCHENBETT[68] erhielten 1887 verheiratete Knechte „12 RM Lohn in bar, ½ Morgen Kartoffelacker und 1½ Morgen Zichorienacker zur Bearbeitung zu 60 Pfg. für den angelieferten Zentner, außerdem Geschenke zu den Festen. Alles zusammen rund 17 RM für die Woche."

65 WOESNER, 1957: 14.
66 Nach KRIEG, 1936.
67 Blätter für Handel, 1873; weitere Angaben vgl. Anlage Nr. 22.
68 HUSCHENBETT, 1934.

Anfang der neunziger Jahre des 19. Jh. betrug der jährliche Barlohn für Gesinde bei voller Kost:[69]

		bei Zurechnung des Kostgeldes
Pferdeknechte		
Kreis Neuhaldensleben	173 M	538 M
Kreis Calbe	210 M	575 M
Futterknechte		
Kreis Neuhaldensleben	210 M	575 M
Kreis Calbe	190 M	555 M
Hausmägde		
Kreis Wanzleben	150 M	420 M
Stallmägde		
Kreis Neuhaldensleben	110 M	380 M

KRATZENSTEIN[70] gibt für einen Knecht im Jahre 1900 folgenden Lohn an: „Wöchentlich 12.— bis 14.— M; jährl. 12 Ztr. Deputatkorn (Frau 3 Ztr.); dazu fürs Jahr $^1/_2$—$^1/_3$ Morgen gedüngten zum Pflanzen fertiggemachten Kartoffelacker.

Außerdem mußten die Knechte $^1/_2$—1 Morgen Bollenacker (Bollen = Zwiebeln) mit in Bearbeitung nehmen (Hacken, krauten, rupfen, putzen), dafür bekamen sie $^1/_3$ des Preises des Zwiebelertrages."

Für die Gemeinde Belsdorf am Nordwestrand der Börde gibt TANGERMANN[71] folgende Lohnsätze um die Jahrhundertwende an:

„lediges Gesinde

Männer	180—240 Mark jährlich, freie Station, Weihnachtsgeschenk, $^1/_2$ Morgen Kartoffelland, das einer Frau abgetreten wird, die die Wäsche besorgt.
Frauen	75—150 Mark jährlich, freie Station, Weihnachtsgeschenk

verheiratetes Gesinde

Pferdeknechte	12—13 Mark wöchentlich, freie Wohnung (Stube, Kammer, Küche, Boden- und Kellerraum, 1 Kohlen- und 1 Schweinestall), 1 Fuder Holz jährlich, 50 Ztr. Preßkohlen, ca. $^3/_4$ Morgen Kartoffelland

Tagelöhner

Tagelohn im Sommer (8 Monate) = 2,20 M (11 Std.)
Tagelohn im Winter (4 Monate) = 1,80 M (10 Std.)
Miete pro Jahr = 45,— bis 60,— Mark (zahlbar in 4 Raten) für Stube, Kammer, Küche, Boden, Keller, 1 Kohlen-, 1 Schweinestall, etwas Garten und Kartoffelland.

Einlieger

Ihr Lohn liegt unter dem der Tagelöhner, da die meisten von ihnen ältere Leute sind.

[69] Jahresbericht des Landwirthschaftlichen Central-Vereins, 1893.
[70] KRATZENSTEIN, 1924: 93.
[71] TANGERMANN, 1905: 95.

Der Lohn der Frauen betrug im allgemeinen 1,10 M pro Tag. Kinderarbeit fand außer im elterlichen Betrieb nur zum Rübenverziehen, Unkraut jäten und bei der Heu- und Kartoffelernte statt. Die Kinder erhielten dabei je nach Alter 60—80 Pfg. pro Tag."
Die Löhne der ausländischen Saisonarbeiter lagen meistens noch unter denen der einheimischen Arbeitskräfte. Ihre gegenüber deutschen Landarbeitern noch schlechtere soziale Stellung wurde schamlos ausgenutzt und gleichzeitig als Druckmittel gegen das einheimische Landproletariat angewandt.
Im „Jahresbericht des Landwirtschaftlichen Central-Vereins der Provinz Sachsen", 1893, werden folgende Werte angegeben:

Tabelle 141

A. Tagelöhne für Saisonarbeiter im Jahre 1893[72] *(in Mark)*

Bei Gewährung von warmer Kost

(Frühkaffee, Mittag- und Abendessen)

	Tagelohn	für 8 Monate
Kreis Calbe		
Männer	1,70	408,—
Burschen	1,50	360,—
Frauen	1,13	271,20
Kreis Neuhaldensleben		
Männer	1,52	364,80
Burschen	1,40	336,—
Frauen	1,—	240,—
Kreis Wanzleben		
Frauen	1,05	252,—
Kreis Wolmirstedt		
Frauen	1,—	240,—
Bei Gewährung des rohen Kartoffeldeputats (25 Pfund pro Kopf und Woche)		
Kreis Neuhaldensleben		
Männer	1,50	360,—
Burschen	1,25	300,—
Frauen	1,10	264,—
Kreis Wanzleben		
Burschen	1,30	312,—
Frauen	1,05	252,—

B. Erhöhte Tagelöhne für Saisonarbeiter während der Erntezeit im Jahre 1893 (in Mark)

Bei Gewährung von warmer Kost

Kreis Calbe	
Männer	2,—
Burschen	1,50
Frauen	1,50

[72] Jahresbericht des Landwirthschaftlichen Central-Vereins, 1893.

Tabelle 141 B. (Fortsetzung)

Kreis Neuhaldensleben		
	Männer	1,80
	Burschen	1,57
	Frauen	1,32
Kreis Wanzleben		
	Männer	1,75
	Burschen	1,50
		Bei Gewährung des rohen Kartoffeldeputats
Kreis Neuhaldensleben		
	Männer	1,75
	Burschen	1,50
	Frauen	1,37
Kreis Wanzleben		
	Burschen	1,60
	Frauen	1,50

So wichtig diese Angaben sind, sie verlieren allein dadurch an Bedeutung, daß die Saisonarbeiter überwiegend im Akkord arbeiteten.[73] Dies taten sie schon, als sie noch als Schnitter tätig waren. Seit den siebziger Jahren allerdings waren sie immer häufiger und schließlich fast völlig im Zuckerrübenbau tätig.

5. Feldanbau und Viehzucht

Obwohl infolge des Jahr um Jahr wiederholten Zuckerrübenanbaus bald eine „Rübenmüdigkeit" des Bodens eintrat und der Nematodenbefall zu größeren Ausfällen führte, blieb die Zuckerrübe die wichtigste Feldfrucht; auch Weizen, Roggen, Gerste und Hafer wurden durchaus in großem Umfange angebaut. Bei den Hackfrüchten folgten der Rübe dem Umfang nach Kartoffel und Zichorie. Eine große Bedeutung als Marktprodukt erlangte jetzt auch das Gemüse. So wurden in Stadtnähe (bei Magdeburg, aber auch bei Schönebeck) neben Mohrrüben, Kohlrüben und Kohl auch Erbsen, Bohnen, Linsen sowie Zwiebeln, Raps, Mohn, Flachs und selbst Anis und Kümmel z. T. in großer Menge angebaut. Die häufigsten Futterpflanzen waren Klee, Luzerne, Esparsette sowie Mais als Grünfutter.[74] Wenn sich auch die Zuckerrübenerzeugung der Provinz Sachsen insgesamt von etwa 1870/71 bis 1900 fast verdoppelt hatte,[75] so geht dennoch die Sonderstellung der Provinz und dabei ganz besonders der Magdeburger Börde allmählich verloren. Das besagt nicht, daß etwa der Zuckerrübenboom in irgendeiner Weise zurückging; die mit Intensivierungsmaßnahmen, geschickter Marktspekulation und raffinierter Ausbeutung erreichten Profite stiegen permanent; nur eben ist die Tatsache zu beachten, daß andere Provinzen (etwa Schlesien, Ost- und Westpreußen) auf diesem Gebiet „aufholten". Meliorationen, Tiefpflügen und verstärkte Verwendung von Kunstdünger führten zu einer wei-

[73] Vgl. dazu auch GROSSMANN, 1892: 485; KAERGER, 1890, und andere.
[74] Statistik des Kreises Wanzleben, 1867: 43.
[75] ZIEGENHAGEN, 1965: 97.

teren Steigerung der Hektarerträge auch bei anderen Kulturen. So stieg z. B. die Weizenproduktion — allerdings im gesamten Regierungsbezirk Magdeburg — von 1878 bis 1896 um etwa 50 Prozent (von 108800 auf 159100 t) an,[76] wobei zu beachten ist, daß dieser Anstieg mehr durch Ertragssteigerung als durch Flächenerweiterung erreicht wurde. Da wir bisher noch keine genauen Analysen speziell für unser Untersuchungsgebiet geben können, sollen als Indiz wenigstens die Durchschnittserträge der Provinz Sachsen genannt werden, die nach verschiedenen Quellen zusammengestellt wurden.

Tabelle 142

Durchschnitts-Ernteerträge in der Provinz Sachsen um 1900 (in dz je Hektar)

Jahr	Weizen	Roggen	Hafer	Gerste	Zuckerrüben	Kartoffeln
1896–1905[77]	24,3	16,5	19,2	22,4		136,2
1897[78]	20,9	14,0	15,7	19,0		111,3
1900[78]	24,7	14,6	21,2	22,9		143,2
1904–1913[79]	25,5* 27,0**	18,9	22,0	24,6	273,2	

* Winterweizen ** Sommerweizen

Neben dem hochentwickelten Ackerbau nahm die Viehzucht für die Ernährung der Bevölkerung über die Provinz Sachsen hinaus einen bedeutenden Platz ein. Während sich im Umkreis der Städte und Industriezentren eine ausgedehnte Milchwirtschaft entwickelt hatte, betrieben die Rübenwirtschaften überwiegend Mast. Über den Umfang des gelieferten Schlachtviehs schreibt BEICHE:[80] „Das aus unserer Provinz nach Hamburg ausgeführte Fettvieh stammt meistens aus der Gegend von Magdeburg. 1871 lieferte die Provinz Sachsen folgende Schlachttiere nach Berlin: 1174 Ochsen, 2248 Kühe, 2980 Kälber, 3627 Schafe, 2338 Schweine."

Im letzten Viertel des 19. Jh. traten erhebliche Veränderungen in der Viehhaltung ein, wobei neben der bedeutenden Zunahme an Schweinen und Ziegen die Abnahme der Schafhaltung besonders auffällt. Offenbar wurde der Rückgang in den bäuerlichen Wirtschaften durch den Zwang zu intensiver Bewirtschaftung, zu stärkerer Marktorientierung hervorgerufen, während die kapitalistischen Großbetriebe die Schafhaltung wegen der niedrigeren Wollpreise reduzierten.

Der bedeutende Umfang und der weitere Anstieg der Ziegenhaltung unterstreichen die nach wie vor große Bedeutung dieser Tiergattung für die Ernährung der proletarischen Schichten in der Börde. Der sprunghafte Anstieg der Schweinehaltung ist Folge der zunehmenden Marktorientierung und steigenden -bedürfnisse. Auch zu Beginn des 20. Jh. hielt dieser Trend an. 1908 ergab die Viehzählung für die Provinz Sachsen folgenden Viehbesatz je 100 Hektar Gesamtfläche: 87,83 Pferde, 332,61 Rinder, 274,58 Schafe und 560,95 Rinder.[81]

[76] ZIEGENHAGEN, 1965: 68.
[77] Nach MÜLLER, 1912.
[78] Nach Blätter für Handel, 1901: 293–295.
[79] Nach SCHOTTE, 1932.
[80] BEICHE, 1874.
[81] Nach MÜLLER, 1912.

Tabelle 143

Die Entwicklung der Nutzviehhaltung zwishcen 1882 und 1895 im Regierungsbezirk Magdeburg[82]

Betriebs-größen (ha)	1882	1895	Zu- bzw. Abnahme	
	Stückzahl		absolut	in Prozent
		Rindvieh		
0–2	8726	6166	−2560	−29,3
2–5	20759	21782	+1023	+4,9
5–20	58369	71433	+13064	+22,4
20–100	97505	123252	+25747	+26,4
über 100	52227	56506	+4279	+8,2
		Schafe		
0–2	22883	16965	−5918	−25,9
2–5	14794	8111	−6683	−45,2
5–20	55019	28503	−26516	−48,2
20–100	306444	141095	−165349	−54,0
über 100	308926	247734	−61192	−19,8
		Schweine		
0–2	93062	138959	+45897	+49,3
2–5	32389	54537	+22148	+68,4
5–20	50405	94080	+43675	+86,6
20–100	56980	95529	+38549	+67,7
über 100	14531	21239	+6708	+46,2
		Ziegen		
0–2	77457	84639	+7182	+9,3
2–5	5626	6200	+574	+10,2
5–20	2050	2612	+562	+27,4
20–100	532	1111	+579	+108,8
über 100	166	183	+17	+10,2

Einen unterstützenden Einfluß auf die Intensivierung der Landwirtschaft übte fraglos das Genossenschaftswesen aus, das seit dem letzten Viertel des 19. Jh. eine immer größere Rolle spielte, hier aber nur kurz erwähnt werden kann.[83] Zwar versuchten in diesen Genossenschaften die Agrarkapitalisten ihren Einfluß geltend zu machen und die Mitglieder für ihre Interessen zu gewinnen, was ihnen vielfach ja auch gelang, doch bildeten sie gleichzeitig oft auch eine bedeutende Hilfe für die kleineren Bauern. Besonders die Kredit- sowie landwirtschaftlichen Bezugs- und Absatzgenossenschaften stärkten die Stellung auch kleinerer, weniger kapitalkräftiger landwirtschaftlicher Betriebe auf dem Markt. Sie verfügten über Kapital, das der einzelne Landwirt allein nicht aufbringen konnte. Bereits am 31. Dezember 1889 umfaßte der Verband der landwirtschaftlichen Genossenschaften für die Provinz Sachsen 14 Einzelgenossenschaften mit rund 400 Mitgliedern. 1907 hatten die Kredit-

[82] Nach ZIEGENHAGEN, 1965: XVIII.

[83] Über die Rolle des Genossenschaftswesens in der Landwirtschaft der Magdeburger Börde bzw. der Provinz Sachsen wären dringend Untersuchungen nötig.

genossenschaften mehr als ein Drittel aller dafür in Betracht kommenden Landwirte erfaßt. 1914 gab es in der Provinz Sachsen etwa 760 dieser Genossenschaften mit jeweils etwa 60 Mitgliedern. Spezielle Molkereigenossenschaften existierten bis zu diesem Zeitpunkt etwa 250 in der Provinz; darunter befanden sich 149 im Regierungsbezirk Magdeburg, die 17153 Mitglieder zählten.[84] Ferner bestanden 1912 u. a. 45 Ein- und Verkaufsgenossenschaften, 36 Dreschgenossenschaften und 35 Elektrizitätsgenossenschaften.[85]

6. Fabriken und Unternehmungen

Der Aufschwung der landwirtschaftlichen Produktion führte folgerichtig zum Entstehen bzw. zur Ausbreitung von Fabriken und Unternehmungen der ersten Verarbeitungsstufe landwirtschaftlicher Erzeugnisse in den Dörfern. Im Untersuchungsgebiet waren es vor allem die Zuckerfabriken, die weiterhin das Bild zahlreicher Dörfer bestimmten, wenngleich als Folge des Konzentrationsprozesses die Zahl auch etwas zurückging. Von den 39 Fabriken der Börde (ohne Stadt Magdeburg) im Jahre 1877 waren 1899 nur noch 31 in Betrieb, und 1913 gar arbeiteten nur noch 25; diese allerdings verwerteten mehr Rüben als die 39 der siebziger Jahre.[85a]

Bereits 1888 waren in einigen Zuckerfabriken folgende Arbeitskräfte beschäftigt:[86]

	Arbeiter
Calbe (2 Fabriken)	355
Hadmersleben	350
Eilsleben	200
Wanzleben	187
Ackendorf	158
Bleckendorf	150
Groß Ammensleben	145
Sülldorf	123
Etgersleben	120
Ummendorf	119
Schwaneberg	115

Erhebliche Verschiebungen gab es auf Grund der ökonomischen Entwicklung dieses Raumes auch in anderen Produktionszweigen. So stieg die Zahl der Brennereien in der Börde von 1877 bis 1899 zwar von 16 auf 21, fiel aber bis 1913 auf lediglich drei Stück zurück. Auch die Zahl der Ziegeleien stieg im gleichen Zeitraum zunächst von 26 auf 70 — in diesem Zeitabschnitt war der Bedarf durch die umfangreiche Bautätigkeit auf allen Gebieten besonders hoch —, fiel dann aber bis 1913 wieder auf 32 zurück. Neu hinzu kamen die Molkereien, von denen es in der Börde im Jahre 1899 erst 17 gab. Bis 1913 hatte sich die Zahl auf 31 erhöht. Kaum vermehrt hat sich die Zahl der Brauereien (1877 = 7 Stück),

84 SCHOTTE, 1932.
85 STEINBRÜCK, 1913: 33.
85a Handbuch der Provinz Sachsen, 1877; Handbuch des Grundbesitzes ..., 1899; Handbuch des Grundbesitzes ..., 1913.
86 Vgl. auch BANDOLY, 1970: 87.

Kalkbrennereien (9) und Zichoriendarren (25), doch zeigt eine Karte (Abb. 32) mit den Standorten dieser Betriebe die starke Industrialisierung dieses Raumes bereits im letzten Viertel des 19. Jh.

Die enge Verquickung von Landwirtschaft und verarbeitender Industrie gewährte den Agrar- und sonstigen Kapitalisten große Profite, zumal oft die Transportkosten minimal und die Arbeitskräfte zumeist vorhanden waren. Den Landarbeitern ebneten die dörflichen Fabriken vielfach den Übergang in die städtische Industrie, zunächst aber fanden sie hier in den Wintermonaten wenigstens Beschäftigung, die der zunehmende Saisoncharakter der Landwirtschaft nicht mehr ermöglichte. Im allgemeinen lagen die Löhne in den Zuckerfabriken innerhalb der landwirtschaftlichen Gewerbe und verarbeitenden Industrie an erster Stelle, gefolgt von den Brauereien, Ziegeleien und Zichoriendarren. Für das Jahr 1890 werden im Jahresbericht der Handelskammer folgende Löhne angegeben:

Tabelle 144

Durchschnittliche Wochenlöhne in einigen dörflichen Industriezweigen im Jahre 1890[87] *(in Mark)*

	Kreis Calbe	Kreis Wanzleben
Zuckerindustrie		
im Akkord		
ungelernte Arbeiter	21,–	19,50
Jugendliche		7,10
im Tagelohn		
gelernte Arbeiter		18,–
ungelernte Arbeiter		10,70
Frauen und Jugendliche		7,10
Brauerei		
im Tagelohn		
gelernte Arbeiter	17,10	
ungelernte Arbeiter	14,70	
Frauen	8,20	
Jugendliche	9,–	
	Kreis Neuhaldensleben	
Brennerei	12,– bis 14,–	
Ziegelei	10,– bis 15,–	
Zichoriendarre	9,– bis 12,–	

Von großer Bedeutung für die Wirtschaft im Magdeburger Raum war ferner das am Südostrand der Börde gelegene Braunkohlen- und Kaligebiet. Die Erschließung dieser Vorkommen und die bald folgende Brikettfabrikation sowie die umfangreiche chemische Industrie hatten zu Beginn unseres Untersuchungsabschnitts bereits eine beachtliche Höhe erreicht. So waren im Regierungsbezirk Magdeburg 1864 schon 47 Gruben mit 2800 Beschäftigten in Betrieb. Ihre Förderung betrug 9126000 t im Werte von 1,5 Milliarden Taler. Über ein Drittel dieser Menge wurde in Braunkohlengruben innerhalb der Börde gefördert.

[87] Jahresbericht der Handelskammer, 1890: 280.

Tabelle 145

Braunkohlenförderleistung einzelner Gruben in der Magdeburger Börde im Jahre 1864[88]

Ort	Grube	Förderleistung (in 1000 t)
Eggersdorf		970
Unseburg	„Johanne Henriette“	390
Löderburg		340
Wolmirsleben	„Sofie“	300
Atzendorf	„Marie“	280
Calbe	„Hedwig“	235
Hohendorf	„Luise Hedwig“	215
Förderstedt	„Karl“	215
Calbe	„Vereinigung“	200
Altenweddingen		190
Üllnitz	„Albertine“	155
Welsleben	„Friedericke“	125
Etgersleben		?
Zusammen		3615

Nachstehend noch einige Angaben über Beschäftigungszahlen im Bergbau.

Königliche Braunkohlengrube Löderburg[89]

1877 = 110 Beschäftigte mit 229 Angehörigen
1878 = 93 „ „ 316 „
1879 = 100 „ „ 290 „
1890 = 219 „

Königliche Braunkohlengrube Eggersdorf[90]

1877 = 263 Beschäftigte mit 633 Angehörigen
1878 = 244 „ „ 483 „
1879 = 250 „ „ 511 „
1880 = 260 „

Innerhalb des Regierungsbezirkes Magdeburg bestanden:[91]

1907 = 25 Gruben mit 6267 Beschäftigten und 5613500 t Förderung
1913 = 24 „ „ 5775 „ und 5367400 t Förderung
1916 = 22 „ „ 3648 „ und 4554500 t Förderung
1917 = 23 „ „ 4059 „ und 4978600 t Förderung

[88] BEICHE, 1874.
[89] Statistische Darstellung, (1880): 117; Jahresbericht der Handelskammer, 1890: 281.
[90] Statistische Darstellung, (1880): 116; ROTHE, 1910: 26.
[91] SCHOTTE, 1932.

Im Lohngefüge der damaligen Zeit lag in der Magdeburger Börde der Braunkohlenbergbau an sechster Stelle nach Kalibergbau, Maschinenindustrie, Kalifabriken, chemischer Industrie und Zuckerfabriken. Es erhielten[92] (Wochenlohn in Mark)

1890	*Kreis Calbe*	*Kreis Wanzleben*
im Akkord		
gelernte Arbeiter	20,38	
ungelernte Arbeiter	17,38	19,10
im Tagelohn		
gelernte Arbeiter	15,73	16,78
ungelernte Arbeiter	13,19	13,19
Frauen	9,—	
Jugendliche	8,15	

Nach schon 1839 erfolgten Bohrungen begann die nennenswerte Kaligewinnung 1858 in Staßfurt-Leopoldshall mit dem Abteufen zweiter Schächte auf dem Steinsalzlager; 1862/63 entstanden dort fünf chemische Fabriken, die sich mit der Verarbeitung der Kalisalze beschäftigten, und bis 1866 kamen noch drei weitere hinzu.[93] Bereits 1865 förderte das Staßfurter Kaliwerk 1573813 Zentner Salze im Werte von 210529 Taler und beschäftigte 385 Arbeiter.[94] Die 1871 gegründete „Gewerkschaft Douglas" wurde 1881 in die „Aktiengesellschaft für Bergbau und chemische Industrie" umgewandelt. Zu den Alkaliwerken Westeregeln gehörten neben Kalischächten und Kohlengruben eine Reihe von Salzmühlen und Fabriken. Sie wurden im Laufe ihrer Entwicklung zu einem der größten Kaliunternehmen der Welt.[95] 1907 gab es im Regierungsbezirk Magdeburg neun kalifördernde Betriebe mit 4409 Beschäftigten gegenüber 13 Betrieben im Jahre 1913 mit 6489 Beschäftigten.[96] Die Salinen der Provinz Sachsen lieferten 1727505 Zentner Siedesalz im Jahre 1865, davon kamen allein aus Schönebeck 1020000 Zentner, wo 344 Arbeiter beschäftigt waren.[97] 1907 umfaßte die Provinz sechs Salinen mit 643 Beschäftigten (120661 t Förderleistung) und 1913 acht Salinen mit 819 Beschäftigten (137226 t Förderleistung), davon befanden sich 1907 drei Betriebe im Regierungsbezirk Magdeburg.[98]

Neben Kohle und Salzen wurden an mineralischen Rohstoffen in der Börde ferner vielfach Kalkstein (z. B. in den Feldmarken von Wanzleben, Seehausen, Remkersleben, Etgersleben, Bleckendorf, Wolmirsleben, Langenweddingen und Sülldorf), aber auch Gips (z. B. bei Westeregeln und Altenweddingen), Sandstein (z. B. bei Ampfurth, Altbrandsleben, Eggenstedt und Seehausen) sowie Grauwacke u. a.[99] abgebaut. Wurden durch alle diese Unternehmungen Arbeitskräfte der Landwirtschaft entzogen, so geschah es in noch weit größerem Umfange durch die Industrie in den Orten Oschersleben, Staßfurt,

[92] Jahresbericht der Handelskammer, 1890: 280.
[93] Rieger/Baumecker, 1927: 45.
[94] Beiche, 1874.
[95] Vgl. Baensch, 1928: 132—133; Fünfzig Jahre Aktiengesellschaft, 1931.
[96] Schotte, 1932.
[97] Beiche, 1874.
[98] Schotte, 1932.
[99] Vgl. dazu Bandoly, 1970: 7, und den Beitrag von Gumpert in diesem Halbband.

Calbe, Schönebeck und natürlich Magdeburg. Jetzt arbeiteten auch jene Arbeitskräfte dort, die weiterhin in Landgemeinden wohnen blieben und täglich als sogenannte Pendler zur Arbeit fuhren. Ausschlaggebend für die Tätigkeit in der Stadt war nicht nur der höhere Lohn gegenüber der Arbeit in der Landwirtschaft, sondern vielmehr die erhoffte ganzjährige Beschäftigung, die Flucht aus der Bevormundung und geistigen Beschränktheit. Andererseits wollte man aber nicht ganz in die Stadt übersiedeln, weil der ländliche Wohnsitz und die Bewirtschaftung einer kleinen Ackerparzelle eine gewisse Sicherheit im Falle von Arbeitslosigkeit zu bieten schienen. Zudem entwickelten sich viele Magdeburger Rand- und ursprünglich Landgemeinden zu ausgesprochenen Arbeiterwohngemeinden, deren Einwohnerzahlen teilweise sprunghaft in die Höhe schnellten, weil u. a. die Mieten in diesen Orten zumeist billiger waren als in Magdeburg. Als Beispiel für die Entwicklung kann die ehemalige Landgemeinde Diesdorf gelten, die 1926 nach Magdeburg eingemeindet wurde. Schon 1907 sah die Zusammensetzung ihrer Einwohner folgendermaßen aus: 58 selbständige Landwirte, 78 landwirtschaftliche Arbeiter, 266 industrielle Arbeiter, 136 Bauarbeiter, 43 Beamte, 97 Handel- und Gewerbetreibende und 90 Invaliden.[100]

Welchen Arbeitskräftebedarf die einzelnen Industriezweige hatten, wird deutlich, wenn man beachtet, daß z. B. allein die AG Norddeutsche Munitionsfabrik in Schönebeck-Salzelmen 1898 über 350 Beschäftigte, die Mitteldeutsche Portlandzementfabrik 1900 etwa 500 Beschäftigte, die Kokosteppich- und -mattenfabrik etwa 250 Beschäftigte hatten; selbst die Königliche Saline in Schönebeck beschäftigte 1902 etwa 370 Arbeiter.[101] Ferner bestanden z. B. im Kreis Calbe

um 1880	8 Wollwarenfabriken mit 458 Beschäftigten,
	4 Maschinenfabriken mit 161 Beschäftigten,
	2 Steinnußknopffabriken mit 240 Beschäftigten,
	1 Zündhütchen- und Patronenfabrik mit 230 Beschäftigten,
um 1890	10 Kalifabriken mit 1472 Beschäftigten,
	4 Brauereien mit 279 Beschäftigten.[102]

Im Norden der Börde hatten die in Althaldensleben und Neuhaldensleben ansässige Keramikindustrie 1888 über 1000 Beschäftigte sowie die Handschuhindustrie in Neuhaldensleben 240 Beschäftigte.[103] Die absolute Spitze freilich hatte Magdeburg inne, wohin täglich mehrere Tausend Personen zu Fuß gingen bzw. mit der Eisenbahn, dem Fahrrad oder mit der Straßenbahn fuhren.[104]

7. Bevölkerungsbewegung

Mit der vorstehend geschilderten ökonomischen Entwicklung verband sich eine Bevölkerungsbewegung, die vor allem in der Zeit von 1870 bis zur Jahrhundertwende durch ein besonders starkes Anwachsen der Städte und ihrer Randgemeinden sowie der Industrieorte

[100] Huschenbett, 1934: 83.
[101] Goebel/Fricke/Schulte, 1902.
[102] Wickel/Thinius, 1937: 415; Statistische Darstellung, (1880): 280; Jahresbericht der Handelskammer, 1890: 126.
[103] STAM, Rep. C 30 Neuhaldensleben, Nr. 2051.
[104] Vgl. hierzu auch den Beitrag von Asmus im 2. Halbband.

gekennzeichnet war. Diese Tendenz der Verlagerung des Wohnortes vom Innern der Börde in die industriellen Randgebiete setzte sich nach 1900 verstärkt fort. Orte mit nur landwirtschaftlichem Nebengewerbe oder ausschließlicher Landwirtschaft blieben schon vor 1900 auf ihren natürlichen Zuwachs beschränkt bzw. zeigten rückläufige Entwicklung. Auch in den einzelnen Städten waren die Zuwachsraten unterschiedlich hoch, wiederum bedingt durch Umfang und Bedeutung ihrer Industrie. So hatte Staßfurt mit 119,8 Prozent die bei weitem höchste Bevölkerungszunahme, gefolgt von Magdeburg mit 84,6, Neuhaldensleben mit 80,2, Schönebeck mit 50,3, Calbe mit 13,0, Wolmirstedt mit 7,3 und Wanzleben (bis 1890) mit 2,7 Prozent. Nach 1890 setzte in Wanzleben bereits ein Rückgang der Bevölkerungszahl ein (vgl. Anlage Nr. 23). Der Zuwachs Magdeburgs mit 84,6 Prozent erklärt sich aus dem außerordentlich hohen Zuzug von Arbeitern vor allem in die Randgemeinden der Stadt. Unter diesen lagen Fermersleben und Westerhüsen mit 236,1 bzw. 121,9 Prozent vor Groß Ottersleben mit 56,4, Olvenstedt mit 25,4, Rothensee mit 23,6 und Diesdorf mit 15,2 Prozent an der Spitze (vgl. Anlage Nr. 23). Unter den Industriedörfern hatte Löderburg mit 232,0 Prozent eine ähnlich hohe Bevölkerungszunahme zu verzeichnen wie Fermersleben. Ihm folgten Westeregeln mit 77,5 Prozent, Althaldensleben mit 73,6, Atzendorf mit 49,0, Förderstedt und Üllnitz mit je 42,5 und Tarthun mit 40 Prozent. Nur gering nahmen Eggersdorf mit 8,6 Prozent, Neugattersleben mit 7,3 und Wolmirsleben mit 4,8 Prozent zu. Altenweddingen war der einzige Ort dieser Gruppe, in dem die Einwohnerzahlen ab 1875 zurückgingen, und zwar von 1871 bis 1895 um 14,8 Prozent. Diese Verminderung wurde durch die Aufgabe des Braunkohlenbergbaus bei diesem Ort 1878 hervorgerufen, dessen Rückgang sich bereits in den vorausgegangenen Jahren bemerkbar gemacht hatte und auf die Einwohnerzahl auswirkte (siehe Anlage Nr. 24). Die Orte, in denen sich eine Zuckerfabrik befand oder in dieser Periode ihren Betrieb aufnahm, hatten bis auf wenige Ausnahmen gleichfalls die größte Bevölkerungszunahme im Rahmen des Gesamtzeitraums (1858 bis 1910) zu verzeichnen, obwohl schon zum Teil ab 1880 ein Rückgang der Einwohnerzahlen einsetzte. Den stärksten Zuwachs von 1871 bis 1895 hatte Eilsleben mit 64,1 Prozent, der auf den sich in dieser Zeit entwickelnden Eisenbahnknotenpunkt zurückzuführen war. Diese günstigen Verhältnisse in Eilsleben bewirkten auch den Rückgang der Einwohnerzahl im Nachbarort Ummendorf, der dort trotz Existenz einer Zuckerfabrik schon 1880 begann. Gleichfalls eine starke Zunahme erfolgte in Nordgermersleben (45,2 Prozent), Niederndodeleben (35,3), Klein Oschersleben (33,9), Schackensleben (29,1), Barleben (28,7), Bleckendorf (21,4) und Irxleben (16,3 Prozent). Dabei stieg unmittelbar nach Eröffnung einer Zuckerfabrik die Einwohnerzahl in Nordgermersleben um 27,2 Prozent, in Eilsleben um 24,0 und in Schackensleben um 18,2 Prozent. Auch die Stillegung einer Fabrik blieb je nach Größe nicht ohne Folgen für die Bewohner eines Ortes. So sank in Sülldorf die Einwohnerzahl in diesem Fall um 14,3 Prozent. Bereits ab 1880 sanken die Einwohnerzahlen fast ständig in Eichenbarleben, Schwaneberg, Sülldorf, Ummendorf, Klein Wanzleben (hier stiegen sie nach 1895 wieder an) und Welsleben; ab 1885 in Ackendorf, Bahrendorf, Dahlenwarsleben und Irxleben; ab 1890 in Domersleben und Meitzendorf (siehe Anlage Nr. 25).

In Orten mit landwirtschaftlichem Nebengewerbe bzw. ausschließlicher Landwirtschaft ging dagegen die Bevölkerungszunahme nicht über den natürlichen Zuwachs hinaus, sofern sie nicht in unmittelbarer Nähe von Industriegemeinden lagen, die eine größere Zahl von Arbeitskräften benötigten. Beispiele dafür sind Borne in der Nachbarschaft von Wolmirsleben und Unseburg mit einem Zuwachs von 33,1 Prozent sowie Hundisburg bei Althaldensleben mit einem Zuwachs von 27,5 Prozent. Ferner übten die Verkehrsverbindungen einen ganz unterschiedlichen Einfluß auf die Bevölkerungsbewegung aus. Nicht in jedem Falle verursachte die Bahn über die allgemeine Stagnation hinaus eine Abnahme der Bevölkerung. Sie trug im Gegenteil in stadt- und industrienahen Orten durch die günstige Verbindung zur Arbeitsstelle zu deren Vergrößerung bei (Vahldorf, Drackenstedt, Eickendorf, Barleben). Vielmehr waren gerade Orte ohne Bahnanschluß vom größten Rückgang betroffen, da besonders die jüngeren Einwohner diese Orte wegen ihrer Abgeschiedenheit verließen und sich in der Industrie größere Berufsaussichten erhofften. Ein solch abgelegenes Dorf war Groß Germersleben, das von 1871 bis 1895 um 22,7 Prozent der Einwohner abnahm (siehe Anlage Nr. 26). Die schon teilweise nach 1880 einsetzende und sich immer mehr ausbreitende Rückläufigkeit in den Einwohnerzahlen ging mit der allgemeinen Abwanderung aus der Landwirtschaft in Deutschland einher. Nach NICHTWEISS[105] ging die landwirtschaftlich tätige Bevölkerung in ganz Deutschland von 1892 bis 1895 um etwa 889000 Personen zurück. Besonders seit den „Gründerjahren" brauchte die Industrie viele Arbeiter und zahlte ihnen notgedrungen oft höhere Löhne, als es die Landarbeiter gewohnt waren. Wesentlichen Anteil daran hatte vor allem die Arbeiterklasse, die oft mit Streiks und anderen Kampfmitteln diese erst durchsetzen mußten.[106] Überwiegend wanderte die junge Generation aus der Landwirtschaft ab.[107] Auch in der Börde bestätigt sich die Feststellung RITTERS,[108] wonach die kapitalistische Entwicklung auf dem Lande zur Entvölkerung führt, nicht sofort, aber auf längere Sicht, und zwar „nicht nur zu relativer, sondern von einer gewissen Höhe ihrer Entwicklung an sogar zu absoluter Entvölkerung des flachen Landes", wobei man den Begriff „Entvölkerung" auf „Rückgang der Bevölkerung" einschränken sollte. Starke Anziehungspunkte bildeten neben der Industrie das Bauwesen und der Eisenbahnbau. Auch nach 1900 verlief die Bevölkerungsbewegung entsprechend den ökonomischen Gegebenheiten. Es erfolgte eine immer stärkere Verschiebung der Arbeitskräfte von der Landwirtschaft zur Industrie hin. Während 1882 in der Provinz Sachsen noch 878488 Personen in der Landwirtschaft arbeiteten, waren es 1907 nur noch 819034 Personen.[109] Analog dazu verlief die Entwicklung in der Börde. So sank von 1882 bis 1907 die Zahl der in der Landwirtschaft tätigen einheimischen Bevölkerung in den Kreisen Calbe um 8 Prozent, Wolmirstedt um 10, Neuhaldensleben um 11 und Wanzleben um 13 Prozent.

Unter den Städten des Gebietes steigerten außer Magdeburg, das den Landstädten sowieso nicht vergleichbar ist, nur Schönebeck, Neuhaldensleben und Wolmirstedt ihre Einwohnerzahlen. Aus den im Bördeinnern liegenden Städten Wanzleben und Seehausen erfolgte wie aus den Dörfern ein Abzug von Bewohnern. Auch Calbe gehörte zu den Städten mit sinkender Einwohnerzahl, sogar Staßfurt nahm nach 1900 an Einwohnern ab, verursacht durch Stillegung einiger Kalischächte. Unter den Magdeburger Randgemeinden stieg die Einwohnerzahl nur noch in Diesdorf. In Olvenstedt und Ottersleben sanken sie ab 1905, wobei aus letzterem Ort Verzug nach Magdeburg erfolgte. Bis auf wenige Ausnahmen (Förderstedt, Üllnitz und Westeregeln) sank die Bevölkerungszahl ebenfalls in den Industrieorten. In Altenweddingen begann der Rückgang zwar schon in den siebziger Jahren mit der Aufgabe des Braunkohlenbergbaus und setzte sich nach 1900 weiter fort. In Atzen-

105 NICHTWEISS, 1959: 49.
106 Vgl. dazu WOESNER, 1957.
107 NICHTWEISS, 1959: 27.
108 RITTER, 1956: 29.
109 MENDELSON, 1913: 7.

dorf, Löderburg, Unseburg und Wolmirsleben verringerte sich die Bevölkerung aber erst nach 1900, und diese Abnahme erfolgte in Förderstedt, Wolmirsleben und Tarthun ganz rapide mit der Stillegung von Kohlenschächten und dem damit verbundenen Fortzug von Bergleuten.[110] Die Bevölkerungsabnahme in Althaldensleben erklärt sich daraus, daß das industrielle Schwergewicht jetzt in Neuhaldensleben lag und sich jeglicher Zuzug auf die Stadt orientierte (vgl. Anlage Nr. 27). Alle übrigen Orte, ganz gleich, ob sich in ihnen eine Zuckerfabrik und landwirtschaftliches Nebengewerbe befanden oder ob der Ort dem Eisenbahnnetz angeschlossen war, zeigen bis auf einzelne wenige hinsichtlich ihrer Einwohnerzahl eine rückläufige Tendenz. Ein starker Rückgang ergab sich auch hier wieder bei Stilllegung der Zuckerfabriken in Meitzendorf und Domersleben 1905/06 (vgl. Anlage Nr. 28). Nach einem Bericht des Regierungspräsidenten war für den ganzen Regierungsbezirk Magdeburg eine sinkende Bevölkerungszahl zu verzeichnen.

So hatten die Kreise

		Einwohner		
	1905	1910	Abnahme 1905:1910 in Prozent	1917
Calbe	110517	108786	1,57	99528
Wanzleben	73518	69485	5,49	67373
Wolmirstedt	52741	51380	2,58	46629
Oschersleben	60530	57175	5,54	52667
Neuhaldensleben	68438	67987	0,66	61939

Die hohe Abnahme von über 5 Prozent in den Kreisen Wanzleben und Oschersleben liegt offenbar daran, daß im Dezember 1905 die Saisonarbeiter ausnahmsweise noch im Lande waren und bei der Volkszählung 1910 nicht mehr.[111]

Die Ursachen für den Bevölkerungsrückgang muß man unbedingt im Zusammenhang mit den Veränderungen in der Sozialstruktur sehen, deren Analyse aber einem weiteren Beitrag im 2. Halbband vorbehalten bleiben soll.[112]

[110] Mendelson, 1913: 20.
[111] STAM, Rep. C 20 I b, Nr. 4014.
[112] Vgl. den Beitrag von Berthold im 2. Halbband.

ANHANG

Anlagen (Quellen und Dokumente)

Anlage Nr. 1

„Der Boden des Herzogthumes gehört ohnstreitig zu dem fruchtbarsten Deutschlandes, und ist in der sogenannten Börde, welcher Strich den ganzen ersten und zweyten, sowie einen Theil des dritten Distriktes des Holzkreises bis zur Ohre hin begreifet, durchgehends von der vorzüglichsten Beschaffenheit ..."
(Heineccius, 1785: 10 und 11)

Anlage Nr. 2

„Die Börde fängt bei Eggersdorf und Biere im Kreis Calbe an, und erstreckt sich von da ungefähr 3 bis 4 Meilen breit und in einer Länge von ungefähr 6 Meilen längs der Westseite der Elbe durch den Kreis Wanzleben bis zum südlichen Ufer der Ohre im Kreise Wolmirstädt."
(Seydlitz, 1820: 20)

Anlage Nr. 3

„Die Magdeburger Börde, in geographischem Sinne genommen, erstreckt sich im Norden bis fast an das untere Ohrethal und die in sie einmündende Bever und wird im Osten durch die Elbniederung, im Westen durch das obere Allerthal und im Süden durch das Bodethal zwischen Calbe und Staßfurt begrenzt. Sucht man dagegen nach den Grenzen der eigenthümlichen, die Fruchtbarkeit der Magdeburger Börde bedingenden geologischen Bildung, so fällt, wenn man von der obersten bodenbildenden Schicht absieht, die geographische Umgrenzung nur im Norden, Osten und Nordwesten mit der geologischen zusammen, während nach Süd und Südwest die Bördebildungen über das bezeichnete Gebiet hinausreichen."
(Wahnschaffe, 1885: 19)

Anlage Nr. 4

„Die Magdeburger Börde, die sich an die Bodetallandschaft und an das nordöstliche Harzvorland anschließt, ist im Osten und Norden durch Saale-, Elbe- und Ohretal auch außen hin klar begrenzt. Nur im Westen gegen das ostbraunschweigische Berg- und Hügelland sowie gegen das Oberaller-Hügelland ist die Grenzziehung schwierig. Grob gesehen endet hier die Börde zwischen Haldensleben an der Ohre und Oschersleben an der Bode. In ihrem genauen Verlauf weicht die Grenze von dieser Linie ab, je nach den Merkmalen, die man ihrer Führung zugrunde legt ...

Sie (die Eisrandlagen—L.G.) beleben örtlich die flachwellige Oberfläche erheblich. Das trifft vor allem für einen auffällig geradlinigen Stauendmoränenzug zu, der sich im Westen von Alvensleben an der Bever mit Unterbrechungen nach Druxberge und Seehausen zieht. Da er sich etwa in Richtung der allgemeinen Linie Haldensleben-Oschersleben erstreckt, liegt der Gedanke nahe, hierhin die Westbegrenzung der Magdeburger Börde zu legen.

Dem widerspricht jedoch der Löß ... Räumlich reicht die geschlossene Lößverbreitung im Bereich von Emden und Erxleben etwas über die Druxberge hinaus. Da damit auch das offene Land der Börde nach Westen bis an den Rand des Lappwaldes ausgreift, verstärkt sich der Eindruck, daß hier die naturräumliche Grenze der Magdeburger Börde liegt und nicht im Osten bei Druxberge. Die Orte Emden, Erxleben, Eilsleben, Eggenstedt sind deshalb am besten in die Börde ein-,

die Haldenslebener Sand- und Mergelzone sowie die Oscherslebener Keuperhöhe dagegen auszuschließen. Die Grenzlinie folgt im Nordwesten und Südwesten den Tälern der Bever und des Grasbaches. Die Stadt Seehausen wird noch der Börde zugerechnet werden können."
(August, 1959: 767 und 768)

Anlage Nr. 5

Normalschichtenfolge des Zechsteins in Sachsen-Anhalt (vereinfacht; Mächtigkeitsangaben für das Gebiet des Staßfurt-Egelner Sattels)

		Mächtigkeit in m
	Oberste Zechsteinletten	20–30
	Grenzanhydrit	0,5–3
Zechstein IV	Allersteinsalz	25–50
(Aller-Serie)	Pegmatitanhydrit	1–2,5
	Roter Salzton	4–10
Zechstein III	Leinesteinsalz	115
(Leine-Serie)	Hauptanhydrit	25–90
	Grauer Salzton	4–8
	Deckanhydrit	1,7
	Decksteinsalz	0,8
Zechstein II	Kalisalzflöz Staßfurt	30–40
(Staßfurt-Serie)	Übergangsschichten	50
	Staßfurtsteinsalz	>500
	Basalanhydrit	2,35
	Hauptdolomit/Stinkschiefer	5,2–10
	Oberer Werraanhydrit	20–29
	Werrasteinsalz	6–15
Zechstein I	Unterer Werraanhydrit	30
(Werra-Serie)	Zechsteinkalk	4–10
	Kupferschiefer	0,1–0,3
	Zechsteinkonglomerat	2

(Löffler, 1962: 11 und 159)

Anlage Nr. 6

„... die Zuschrift eines alten Lehrers Miehe aus Vahldorf bei Haldensleben. Er teilte mit, er sei geborener Uhrsleber und sei Zeuge, daß diese Einsenkung bei Uhrsleben noch jetzt vor sich gehe. Ein alter Bauer habe ihn vor 60 Jahren beim Heuen im Uhrsleber Anteil des Bruches darauf aufmerksam gemacht, daß er von dort die Uhrsleber Kirchturmspitze sehen könne, das habe er in seiner Jugend, also vor weiteren 70 Jahren, nicht feststellen können. Der alte Lehrer ist dann ... noch einmal in die Heimat gefahren, hat denselben Standort aufgesucht und von dort jetzt sogar die Schallöcher des Kirchturmes erblicken können. Es sei also anzunehmen, daß sich das leicht erhöhte Gelände zwischen Bruch und Uhrsleben noch weiterhin in einem Absinken befinde."
(Hansen, 1965: 34 und 35)

Anlage Nr. 7

„Von der Zuckerfabrik (in Hohenerxleben—L. G.) her steigt das Gelände nach Süden auf 81 m zu einem breiten Rücken an, der von der Bahn angeschnitten ist. Dieser muß wegen seiner hohen Lage ganz besonders vom Winde gefaßt werden. Das zeigte sich besonders im Frühjahr 1913, als der Ackerboden tief gefroren war, während sich seine obere Schicht durch Austrocknung in

staubförmigem Zustande befand. Damals erhob sich ein Südweststurm, der später nach Süden herumsprang, und blies den Staub von dem geschleppten, deshalb glatt daliegenden Acker in dicken Wolken bis nach Brumby. Die Einwohner konnten sich vor ihm nicht retten; er drang durch die Fugen der Fenster in die Stuben und durch die Ritzen der Dachziegel auf den Hausboden. Man konnte nicht genug nasse Sackstücke auftreiben, um dem Staub den Eingang zu verwehren; doch alles vergeblich. Die Hausfrauen waren untröstlich über den Zustand ihrer Räume; denn dort lag alles unter einer dicken Staubdecke. Und dieser Sturm dauerte nicht nur einen Tag, sondern mit Unterbrechung eine ganze Woche lang. Auf dem Hausboden hatte sich der Staub zentnerweise gehäuft; alle Chausseegräben, nebst dem Fahrweg, waren zugeweht, und hinter der zwei Meter hohen Mauer des einen Gehöftes lagen im Windschatten 50 cm hohe Schanzen. (Nach einer Schilderung von Herrn und Frau Oppermann)"
(Becker, 1924)

Anlage Nr. 8

Profilbeschreibungen von Böden der Magdeburger Börde (gekürzt, z. T. vereinfacht)

a) Schwarzerde aus der Gegend von Bottmersdorf (nach Reuter: 1970b, Profil 91/68)

Profilbeschreibung zu Abb. 21

Lage: Ca. 1 km nördlich von Bottmersdorf; Oberhang, 1° nach Süd zu einem schwachen Muldentälchen einfallend

Aufnahmetag: 29. 3. 1968

Ausgangsgestein: weichselzeitlicher, karbonathaltiger Löß, durch Steinsohle geteilt über Steinanreicherung, darunter Grundmoräne des Drenthe-Hauptvorstoßes

Bodentyp: nutzungsdegradierte, schwach tiefverbraunte Schwarzerde

Profil:

Ap	0— 28 cm	sehr dunkelgrau, humos, an einigen feinen Punkten karbonathaltig, tonhaltiger Schluff, Krümelgrundgefüge
Ah	28— 50 cm	sehr dunkelbraun, humos, karbonatfrei, toniger Schluff, Material aus Bv-Horizont biogen in Ah-Horizont transportiert, daher dunkelgraubraun gesprenkelt, Krümelgrundgefüge
Ah/Bv	50— 68 cm	gelblichbraun, fleckig-humos, karbonatfrei, tonhaltiger Schluff, krümelig
Cc	68—108 cm	hell gelblich-braun, stark karbonathaltig (13% $CaCO_3$), Karbonatanreicherung diffus, Schluff, brockig brechend
C_1	108—125 cm	gelblich-braun, stark karbonathaltig (12% $CaCO_3$), Schluff, brockig brechend
	110—125 cm	schwach girlandenförmig verlaufendes Stein- und Kiesband (Steine bis 4 cm Durchmesser) von 2—8 cm Breite
C_2	125—155 cm	wie C_1, tonhaltiger Schluff
	150—155 cm	schwach auf- und ablaufende Stein- und Kiesanreicherung darunter: karbonathaltiger, schluffiger Sand, feinkiesig

b) Schwarzerde-Amphigley aus der Gegend von Bottmersdorf
(nach Reuter: 1970b, Profil 72/67)

Lage: Ca. 750 m nördlich von Bottmersdorf; Unterhang zur Sarreaue, 1° nach Südost geneigt.

Aufnahmetag: 11. 5. 1967

Ausgangsgestein: holozäne, dünne Kolluvialdecke über weichselzeitlichem karbonathaltigem Löß über Gleylöß

Bodentyp: kolluvial aufgehöhter, im Oberboden staunasser Tschernosem-Amphigley

Profil:

Ap	0— 24 cm	sehr dunkelgraubraun, humos, mäßig karbonathaltig, toniger Schluff, Krümelgrundgefüge

gAhM	24— 60 cm	sehr dunkelgrau, humos, mäßig karbonathaltig (2% $CaCO_3$), toniger Schluff, feine Fe-Konkretionen, krümelig-körniges Gefüge
gGo Ah	60—102 cm	schwarz, humos, mäßig karbonathaltig (2,5% $CaCO_3$), toniger Schluff, Fe-Konkretionen, Rostausscheidungen an Hohlraumwänden, körnig-fein polyedrisches Gefüge
Go Ah/Cc	102—112 cm	dunkelgrau, feucht, stark karbonathaltig (16,8% $CaCO_3$), fleckig humos, tonhaltiger Schluff, Rostausscheidungen an Hohlraumwänden, teils krümelig, teils brockig
Gor Cc_1	112—121 cm	sehr schwach braun, fleckig weiß-grau, feucht, karbonatreich (21,4% $CaCO_3$), diffus begrenzte Karbonatausscheidungen, Lößkindel, toniger Schluff, sandhaltig, Fe-Konkretionen, brockig-bröcklig
Gor Cc_2	121—140 cm	schwach braun, bräunlich gelb gefleckt, feucht bis naß, mäßig karbonathaltig (4,6% $CaCO_3$), tonhaltiger Schluff

c) Fahlerde aus der Gegend von Uhrsleben
(nach Markgraf: 1964, Profil Uhrsleben (5))

Lage: 1 km nordwestlich von Uhrsleben
Aufnahmetag: 28. 3. 1961
Höhe ü. NN: 130 m
Relief: weitflächig, wellig bis hügelig
Ausgangsmaterial: Sandlöß
Untergrund: Feinsand und sandiger Mergel
Bodenschätzung: SL 3 Lö 63—55
Bodentyp: Podsolige Ackerparabraunerde (Fahlerde)
Bodenart: lehmiger Sand
Profil:

Ap	0— 32 cm	braun, locker, strukturlos bis krümelig, vereinzelt Wurmgänge, Porenvolumen (PV) 39%, Humus 1,6%, $CaCO_3$ 0,13%, pH-Wert 6,8
Ahl	32— 65 cm	fahlbraun, mäßig dicht, vereinzelt Wurm- und Wurzelgänge, teilweise punktförmige Mn- und Fe-Flecken, PV 38%, Humus 0,7%, kalkfrei, pH-Wert 6,9
A_1	65— 80 cm	grau bis fahlbraun mit schwachen Bleichflecken, blanke Quarzkörnchen feststellbar, strukturlos, PV 37%, Humus 0,2%, kalkfrei, pH-Wert 6,6
Bt_1	80—108 cm	strenges Braun, undeutlich prismatische Struktur, dicht gelagert, vereinzelt kleine Mn-Ausscheidungen und Wurzelgänge, PV 36%, Humus 0,3%, kalkfrei, pH-Wert 5,5
Bt_2	108—150 cm	rötlich braun, prismatische Struktur, fest gelagert, vereinzelt feine braune Überzüge an den Strukturelementen, Wurzelröhren, PV 35%, Humus 0,3%, kalkfrei, pH-Wert 5,3

d) Braunerde aus der Gegend von Elbeu
(nach Altermann: 1968, Profil 756 A)

Lage: 1 km südwestlich von Wolmirstedt; eben, Neigung: ca. 2° West
Aufnahmetag: 30. 9. 1964
Höhe ü. NN: ca. 50 m
Geologie: Pleistozän: Weichsel-Kaltzeit über Saale-Kaltzeit
Deckschicht: Sandlöß
Liegendes: Schmelzwassersand, Talsand
Bodentyp: stark entwickelte, basenreiche Braunerde mit Tondurchschlämmungsbändern

Profil:

Ap	0–25 cm	dunkelgrauer bis dunkelbrauner, schwach humoser, sandiger Lehm, Krümelgefüge, locker, karbonatfrei, durchwurzelt
(B)	25–65 cm	dunkelbrauner, sandiger Lehm, Bröckelgefüge, porös, karbonatfrei, Feinwurzeln, einzelne Tondurchschlämmungsbänder
C_1	65–80 cm	braungrauer, sehr schwach kiesiger, sandiger Lehm, Bröckelgefüge, porös, karbonatfrei, Feinwurzeln, an der Basis deutliche Steinsohle
Bc	80–180 cm	braungrauer, schwach kiesiger, anlehmiger Sand, Einzelkorngefüge, oberhalb Bröckelgefüge, karbonatfrei, oberhalb etwas lehmig infolge Tondurchschlämmung, viele Tondurchschlämmungsbänder

Anlage Nr. 9

Unwetter in Domersleben am 29. 4. 1918

„Es ist am frühen Nachmittag, als zum 4. Mal in diesem maiengleichen April ein Gewitter von Südost heraufzieht. Wenn auch mit heftigem Regen gelinde Hagelschauer verbunden sind, glaubt man doch 1/2 2 Uhr, daß das Wetter sich ausgetobt hat. Da läutet plötzlich die Sturmglocke. Ungeheure Wasserfluten sind infolge eines Wolkenbruchs in die ostwärts in den Ort hineinführenden Dorfstraßen hereingebrochen, meter- und übermeterhoch gingen die rasenden Gewässer, braungefärbt durch die Ackerkrume, sie überfluten Keller und Gehöfte, dringen in die Zimmer und Ställe in der Hauptstraße bis zum Hammerschen Hof. Ein anderer Flutstrom nimmt seinen Weg durch das Sträßchen zum Dorfteich an der Fabrik, überflutet den Fabrikhof und vereint mit der Sarre, die stromgleich angeschwollen ist, ergießt sich die Flut durch Gehöfte und Gärten von Nordost nach Südwest quer durch das Dorf. Alle Hindernisse, Zäune, Tore usw. werden mitgerissen, Mauern stürzen nieder und auf den Wiesen der sogenannte See wurde tatsächlich wieder ein See. Menschenhilfe steht zunächst dem schrecklichen Naturereignis machtlos gegenüber. Kühe, Ziegen, Kaninchen, Schweine, Hühner ertrinken, einige Einwohner flüchten auf die Bäume ... Nur der nordwestliche Teil des Dorfes ist von der Überschwemmung verschont geblieben. Auf den Äckern sieht es trostlos aus. Die Stelle, wo der Wolkenbruch niedergegangen ist, gleicht einem Granattrichter. Nach menschlichem Ermessen hätte man es für unmöglich gehalten, daß auf dem platten Lande, fern von jedem größeren Fluß, eine solche Überschwemmung stattfinden könnte. Ein ähnliches Unglück hat sich schon einmal hier ereignet, und zwar im Jahre 1889 ...“
(Fragebogenmaterial Domersleben, Zusatzfragebogen, Nr. 2.8, 1973)

Anlage Nr. 10

Wasserverhältnisse in Atzendorf

„Wenn man 2 Fuß tief gräbet, so hat man schon Wasser. Diß rühret von den vielen Hungerquellen her, die sich hir fast überall in der Erde befinden müssen. Die Bauern sind daher genöthiget worden, ihre Häuser so anzulegen, daß sie alle auf eine Treppe zu ihre Wohnstube gehen. Unter derselben ist ihr Keller, und da sie des Wassers wegen nicht über 2 biß 3 Fuß graben können, so sind ihre Keller auch nur 2 biß 3 Stufen tief, und dennoch haben sie oft Waßer in denselben. 1755 stand in allen Kellern, den Pfarrkeller ausgenommen, das Waßer, und zwar ein ganzes Jahr lang. In diesen angeführten Jahre habe ich selbst gesehen, daß auf des jezigen Richters Jonas Schnocks (Anwesen?) das Wasser in seinen Keller mit seinen Hofe grade gestanden, ja aus den Kellerloch, so mit der Erde gleich, herausquoll. In den Brunnen stand das Wasser mit der Erde gleich, sodaß man fast ohne Bornstangen das ganze Jahr hindurch mit der bloßen Hand schöpfen konte.

Ich glaube, man würde dieser Beschweerlichkeit, Wasser im Keller zu haben, dadurch am leichtesten abhelfen, wenn man den Graben um das Dorf noch halbmahl so breit und tief machte, als es jezo ist, um ih(m) den gehörigen Fall zu geben, damit er seinen Weg durch denselben desto geschwinder nach der Bode finden könte.“
(Carsted, 1928: 11)

Anlage Nr. 11

Tabelle 146

Die Getreideverschiffung aus Magdeburg elbabwärts in Fünfjahresdurchschnitten zwischen 1635 und 1807 (in Wispel. Scheffel)

1635	4462.12	
1636–1640	607.20	
1641–1645	54.2	(ohne 1645)
1646–1650	17740.9	
1651–1655	15233.12	
1656–1660	28023.21	
1661–1665	43283.3	
1666–1670	23562.4	
1671–1675	19850.9	
1676–1680	22481.11	
1681–1685	10647.8	
1686–1690	13322.18	(ohne 1686)
1691–1695	11021.	
1696–1700	23665.1	
1701–1705	12699.13	
1706–1710	34312.13	
1711–1715	23053.23	
1716–1720	10714.	
1721–1725	3649.10	
1726–1730	6918.5	
1731–1735	7709.15	
1736–1740	8661.8	
1741–1745/46	5228.8	
1745/46–1749/50	7386.15	
1750/51–1754/55	3120.19	
1755/56–1759/60	4478.18	
1760/61–1764/65	1809.6	
1765/66–1769/70	11300.12	
1770/71–1774/75	6559.17	
1775/76–1779/80	6367.6	
1780/81–1784/85	8371.7	
1785/86–1789/90	9885.22	
1790/91–1794/95	15855.3	
1795/96–1799/1800	11114.1	
1800/01–1804/05	10013.3	
1805/06–1806/07	5200.12	

(Stadtarchiv Magdeburg, Rep. Altstadt II, S 1a, Band 4)

Anlage Nr. 12

Tabelle 147

Die Entwicklung der Sozialstruktur in den drei Distrikten des Holzkreises 1756 bis 1805

	I. Distrikt					Index (1756 = 100)			
	1756	1768	1778	1795	1805	1768	1778	1795	1805
Einwohner	21767	26141	28522	34132	36557	120	131	157	168
Frei- und Lehnsschulzen	13	4	5	4	5				
Ganzbauern	293	271	286	279	282				
Halbbauern	445	416	379	383	403				
Große Bauern insgesamt	751	691	670	666	690	92,0	89,2	88,9	91,9
dazu: Großkossaten	629	342	327	571	497	54,4	52,0	90,8	79,0
Bäuerliche Vollerwerbsstellen	1380	1033	997	1237	1187	74,9	72,2	89,6	86,0
Kleinkossaten	703	1137	964	886	1027	161,7	137,1	126,0	146,1
Kätner und Büdner	994	1278	1559	1603	1753				
Altsitzer, Hausleute, Einlieger	1062	1724	2027	2670	3159				
Familienstellen der Landarmut	2056	3002	3586	4273	4912	146,0	174,4	207,8	238,9
Knechte	640	847	1095	1310	1291				
Mägde	1195	1304	855	1983	1979				
Enken	618	649	1716	997	952				
Gesinde	2453	2800	3666	4290	4222	114,1	149,4	174,9	172,1
Handwerkerstellen	?	977	905	1005	1357	100	92,6	102,9	138,9

	II. Distrikt					Index (1756 = 100)			
	1756	1768	1778	1795	1805	1768	1778	1795	1805
Einwohner	21926	20588	22862	27739	29366	94	104	127	134
Frei- und Lehnsschulzen	—	3	7	—	—				
Ganzbauern	227	205	242	223	218				
Halbbauern	340	322	336	358	354				
Große Bauern insgesamt	567	530	585	581	572	93,5	103,2	102,5	100,9
dazu: Großkossaten	654	417	434	583	572	63,8	66,4	89,1	87,5
Bäuerliche Vollerwerbsstellen	1221	947	1019	1164	1144	77,6	83,5	95,3	93,7
Kleinkossaten	400	561	613	424	458	140,6	153,3	106,0	114,5
Kätner und Büdner	875	890	1283	1273	1509				
Altsitzer, Hausleute, Einlieger	1061	1684	1368	2119	2433				
Familienstellen der Landarmut	1936	2574	2651	3392	3942	133,0	136,9	175,2	203,6

Tabelle 147 (Fortsetzung)

	II. Distrikt					Index (1756 = 100)			
	1756	1768	1778	1795	1805	1768	1778	1795	1805
Einwohner	21 926	20 588	22 862	27 739	29 366	94	104	127	134
Knechte	728	?	752	1 120	1 149				
Mägde	1 348	?	1 323	1 857	1 843				
Enken	747	?	573	860	809				
Gesinde	2 823	?	2 648	3 837	3 801	?	93,8	135,9	134,6
Handwerkerstellen	?	936	1 028	1 068	1 447	100	109,8	113,0	154,6

	III. Distrikt					Index (1756 = 100)			
	1756	1768	1778	1775	1805	1768	1778	1795	1805
Einwohner	17 284	15 346	18 571	23 155	25 329	89	107	134	147
Frei- und Lehnsschulzen	9	4	2	7	11				
Ganzbauern	213	215	211	203	198				
Halbbauern	334	316	323	338	322				
Große Bauern insgesamt	556	535	536	548	531	96,2	96,4	98,6	95,5
dazu: Großkossaten	456	402	488	432	407	88,1	107,0	94,7	89,3
Bäuerliche Vollerwerbsstellen	1 012	937	1 024	980	938	92,6	101,2	96,8	92,7
Kleinkossaten	176	340	277	317	366	193,2	157,4	180,1	208,0
Kätner und Büdner	356	802	842	1 031	1 214				
Altsitzer, Hausleute, Einlieger	892	1 088	1 234	2 107	2 453				
Familienstellen der Landarmut	1 248	1 890	2 076	3 138	3 667	151,4	166,3	251,4	293,9
Knechte	478	296	635	953	1 040				
Mägde	588	510	893	1 324	1 325				
Enken	376	228	361	697	614				
Gesinde	1 442	1 034	1 889	2 974	2 979	71,7	131,0	206,2	206,6
Handwerkerstellen	?	595	632	840	962	100	106,2	141,2	161,7

(für 1756 und 1805: STAM, Rep. A 8, Nr. 1153;
für 1768, ZSTA II, Generaldirektorium Magdeburg, Tit. CCXVI, 1, vol. V;
für 1778, ZSTA II, Generaldirektorium Magdeburg, Tit. CCXVI, 1, vol. VII;
für 1795, ZSTA II, Generaldirektorium, Generalfinanzkontrolle, Tit. XLI, K 1, Bd. 1)

Die Schwankungen bei den Bauernstellen beruhen zum Teil darauf, daß die Rubrik der Historischen Tabellen „Witwen, so Höfen vorstehen“ unberücksichtigt bleiben mußte, da sie Bauern, Kossaten und Büdner umfaßt. Eine Aufgliederung war dabei nicht möglich. Bei der relativ kleinen Zahl von Bauernhöfen mußte sich das stärker auswirken.

Anlage Nr. 13

Tabelle 148

Getreidepreise in Magdeburg in Fünfjahresdurchschnitten zwischen 1701 und 1805 (in Reichstaler. Groschen. Pfennige)

	Weizen	Roggen	Gerste	Hafer
1701/05	15.6	12.0	8.21.5	6.15.7
1706/10	19.21.7	16.0	11.0	8.7.5
1711/15	21.9.7	19.0	14.9.6	9.9.6
1716/20	24.4.9	22.14.5	16.13.5	12.2.5
1721/25	20.12	19.1.2	12.2.5	8.15.7
1726/30	20.19.2	17.13.2	14.2.6	10.3.7
1731/35	20.9.7	16.2.5	10.20.5	9.5
1736/40	30.16.9	24.12	16.12	11.12
1741/45	23.19.2	19.7.2	14.12	9.16.9
1746/50	26.21.7	21.19.2	17.3.7	11.9.7
1751/55	25.21.7	22.2.5	15.9.7	10.12
1756/60	35.19.2	28.9.7	21.0	16.19.2
1761/65	60.9.7	53.14.5	34.14.5	25.12
1766/70	29.18	22.21.7	16.6	10.20.9
1771/75	35.20	53.12	22.19.2	15.9.6
1776/80	22.19.2	18.13.2	13.21.7	10.7.2
1781/85	30.21.7	26.20.5	19.19.2	13.7.2
1786/90	35.0	26.22.5	19.19.2	12.22.5
1791/95	36.4.9.	29.6.5	22.15.5	14.22.5
1796/1800	44.7.2	34.21.7	25.19.2	14.21.6
1801/05	72.9.7	62.4.9	47.0	33.12

(STAM, Rep. H Neindorf, Nr. 2028)

Erläuterungen: Reichstaler = 24 Groschen = 288 Pfennige. Der Münzfuß wurde in Preußen 1749 durch die Einführung des Graumannschen Münzfußes verändert. Aus der feinen Mark Silber im Gewicht von 233,8555 g wurden vorher 12 Taler, danach 14 Taler geschlagen; der Silbergehalt des Talers also verringert.

Bei den Preisen soll es sich um Martinipreise handeln. Über die Getreidepreise von Magdeburg gibt es noch eine zweite Reihe, die von 1641—1885 geht. (STAM, Rep. C 110, Kaufleute-Brüderschaft/Industrie und Handelskammer Magdeburg, Tit. XXV, Nr. 1). Diese Reihe ist nachträglich aus verschiedenen Quellen zusammengestellt worden und bringt die Werte in Mark und Pfennig. Hier wurde der Reihe aus dem Gutsarchiv Neindorf der Vorzug gegeben, da in der Reihe der Kaufleute-Brüderschaft die Preise beträchtlich unter dem liegen, was aus den zeitgenössischen Quellen als Marktpreise angegeben wurde. Beispielsweise beträgt nach der Aufstellung der Kaufleute-Brüderschaft 1805 der Weizenpreis je Wispel 97 Rt 8 Groschen, nach der Reihe aus dem Gutsarchiv Neindorf jedoch 104 Rt. Diese Preisangabe findet sich aber auch in den Akten des Generaldirektoriums (ZSTA II, Generaldirektorium Magdeburg, Tit. III, Nr. 30, vol. I). Der Weizenpreis wird hier für Oktober 1805 mit 4 Rt 14 Groschen je Scheffel angegeben (= 110 Rt). Es ist möglich, daß sich in den beiden Reihen der Unterschied zwischen Großhandelspreisen und Verbraucherpreisen zeigt.

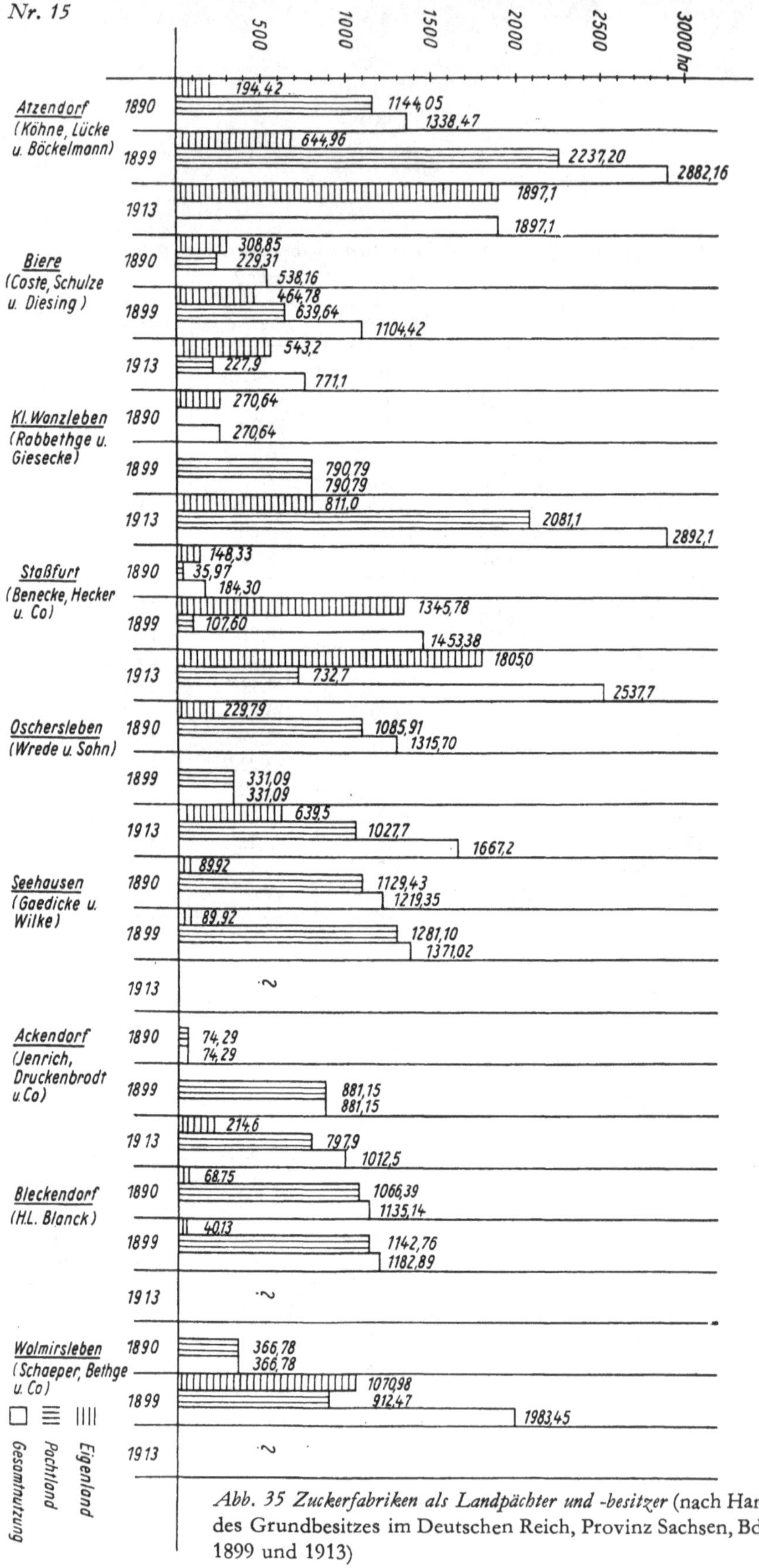

Abb. 35 Zuckerfabriken als Landpächter und -besitzer (nach Handbuch des Grundbesitzes im Deutschen Reich, Provinz Sachsen, Bd. 1890, 1899 und 1913)

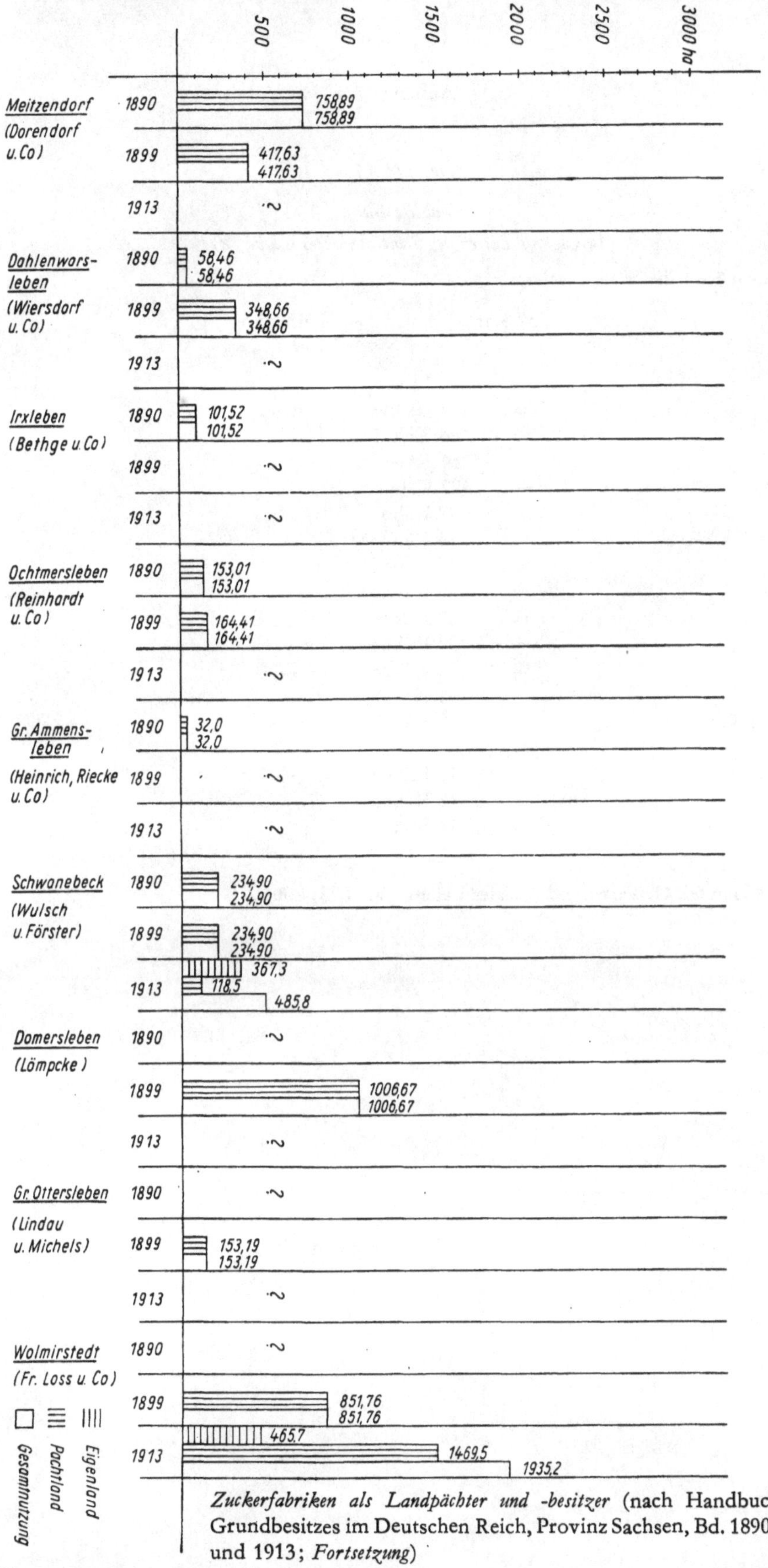

Zuckerfabriken als Landpächter und -besitzer (nach Handbuch des Grundbesitzes im Deutschen Reich, Provinz Sachsen, Bd. 1890, 1899 und 1913; *Fortsetzung*)

Anlage Nr. 14

Tabelle 149

Auszug aus Listen des Schleusenamtes Calbe 1871

Danach haben 1871 die Saale passiert:

2632 Kähne, davon 1842 beladen,
790 leer

Beladen waren u. a. mit

Steinen	=	791 Kähne
Kohle	=	184 Kähne
Holz	=	164 Kähne
Thon	=	122 Kähne
Guano	=	97 Kähne
Zucker	=	84 Kähne
m. Gütern	=	68 Kähne
Sand	=	49 Kähne
Gerste	=	37 Kähne
Lumpen	=	33 Kähne
Sirup	=	32 Kähne
Eisen	=	31 Kähne
gebranntem Kalk	=	28 Kähne
Cichorienbrocken	=	20 Kähne
leeren Fässern	=	17 Kähne
Schwefelsäure	=	13 Kähne
Cement	=	14 Kähne

(Blätter für Handel, Gewerbe und sociales Leben, Jg. 1873: 200)

Anlage Nr. 16

Aktionäre und Kapazitäten von Zuckerfabriken im Kreis Neuhaldensleben

„Unter der Firma ‚Schneidewindt & Co., Ackendorf' gründeten die Herren Mathias Schneidewindt, Andreas Jenrich, Stephan Jenrich in Ackendorf, Andr. Druckenbrodt und Mathias Druckenbrodt in Gutenswegen im Jahre 1865 die Zuckerfabrik *Ackendorf*, deren Firma heute lautet: ‚Jenrich Druckenbrodt & Co.'. Die Zuckerfabrik verarbeitete anfänglich im Durchschnitt 1200 Zentner Rüben pro Tag. 1876, 1890, 1907 fanden Erweiterungsbauten statt, so daß sie jetzt eine durchschnittliche Rübenverarbeitung von 8100 Zentner pro Tag leistet. Die Jahresrübenmenge betrug in den ersten Jahren ca. 140000 Zentner, jetzt ungefähr 400000 Zentner. Die Zuckerfabrik Ackendorf ist eine ‚Offene Handelsgesellschaft'.

Die Zuckerfabrik *Nordgermersleben*, G.m.b.H., wurde im Jahre 1872 auf Anregung des damaligen Oberamtmanns Friedrich Schroeder zu Alvensleben ins Leben gerufen. Zu den Gründern gehörten außerdem die Herren: Gutsbesitzer Heinrich Mittag, Uhrsleben, August Wolff-Dessau, Heinrich Ficke, Andreas Bäthge, Andreas Trittel, Christian Drevenstedt, Andreas-Dessau, Wilhelm Winkelmann, sämtlich zu Nordgermersleben, der Graf von Alvensleben und Udo von Alvensleben zu Erxleben, Carl Lipke, Dönstedt, H. Gummert, Groppendorf, Christ. Bäthge und Wilhelm Wolff zu Alvensleben. Die Zuckerfabrik verarbeitete zunächst 2000 Zentner Rüben täglich, war als Aktiengesellschaft gegründet und ist seit 1893 G.m.b.H. Die beste durchschnittliche Zuckerrübenernte mit 217 Zentner pro Morgen hatte diese Fabrik im Jahre 1882, im Jahre 1921, im fünfzigsten Geschäftsjahre, wurden die zuckerreichsten Rüben mit 19,962 Prozent im Durchschnitt und die beste Ausbeute erzielt. 12,07 Zentner Zuckerrüben waren in der 1. Kampagne für 1 Zentner Rohzucker erforderlich, 50 Jahre später genügten 5,5 Zentner hierzu. Seit ihrer Gründung ist die Zuckerfabrik Nordgermersleben dauernd verbessert, und ihre Einrichtung, besonders nach dem Kriege, sehr modernisiert. Die Zahl der Gesellschafter betrug 1912 = 26, heute sind 81 Landwirte Besitzer der Fabrik. Ein Büttnerscher ‚Allestrockner' wurde im Jahre 1912 aufgestellt. Die größte Rübenmenge verarbeitete diese Zuckerfabrik im Jahre 1906 mit 1044487,64 Zentner.

Die Zuckerfabrik *Eilsleben* ist in ihrer Tagesleistung von 20000 Zentner die größte Zuckerfabrik unseres Kreises. Sie wurde 1879 mit einem Aktienkapital von 400000 Mk. unter Führung des Amtsrats Oesterreich, Siegersleben, als Aktiengesellschaft gegründet. Die Tagesleistung der Fabrik, welche anfänglich 6000 Zentner Rüben betrug, konnte nach entsprechenden Umbauten 1896 auf 15000 Zentner, 1908 auf 20000 Zentner Rüben gebracht werden. Die Rübenmenge der ersten Kampagne betrug 201650 Zentner und stieg in den späteren Jahren bis 1420000 Zentner. 1892 wurde die Aktiengesellschaft in eine G.m.b.H. umgewandelt.

Am 17. März 1879 wurde die Zuckerfabrik *Schackensleben* gegründet als Aktiengesellschaft von Landwirten der Gemeinden Schackensleben, Gr.-Rottmersleben, Gr.-Santersleben, Eichenbarleben, Hundisburg, Hermsdorf und Ummendorf mit 371 Aktien à 1500 Mark. Die Umwandlung in die G.m.b.H. fand 1893 statt. In der ersten Kampagne wurden bei einer Tagesleistung von 8000 Zentner 301401 Zentner Rüben verarbeitet, und im Jahre 1901 mit 753610 Zentner Rüben die Höchstverarbeitung erreicht. Die Zuckerfabrik Schackensleben wurde im Jahre 1908 teilweise durch einen Brand zerstört, und die zerstörten Teile wurden bald wieder zeitgemäß ersetzt. Eine Schnitzeltrocknung besitzt diese Fabrik seit 1907.

Die Zuckerfabrik *Neuhaldensleben* gehört zu den neueren Zuckerfabriken, denn sie wurde erst 1883 als Aktiengesellschaft gegründet und 1884 fertiggestellt. Den ersten Vorstand bildeten die Herren C. Vibrans, Calvörde, G. Rudeloff, Neuhaldensleben, Chr. Lübke, Bülstringen, Hch. Bethge, Groß Ammensleben, C. Dauel, Alvensleben. In der ersten Kampagne konnten 320880 Zentner Zuckerrüben verarbeitet werden, während die höchste Rübenmenge im Jahre 1897 mit 1275880 Zentner erreicht wurde, bei einer Anbaufläche von zirka 7500 Morgen. Eine Schnitzeltrocknung errichtete die Zuckerfabrik Neuhaldensleben im Jahre 1908. Die Umwandlung der A.-G. in eine G.m.b.H. vollzog sich 1900.

Die Aktien-Zuckerfabrik *Alleringersleben* ist die jüngste Zuckerfabrik unseres Kreises. Sie wurde am 27. März 1889 als Aktiengesellschaft in das Handelsregister eingetragen, nachdem sie vorher gegründet war von folgenden Herren: W. Junge, W. Lüders, H. Funke aus Alleringersleben, A. Schweinhage aus Belsdorf, F. Dieckmann, F. Heicke aus Morsleben, Chr. Gerecke, damals in Gr. Bartensleben, Andr. Homann, L. Siedentopf aus Ostingersleben. Fr. Graßhoff aus Wefensleben, Andr. Wöhlbier aus Kl. Bartensleben, Hch. Heicke aus Beendorf, Fr. Danzmann aus Schwanefeld, W. Bebenroth aus Harbke, K. Köhler aus Walbeck, Fr. Behrens aus Sommersdorf und W. Müller aus Helmstedt. In der ersten Kampagne kamen 229870 Zentner Rüben zur Verarbeitung, pro Tag im Durchschnitt 5472 Zentner, während die Fabrik heute eine Tagesleistung von 11500 Zentner und darüber erreicht. Die größte Rübenmenge, 773750 Zentner, verarbeitete die Zuckerfabrik Alleringersleben 1913, die höchste Durchschnittsernte, 179,8 Zentner Rüben pro Morgen, wurde 1895 erreicht. Die Fabrik hat nicht nur im Jahre 1907 eine Schnitzeltrocknung eingebaut, sie hat auch 1919 eine besondere Blättertrocknung eingerichtet, in der alljährlich 80—100000 Zentner Rübenblätter mit Köpfen gewaschen und in zerkleinertem Zustand getrocknet werden. Es werden somit 15—20000 Zentner Trockenware gewonnen, ein von dem Vieh gern gefressenes Futter, von besonderem Vorteil für die Landwirtschaft. Die Zuckerfabrik Alleringersleben hat, vor allem in den letzten Jahren, ihren Betrieb dauernd verbessert und modernisiert. Seit 1922 ist die Herstellung von Weißzucker aufgenommen. Seit 1899 wird das Rittergut Gr. Bartensleben als Pachtung der Zuckerfabrik bewirtschaftet, und schließlich ist auch eine Ziegelei der Fabrik noch angegliedert."

(Ulrich, 1926: 17—20)

Anlage Nr. 17

Wanderung von Arbeitskräften innerhalb der Provinz Sachsen

Kreis Salzwedel:	Tagelöhner „zur Erntezeit nach der Magdeburger Börde und ins Braunschweigische von Mitte Juli—Ende August"
Kreis Gardelegen:	„kommen zur Ernte aus Thüringen für Lohn mit Kost — wandern zum Mähen nach der Börde"
Kreis Nordhausen:	„wandern im Frühjahr bis Herbst ins Magdeburgische etc."
Kreis Worbis:	„jedes Frühjahr ca. 3500 Arbeiter 6—9 Monate lang ins Magdeburgische, Halberstädtische, Braunschweigische und nach Dortmund"
Kreis Langensalza:	„in die Hallesche und Magdeburgische Gegend"

(Goltz, 1875: 222—227)

Anlage Nr. 18

Wanderung von Arbeitskräften aus Ostdeutschland in die Börde

Aus einer „Nachweisung über die im Jahre 1889 aus dem Regierungsbezirk Coeslin u. a. Gegenden zum Rüben- bzw. Kartoffelbau verzogenen landwirtschaftlichen Arbeiter" geht hervor, daß aus dem

Kreis Bublitz	15 Personen nach Neugattersleben und Salbke
Kreis Neustettin	28 Personen „in die Magdeburger Gegend zum Rübenbau" 37 Personen nach Calbe und Halberstadt 17 Personen nach „Wanzleben zum Rübenbau"
Kreis Rummelsburg	331 Personen „nach der Provinz Sachsen, in die Gegend von Magdeburg, Wanzleben und Oschersleben"

gegangen sind.

(ZSTA Merseburg, Rep. 87B, Nr. 209)

Anlage Nr. 19

Tabelle 150

Zahlen abgewanderter Landarbeiter aus verschiedenen östlichen Regierungsbezirken 1888 bis 1904

	insgesamt	davon nach Sachsen
1888		
Reg.Bez. Breslau	5114 Pers.	3517 Pers.
Reg.Bez. Oppeln (nur Krs. Wartenberg)	3498 Pers.	2390 Pers.
1889		
Reg.Bez. Breslau	5370 Pers.	3993 Pers.
Reg.Bez. Coeslin	2960 Pers.	
Reg.Bez. Oppeln	20716 Pers.	9837 Pers.
1890		
Reg.Bez. Oppeln	25467 Pers.	11510 Pers.
1894		
Reg.Bez. Bromberg	1467 Pers.	
Reg.Bez. Posen	1107 Pers.	
1900		
Reg.Bez. Danzig	7382 Pers.	
1902		
Reg.Bez. Bromberg	6471 Pers.	
Reg.Bez. Danzig	5926 Pers.	
Reg.Bez. Gumbinnen	2019 Pers.	
Reg.Bez. Oppeln	10511 Pers.	9614 Pers.
Reg.Bez. Posen	25924 Pers.	
1903		
Reg.Bez. Breslau	4280 Pers.	4186 Pers.
Reg.Bez. Bromberg	6294 Pers.	
Reg.Bez. Danzig	5658 Pers.	
Reg.Bez. Gumbinnen	2461 Pers.	
Reg.Bez. Oppeln	10625 Pers.	9892 Pers.
Reg.Bez. Posen	25690 Pers.	
1904		
Reg.Bez. Breslau	3985 Pers.	3945 Pers.
Reg.Bez. Bromberg	6884 Pers.	
Reg.Bez. Danzig	5531 Pers.	
Reg.Bez. Gumbinnen	3196 Pers.	
Reg.Bez. Königsberg	4478 Pers.	
Reg.Bez. Marienwerder	8244 Pers.	
Reg.Bez. Oppeln	11278 Pers.	10169 Pers.
Reg.Bez. Posen	25624 Pers.	

(ZSTA Merseburg, Rep. 87 B, Nr 210)

Anlage Nr. 20

Tabelle 151

Zahl der in der Provinz Sachsen beschäftigten Saisonarbeiter 1906 bis 1914

	Zugang	Abgang	Bestand am Jahresende
1906	51509 Pers.	47420 Pers.	4089 Pers.
davon i. d. Ldw.	41156 Pers.	40540 Pers.	616 Pers.
Ind. u. Bergbau	10353 Pers.	6880 Pers.	3473 Pers.
1907	58970 Pers.	54500 Pers.	4470 Pers.
Ldw.	44752 Pers.	43980 Pers.	772 Pers.
Ind.	14218 Pers.	10520 Pers.	3698 Pers.
1908	63915 Pers.	58924 Pers.	4991 Pers.
Ldw.	58851 Pers.	50018 Pers.	8833 Pers.
Ind.	13064 Pers.	8906 Pers.	4158 Pers.
1909	63426 Pers.	59972 Pers.	3454 Pers.
Ldw.	52750 Pers.	52113 Pers.	637 Pers.
Ind.	10676 Pers.	7859 Pers.	2817 Pers.
1910	64455 Pers.	60353 Pers.	4102 Pers.
Ldw.	54653 Pers.	53935 Pers.	718 Pers.
Ind.	9802 Pers.	6418 Pers.	3384 Pers.
1911	66131 Pers.	62056 Pers.	4075 Pers.
Ldw.	55219 Pers.	54799 Pers.	420 Pers.
Ind.	10912 Pers.	7257 Pers.	3655 Pers.
1912	68068 Pers.	62928 Pers.	5140 Pers.
Ldw.	54654 Pers.	53967 Pers.	687 Pers.
Ind.	13414 Pers.	8961 Pers.	4453 Pers.
1913	71165 Pers.	66596 Pers.	4569 Pers.
Ldw.	57292 Pers.	56853 Pers.	439 Pers.
Ind.	13873 Pers.	9743 Pers.	4130 Pers.
1914	74821 Pers.	22136 Pers.	52685 Pers.
Ldw.	63747 Pers.	15721 Pers.	48026 Pers.
Ind.	11074 Pers.	6865 Pers.	4209 Pers.

(ZSTA Merseburg, Rep. 87 B, Nr. 261: 1905–1919)

Anlage Nr. 21

Tabelle 152

Zahl der Saisonarbeiter im Kreis Neuhaldensleben 1900 bis 1914

	1900		1901		1902		1903		1914	
	insges.	davon weiblich	insges.	davon weiblich	insges.	davon weiblich	insges.	davon weiblich	insges.	davon weiblich
Ackendorf	19	8	17	7			42	32	72	
Althaldensleben			50	20	45	14	40		80	45
Belsdorf	55	31	51	30	42	23	35	12	62	43
Dönstedt	47	30	73	39	54	36	53	33	55	
Eilsleben							7	6		
Eimersleben	27	14	33	19	38	25	40	25	46	32
Emden	40	25							63	45
Erxleben I u. II	101	68	182	76	92	57	81	49	166	63
Groppendorf					10	5			101	61
Hakenstedt	53	20	50		33	21	63	36	122	92
Hillersleben	29	15	11	8	2	1			1	
Hundisburg	21	11	117	90	40	20			83	59
Neuhaldensleben							13	12		
Nordgermersleben	33	23	259	166	61	48	53	39	71	53
Ovelgünne							36	6	120	80
Groß Rottmersleben	4	2	29	4	27	17	20	17	43	25
Klein Rottmersleben	41	24	47	27	46	25	44	24		
Groß Santersleben	5	4	12	7	10	9	16	15	31	13
Klein Santersleben					40	28	36	25	72	
Schackensleben			14	2	9		10	6	52	34
Siegersleben	23		16		21		43	23	118	72
Tundersleben	45	24	76	46	79	47	76	47		
Uhrsleben	41	22	77	31	85	46	56	27	130	79
Ummendorf	193	99	217	127	227	136	204	129	170	114
Wormsdorf	21	12	52	33	17	12	30	17	77	33
	798	432	1383	732	978	570	998	580	1735	943

(STAM, Rep. C 30 Neuhaldensleben, Nr. 854–858)

Anlage Nr. 22

Lohnsätze für landwirtschaftliche Arbeiter in der Provinz Sachsen im Jahre 1874

1874 betragen die Lohnsätze

„für Knechte	= 30–45 Thlr. jährlich
für Enken (Kleinknechte)	= 18–30 Thlr.
für Mägde	= 16–30 Thlr.

Höher steigt der Lohn in Fabrikgegenden, z. B. für einen Knecht bis auf 60 Thlr.

Die Kost für Dienstboten wird in der Provinz Sachsen auf jährlich 90 Thlr. für eine Person berechnet.

Sie besteht mittags in warmer, in Gemüseform gekochter Speise, abends in Kartoffel- und Milchsuppe; dabei gibt's wöchentlich 3 × 1/2 Pfd. Fleisch, 14—16 Pfd. Brot und etwa 2—3 Pfd. Käse.

An vielen Orten gibt es auch verheiratetes Gesinde, wenigstens Knechte für bestimmten Sommer- und Winterwochenlohn, deren Frauen im Sommer um Tagelohn (bis 8 Sgr.) oder auch im Akkord arbeiten (12 1/2—20 Sgr. täglich). Der verheiratete Knecht erhält, solange die Feldarbeit währt, 2 1/2 Thlr., während der übrigen Zeit 2 Thlr. pro Woche; außerdem freie Wohnung, 1/2 Morgen Kartoffelland und das nötige Grünfutter für Ziegen und Schweine.

Aufseher und Hirten erhalten für ihre Familie Wohnung und Deputat, das außer einem Lohn von bezüglich 60—100 Thlr. und 50—60 Thlr. gewöhnlich in 10—14 Scheffeln Roggen, 10—12 Scheffeln Gerste, 1—2 Scheffeln Weizen, 1 Scheffel Erbsen, 1/2 Scheffel Saatkorn, 2 Schock Kohl, 2 Schock Kohlrüben, 1/2 Morgen Land, 1 freie Holzfuhre, einem halbjährigen Schweine, einem Brackschaf und freier Wohnung besteht und dessen Wert sich meisten auf 80—100 Thlr. berechnet.

Auf größeren Gütern trifft man für das ganze Jahr festangenommene Arbeiter, die gegen billigen Zins Wohnung für sich und Stallung für das Vieh (Ziegen, Schweine, sehr selten ein Stück Rindvieh) erhalten; außerdem bekommen sie 1/2 bis 1 Morgen Deputatland, freie Kohlen- und Holzfuhren; die Arbeit ist ihnen für das ganze Jahr gesichert und wird meist im Akkord verrichtet.

Ein solcher Arbeiter erhält für das Mähen eines Morgens Winterung 15—22 Sgr., eines Morgens Sommerung 6 1/4 bis 12 Sgr., eines Morgens Klee oder Gras 8 bis 12 Sgr., für das Dreschen den 14. bis 16. Scheffel.

Neben den festangenommenen Arbeitern gibt es besonders in Fabrikgegenden noch eine zahlreiche teils ansässige teils zuwandernde freie Arbeiterbevölkerung, die sich an keinen Vertrag bindet. Solche Arbeiter erhalten zwar Wohnung auf den Gütern, sind aber trotzdem unabhängig von dem Gutsherrn.

Die ansässigen freien Arbeiter erhalten z. B. bei einer 12—13std. Arbeit pro Tag für das Mähen 12 1/2—20 Sgr., bei einer 16std. Arbeit 1 Thlr.

Für die übrigen Erntearbeiten erhalten sie bei gleicher Arbeitszeit 7 1/2—15 Sgr., die Frauen 5—12 Sgr., für die Sommerarbeiten mit 11—12std. Beschäftigung 6—15 resp. 5—10 Sgr., für die Winterarbeit mit 8std. Beschäftigung 6 1/2—11 resp. 4—7 Sgr.

In Städten und Fabrikorten steigt dieser Lohn noch höher. Die zuwandernden Arbeiter erhalten neben freier Wohnung, Heizung und Licht 2× täglich warme Speisen, zum Teil auch Brot, je nach ihren Leistungen 6—10 Sgr. Tagelohn.

Durch Akkordarbeit erhält der Tagelöhner eine gewisse Freiheit im Verdienst und kann sich seine Zustände verbessern. Bisher wird er gewöhnlich nur tageweise bezahlt, der Lohn ist aber so gering, daß sich kaum eine Person davon ernähren kann."
(Beiche, 1874)

Anlage Nr. 23

Tabelle 153

A. Entwicklung der Einwohnerzahlen in einigen Städten 1871 bis 1910

	1871	1875	1880	1885	1890	1895	1900	1905	1910
Staßfurt	11727	11256	15378	20263	25551	25775	27232	25271	
Magdeburg	—	116171	149446	159531	202234	214397	229667	240661	279629
Neuhaldensleben	5331	5853	6284	7415	8657	9609	10130	10421	10774
Schönebeck	9855	10843	—	13316	14189	14816	16261	17787	19953
Calbe	11166	11173	11909	12202	—	12616	12281	12264	12088
Wolmirstedt	3885	3781	3914	3888	3868	4170	4308	4659	4780
Wanzleben	4060	3974	4142	4252	4170	4003	4062	4004	3753

B. Entwicklung der Einwohnerzahlen in einigen Magdeburger Randgemeinden 1871 bis 1910

	1871	1875	1880	1885	1890	1895	1900	1905	1910
Fermersleben	1032	1348	1398	1633	2572	3469			
Westerhüsen	4110	4932	5364	5873	7420	9120			
Groß Ottersleben	4340	4860	5396	5727	6169	6788	6788	7374	7228
Olvenstedt	3112	3360	3562	3757	4089	3904	4182	4340	4268
Rothensee	826	896	984	1127	925	1021			
Diesdorf	2165	2252	2309	2384	2520	2493	2671	2842	3003

(nach Bandoly, 1970: 74 und 93)

Anlage Nr. 24

Tabelle 154

Einwohnerzahlen in Industrieorten 1871 bis 1895

	1871	1875	1880	1885	1890	1895
Löderburg	1285	1530	1918	2801	3904	4266
Westeregeln	1678	2273	—	2220	2690	2978
Althaldensleben	2314	2449	2646	2962	3735	4018
Atzendorf	2249	2597	2833	3034	3273	3351
Förderstedt	2151	2237	2368	2666	2892	3066
Üllnitz	400	438	435	490	570	570
Tarthun	462	463	468	407	405	647
Unseburg	1852	1880	2053	2098	2276	2551
Eggersdorf	923	951	987	1021	990	1002
Neugattersleben	1339	1350	1438	1465	1474	1437
Wolmirsleben	2227	2213	2351	2244	2205	2335
Altenweddingen	2939	2895	2855	2581	2426	2503

(nach Bandoly, 1970: 75)

Anlage Nr. 25

Tabelle 155

Einwohnerzahl in Orten mit Zuckerfabrik 1871 bis 1895

	1871	1875	1880	1885	1890	1895
Ackendorf	570	627	657	733	683	674
Alleringersleben	475	468	466	484	590	545
Groß Ammensleben	1986	1912	1978	1927	1903	1951
Bahrendorf	1202	1200	1260	1270	1182	1201
Barleben	2816	2890	2880	2913	3455	3625
Bleckendorf	1408	1527	1678	1566	1711	1709
Brumby (bei Calbe)	1164	1171	1068	1096	1073	1108
Dahlenwarsleben	1386	1369	1454	1462	1425	1416
Domersleben	1624	1693	1787	1868	1908	1779

Tabelle 155 (Fortsetzung)

	1871	1875	1880	1885	1890	1895
Eichenbarleben	1252	1244	1326	1317	1255	1273
Eilsleben	1478	1640	2033	2342	2405	2426
Etgersleben	1362	1286	1382	1373	1427	1388
Irxleben	1058	1165	1251	1288	1271	1231
Meitzendorf	867	880	907	963	1035	947
Niederndodeleben	1637	1608	1984	2082	2255	2215
Nordgermersleben	996	1267	1313	1350	1394	1447
Klein Oschersleben	1028	1004	1040	1316	1165	1377
Schackensleben	861	825	975	961	1040	1112
Schermcke	1331	1452*	1490*	1125	1144	1196
Schwaneberg	1224	1150	1292	1169	1241	1198
Sülldorf	1129	1136	1164	1133	1014	868
Ummendorf	1689	1725	1752	1557	1603	1561
Klein Wanzleben	1716	1830	1878	1816	1802	1665
Welsleben	1784	1913	1933	1917	1875	1981

(nach Bandoly, 1970: 76)
* mit Domäne

Anlage Nr. 26

Tabelle 156

Einwohnerzahlen in Orten mit landwirtschaftlichem Nebengewerbe 1871 bis 1910

	1871	1875	1880	1885	1890	1895	1900	1905	1910
Dorf Alvensleben	1040	1046	1092	1073	1078	971	865	855	830
Borne	1167	1309	1359	1421	1477	1553	1547	?	1442
Eggenstedt	560	563		580	566	707			
Eickendorf	1312	1346	1486	1585	1556	1521	1509	1499	1488
Eimersleben	751	726	745	769	769	750	739	719	756
Groß Germersleben	1539	1233	1363	1392	1272	1190	1211	1106	1158
Glöthe	715	740	794	866	1081	1135	1400	1372	1302
Hillersleben	606	497*	527	487	492	570	574	611	608
Hohendodeleben	1819	1918	1999	2043	2018	1953	2012	1982	1920
Hundisburg	1079	1050	1129	1270	1327	1376	1431	1486	1444
Meyendorf	251	231	236	256	247	297	331	295	228
Osterweddingen	1431	1504	1489	1404	1314	1408	1582	1699	1660
Ostingersleben	553	563	566	545	536	567	569	593	617
Groß Santersleben	643	618	610	624	636	683	646	621	622
Vahldorf	550	537	542	585	611	641	711	766	742

(nach Bandoly, 1970: 77 und 95)
* ohne Domäne

Anlage Nr. 27

Tabelle 157

Einwohnerzahlen in Industrieorten 1900 bis 1910

	1900	1905	1910
Althaldensleben	4369	4392	4292
Altenweddingen	2303	2291	2267
Atzendorf	3584	3559	3198
Eggersdorf	1053	1083	1065
Förderstedt	3324	3431	3444
Löderburg	4921	4858	4252
Neugattersleben	1344	1437	?
Tarthun	1149	1584	1072
Üllnitz	560	573	586
Unseburg	2572	2573	2517
Westeregeln	3087	3310	?
Wolmirsleben	2486	2467	2302

(Bandoly, 1970: 95)

Anlage Nr. 28

Tabelle 158

Einwohnerzahlen in Orten mit Zuckerfabrik 1900 bis 1910

	1900	1905	1910
Ackendorf	677	639	592
Alleringersleben	611	660	737
Groß Ammensleben	1912	2004	1747
Bahrendorf	1185	1237	?
Barleben	4105	4068	3908
Bleckendorf	1785	1654	1476
Brumby (Kreis Calbe)	1107	1146	1084
Dahlenwarsleben	1415	1353	1276
Domersleben	1661	1756	1416
Eichenbarleben	1279	1177	1145
Eilsleben	2461	2462	2680**
Etgersleben*	1408	1463	1310
Irxleben	1119	1095	1058
Meitzendorf	936	958	861
Niederndodeleben	2218	2226	2167
Nordgermersleben	1458	1404	1382
Klein Oschersleben	1127	?	946
Schackensleben	1125	1055	1181
Schermke	1145	1047	922
Schwaneberg	1122	1040	847
Sülldorf*	760	774	713
Ummendorf	1541	1610	1655
Klein Wanzleben	1927	1994	2081***
Welsleben	1981	?	2000

* schon vor 1900 stillgelegt ** Eisenbahnknotenpunkt *** Rübensamenzucht (Bandoly, 1970: 96)

Anlage Nr. 29

Tabelle 159

Einwohnerzahlen in Orten mit ausschließlicher Landwirtschaft 1871 bis 1910

	1871	1875	1880	1885	1890	1895	1900	1905	1910
Kreis Calbe									
Gnadau	567	600	630	619	573	546	571	635	535
Löbnitz	269	283	276	289	351	348	396	498	394
Pömmelte	524	517	555	565	576	702	905	930	966
Tornitz	601	586	562	529	512	555	541	529	516
Werkleitz	372	361	361	404	428	415	560	573	586
Kreis Neuhaldensleben									
Belsdorf	479	459	477	428	481	452	460	503	543
Bornstedt	745	777	778	757	694	703	629	624	598
Brumby	69	68	75	67		92	102	98	84
Dönstedt	348	343	346	335	381	381	347	312	295
Emden	642	665	653	488*	488	687	714	663	683
Erxleben	1821	1580*	1572*	1570*	1538*	1778	1773	1734	1711
Groppendorf	319	311	311	327	273	357	342	300	283
Hakenstedt	907	872	906	941	905	898	868	878	868
Ovelgünne	270		262	275	327	263	356	342	290
Groß Rottmersleben	863	859	832	827	831	952	912	911	811
Klein Rottmersleben	41	35	45	57		40	63	66	40
Klein Santersleben	339	340	338	257	245	428	377	382	358
Siegersleben	482	480	521	510	493	497	491	569	478
Tundersleben	201	213	226	232	218	228	220	202	173
Uhrsleben	?	?	?	696	725	752	733	789	668
Wedringen	699	733	706	726	719	751	714	781	770
Wefensleben	715					691	708	702	769
Wormsdorf	871	918	920	944	930	918	901	912	917
Kreis Wanzleben									
Beyendorf	417	412	359	376	416	444	588	586	
Bottmersdorf	632	611	660	716	699	631	666	646	583
Dodendorf	615	590	575	536	574	656	691	748	786
Klein Germersleben	450	474	493	484	567	543	481	476	494
Klein Ottersleben	1649	1604	1673	1751	1869	1778	1778		2009
Klein Rodensleben	751	671	722	712	699	708	700	707	613
Peseckendorf	150	191	199	237	278	250	255	276	279
Remkersleben	862	852	1097**	972**	1005**	1259**	962	889	1033***
Schleibnitz	508	531	567	566	604	618	566	631	552
Sohlen	401	452	567	604	624	670	663	631	618
Stemmern	530	510	485	441	440	466	409	388	356
Kreis Wolmirstedt									
Klein Ammensleben	651	621	620	594	555	556	556		562
Drackenstedt	644	672	780	769	798	864	865	824	809
Dreileben	1246	1329	1437	1364	1319	1211	1196	1153	1189

Tabelle 159 (Fortsetzung)

	1871	1875	1880	1885	1890	1895	1900	1905	1910
Druxberge	885	910	953	986	958	876	825	775	734
Ebendorf	?	954	959	937	1005	1031	1033	1058	979
Groß Rodensleben	1488	1520	1552	1523	1500	1519	1417	1398	
Gutenswegen	1005	992	1027	1054	1100	1091	1029	963	923
Hermsdorf	714	695	722	733	719	726	691	656	590
Hohenwarsleben	789	779	782	783	792	771	764	705	688
Jersleben	428	424	428	416	406	440	415	385	423
Mammendorf	321	332	337	370	364	367	325	323	283
Wellen	1019	966	898	898	869	874	854	836	827

(nach Bandoly, 1970: 78, 79, 97 und 98)
* ohne Gut
** mit Gut Bergen
*** wahrscheinlich mit Saisonarbeitern

Anlage Nr. 30

Tabelle 160

Jahresausgabebudget einer ländlichen Arbeiterfamilie im Magdeburgischen (um 1875)

	Thlr.	Sgr.	Pfg.
Wohnung (Miete)	18	—	—
15 Tonnen Braunkohle à 20 Sgr.	10		
Holzspäne z. Anheizen à Woche 5 Sgr.	8	20	
Fleisch à Woche 5 Pfd. à $3^1/_2$ Sgr.	30	10	
Schmalz	6		
Brotkorn à Woche $^1/_2$ Scheffel = 1 Thlr. 5 Sgr.	60	20	
Kartoffeln 1 Wispel à 20 Sgr.	16		
Ziegenmilch à Tag $^1/_2$ Maas = 8 Pfg.	8	3	4
Kleidung d. Hausvaters	17	1	
dem Barbier	1		
Kleidung d. Mutter	8	7	6
desgl. f. 2 Knaben	20	10	
desgl. f. 1 Mädchen	5	14	7
Schulgeld f. 2 Kinder	1		
Schulutensilien		27	3
Bettwerk u. Leinen instandhalten	5		
Kaufmannswaaren	70	19	
Haus- u. Küchengerät	1		
Steuern	1		
Krankenkasse	1	18	9
Vergnügen u. Gastfreundschaft	3		
	289 Thlr.	149 Sgr.	29 Pfg.
	rd. 295 Thlr. = 885,– M		

(Goltz, 1875: 488)

Anlage Nr. 31

Tabelle 161

Preise in Neuhaldensleben im Jahre 1877

	Mark
Milchsemmel (180 g)	0,10
Wassersemmel (150–200 g)	0,10
Milchbrot (150–180 g)	0,10
1 Pfd. Pflaumenmus	0,22
5 Pfd. "	1,00
1 Pfd. Schmalz	0,60–0,65
1 Pfd. Bienenhonig	1,00
1 Pfd. Karpfen	0,80
1 Pfd. Karauschen	0,60
1 Wispel Eßkartoffeln	36,–
1 Krammetsvogel	0,06
1 Pfd. Linsen	0,15
1 Liter Milch	0,13
1 Liter Steinöl	0,25
1/4 Pfd. gebrannter Kaffee	0,37
1 Pfd. grüne Seife	0,25
1 Paket Paraffinkerzen	0,55
1 Flasche Bier (je nach Art)	0,11–0,25
1 Zentner Braunkohlensteine	0,55

(Wochenblatt für die Kreise Neuhaldensleben, Gardelegen und Wolmirstedt, Jg. 1877)

Anlage Nr. 32

Tabelle 162

Durchschnittspreise der wichtigsten Lebens- und Futtermittel in Magdeburg im August 1901

Im Großhandel	Mark
pro Tonne Weizen	166,–
Roggen	144,–
Gerste	158,–
Hafer	143,–
gelbe Erbsen	200,–
weiße Speisebohnen	270,–
Linsen	370,–
Eßkartoffeln	55,30
Richtstroh	60,–
Heu	80,–
Rindfleisch	1025,–

Im Kleinhandel		Mark
pro Kilo	Rindfleisch (Keule)	1,45
	Rindfleisch (Bauch)	1,25
	Schweinefleisch	1,30
	Kalbfleisch	1,30
	Hammelfleisch	1,30
	Räucherspeck	1,60
	Eßbutter	2,37
	Schweineschmalz	1,55
	Weizenmehl	0,30
	Roggenmehl	0,27
	1 Schock Eier (60 Stck.)	3,20

(Blätter für Handel, Gewerbe und sociales Leben, Jg. 53, 1901: 296)

Hainer Plaul

Historische Maße — Gewichte — Münzen
Zusammenstellung und Umrechnungen

MASSE

Längenmaße

1 Zoll = 0,02615 m
1 Elle = 25,5 Zoll = 0,66694 m
1 (Werk-)Fuß = 12 Zoll = 0,31385 m
1 (Feld-)Fuß = 14,4 Zoll = 0,3767 m [1]
1 preußische Meile = 7532,485 m
1 deutsche Meile = 7500 m [2]

Flächenmaße

1 Quadratrute = 14,1846 m²
1 Morgen = 180 Quadratruten = 2553,225 m² [3]
1 Hufe (Magdeburg) = 30 Morgen = 5400 Quadratruten = 76596,75 m²

Raummaße

1 Metze = 3,435 l
1 Scheffel = 16 Metzen = 54,9615 l
1 Wispel = 24 Scheffel = 384 Metzen = 1319,0 l[4]
1 Tonne (Kohle, Salz, Kalk usw.) = 4 Scheffel = 219,846 l
1 Fuder (Wein, Branntwein) = 824,422 l
1 Fuder (Holz) = 1/3 bis 1 Klafter[5]
1 Himten (Hannover) = 31,152 l (1 preußischer Scheffel = 1,76432 Himten)
1 Himten (Braunschweig) = 31,1447 l (1 preußischer Scheffel = 1,76741 Himten)
1 Himten (Öbisfelde) = 34,55 l
1 Wispel (Öbisfelde) = 40 Himten = 1382,0 l

[1] Proportion: 5 Feldfuß = 6 Werkfuß

[2] In Art. 4 der Maß- und Gewichtsordnung für den Norddeutschen Bund vom 17. 8. 1868 (Einführung des metrischen Systems) wurde 1 deutsche Meile zu 7500 m (7,5 km) festgelegt. Diese Ordung trat mit dem 1. 1. 1872 in Kraft, doch war ihre Anwendung bereits vom 1. 1. 1870 an gestattet.

[3] Gemeint ist der Magdeburgische Morgen, der in Preußen als allgemeines Länder-Flächenmaß eingeführt wurde.

[4] Der (Berliner) Wispel (früher auch Winspel) zu 24 Scheffeln war vor allem im Großhandel und bei Eisenbahnfrachten gebräuchlich; bei Weizen, Roggen, Gerste, Erbsen und Ölsamen wurde er zu 25, bei Hafer jedoch zu 26 Scheffeln gerechnet. Vgl. hierzu J. C. Nelkenbrechers ... Taschenbuch, 1871: 75.

[5] In Berlin, dessen Maße damals in der Regel allgemein für Preußen Gültigkeit hatten, rechnete man um 1788 das Stadtfuder Holz zu 1 Klafter, das große Bauerfuder zu 2/3 Klafter und das kleine Bauerfuder zu 1/3 Klafter. Nach Gerhardt, 1788: 281. — Im Magdeburgischen war die Klafter „ein aufgesetzter Holzstoß von 5 bis 6 Fuß hoch und breit, und 4 bis 5 Fuß lang". Nach Gerhardt, 1788: 264.

Zähl-Stückmaße

1 Schock = 60 Stück
1 Stiege (Getreidestiege) = 20 Stück

Gewichte

1 preußisches Pfund = 32 Loth = 128 Quentchen = 467,711 g
1 Pfund Zollgewicht = 30 Loth Zollgewicht = 300 Quentchen Zollgewicht = 500 g[6]
1 kleiner Stein (Wolle) = 11 preußische Pfund = 5144,821 g
1 schwerer Stein (Wolle) = 22 preußische Pfund = 10289,642 g
1 preußischer Centner = 5 schwere Stein = 10 leichte Stein = 110 preußische Pfund = 51,448 kg
1 Zentner Zollgewicht = 100 Pfund Zollgewicht = 50 kg[7]
1 Doppelzentner (dz) = 200 Pfund = 100 kg (heute: Dezitonne [dt] = 0,1 Tonne)
1 Tonne = 20 Zentner = 2000 Pfund = 1000 kg
1 Magdeburger Scheffel Roggen (1788) = 75 bis 83 preußische Pfund
1 Fuder (Heu) = etwa 15 Zentner[8]

Münzen

1 guter Groschen (gGr.) = 12 Pfennig[9]
1 Taler (Reichstaler) = 24 gute Groschen = 288 Pfennig[10]
1 Silbergroschen (Sgr.) = 12 Pfennig[11]
1 Taler (Preußisch Courant) = 30 Silbergroschen = 360 Pfennig = 3 Mark[12]
1 Friedrichsd'or = 5 Taler (Gold) = 5 Taler 20 Silbergroschen Preußisch Courant[13]
1 Mark (M) = 100 Pfennig[14]

[6] Proportion: 100 Pfund Zollgewicht = 106,904 preußische Pfund bzw. 100 preußische Pfund = 93,5 Pfund Zollgewicht. — Das Zollgewicht war vom 1. 1. 1840 an in allen Mitgliedsstaaten des Deutschen Zollvereins eingeführt. Allerdings wurde es anfangs zumeist nur zwecks Zollerhebung angewandt. Erst seit dem 1. 7. 1858 wurde es nach und nach zum allgemeinen Landesgewicht für die damaligen Staaten des Deutschen Zollvereins erhoben.

[7] Vgl. dazu unter Anm. 6. Nach Inkrafttreten der Maß- und Gewichtsordnung vom 17. 8. 1868 — vgl. unter Anm. 2 — erlangte der Zollzentner als deutscher Zentner allgemeine Gültigkeit. Durch Gesetz vom 11. 7. 1884 wurden Zentner und Pfund als gesetzliche Größen abgeschafft.

[8] Vgl. S. 183, Anm. 46.

[9] In Preußen hatte diese Münze offiziell bis 1821 Gültigkeit. Vgl. auch Anm. 11.

[10] Vom 16.—18. Jh. als Währungsmünze in Deutschland verbreitet; im Laufe des 19. Jh. durch den preußischen Taler ersetzt. Vgl. auch unter Anm. 12.

[11] Der Silbergroschen wurde in Preußen im Jahre 1821 anstelle des bisherigen „guten Groschen" eingeführt. Mit dem 1. 1. 1876 (Einführung der Markwährung) hörte im Deutschen Reich die Rechnung nach Groschen auf.

[12] Der preußische Taler, der im 19. Jh. den bisherigen Reichstaler als Währungseinheit verdrängte, wurde nach Einführung der Markwährung (1. 1. 1876) für 3 Mark (Gold) gehandelt und 1907 durch das 3-Mark-Stück ersetzt.

[13] Diese Münze war auch als doppelter Friedrichsd'or zu 11 Taler 10 Silbergroschen Preußisch Courant und halber Friedrichsd'or zu 2 Taler 25 Silbergroschen Preußisch Courant verbreitet.

[14] Mit Gesetz vom 4. 12. 1871 und 9. 7. 1873 wurde mit dem 1. 1. 1876 im Deutschen Reich die Markwährung eingeführt. Sie war eine Goldwährung (Reichsmünzgesetz vom 9. 7. 1873); die Silbermünzen (zu 1, 2 und 5 Mark, zu 50 Pfennig und bis Ende 1885 auch zu 20 Pfennig) hatten die Eigenschaft von Scheidemünzen. — Im Oktober 1923 (Ende der Inflation) wurde vorübergehend zur Sanierung der Währung die Rentenmark ausgegeben (1 Rentenmark = 1 Billion bisherige Reichsmark); durch Münzgesetz vom 30. 8. 1924 wurde die Reichsmark (RM) als deutsche Währungseinheit eingeführt (1 kg Feingold = 2790 RM); sie blieb gültig bis zur

Literatur: Gerhardt, 1788: 262—284; J. C. Nelkenbrechers ... Taschenbuch, 1815: 40—46, 196; Kudraß, (1840): 5—11; Rust, (1853): 1, 4—5, 16—17, 24—25, 38—39, 42—43, 48—49; J. C. Nelkenbrechers ... Taschenbuch, 1871: 57—60, 73—79, 327; Brockhaus, 1898: IV, 33—34; Brockhaus, 1898: VIII, 397; Brockhaus, 1898: XI, 606; Brockhaus, 1898: XV, 739—740.

Währungsreform im Juni 1948. In der DDR wurde zu diesem Zeitpunkt die Deutsche Mark (DM) als „DM der Deutschen Notenbank" gesetzliches Zahlungsmittel (1964—1967 in Mark der Deutschen Notenbank [MDN] umbenannt); seit 1967 Mark (M) der Deutschen Demokratischen Republik.

Worterläuterungen

Ackermann; auch: Hüfner, Hufenbauer, Ackerleute, Vollspänner

In der Magdeburger Börde im Spätfeudalismus übliche Bezeichnung für einen großen Bauern (Vollbauern) mit mindestens 4 Hufen Landbesitz und einem vollen Pferdegespann (4 Pferden). Der Begriff wurde noch bis ins letzte Drittel des 19. Jh. für einen Großbauern verwendet.

Allodifikationen

Durch vertragliche oder gesetzliche Maßnahmen erfolgte Umwandlungen ursprünglich an die Rechte der Lehnsherren gebundener Lehnsverhältnisse in freies, verfügbares Eigentum. Das Lehen wird zur Ware.

Alluvionen

Jüngste geologische Fluß-Ablagerungen (Schotter, Aulehm).

Altenteil

Zumeist schriftlich fixierter Umfang der Natural-, Dienst- und Geldleistungen, die der Eigentümer einer Bauernstelle seinen Eltern gegenüber zu erfüllen hat.

Altsitzer

In der Magdeburger Börde übliche Bezeichnung für den ehemaligen Eigentümer einer Bauernstelle, der seinen Hof bereits den Nachkommen vererbt oder verkauft hat, aber gewöhnlich noch im Hause mitwohnt und vom Nachfolger weitgehend versorgt werden muß.

Anger

Innerhalb oder am Rande des Dorfes gelegene ursprünglich in Gemeinschafts-(Gemeinde-)Besitz befindliche Fläche (Platz), auf der mehrfach die Gemeindebauten errichtet wurden.

Anspänner

Im 18. und 19. Jh. in der Magdeburger Börde mehrfach verwendete Bezeichnung für einen Vollspänner, d. h. einen Bauern mit mindestens einem vollen Pferdegespann aus 4 Pferden. Vgl. Ackermann.

Bauern

Im Feudalismus Grundklasse der Gesellschaft. In der Magdeburger Börde sind im 18. Jh. den Besitz- und Rechtsverhältnissen entsprechend folgende Hauptgruppen zu unterscheiden:

- große Bauern mit mindestens 4 Hufen Landbesitz sowie Spanndienst-, Abgabe- und Grundsteuerverpflichtungen (Ackerleute, Vollspänner),
- mittlere Bauern mit gewöhnlich 2 Hufen Landbesitz sowie Spanndienst-, Abgabe -und Grundsteuerverpflichtungen (Halbspänner),

— kleine Bauern mit etwa einer Hufe Landbesitz sowie Handdienst-, Abgabe- und Grundsteuerverpflichtungen (Groß-Kossaten).

Im Laufe des kapitalistischen Differenzierungsprozesses spaltet sich die Bauernschaft auf. Wir unterscheiden seitdem:

— Großbauern mit etwa 20—100 ha Landbesitz (anfangs z. T. noch Ackermann, später allgemein Ökonom, Bauerngutsbesitzer genannt),
— Mittelbauern mit etwa 5—20 ha Landbesitz (anfangs z. T. noch Halbspänner, später auch Ökonom oder Landwirt genannt),
— Kleinbauern mit etwa 2—5 ha Landbesitz (anfangs z. T. noch Großkossat, später zumeist Landwirt genannt).

Besömmerung

Totale oder partielle Nutzung der Brache durch den Anbau von Feldfutterkräutern, Hackfrüchten und Handelsgewächsen; beginnt im 16. Jh., verstärkt im 18. Jh., Höhepunkt in der 1. Hälfte des 19. Jh.; bereitet den Übergang zur Fruchtwechselwirtschaft vor.

Büdner

Mindestens seit dem Spätfeudalismus übliche Bezeichnung für den Besitzer eines kleinen Hauses („Bude"); siehe auch Häusler.

Darre

Technische Anlage zum Trocknen (Darren) von Obst, Gemüse, Malz, Samen und anderem Erntegut, so besonders auch von Zichorie.

Degradation

Abwandlung charakteristischer Merkmale eines Bodentyps infolge von Änderungen des Klimas oder der Vegetation bzw. von menschlichen Eingriffen; oft mit Qualitätsminderungen verbunden.

Denudation

Flächenhafte Abtragung des Verwitterungsmaterials der Erdoberfläche (im Gegensatz zur linear wirkenden Erosion, etwa der Flüsse).

Dismembration

Im Gefolge der bürgerlichen Agrarreformen mögliche vollständige oder teilweise Aufteilung von Bauerngütern, wobei sowohl kapitalistische Gutsbesitzer als auch Groß- und Mittelbauern und selbst Kleinstellenbesitzer als Käufer des Landes auftreten können (Bestandteil des kapitalistischen Differenzierungsprozesses).

Dränung

System unterirdisch verlegter Hohlstrecken, der Dräne (z. B. Tonrohren), zur Bodenentwässerung und gleichzeitigen Regelung des Wasser- und Lufthaushaltes im Boden.

Dreiviertelspänner (Spitzspänner)

Im 18. und 19. Jh. üblicher behördlicher Begriff für einen Bauern mit einem Gespann aus 3 Pferden und entsprechendem Landbesitz (gewöhnlich etwa 3 Hufen).

Eggendiener

Im Spätfeudalismus regional auch in der Magdeburger Börde übliche Bezeichnung für mittlere Bauern (etwa 2 Hufen).

Einlieger (Miethling, Mieter)

Mindestens seit dem 18. Jahrhundert übliche behördliche Bezeichnung für jenen Teil der Dorfbevölkerung, der bei Hauseigentümern zur Miete wohnt (einliegt); zumeist landwirtschaftliche Lohnarbeiter, aber auch Handwerksgesellen u. a.

Enke (auch: Encke)

In der Magdeburger Börde im 18. und 19. Jahrhundert übliche Bezeichnung für einen Jungknecht, der sich im Anlernverhältnis befindet und gewöhnlich nicht den vollen Knechtslohn erhält; siehe auch Gesinde.

Erntediener

Im 18. und zum Teil noch im 19. Jahrhundert vereinzelt auch in der Magdeburger Börde verwendete Bezeichnung für land- und hausbesitzlose Lohnarbeiter; vgl. Einlieger.

Esparsette (Onobrychis Viciifolia)

Schmetterlingsblütler, mehrjährige Futterpflanze mit tiefgehender Pfahlwurzel, wichtig als Pferdefutter.

Flurzwang

Bis zur Durchsetzung des Kapitalismus in der Landwirtschaft allgemein übliche, sich aus der in Gemengelage (siehe dort) befindlichen Flurstücke der einzelnen Bauern einer Gemeinde ergebene Verpflichtung zur einheitlichen Bewirtschaftung des gesamten Ackerlandes, einschließlich der Weidenutzung.

Freigut

Aus der Feudalzeit stammende Bezeichnung zur Kennzeichnung jener, gewöhnlich mit vier und mehr Hufen ausgestatteten Bauernstellen, die durch ihre rechtlich bessere Stellung (zumeist ganz oder weitgehend frei von feudalen Abgaben und Dienstverpflichtungen) gekennzeichnet waren; auch Freihof, Sattelhof, Freisassenhof und anders bezeichnet.

Gemeinheitsteilung

Aufteilung der vordem von den Mitgliedern der Dorfgemeinde kollektiv oder wechselseitig genutzten Flächen und Überführung der Parzellen in Privateigentum unter Aufhebung der früher damit verbunden gewesenen Rechtsansprüche. Im Rahmen der Gemeinheitsteilungen wurden auch die Gerechtigkeiten (Hutungs-, Streu-, Holz-Sammelrechte u. a.) neu geregelt. Als entscheidender Bestandteil der Agrarreformen führten die Gemeinheitsteilungen zur Flurbereinigung und förderten den Proletarisierungsprozeß von Teilen der Dorfbevölkerung (siehe auch Separation).

Gemengelage

Zerstreute („im Gemenge" befindliche) Lage der einzelnen Flurstücke der Bauern innerhalb eines Gewannes; siehe dort.

Geophyten

Pflanzen mit unterirdischen Speicherorganen wie Knollen, Rhizomen oder Zwiebeln.

Gesinde (Knechte, Mägde, Enken)

Gruppe von landwirtschaftlichen Lohnarbeitern, die über einen längeren, fest bestimmten Zeitraum hinweg mehr oder weniger eng in die Wirtschaft desjenigen Unternehmers („Herrschaft") integriert waren, bei dem sie in „Dienst" standen. In soziologischer Hinsicht ist zwischen ledigen

Knechten und Mägden (ohne eigenen Haushalt) und verheiratetem Gesinde (in der Regel mit eigenem Haushalt) zu unterscheiden. Grad, Umfang und Charakter der Einbindung des Gesindes in den Betrieb seiner „Dienstherrschaft" war durch ein spezielles System von Rechtsvorschriften, die Gesindeordnung (1918 aufgehoben), geregelt. Im Feudalismus existierte sowohl Zwangsgesinde als auch — durch Kontrakt gebunden — freies Feudalgesinde, worunter jene Knechte und Mägde zu verstehen sind, die nach Ableistung des Gesindezwangsdienstes im Gesindedienst verblieben. Im Kapitalismus erfolgte der Eintritt in das Gesindeverhältnis dagegen ausschließlich auf der Grundlage eines im juristischen Sinne freiwillig eingegangenen Kontraktes. Während im Feudalismus die ledigen Gesindepersonen von ihrer „Dienstherrschaft" gewöhnlich Kost und Wohnraum, zumindest aber die Schlafstätte, außerdem — als Teil des Lohnes — Naturalien und etwas Geld, nicht selten auch eine Ackerparzelle (Kartoffelkabel, Flachskabel usw.) zur Nutzung erhielten, löste sich unter kapitalistischen Bedingungen diese Entlohnungsweise immer mehr zugunsten der reinen Geldlöhnung auf (Kostgeld anstelle der Beköstigung, Verminderung des Naturallohnanteils usw.).

Gewann

Unter den Bedingungen der Mehrfelderwirtschaft (Zwei-, Drei- oder Vierfelderwirtschaft) war das Feld in Gewanne geteilt. Innerhalb jedes Gewannes hatte ursprünglich jeder Bauer eine oder mehrere Parzellen, die mit der Parzelle der Nachbarn im Gemenge lagen, um eine relative ökonomische Gleichheit zu wahren.

Glaukonit

Grünes, körniges Mineral, Eisen-Aluminium-Silikat, mit wechselndem Kaliumoxydanteil.

Gleyböden

Böden, deren Eigenschaften vom hoch anstehenden Grundwasser bestimmt werden; in Niederungen und Talauen vorkommend.

Gutsbesitzer

Nicht immer eindeutig verwendeter Begriff für Inhaber größerer landwirtschaftlicher Betriebe. In der Regel für Inhaber landwirtschaftlicher Großbetriebe über 100 ha, für Besitzer von Rittergütern und z. T. auch von Großbauernstellen gebraucht.

Halbspänner

In der Magdeburger Börde im Spätfeudalismus übliche Bezeichnung für einen mittelgroßen Bauern (Halbbauern) mit gewöhnlich 2 Hufen Landbesitz und einem halben Pferdegespann (2 Pferde). Der Begriff wird noch bis zum Ende des 19. Jh. auch für den Mittelbauern verwendet.

Halophyten

Auf salzhaltigen Böden gedeihende, zumeist dickfleischige Pflanzen.

Häusler (Hausleute)

Mindestens seit dem 18. Jahrhundert übliche, behördliche Bezeichnung für die Eigentümer eines kleinen dörflichen Anwesens, das normalerweise lediglich aus dem Haus bestand, zumeist aber zudem mit etwas Hof- und Gartenland ausgestattet war. Sie konnten sowohl in der Landwirtschaft als auch im gewerblichen und später im industriellen Bereich tätig sein.

Immediatstädte

Verfassungsrechtlicher Begriff für spätfeudale Städte in Preußen, die ohne Einschaltung einer lokalen, feudalen Zwischeninstanz (Amt, Gutsherrschaft) der landesherrlichen Verwaltung direkt unterstanden (Steuerrat in Preußen).

Isohyete

Verbindungslinie zwischen Orten mit gleicher Niederschlagsmenge während eines bestimmten Zeitabschnitts.

Kabel (Flachskabel, Kartoffelkabel)

Regional gebräuchliche Bezeichnung für kleine Flurstücke (Parzellen).

Kätner

Regional, in der Magdeburger Börde aber relativ selten angewandter Begriff für den Eigentümer eines Hauses (einer Kate) mit geringem Landbesitz; vgl. auch Häusler, Büdner.

Kossat (Kossäth)

Auch in der Magdeburger Börde mindestens seit dem 18. Jahrhundert übliche Bezeichnung für einen zu Handdiensten verpflichteten kleinen Bauern (Kleinstellenbesitzer). Man unterschied zumeist zwei Gruppen: *Groß- oder Ganze Kossaten*, die bis zu einer Hufe Landbesitz haben und zumeist von ihrer Stelle existieren konnten; im Kapitalismus bildeten sie den Hauptteil der Kleinbauern. *Klein- oder Halbe Kossaten*, die neben ihrer geringen eigenlandwirtschaftlichen Tätigkeit stets auf zusätzliche Lohnarbeit sowohl in der Landwirtschaft als auch im gewerblichen Bereich bzw. in der Industrie angewiesen waren. Dem sozialen Status des Häuslers ähnlich (siehe dort).

Leguminosen

Hülsenfrüchtler, Ordnung der zweikammblättrigen Pflanzen mit der bekannten Familie der Schmetterlingsblütengewächse (Fabaceae), dazu gehören u. a.: Erbse, Bohne, Lupine und Wicke.

Mediatstädte

Verfassungsrechtlicher Begriff für spätfeudale Städte in Preußen, die der Landesherrschaft und ihren Institutionen nicht direkt, sondern nur mittelbar durch Vermittlung einer Zwischeninstanz (z. B. Amt, Domänenamt, Gutsherrschaft) unterstanden.

Nahrung (Ackernahrung)

Ursprünglich wurde mit Hilfe dieses Begriffs die Größe einer Bauernstelle bestimmt, die eine Familie ohne zusätzlichen Nebenerwerb ernähren konnte. Seit dem 19. Jh. wurde er zunehmend zu einer behördlichen Bezeichnung zur Unterscheidung der verschiedenen Bauernstellen; man unterschied spannfähige Nahrungen (Groß- und Mittelbauern) und nichtspannungsfähige Nahrungen (Kleinbauern).

Nematoden

Klasse der Rundwürmer mit wichtigen Pflanzenschädlingen, besonders bekannt das Rübenälchen (Rübennematode) als Parasit der Zuckerrübe.

Ökonom (Oeconom)

Seit dem letzten Drittel des 19. Jh. gebräuchliche Selbstbezeichnung für Inhaber landwirtschaftlicher Großbetriebe, die auch von wirtschaftsstarken Groß- und Mittelbauern zur Selbstaufwertung ihrer sozialen Stellung übernommen wurde.

Patrimonialjustiz (Patrimonialgerichtsbarkeit)

In der Feudalzeit von allen lokalen Feudalgewalten (Grund- und Gutswirtschaften sowie geistigen Korporationen) ausgeübte niedere Gerichtsbarkeit; in Preußen im Gefolge der Revolution von 1848/49 durch das Gesetz von 1850 aufgehoben.

Phänologie

Die Wissenschaft von den Entwicklungsstadien bei Pflanzen und Tieren in Abhängigkeit vom Witterungsverlauf des jeweiligen Jahres.

Rendzina (Humuskarbonatboden)

Flachgründiger, humoser Boden über kalkreichem Untergrund.

Rotation (Feldrotation)

Folge der Kulturen im Ackerbau.

Separation (Flurbereinigung)

Ende des 18. Jahrhunderts einsetzende, besonders durch die bürgerlichen Agrarreformen geförderte Aktion zur Flurbereinigung durch Zusammenlegung der vordem zerstreut und z. T. weit voneinander entfernt gelegenen einzelnen Grundstücke eines Besitzers. Vgl. Gewann, Gemeinheitsteilung.

Spitzspänner

Siehe Dreiviertelspänner.

Stapelrecht

Das Recht einiger Städte im Mittelalter, auswärtige Kaufleute beim Vorbei- bzw. Durchzug zum Verkauf ihrer Waren (in Magdeburg für drei Tage) zwingen zu dürfen. In Magdeburg im Jahre 1824 (?) aufgehoben.

Subhastation

Zwangsversteigerung.

Trift

Das Treiben von Vieh auf die Weide; oft auch als Synonym für Weide und Herde verwendet. Bis zu den bürgerlichen Agrarreformen des 19. Jh. durch feudale und genossenschaftliche Ordnungen geregelt (Hutungsrechte und Triftgerechtigkeiten).

Turnips

Wasserrübe (Brassica rapa rapifera), Kreuzblütengewächs, einjährige Futterpflanze, wichtig als Beigabe für Schaf- und Rindviehfutter, existiert in zahlreichen, sehr verschiedenen Varietäten.

Vergleyte Böden

Siehe Gleyböden.

Vollspänner

Siehe Ackermann.

Vorflut

Möglichkeit, das Wasser mit natürlichem Gefälle in Vorflutern, z. B. Gräben, oder durch künstliche Hebung, z. B. mittels Schöpfwerken, abzuführen.

Vorwerk

In der Regel ein mit einem Hauptgut verbundener Filialbetrieb, der zur Bewirtschaftung entfernt liegender Ländereien errichtet wurde; konnte verpachtet werden. Im Feudalismus besaßen die Vorwerke keine Rittergutsqualität.

Zichorie (Cichorium intybus, Var. sativium)

Korbblütengewächs, aus der Wegwarte hervorgegangen. Seit der Mitte des 18. Jh. wurde, besonders im Magdeburger Raum, die Wurzel nach dem Trocknen und Rösten (vgl. Darre) zur Gewinnung von Kaffee-Ersatz bzw. -Zusatz genutzt; ansonsten Grünfutter.

Tabellenverzeichnis

Abbildungsverzeichnis

Quellen- und Literaturverzeichnis

1. *Quellen*

Zentrales Staatsarchiv, Historische Abteilung II, Merseburg (ZSTA II)

Generaldirektorium, Abteilung 5 (Generalfinanzkontrolle)
Generaldirektorium, Abteilung 15 (Magdeburg)
Generaldirektorium, Abteilung 16 (Halberstadt)
Rep. 77 (Ministerium des Innern)
Rep. 87 (Ministerium für Landwirtschaft, Domänen und Forsten)
Rep. 120 (Ministerium für Handel und Gewerbe)
Rep. 164a (Landesökonomie-Collegium)

Staatsarchiv Magdeburg (STAM)

Rep. A 3b (Domkapitel Magdeburg, Syndikat)
Rep. A 3c (Domkapitel Magdeburg, Lehnsregistratur)
Rep. A 4a (Stift St. Gangolphi in Magdeburg)
Rep. A 7 (Magdeburgische Kriegs- und Domänenkammer, Präsidialregistratur)
Rep. A 8 (Magdeburgische Kriegs- und Domänenkammer, Generalia I)
Rep. A 9c (Magdeburgische Kriegs- und Domänenkammer, Ämterarchiv) III (Amt Alvensleben), X (Amt Calbe), XXVII (Amt Wanzleben)
Rep. C 20I (Oberpräsidium der Provinz Sachsen, Allg. Abt.)
Rep. C 28I (Regierung Magdeburg, Präsidialabt.)
Rep. C 30 (Landratsämter und Kreiskommunalverwaltungen) Calbe, Neuhaldensleben, Wanzleben
Rep. C 48I (Regierung Merseburg, Präsidialabt.)
Rep. C 68I (alt) (Eisenbahngesellschaft Magdeburg)
Rep. C 110 (Industrie- und Handelskammern) Magdeburg
Rep Da (Altpreußische Ämter vor 1807) Alvensleben, Athensleben, Diesdorf, Wanzleben
Rep. Dc (Altpreußische Patrimonialgerichte) Falkenstein, Kleinottersleben, Wanzleben
Rep. H (Gutsarchive) Alvensleben, Barby, Bodendorf, Erxleben, Harbke, Hohenthurm, Hundisburg, Kalbe (Milde), Langenstein, Meyendorf, Neindorf, Ostrau, Rogätz, Wanzleben

Staatsarchiv Potsdam (STAP)

Pr. Br. Rep. 37 (Adlige Herrschaften und Güter) Plattenburg-Wilsnack
Pr. Br. Rep. 78 (Kurmärkische Lehnskanzlei)

Staatsarchiv Schwerin (STAS)

Altes Archiv

Stadtarchiv Magdeburg

Rep. A I (Altstadt, 1632—1806/07)
Rep. A II (Altstadt, 1806/07—1906/07)

Betriebsarchiv der Zuckerfabrik Klein Wanzleben (BAKW)

Bericht zur Feier des 25jährigen Bestehens der Zuckerfabrik Klein-Wanzleben, vorm. Rabbethge & Giesecke A.-G., 1910.
Geschäftsberichte 1885ff.
Lizenzverträge der Zuckerfabrik Klein-Wanzleben.
Ortsbesichtigung durch den Kreisarzt am 25. Oktober 1901.
Rübensamenverkäufe der Zuckerfabrik Klein-Wanzleben.
Sitzungen des Betriebsrates v. 9. Oktober 1923.
Werkwohnungsbenutzung durch nichtlandwirtschaftliche Arbeiter.

Betriebsarchiv des VEB Schwermaschinenbau „Ernst Thälmann", Magdeburg

Nr. E 203.

Betriebsarchiv des VEB Schwermaschinenbau „Karl Liebknecht", Magdeburg

Nr. 3418 und Nr. 3684.

Kreisheimatmuseum Ummendorf (Kreismuseum des Kreises Wanzleben)

Gründungsakte der Zuckerfabrik Klein Wanzleben.

Akademie der Wissenschaften der DDR, Institut für Wirtschaftsgeschichte

Statistische Darstellung des Kreises Wolmirstedt pro 1862—1864 (handschriftlich)

Zentralinstitut für Geschichte, Wissenschaftsbereich Kulturgeschichte/Volkskunde

Fragebogenmaterial zum Forschungsvorhaben „Magdeburger Börde".

Deutsche Staatsbibliothek Berlin

Kartenabteilung: Topographische Karten 1:25000, Handzeichnungen zu den Meßtischblättern (sog. Urmeßtischblätter)

1. Meßtischblatt Nr. 2030, Erxleben, 1823, 1857/58,
2. Meßtischblatt Nr. 2031, Neuhaldensleben, 1823, 1858,
3. Meßtischblatt Nr. 2032, Wolmirstedt, 1823, 1858,
4. Meßtischblatt Nr. 2097, Hötensleben (Badeleben), 1823, 1857,
5. Meßtischblatt Nr. 2098, Seehausen (Eilsleben), 1823, 1857,
6. Meßtischblatt Nr. 2099, Groß Rodensleben (Eichenbarleben), 1823, 1857,
7. Meßtischblatt Nr. 2100, Magdeburg, 1822, 1858,
8. Meßtischblatt Nr. 2165, Oschersleben, 1822, 1857,
9. Meßtischblatt Nr. 2166, Wanzleben, 1822, 1857,
10. Meßtischblatt Nr. 2167, Groß Ottersleben (Dodendorf), 1822, 1858,
11. Meßtischblatt Nr. 2168, Schönebeck, 1842, 1858,
12. Meßtischblatt Nr. 2236, Egeln, 1822, 1852,
13. Meßtischblatt Nr. 2237, Atzendorf, 1822, 1852,
14. Meßtischblatt Nr. 2238, Calbe a. d. S., 1852,
15. Meßtischblatt Nr. 2239, Barby, 1852,
16. Meßtischblatt Nr. 2310, Staßfurt, 1852,
17. Meßtischblatt Nr. 2311, Nienburg, 1852.

Topographische Karten 1:25000, Druckfassungen der Meßtischblätter, etwa 1920 bis 1940.

2. Literatur

ABEL, WILHELM: Geschichte der deutschen Landwirtschaft vom frühen Mittelalter bis zum 1967 19. Jahrhundert, 2. Aufl. Stuttgart (= Deutsche Agrargeschichte, hg. von Günther Franz, Bd. 2).

ABEL, WILHELM: Landwirtschaft 1648 bis 1800. In: Handbuch der deutschen Wirtschafts- und Sozial- 1971 geschichte, hg. von Wolfgang Born und Hermann Aubin, Bd. 1. Stuttgart.

ACHARD, FRANZ CARL: Ausführliche Beschreibung der Methode, nach welcher bei der Kultur 1799 der Rübe verfahren werden muß, um ihren Zuckerstoff nach Möglichkeit zu vermehren und sie so zu erhalten, daß sie mit Vorteil zur Zuckerfabrikation angewandt werden kann. Berlin.

ACHARD, FRANZ CARL: Die europäische Zuckerfabrikation aus Runkelrüben, in Verbindung mit 1809 der Bereitung des Brandweins, des Rums, des Essigs und eines Coffee-Surrogats aus ihren Abfällen. Leipzig.

ACKERMANN, H.: Die Familie Andrae. In: Montagsblatt. Beilage zur Magdeburgischen Zeitung, 1934 Jg. 1934.

Adreßbuch für Magdeburg und Umgebung. Ausgabe 1910, Teil IV. 1910

ALTENBURG, O.: Pommersche Provinzial-Zuckersiederei, 1817—1917. Denkschrift zu ihrem hun- (1917) dertjährigen Bestehen. (Stettin).

ALTERMANN, MANFRED: Quartärgeologische und bodenkundliche Untersuchungen an weichsel- 1968 zeitlichen äolischen Deckschichten im Gebiet Sachsen-Anhalt. (Diss., Fak. f. Forstwirtschaft, Technische Universität). Dresden.

AMMAN, R.: Harbke im Wandel der Zeiten. Bilder aus seiner Geschichte (Ms., vorh. im STAM). 1955

Amtliches Wanzleber Kreisblatt
1879 Jg. 1879, z. B. Nr. 58, 102.
1880 Jg. 1880, z. B. Nr. 66, 114.
1885 Jg. 1885, z. B. Nr. 110.

Annalen der preußischen Staatswirtschaft und Statistik, Bd. I, H. 1 und 2. 1804

Arbeiten der Deutschen Landwirtschafts-Gesellschaft, H. 168. In: Die Deutsche Landwirtschaft- 1910 liche Pflanzenzucht. Berlin.

Archiv für Landes- und Volkskunde der Provinz Sachsen und des Herzogtums Anhalt nebst 1891 ff. angrenzenden Landesteilen. I—XXIX. Halle.

ASMUS, HELMUT: Die ökonomischen Kämpfe der Magdeburger Arbeiter 1899—1906, Bd. II 1968 (Phil. Diss.). Berlin.

ASMUS, HELMUT (Hg.): Geschichte der Stadt Magdeburg. Berlin. 1975

ASSMANN, RICHARD: Das Klima von Magdeburg. In: Magdeburg, Festschrift für die Mitglieder 1884 und Teilnehmer der 57. Versammlung Deutscher Naturforscher und Ärzte. Magdeburg.

Atlas Deutsche Demokratische Republik.
1976 Hg.: Akademie der Wissenschaften der DDR, 1. Lieferung. Gotha/Leipzig.

AUGUST, OSKAR: Magdeburger Börde. In: Handbuch der naturräumlichen Gliederung Deutsch- 1959 lands, 6. Lieferung. Remagen.

BAENSCH, PAUL (Hg.): Heimatbuch des Kreises Wanzleben. Wanzleben. 1928

BALDAMUS, ALFRED: Chronik der Familie Baldamus. Köln (Manuskriptdruck). 1894

BANDOLY, SIEGLINDE: Bauern und andere dörfliche Schichten in der Magdeburger Börde vom
1970 Ausgang des 18. Jahrhunderts bis zum ersten Weltkrieg. Demographischer Aufriß der Bevölkerungsstruktur in einem Agrargebiet 1860 bis 1914 (Dipl. Arbeit, Humboldt-Universität). Berlin.

BAUMGARTEN, KARL/RACH, HANS-JÜRGEN: Jahrestagungen des „Arbeitskreises für Haus- und
1973 Siedlungsforschung" in Magdeburg (6. bis 8. 6. 1971) und Rodewisch/ Vogtland (4. bis 6. 6. 1972). In: JfVK, Bd. 16 (N. F., Bd. 1). Berlin, S. 211 bis 213.

BAXA, JACOB: Die Zuckererzeugung 1600—1850. Jena.
1937

BAXA JACOB/BRUHNS, GUNTWIN: Zucker im Leben der Völker. Eine Kultur- und Wirtschafts-
1967 geschichte. (West-)Berlin.

BECKER, A.: Die geologischen Verhältnisse und die Vorgeschichte von Hohenerxleben. Sonder-
1924 abdruck aus „Staßfurter Zeitung", Nr. 103.

BEHRE, OTTO: Geschichte der Statistik in Brandenburg-Preußen bis zur Gründung des königlichen
1905 statistischen Bureaus. Berlin.

BEHREND, M.: Magdeburger Großkaufleute, Lebensbilder. Magdeburg.
1906

BEICHE, EDUARD: Heimatskunde der Provinz Sachsen für Lehrer und Lernende. Wittenberg.
1869

BEICHE, EDUARD: Die Grundsteuer-Beträge (pro Morgen) in den Gemeinde- und Gutsbezirken
1873 der Provinz Sachsen. In: Blätter für Handel, Gewerbe und sociales Leben, Jg. 25. Magdeburg.

BEICHE, EDUARD: Die Provinz Sachsen und ihr Boden in Hinsicht auf den jetzigen Zustand und
1874 die Entwicklung der landwirtschaftlichen Verhältnisse nebst einer weiteren Behandlung der landwirtschaftlichen Produkte aus dem Pflanzenbereich. Delitzsch.

BENSING, FRIEDRICH: Der Einfluß der landwirtschaftlichen Maschinen auf Volks- und Privat-
1897 wirtschaft (Nat.-math. Diss.). Heidelberg.

BERGHAUER, JOHANN CHRISTIAN FRIEDRICH: Magdeburg und die umliegende Gegend,
1800 Theil I. Magdeburg.
1801 Theil II. Magdeburg.

BERGNER, HEINRICH: Beschreibende Darstellung der älteren Bau- und Kunstdenkmäler des
1911 Kreises Wolmirstedt. Halle a. d. S.

Bericht der Zucker-Enquete-Kommission, Bundesrat, Session von 1883/84, zu Nr. 41, Anlagen,
1884 Bd. IV, Referate und Korreferate der Mitglieder der Kommission. (o. O.).

Bericht des Bauerngutsbesitzers Bähr in Kleingraupe über eine Reise nach der Provinz Sachsen.
1849 In: ZLCV, Bd. 6, Sp. 333—334.

Bericht „Die Rübenzucker-Industrie im Zollverein in den Campagnen 1848/49 u. 1849/50."
1851 In: ZVRI, Bd. 1. Berlin.

Bericht über den Geschäftsgang von Handel, Industrie und Schiffahrt. Sachverständigenberichte,
1895ff. hg. v. d. Handelskammer in Magdeburg, Jgg. 1895ff.

BERTHOLD, RUDOLF: Zur Entwicklung der deutschen Agrarproduktion und der Ernährungs-
1974a wirtschaft zwischen 1907 und 1925. In: JfWG, Teil 3. Berlin, S. 83—111.

BERTHOLD, RUDOLF: Zur sozialökonomischen Struktur des kapitalistischen Systems der deutschen
1974b Landwirtschaft zwischen 1907 und 1925. In: JfWG, Teil 4. Berlin, S. 105—125.

Beyträge zur Aufhebung der Gemeinheiten und Verbesserung der Landwirthschaft, von einer
1775 ökonomischen Gesellschaft im Magdeburgischen. Erste Sammlung. Brandenburg.
1780 desgl. Vierte Sammlung.

BIELEFELDT, KARL: Das Eindringen des Kapitalismus in die Landwirtschaft unter besonderer
1910 Berücksichtigung der Provinz Sachsen und der angrenzenden Gebiete (Phil. Diss.). Berlin.

BIRK, GERHARD: Der Groß Ottersleber „Fachverein“ unter den Bedingungen des Sozialistengesetzes. In: JfVK, Bd. 19 (N. F., Bd. 4), Jg. 1976. Berlin, 135—152.
1976

BITTERMANN, KARL: Die landwirtschaftliche Produktion in Deutschland 1800—1950. In: Kühn-Archiv, Bd. 70.
1956

Blätter für Handel, Gewerbe und sociales Leben (= Beilage zur Magdeburgischen Zeitung),
1873 Jg. 25. Magdeburg
1890 Jg. 42. Magdeburg
1901 Jg. 53. Magdeburg.

BLUME, ERNST: Beiträge zur Siedelungskunde der Magdeburger Börde. In: Archiv für Landes-
1908 und Volkskunde der Provinz Sachsen nebst angrenzenden Landesteilen, Jg. 18. (Halle/S.), S. 1—109.

BLUME, ERNST: Beiträge zur Siedlungskunde der Magdeburger Börde. In: Mitteilungen des Säch-
1908a sisch-Thüringischen Vereins für Erdkunde zu Halle, Jg. 32.

BLUME, ERNST: Die Magdeburger Börde im Wandel der Zeit. In: Heimat-Kalender für die Börde,
1925 Jg. 2. (Burg b. M.), S. 33—39.

BLUME, ERNST: Magdeburg und der Magdeburger Raum. Magdeburg (= Magdeburger Kultur-
1939 und Wirtschaftsleben, H. 20)

BLUME, I.: Der Regierungsbezirk Magdeburg, hg. von Karl von Seydlitz, 1:200000. (STAM,
1823 Allgem. Kartensammlung).

BOCK, FRANZ: Heimatkunde des Kreises Neuhaldensleben. Neuhaldensleben.
1921

BOCK, FRANZ: Geschichte des Dorfes Emden im Kreise Neuhaldensleben. Neuhaldensleben.
1938

BÖER, WOLFGANG: Vorschlag einer Einteilung des Territoriums der Deutschen Demokratischen
1966 Republik in Gebiete mit einheitlichem Großklima. In: Zeitschrift für Meteorologie, Bd. 17. Berlin, S. 267—275.

BORCHARD, H.: Zur Lage der ländlichen Arbeiter im Magdeburgischen. In: Archiv für Landes-
1891 und Volkskunde der Provinz Sachsen nebst angrenzen den Landesteilen. Halle.

BRENNENSTUHL, GÜNTER: Zur gegenwärtigen Flora der Erdfälle beim Bahnhof Brumby-Emden.
1969 In: Jahresschrift des Kreismuseums Haldensleben, Bd. 10, S. 72—94.

Brockhaus' Konversations-Lexikon. 14. vollst. neubearb. Aufl. Leipzig—Berlin—Wien.
1898

BRÜNING, HERBERT: Periglazial-Erscheinungen und Landschaftsgenese im Bereich des mittleren
1959 Elbetales bei Magdeburg (= Göttinger Geographische Abhandlungen, H. 23).

BÜHLING, A.: Geographisch-statistisch-topographisches Handbuch des Regierungsbezirkes
1864 Magdeburg. Magdeburg.

BURCHARD, ALBRECHT: Magdeburg und die Börde. In: Geographische Zeitschrift, Jg. 35. Leipzig/
1929 Berlin, S. 198—210.

CARSTED, SAMUEL BENEDIKT: Atzendorfer Chronik. Hg.von der Historischen Kommission für
1928 die Provinz Sachsen und für Anhalt, bearb. von Eduard Stegmann. Magdeburg.

CRAMER, H.: Mittheilungen über den Bergbau im ehemaligen Erzbisthum Magdeburg. In: Blätter
1890 für Handel, Gewerbe und sociales Leben, Jg. 42. Magdeburg.

CRANZ, CARL: Bemerkungen auf einer vorzüglich in landwirtschaftlicher Hinsicht im Sommer 1801
1805 durch einen Theil von Schwaben, des Elsasses, der beiden rheinischen Kreise, dann Ober- und Niedersachsens angestellten Reise mit beigefügten Notizen über verschiedene Natur-Gegenstände, Kunstprodukte, polizeiliche Anstalten und Anlagen, Theil I. Leipzig.
1805 desgl. Theil II. Leipzig.

CROWELL, J. F.: The sugar situation in Europe. In: Political Science Quarterly.
1899

DAGOTT, ERICH: Die Entwicklung der Gemeinheitsteilung in Deutschland (Jur. Diss.). Königs-
1934 berg.

DAMMER, BR./BARSCH, O./DIENEMANN, W./WIEGERS, F.: Erläuterungen zur geologischen Karte
1924 von Preußen und benachbarten Bundesstatten. Blatt Atzendorf. Berlin.

DANNEIL, FRIEDRICH: Beitrag zur Geschichte des magdeburgischen Bauernstandes,
1895 Teil I: Der Kreis Wolmirstedt. Halle.
1898 Teil II: Die Geschichte des magdeburgischen Bauernstandes bis 1680. Halle.

Darstellung der Runkel-Rüben-Zucker-Industrie in der näheren Umgebung von Magdeburg.
1844 In: Annalen der Landwirtschaft in den Königlich Preußischen Staaten, Bd. 4.

DEMOS. Internationale ethnographische und folkloristische Informationen, hg. von R. Wein-
1960ff. hold und B. Weißel. Berlin.

Denkschrift betreffend die statistischen Verhältnisse, die allseitige Entwicklung und die Verwal-
(1860) tung des Kreises Wanzleben. (Z. B. in: STAM, Rep. H Neindorf, Nr. 2303). o. O. (Wanzleben).

Denkschrift zum 75jährigen Bestehen des Vereins der Deutschen Zucker-Industrie. Berlin.
1925

DENNSTEDT, J. A.: Anweisung, wie der Landwirth Zucker-, Runkel- u. andere Rüben auf vortheil-
1836 hafteste Weise erbauen kann. Sangerhausen—Leipzig.

Deutsche Geschichte in Daten. Berlin.
1967

Deutsche Literaturzeitung, Bd. 86. Berlin.
1965

DIENEMANN, W./ASSMANN, P./WIEGERS, F.: Erläuterungen zur geologischen Karte von Preußen
1923 und benachbarten Bundesstaaten, Blatt Groß-Rodensleben. Berlin.

DOBERT, W.: Die Provinz Sachsen. Für den Unterricht in der Heimatskunde bearbeitet. Leipzig
1872 (5. Aufl. = 1882; 9. Aufl. = 1893).

DÖLLING, I.: Kulturtheorie als angewandter historischer Materialismus. In: Deutsche Zeitschrift
1975 für Philosophie, H. 3, S. 440—451.

Dorfchronik Klein-Wanzleben (Handschrift). (o. O.).
o. J.

EBELING, MAX: Stadt Egeln und Umgebung in Bildern aus der Vergangenheit und Gegenwart.
1903 Egeln.

EICHHOLTZ, DIETRICH: Junker und Bourgeoisie vor 1848 in der preußischen Eisenbahngeschichte.
1962 Berlin.

Einhundert Jahre Buckau-Wolf. Die Geschichte unseres Hauses von 1838 bis 1938. Magdeburg.
o. J.

Einige Nachrichten von dem gegenwärtigen Zustande der Landwirtschaft und insbesondere den
1850 landwirtschaftlich-technischen Gewerben in der Königlich Preußischen Provinz Sachsen. Magdeburg (Zur 13. Versammlung der Forst- und Landwirte Deutschlands).

Elbstrom, Der, sein Stromgebiet und seine wichtigsten Nebenflüsse. Hg.: Königliche Elbstrom-
1898 bauverwaltung zu Magdeburg, 3 Textbände, 1 Karten- und Tabellenband. Berlin.

ELSNER, J. G.: Die deutsche Landwirthschaft nach ihrem jetzigen Stande dargestellt. Bd. I und II.
1830/31 Tübingen.

ENGEL, ERNST: Die Sterblichkeit und die Lebenserwartung im preußischen Staate und besonders
1861a in Berlin. In: Zeitschrift des königlich preußischen statistischen Bureaus, Bd. 1.

ENGEL, ERNST: Die Viehhaltung im preußischen Staate. In: Zeitschrift des Königlich preußischen
1861b statistischen Bureaus, Bd. 1, S. 215–231.

ENGELS, FRIEDRICH: Der Status quo in Deutschland. Berlin (= MEW, Bd. 4, 1. Auflage).
1959 (1847)

ENGELS, FRIEDRICH: Revolution und Konterrevolution in Deutschland. Berlin (= MEW, Bd. 8,
1960 (1851) 1. Auflage).

ENGELS, FRIEDRICH: Über den Verfall des Feudalismus und das Aufkommen der Bourgeoisie.
1962 (1894) Berlin (= MEW, Bd. 21, 1. Auflage).

ENGELS, FRIEDRICH: Die Rolle der Gewalt in der Geschichte. Berlin (= MEW, Bd. 21, 1. Auf-
1962 (1895/96) lage).

ENGELS, FRIEDRICH: Ergänzung und Nachtrag zum III. Band des ‚Kapital'. Berlin (= MEW,
1964 (1895/96) Band 25, 1. Auflage).

EYTH, MAX: Die Entwicklung des landwirtschaftlichen Maschinenwesens in Deutschland, Eng-
1893 land und Amerika. Berlin.

FABER, KURT: Die Salzstellen und die Salzflora von Osterweddingen und Sülldorf. Ummendorf
1960 (= Veröffentlichungen des Kreisheimatmuseums des Kreises Wanzleben zur Geschichte von Natur und Gesellschaft des Kreises Wanzleben, Bd. 2).

Fabrikordnung für das Friedrich-Krupp-Gruson-Werk in Magdeburg-Buckau vom 24. Februar
o. J. 1894. Magdeburg.

FACH: Neulandgewinnung in Gr. Ammensleben. Ein geschichtlicher Rückblick. In: Heimat-
1937 blatt für das Land um obere Aller und Ohre, Nr. 13, Jg. 1937. Neuhaldensleben.

Familien-Zeitung: Praktischer Ratgeber für Haus und Familie. Unterhaltungsblatt des Central-
1901 ff. Anzeigers. I–X. Magdeburg.

Festschrift anläßlich des 50jährigen Bestehens des Statistischen Amtes der Stadt Magdeburg.
1935 Magdeburg.

Festschrift des Königlich Preußischen statistischen Bureaus, Teil II, Tabellen und Übersichten.
1905 Berlin.

FEUCHT, WERNER/FISCHER, HANS EBERHARD/FÜRSTE, WOLFGANG/KRAFT, MANFRED/WINTER,
1968 PAUL: Die Zuckerrübe. Wittenberg-Lutherstadt. (= Die Neue Brehm-Bücherei, H. 387).

FIEDLER, GERHARD: Altes aus der Börde. Nach familiengeschichtlichen Aufzeichnungen zusam-
1939 mengestellt. Magdeburg.

FIEDLER, WALTER: Über die Reichstagswahlen im Kreis Wanzleben von 1871 bis 1907 (Manu-
1963 skript, 61 S., im Kreisheimatmuseum Ummendorf). (o. O.).

FIEDLER, WALTER: Über die Reichstagswahlen im Kreis Wanzleben von 1871 bis 1907. In: Wissen-
1964 schaftliche Zeitschrift des Pädagogischen Instituts Magdeburg, H. 2/3, S. 6–9. Magdeburg.

FISCHER, EKKEHARD: Magdeburg zwischen Spätabsolutismus und bürgerlicher Revolution.
1966 Untersuchungen zur Wirtschafts-, Bevölkerungs- und Sozialstruktur einer preußischen Festungs- und Provinzstadt in der zweiten Hälfte des 18. und zu Beginn des 19. Jahrhunderts (Phil. Diss.). Halle.

FISCHER, G.: Die Entwicklungsbedingungen des landwirtschaftlichen Maschinenwesens und seine
1910 Bedeutung für die Landwirtschaft. In: Die Entwicklung des landwirtschaftlichen Maschinenwesens in Deutschland. Festschrift zum 25jährigen Bestehen der Deutschen Landwirtschafts-Gesellschaft. Berlin (= Arbeiten der Deutschen Landwirtschafts-Gesellschaft, H. 177).

FLEGEL, RUDOLF: Die Verbreitung der Bodenerosion in der Deutschen Demokratischen Repu-
1958 blik, mit mehrfarbiger Übersichtskarte 1:500000. Leipzig (= Bodenkunde und Bodenkultur 6).

FUHLROTT, J.: Die wirtschaftliche Entwicklung der Maschinenindustrie in Magdeburg unter
1923 besonderer Berücksichtigung der Herkunft der Arbeiterschaft (Phil. Diss.). Leipzig.

FÜLLNER, K.: Festschrift zum 50jährigen Bestehen der Zuckerfabrik Eilsleben 1879–1929.
1929 Eilsleben.

Fünfundsiebzig Jahre Zuckerfabrik Erdeborn, 1865–1940 (Festschrift). (o. O.).
o. J. (1940)

Fünfzig Jahre Aktiengesellschaft Consolidierte Alkaliwerke Westeregeln. 1881–1931. Magde-
1931 burg.

Fünfzig Jahre Magdeburger Statistik, 1885–1935. Magdeburg.
1935

Geologische Karte der DDR 1:500000, Karte der quartären Bildungen, 2. Andruck.
1972

Geologische Übersichtskarte von Deutschland 1:200000,
1928 87 Braunschweig,
1928 88 Magdeburg,
1936 101 Dessau.

GERHARDT, M. R. B. (Bearb.): Handbuch der Deutschen Münz-, Maaß- und Gewichskunde,
1788 für Kaufleute und andere, welche von der ehemaligen und gegenwärtigen Deutschen Münzverfassung, von Wechselcoursen und ihrem Pari in Silber, desgleichen von Maaßen, Gewichten, nebst andern dazu gehörigen Dingen, Nachricht haben wollen. Berlin.

Gesamtübersicht über die Bestände des Landeshauptarchivs Magdeburg,
1954 Bd. I. Halle.
1955 Bd. II. Halle.
1961 Bd. III, 1 Halle.
1960 Bd. IV. Halle.

Gesamtübersicht über die Bestände des Staatsarchivs Magdeburg (Landeshauptarchiv Magdeburg),
1972 Bd. III, 2: Behörden und Institutionen in der Provinz Sachsen 1815/16 bis 1944/45. Halle.

Geschichte der deutschen Arbeiterbewegung,
1966 Bd. I. Berlin.
1966 Bd. II. Berlin.

Geschichte, Die, unseres Hauses. Maschinenfabrik Buckau R. Wolf AG. Magdeburg.
(1936)

Geschichtliche und erläuternde Notizen über die Eisengießerei und Maschinenfabrik von H. Gru-
o. J. son in Magdeburg-Buckau. (o. O.).

Geschichtsblätter für Stadt und Land Magdeburg. Mitteilungen des Vereins für Geschichte und
1866 ff. Altertumskunde des Herzogtums und Erzstifts Magdeburg. I–LXXIV. Magdeburg.

Geschichtsquellen der Provinz Sachsen und angrenzender Gebiete, lig. von der historischen Commission der Provinz Sachsen.
1892 Bd. 26.
1899 Bd. 38.

Geschichtsquellen der Provinz Sachsen und des Freistaates Anhalt, neue Reihe, Bd. 6.
1928

Gewässerkundliches Jahrbuch der Deutschen Demokratischen Republik, Abflußjahr 1965 (1. Nov.
1969 1964 bis 31. Okt. 1965). Bearb. und hg. vom Institut für Wasserwirtschaft. Berlin.

GIECK, GÜNTER: Die Grundwasseranreicherung in der Letzlinger Heide. In: Wasserwirtschaft –
1961 Wassertechnik, Jg. 11. Berlin, S. 397–403.

GIESAU, H.: Geschichte des Provinzialverbandes von Sachsen 1825–1925. Merseburg.
1926

GLADE, H.: Elbschiffahrt in 12 Jahrhunderten. In: Natur und Heimat, Jg. 1961, H. 8.
1961

GLESERMAN, G.: Lebensweise und ideologischer Kampf. In: Einheit, H. 6, S. 572–582. Berlin.
1975

GOEBEL/FRICKE/SCHULTE: Das Königliche Solbad zu Elmen. Festschrift zur Hundertjahrfeier
1902 seines Bestehens, 1802–1902. Leipzig.

GÖTZE, OTTO: E. W. Arnoldi, ein Förderer des deutschen Rübenzuckers. Gotha.
1928

GOLDSCHMIDT, S.: Die Landarbeiter in der Provinz Sachsen, sowie den Herzogtümern Braun-
1899 schweig und Anhalt. Tübingen.

GOLTZ, THEODOR, Freiherr v. d.: Die Lage der ländlichen Arbeiter im Deutschen Reich. Berlin.
1875

GOLTZ, THEODOR, Freiherr v. d.: Geschichte der deutschen Landwirtschaft, Bd. II. Berlin.
1903

GRINGMUTH, H.: Die Behördenorganisation im Herzogtum Magdeburg. Halle.
1934

GRINGMUTH-DALLMER, HANNS (Bearb.): Gesamtübersicht über die Bestände des Landeshaupt-
1961 archivs Magdeburg, Bd. III/1. Halle.

GROHSE, BERNHARD: Bodenerosionskartierung eines typischen Bereichs im mitteldeutschen Löß-
1950 gebiet. In: Zeitschrift für Acker- und Pflanzenbau, Jg. 92. Hamburg, S. 238–260.

GROSSMANN, FRIEDRICH: Die ländlichen Arbeiterverhältnisse in der Provinz Schleswig-Holstein
1892 (exkl. Kreis Herzogtum Lauenburg), den Provinzen Sachsen (exkl. der Kreise Schleusingen und Ziegenrück) und Hannover (südl. Teil), sowie den Herzogtümern Braunschweig und Anhalt. In: Die Verhältnisse der Landarbeiter. Leipzig (= Schriften des Vereins für Socialpolitik, LIV, Bd. 2.).

GROTKASS, RUDOLF E.: Die Rübenzuckerfabrikation im Magdeburgischen. Ihre Geschichte
1925 während der Kontinentalsperre unter der französisch-westfälischen Herrschaft und weiter bis zum Jahre 1820. In: Zeitschrift des Vereins der Deutschen Zuckerindustrie, Jg. 62.

GROTKASS, RUDOLF E.: Die Zuckerfabrikation im Magdeburgischen, ihre Geschichte vor und
(1927) während der Kontinentalsperre sowie weiter bis zum Jahre 1827, dem Beginn der neuen Periode. In: Magdeburgs Wirtschaftsleben in der Vergangenheit, Bd. 2. Magdeburg.

GROUVEN, HUBERT: Salzmünde. Berlin.
1866

GRÜTZMACHER, A. W.: Das Klima von Magdeburg. In: Festschrift zur Feier des 25jährigen Stif-
1894 tungstages des Naturwissenschaftlichen Vereins zu Magdeburg, Teil 2, S. 41–72.

GUMPERT, LOTHAR: Physische Geographie von Magdeburg und Umgebung. Ummendorf (= Die
1973 Magdeburger Börde, Bd. 7).

GUTKNECHT, PAUL: Studien über die technische Organisation der Landwirtschaft in der Börde
1907 und in den angrenzenden Gebieten unter dem Einfluß des intensiven Hackfruchtbaus (Phil. Diss. Gießen, 1906). Berlin.

GUTZMANN, ERWIN/SZEWCZYK, WERNER: Erfahrungen und Probleme der Leitung der gesell-
1975 schaftswissenschaftlichen Arbeit. In: Einheit, H. 2. Berlin.

Haack-Kreiskarten 1:100000, Stadtkreis Magdeburg und Kreis Wolmirstedt, Kreis Haldens-
um 1965) leben, Kreise Wanzleben und Staßfurt, Kreis Schönebeck.

HAGELBERG, GERHARD B.: Zur Rolle der Rübenzuckerindustrie bei der Intensivierung der Land-
1972 wirtschaft in Deutschland im 19. Jahrhundert. In: JfWG, Teil 4. Berlin.

HAGELBERG, GERHARD B./MÜLLER, HANS-HEINRICH: Kapitalgesellschaften für Anbau und Ver-
1974 arbeitung von Zuckerrüben in Deutschland im 19. Jahrhundert. In: JfWG, Teil 4. Berlin.

HAGER, KURT: Aufgaben der Gesellschaftswissenschaften. In: Einheit, H. 2. Berlin.
1975

HAHN, HANS: Matthias Christian Rabbethge. In: Mitteldeutsche Lebensbilder, Bd. 4. Magdeburg.
1929

Handbuch der Naturschutzgebiete der Deutschen Demokratischen Republik, Bd. III: Bezirke Mag-
o. J. (1973) deburg und Halle (Saale). Leipzig—Jena—Berlin.

Handbuch der Provinz Sachsen,
1844 1843. Magdeburg.
1854 1854. Magdeburg.
o. J. (1865) 1865. Magdeburg.
o. J. (1877) 1877. Magdeburg.
1889 1889. Magdeburg.

Handbuch des Grundbesitzes im Deutschen Reiche. Nach amtlichen und authentischen Quellen
1885 bearb. v. P. Ellerholz. I. Das Königreich Preußen. V. Lieferung: Provinz Sachsen, 2. verb. Aufl. Berlin.

Handbuch des Grundbesitzes im Deutschen Reiche. Bearb. von Kirstein. Provinz Sachsen. V.
1899 Lieferung, 3. verb. Aufl. Berlin.

Handbuch des Grundbesitzes im Deutschen Reiche. Unter Mitw. d. Kgl. Behörden u. d. Land-
1913 wirtschaftskammern nach amtl. Quellen bearb. v. R. Reichert u. Adolf Frhr. Maltzan. Provinz Sachsen, 5. gänzl. umgearb. Aufl.

Handbuch für angehende Landwirthe, oder Zusammenstellung der Grundsätze, Ansichten und
1843 Angaben verschiedener Schriftsteller in Betreff der wichtigsten Gegenstände der Landwirthschaft. 2. Aufl. Leipzig.

HANSEN, ALBERT: Die Berechtigung des Namens Holzkreis, bewiesen an der früheren Bewaldung
1927 des Höhenzuges links der oberen Aller. In: GSLM, Jg. 62, S. 24—67.

HANSEN, ALBERT: Die Namenlandschaft zwischen Ober-Aller und Sarre (Bode), bearb. und hg.
1965 von Max Bathe. Ummendorf (= Die Magdeburger Börde, Bd. 5, 1. Halbbd.).

HANSEN, ALBERT: Die Namenlandschaft zwischen Ober-Aller und Sarre (Bode), bearb. und hg.
1969 von Max Bathe, 2. Halbbd. Ummendorf (unveröff. Andruck).

HARNISCH, HARTMUT: Die Herrschaft Boitzenburg. Weimar.
1968

HARNISCH, HARTMUT: Zur Herausbildung und Funktionsweise von Gutswirtschaft und Guts-
1972 herrschaft. In: Jahrbuch für Regionalgeschichte, Bd. 4. Weimar.

HARNISCH, HARTMUT: Sozialökonomische Struktur und Marktbeziehungen der Herrschaft Erx-
1974 leben in den ersten Jahrzehnten des 17. Jahrhunderts. In: Jahresschrift des Kreismuseums Haldensleben, Bd. 15.

HARNISCH, HARTMUT: Bevölkerung und Wirtschaft. Über die Zusammenhänge zwischen sozial-
1975 ökonomischer und demographischer Entwicklung im Spätfeudalismus. In: JfWG, Teil 2.

Heimatglocken des Kreises Calbe, hg. von Albert Mennung. Calbe.
1925—1932

HEIN, ERNA: Zur Verteilung der Gesamthärte des Grundwassers im Bezirk Magdeburg und
1954 einem Teil des Bezirkes Halle. In: Wasserwirtschaft — Wassertechnik, Jg. 4. Berlin, S. 324—326.

HEINE: Der Anbau der Zuckerrübe auf Bauerngütern und deren Verarbeitung in kleinern Fa-
1849 briken. In: ZLCV, Bd. 6.

HEINECCIUS, JOHANN LUDWIG v.: Ausführliche topographische Beschreibung des Herzogthums
1785 Magdeburg und der Grafschaft Mansfeld Magdeburgischen Antheils. Berlin (anonym erschienen).

HEINISCH, OTTOKAR: Die Zuckerrübe. Ihre Bedeutung im Verlaufe der Entwicklung zur neuen
1960 Kulturpflanze und Rohstoffpflanze für die Zuckererzeugung. Berlin.

HEINRICH, CHRISTEL: Die Widerspiegelung der sozialökonomischen und kulturellen Entwicklung
1969 in der Magdeburger Börde in den Dorfchroniken von Altenweddingen, Domersleben, Hohenwarsleben, Remkersleben und Welsleben (Jahresarbeit, Humboldt-Universität). Berlin.

HEINRICH, CHRISTEL: Zur Lebensweise der Dorfbevölkerung in der Magdeburger Börde von 1900
1970 bis 1945. Ergebnisse einer Fragebogenaktion (Diplom-Arbeit, Humboldt-Universität). Berlin (Ms.).

HEITZ, GERHARD: Ländliche Leinenproduktion in Sachsen. Berlin.
1971

HEITZ, GERHARD: Zum Charakter der „zweiten Leibeigenschaft". In: ZfG, Jg. 20, H. 1,
1972 S. 24—39.

HEITZER, HEINZ: Insurrectionen zwischen Weser und Elbe. Volksbewegungen gegen die franzö-
1959 sische Fremdherrschaft im Königreich Westfalen (1806—1813). Berlin.

HEMPEL, LUDWIG: Über die Meßbarkeit von Bodenerosion. In: Zeitschrift für Pflanzenernährung,
1951 Düngung und Bodenkunde, Bd. 55, Berlin, S. 106—110.

HEMPEL, LUDWIG: Zur Entwicklung der Kulturlandschaft in Bruchländereien. Ein Beitrag zur
1952 Frage der Oberflächenaustrocknung durch Flußregulierung. In: Berichte zur deutschen Landeskunde, Jg. 11. Stuttgart, S. 71—80.

HENZE, LEONHARD: Über die Organisationsformen und Finanzierungsmethoden der deutschen
1920 Rohzuckerfabriken (Jur. Diss.). Göttingen.

HERMES, J. A. F./WEIGELT, M. J. (Hg.): Historisch-geographisch-statistisch-topographisches Handbuch vom Regierungsbezirke Magdeburg.
1842 Teil II. Magdeburg.
1843 Teil I. Magdeburg.

HERTEL, GUSTAV (Bearb.): Urkundenbuch der Stadt Magdeburg, Bd. I. Halle (= Geschichts-
1892 quellen der Provinz Sachsen und angrenzender Gebiete, hg. von der historischen Commission der Provinz Sachsen, Bd. 26).

HERTEL, GUSTAV (Bearb.): Die Wüstungen in Nordthüringen. Halle (= Geschichtsquellen der
1899 Provinz Sachsen und angrenzender Gebiete, Bd. 38).

HILDEBRANDT, ALFRED: Die Entwicklung des deutschen Zuckerrübenbaues mit besonderer
1928 Berücksichtigung der Ackerbautechnik (Landwirtschaftl. Diss.). Berlin.

HOFFMANN, FRIEDRICH: Geschichte des Königl. Domänen-Amts und der Kreisstadt Groß Wanz-
1863 leben. Berlin.

HOFFMANN, H.: Die gewerbliche Produktion Preußens im Jahre 1769 auf Grund des statistischen
1956 Taschenbuches des Dodo Heinrich Frhr. von Knyphausen „Listen derer in sämtlichen königlichen Provinzen befindlichen Fabriken und Manufakturen nach Ordnung derer Provinzien pro anno 1769" (Wirtschaftswiss. Diss.). Berlin.

HOFFMANN, JOHANN GOTTFRIED: Neueste Übersicht der Bodenfläche, der Bevölkerung und des
1833 Viehstandes in den Kreisen des preußischen Staates, 1831. Berlin.

HOFFMANN, JOHANN GOTTFRIED: Die Bevölkerung des preußischen Staates, 1837. Berlin.
1839

HOHORST, GERD/KOCKA, JÜRGEN/RITTER, GERHARD A. (Hg.): Sozialgeschichtliches Arbeitsbuch.
1974 Materialien zur Statistik des Kaiserreiches 1870—1914. München.

HOLZAPFEL, RUDOLPH: Das Königreich Westfalen. Mit besonderer Berücksichtigung der Stadt
1895 Magdeburg. Auf Grund archivalischer Forschungen im Geheimen Staats-

archiv zu Berlin, sowie im Königl. Staats- und in dem Stadtarchiv zu Magdeburg bearbeitet. Magdeburg.

HÜBNER, HELMUT: Die Grundwasseranreicherung in der Letzlinger Heide als Maßnahme zur
1954 Sicherung der Wasserversorgung Mitteldeutschlands. In: Wasserwirtschaft — Wassertechnik, Jg. 4, Berlin, S. 406—417.

Hülfstafeln zur Umrechnung der auf einem preußischen von irgendeinem Bodenproduct geernte-
1878 ten Scheffel oder Pfunde in Kilogramm auf einem Hectar. Hg. vom königlichen statistischen Bureau in Berlin. Berlin.

HUMBERT, GUSTAV: Agrarstatistische Untersuchungen über den Einfluß des Zuckerrübenanbaus auf
1877 die Land- und Volkswirtschaft. Unter besonderer Berücksichtigung der Provinz Sachsen. Jena (= Sammlung nationalökonomischer und statistischer Abhandlungen des staatswissenschaftlichen Seminars zu Halle a. S., hg. von Joh. Conrad).

HUSCHENBETT, FRANZ: Geschichte der Landgemeinde Diesdorf. Magdeburg.
1934

Hydrographisches Kartenwerk der Deutschen Demokratischen Republik. Hg.: Meteorologischer
1966 Dienst der Deutschen Demokratischen Republik, Forschungsinstitut für Hydrometeorologie, Bd. 1. Berlin.

JACOBEIT, WOLFGANG: Bäuerliche Arbeit und Wirtschaft. Ein Beitrag zur Wissenschaftsgeschichte
1965 der deutschen Volkskunde. Berlin (= Veröffentlichungen des Instituts für deutsche Volkskunde, Bd. 39).

JACOBEIT, WOLFGANG: Zur Geschichte der deutschen Volkskunde 1890—1945. In: Acta Ethno-
1966 graphica Academiae Scientiarum Hungaricae, XV, S. 75—92. Budapest.

JACOBEIT, WOLFGANG/PLAUL, HAINER: Untersuchungen zur Entwicklung der Volkskultur in
1969 der Magdeburger Börde. Aufgabenstellung, Forschungsstand und Forschungsmethoden. In: Probleme und Methoden volkskundlicher Gegenwartsforschung. Berlin (= Veröffentlichungen des Instituts für deutsche Volkskunde, Bd. 51), S. 23 bis 32.

Jahrbuch des Vereins für niederdeutsche Sprachforschung. Neumünster.
1875 ff.

Jahrbuch für die amtliche Statistik des Preußischen Staats. Hg. vom Königlichen Statistischen Bureau,
1863 Jg. 1. Berlin.
1867 Jg. 2. Berlin.
1868 Jg. 3. Berlin.
1883 Jg. 5. Berlin.

Jahrbuch für Regionalgeschichte, Bd. 4. Weimar.
1972

Jahrbuch für Volkskunde und Kulturgeschichte, Neue Folge, hg. vom WB Kulturgeschichte/
1973 ff. Volkskunde des Zentralinstituts für Geschichte der AdW der DDR. Berlin.

Jahrbuch für Wirtschaftsgeschichte, hg. vom Institut für Wirtschaftsgeschichte der AdW der DDR.
1960 ff. Berlin.

Jahrbücher für Nationalökonomie und Statistik,
1892 III. Folge, Bd. 3.
1893 III. Folge, Bd. 5.

Jahresbericht der Handelskammer zu Halberstadt,
1890 Jg. 1890.
1898 Jg. 1898.

Jahresbericht des Landwirthschaftlichen Central-Vereins der Provinz Sachsen, Jg. 1893.
1893

JONAS, GERTRUD: Charlotte Louise Bennecke und ihr Kreis. Familienbild für Verwandte und
1910 Freunde. 2. unveränd. Aufl., Bd. I und II. Berlin.

JÜNGST, HANS: Rät, Psilonoten — Schlotheimienschichten im nördlichen Harzvorlande. In:
1928 Geologische und Paläontologische Abhandlungen, N. F., Bd. 16, H. 1. Jena.

KAERGER, KARL: Die Sachsengängerei. Auf Grund persönlicher Ermittelungen und statistischer
1890 Erhebungen. Berlin.

Karte der natürlichen Vegetation der Deutschen Demokratischen Republik 1:500000, hg. von
1964 A. Scamoni. Feddes Repertorium, Beiheft 141: Beiträge zur Vegetationskunde, Bd. VI. Berlin.

KATZENSTEIN, WILLY: Die deutsche Zuckerindustrie und Zuckerbesteuerung. Berlin.
1897

KAUFHOLD, F.: Chronik der katholischen Diasporagemeinde Wolmirsleben. Paderborn.
1931

KAUFHOLD, KARL-HEINRICH: Umfang und Gliederung des deutschen Handwerks um 1800.
1970 In: Wilhelm Abel, u. a.: Handwerksgeschichte in neuer Sicht. Göttingen.

KEBER, A.: Der Regierungsbezirk Magdeburg. Historisch, geographisch, statistisch und topo-
1843 graphisch. Halberstadt.

KEYSER, ERICH (Hg.): Deutsches Städtebuch. Handbuch städtischer Geschichte. Im Auftr. d.
1941 Konferenz d. landesgeschichtl. Kommissionen Deutschlands mit Unterstützung d. Deutschen Gemeindetages, Bd. II, Mitteldeutschland. Stuttgart, Berlin.

KIEHL, A. F.: Sechzigjährige Erlebnisse und Erfahrungen eines alten Rübenanbauers. Berlin.
1918

KIESEWETTER, BRUNO: Die wirtschaftliche Entwicklung des Braunkohlenbergbaus im Halleschen
1924 Revier (Staatswiss. Diss.). Halle.

KLAFS, GERHARD: Flußterrassen im Mittelelbe-Gebiet. In: Archiv für Naturschutz und Land-
1965 schaftsforschung, Bd. 5, S. 141—158. Berlin.

KLAUS, DIETER: Zur Geschichte des Erzbergbaus im Kreis Haldensleben. In: Jahresschrift des
1967 Kreismuseums Haldensleben, Bd. 8, S. 66—78.

KLEWIZ, W. v.: Das Provinzialrecht des Herzogthums Magdeburg und der Grafschaft Mansfeld
1837 altpreußischen Antheils. Magdeburg.

Klima-Atlas für das Gebiet der Deutschen Demokratischen Republik. Hg. vom Meteorologischen
1953 und Hydrologischen Dienst der DDR. Mit 2 Ergänzungen 1958 und 1962. Berlin.

Klimakunde des Deutschen Reiches, Bd. II, Tabellen. Bearb. vom Reichsamt für Wetterdienst.
1939 Berlin.

Klimatologische Normalwerte für das Gebiet der Deutschen Demokratischen Republik (1901—1950),
1955 hg. vom Meteorologischen und Hydrologischen Dienst der DDR, 1. Lieferung. Berlin.
1961 desgl. 2. Lieferung. Berlin.

KLINKMÜLLER, HUGO: Die amtliche Statistik Preußens im vorigen Jahrhundert. Jena (= Samm-
1880 lung nationalökonomischer und statistischer Abhandlungen des staatswissenschaftlichen Seminars zu Halle a. S., hg. von Joh. Conrad).

KLÖTZSCHER, REINHOLD: Chronik von Gutenswegen. (o. O.) (2. Aufl. = 1900).
1887

KOERT, W.: Erläuterungen zur geologischen Karte von Preußen und benachbarten deutschen
1927 Ländern, Blatt Seehausen. Berlin.

KOERT, W./DIENEMANN, W.: Erläuterungen zur geologischen Karte von Preußen und benach-
1927 barten deutschen Ländern, Blatt Hötensleben. Berlin.

KOHL, W.: Die Verwaltung der östlichen Departements des Königreichs Westfalen 1807—1814.
1937 Berlin (= Eberings Hist. Studien, H. 323).

KOPPE, J. G.: Über die Erzeugung des Rübenzuckers in ihren staatswirtschaftlichen und gewerb-
1841 lichen Beziehungen. Berlin.

KORN, DAGMAR: Widerspiegelung der sozialökonomischen und kulturellen Entwicklung in den
1969 Chroniken der im heutigen Stadtgebiet Magdeburgs liegenden ehemaligen Dörfer (Rothensee, Olvenstedt, Diesdorf, Ottersleben, Neustadt, Buckau, Fermersleben, Westerhüsen), (Jahresarbeit, Humboldt-Universität). Berlin.

KORN, DAGMAR: Das Vereinswesen in der Magdeburger Börde im 19. Jahrhundert (Diplom-
1970 Arbeit, Humboldt-Universität). Berlin (Ms.).

KRATZENSTEIN, HERMANN: Chronik des Dorfes Altenweddingen (Manuskript). (o. O.).
(1924)

KRETZSCHMAR, HELLMUT: Historisch-statistisches Handbuch für den Regierungsbezirk Magde-
1926 burg, Teil I: Geschichte. Magdeburg.

KRIEG, HEINRICH: Dreileber Chronik. Wolmirstedt.
1936

KRÜGER, HORST: Zur Geschichte der Manufakturen und der Manufakturarbeiter in Preußen.
1958 Berlin.

KRUG, LEOPOLD: Ueber das Nationaleinkommen des preußischen Staates. In: Annalen der preu-
1804a ßischen Staatswirtschaft und Statistik, Bd. 1, H. 1 und 2.

KRUG, LEOPOLD: Betrachtungen über den National-Reichthum des preußischen Staates, Bd. I.
1804b Berlin.

KRUG, LEOPOLD: Betrachtungen über den National-Reichthum des preußischen Staates und den
1805 Wohlstand seiner Bewohner, Bd. II. Berlin.

KRUG, LEOPOLD/MÜTZELL, ALEXANDER AUGUST: Neues topographisch-statistisch-geographisches
o. J. (1825) Wörterbuch des preußischen Staates, Bd. VI. Halle/Sa.

KRUPJANSKAJA, V. JU.: Ėtnografičeskie izučenie byta rabočich. Po materialam otdel'nych pro-
1968 myslennych rajonov SSSR. Moskau.

KUCZYNSKI, JÜRGEN: Die Bewegung der deutschen Wirtschaft von 1800 bis 1946, 16 Vorlesungen,
1947 2. Aufl. Berlin—Leipzig.

KUCZYNSKI, JÜRGEN: Darstellung der Lage der Arbeiter in Deutschland von 1789 bis 1849. Berlin
1961 (= Die Geschichte der Lage der Arbeiter unter dem Kapitalismus, Bd. 1).

KUCZYNSKI, JÜRGEN: Darstellung der Lage der Arbeiter in Deutschland von 1849 bis 1870.
1962 Berlin (= Die Geschichte der Lage der Arbeiter unter dem Kapitalismus, Bd. 2).

KUCZYNSKI, JÜRGEN: Rezension zu Pach, ZS. P.: Die ungarische Agrarentwicklung im 16.—17.
1965 Jahrhundert. Abbiegung vom westeuropäischen Entwicklungsgang. Budapest, 1964. In: Deutsche Literaturzeitung, Jg. 86, H. 11. Berlin, Sp. 1011 bis 1013.

KUDRASS, ALBERT: Verhältnisse des Preußischen Gewichts zu dem Zollvereins-Gewicht und des
(1840) Letzteren zu dem Ersteren, so wie die Verhältnisse des Amsterdamer, des Belgischen und Französischen, des Hamburger, des Kopenhagener, des Leipziger, des Londoner, des Petersburger und des Wiener Gewichts zu dem Zollvereins-Gewicht. In zehn Vergleichungs-Tafeln berechnet. 2. unveränderte Aufl. Breslau.

KÜHN, ERNST: Die historische Entwicklung des Deutschen und Deutsch-Oesterreichischen
1883 Eisenbahn-Netzes vom Jahre 1838 bis 1881, hg. v. Königl. Preuss. Statist. Bureau. I. Th.: Die tabellarische Darstellung ... XII. Ergänzungsheft zur Zeitschrift des Kgl. Preuss. Statist. Bureau. Berlin.

KURON, H.: Bodenerosion auf der Schwarzerde der Magdeburger Börde. In: Zeitschrift für
1947 Pflanzenernährung, Düngung und Bodenkunde, Bd. 37. Heidelberg und Berlin, S. 144—151.

Landwirthschaftliche Betriebsstatistik nach der allgemeinen Berufszählung vom 5. Juni 1882. Hg. 1885 v. Kaiserlichen Statistischen Amt. Berlin (= Statistik des Deutschen Reiches, N. F., Bd. 5).

Landwirthschaftliche Jahrbücher. Zeitschrift für wissenschaftliche Landwirthschaft und Archiv 1883 des Königlich Preussischen Landes-Oekonomie-Kollogiums, hg. v. H. Thiel, Bd. 12, Supplement I. Berlin.

Lebensweise — Kultur — Persönlichkeit. Dietz-Verlag. Berlin (= Schriftenreihe „Soziologie"). 1975

LEHMANN, F. W.: Kurzgefaßte Beschreibung der Stadt Magdeburg und Umgebung. Magdeburg. 1839

LEHRMANN, C./MÜLLER, L.: Heimatskunde der Kreise Aschersleben, Calbe, Oschersleben und 1895 Wanzleben. Ein Führer durch die Heimat und ihre Geschichte und Sage. Staßfurt.

LENGERKE, ALEXANDER v.: Beobachtungen auf landwirthschaftlichen Reisen in den Königl. Preuß. 1846 Staaten. Die Provinzen Sachsen und Schlesien. Berlin.

LENGERKE, ALEXANDER v. (Hg.): Annalen der Landwirthschaft in den Königlich Preußischen Staa- 1848 ten, Jg. 6, Bd. XII. Berlin.

LENIN, W. I.: Eine unkritische Kritik (Zu dem Aufsatz von Herrn P. Skworzow „Warenfeti- 1956 (1900) schismus" im „Nautschnoje Obosrenije" Nr. 12, Jg. 1899). Berlin (= W. I. Lenin, Werke, Bd. 3, 1. Aufl.).

LENIN, W. I.: Der Imperialismus als höchstes Stadium des Kapitalismus. Gemeinverständlicher 1960 (1917) Abriß. Berlin (= W. I. LENIN, Werke, Bd. 22, 1. Aufl.).

LENIN, W. I.: Das Agrarprogramm der Sozialdemokratie in der ersten russischen Revolution von 1963 (1908) 1905 bis 1907. Berlin (= W. I. LENIN, Werke, Bd. 13, 1. Aufl.).

LENSCH, PAUL: Die Wandlung in der Verfassung der Zuckerindustrie (Staatswiss. Diss.). Straß- 1900 burg.

LIPPMANN, EDMUND O. v.: Die Entwicklung der Deutschen Zuckerindustrie von 1850 bis 1900. 1900 Leipzig.

LÖFFLER, JOACHIM: Die Kali- und Steinsalzlagerstätten des Zechsteins in der Deutschen Demo- 1962 kratischen Republik, Teil III, Sachsen-Anhalt. Berlin (= Freiberger Forschungsheft C 97/III).

LOENING, EDGAR: Landgemeinden und Gutsbezirke in den östlichen Provinzen Preußens. In: 1892 Jahrbücher für Nationalökonomie und Statistik, III. Folge, Bd. 3.

LOOSE, FRIEDRICH: Aus Großmühlingens Vergangenheit. Dessau. 1903

LORENZ, E.: Produktion, Produktivkräfte und Kapitalkonzentration der Magdeburger Industrie 1966 von 1871 bis 1914 (Diss., Hochschule für Ökonomie). Berlin.

LÜTGE, FRIEDRICH: Die Ablösung der grundherrlichen Lasten in Mitteldeutschland. In: Jahrbücher 1935 für Nationalökonomie und Statistik, Bd. 142.

LÜTGE, FRIEDRICH: Die mitteldeutsche Grundherrschaft und ihre Auflösung, 2. Aufl. Stuttgart 1957 (= Quellen und Forschungen zur Agrargeschichte, hg. von Friedrich Lütge, Günther Franz und Wilhelm Abel).

MÄNSS, JOHANNES: Geschichte des Magdeburgischen Stapelrechts. In: GSLM, Jg. 38. 1903

Magdeburg und seine Umgebung. Ergebnisse der heimatkundlichen Bestandsaufnahme im Gebiet 1972 von Magdeburg und Biederitz. Berlin (= Werte unserer Heimat, Bd. 19).

Magdeburger Familien-Kalender. Verlag des General-Anzeigers, I—XXVI. Magdeburg. 1908ff.

Magdeburger Zeitung vom 18. Mai 1894. 1894

Magdeburgische Intelligenz-Zettel vom 19. 5. 1795 und 22. April 1797. Magdeburg.
1795/1797

Magdeburgs Wirtschaftsleben in der Vergangenheit, Bd. III. Magdeburg.
1928

MAHN, ERNST-GERHARD/SCHUBERT, RUDOLF: Vegetationskundliche Untersuchungen in der mitteldeutschen Ackerlandschaft. VI. Die Pflanzengesellschaften nördlich von Wanzleben (Magdeburger Börde). In: Wiss. Zeitschrift der Universität Halle, Math.-Nat. Reihe, Jg. 11, S. 765—816.
1962

MARGGRAF, ANDREAS SIGISMUND: Expériences chimiques, faites dans le dessin de tirer un véritable sucre de diverses plantes, qui croissent dans nos contrées. In: Histoire de l'Académie Royale des Sciences et Belles Lettres. Berlin.
1747

MARGGRAF, ANDREAS SIGISMUND: Chymische Schriften, Bd. II. Berlin.
1767

MARKGRAF, GÜNTER: Untersuchungen an einigen Bodenprofilen im Lößgebiet der Magdeburger Börde (Landw. Diss.). Berlin.
1964

MARTIN, PAUL C.: Frühindustrielles Gewerbe in der Rechtsform der AG. In: Beiträge zu Wirtschaftswachstum und Wirtschaftsstruktur im 16. und 19. Jahrhundert. (West-)Berlin (= Schriften des Vereins für Socialpolitik, N. F., Bd. 63).
1971

MARX, KARL: Das Kapital. Kritik der politischen Ökonomie, Bd. I. Berlin (= MEW, Bd. 23, 1. Aufl.).
1962 (1867)

MARX, KARL: Das Kapital. Kritik der politischen Ökonomie, Bd. III. Berlin (= MEW, Bd. 25, 1. Aufl.).
1964 (1894)

MASCHER, H. A.: Handbuch zum praktischen Gebrauch der Kreis- und Amtsordnung sowie der Landgemeinde- und Polizeiordnung für die preußischen Provinzen Preußen, Brandenburg, Pommern, Posen, Schlesien und Sachsen. Eisenach.
1874

MATSCHOSS, C.: Die Maschinenfabrik R. Wolf Magdeburg-Buckau 1862—1912. Die Lebensgeschichte des Begründers der Entwicklung der Werke und ihr heutiger Stand. Magdeburg.
(1912)

MATZ, RUDOLF: Agrar-Atlas über das Gebiet der Deutschen Demokratischen Republik. Gotha.
1956

MEHRING, FRANZ: Deutsche Geschichte vom Ausgange des Mittelalters. In: Franz Mehring, Gesammelte Schriften, Bd. 5. Berlin.
1964

MEITZEN, AUGUST: Der Boden und die landwirthschaftlichen Verhältnisse des Preussischen Staates nach dem Gebietsumfange vor 1866,
1868 Bd. I. Berlin.
1869 Bd. IV. Berlin.
1901 Bd. VI. Berlin.

MENDELSON, FRANZ: Die Landflucht in der Provinz Sachsen im Lichte der Grundbesitzverteilung. Halle (= Arbeiten der Landwirtschaftskammer für die Provinz Sachsen, H. 29).
1913

MERTIN, HANS: Geologische Studien im Buntsandstein und Muschelkalk in der Umgebung von Staßfurt. In: Zeitschrift für Naturwissenschaften, Organ des Naturwissenschaftlichen Vereins für Sachsen und Thüringen zu Halle a. S., Bd. 92, S. 185—194.
1938

MEUSEL, HERMANN: Entwurf zu einer Gliederung Mitteldeutschlands und seiner Umgebung in pflanzengeographische Bezirke. In: Wissensch. Zeitschrift der Universität Halle, Math.-Nat. Reihe, Jg. 4, S. 637—641.
1954/55

MEYNE, HANS: Die Zichorienindustrie Magdeburgs. In: Magdeburgs Wirtschaftsleben in der Vergangenheit, Bd. 3. Magdeburg.
(1928)

MICHELSEN, ED./NEDDERICH, F.: Geschichte der deutschen Landwirtschaft. Berlin.
1911

Mitteilungen des Vereins für anhaltinische Geschichte und Altertumskunde. I–XIV. Dessau. 1877ff.

MOLL, GEORG: Zum Verlauf des „preußischen Weges" der Entwicklung des Kapitalismus in
1964 der Landwirtschaft Mecklenburgs. In: Wissenschaftliche Zeitschrift der Universität Rostock, Gesellschafts- und Sprachwissenschaftliche Reihe, Jg. 13, H. 4.

Montagsblatt, Wissenschaftliche Wochenbeilage der Magdeburgischen Zeitung, Organ für
1905ff. Heimatkunde. LVII–LXXXIV. Magdeburg.

MOOK, PAUL: Die Zuckerindustrie in der Provinz Sachsen mit einem kurzen Rückblick auf ihre
1920 ersten Anfänge in Deutschland (Phil. Diss.). Leipzig.

MOSEL, HERTWIG: Die Entwicklung der Zuckerfabrik Klein Wanzleben vorm. Rabbethge &
1925 Giesecke A.-G. (Rechts- und staatswiss. Diss.). Würzburg.

MOTTEK, HANS: Wirtschaftsgeschichte Deutschlands. Ein Grundriß, Bd. II. Von der Zeit der Fran-
1964 zösischen Revolution bis zur Zeit der Bismarckschen Reichsgründung. Berlin.

MÜHLBERG, DIETRICH: Bemerkungen zur Erforschung künstlerischer Bedürfnisse. In: Weimarer
1972 Beiträge, H. 2, S. 117–127.

MÜLLER, EDUARD: Der Großgrundbesitz in der Provinz Sachsen. Eine agrarstatistische Unter-
1912 suchung. Jena (= Sammlung nationalökonomischer und statistischer Abhandlungen des staatswissenschaftlichen Seminars zu Halle, Bd. 67).

MÜLLER, HANS-HEINRICH: Die Bodennutzungssysteme und die Separationen in Brandenburg
1965 vor den Agrarreformen von 1807. In: JfWG, Teil III.

MÜLLER, HANS-HEINRICH: Märkische Landwirtschaft vor den Agrarreformen von 1807 (= Veröff.
1967 des Bezirksheimatmuseums Potsdam, H. 13). Potsdam.

MÜLLER, THEODOR: Die naturräumlichen Einheiten auf Blatt 87 Braunschweig. Geographische
1962 Landesaufnahme 1:200000, Naturräumliche Gliederung Deutschlands, hg. vom Institut für Landeskunde. Bad Godesberg.

Nachweisung von der in der zur Magdeburgischen Direction gehörigen Städten vorhandenen
1801 Seelenzahl und deren Consumtion pro 1799 und 1800. In: Magdeburg-Halberstädtische Blätter, hg. von H. L. Barkhausen und L. H. Jacob, Bd. 1.

NATHUSIUS, v.: Die landwirthschaftlichen Verhältnisse der Umgegend von Magdeburg.
1884 In: Magdeburg. Festschrift für die Mitglieder und Theilnehmer der 57. Versammlung Deutscher Naturforscher und Aerzte, hg. im Auftrage des geschäftsführenden Ausschusses von ... Rosenthal. Magdeburg.

NATHUSIUS, ELSBETH v.: Johann Gottlob Nathusius, ein Pionier deutscher Industie, 3. Aufl.
1915 Stuttgart.

NELKENBRECHER, J. C.: Allgemeines Taschenbuch der Münz-, Maaß- und Gewichtskunde für
1815 Banquiers und Kaufleute. 11. Aufl., umgearbeitet und verbessert von J. S. Otto. Berlin.

NELKENBRECHER, J. C.: Allgemeines Taschenbuch der Münz-, Maaß- und Gewichtskunde, der
1871 Wechsel-, Geld- und Fonds-Curse u. s. w., bearbeitet von Dr. H. Schwabe, 19. Aufl. Berlin.

NEUMANN, ANNA: Die Bewegung der Löhne der ländlichen freien Arbeiter im Zusammenhang
1911 mit der gesamtwirtschaftlichen Entwicklung im Königreich Preußen gegenwärtigen Umfangs vom Ausgang des 18. Jahrhunderts bis 1850. In: Thiels landwirtschaftliche Jahrbücher, Bd. 40, Ergänzungsband 1.

NEUSS, ERICH: Ludwig Wucherer. Sein Leben und sein Wirken. Halle.
1926

NEUSS, ERICH: Carl August Jacob. Halle.
1929

NICHTWEISS, JOHANNES: Die ausländischen Saisonarbeiter in der Landwirtschaft der östlichen
1959 und mittleren Gebiete des Deutschen Reiches. — Ein Beitrag zur Geschichte der preußisch-deutschen Politik von 1890 bis 1914. Berlin.

NIEKAMMER: Landwirtschaftliches Güter-Adreßbuch, Provinz Sachsen,
1906 Jg. 1906.
1922 Jg. 1922.

NIEMANN, G.: Die Halophytenvegetation des Magdeburger Florenbezirkes. In: Abhandlungen
1938 und Berichte aus dem Museum für Naturkunde und Vorgeschichte in Magdeburg, Bd. 6, H. 5, S. 351—367.

NOWAK, HEINZ: Bördeana. Regesten zum geograhischen Bezug des Begriffs „Börde" im Magde-
1970a burgischen. Manuskript Kreismuseum Ummendorf.

NOWAK, HEINZ: Bauern und andere dörfliche Schichten in der Magdeburger Börde vom Ausgang
1970b des 18. Jh. bis zum ersten Weltkrieg. Demografischer Aufriß. Teil I: 1785 bis 1860 (Dipl.-Arbeit, Humboldt-Universität). Berlin (Ms.).

NOWAK, HEINZ: Die Zuckerfabrik Kl. Wanzleben, vormals Rabbethge & Giesecke, Aktiengesell-
1957 schaft — Beitrag zur Kenntnis monopolistischer Wirtschaftsformen im Landkreis Wanzleben, Bezirk Magdeburg. Ummendorf. (Ms.).

NOWAK, HEINZ: Der sogenannte Wanzleber Pflug als kennzeichnende Erscheinung in der agra-
1969 rischen Gesamtentwicklung der Magdeburger Börde (Jahresarbeit, Humboldt-Universität). Berlin.

NOWOTNY, PAUL: Stand und Aufgaben der Erforschung des Sorbentums in der Gegenwart. In:
1969 Probleme und Methoden volkskundlicher Gegenwartsforschung. Berlin (= Veröffentlichungen des Instituts für deutsche Volkskunde, Bd. 51), S. 125—132.

OCHSENFARTH, ALBERT: Die Rübenlieferungspflicht der Gesellschafter von deutschen Zucker-
1931 fabriken. Jena.

OESFELD, CARL LUDEWIG: Topographische Beschreibung des Herzogthums Magdeburg und der
1786 Grafschaft Mansfeld Magdeburgischer Hoheit. Berlin.

PAASCHE, HERMANN: Zuckerindustrie und Zuckerhandel der Welt. Jena.
1891

PAASCHE, HERMANN: Die Zuckerproduktion der Welt. Ihre wirtschaftliche Bedeutung und staat-
1905 liche Belastung. Leipzig—Berlin.

PAHNCKE, M.: Johann Gottlob Nathusius (1760—1835). In: Mitteldeutsche Lebensbilder, Bd. 2.
1927 Magdeburg.

PAPENDIECK, H.: Das Landratsamt in den westelbischen Gebieten des Regierungsbezirks Magde-
1960 burg vom Zusammenbruch des westfälischen Staates bis zur Kreisordnung von 1872 (Dipl.-Arbeit). Potsdam.

PARISIUS, LUDOLF: Deutsche Volkslieder mit ihren Singweisen in der Altmark und im Magde-
1879 burgischen gesammelt. Magdeburg.

PEICKE, C(HRISTIAN): Zur Geschichte der Dörfer Groß-Ottersleben, Klein-Ottersleben und
1902 Benneckenbeck. Groß-Ottersleben.

PFAHL, ROBERT: Landarbeiterlöhne und ihre Bewegung vom Anfang des 19. Jahrhunderts bis
1973 zum Beginn des ersten Weltkrieges. Eine Studie zur Lage kontraktgebundener Landarbeiter auf den domanialen Pachthöfen des Herzogtums Mecklenburg-Schwerin. In: JfWG, Teil 4.

PIEPER, WILHELM: Der Magdeburger Braunkohlenbergbau. In: 50 Jahre mitteldeutscher Braun-
1935 kohlenbergbau, Festschrift zum 50jährigen Bestehen des Deutschen Braunkohlen-Industrie-Vereins e. V. Halle (Saale) 1885—1935. Halle (Saale), S. 387—432.

PIETSCHMANN, D.: Die Säkularisation des Domkapitels in Magdeburg und seiner Nebenstifter,
1969 Stiftische Herrschaften im späten Feudalismus. In: Beiträge zur Geschichte des Erzbistums Magdeburg, hg. von F. Schrader. Leipzig (= Studien zur kath. Bistums- und Klostergeschichte, Bd. 11).

PILTZ, GEORG: Magdeburg — Stadt am Strom. Dresden.
1954

PLACHY, E.: 100 Jahre Zuckerrübenzüchtung. Berlin.
1959

PLATT, ALBRECHT: Der Regierungsbezirk Magdeburg 1:200000. (STAM, Allgem. Kartensamm-
1842 lung).

PLAUL, HAINER: Probleme und Methoden volkskundlicher Regionalforschung in der DDR. In:
1971 Wissensch. Zeitschrift der Humboldt-Universität zu Berlin, Gesellschafts- und Sprachwissenschaftliche Reihe, Jg. 20, H. 1, S. 23 bis 28. (Heft u. d. T.: Ethnographische Studien zur Lebensweise — Ausgewählte Beiträge zur marxistischen Volkskunde). Berlin.

PLAUL, HAINER: Landarbeiterleben im 19. Jahrhundert. Eine volkskundliche Untersuchung über
(1974) Veränderungen in der Lebensweise der einheimischen Landarbeiterschaft in den Dörfern der Magdeburger Börde unter den Bedingungen der Herausbildung und Konsolidierung des Kapitalismus in der Landwirtschaft. Tendenzen und Triebkräfte (Diss.-Ms.). (Berlin).

Preußische Statistik,

1864	Bd. 5. Berlin.
1867	Bd. 10. Berlin.
1869	Bd. 16, Teil 1. Berlin.
1871	Bd. 16, Teil 2. Berlin.
1875	Bd. 30. Berlin.
1877	Bd. 39, Teil 1. Berlin.
1878	Bd. 40, Teil 1. Berlin.
1879	Bd. 48a. Berlin.
1880	Bd. 57. Berlin.
1883	Bd. 66. Berlin.
1884	Bd. 76, Teil 1. Berlin.
1885a	Bd. 76, Teil 3. Berlin.
1885b	Bd. 83, Teil 1. Berlin.
1886	Bd. 83, Teil 2. Berlin.
1888	Bd. 96. Berlin.
1893	Bd. 121, Teil 1. Berlin.
1897	Bd. 148, Teil 1. Berlin.
1898	Bd. 142, Teil 1. Berlin.
1902	Bd. 142, Teil 2. Berlin.
1903	Bd. 177, Teil 1. Berlin.
1908	Bd. 206, Teil 1. Berlin.
1913	Bd. 234, Teil 1. Berlin.

Protocolle über die gehaltenen 10 Plenar-Sitzungen des XIII. Sächsischen Provinzial-Landtages
o. J. (1858) im Jahre 1858. Merseburg.

Provinz Sachsen, Die, in Wort und Bild. Hg. vom Pestalozziverein der Provinz Sachsen, Bd. I—II.
1900/1902 Berlin.

QUANTE, PETER: Die Flucht aus der Landwirtschaft. Berlin—Grunewald.
1933

RACH, HANS-JÜRGEN: Die Wohnbauten der werktätigen Dorfbevölkerung in der Magdeburger
1971 Börde vom Ausgang des 18. Jahrhunderts bis zum Ende des ersten Weltkrie-

ges. Ein Beitrag zum Bauen und Wohnen der ländlichen Agrarproduzenten (Phil. Diss., Humboldt-Universität). Berlin.

RACH, HANS-JÜRGEN: Bauernhaus, Landarbeiterkaten, Schnitterkasernen. Berlin.
1974

RACH, HANS-JÜRGEN: Schnitterkasernen in der Magdeburger Börde. Die Unterkünfte der land-
1975 wirtschaftlichen Saisonarbeiter in der zweiten Hälfte des 19. und zu Beginn des 20. Jahrhunderts. In: JfVK, Bd. 17 (N. F., Bd. 2). Berlin, S. 171–192.

RACH, HANS-JÜRGEN: Gedanken zur Ausgestaltung eines Programms volkskundlicher Erfor-
1976 schung des Proletariats, dargestellt an Ergebnissen und Erfahrungen einer Untersuchung in der Magdeburger Börde. In: Abhandlungen und Berichte des Staatlichen Museums für Völkerkunde Dresden. Bd. 35. Berlin, S. 43–54.

RAUSCH, FRITZ: Die Entwicklung der Elbe zum modernen Großschiffahrtsweg. In: Die Elbe,
1924a Jg. 1924.

RAUSCH, FRITZ: Die Stellung der Stadt Magdeburg im deutschen Verkehr (Phil. Diss., Humboldt-
1924b Universität). Berlin.

REDEN, FRIEDRICH WILHELM von: Erwerbs- und Verkehrs-Statistik des Königsstaats Preußen.
1854 In vergleichender Darstellung, Bd. III. Darmstadt.

REGENAUER, K.: Die Maschinenfabrik Buckau Aktiengesellschaft in Magdeburg 1838. Ihre Ent-
1924 stehung und Entwicklung bis 1888. (o. O.).

RELSSIEG, W. A.: Sagen und Legenden der Stadt Magdeburg und Umgebung. I–II. Magdeburg.
1847

REUTER, BERND: Die Landschaftsentwicklung in der Magdeburger Börde. In: Naturschutz und
1970a naturkundliche Heimatforschung in den Bezirken Halle und Magdeburg, Jg. 7, S. 58–65.

REUTER, BERND: Sediment und Boden im Lößhügelland unter besonderer Berücksichtigung der
1970b Schwarzerde-Gebiete (Diss., Universität Halle). Halle.

RIEGER/BAUMECKER: Chronik der Städte Staßfurt und Leopoldshall.
1927

RIEMER, MORITZ: Die Generalvisitation vom Jahre 1650/51 im Holzkreise, Teil III. In: GSLM,
1906 Bd. 41.

RISSMANN: Über die Regulirung der Klinke. In: Verhandlungen und Mittheilungen des Vereins
1875 für öffentliche Gesundheitspflege in Magdeburg, H. 4, S. 39–43.

RITTER, K.: Agrarwirtschaft und Agrarpolitik im Kapitalismus, 1. Halbband. Berlin.
1956

ROHRSCHEIDT, KURT von: Unter dem Zunftzwange in Preußen während des 18. Jahrhunderts.
1893 In: Jahrbücher für Nationalökonomie und Statistik, III. Folge, Bd. 5.

ROSENKRANZ, K.: Von Magdeburg bis Königsberg. Berlin.
1873

ROSENTHAL (Hg.): Magdeburg. Festschrift für die Mitglieder der 57. Versammlung Deutscher
1884 Naturforscher und Aerzte. Magdeburg.

ROTHE, M.: Adalingerstorp – Kleine Chronik und Heimatkunde der Gemeinde Eggersdorf,
1910 Kreis Calbe.

ROUBITSCHEK, WALTER: Profile und Gebiete der pflanzlichen Bruttoproduktion im Gebiet der
1963 Deutschen Demokratischen Republik. In: Wissensch. Zeitschrift der Universität Halle, Math.-Nat. Reihe, Jg. 12, S. 289–310.

Rübenzuckerfabrikation, Die, auf ihrem gegenwärtigen Standpunkte in landwirtschaftlicher,
1858 technischer und statistischer Hinsicht. In: Unsere Zeit. Jahrbuch zum Conversations-Lexikon, Bd. 2. Leipzig.

RUNGWERTH, E.: Heimatkunde des Kreises Wolmirstedt. Wolmirstedt (2. Aufl. = 1906).
1892

RUST: Zusammenstellung der verschiedenen Münzen, Gewichte, Gemäße für trockene und flüssige (1853) Sachen, des Fußmaßes, Ellenmaßes und Flächenmaßes bei Grundstücken, im Vergleich mit den Preußischen Münzen, Gewichten für Geschäftsleute und zum Privatgebrauche. Neuhaldensleben.

SAALFELD, DIEDRICH: Die Produktion und Intensität der Landwirtschaft in Deutschland und 1967 angrenzenden Gebieten um 1800. In: Zeitschrift für Agrargeschichte und Agrarsoziologie, Bd. 15.

SCHAEFER, H.: Der Bau der Eisenbahn Magdeburg—Wittenberge. In: Montagsblatt. Beilage zur 1926 Magdeburgischen Zeitung, Jg. 1926.

SCHERNIKAU, WILHELM: Chronik der Stadt Schönebeck an der Elbe. Berlin. 1880

SCHILLING, D./BANNORTH, H./SCHLICHT, H.: Natürliche Standorteinheiten der landwirtschaftlichen 1965 Produktion in der DDR. Hg. Landwirtschaftsrat der DDR.

SCHIPPEL, MAX: Zuckerproduktion und Zuckerprämien bis zur Brüsseler Konvention 1902. 1903 Stuttgart.

SCHLAG, BÄRBEL: Die Halophytenvegetation der Salzstellen bei Hecklingen, Sülldorf und Artern 1963 (Dipl.-Arbeit, Institut für Systematische Botanik und Pflanzengeographie der Martin-Luther-Universität). Halle—Wittenberg.

SCHLÜTER, OTTO/AUGUST, OSKAR: Atlas des Saale- und mittleren Elbegebietes. Leipzig. 1959/61

SCHMIDT, K.: Ein Bahnbrecher der deutschen Industrie. Zum 150. Geburtstag Ernst Wilhelm 1928 Arnoldis. In: Montagsblatt. Beilage zur Magdeburgischen Zeitung, Jg. 1928.

SCHMIDT, HANNELORE: Verbreitung und Standortansprüche einiger Ackerunkräuter im Südwesten 1972 des Kreises Haldensleben. In: Jahresschrift des Kreismuseums Haldensleben, Bd. 13, S. 69—85.

SCHNEER, ALEXANDER: Die Dismembrationsfrage. In: Archiv der politischen Ökonomie und 1845 Polizeiwissenschaft, N. F., Bd. 3. Heidelberg.

SCHOLZE, G.: Die volkswirtschaftliche Bedeutung des Refuge für die Stadt Magdeburg. In: 1925 Magdeburgs Wirtschaftsleben in der Vergangenheit, Bd. 1, S. 373—414. Magdeburg.

SCHOTTE, FRIEDRICH: Die Produktionsgrundlagen der Provinz Sachsen 1907—1927. Halle. 1932

SCHRECKENBACH, H.-J.: Der Amtsvorsteher, Staatliche Ortspolizeibehörden im 19. und 20. Jh. 1960 und deren Schriftgut. In: Archivmitteilungen, 10.

Schriftenreihe des Instituts für sorbische Volksforschung Bautzen, Bd. 36. Bautzen. 1968

SCHRÖDER, EDWARD: Börde. In: Jahrbuch des Vereins für niederdeutsche Sprachforschung 1941 (= Niederdeutsches Jahrbuch), Jg. 1939/40, Bd. 65/66, S. 33—34. Hamburg.

SCHUBERT, FRIEDRICH WILHELM: Der Preußische Staat. In: Handbuch der Allgemeinen Staats- 1848 kunde, Bd. 7, 1. Hälfte. Königsberg.

SCHUCHART, THEODOR: Die volkswirtschaftliche Bedeutung der technischen Entwicklung der 1908 deutschen Zuckerindustrie. Leipzig.

SCHULENBURG, v. d., FRIEDRICH WILHELM: Karte von Preußen (sog. Schulenburgsche Karte) um 1780 1:100000. (Deutsche Staatsbibliothek Berlin, Kartenabteilung).

SCHULTZE, H.: Heimatskunde der Provinz Sachsen. Für Volks- und Bürgerschulen. Halle (2. Aufl. 1869 = 1871, 3. Aufl. = 1881).

SCHULTZE, JOACHIM HEINRICH (Hg.): Die Naturbedingten Landschaften der Deutschen Demokra- 1955 tischen Republik. Erg.-H. Nr. 257 zu „Petermanns Geographischen Mitteilungen". Gotha.

SCHULZE, W.: Aus der Provinz Sachsen. In: Allgemeine Kirchen-Zeitung, Jg. 23, Nr. 24, vom 1844 11. 2. 1844. Darmstadt.

Schwarze, A.: Denkschrift zur 75jährigen Jubiläumsfeier der Zuckerfabrik Brandes & Co.
o. J. (1926) Offleben, 1851—1926 (Festschrift). (o. O.).

Schwineköper, B. (Bearb.): Gesamtübersicht über die Bestände des Landeshauptarchivs Magde-
1954 burg, Bd. I. Halle.

Segler, G.: Der erste Provinzialtag der Provinz Sachsen 1825. In: Thüringisch-sächsische Zeit-
1931 schrift für Geschichte und Kunst, 20.

Seidl, Erich: Die permische Salzlagerstätte im Graf-Moltke-Schacht und in der Umgebung von
1914 Schönebeck an der Elbe. In: Archiv für Lagerstättenforschung, H. 10. Berlin.

Seydlitz, Carl v.: Der Regierungsbezirk Magdeburg. Geographisches, statistisches und topo-
1820 graphisches Handbuch. Magdeburg.

Seyfert, Franz: Phänologische Gebietsmittelwerte der Jahre 1957—1966 und des Gesamtzeit-
1972 raumes 1947—1966 aus dem Höhenbereich 0—300 m NN in der Deutschen Demokratischen Republik auf der Grundlage naturbedingter Landschaften. Berlin (= Abhandlungen des Meteorologischen Dienstes der DDR, Nr. 102) (Bd. 13).

Silbergleit, H.: Magdeburgs Industrie, Handwerk und Handel und deren gewerbliche Steuer-
1901 kraft. Magdeburg.

Silbergleit, H.: Magdeburgs Wohnungen und Haushaltungen 1890—1900. Magdeburg.
1903

Šołta, Jan: Die Bauern der Lausitz. Eine Untersuchung des Differenzierungsprozesses der Bauern-
1968 schaft im Kapitalismus. Bautzen (= Schriftenreihe des Instituts für sorbische Volksforschung, Bautzen, Bd. 36).

Stadelmann, Rudolph (Bearb.): Preußens Könige in ihrer Tätigkeit für die Landeskultur,
1882 Theil II, Friedrich der Große. Leipzig (= Publicationen aus den preußischen Staatsarchiven, Bd. 11).

Statistik des Deutschen Reiches, N. F.,
1897 Bd. 109. Berlin.
1899 Bd. 111. Berlin.
1898a Bd. 117. Berlin.
1898b Bd. 118. Berlin.

Statistik des Deutschen Reiches,
1909 Bd. 204. Berlin.
1910 Bd. 209. Berlin.
1912 Bd. 212, Teil 2a und Teil 2b. Berlin.
1919 Bd. 218. Berlin.

Statistik des Kreises Wanzleben, im Allgemeinen auf den statistischen Ermittelungen des Jahres
1867 1864 beruhend. Oschersleben.

Statistische Darstellung des landräthlichen Kreises Calbe. Calbe.
o. J. (1880)

Statistische Mitteilungen aus dem Königreich Sachsen, Zweite Abteilung. Bewegung der Bevöl-
1852 kerung. Dresden (anonym).

Statistisches Handbuch für den preußischen Staat, Bd. 4. Berlin.
1903

Statistisches Jahrbuch des Bezirkes Magdeburg, Jg. 16, hg. von der Staatlichen Zentralverwaltung
1974 für Statistik, Bezirksstelle Magdeburg.

Statistisches Jahrbuch deutscher Städte, Jgg. 7—13. Breslau.
1900—1906

Statistisches Jahrbuch deutscher Städte, Jg. 20. Breslau.
1913

Statistisches Jahrbuch für den preußischen Staat, Jg. 13. Berlin.
1916

STAUFENBIEL, FRED: Zur Entwicklung kultureller Bedürfnisse in der Arbeiterklasse. In: Deutsche
1974 Zeitschrift für Philosophie, H. 2, S. 204–212. Berlin.

STEGMANN, EDUARD: Aus dem Volks- und Brauchtum Magdeburgs und der Börde. Magdeburg
(1936) (= Magdeburger Kultur- und Wirtschaftsleben, H. 4).

STEINBRÜCK, K.: Die Landwirtschaft und ihr Betrieb in der Provinz Sachsen im letzten Viertel-
1913 jahrhundert. In: Kaiser-Nummer der Magdeburgischen Zeitung vom 15. 6. 1913.

STEINITZ, WOLFGANG: Deutsche Volkslieder demokratischen Charakters aus sechs Jahrhunderten,
1954/1962 Bd. I/II. Berlin (= Veröffentlichungen des Instituts für deutsche Volkskunde, Bd. 4 I/II).

STEINSDORFF, FRITZ HELMUT v.: Das Eindringen des auswärtigen Kapitals in den hallischen
1931 Wirtschaftsbezirk und seine Beteiligung bei den einheimischen Kapitalgesellschaften. Halberstadt (= Beiträge zur mitteldeutschen Wirtschaftsgeschichte und Wirtschaftskunde, H. 13).

STROBACH, HERMANN: Positionen und Grenzen der kritischen Volkskunde in der BRD. In: JfVK,
1973 Bd. 16 (N. F., Bd. 1), Jg. 1973, S. 45–91.

STROBACH, HERMANN (Hg.): Der arm man 1525. Volkskundliche Studien. Berlin (= Veröffent-
1975 lichungen zur Volkskunde und Kulturgeschichte, Bd. 59).

STROBACH, HERMANN/WEINHOLD, RUDOLF/WEISSEL, BERNHARD: Volkskundliche Forschungen
1975 in der DDR – Bilanz und Ausblick. In: JfVK, Bd. 17 (N. F., Bd. 2), S. 9–39.

SÜSSMILCH, JOHANN PETER: Die göttliche Ordnung in den Veränderungen des menschlichen
1775 Geschlechts aus der Geburt, dem Tode und der Fortpflanzung derselben verwiesen. 4. Aufl., hg. von Christian Jacob Baumann. Berlin.

Tabellen und amtliche Nachrichten über den preußischen Staat,
1851a für das Jahr 1849, Bd. 1. Berlin,
1851b für das Jahr 1849, Bd. 2. Berlin,
1854 für das Jahr 1849, Bd. 5. Berlin,
1855a für das Jahr 1849, Bd. 6. Berlin,
1855b für das Jahr 1852. Berlin,
1858 für das Jahr 1855. Berlin,
1860 für das Jahr 1858. Berlin.

TANGERMANN, F.: Die Landgemeinde Belsdorf am Anfang des 20. Jh. Borna–Leipzig.
1905

TANNENBERG, GERHARD: Der Kampf um den Zucker. Leipzig.
1942

THIEL, H. (Hg.): Landwirthschaftliche Jahrbücher. Zeitschrift für wissenschaftliche Landwirth-
1883 schaft und Archiv des Königlich Preussischen Landes-Oekonomie-Kollegiums, Bd. XII, Supplement I. Berlin.

THIELE, A.: Die Geschichte des Dorfes Eilsleben. Mit einem Anhang, enthaltend die Geschichte
1903 der Dörfer Ummendorf, Wormsdorf, Ovelgünne, Hakenstedt. Eilsleben.

THIEME, HORST: Statistische Materialien zur Konzessionierung von Aktiengesellschaften in
1960 Preußen bis 1867. In: JfWG, Teil 2.

THOMAS, J.: Die Kettenschiffahrt auf der Elbe. In: Montagsblatt. Beilage zur Magdeburgischen
1930 Zeitung, Jg. 1930.

TILGER, FRIEDRICH: Der Rothenseer Busch. In: GSLM, Jg. 63, S. 6–30.
1928

TODTENHOF, G.: Die Wohnplätze der Provinz Sachsen. Nach den Materialien des Königl. preuss.
1882 statistischen Bureaus bearb. Halle a. S.

TORQUATUS, GEORGIUS (1574): In: Boysen, Fridericus Everhardus: Monumenta inedita rerum
(1761) Germanicarum Präcique Magdeburgicarum et Halberstadiensium, Tomus I: Georgii Torquatii Annales. Leipzig und Quedlinburg.

Über den Techniker Sebastian Carl Schützenbach (1793—1869) siehe seinen Nekrolog in: Zeit-
o. J. (1869) schrift des Vereins für die Rübenzucker-Industrie im Zollverein 1869, Bd. 19, N. F., Jg. 6. Berlin.

Übersicht über die statistischen Verhältnisse des Kreises Neuhaldensleben. Magdeburg.
1864

ULRICH, K: Die Zuckerfabriken im Kreise Neuhaldensleben. In: Die Elbe. Zeitschrift des Wirt-
1926 schaftsverbandes für den Regierungsbezirk Magdeburg, Jg. 5, Sonderheft.

ULRICH-NORDGERMERSLEBEN: Die Anfänge der Rübenzuckerindustrie in der Provinz Sachsen. In:
1925 Deutsche Zuckerindustrie.

ULRICH-NORDGERMERSLEBEN: Die Anfänge der Rübenzuckerindustrie im Freistaat Sachsen. In:
1929 Deutsche Zuckerindustrie.

Unterhaltende topographische und statistische Beschreibung einer Sommerreise durch die Pro-
1791 vinzen Magdeburg, Braunschweig, Halberstadt, Quedlinburg und Barby (v. Chr. K. Plato), 3 Teile. Halle.

Verzeichniß sämmtlicher Zucker-Fabriken, welche dem Vereine für Rübenzucker-Industrie in den
1857 Zollvereinslanden angehören, und: Verzeichniß derjenigen Zucker-Fabriken im Zollverein, welche dem Vereine für Rübenzucker-Industrie nicht angehören. In: ZVRI, Bd. 7, S. 442—445 bzw. 449—450. Berlin.

VOGLER, G./VETTER, K.: Preußen. Von den Anfängen bis zur Reichsgründung. Berlin.
1970

VOIGT, GUSTAV: Flächenmasstabelle für das Königreich Preussen. Merseburg.
o. J. (1899)

Volksstimme. Organ für das werktätige Volk von Magdeburg und Umgebung. (Tageszeitung der
1890ff. Magdeburger Sozialdemokratie). Magdeburg.

WÄCHTER, KARL: Geologische Exkursionen in der Umgebung von Magdeburg. Ummendorf
1965 (= Die Magdeburger Börde, Bd. 3).

WAHNSCHAFFE, FELIX: Die Quartärbildungen der Umgegend von Magdeburg mit besonderer
1885 Berücksichtigung der Börde. Berlin (= Abhandlungen der Preußischen Geologischen Landesanstalt, Bd. 7, H. 1).

WALTHER, SAMUEL: Singularia Magdeburgica oder Merckwürdigkeiten aus der Magdeburgischen
1735 Historie, Theil V. Magdeburg und Leipzig.

WALTHER, WILHELM LUDWIG: Die politisch-geographischen Grundlagen der Agrarverfassung
1906 des Herzogtums Magdeburg in der zweiten Hälfte des achtzehnten Jahrhunderts und ihre allgemeine Entwicklung (Phil. Diss., Leipzig 1906). Magdeburg.
Auch in: GSLM, Jg. 41, S. 137—289.

Wanderblätter für die Umgebung Magdeburgs, hg. von O. Gerlach, H. XX. Magdeburg (= Neu-
o. J. (1924) haldensleben II, bearb. von O. Held). Magdeburg.

Wann ist der rechte Zeitpunkt, persönliche Dienste der Bauern in Geldabgaben zu verwandeln?
1801 In: Magdeburg-Halberstädtische Blätter.

W(ASSERZIEHER), ERNST: Die Börde. In: Montagsblatt, Wiss. Wochenbeilage der Magdeburgischen
1925 Zeitung, Nr. 18.

WEGENER, PHILIPP: Idiotische Beiträge zum Sprachschatz des Magdeburger Landes. In: GSLM,
1878 Jg. 13, S. 416—443.

WEGENER PHILIPP: Hochzeitsgebräuche des Magdeburger Landes. In: GSLM, Jg. 13, S. 225—255;
1878/1879/1883 Jg. 14, S. 184—222; Jg. 18, S. 371—380.

WEGENER, PHILIPP: Volkstümliche Lieder aus Norddeutschland, besonders dem Magdeburger
1879/1880 Lande und Holstein. Nach eigenen Sammlungen und nach Beiträgen von Carstens und Pröhle, H. 1—3. Leipzig.

WEGENER, PHILIPP: Festgebräuche des Magdeburger Landes. In: GSLM, Jg. 15, S. 245—274
1880a und 374—389.

WEGENER, PHILIPP: Märchen und Sagen des Magdeburger Landes. In: GSLM, Jg. 15, S. 50—75.
1880b

WEGENER, PHILIPP: Spiele aus dem Magdeburger Lande mit Beiträgen aus anderen Gegenden
1882/1883 Norddeutschlands. In: GSLM, Jg. 17, S. 410—437; Jg. 18, S. 1—16 und 146—184.

WEGENER, PHILIPP: Zur Kunde der Mundarten und des Volkstums im Gebiet der Ohre. In:
1897 GSLM, Jg. 32, S. 326—364.

WEISSEL, BERNHARD: Zum Gegenstand und zu den Aufgaben volkskundlicher Wissenschaft in
1973 der DDR. In: JfVK, Bd. 16 (N. F., Bd. 1), S. 9—44. Berlin.

WEISSEL, BERNHARD: Volkskunde zwischen Kulturanthropologie und empirischer Kulturanalyse.
1976 Zur Diskussion um ihre Standortbestimmung in der BRD mit ihren Konsequenzen für die Erforschung der Kultur und Lebensweise der Arbeiterklasse. In: Evolution und Revolution in der Weltgeschichte. Ernst Engelberg zum 65. Geburtstag. Bd. 1, S. 379—414. Berlin.

WEISSEL, BERNHARD/STROBACH, HERMANN/JACOBEIT, WOLFGANG: Zur Geschichte der Kultur
1972 und Lebensweise der werktätigen Klassen und Schichten des deutschen Volkes vom 11. Jahrhundert bis 1945. Ein Abriß. In: Wissenschaftliche Mitteilungen der Historikergesellschaft der DDR, H. 1—3. Berlin.

WICKEL, WERNER/THINIUS, OTTO (Hg.): Der Kreis Calbe. Ein Heimatbuch. Leipzig.
(1937)

WIEGERS, FRITZ: Erläuterungen zur geologischen Karte von Preußen und benachbarten Bundes-
1919 staaten, Blatt Neuhaldensleben. Berlin.

WIEGERS, FRITZ: Erläuterungen zur geologischen Karte von Preußen und benachbarten Bundes-
1920 staaten, Blatt Erxleben. Berlin.

WIEGERS, FRITZ: Geologisches Wanderbuch für den Regierungsbezirk Magdeburg. Stuttgart.
1924

WIEGERS, FRITZ: Erläuterungen zur Geologischen Karte von Preußen und benachbarten deutschen
1932 Ländern, Blatt Oschersleben/Bode. Berlin.

WIEGERS, FRITZ/GÖRZ, G.: Erläuterungen zur Geologischen Karte von Preußen und benachbarten
1925 deutschen Ländern, Blatt Wanzleben. Berlin.

WIEPRECHT, HANS: Botanische Studien im Gebiet des Bever- und Olvetales und aus dem Flechtin-
1961 ger Höhenzug. In: Jahresschrift des Kreismuseums Haldensleben, Jg. 2, S. 70—80.

WINKLER, WALTHER: Vom vielbegehrten Zucker. (o. O.).
o. J.

WINTER, AUGUST FRANZ: Die Volkssprache in der Landschaft am Zusammenfluß von Bode,
1874a Saale und Elbe. In: GSLM, Jg. 9, S. 97—121.

WINTER, AUGUST FRANZ: Volksreime und Kinderlieder aus dem Magdeburger Lande. In: GSLM,
1875/1877 Jg. 10, S. 303—335; Jg. 12, S. 381—394.

WINTER, FRANZ: Die Börde. In: GSLM, Jg. 9, S. 432—433.
1874b

WINTER, FRANZ: Wanderungen durch das Sülzetal. In: GSLM,
1876 Jg. 11, S. 424—447,
1877 Jg. 12, S. 155—176.

Wissenschaftliche Zeitschrift der Universität Rostock, Gesellschafts- und Sprachwissenschaftliche
1964 Reihe, Jg. 13, H. 4.

Wochenblatt für die Kreise Neuhaldensleben, Gardelegen und Wolmirstedt, Jg. 1877.
1877

WOESNER, KARL: Die Geschichte der Arbeiterbewegung in Magdeburg und Umgebung zur Zeit
1957 des Sozialistengesetzes (= Magdeburger Schriftensammlung, hg. v. Rat der Stadt Magdeburg, Abt. Kultur).

WOGE, RICHARD: Über den Einfluß des Zuckerrübenbaues auf die Höhe der landwirtschaftlichen
1892 Kapitalien (Phil. Diss.). Leipzig.

WOLFROM, ERICH: Das Bauernhaus im Magdeburger Land. Magdeburg (= Magdeburger Kultur-
(1937) und Wirtschaftsleben, H. 13).

WUNDERLING, GERHARD: Chronik des Bördedorfes Welsleben, Teil II.
1935

Zabel's Jahr- und Adressbuch der Zuckerfabriken Europas für die Campagne 1896/97, Jg. 27.
(1898) Magdeburg.

ZANDER, ALFRED: Die wirtschaftliche Entwicklung der Provinz Sachsen im 19. Jahrhundert
1934 (Rechts- u. staatswiss. Diss., Martin-Luther-Universität Halle—Wittenberg). Halle/Sa.

ZEDLITZ, Frhr. von: Die Staatskräfte der preußischen Monarchie unter Friedrich Wilhelm III.,
1828 Bd. II, Teil II. Berlin.

ZEDLITZ-NEUKIRCH, L. v.: Der preußische Staat in allen seinen Beziehungen, Bd. I. Berlin.
1835

Zeitschrift des Harzvereins für Geschichte und Altertumskunde. I—LXXV. Wernigerode.
1868ff.

Zeitschrift des Königlich preußischen statistischen Bureaus,
1861 Jg. 1,
1865 Jg. 5, Nr. 1/2,
1871 Jg. 11, Nr. 1/2.

Zeitschrift des landwirthschaftlichen Central-Vereins der Provinz Sachsen, Bd. 1—50. Magdeburg
1845—1893 u. a.

Zeitschrift des Vereins für die Rübenzucker-Industrie im Zollverein. Berlin,
1851—1862 Bd. 1—Bd. 12,
1863—1879 Bd. 13—Bd. 29 = N. F., Bd. 1ff.

Zeitschrift für Geschichtswissenschaft. Berlin.
1952ff.

ZIEGENHAGEN, NORBERT: Die Entwicklung der Produktion und der Eigentumsverhältnisse in
1965 der Landwirtschaft der Provinz Sachsen von 1875 bis 1895 (Wirtschaftswiss. Diss.). Leipzig.

ZIMMERMANN, B.: Die Familie Zimmermann in Drackenstedt 1480—1912. Seehausen (Altmark).
1912

ZIMMERMANN, RICHARD: Der Zucker im Welthandel. Berlin.
1895

Zuckerfabrik Zörbig m.b.H. von 1852/53 bis 1932/33. Denkschrift zum 80jährigen Bestehen
o. J. (1933) (Festschrift). (o. O.).

ZWANZIGER, WALTHER: Geschichte des Steinkohlenbergbaues im Saalkreis (Diss.). Halle.
1925

Abkürzungsverzeichnis

BAKW	Betriebsarchiv der Zuckerfabrik Klein Wanzleben
Ctr.	Zentner
°dH	deutscher Härtegrad
gGr.	guter Groschen
Gr.	Groschen
GSLM	Geschichtsblätter für Stadt und Land Magdeburg
HWD	Handwerkerdichte
JfVK	Jahrbuch für Volkskunde und Kulturgeschichte
JfWG	Jahrbuch für Wirtschaftsgeschichte
Krs.	Kreis
Ldw	Landwirtschaft
M.	Morgen (im Zitat)
MEW	Karl Marx-Friedrich Engels, Werke
Mk	Mark
m^3/d	Kubikmeter pro Tag
m^3/s	Kubikmeter je Sekunde
Mtz.	Metze
Pfg.	Pfennige
Reg.-Bez.	Regierungsbezirk
RM	Reichsmark
Rt	Reichstaler
Schff.	Scheffel
Sgr.	Silbergroschen (auch: sgr.)
STAM	Staatsarchiv Magdeburg
STAP	Staatsarchiv Potsdam
STAS	Staatsarchiv Schwerin
Stck	Stück
Thlr. preuß. cour.	Taler preuß. Courant
ü. NN	über Normalnull
ZfG	Zeitschrift für Geschichtswissenschaft
ZLCV	Zeitschrift des landwirthschaftlichen Central-Vereins der Provinz Sachsen
ZVRI	Zeitschrift des Vereins für die Rübenzucker-Industrie im Zollverein
ZSTA II	Zentrales Staatsarchiv, Historische Abteilung II, Merseburg

Ortsregister

Das Register erschließt den Text, die Anlagen, das Inhalts-, das Tabellen- und das Abbildungsverzeichnis.

Nicht aufgenommen wurden:

- Quellen- und Literaturangaben,
- Ortsnamen, die bei betrieblichen, geographischen, administrativen, institutionellen, technischen u. ä. Bezeichnungen oder Namen Verwendung fanden.

Die Suchangabe besteht aus dem Buchstaben für die Spalte und der arabischen Zahl für die Zeile des Suchfeldes in der Karte „Die Magdeburger Börde" (Abb. 33), die dem Band beigelegt ist. Orte ohne Suchangabe sind in dieser Karte nicht enthalten.

FSC
www.fsc.org
MIX
Papier | Fördert gute Waldnutzung
FSC® C083411

Kolibri 360 GmbH
Ferdinand-Jühlke-Straße 7
99095 Erfurt, Deutschland
produktsicherheit@kolibri360.de